Nuestro omnipotente y eterno Dios quiso comunicarse con nosotros.

Nos envió a su Hijo, Jesús, para darse a conocer y comunicarnos su amor y perdón.

Tienes en tu mano una copia de las Buenas Noticias de Dios, una colección de libros conocida como
la Biblia.

La traducción es lo más textual posible, en nuestro bello lenguaje de América Latina.
Por tanto lleva el nombre Biblia Latinoamericana Textual.

Aprovéchala.

NUEVO PACTO
SALMOS Y PROVERBIOS

Traducido del texto griego y comparado con diversas traducciones.

Esta obra es publicada bajo Creative CommonsAttribution Share-Alike 4.0. El uso del texto bíblico está autorizado en cualquier formato. Si altera el texto, es obligatorio cambiar el nombre de la obra.

Hay libertad para compartir, copiar y redistribuir el material en cualquier medio o formato, y adaptar, remezclar, transformar y construir a partir del material para cualquier propósito, incluso comercialmente.

Se debe dar crédito de manera adecuada a la licencia, brindar un enlace a la licencia, e indicar si se han realizado cambios. Puede hacerlo en cualquier forma razonable, pero no de forma tal que sugiera que usted o su uso tienen el apoyo de la licenciante.

Si remezcla, transforma o crea a partir del material, debe distribuir su contribución bajo la misma licencia del original.

Palabra de Dios para ti, Biblia Latinoamericana Textual © 2020
Asociación Bíblica Latinoamericana

Mapas © 2019 Biblica, Inc. y traducido al español.
Usado con permiso. https:Open.Bible / https:Biblica.com

Segunda edición 2023

ISBN 978-1-63656-024-3 libro de bolsillo
ISBN 978-1-63656-025-0 libro de tapa dura

Publicado por la

www.eBible.org/spapddpt

Presentado a: _____

Por: _____

En: _____

Contenido

Nuevo Pacto

Evangelio según Mateo	Mt.	1
Evangelio según Marcos	Mc.	56
Evangelio según Lucas	Lc.	90
Evangelio según Juan	Jn.	149
Hechos de los Apóstoles	Hch.	191
Carta de Pablo a los Romanos	Ro.	244
Primera carta de Pablo a los Corintios	1 Co.	267
Segunda carta de Pablo a los Corintios	2 Co.	288
Carta de Pablo a los Gálatas	Gl.	302
Carta de Pablo a los Efesios	Ef.	310
Carta de Pablo a los Filipenses	Flp.	318
Carta de Pablo a los Colosenses	Col.	324
Primera carta de Pablo a los Tesalonicenses	1 Ts.	329
Segunda carta de Pablo a los Tesalonicenses	2 Ts.	334
Primera carta de Pablo a Timoteo	1 Ti.	337
Segunda carta de Pablo a Timoteo	2 Ti.	343
Carta de Pablo a Tito	Tit.	348
Carta de Pablo a Filemón	Flm.	351
Carta a los Hebreos	Heb.	353
Carta de Santiago	Stg.	370
Primera carta de Pedro	1 P.	376
Segunda carta de Pedro	2 P.	383
Primera carta de Juan	1 Jn.	387
Segunda carta de Juan	2 Jn.	393
Tercera carta de Juan	3 Jn.	394
Carta de Judas	Jud.	395
Apocalipsis	Ap.	397

Salmos y Proverbios

Salmos	Sal.	424
Proverbios	Pr.	575
Mapas		626

Preámbulo

Con la palabra Biblia indicamos los libros sagrados de los judíos, que denominamos el Antiguo Pacto, más los libros del Nuevo Pacto que relatan la primera venida de Cristo al mundo y el surgimiento de la Iglesia Cristiana del primer siglo de nuestra era.

Calificamos esta Biblia como Latinoamericana porque está presentada en el lenguaje básico común que hablamos los que somos de América Latina.

Afirmamos que es Textual porque seguimos las normas de la *Biblia Hebraica Stuttgartensia*.

Comprendemos que las características del *coiné*, es decir, del griego común de los pueblos de cultura griega después de la muerte de Alejandro Magno, en el cual fue escrito el Nuevo Pacto, son completamente diferentes de las características del griego clásico usado por los nobles.

Los textos originales que tomamos como base son la 27ª edición del *Novum Testamentum Graece Nestle-Aland* y la *Biblia Hebraica Stuttgartensia*.

Fue consultado un número considerable de versiones de la Biblia y utilizamos varios programas con herramientas para traductores como ParaText, eBible.org y BibleWorks.

La *Biblia Latinoamericana Textual (BLT)* es una sincera respuesta para muchos estudiantes bíblicos, pastores, teólogos, maestros y predicadores de distintas inclinaciones que hacen sus estudios, presentaciones y escritos en lengua latinoamericana, pero cuando citan la base bíblica tienen que acudir a versiones españolas. No ignoramos que hay algunas versiones bíblicas presentadas en latinoamericano que son de carácter dinámico, o literario, o sencillas paráfrasis. Sin duda, todas tienen su objetivo y su utilidad. También hay versiones textuales en español de España.

La singularidad de nuestra versión está en que se esfuerza por ser lo más textual o literal posible, y se presenta en lengua básica latinoamericana. Se persigue un estilo claro, sencillo y breve. Se conserva la relación contextual de toda la Biblia. En el Antiguo Pacto se sigue la tradición judía. En el Nuevo Pacto se expresa lo más correcto posible el griego común, es decir, *coiné*.

La **BLT** fue comparada con la más amplia diversidad de versiones bíblicas que han aparecido en español, inglés, italiano, latín y portugués, versiones tanto antiguas como modernas. Fue sometida a un buen número de revisores especialistas en diversas disciplinas, los cuales nos han dado excelentes recomendaciones para mejorar el texto. Agradecemos sinceramente estas colaboraciones.

Nombres de la Deidad

Cuando hablamos podemos escoger palabras de sentido genérico, como alimento, vehículo e instrumento. O palabras de sentido específico, como huevos revueltos, motocicleta y navaja. El significado se comunica mejor cuando es específico.

Los autores del Antiguo Pacto usaron palabras específicas en hebreo para expresar nuestro término general Dios. Las más usadas son **YAVÉ**, **'ELOHIM**, **'EL-SHADDAY** y **'ADONAY**. Con respecto al sagrado Nombre **YAVÉ**, el Padre le dijo a Moisés: **"Este es mi Nombre para siempre jamás."** Éxodo 3.15. En hebreo es un tetragrama: YHVH.

Los latinoamericanos, con raras excepciones, pronunciamos como escribimos y escribimos como pronunciamos. La **H**, *alef* en hebreo, es una letra muda como nuestra **h**. Por tanto, solo se pronuncian la primera y la tercera letras: **YAVÉ**. Para darle reconocimiento honorífico lo escribimos con mayúsculas. Su abreviatura es **YA**.

El Nombre de la Deidad para siempre jamás es **YAVÉ**. El significado más cercano, según la tradición judía, es: Yo Soy, El Eterno, El que hace que las cosas sean, El que era, es y será para siempre.

'ELOHIM significa el Dios Creador Todopoderoso. Cuando se escribe en minúsculas, se refiere a cualquier dios. Su abreviación es **'EL**; se escribe con mayúsculas para no confundirlo con El (artículo), ni con Él (pronombre). La palabra es singular y plural.

'EL-SHADDAY significa el Dios Altísimo Poderoso.

'ADONAY se refiere al Señor Dios. Su abreviatura es **'ADÓN**. Con minúscula se aplica a cualquiera persona distinguida. Es singular y plural.

Es conveniente que anotemos algunas características relacionadas con la traducción, tanto del *coiné* como de la lengua latinoamericana. No haremos esto con el hebreo ni con el arameo. En un tiempo tan extendido y una ubicación tan dispersa, solo este aspecto requeriría un tratado completo.

Características del griego coiné del primer siglo d. de C.

1) Es un lenguaje elíptico. En ningún caso aparece el artículo indefinido, y a veces tampoco el definido. En ocasiones se omiten los pronombres complementarios le, les, la, las, lo, tanto antes del verbo como pospuestos.
2) Tiene muchos verbos deponentes, es decir que se escriben en voz pasiva, pero se traducen en activa. Ejemplo Juan 3.5. *coiné*: "Fue respondido Jesús"; traducción: "Jesús respondió".
3) Hay casos en que no es bueno traducir la voz media como tal. Ejemplo Hechos 7.52. La traducción de las últimas cinco palabras no queda clara con el verbo en voz media: "ustedes se hicieron traidores y asesinos". Algunos traducen: "han llegado a ser". Nos parece mejor: "ustedes se convirtieron en traidores y asesinos".
4) Tal vez el rasgo más marcado del *coiné* sea el uso del gerundio con significado de inmediata posterioridad a la acción del verbo principal. A veces sucede esto hasta tres y cuatro veces en un versículo.

En la *BLT* usaremos la siguiente norma: El gerundio compuesto está bien empleado cuando indica inmediata anterioridad a la acción del verbo principal. El gerundio simple está bien empleado cuando indica acción simultánea con la del verbo principal; es decir, es un complemento circunstancial de modo. Ambos gerundios están mal empleados cuando indican inmediata posterioridad a la acción del verbo principal.

Algunos ejemplos de las diferencias entre el español de España y el latinoamericano.

* En imperativo español se dice: "Tened por sumo gozo".
* En latinoamericano: "Tengan por sumo gozo".
* En español de España: "Cuando estéis orando, no seáis como los hipócritas".
* En latinoamericano: "Cuando estén orando, no sean como los hipócritas".
* En español de España: "Pero Yo os digo: Amad a vuestros enemigos y orad por los que os persiguen; para que seáis hijos de vuestro Padre."
* En latinoamericano: "Pero Yo les digo: Amen a sus enemigos y oren por los que los persiguen, para que sean hijos de su Padre."

También existe en algunas partes el voseo. Pero éste no es un rasgo básico general del latinoamericano culto, sino como una especie de lenguaje familiar y amistoso del criollismo. Se le dice a un individuo: Vos cantás; en otras partes: Vos cantáis. En la *BLT* no incluiremos el voseo. Evitamos regionalismos que puedan tener significados ofensivos en otras latitudes.

A pie de página aparecen notas explicativas. Los contenidos elípticos se presentan en cursivas. Las palabras dichas directamente por Dios aparecen en letra roja.

La Biblia es realmente la historia de la revelación de Dios al hombre que abarca un extenso período de 20 siglos.

Los nombres Antiguo Pacto y Nuevo Pacto fueron escogidos por Dios, el primero para designar su compromiso con Israel, y el segundo para designar su compromiso con el mundo entero, "**... para que todo aquel que en Él cree, no se pierda, sino tenga vida eterna.**" Juan 3.16.

El Antiguo Pacto narra el desarrollo de esa revelación en los primeros 19 siglos. El Nuevo Pacto es un primer cumplimiento de todo lo dicho, escrito, simbolizado, profetizado e iniciado en esos siglos, lo cual llegó a la realidad en la Persona de nuestro glorioso y exaltado Señor Jesucristo.

El Nuevo Pacto solo se refiere a lo ocurrido en un período de un siglo, en el cual ocurrió la primera venida personal de nuestro Señor Jesucristo, su ministerio, muerte, resurrección y ascensión al cielo donde está sentado a la derecha del Padre. Dejó a un grupo de apóstoles para que llevaran adelante el ministerio cristiano en el siglo primero de nuestra era.

Este ministerio ha influido en el posterior desarrollo de la historia de la humanidad y seguirá cumpliendo esa función hasta el fin. Los sucesos del mundo actual indican que se acerca la segunda venida de nuestro Señor Jesucristo a conducir a su pueblo a su morada eterna: La Nueva Jerusalén.

Lit. Significa traducción literal.
Palabras de Dios Padre o Hijo son indicadas con **letras negritas**.
Cursivas Indican palabras implícitas.
[[1]] Significa que el versículo no se halla en manuscritos más antiguos y confiables.

NUEVO PACTO

Mateo

1 ¹ Libro de la genealogía de Jesucristo, Hijo de David, hijo de Abraham: ² Abraham engendró a Isaac, Isaac engendró a Jacob, Jacob engendró a Judá y a sus hermanos, ³ Judá engendró de Tamar a Fares y a Zara, Fares engendró a Esrom, y Esrom engendró a Aram, ⁴ Aram engendró a Aminadab, Aminadab engendró a Naasón, Naasón engendró a Salmón, ⁵ Salmón engendró de Rahab a Booz, Booz engendró de Rut a Obed, Obed engendró a Isaí, ⁶ Isaí engendró al rey David, de la *que fue esposa* de Urías.

David engendró a Salomón, ⁷ Salomón engendró a Roboam, Roboam engendró a Abías, Abías engendró a Asa, ⁸ Asa engendró a Josafat, Josafat engendró a Joram, Joram engendró a Uzías, ⁹ Uzías engendró a Jotam, Jotam engendró a Acaz, Acaz engendró a Ezequías, ¹⁰ Ezequías engendró a Manasés, Manasés engendró a Amón, Amón engendró a Josías, ¹¹ y Josías engendró a Jeconías y a sus hermanos en el tiempo de la deportación babilónica.

¹² Después de la deportación babilónica, Jeconías engendró a Salatiel, Salatiel engendró a Zorobabel, ¹³ Zorobabel engendró a Abiud, Abiud engendró a Eliaquim, Eliaquim engendró a Azor, ¹⁴ Azor engendró a Sadoc, Sadoc engendró a Aquim, Aquim engendró a Eliud, ¹⁵ Eliud engendró a Eleazar, Eleazar engendró a Matán, Matán engendró a Jacob, ¹⁶ y Jacob engendró a José, el esposo de María, de quién nació Jesús, el llamado Cristo.

¹⁷ De manera que todas las generaciones desde Abraham hasta David son 14 generaciones. Desde David hasta la deportación babilónica, 14 generaciones, y desde la deportación babilónica hasta Cristo, 14 generaciones.

Nacimiento de Jesucristo

¹⁸ Ahora bien, el nacimiento de Jesucristo fue así: Estaba su madre María comprometida con José, y antes de unirse fue hallada embarazada del Espíritu Santo. ¹⁹ José su esposo, quien era justo y no quería denunciarla, estuvo dispuesto a repudiarla en secreto.

²⁰ Al pensar él en esto, súbitamente un ángel del Señor se le apareció en un sueño y le dijo: José, hijo de David, no temas recibir a María tu esposa, porque lo engendrado en ella es del Espíritu Santo. ²¹ Dará a luz un Hijo, y lo llamarás Jesús, porque Él salvará a su pueblo de sus pecados.

²² Todo esto sucedió para que se cumpliera lo dicho por el Señor por medio del profeta, quien dijo:
²³ Ciertamente, la virgen quedará embarazada y dará a luz un Hijo, y lo llamarán Emanuel, que significa: Dios con nosotros.

²⁴ José se levantó del sueño, hizo como el ángel del Señor le mandó y recibió a su esposa, ²⁵ pero no cohabitó con ella hasta que dio a luz un Hijo, y lo llamó Jesús.

Una estrella y unos magos

2 ¹ Cuando nació Jesús en Belén de Judea en días del rey Herodes, unos magos del oriente llegaron a Jerusalén ² y preguntaron: ¿Dónde está el Rey de los judíos que nació? Porque vimos su estrella en el oriente y vinimos a adorarlo.

³ Pero cuando el rey Herodes oyó *esto* se turbó, y también toda Jerusalén. ⁴ Convocó a los principales sacerdotes y escribas del pueblo, y les preguntaba dónde iba a nacer el Cristo.

⁵ Y ellos le respondieron: En Belén de Judea, porque así está escrito por el profeta:

⁶ Y tú, Belén, tierra de Judá, de ningún modo eres la más pequeña entre los líderes de Judá, porque de ti saldrá un Caudillo que apacentará a mi pueblo Israel.

⁷ Entonces Herodes llamó en secreto a los magos y les indagó diligentemente cuándo apareció la estrella. ⁸ Los envió a Belén y *les* dijo: Vayan, infórmense diligentemente con respecto al Niño, y tan pronto como lo encuentren, avísenme para que yo también vaya y lo adore.

⁹ Oyeron al rey y salieron. Descubrieron que la estrella que habían visto en el oriente iba delante de ellos y se detuvo donde estaba el Niño. ¹⁰ Cuando vieron la estrella se regocijaron muchísimo.

¹¹ Al entrar en la casa, vieron al Niño con su madre María, se postraron y lo adoraron. Abrieron sus tesoros y le ofrecieron regalos: oro, incienso y mirra. ¹² Se les advirtió en un sueño que no volvieran a Herodes y regresaron a su tierra por otro camino.

Huida a Egipto

¹³ Cuando ellos regresaron, un ángel del Señor apareció súbitamente en un sueño a José y le dijo: Levántate, toma al Niño y a su madre y huye a Egipto. Permanece allá hasta que yo te diga, porque Herodes buscará al Niño para matarlo.

¹⁴ Y él se levantó de noche, tomó al Niño y a su madre y se fue a Egipto. ¹⁵ Permaneció allá hasta la muerte de Herodes, para que se cumpliera lo dicho por el Señor, por medio del profeta:

De Egipto llamé a mi Hijo.

Gran lamentación

16 Herodes, al ver que los magos se burlaron de él, se enfureció muchísimo. Envió soldados a matar a todos los niños menores de dos años en Belén y sus alrededores, según el tiempo que indagó de los magos. **17** Entonces se cumplió lo dicho por el profeta Jeremías:
18 Una voz fue oída en Ramá, llanto y gran lamentación: Raquel que llora por sus hijos, y no quería ser consolada, porque ya no existen.

Regreso de Egipto a Galilea

19 Pero después de la muerte de Herodes, súbitamente un ángel del Señor apareció en un sueño a José en Egipto **20** y le dijo: Levántate, toma al Niño y a su madre, y vé a tierra de Israel, porque murieron los que buscaban la vida del Niño.

21 Se levantó, tomó al Niño y a su madre, y entró en tierra de Israel. **22** Pero cuando oyó que Arquelao reinaba en Judea en lugar de su padre Herodes, tuvo temor de ir allá. Se le reveló en un sueño que se retirara a la región de Galilea. **23** Al llegar allí, se estableció en la ciudad de Nazaret, para que se cumpliera lo dicho por los profetas:
Será llamado Nazareno.

Juan el Bautista

3 **1** En aquellos días llegó Juan el Bautista, quien proclamaba en el desierto de Judea: **2** Cambien de mente, porque el reino celestial llegó. **3** Pues yo soy el anunciado por el profeta Isaías:
Voz de uno que clama en el desierto: Preparen el camino del Señor. Allanen sus sendas.

4 Juan estaba vestido con pelo de camello y un cinturón de cuero. Su comida era saltamontes y miel silvestre.

5 Acudía a él Jerusalén, toda Judea y toda la región de alrededor del Jordán. **6** Confesaban públicamente sus pecados y los bautizaba en el río Jordán.

7 Cuando vio que muchos fariseos y saduceos acudían a su bautismo, les dijo: ¡Generación de víboras! ¿Quién les enseñó a huir de la ira que viene? **8** Produzcan frutos dignos de cambio de mente, **9** y no supongan que puedan decir: A Abraham tenemos como padre. Porque les digo que Dios puede levantar de estas piedras hijos a Abraham. **10** Ya el hacha está puesta sobre la raíz de los árboles, de modo que todo árbol que no da buen fruto es cortado y echado al fuego.

11 Yo ciertamente los bautizo con agua para *indicar* el cambio de mente, pero el que viene después de mí es más poderoso que yo. No soy digno de llevar sus sandalias. Él los bautizará con Espíritu Santo y fuego. ¹² Tiene su soplador[a] en la mano y limpiará bien su era. Recogerá su trigo en el granero y quemará la concha partida del grano con fuego inextinguible.

Bautismo de Jesús

¹³ Entonces llegó Jesús desde Galilea al Jordán donde estaba Juan, para que lo bautizara. ¹⁴ Pero *Juan* trataba de impedirle: Yo necesito que Tú me bautices, ¿y Tú vienes a mí?

¹⁵ Jesús le respondió: Permítelo ahora, porque así nos conviene cumplir toda justicia. Entonces se lo permitió.

¹⁶ Cuando Jesús fue bautizado, salió enseguida del agua. Los cielos se abrieron. Vio al Espíritu de Dios que descendía como una paloma y se posó sobre Él.

¹⁷ *Se oyó* una voz celestial que dijo: Este es mi Hijo amado, en Quien me complací.

La tentación

4 ¹ Entonces Jesús fue impulsado por el Espíritu a subir al desierto para que fuera tentado por el diablo. ² Después de ayunar 40 días y 40 noches, tuvo hambre.

³ Llegó el tentador y le dijo: Ya que eres Hijo de Dios, dí que estas piedras se conviertan en panes.

⁴ Pero Él respondió: Está escrito:
No solo de pan vivirá el hombre, sino de toda Palabra de la boca de Dios.

⁵ Entonces el diablo lo llevó hasta la Ciudad Santa, y lo colocó en pie sobre el pináculo del Templo ⁶ y le dijo: Ya que eres Hijo de Dios, lánzate abajo, porque está escrito:
Te enviará a sus ángeles.
Y:
En sus manos te llevarán para que tu pie no tropiece en piedra.

⁷ Jesús le respondió: También está escrito:
No tentarás al Señor tu Dios.

⁸ Otra vez el diablo lo llevó a una montaña muy alta, y le mostró todos los reinos del mundo y el esplendor de ellos, ⁹ y le dijo: Todo esto te daré si te postras y me adoras.

¹⁰ Pero Jesús le respondió: Vete, Satanás, porque está escrito:
Al Señor tu Dios adorarás, y solo a Él servirás.

¹¹ Entonces el diablo lo dejó. Y unos ángeles llegaron y le servían.

---

[a] **3.12** Lit. aventador: separa el grano del pasto seco.

Ministerio en Galilea

12 Cuando Jesús oyó que Juan fue encarcelado, regresó a Galilea. **13** Salió de Nazaret y vivió en Cafarnaúm junto al mar, en los linderos de Zabulón y de Neftalí, **14** para que se cumpliera lo dicho por el profeta Isaías:
15 Tierra de Zabulón y tierra de Neftalí, camino del mar, más allá del Jordán, Galilea de los gentiles. **16** El pueblo que vivía en tinieblas vio gran luz. A los que moraban en región y sombra de muerte, luz les resplandeció.

17 Desde entonces Jesús comenzó a predicar: **Den la vuelta, porque el reino celestial se acercó.**

Primeros discípulos

18 Cuando andaba junto al mar de Galilea vio a dos hermanos: Simón, llamado Pedro, y su hermano Andrés, que echaban una red en el mar, porque eran pescadores. **19** Les dijo: **Vengan conmigo, y los haré pescadores de hombres.**

20 Ellos dejaron de inmediato las redes y lo siguieron.

21 Pasó de allí y vio a otros dos hermanos: Jacobo, *hijo* de Zebedeo, y Juan su hermano, que remendaban sus redes en la barca con su padre. Y los llamó.

22 Ellos al instante dejaron la barca y a su padre, y lo siguieron.

23 *Jesús* recorría toda Galilea y enseñaba en las congregaciones de ellos. Proclamaba las Buenas Noticias del reino y sanaba toda enfermedad y dolencia en el pueblo.

24 Su fama se difundió por toda Siria. Le llevaron a todos los que padecían males: afligidos por diversas enfermedades y tormentos, endemoniados, lunáticos y paralíticos. Y Él los sanó.

25 Una gran multitud lo siguió desde Galilea y Decápolis, desde Jerusalén y Judea, y desde más allá del Jordán.

Enseñanzas en una colina de Galilea

5 **1** Cuando vio la multitud subió a la colina y se sentó. Se acercaron a Él sus discípulos **2** y les enseñaba:

3 Inmensamente felices[a] los pobres en espíritu, porque
  de ellos es el reino celestial.

4 Inmensamente felices los que lloran, porque ellos serán consolados.

5 Inmensamente felices los mansos, porque ellos heredarán la tierra.

6 Inmensamente felices los que tienen hambre y sed de
  justicia, porque ellos se saciarán.

---

[a] **5.3** Algunas versiones traducen *bienaventurados*.

⁷ Inmensamente felices los misericordiosos, porque
    ellos alcanzarán misericordia.
⁸ Inmensamente felices los de corazón limpio, porque ellos verán a Dios.
⁹ Inmensamente felices los que procuran la paz, porque
    ellos serán llamados hijos de Dios.
¹⁰ Inmensamente felices los que padecen persecución por causa
    de la justicia, porque de ellos es el reino celestial.

¹¹ Inmensamente felices serán ustedes cuando los vituperen y los persigan, y digan toda clase de mal contra ustedes por causa de Mí. ¹² Alégrense y gócense, pues su galardón es grande en los cielos, porque así persiguieron a los profetas antes de ustedes.

La sal y la luz

¹³ Ustedes son la sal de la tierra. Pero si la sal se vuelve insípida, ¿con qué será salada? Ya para nada es buena, sino para que se eche fuera y la pisoteen los hombres.

¹⁴ Ustedes son la luz del mundo. Una ciudad asentada sobre una montaña no se puede esconder. ¹⁵ Tampoco encienden una lámpara para ponerla debajo de una caja,ª sino sobre el candelero, a fin de que alumbre a todos los que están en la casa. ¹⁶ Así alumbre su luz delante de los hombres, de manera que vean sus buenas obras y glorifiquen a su Padre celestial.

Con respecto a la Ley

¹⁷ No piensen que vine a abolir la Ley o los profetas. No vine a abolir, sino a cumplir. ¹⁸ Porque en verdad les digo: Antes que pasen el cielo y la tierra, de ningún modo pasará una iotaᵇ ni un trazo de letra de la Ley, hasta que todo se cumpla.

¹⁹ Por tanto cualquiera que anule uno solo de estos Mandamientos, aunque sea muy pequeño, y así enseñe a los hombres, se llamará muy pequeño en el reino celestial. Pero cualquiera que los practique y enseñe se llamará grande en el reino celestial. ²⁰ Porque les digo que si la justicia de ustedes no es mayor que la de los escribas y fariseos, de ningún modo entrarán en el reino celestial.

Con respecto a la ira

²¹ Oyeron ustedes que se dijo a los antiguos:
No asesinarás.
    Y cualquiera que asesine, quedará expuesto al juicio.

ª **5.15** Lit. *almud:* medida para áridos.   ᵇ **5.18** *Iota:* La letra más pequeña del alfabeto griego.

²² Pero Yo les digo que cualquiera que se enfurezca contra su hermano quedará expuesto al juicio. Cualquiera que diga a su hermano: ¡Raca! quedará expuesto ante el Tribunal Supremo, y cualquiera que diga: ¡Moré!ᵃ quedará expuesto al fuego del infierno.

²³ Por tanto, si presentas tu ofrenda en el altar y allí recuerdas que tu hermano tiene algo contra ti, ²⁴ deja allí tu ofrenda ante el altar, y anda, reconcíliate primero con tu hermano. Luego regresa y presenta tu ofrenda.

²⁵ Ponte pronto de acuerdo con tu adversario mientras vas con él en el camino, no sea que el adversario te entregue al juez, y el juez al alguacil y seas encarcelado. ²⁶ En verdad te digo que de ninguna manera saldrás de allí hasta que pagues el último centavo.ᵇ

Sobre el adulterio

²⁷ Oyeron ustedes que se dijo:
No adulterarás.

²⁸ Pero Yo les digo que cualquiera que mira a una mujer para codiciarla, ya adulteró con ella en su corazón.

²⁹ Por tanto, si tu ojo derecho te es ocasión de caer, sácalo y échalo de ti, porque más te conviene que se pierda uno de tus miembros, y no que todo tu cuerpo sea lanzado al infierno. ³⁰ Si tu mano derecha te es ocasión de caer, córtala y échala de ti, pues más te conviene que se pierda uno de tus miembros, y no que todo tu cuerpo vaya al infierno.

Sobre el divorcio

³¹ También se dijo:
Cualquiera que repudie a su esposa, dele carta de divorcio.

³² Pero Yo les digo que cualquiera que repudia a su esposa, salvo por causa de fornicación, hace que ella adultere, y cualquiera que se case con una repudiada comete adulterio.

Sobre los juramentos

³³ Además ustedes oyeron que se dijo a los antiguos:
No perjurarás, sino cumplirás tus juramentos al Señor.

³⁴ Pero Yo les digo: No juren de ningún modo: ni por el cielo, porque es el trono de Dios, ³⁵ ni por la tierra, porque es el estrado de sus pies, ni hacia Jerusalén, porque es la ciudad del gran Rey, ³⁶ ni jures por tu cabeza, pues no puedes hacer un solo cabello blanco o negro.

ᵃ **5.22** *Moré*: Probablemente necio, probablemente estúpido.   ᵇ **5.26** Lit. *Cuadrante*: la moneda de menos valor de los romanos.

37 Pero el hablar de ustedes sea: Sí, sí. No, no. Porque lo demás procede del maligno.

Sobre la venganza

38 Oyeron ustedes que se dijo:
Ojo por ojo, y diente por diente.

39 Pero Yo les digo: No resistan al malvado. Más bien, al que te golpea en la mejilla derecha, ponle también la otra. 40 Al que quiera pelear contigo y quitarte la ropa externa, dale también la interna. 41 A cualquiera que te obligue a andar una milla, vé con él dos. 42 Al que te pida, dale, y al que quiera tomar de ti prestado, no le vuelvas la espalda.

Con respecto a los enemigos

43 Oyeron ustedes que se dijo:
Amarás a tu prójimo y aborrecerás a tu enemigo.

44 Pero Yo les digo: Amen a sus enemigos y oren por los que los persiguen, 45 para que sean hijos de su Padre celestial, Quien envía su sol sobre malos y buenos, y la lluvia para justos e injustos.

46 Porque si aman a los que los aman, ¿qué galardón tienen? ¿No hacen también lo mismo los publicanos? 47 Si solo saludan a sus hermanos, ¿qué otra cosa hacen? ¿No hacen también así los gentiles?

48 Por tanto sean ustedes perfectos, como su Padre celestial es perfecto.

Ayuda a necesitados

6 1 Guárdense de hacer su justicia delante de los hombres para que los vean. De otra manera, no tienen galardón de su Padre celestial.

2 Cuando des limosna, no toques trompeta delante de ti, como hacen los hipócritas en las congregaciones y en las calles para ser alabados por los hombres. En verdad les digo *que ya* reciben su recompensa.

3 Pero tú, cuando des limosna, no sepa tu izquierda lo que hace tu derecha, 4 para que así tu limosna sea en secreto, y tu Padre, que ve en lo secreto, te recompensará.

Cómo hablar con Dios

5 Cuando ustedes hablen con Dios, no sean como los hipócritas, que aman hablar con Dios de pie en las congregaciones y en las esquinas de las plazas para exhibirse ante los hombres. En verdad les digo que ya reciben su recompensa.

⁶ Pero tú, cuando hables con Dios, entra en tu habitación privada, cierra con llave tu puerta y habla con tu Padre que está en secreto. Tu Padre, que ve en lo secreto, te recompensará.

⁷ Cuando hablen con Dios, no parloteen como los gentiles que piensan que por su palabrería serán oídos. ⁸ No sean semejantes a ellos, porque su Padre sabe cuáles cosas necesitan antes que ustedes le pidan.

⁹ Por tanto hablen con Dios así: Padre nuestro celestial, santificado sea tu Nombre. ¹⁰ Venga tu reino. Que se haga tu voluntad en la tierra, como en el cielo. ¹¹ El pan nuestro de cada día, dánoslo hoy. ¹² Perdónanos nuestras deudas, como también nosotros *ya* perdonamos[a] a nuestros deudores. ¹³ No nos metas en prueba, pero líbranos del malo.

¹⁴ Porque si perdonan a los hombres sus ofensas, también su Padre celestial los perdonará. ¹⁵ Pero si no perdonan a los hombres, tampoco su Padre perdonará sus ofensas.

Con respecto al ayuno

¹⁶ Cuando ayunen, no sean como los hipócritas, quienes desfiguran sus rostros para demostrar a los hombres que ayunan. En verdad les digo, ya reciben toda su recompensa.

¹⁷ Pero *cuando* tú ayunes, perfúmate la cabeza y lávate la cara, ¹⁸ para que no *les* parezca a los hombres que ayunas, sino a tu Padre que está en secreto. Y tu Padre, que ve en lo secreto, te recompensará.

Dónde guardar tesoros

¹⁹ No acumulen tesoros en la tierra, donde la polilla y el óxido corroen, y donde los ladrones penetran y roban. ²⁰ Pero acumulen tesoros en el cielo, donde ni la polilla ni el óxido corroen y donde los ladrones no penetran ni roban. ²¹ Porque donde está tu tesoro, allí estará también tu corazón.

Ojo sano y ojo enfermo

²² La lámpara del cuerpo es el ojo. Así que, si tu ojo está sano, todo tu cuerpo estará lleno de luz. ²³ Pero si tu ojo está enfermo, todo tu cuerpo estará sumido en oscuridad.

Si la luz que hay en ti es oscuridad, ¿cuánto más será la misma oscuridad?

---

[a] **6.12** En castellano, *perdonamos* es igual en presente y en pretérito indefinido. En el original está en pretérito indefinido.

El servicio a dos señores

24 Ninguno puede servir a dos señores, porque aborrecerá al uno y amará al otro, o se apegará al uno y despreciará al otro. No pueden ustedes servir a Dios y a la riqueza.[a]

25 Por tanto les digo: No se afanen por su vida: qué comerán, ni por su cuerpo: con qué se cubrirán.[b] ¿No es la vida más que la comida, y el cuerpo más que la ropa?

26 Miren las aves del cielo, las cuales no siembran, ni cosechan, ni recogen en graneros, pero el Padre celestial de ustedes las alimenta. ¿No valen ustedes mucho más que ellas?

27 ¿Quién de ustedes puede, aunque se afane, añadir a su estatura unos centímetros?[c]

28 También en cuanto a la ropa, ¿por qué se afanan?

Consideren atentamente cómo crecen los lirios del campo: No trabajan con fatiga, ni hilan. **29** Pero les digo que ni Salomón en todo su esplendor se vistió como uno solo de éstos. **30** Si la hierba del campo, que hoy existe y mañana se echa al horno, Dios la viste así, ¿no hará mucho más a ustedes, hombres de poca fe?

31 Por tanto no se afanen ni digan: ¿Qué comeremos, qué beberemos o con qué nos vestiremos? **32** Porque los gentiles buscan con afán todas esas cosas, pero su Padre celestial sabe que las necesitan todas.

33 Por tanto busquen primeramente el reino *de Dios* y la justicia de Él, y todas estas cosas se les añadirán.

34 No se afanen por el mañana, porque el mañana se preocupa de sí mismo. Basta a cada día su propio mal.

Sobre el juicio humano

7 **1** No juzguen, para que no sean juzgados. **2** Porque con el juicio con el cual juzgan, serán juzgados, y con la medida con la cual midan, se les medirá.

3 ¿Por qué miras la brizna que está en el ojo de tu hermano, y no consideras la viga que está en tu ojo? **4** O, ¿cómo dirás a tu hermano: Deja que saque la brizna de tu ojo, y sin embargo tienes la viga en tu propio ojo? **5** ¡Hipócrita! Saca primero la viga de tu ojo, y entonces verás bien para sacar la brizna del ojo de tu hermano.

6 No den lo santo a los perros ni echen sus perlas a los cerdos, no sea que las pisoteen, se lancen contra ustedes y los despedacen.

---

[a] **6.24** Lit. *Mamón*: dios de la riqueza.   [b] **6.25** Lit. se pusieran.   [c] **6.27** Lit. *codo*: una medida de longitud equivalente a 45 centímetros.

Pedir, buscar y llamar

⁷ Pidan y se les dará. Busquen y hallarán. Llamen a la puerta y se les abrirá. ⁸ Porque todo el que pide recibe, y el que busca halla, y al que llama a la puerta, se le abrirá.

⁹ ¿Cuál hombre de ustedes, si su hijo le pide un pan, le da una piedra? ¹⁰ O si le pide un pescado, ¿le da una serpiente?

¹¹ Pues si ustedes, que son malos, saben dar buenos regalos a sus hijos, ¡cuánto más su Padre celestial dará cosas buenas a los que le piden!

¹² Así que, todo lo que quieran que los hombres les hagan, háganles también ustedes, porque ésta es la Ley y los profetas.

La puerta estrecha y el camino angosto

¹³ Entren por la puerta estrecha, porque ancha es la puerta y espacioso el camino que conduce a la perdición y muchos entran por ella.

¹⁴ ¡Cuán estrecha es la puerta y angosto el camino que conduce a la vida! Pocos son los que la hallan.

Reconocimiento por los frutos

¹⁵ Guárdense de los falsos profetas, quienes vienen a ustedes con ropas de ovejas, pero por dentro son lobos rapaces.

¹⁶ Por sus frutos los reconocerán. ¿Se recogen uvas de los espinos, o higos de los abrojos?

¹⁷ Así, todo árbol bueno da frutos buenos, pero el árbol malo da frutos malos. ¹⁸ No puede un árbol bueno dar frutos malos, ni un árbol malo dar frutos buenos. ¹⁹ Todo árbol que no da buen fruto se corta y se echa al fuego.

²⁰ Así que ustedes los conocerán por sus frutos.

Condiciones para entrar en el reino celestial

²¹ No todo el que me dice: Señor, Señor, entrará en el reino celestial, sino el que hace la voluntad de mi Padre celestial.

²² Muchos me dirán en aquel día: Señor, Señor, ¿no profetizamos en tu Nombre, y en tu Nombre echamos fuera demonios, y en tu Nombre hicimos muchos milagros?

²³ Entonces les diré: Nunca los conocí. ¡Apártense de Mí, obradores de maldad!

Los dos cimientos

²⁴ Cualquiera, pues, que oye estas Palabras y las practica, será semejante a un hombre prudente que edificó su casa sobre la roca. ²⁵ Cayó la lluvia,

llegaron los torrentes, soplaron los vientos y golpearon aquella casa. Pero no cayó, porque estaba cimentada sobre la roca.

²⁶ Pero cualquiera que oye estas Palabras y no las practica, será semejante a un varón insensato que edificó su casa sobre la arena. ²⁷ Cayó la lluvia, llegaron los torrentes, soplaron los vientos y golpearon aquella casa. Y cayó, y fue grande su ruina.

La autoridad de Jesús

²⁸ Sucedió que cuando Jesús terminó estas palabras, la multitud quedó asombrada de su enseñanza, ²⁹ porque les enseñaba como quien tiene autoridad y no como sus escribas.

Sanidad para un leproso

8 ¹ Cuando descendió de la colina, lo siguió una gran multitud. ² Ocurrió que un leproso se acercó, se postraba ante Él y decía: Señor, si quieres, puedes limpiarme.

³ Extendió la mano, lo tocó y dijo: Quiero, sé limpiado. Y al instante su lepra fue limpiada.

⁴ Entonces Jesús le dijo: Mira, a nadie digas *esto*. Solo vé y muéstrate al sacerdote. Presenta la ofrenda que Moisés ordenó para testimonio a ellos.

El esclavo de un centurión

⁵ Cuando Él entró en Cafarnaúm se le acercó un centurión. Le rogó: ⁶ Señor, mi esclavo está paralítico tendido en la casa, gravemente atormentado.

⁷ Le respondió: Yo iré y lo sanaré.

⁸ Pero el centurión le contestó: Señor, no soy digno de que entres bajo mi techo. Pero solo dí la palabra, y mi esclavo sanará. ⁹ Porque yo también estoy bajo autoridad. Tengo soldados sometidos a mí. Digo a éste: Vé, y va; y a otro: Ven, y viene; y a mi esclavo: Haz esto, y lo hace.

¹⁰ Cuando Jesús *lo* oyó, se maravilló y dijo a sus seguidores: En verdad les digo: Ni en Israel hallé tanta fe.

¹¹ Les digo que muchos vendrán del oriente y del occidente, y se reclinarán con Abraham, Isaac y Jacob en el reino celestial, ¹² pero los hijos del reino serán lanzados a la oscuridad de afuera. Allí será el llanto y el crujido de los dientes.

¹³ Entonces Jesús dijo al centurión: Vé, que te sea hecho como creíste.

Y el esclavo fue sanado en aquella hora.

Numerosas sanidades

¹⁴ Al llegar Jesús a la casa de Pedro, vio a la suegra de éste postrada en cama con fiebre. ¹⁵ Tomó su mano y se le quitó la fiebre. Se levantó y le servía.

¹⁶ Cuando llegó la tarde le llevaron muchos endemoniados. Con su Palabra echó los demonios y sanó a todos los enfermos, ¹⁷ para que se cumpliera lo que el profeta Isaías dijo:
Él tomó nuestras enfermedades y llevó nuestros dolores.

Aspirantes a seguir al Maestro

¹⁸ Cuando Jesús vio la multitud alrededor de Él, mandó a pasar al otro lado.

¹⁹ Un escriba se le acercó y le dijo: Maestro, te seguiré a dondequiera que vayas.

²⁰ Jesús le respondió: **Las zorras tienen guaridas y las aves del cielo nidos, pero el Hijo del Hombre no tiene dónde reclinar la cabeza.**

²¹ Otro de los discípulos le dijo: Señor, permíteme primero ir y enterrar a mi padre.

²² Jesús le contestó: **Sígueme, y deja a los muertos que entierren a sus muertos.**

Una tempestad

²³ Cuando entró en la barca, sus discípulos lo siguieron. ²⁴ Surgió una gran tormenta en el mar, tan fuerte que las olas cubrían la barca. Él dormía.

²⁵ Lo despertaron y le clamaron: ¡Señor, sálvanos porque perecemos!

²⁶ Les respondió: *¡Hombres* de poca fe! ¿Por qué temen? Se levantó, reprendió a los vientos y al mar, y se produjo una gran calma.

²⁷ Los hombres asombrados decían: ¿Quién es Éste, a Quien aun los vientos y el mar le obedecen?

Dos endemoniados de Gadara

²⁸ Al llegar a la otra orilla, a la región de los gadarenos, dos endemoniados tan furiosos que nadie podía pasar por allí, salieron de los sepulcros y fueron a encontrarse con Él.

²⁹ De repente gritaron: ¿Qué tienes con nosotros, Hijo de Dios? ¿Llegaste aquí para atormentarnos antes de tiempo?

³⁰ Lejos de ellos había una piara de muchos cerdos. ³¹ Los demonios le rogaban: Si nos echas, envíanos a la piara de los cerdos.

³² Les contestó: **Vayan.**

Y cuando ellos salieron, fueron a los cerdos. Toda la piara se despeñó por el acantilado al mar y murieron en las aguas.

³³ Los que los apacentaban huyeron, fueron a la ciudad y contaron todo lo que pasó con los endemoniados. ³⁴ Toda la ciudad salió a encontrar a Jesús. Al verlo le rogaron que saliera de sus alrededores.

Sanidad de un paralítico

9 ¹ Luego entró en una barca, pasó al otro lado y fue a su ciudad.

² Ahí le llevaron un paralítico acostado en una camilla. Al ver Jesús la fe de ellos, dijo al paralítico: Ten ánimo, hijo. Tus pecados te son perdonados.

³ Pero algunos escribas se dijeron: Éste blasfema.

⁴ Jesús vio sus pensamientos y les preguntó: ¿Por qué albergan malos pensamientos? ⁵ ¿Qué es más fácil? ¿Decir: Tus pecados te son perdonados? ¿O decir: Levántate y anda? ⁶ Pero para que sepan que el Hijo del Hombre tiene autoridad en la tierra de perdonar pecados, dijo al paralítico: ¡Levántate, alza tu camilla y vete a tu casa!

⁷ Cuando se levantó, salió a su casa.

⁸ Al ver *esto* la multitud se asombró y dio alabanza a Dios, porque dio esa autoridad a los hombres.

El llamamiento a Mateo

⁹ Jesús pasó de allí, vio a Mateo sentado en la oficina de los tributos y le dijo: Sígueme.

Éste se levantó y lo siguió.

¹⁰ Cuando Él estaba reclinado[a] en la casa, observó que muchos publicanos y pecadores llegaron y se reclinaron con Jesús y sus discípulos.

¹¹ Al ver *esto* los fariseos decían a los discípulos de Él: ¿Por qué su maestro come con los publicanos y pecadores?

¹² Pero cuando Él oyó esto, dijo: Los sanos no necesitan médico, sino los enfermos. ¹³ Vayan, aprendan qué significa:
¡Misericordia quiero y no sacrificio!

Porque no vine a llamar a justos sino a pecadores.

Pregunta sobre el ayuno

¹⁴ Entonces los discípulos de Juan se acercaron a Él y le preguntaron: ¿Por qué nosotros y los fariseos ayunamos, y tus discípulos no ayunan?

¹⁵ Jesús les preguntó: ¿Los que asisten al esposo[b] pueden estar de luto mientras el esposo está con ellos? Pero vendrán días cuando les sea quitado el esposo, y entonces ayunarán.

¹⁶ Nadie pone un remiendo de tela nueva sobre una ropa vieja, pues ese remiendo tira de la ropa, y resulta una rotura peor.

---

[a] **9.10** Comían reclinados hacia una mesa baja.   [b] **9.15** Lit. *los hijos del tálamo nupcial.*

¹⁷ Ni echan un vino nuevo en odres viejos. De otra manera, los odres se revientan, el vino se derrama y los odres son destruidos. Pero echan vino nuevo en odres nuevos, y ambos se conservan juntamente.

La hija de Jairo

¹⁸ Mientras les hablaba estas cosas llegó un jefe *de la congregación judía*, se postró ante Él y le dijo: Mi hija acaba de morir, pero vé, pon tu mano sobre ella y vivirá.

¹⁹ Jesús se levantó y con sus discípulos lo siguió.

Una mujer con flujo de sangre

²⁰ Una mujer que sufría de flujo de sangre por 12 años se acercó por detrás y tocó el borde de su ropa, ²¹ porque decía dentro de ella: Si solo toco su ropa, seré sanada.

²² Pero Jesús se volteó, la vio y le dijo: ¡Ten ánimo, hija! ¡Tu fe te sanó! Y la mujer fue sanada desde aquel momento.

Levantamiento de la hija de Jairo

²³ Al llegar Jesús a la casa del magistrado y ver a los flautistas y a la muchedumbre atribulada, ²⁴ Él les dijo: Retírense, porque la muchacha no murió, sino duerme.

Pero se burlaban de Él.

²⁵ Cuando sacaron a la multitud, Él entró, tomó la mano de la niña y la levantó.

²⁶ Esta noticia se difundió por toda aquella tierra.

Dos ciegos

²⁷ Cuando Jesús salió de allí, lo siguieron dos ciegos que gritaban: ¡Hijo de David, ten misericordia de nosotros!

²⁸ Al llegar a la casa, los ciegos acudieron a Él.

Jesús les preguntó: ¿Creen ustedes que puedo hacer esto?

Le respondieron: Sí, Señor.

²⁹ Entonces les tocó los ojos y dijo: Que les suceda según su fe.

³⁰ Se les abrieron los ojos.

Y Jesús les advirtió rigurosamente: Miren, que nadie sepa *esto*.

³¹ Pero cuando ellos salieron divulgaron su fama en toda aquella tierra.

Un mudo endemoniado

³² Al salir ellos, le llevaron un hombre mudo endemoniado. ³³ Cuando echó fuera el demonio, el mudo habló, y la multitud, asombrada, exclamó: ¡Nunca se vio algo semejante en Israel!

³⁴ Pero los fariseos decían: Echa fuera los demonios por el jefe de los demonios.

Movido a compasión

³⁵ Jesús recorría todas las ciudades y las aldeas. Enseñaba en las congregaciones de ellos, proclamaba las Buenas Noticias del reino y sanaba toda enfermedad y dolencia. ³⁶ Cuando vio a la multitud, fue movido a compasión por ella, porque estaba agotada y abatida como oveja que no tiene pastor.

³⁷ Entonces dijo a sus discípulos: A la verdad la cosecha es mucha, pero los obreros pocos. ³⁸ Rueguen, pues, al Señor de la cosecha que envíe obreros a su cosecha.

Autoridad para los apóstoles

10 ¹ Llamó a sus 12 discípulos y les dio autoridad sobre los espíritus impuros para que los echaran fuera y sanaran toda enfermedad y toda dolencia.

² Los nombres de los 12 apóstoles son: Primero, Simón Pedro, su hermano Andrés, Jacobo, hijo de Zebedeo, su hermano Juan, ³ Felipe, Bartolomé, Tomás, Mateo el publicano, Jacobo, hijo de Alfeo, Tadeo, ⁴ Simón el cananita, y Judas Iscariote, quien lo traicionó.ᵃ

Encomienda a los apóstoles

⁵ Jesús envió a estos 12 y les ordenó: No vayan a los gentiles, ni entren en la región de Samaria, ⁶ sino vayan antes a las ovejas perdidas de la casa de Israel. ⁷ Vayan y proclamen: El reino celestial se acercó. ⁸ Sanen enfermos, resuciten muertos, limpien leprosos y echen fuera demonios. Gratuitamente recibieron ustedes. Den del mismo modo. ⁹ No se provean de oro, ni plata, ni cobre en sus cinturones, ¹⁰ ni provisiones para el camino, ni dos túnicas, ni sandalias, ni bordón, porque el obrero es digno de su sustento.

¹¹ En cualquier ciudad o aldea donde entren, infórmense quién es digno en ella, y posen allí hasta que salgan. ¹² Al entrar en la casa, salúdenla. ¹³ Si en verdad la casa es digna, repose la paz de ustedes sobre ella, pero si no es

---

ᵃ **10.4** Lit. *también lo entregó.*

digna, vuélvase su paz a ustedes. ¹⁴ Cualquiera que no los reciba, ni oiga sus palabras, al salir de aquella casa o ciudad, sacudan el polvo de sus pies.

¹⁵ En verdad les digo que en el día del juicio, será más tolerable para la tierra de Sodoma y Gomorra que para aquella ciudad.

Dificultades en el ministerio

¹⁶ Recuerden, Yo los envío como a ovejas en medio de lobos. Por tanto sean prudentes como serpientes, y sencillos como palomas. ¹⁷ Tengan cuidado de los hombres, porque los entregarán a los tribunales y los azotarán en las congregaciones judías. ¹⁸ Los llevarán aun ante gobernadores y reyes por causa de Mí para testimonio a ellos y a los gentiles. ¹⁹ Cuando los entreguen, no se preocupen en cuanto a cómo o qué dirán, porque en esa hora se les dará lo que deben decir. ²⁰ Porque no son ustedes quienes hablan, sino el Espíritu de su Padre es Quien habla por ustedes.

²¹ El hermano entregará a su hermano a muerte, y el padre al hijo. Los hijos se rebelarán contra los padres y los matarán. ²² Ustedes serán aborrecidos por todos a causa de mi Nombre, pero el que persevere hasta el fin será salvo. ²³ Cuando los persigan en esta ciudad huyan a la otra. Porque en verdad les digo: No terminarán ustedes de recorrer las ciudades de Israel, hasta cuando venga el Hijo del Hombre.

²⁴ Un discípulo no está por encima del maestro, ni un esclavo por encima de su amo. ²⁵ Basta al discípulo que sea como su maestro, y al esclavo como su señor. Si al amo de la casa *lo* llamaron Beelzebul, ¡cuánto más a los de su casa!

A quién temer

²⁶ Así que, no les teman, porque nada hay encubierto que no se manifieste, ni oculto que no se sepa. ²⁷ Lo que les digo en la oscuridad díganlo en la luz, y lo que oyen al oído proclámenlo desde las azoteas.

²⁸ No teman a los que matan el cuerpo pero no pueden matar el alma. Teman más bien al que puede destruir el alma y el cuerpo en el infierno.

²⁹ ¿No se venden dos pajarillos por un centavo?[a] A pesar de eso, ni uno de ellos cae a tierra sin *que lo permita* el Padre de ustedes. ³⁰ En cuanto a ustedes, aun todos los cabellos de la cabeza están contados. ³¹ Así que, no teman, más valen ustedes que muchos pajarillos.

---

[a] **10.29** Lit. *asarion*: cuarta parte de una moneda de muy poco valor.

Obligación de confesar a Cristo

³² Cualquiera, pues, que me confiese delante de los hombres, Yo también lo confesaré delante de mi Padre celestial. ³³ Pero cualquiera que me niegue delante de los hombres, Yo también lo negaré delante de mi Padre celestial.

Misión no de paz sino de espada

³⁴ No piensen que vine a traer paz a la tierra. No vine a traer paz, sino espada. ³⁵ Porque vine para poner en enemistad al hombre contra su padre, a la hija contra su madre, y a la nuera contra su suegra. ³⁶ Los enemigos del hombre serán los de su casa.

³⁷ El que ama a padre o madre más que a Mí, no es digno de Mí. El que ama a hijo o hija más que a Mí, no es digno de Mí.

³⁸ El que no toma su cruz y sigue tras Mí, no es digno de Mí. ³⁹ El que halla su vida la perderá, y el que pierde su vida por causa de Mí, la hallará.

Algunas recompensas

⁴⁰ El que los recibe a ustedes, me recibe a Mí, y el que me recibe, recibe al que me envió. ⁴¹ El que recibe a un profeta por el nombre de profeta, recibirá recompensa de profeta, y el que recibe a un justo por el nombre de justo, recibirá recompensa de justo.

⁴² Cualquiera que dé a beber tan solo un vaso de agua fría a uno de estos pequeños por cuanto es discípulo, en verdad les digo que de ningún modo perderá su recompensa.

11 ¹ Cuando Jesús terminó de dar instrucciones a sus 12 discípulos, salió de allí a enseñar y predicar en las ciudades de ellos.

Mensajeros de Juan el Bautista

² Entonces en la cárcel Juan oyó en cuanto a los hechos de Cristo y envió a sus discípulos para que le preguntaran: ³ ¿Eres Tú el que venía o esperamos a otro?

⁴ Jesús les respondió: Vayan, informen a Juan lo que ustedes oyen y ven: ⁵ ciegos ven, cojos andan, leprosos son limpiados, sordos oyen, resucitan muertos y se proclaman las Buenas Noticias a los pobres.

⁶ Inmensamente feliz el que no tropieza por causa de Mí.

El heraldo de Cristo

⁷ Mientras ellos se iban, Jesús comenzó a preguntar a la multitud con respecto a Juan: ¿Qué salieron a ver ustedes en el desierto? ¿Una caña sacudida por el viento?

⁸ ¿Qué salieron a ver? ¿A un hombre vestido de ropaje fino? Miren, los que visten ropas finas están en las casas de los reyes.

⁹ Entonces, ¿qué salieron a ver? ¿A un profeta? Sí, les digo, mucho más que un profeta.

¹⁰ Éste es *aquél* de quien está escrito:
Ciertamente Yo envío a mi mensajero delante de Ti Quien preparará tu camino.

¹¹ En verdad les digo: Entre los nacidos de mujeres, no se levantó uno mayor que Juan el Bautista, pero el más pequeño en el reino celestial es mayor que él. ¹² Sin embargo, desde los días de Juan el Bautista hasta ahora, el reino celestial sufre violencia, y violentos lo arrebatan. ¹³ Porque todos los profetas y la Ley profetizaron hasta Juan, ¹⁴ y si quieren aceptarlo, él es el Elías que vendría.

¹⁵ El que tiene oídos, escuche.

¹⁶ ¿A qué, pues, compararé esta generación? Es semejante a muchachos que se sientan en las plazas y dan voces a otros: ¹⁷ Les tocamos flauta y no bailaron, entonamos cantos fúnebres y no lamentaron.

¹⁸ Porque Juan vino, quien no comía ni bebía, y dijeron: ¡Tiene demonio!

¹⁹ Vino el Hijo del Hombre, Quien come y bebe, y dicen: ¡Miren, un hombre comilón y bebedor de vino, amigo de publicanos y pecadores!
Pero la sabiduría es justificada por sus obras.

Ayes contra algunas ciudades

²⁰ Entonces comenzó a reprender a las ciudades en las cuales hizo la mayoría de sus milagros, porque no cambiaron de mente: ²¹ ¡Ay de ti, Corazín! ¡Ay de ti, Betsaida! Porque si en Tiro y Sidón se hubieran hecho los milagros que se hicieron en ustedes, hace tiempo hubieran cambiado de mente con tela áspera y ceniza. ²² Por tanto les digo: En el día del juicio, será más tolerable para Tiro y Sidón que para ustedes.

²³ Y tú, Cafarnaúm, ¿serás exaltada hasta el cielo? ¡Hasta el sepulcro serás abatida! Porque si en Sodoma se hubieran hecho los milagros que se hicieron en ti, habría permanecido hasta hoy.

²⁴ Por tanto les digo que en el día del juicio, será más tolerable para la tierra de Sodoma que para ti.

Invitación a los agobiados

²⁵ En aquel tiempo Jesús dijo: Te alabo, Padre, Señor del cielo y de la tierra, porque escondiste estas cosas de sabios y entendidos, y las revelaste a niños. ²⁶ Sí, Padre, porque así te agradó.

²⁷ Mi Padre me entregó todas las cosas. Nadie conoce plenamente al Hijo sino el Padre. Nadie conoce plenamente al Padre sino el Hijo, y aquel a quien el Hijo lo quiera revelar.

²⁸ Vengan a Mí todos los que están agotados y cargados, y Yo los haré descansar.

²⁹ Lleven mi yugo sobre ustedes y aprendan de Mí, pues soy manso y humilde de corazón.

Hallarán descanso para sus almas, ³⁰ porque mi yugo es fácil y liviana mi carga.

Señor del sábado

12 ¹ En aquel tiempo Jesús pasó por los sembrados un sábado. Sus discípulos tenían hambre y comenzaron a arrancar espigas y comer. ² Cuando los fariseos vieron esto le dijeron: Mira, tus discípulos hacen lo que no es lícito en sábado.

³ Él les contestó: ¿No han leído ustedes lo que hizo David y los que estaban con él cuando tuvo hambre, ⁴ cómo entró en la Casa de Dios, y comieron los Panes de la Presentación, de los cuales no le era lícito comer a él ni a los que estaban con él, sino solo a los sacerdotes? ⁵ ¿O no leyeron en la Ley que los sábados los sacerdotes en el Templo profanan el sábado, y no son culpables?

⁶ Pues les digo que Alguien mayor que el Templo está aquí. ⁷ Si ustedes hubieran comprendido qué significa esto:
Misericordia quiero, y no sacrificio,
no habrían condenado a los inocentes, ⁸ porque el Hijo del Hombre es Señor del sábado.

Una mano paralizada

⁹ Cuando pasó de allí entró en la congregación de ellos. ¹⁰ Ahí estaba un hombre que tenía una mano paralizada, y para acusarlo, le preguntaron: ¿Es lícito sanar en sábado?

¹¹ Él les contestó: ¿Quién de ustedes tiene una oveja, y si ésta cae en un hoyo en sábado, no le echa mano y la saca? ¹² ¡Cuánto más vale un hombre que una oveja! De manera que es lícito hacer bien los sábados.

¹³ Y dijo al hombre: Extiende tu mano. Y *la* extendió y quedó sana como la otra.

¹⁴ Cuando salieron los fariseos tramaron un plan contra Él para que lo mataran.

El Esclavo de Dios

¹⁵ Cuando Jesús supo *esto* se apartó de allí.

Pero muchos lo siguieron, y los sanó a todos.

¹⁶ Les advirtió que no manifestaran Quién era Él, ¹⁷ para que se cumpliera lo dicho por medio del profeta Isaías:

¹⁸ Aquí está mi Esclavo, a Quien escogí, mi Amado, en Quien mi alma se complació. Pondré mi Espíritu sobre Él, y anunciará juicio a los gentiles. ¹⁹ No contenderá, ni voceará. Ninguno oirá su voz en las plazas. ²⁰ No quebrará una caña desgastada, ni apagará la mecha ahumada hasta que saque el juicio a victoria. ²¹ En su Nombre esperarán los gentiles.

Beelzebul

²² Entonces le llevaron un endemoniado ciego y mudo. Lo sanó de manera que el mudo hablaba y veía. ²³ Toda la multitud se asombraba y decía: ¿No será Éste el Hijo de David?

²⁴ Pero cuando los fariseos *lo* oyeron, dijeron: Éste no echa fuera los demonios sino por Beelzebul, jefe de los demonios.

²⁵ Como *Jesús* conoció sus pensamientos, les dijo: Todo reino dividido contra él mismo es asolado, y toda ciudad o casa dividida contra ella misma, no se mantendrá firme.

²⁶ Entonces, si Satanás echa fuera a Satanás, se dividió contra él mismo. ¿Cómo, pues, permanecerá su reino?

²⁷ Si Yo echo fuera los demonios por Beelzebul, ¿por quién los echan los hijos de ustedes? Por tanto ellos serán sus jueces. ²⁸ Pero si por el Espíritu de Dios Yo echo fuera los demonios, entonces el reino de Dios vino a ustedes.

²⁹ ¿O cómo puede alguno entrar en la casa del fuerte y saquear sus bienes, si primero no ata al fuerte? Entonces saqueará su casa.

³⁰ El que no está conmigo, está contra Mí, y el que no recoge conmigo, desparrama.

Blasfemia contra el Espíritu

³¹ Por tanto les digo: Todo pecado y blasfemia se perdonará a los hombres, pero la blasfemia contra el Espíritu no será perdonada. ³² Cualquiera que diga una palabra contra el Hijo del Hombre, le será perdonada. Pero al que hable contra el Espíritu Santo, no le será perdonado, ni en este siglo ni en el venidero.

El hombre bueno y el malo

³³ Cultiven el árbol bueno y su fruto *será* bueno, o cultiven el árbol malo y su fruto *será* malo, porque por el fruto se conoce el árbol.

³⁴ ¡Generación de víboras! ¿Cómo pueden ustedes hablar cosas buenas puesto que son malos? Porque de lo que abunda en el corazón habla la boca.

³⁵ El hombre bueno, del tesoro bueno saca cosas buenas, y el hombre malo, del tesoro malo saca cosas malas.

³⁶ Y les digo que los hombres darán cuenta en el día del juicio de toda palabra ociosa que hablen. ³⁷ Porque por tus palabras serás justificado, y por tus palabras serás condenado.

Petición de una señal

³⁸ Entonces los escribas y fariseos le contestaron: Maestro, deseamos ver una señal de Ti.

³⁹ Pero Él les respondió: Una generación malvada y adúltera demanda señal milagrosa, pero no le será dada otra señal que la señal del profeta Jonás. ⁴⁰ Porque como Jonás estaba en el vientre del gran pez tres días y tres noches, así estará el Hijo del Hombre en el corazón de la tierra tres días y tres noches.

Condenación para la generación de Jesús

⁴¹ Los varones de Nínive se levantarán en el juicio contra esta generación y la condenarán, porque se arrepintieron ante la predicación de Jonás. Y en este lugar está *Alguien* mayor que Jonás.

⁴² Una reina del Sur se levantará en el juicio contra esta generación y la condenará, porque vino desde los confines de la tierra para oír la sabiduría de Salomón. Y en este lugar está *Alguien* mayor que Salomón.

Regreso del espíritu impuro

⁴³ Ahora bien, cuando el espíritu impuro sale del hombre, se va por lugares secos y busca reposo, pero no *lo* halla ⁴⁴ y dice: Volveré a mi casa de donde salí. Al llegar la halla desocupada, barrida y en orden. ⁴⁵ Entonces va, toma consigo otros siete espíritus peores que él, entran y viven allí. Y el estado final de aquel hombre es peor que el primero. Así también acontecerá a esta generación perversa.

La familia de Jesús

⁴⁶ Mientras Él aún hablaba a la multitud, la madre *de Él* y sus hermanos estaban afuera y querían hablarle. ⁴⁷ Alguien le dijo: Mira, tu madre y tus hermanos están afuera y quieren hablarte.

⁴⁸ Pero Él respondió: ¿Quién es mi madre, y quiénes son mis hermanos?

⁴⁹ Extendió su mano sobre sus discípulos y dijo: Aquí están mi madre y mis hermanos. ⁵⁰ Porque cualquiera que hace la voluntad de mi Padre celestial es mi hermano, hermana y madre.

El sembrador

13 ¹ Ese día Jesús salió de la casa y ² una gran multitud se reunió ante Él. Así que Él entró en una barca, se sentó y toda la muchedumbre estaba en pie en la playa. ³ Les habló muchas cosas en parábolas.

El sembrador salió a sembrar.⁴ Cuando sembraba, una parte de las semillas cayó junto al camino. Llegaron las aves y las comieron. ⁵ Otra cayó en pedregales donde no había mucha tierra. Enseguida brotó por cuanto no tenía profundidad de tierra. ⁶ Pero al salir el sol se marchitó, y como no tenía raíz se secó. ⁷ Otra cayó entre los espinos, y éstos crecieron y la ahogaron. ⁸ Pero otra parte cayó en la tierra buena y dio fruto, una ciertamente a 100 por uno, otra a 70 y otra a 30. ⁹ El que tiene oídos, escuche.

Propósito de las parábolas

¹⁰ Los discípulos se acercaron y le preguntaron: ¿Por qué les hablas en parábolas?

¹¹ Él respondió: Porque a ustedes se les concedió entender los misterios del reino celestial, pero a ellos no. ¹² Porque al que tiene se le dará y tendrá en abundancia. Pero al que no tiene, aun lo que tiene se le quitará. ¹³ Por esto les hablo en parábolas,
Porque cuando ven no miran, y cuando oyen no entienden.

¹⁴ Se cumple en ellos la profecía de Isaías, quien dijo:
y cuando ven, que de ningún modo perciban. ¹⁵ Porque el corazón de este pueblo fue endurecido. Difícilmente oyeron con los oídos, cerraron sus ojos para no ver con los ojos, ni escuchar con los oídos, ni entender con el corazón, ni convertirse para que Yo los sane.

¹⁶ Pero inmensamente felices los ojos de ustedes porque miran, y sus oídos porque escuchan. ¹⁷ Porque en verdad les digo que muchos profetas y justos desearon ver lo que ustedes ven, y no lo vieron, y oír lo que oyen, y no lo oyeron.

Explicación de la parábola

¹⁸ Oigan, pues, ustedes la parábola del sembrador. ¹⁹ El maligno llega y arrebata lo sembrado en el corazón de todo el que oye la Palabra del reino y no la entiende. Éste es el de junto al camino.

²⁰ El sembrado en los pedregales es el que oye la Palabra y enseguida la recibe con gozo, ²¹ pero no tiene raíz en él y por eso es de corta duración. Cuando viene una tribulación o una persecución por causa de la Palabra, enseguida es derrotado.

²² Y el que fue sembrado entre espinas es el que oye la Palabra, pero el afán del mundo y el engaño de la riqueza ahogan la Palabra y no da fruto.

²³ Pero el que fue sembrado en tierra buena es el que oye y entiende la Palabra, da fruto y produce uno a ciento, otro a 70, otro a 30.

Las cizañas

²⁴ Otra parábola les propuso: El reino celestial fue comparado a un hombre que sembró buena semilla en su campo. ²⁵ Pero, cuando los hombres dormían, vino su enemigo, sobresembró cizaña en medio del trigo y escapó. ²⁶ Cuando germinó el tallo y dio fruto, entonces aparecieron también las cizañas.

²⁷ Los esclavos del dueño de la casa se acercaron y le preguntaron: Señor, ¿No sembraste buena semilla en tu campo? ¿De dónde, pues, salieron las cizañas?

²⁸ Y él les contestó: Algún enemigo hizo esto.

Los esclavos le preguntaron: ¿Quieres que vayamos y las recojamos?

²⁹ Pero él contestó: No, no sea que al recoger las cizañas arranquen el trigo con ellas. ³⁰ Dejen crecer juntamente lo uno y lo otro hasta la cosecha, y en el tiempo de la cosecha diré a los cosechadores: Recojan primero las cizañas y átenlas en manojos para quemarlas totalmente, pero recojan el trigo en mi granero.

La semilla de mostaza

³¹ Les propuso otra parábola: El reino celestial es semejante a una semilla de mostaza que un hombre tomó y *la* sembró en su campo, ³² la cual en verdad es la más pequeña de todas las semillas, pero cuando crece es la mayor de las hortalizas. Es un árbol de tal tamaño que las aves del cielo vienen y anidan en sus ramas.

La levadura

³³ Les presentó otra parábola: El reino celestial es semejante a *la* levadura que tomó una mujer y escondió en tres medidas de harina, hasta que todo fue leudado.

La profecía y las parábolas

³⁴ Jesús habló todas estas cosas a la multitud en parábolas. Nada les hablaba sin parábola, ³⁵ para que se cumpliera lo dicho por el profeta: Abriré mi boca en parábolas. Declararé cosas escondidas desde la creación.

Explicación de la parábola de las cizañas

36 Cuando despidió a la multitud entró en la casa. Sus discípulos se acercaron a Él y le dijeron: Explícanos la parábola de las cizañas del campo.

37 Él les respondió: El que siembra la buena semilla es el Hijo del Hombre. **38** El campo es el mundo, la buena semilla son los hijos del reino y las cizañas son los hijos del maligno. **39** El enemigo que las sembró es el diablo, la cosecha es el fin del mundo y los cosechadores son los ángeles.

40 Por tanto, así como la cizaña es recogida y destruida con fuego, así sucederá en el fin del mundo. **41** El Hijo del Hombre enviará a sus ángeles y recogerán de su reino a todos los que son piedra de tropiezo y a los que practican iniquidad, **42** y los echarán al horno de fuego. Allí será el llanto y el crujido de los dientes. **43** Entonces los justos resplandecerán como el sol en el reino de su Padre. El que tiene oídos, escuche.

Un tesoro escondido

44 El reino celestial es semejante a un tesoro escondido en el campo. Un hombre lo halla y *lo* esconde. Por el gozo de ello, va y vende todo lo que tiene y compra aquel campo.

La perla muy preciosa

45 También el reino celestial es semejante a un comerciante que busca buenas perlas. **46** Cuando encuentra una perla muy preciosa, va y vende todo lo que tiene y la compra.

Una red

47 También el reino celestial es semejante a una red que fue bajada al mar y recogió de todo. **48** Cuando se llena, la sacan a la playa. Se sientan, recogen los peces buenos en canastos y echan fuera los malos.

49 Así será en el fin del mundo. Los ángeles saldrán, separarán a los malvados de entre los justos **50** y los echarán al horno de fuego. Allí será el llanto y el crujido de los dientes.

Cosas nuevas y viejas

51 ¿Entendieron todas estas cosas?
Le respondieron: Sí.
52 Él les dijo: Por esto, todo el que ha adquirido conocimientos profundos sobre el reino celestial es semejante a un padre de familia que saca cosas nuevas y cosas viejas de su tesoro.

Rechazo en Nazaret

⁵³ Cuando Jesús acabó de decir estas parábolas, salió de allí. ⁵⁴ Llegó a su tierra. En su congregación les enseñaba de tal modo que ellos quedaron asombrados y decían: ¿De dónde *le vienen* a Éste esa sabiduría y poderes milagrosos? ⁵⁵ ¿No es éste el hijo del carpintero? ¿No se llama su madre María, y sus hermanos Jacobo, José, Simón y Judas? ⁵⁶ ¿No están todas sus hermanas frente a nosotros? ¿De dónde, pues, *le vinieron* a Éste todas estas cosas? ⁵⁷ Se conturbaban a causa de Él.

Pero Jesús les dijo: No hay profeta sin honra sino en su tierra y en su casa. ⁵⁸ Y no hizo allí muchos milagros por causa de la incredulidad de ellos.

Muerte de Juan el Bautista

14 ¹ En aquel tiempo Herodes el tetrarca oyó la fama de Jesús ² y dijo a sus esclavos: Éste es Juan el Bautista, quien resucitó de entre *los* muertos, y por eso actúan en él esos poderes milagrosos. ³ Porque Herodes había arrestado a Juan y lo metió en prisión a causa de Herodías, la esposa de su hermano Felipe, ⁴ porque Juan le decía: No te es lícito vivir con ella. ⁵ Quería matarlo, *pero* tenía temor al pueblo porque consideraban que él era profeta.

⁶ Pero cuando llegó un cumpleaños de Herodes, la hija de Herodías danzó en el medio y agradó a Herodes, ⁷ por lo cual le prometió con juramento que le daría lo que pidiera.

⁸ Ella, instigada por su madre, dijo: ¡Dame ahora mismo la cabeza de Juan el Bautista en una bandeja!

⁹ El rey se entristeció, pero a causa de los juramentos y de los reclinados, ordenó que se *le* diera. ¹⁰ Envió al *verdugo* quien decapitó a Juan en la cárcel. ¹¹ Su cabeza fue llevada en una bandeja. Fue entregada a la muchacha, y *ésta* la llevó a su madre.

¹² Sus discípulos llegaron, recogieron y sepultaron el cadáver, y le informaron a Jesús.

Multiplicación de panes y peces

¹³ Cuando Jesús oyó *esto*, se retiró de allí en privado a un lugar solitario en una barca. La multitud lo *supo* y lo siguieron a pie desde las ciudades. ¹⁴ Desembarcó y vio una gran multitud. Se enterneció por ellos y sanó a sus enfermos.

¹⁵ Al atardecer los discípulos se acercaron a Él y le dijeron: El lugar es solitario y la hora avanzada. Por tanto despide a la multitud para que vayan a las aldeas y compren su comida.

¹⁶ Jesús les dijo: No tienen necesidad de ir. Denles ustedes de comer. ¹⁷ Ellos le respondieron: No tenemos aquí sino cinco panes y dos peces. ¹⁸ Entonces Él ordenó: Tráiganmelos acá. ¹⁹ Mandó que la multitud se recostara sobre la hierba. Tomó los cinco panes y los dos peces, levantó los ojos al cielo y los bendijo. Los partió y los dio a los discípulos, y los discípulos a la multitud.

²⁰ Comieron todos y se saciaron. Recogieron lo que sobró: 12 cestos llenos. ²¹ Eran como 5.000 varones, sin contar las mujeres y los niños.

Caminata sobre el mar

²² De inmediato impulsó a los discípulos a subir a la barca, e ir delante de Él a la orilla opuesta mientras despedía a la multitud. ²³ Después que despidió a la multitud, subió a la montaña a hablar con Dios en privado. Cuando llegó la noche estaba allí. ²⁴ Pero la barca, que estaba a varios kilómetros[a] de la tierra, era zarandeada por las olas, porque el viento era contrario.

²⁵ En la cuarta vigilia de la noche *Jesús* fue hacia ellos y andaba sobre el mar. ²⁶ Cuando los discípulos vieron que Él andaba sobre el mar, se aterrorizaron y gritaron de miedo: ¡Es un fantasma!

²⁷ Pero enseguida les habló: ¡Tengan ánimo, Yo soy, no teman!

Caminata de Pedro sobre las aguas

²⁸ Entonces Pedro le respondió: Señor, si eres Tú, manda que yo vaya a Ti sobre las aguas.

²⁹ Él le dijo: ¡Ven!

Pedro bajó de la barca, caminó sobre las aguas y fue a Jesús. ³⁰ Pero al ver el viento, se atemorizó. Cuando comenzó a hundirse, gritó: ¡Señor, sálvame!

³¹ Al instante, Jesús extendió la mano. Lo tomó y le dijo: ¡Carente de fe! ¿Por qué dudaste?

³² Cuando ellos subieron a la barca cesó el viento. ³³ Los que estaban en la barca lo adoraron y dijeron: Verdaderamente eres el Hijo de Dios.

Sanidades en Genesaret

³⁴ Después de cruzar *el mar* llegaron a la tierra de Genesaret. ³⁵ Cuando los varones de aquel lugar lo reconocieron, notificaron a todo aquel territorio y le llevaron todos los enfermos. ³⁶ Y le rogaban *que les permitiera* aun tocar el borde de su ropa. Cuantos lo tocaron, fueron sanados.

---

[a] **14.24** Lit. *distando ya muchos estadios*. Un estadio es igual a 180 metros.

Tradición de los ancianos

15 ^{1} Entonces unos fariseos y escribas de Jerusalén se acercaron a Jesús, y *le* preguntaron: ^{2} ¿Por qué tus discípulos quebrantan la tradición de los ancianos? Porque no se lavan las manos cuando comen pan.

^{3} Él les replicó: ¿Por qué también ustedes quebrantan el Mandamiento de Dios por causa de su tradición? ^{4} Porque Dios dijo:
Honra al padre y a la madre.
Y:
El que maldiga al padre o a la madre, muera sin perdón.
^{5} Pero ustedes dicen: Cualquiera que diga al padre o a la madre: Es ofrenda lo que pudieras recibir de mí como beneficio, ^{6} de ningún modo tendrá que honrar a su padre. Así invalidaron ustedes la Palabra de Dios por su tradición. ^{7} ¡Hipócritas! Bien profetizó Isaías con respecto a ustedes:
^{8} Este pueblo me honra con *sus* labios, pero su corazón está muy lejos de Mí.
^{9} En vano me adoran, y enseñan preceptos de hombres como doctrinas.

Lo que contamina

^{10} Después de llamar a la muchedumbre les dijo: Oigan y entiendan: ^{11} Lo que entra en la boca no contamina al hombre, sino lo que sale de la boca.

^{12} Entonces los discípulos se acercaron y le preguntaron: ¿Supiste que los fariseos que oyeron la Palabra se ofendieron?

^{13} Él respondió: Toda planta que mi Padre celestial no sembró, será desarraigada. ^{14} Déjenlos, son guías ciegos. Si un ciego guía a otro ciego, ambos caerán en un hoyo.

Petición de Pedro

^{15} Pedro le solicitó: Acláranos la parábola.

^{16} Él respondió: ¿Ustedes tampoco entienden? ^{17} ¿No entienden que todo lo que entra en la boca va al estómago y es echado en la letrina? ^{18} Pero las cosas que salen de la boca provienen del corazón y contaminan al hombre.

^{19} Porque del corazón provienen malos pensamientos, homicidios, adulterios, fornicaciones, robos, falsos testimonios y difamaciones. ^{20} Estas cosas contaminan al hombre, pero comer con manos sin lavar no contamina.

La fe de una extranjera

^{21} Al salir de allí Jesús fue a la región de Tiro y Sidón. ^{22} Vio a una mujer cananea que salía de aquellos lugares y clamaba: ¡Hijo de David, ten compasión de mí, Señor! Mi hija está horriblemente endemoniada.

^{23} Pero Él no le respondió.

Entonces sus discípulos se le acercaron y le rogaban: Despídela, porque grita detrás de nosotros.

²⁴ Entonces Él respondió: No fui enviado sino a las ovejas perdidas de *la* casa de Israel.

²⁵ Pero ella se acercó, se postró ante Él y le rogó: ¡Señor, ayúdame!

²⁶ Él respondió: No está bien tomar el pan de los hijos y echar *lo* a los perrillos.

²⁷ Entonces ella dijo: Sí, Señor, pero aun los perrillos comen las migajas que caen de la mesa de sus amos.

²⁸ Jesús le respondió: ¡Oh mujer, grande es tu fe! Que se haga contigo como quieres. Y su hija fue sanada desde aquel momento.

Muchas sanidades

²⁹ Cuando Jesús salió de allí siguió a una costa del mar de Galilea. Subió a la colina y se sentó.

³⁰ Llegó a Él *muchísima gente* que llevaba cojos, lisiados, ciegos, mudos y muchos otros. Los colocaron a sus pies y los sanó. ³¹ La muchedumbre se asombró al ver que los mudos hablaban, los lisiados sanaban, los cojos andaban y los ciegos veían. Y alabaron al Dios de Israel.

Segunda multiplicación de panes y peces

³² Entonces Jesús llamó a sus discípulos y les dijo: Tengo compasión de la muchedumbre, porque hace tres días están conmigo y no tienen qué comer. No quiero despedirlos en ayunas, no sea que desfallezcan en el camino.

³³ Entonces los discípulos le preguntaron: ¿Dónde *conseguiremos* tantos panes en un lugar despoblado para saciar a una multitud tan grande?

³⁴ Jesús les preguntó: ¿Cuántos panes tienen?

Y ellos contestaron: Siete, y unos pocos pececillos.

³⁵ Mandó a la muchedumbre que se recostara sobre la tierra. ³⁶ Tomó los siete panes y los peces, dio gracias, partió y daba a los discípulos, y los discípulos a la multitud. ³⁷ Comieron todos y se saciaron, y recogieron siete canastas llenas de los trozos sobrantes. ³⁸ Los que *comieron* fueron 4.000 hombres, sin *contar* mujeres y niños.

³⁹ Después de despedir a la multitud, subió a la barca y llegó a las cercanías de Magadán.

Petición de una señal

16 ¹ Entonces algunos escribas y fariseos de Jerusalén se acercaron a Jesús para tentarlo. Le pidieron que les mostrara una señal del cielo.

² Pero Él les respondió: [[³]]ᵃ ⁴ Esta generación perversa y adúltera demanda una señal milagrosa, pero no le será dada otra señal que la señal de Jonás. Después los dejó y salió.

Levadura de los fariseos y los saduceos

⁵ Los discípulos llegaron a la otra orilla. Olvidaron llevar pan.

⁶ Jesús les dijo: Estén atentos y guárdense de la levadura de los fariseos y saduceos.

⁷ Entonces razonaban entre ellos: *Dice esto* porque no trajimos pan.

⁸ Al saberlo, Jesús les preguntó: Oh faltos de fe, ¿por qué piensan ustedes que no tienen pan? ⁹ ¿Aún no entienden? ¿No recuerdan los cinco panes de los 5.000, y cuántos cestos recogieron? ¹⁰ ¿Ni los siete panes de los 4.000, y cuántas canastas recogieron? ¹¹ ¿No entienden que no les hablo de pan, sino de guardarse de la levadura de los fariseos y saduceos?

¹² Entonces entendieron que no les dijo guardarse de la levadura del pan, sino de la enseñanza de los fariseos y saduceos.

Confesión de Pedro

¹³ Después de llegar Jesús a los alrededores de Cesarea de Filipo, preguntaba a sus discípulos: ¿Quién dicen los hombres que es el Hijo del Hombre?

¹⁴ Ellos contestaron: Unos, Juan el Bautista, otros Elías, y otros Jeremías o alguno de los profetas.

¹⁵ Les preguntó: Y ustedes, ¿quién dicen que soy Yo?

¹⁶ Simón Pedro contestó: Tú eres el Cristo, el Hijo del Dios viviente.

¹⁷ Jesús respondió: Inmensamente feliz eres, Simón, hijo de Jonás, porque no te lo reveló carne ni sangre, sino mi Padre celestial. ¹⁸ Yo también te digo que tú eres Pedro, y sobre esta roca edificaré mi iglesia, y *las* puertas del Hades no prevalecerán contra ella. ¹⁹ Te daré las llaves del reino celestial, y todo lo que prohíbas en la tierra ya fue prohibido en el cielo, y todo lo que permitas en la tierra ya fue permitido en el cielo.

²⁰ Entonces ordenó a los discípulos que a nadie dijeran que Él es el Cristo.

Primera predicción de su muerte y resurrección

²¹ Desde entonces Jesús comenzó a decir a sus discípulos que Él debía ir a Jerusalén y padecer mucho de parte de los ancianos, de los principales sacerdotes y de los escribas, y morir y ser resucitado al tercer día.

²² Pero Pedro lo tomó aparte y comenzó a reprenderlo: ¡Dios tenga compasión de Ti, Señor! De ningún modo te suceda esto.

ᵃ **16.3** Este versículo no se halla en los manuscritos más antiguos y confiables.

²³ Entonces Él dio la vuelta y le dijo a Pedro: ¡Colócate detrás de Mí, Satanás! Me eres tropiezo, pues no piensas lo de Dios, sino lo de los hombres.

²⁴ Entonces Jesús dijo a sus discípulos: Si alguno quiere seguirme, niéguese a sí mismo, tome su cruz y sígame. ²⁵ Porque el que quiera salvar su vida, la perderá, pero el que pierda su vida por causa de Mí, la hallará. ²⁶ Pues, ¿qué aprovechará el hombre si gana todo el mundo y pierde su vida? O ¿qué dará el hombre a cambio de su alma?

²⁷ Porque el Hijo del Hombre vendrá en la gloria de su Padre con sus ángeles, y entonces recompensará a cada uno según sus obras.

Transfiguración de Jesús

²⁸ En verdad les digo que hay algunos de los que están aquí, ¡que de ningún modo prueben muerte hasta que vean que el Hijo del Hombre viene en su reino!

17 ¹ Seis días después, Jesús tomó a Pedro, Jacobo y Juan, y los llevó aparte a una montaña alta. ² Y se transfiguró delante de ellos. Su rostro resplandeció como el sol y sus vestiduras se transformaron como la luz. ³ Aparecieron Moisés y Elías quienes hablaban con Él.

⁴ Entonces Pedro dijo a Jesús: ¡Señor, es bueno que nos quedemos aquí! Si quieres, haré tres enramadas: una para Ti, una para Moisés y una para Elías.

⁵ Mientras hablaba, una nube radiante los cubrió, y de la nube salió una voz que decía: Éste es mi Hijo amado, en Quien me complací. Escúchenlo a Él.

⁶ Los discípulos, al oír *esto*, cayeron sobre sus rostros y se atemorizaron muchísimo.

⁷ Pero Jesús se acercó, los tocó y dijo: Levántense. No teman.

⁸ Al levantar sus ojos, solo vieron a Jesús.

⁹ Mientras ellos descendían de la montaña, Jesús les ordenó: A nadie digan la visión hasta que el Hijo del Hombre sea levantado de entre *los* muertos.

¹⁰ Los discípulos le preguntaron: ¿Por qué dicen los escribas que Elías debe venir primero?

¹¹ Él respondió: En verdad Elías vendría y restauraría todas las cosas. ¹² Pero les digo que Elías ya vino y no lo reconocieron, sino hicieron con él todo lo que quisieron. Así también el Hijo del Hombre padecerá pronto en manos de ellos.

¹³ Entonces los discípulos comprendieron que les hablaba de Juan el Bautista.

Liberación de un lunático

¹⁴ Cuando llegó al gentío, un hombre se *le* acercó, se arrodilló ante Él ¹⁵ y le dijo: Señor, ten compasión de mi hijo, pues es lunático y padece severamente.

Porque muchas veces cae en el fuego y en el agua. ¹⁶ Lo traje a tus discípulos, pero no fueron capaces de sanarlo.

¹⁷ Jesús respondió: ¡Oh generación incrédula y perversa! ¿Hasta cuándo estaré con ustedes? ¿Hasta cuándo los soportaré? ¡Tráiganlo acá! ¹⁸ Jesús lo reprendió y el demonio salió de él. El muchacho fue sanado desde aquel momento.

¹⁹ Entonces, los discípulos se acercaron a Jesús en privado y le preguntaron: ¿Por qué nosotros no pudimos echarlo?

²⁰ Les respondió: **Por su poca fe, porque en verdad les digo que si tuvieran fe como un grano de mostaza, dirían a esta montaña: ¡Pásate de aquí allá! Y se pasaría, y nada les sería imposible.** [[²¹]]

Segunda predicción de su muerte y resurrección

²² Cuando estaban en Galilea Jesús les dijo: **El Hijo del Hombre va a ser entregado en manos de unos hombres** ²³ **y lo matarán, pero al tercer día será resucitado.** Y ellos se entristecieron muchísimo.

El impuesto del Templo

²⁴ Al llegar ellos a Cafarnaúm, los que cobraban las dos dracmas se acercaron a Pedro y dijeron: ¿Su Maestro no paga didracma?ª

²⁵ Contestó: Sí.

Y al llegar a la casa, Jesús se le adelantó y preguntó: **¿Qué opinas, Simón? ¿De quiénes cobran impuestos o tributo los reyes de la tierra? ¿De sus hijos o de los extraños?**

²⁶ Y respondió: De los extraños.

Jesús le dijo: **Entonces los hijos están exentos.** ²⁷ **Sin embargo, para que no los ofendamos, vé al mar, lanza un anzuelo y toma el primer pez que salga. Al abrir su boca, hallarás un didracma. Tómalo, vé, dáselo por Mí y por ti.**

¿Quién es mayor?

18 ¹ En aquel tiempo los discípulos se acercaron a Jesús y le preguntaron: ¿Quién es *el* mayor en el reino celestial?

² Entonces llamó a un niño, lo puso en medio de ellos ³ y dijo: **En verdad les digo: Si ustedes no son transformados y son como niños, de ningún modo entrarán en el reino celestial.** ⁴ **Por tanto cualquiera que se humille como este niñito es el mayor en el reino celestial.**

⁵ **Cualquiera que reciba a un niñito como éste en mi Nombre, me recibe a Mí.** ⁶ **Pero cualquiera que haga tropezar a uno de estos pequeños que creen**

ª **17.24** Dracma: salario de un día, moneda de plata equivalente a un denario. Didracma: dos dracmas.

en Mí, mejor es que se le cuelgue al cuello una piedra de molino de asno, y sea hundido en lo profundo del mar.

Ocasiones de tropiezo

7 ¡Ay del mundo por los tropiezos! Porque es necesario que éstos vengan, pero ¡ay del hombre por quien viene el tropiezo! 8 Por tanto, si tu mano o tu pie te es ocasión de caer, córtalo y échalo de ti. Es mejor entrar en la vida manco o cojo que ser echado con dos manos o dos pies en el fuego eterno. 9 Si tu ojo te es ocasión de caer, sácalo y échalo de ti. Mejor te es entrar tuerto en la vida que con dos ojos ser echado en el infierno de fuego. 10 Tengan cuidado de no menospreciar a uno de estos pequeños, porque les digo que sus ángeles en el cielo ven siempre el rostro de mi Padre celestial. [[11]]

La oveja extraviada

12 ¿Cómo les parece? Si un hombre posee 100 ovejas y se extravía una de ellas, ¿no deja las 99 en las montañas y va a buscar la extraviada? 13 Si la encuentra, en verdad les digo que se alegra más por ella que por las 99 no descarriadas. 14 De igual modo, no es la voluntad de su Padre celestial que se pierda uno de estos pequeños.

Si peca tu hermano

15 Por tanto, si peca tu hermano, vé y repréndelo a solas. Si te escucha, ganaste a tu hermano. 16 Pero si no escucha, toma contigo a uno o dos, para que por boca de dos o tres testigos quede firme toda palabra. 17 Si rehúsa escucharlos, dilo a la iglesia, y si rehúsa escuchar a la iglesia, sea para ti como el gentil y el publicano. 18 En verdad les digo que todo lo que prohíban ustedes en la tierra fue prohibido en el cielo, y todo lo que permitan en la tierra fue permitido en el cielo.

El acuerdo para hablar con Dios

19 Otra vez les digo, que si dos de ustedes se ponen de acuerdo en la tierra para pedir alguna cosa, mi Padre celestial la hará. 20 Porque donde están dos o tres congregados en mi Nombre, allí estoy en medio de ellos.

Dos deudores

21 Entonces, Pedro se acercó y le preguntó: Señor, ¿cuántas veces perdonaré a mi hermano que peque contra mí? ¿Hasta siete veces?

²² Jesús le contestó: No te digo hasta siete veces, sino hasta 70 veces siete.

²³ Por esto, el reino celestial fue comparado con un rey que quiso arreglar cuentas con sus esclavos. ²⁴ Cuando él comenzó a arreglar cuentas, se le presentó uno que le debía 330 toneladas de plata. ²⁵ Como éste no tenía con qué pagar, su señor ordenó que fuera vendido, y también su esposa, los hijos y todo lo que poseía, y que se le pagara la deuda.

²⁶ Entonces el esclavo se postró ante él y *le* rogaba: Ten paciencia conmigo, y te pagaré todo. ²⁷ Movido a compasión, el señor soltó al esclavo y le perdonó la deuda.

²⁸ Pero cuando aquel esclavo salió, halló a uno de sus consiervos que le debía 100 denarios. Lo agarró, lo sofocaba y *le* decía: Si debes algo, paga.

²⁹ Entonces su consiervo postrado le rogaba: Ten paciencia conmigo y te pagaré. ³⁰ Pero él no quiso, sino fue y lo echó en prisión hasta que pagara la deuda.

³¹ Sus consiervos se entristecieron mucho cuando vieron lo que ocurrió. Fueron e informaron a su señor todo lo que sucedió.

³² Entonces su señor lo llamó y le dijo: Esclavo malvado, toda aquella deuda te perdoné porque me rogaste. ³³ ¿No debías tú también tener misericordia de tu consiervo, como yo tuve misericordia de ti? ³⁴ Y enfurecido, su señor lo entregó a los verdugos hasta que pagara todo lo que debía.

³⁵ Así también mi Padre celestial les hará si no perdonan de corazón a su hermano.

Con respecto al divorcio

19 ¹ Cuando Jesús terminó estas palabras se trasladó de Galilea a las regiones de Judea, al otro lado del Jordán. ² Lo siguió una gran multitud y los sanó.

³ Unos fariseos se le acercaron para tentarlo. Le preguntaron: ¿Es lícito que un esposo repudie a su esposa por cualquier causa?

⁴ Él respondió: ¿No leyeron que Quien los creó los hizo varón y hembra desde un principio? ⁵ Y dijo:
Por esto dejará *el* hombre a padre y madre. Se unirá a su esposa y los dos serán un solo cuerpo.

⁶ Así que ya no son dos, sino un solo cuerpo. Por tanto, lo que Dios unció al mismo yugo no lo separe *el* hombre.

⁷ Le preguntaron: Entonces ¿por qué Moisés mandó dar carta de divorcio y repudiar?

⁸ Les contestó: Moisés les permitió repudiar a sus esposas por la dureza del corazón de ustedes, pero desde un principio no fue así. ⁹ Les digo que

cualquiera que repudia a su esposa, que no sea por causa de fornicación, y se casa con otra, adultera.

¹⁰ Los discípulos le dijeron: Si así es la situación del hombre con la mujer, no es bueno casarse.

¹¹ Entonces Él les respondió: No todos comprenden este precepto, sino aquellos a quienes fue dado. ¹² Porque hay eunucos[a] que son así desde el vientre de su madre, hay eunucos que fueron castrados por los hombres, y hay eunucos que ellos mismos deciden ser eunucos por causa del reino celestial. El que pueda aceptarlo, acéptelo.

Bendición a los niños

¹³ Entonces le llevaron unos niños para que pusiera las manos sobre ellos y hablara con Dios a su favor. Los discípulos los reprendieron.

¹⁴ Pero Jesús dijo: Dejen a los niños venir a Mí y no les impidan, porque de ellos es el reino celestial. ¹⁵ Después de colocar las manos sobre ellos, salió de allí.

Un joven rico

¹⁶ Se acercó uno y le preguntó: Maestro, ¿qué cosa buena hago para tener vida eterna?

¹⁷ Él le respondió: ¿Por qué me preguntas sobre lo bueno? Uno solo es el Bueno. Pero si quieres entrar en la vida, guarda los Mandamientos.

¹⁸ Le preguntó: ¿Cuáles?

Y Jesús contestó:

No asesinarás, no adulterarás, no robarás, no dirás falso testimonio, ¹⁹ honra al padre y a la madre, y amarás a tu prójimo como a ti mismo.

²⁰ El joven dijo: Todas estas cosas he guardado. ¿Qué más me falta?

²¹ Jesús le respondió: Ya que quieres ser perfecto, anda, vende tus posesiones, repártelas a los pobres y tendrás tesoro en el cielo. En seguida, ven y sígueme.

²² Pero cuando el joven oyó esta Palabra se fue triste, porque tenía muchas posesiones.

²³ Entonces Jesús dijo a sus discípulos: En verdad les digo que con dificultad entra un rico en el reino celestial. ²⁴ Otra vez les digo: Es más fácil que pase un camello por un ojo de aguja que un rico entre en el reino de Dios.

²⁵ Al oír *esto*, los discípulos se asombraron muchísimo y decían: Entonces, ¿quién puede salvarse?

²⁶ Jesús *los* miró y les dijo: Para *los* hombres esto es imposible, pero para Dios todas las cosas son posibles.

---

[a] **19.12** Eunuco: Hombre castrado.

²⁷ Intervino Pedro: Mira, nosotros dejamos todo y te seguimos. ¿Qué, pues, habrá para nosotros?

²⁸ Jesús les contestó: En verdad les digo que en la regeneración, cuando el Hijo del Hombre se siente en su trono de gloria, ustedes los que me siguieron, también se sentarán sobre 12 tronos para juzgar a las 12 tribus de Israel.

²⁹ Todo el que dejó casas, hermanos, hermanas, padre, madre, hijos o granjas por causa de mi Nombre, recibirá muchas veces más y heredará la vida eterna. ³⁰ Pero muchos primeros serán últimos, y últimos, primeros.

Los obreros de la viña

20 ¹ Porque el reino celestial es semejante a un dueño de casa que salió muy de mañana a contratar obreros para su viña. ² Después de convenir con los obreros por *el pago de* un denario al día, los envió a su viña.

³ Cuando salió cerca de las nueve de la mañana vio a otros parados en la plaza, desocupados, ⁴ y les dijo: Vayan también ustedes a la viña y les daré lo que sea justo. Ellos fueron.

⁵ Al salir otra vez cerca del mediodía, y *también* a las tres de la tarde, hizo lo mismo. ⁶ Y cuando salió hacia las cuatro de la tarde, halló a otros que estaban parados.

Les preguntó: ¿Por qué están aquí todo el día desocupados?

⁷ Le respondieron: Porque nadie nos contrató.

Les dijo: Vayan también ustedes a la viña.

⁸ Al atardecer el señor de la viña dijo a su mayordomo: Llama a los obreros y págales el jornal. Comienza por los últimos y termina con los primeros.

⁹ Cuando acudieron los de cerca de las cuatro de la tarde, recibieron cada uno un denario. ¹⁰ Al llegar los primeros, supusieron que iban a recibir más, pero también ellos recibieron un denario cada uno. ¹¹ Cuando lo recibieron refunfuñaban contra el dueño de casa: ¹² Estos últimos trabajaron una sola hora, y los igualó a nosotros, quienes soportamos la carga y el calor abrasador del día.

¹³ Respondió a uno de ellos: Amigo, no te hago agravio. ¿No conviniste conmigo en un denario? ¹⁴ Toma lo tuyo y vete. Pero quiero dar a este último lo mismo que a ti. ¹⁵ ¿No me es lícito hacer lo que quiero con las cosas mías? ¿O tu ojo es malo porque yo soy bueno? ¹⁶ Por tanto los últimos serán primeros, y los primeros, últimos.

Tercera predicción de su muerte y resurrección

¹⁷ Cuando subían a Jerusalén, Jesús tomó aparte a los 12 en el camino y les dijo: ¹⁸ Miren, subimos a Jerusalén. El Hijo del Hombre será entregado a los principales sacerdotes y escribas, y lo condenarán a muerte. ¹⁹ Lo

entregarán a los gentiles para que lo escarnezcan, azoten y crucifiquen. Pero al tercer día será resucitado.

Petición a favor de los hijos de Zebedeo

20 Entonces se le acercó la madre de los hijos de Zebedeo con sus hijos. Se postró y le pidió algo.

21 Él le preguntó: ¿Qué deseas?

Le contestó: Dí que estos dos hijos míos se sienten, uno a tu derecha y otro a tu izquierda en tu reino.

22 Jesús respondió: No saben *lo* que piden. ¿Pueden beber la copa que Yo voy a beber?

Le contestaron: Podemos.

23 Les dice: A la verdad, beberán de mi copa. Pero el sentarse a mi derecha e izquierda no me corresponde darlo, sino pertenece a aquellos para quienes fue preparado por mi Padre.

24 Cuando los diez oyeron esto, se enojaron contra los dos hermanos.

El que quiera ser grande

25 Entonces Jesús los llamó y les dijo: Saben ustedes que los gobernantes de las naciones se enseñorean de ellas, y los grandes ejercen su autoridad sobre ellas. 26 No será así entre ustedes, sino el que quiera ser grande será su servidor. 27 El que quiera ser primero entre ustedes será su esclavo, 28 así como el Hijo del Hombre no vino para ser servido, sino para servir y dar su vida en rescate por muchos.

Los ciegos de Jericó

29 Al salir ellos de Jericó, lo siguió una gran multitud.

30 Dos ciegos estaban sentados junto al camino. Oyeron que Jesús pasaba y gritaron: ¡Señor, Hijo de David, ten misericordia de nosotros!

31 La muchedumbre los reprendió para que callaran, pero ellos gritaban más: ¡Señor, Hijo de David, ten misericordia de nosotros!

32 Entonces Jesús se detuvo, los llamó y preguntó: ¿Qué quieren que les haga?

33 Le contestaron: Señor, que sean abiertos nuestros ojos.

34 Entonces Jesús, *Quien fue* movido a compasión, les tocó los ojos. Al instante vieron y lo siguieron.

La entrada en Jerusalén

21 1 Se acercaron a Jerusalén y llegaron por Betfagé a la Montaña de Los Olivos.

Entonces Jesús envió a dos discípulos y ² les dijo: Vayan a la aldea que está frente a ustedes, y enseguida hallarán una asna atada y un pollino con ella. Desátenla y tráiganlos.³ Si alguien les dice algo, digan: El Señor los necesita. Y enseguida los devolverá.

⁴ Esto aconteció para que se cumpliera lo dicho por el profeta:
⁵ Digan a la hija de Sion: Mira, tu Rey viene a ti manso y sentado sobre una asna, y sobre un pollino, hijo de bestia de carga.

⁶ Los discípulos fueron e hicieron como Jesús les mandó. ⁷ Trajeron el asna y el pollino, pusieron sobre ellos sus ropas, y *Jesús* se sentó encima de ellas.

⁸ La mayoría de la gente extendía sus propias ropas externas en el camino. Otros cortaban ramas de los árboles y las tendían en el camino.

¡Hosanna en las alturas!

⁹ La multitud que iba delante y detrás de Él gritaba: ¡Hosanna al Hijo de David! ¡Bendito el que viene en el Nombre del Señor! ¡Hosanna en las alturas!

¹⁰ Cuando Él entró en Jerusalén, toda la ciudad se conmovió y decían: ¿Quién es Éste? ¹¹ La multitud decía: Éste es el profeta Jesús de Nazaret de Galilea.

Visita al Templo

¹² Jesús entró en el Templo. Echó a todos los que vendían y compraban allí. Volcó las mesas de los cambistas y los asientos de los que vendían palomas ¹³ y les dijo: Está escrito:
Mi Casa será llamada Casa de conversación con Dios.
Pero ustedes la convierten en cueva de ladrones.

¹⁴ Unos ciegos y cojos se le acercaron en el Templo, y los sanó.

¹⁵ Pero los principales sacerdotes y los escribas, al ver las maravillas que hacía, y a los niños que aclamaban en el Templo y decían: ¡Hosanna al Hijo de David! se indignaron ¹⁶ y le preguntaron: ¿Oyes *lo* que dicen éstos?

Jesús les respondió: Sí. ¿Nunca leyeron ustedes:
De boca de *los* niños y lactantes perfeccionaste la alabanza?

¹⁷ Al dejarlos, salió de la ciudad a Betania y pernoctó allí.

La higuera estéril

¹⁸ Muy de mañana, mientras subía a la ciudad, tuvo hambre. ¹⁹ Al ver una higuera junto al camino, fue hacia ella, pero solo halló hojas. Entonces le dijo: Nunca jamás salga fruto de ti. Y al instante la higuera se secó.

²⁰ Al ver *esto*, los discípulos se maravillaron y se preguntaban: ¿Cómo se secó al instante la higuera?

²¹ Jesús les respondió: En verdad les digo, si tienen fe y no dudan, no solo harán lo de la higuera, sino aun si a esta montaña dicen: Quítate y échate al mar, sucederá. ²² Todo cuanto pidan en conversación con Dios, si lo creen, lo recibirán.

La autoridad de Jesús

²³ Después que entró en el Templo, los principales sacerdotes y los ancianos del pueblo se le acercaron mientras enseñaba y le preguntaron: ¿Con qué autoridad haces estas cosas? ¿Y quién te dio esta autoridad?

²⁴ Jesús les respondió: Yo les preguntaré un asunto. Si me responden, Yo también les diré con qué autoridad hago estas cosas. ²⁵ ¿De dónde era el bautismo de Juan? ¿Del cielo o de hombres?

Entonces razonaban entre ellos: Si decimos del cielo, nos dirá: ¿Por qué, pues, no le creyeron? ²⁶ Y si decimos: De hombres, tememos al pueblo. Porque todos piensan que Juan era un profeta.

²⁷ Respondieron a Jesús: No sabemos.

Y Él les respondió: Tampoco Yo les digo con qué autoridad hago estas cosas.

Parábola de los dos hijos

²⁸ Pero, ¿qué les parece? Un hombre tenía dos hijos. Al acercarse al primero, *le* dijo: Hijo, vé, trabaja hoy en la viña.

²⁹ Él respondió: No quiero. Pero después cambió de mente y fue.

³⁰ Al acercarse al segundo, *le* dijo lo mismo. Él respondió: Sí, señor. Pero no fue. ³¹ ¿Quién de los dos hizo la voluntad del padre?

Respondieron: El primero.

Jesús les dijo: En verdad les digo que los publicanos y las rameras van delante de ustedes al reino de Dios.³² Porque Juan vino a ustedes en camino de justicia, y no le creyeron, pero los publicanos y las rameras le creyeron. Y ustedes, quienes vieron, no cambiaron de mente para creerle.

Los labradores malvados

³³ Oigan otra parábola: Un padre de familia plantó una viña y le pusieron una cerca. Cavó en ella un lagar y edificó una torre. La arrendó a unos labradores y se fue de viaje.

³⁴ Cuando se acercó el tiempo de los frutos, envió sus esclavos a los labradores para recibir *su parte de los* frutos. ³⁵ Pero los labradores tomaron a sus esclavos. A uno golpearon, a otro mataron y a otro apedrearon.

³⁶ De nuevo envió a otros esclavos, más que los primeros. Y *los labradores* les hicieron lo mismo.

⁳⁷ Finalmente, les envió a su hijo porque pensó: Respetarán a mi hijo. ³⁸ Pero los labradores, cuando vieron al hijo, dijeron entre ellos: Éste es el heredero. ¡Vengan, matémoslo y poseamos su herencia! ³⁹ Lo detuvieron, lo echaron fuera de la viña y lo mataron.

⁴⁰ Cuando venga el señor de la viña, ¿qué hará a aquellos labradores?

⁴¹ Le respondieron: Matará atrozmente a los malos y arrendará la viña a otros labradores que paguen los frutos en su tiempo.

⁴² Jesús les preguntó: ¿Nunca leyeron ustedes en las Escrituras?
La Piedra que desecharon los edificadores
Se convirtió en Piedra Principal.
De parte del Señor se hizo esta *piedra*,
Y es maravillosa a nuestros ojos.

⁴³ Por esto les digo que el reino de Dios les será quitado y será dado a un pueblo que produzca los frutos de tal reino. [[⁴⁴]]

⁴⁵ Al oír sus parábolas, los principales sacerdotes y los fariseos comprendieron que hablaba de ellos. ⁴⁶ Procuraron arrestarlo, pero temían a la multitud, porque lo estimaban como profeta.

La fiesta de bodas

22 ¹ Jesús les habló otra vez en parábolas: ² El reino celestial puede compararse a un rey que hizo fiesta de bodas para su hijo. ³ Envió a sus esclavos a llamar a los invitados a la fiesta de bodas, pero no quisieron ir.

⁴ Volvió a enviar a otros esclavos y dijo: Anuncien a los invitados: Miren, preparé mi banquete. Sacrifiqué mis novillos y las reses engordadas. Todo está dispuesto. Vengan a la fiesta de bodas.

⁵ Pero ellos no tomaron en cuenta la invitación. Se fueron, uno a su campo, el otro a su negocio, ⁶ y los demás detuvieron a los esclavos *enviados*, los maltrataron y los mataron. ⁷ Entonces el rey se enfureció, envió sus ejércitos, mató a aquellos homicidas y quemó su ciudad.

⁸ Después dijo a sus esclavos: La boda a la verdad está preparada, pero los invitados no eran dignos. ⁹ Por tanto vayan a las encrucijadas de los caminos y llamen a cuantos hallen a la fiesta de bodas.

¹⁰ Y cuando aquellos esclavos salieron a los caminos, reunieron a todos los que hallaron, tanto malos como buenos, y el salón de bodas se llenó de invitados.

¹¹ Pero cuando el rey entró a ver a los invitados, encontró allí a un hombre que no estaba vestido con traje de boda. ¹² Y le dijo: Amigo, ¿cómo entraste aquí sin traje de boda? Pero él enmudeció.

¹³ Entonces el rey dijo a los sirvientes: Átenlo de pies y manos y échenlo a la oscuridad de afuera. Allí será el llanto y el crujido de los dientes, ¹⁴ porque muchos son *los* llamados, pero pocos *los* escogidos.

El tributo a César

¹⁵ Entonces los fariseos se fueron y deliberaron cómo enredarlo en alguna palabra. ¹⁶ Le enviaron a los discípulos de ellos con los herodianos para que dijeran: Maestro, sabemos que eres veraz y enseñas con verdad el camino de Dios. No te cuidas de nadie, pues no miras la apariencia de los hombres. ¹⁷ Dinos. ¿Qué te parece? ¿Es lícito pagar tributo a César, o no?

¹⁸ Pero Jesús entendió la malicia de ellos y respondió: ¿Por qué me tientan, hipócritas? ¹⁹ Muéstrenme la moneda del tributo.

Y ellos le presentaron un denario.

²⁰ Les preguntó: ¿De quién es la imagen y la inscripción?

²¹ Contestaron: De César.

Entonces les ordenó: Den, pues, a César lo de César, y a Dios lo de Dios.

²² Al oír *esto* se maravillaron, lo dejaron y salieron.

Los saduceos y la resurrección

²³ Aquel día se le acercaron *los* saduceos, quienes dicen que no hay resurrección, y le preguntaron: ²⁴ Maestro, Moisés dijo:

Si alguno muere y no tiene hijos, su hermano se casará con la esposa de él y levantará descendencia a su hermano.

²⁵ Ahora bien, había entre nosotros siete hermanos. El primero que se casó, murió, y como no tenía descendencia, dejó su esposa a su hermano. ²⁶ De la misma manera, también el segundo y el tercero, hasta el séptimo. ²⁷ Al final de todos, murió la mujer. ²⁸ En la resurrección, ¿de cuál de los siete será esposa? Porque todos la tuvieron.

²⁹ Jesús les respondió: Están errados porque no entienden las Escrituras ni el poder de Dios. ³⁰ Porque en la resurrección, no se casan ni son dados en casamiento, sino son como los ángeles en el cielo. ³¹ Pero en cuanto a la resurrección de los muertos, ¿no leyeron lo dicho por Dios a ustedes:

³² Yo soy el Dios de Abraham, de Isaac, y de Jacob?

Dios no es Dios de muertos sino de vivos.

³³ La multitud oyó y se maravilló de su doctrina.

El gran Mandamiento

³⁴ Entonces, al oír los fariseos que *Jesús* silenció a los saduceos, se pusieron de acuerdo. ³⁵ Uno de ellos, para tentarlo, le preguntó: ³⁶ Maestro, ¿cuál es *el* gran Mandamiento en la Ley? ³⁷ Le respondió:

Amarás al Señor tu Dios con todo tu corazón, con toda tu alma y con toda tu mente.

³⁸ Éste es el grande y primer Mandamiento, ³⁹ y el segundo es semejante a éste:
Amarás a tu prójimo como a ti mismo.

⁴⁰ De estos dos Mandamientos dependen toda la Ley y los profetas.

¿De quién es hijo el Cristo?

⁴¹ Se reunieron los fariseos y Jesús les preguntó: ⁴² ¿Qué piensan ustedes del Cristo? ¿De quién es Hijo?

Le respondieron: De David.

⁴³ Les preguntó: ¿Pues cómo David en espíritu lo llama Señor? Dice:
⁴⁴ Dijo el Señor a mi Señor:
Siéntate a mi mano derecha
Hasta que ponga a tus enemigos debajo de tus pies.

⁴⁵ Pues si David lo llama Señor, ¿cómo es su Hijo?

⁴⁶ Nadie le podía responder, y desde aquel día nadie más se atrevió a preguntarle algo.

Contra escribas y fariseos

23 ¹ Entonces Jesús habló a la multitud y a sus discípulos: ² Los escribas y los fariseos se sientan en la cátedra de Moisés. ³ Hagan y guarden todo cuanto les digan. Pero no hagan según sus obras, porque dicen y no hacen. ⁴ Atan cargas pesadas y las ponen sobre los hombros de los varones. Ellos ni siquiera las tocan con un dedo suyo. ⁵ Más bien hacen todas sus obras para ser vistos por los hombres. Ensanchan sus filacterias, alargan los flecos,ᵃ ⁶ aman el primer reclinatorio en las cenas y las primeras sillas en las congregaciones, ⁷ los saludos pomposos en las plazas y ser llamados por los hombres: ¡Maestro!

⁸ Pero ustedes no permitan que los llamen maestros, porque uno solo es su Maestro, y todos ustedes son hermanos. ⁹ A nadie llamen padre de ustedes en la tierra, pues uno solo es su Padre: El celestial. ¹⁰ Ni permitan que los llamen caudillos, porque uno es su Caudillo: El Cristo. ¹¹ El mayor de ustedes será su servidor. ¹² Porque el que se enaltezca será humillado, y el que se humille será enaltecido.

ᵃ **23.5** Filacterias: Cajitas que contienen textos bíblicos las cuales llevan en su ropa con propósito religioso. Flecos: Pendientes de hilo colocados en el borde de la ropa.

Ayes contra escribas y fariseos

13 Pero, ¡ay de ustedes, escribas y fariseos, hipócritas! Porque cierran el reino celestial delante de los hombres, pues ustedes no entran ni dejan entrar a los que quieren entrar. [[**14**]] **15** ¡Ay de ustedes, escribas y fariseos hipócritas! Porque para hacer un prosélito recorren el mar y la tierra, y cuando es *prosélito, lo* hacen dos veces más hijo del infierno que ustedes.

16 Ay de ustedes, guías ciegos, quienes dicen: Todo el que jure por el Santuario no es deudor, pero es deudor el que jure por el oro del Santuario. **17** ¡Insensatos y ciegos! ¿Qué es mayor: El oro o el Santuario que santifica el oro?

18 También dicen: Todo el que jure por el altar, no es deudor. Pero es deudor el que jure por la ofrenda que está sobre él. **19** ¡Ciegos! ¿Qué es mayor, la ofrenda o el altar que santifica la ofrenda? **20** El que jura por el altar, jura por él y por todo lo que está sobre él. **21** El que jura por el Santuario, jura por él y por el que mora en él. **22** El que jura por el cielo, jura por el trono de Dios y por Quien se sienta sobre él.

23 Ay de ustedes, escribas y fariseos, hipócritas, porque diezman la menta, el eneldo y el comino, pero dejan lo más importante de la Ley: la justicia, la misericordia y la fe. Esto era necesario hacer sin dejar aquello. **24** ¡Guías ciegos, que cuelan el mosquito y tragan el camello!

25 Ay de ustedes, escribas y fariseos, hipócritas, porque limpian lo de afuera de la copa y del plato, pero por dentro están llenos de robo y desenfreno. **26** ¡Fariseo ciego! Limpia primero lo de dentro de la copa, para que también lo de afuera quede limpio.

27 ¡Ay de ustedes, escribas y fariseos, hipócritas! Porque se parecen a sepulcros blanqueados, los cuales a la verdad se muestran hermosos por fuera, pero por dentro están llenos de huesos de muertos y de toda inmundicia. **28** Así también ustedes, por fuera ciertamente parecen justos ante los hombres, pero por dentro están llenos de hipocresía e iniquidad.

29 ¡Ay de ustedes, escribas y fariseos, hipócritas! Porque edifican los sepulcros de los profetas, adornan los monumentos de los justos **30** y dicen: Si estuviéramos en los días de nuestros antepasados, no habríamos sido sus cómplices en la sangre de los profetas. **31** De modo que dan testimonio contra ustedes mismos que son hijos de los que mataron a los profetas.

32 ¡Ustedes también colmen la medida de sus antepasados! **33** ¡Serpientes! ¡Engendros de víboras! ¿Cómo escaparán del juicio del infierno?

34 Por tanto, miren, Yo les envío profetas, sabios y escribas. Ustedes matarán y crucificarán a algunos de ellos. Azotarán a algunos en sus congregaciones y *los* perseguirán de ciudad en ciudad, **35** para que venga sobre ustedes toda la sangre justa que se derrama sobre la tierra, desde la sangre de Abel el justo, hasta la sangre de Zacarías, hijo de Baraquías, a quien ustedes mataron entre el Santuario y el altar. ³⁶ En verdad les digo: Todo esto vendrá sobre esta generación.

Queja contra Jerusalén

³⁷ ¡Jerusalén, Jerusalén, que matas a los profetas y apedreas a los que te fueron enviados! ¡Cuántas veces quise juntar a tus hijos, como la gallina reúne sus polluelos bajo las alas, y ustedes no quisieron! ³⁸ Miren, su casa queda desolada. ³⁹ Desde ahora les digo que de ningún modo me verán ustedes hasta que digan:
¡Bendito el que viene en Nombre del Señor!

Destrucción del Templo

24 ¹ Cuando Jesús salió del Templo sus discípulos se acercaron para mostrarle los edificios del Templo. ² Les preguntó: ¿Ven todas estas cosas? En verdad les digo: Que de ningún modo quede aquí piedra sobre piedra que no sea totalmente derribada.

Señales para antes del fin

³ Cuando estaba sentado en la Montaña de Los Olivos, los discípulos se *le* acercaron en privado y *le* preguntaron: Dinos, ¿cuándo será esto? ¿Cuál es la señal de tu venida y del fin de la era?

⁴ Jesús respondió: Cuídense que nadie los engañe. ⁵ Porque vendrán muchos en mi Nombre y dirán: Yo soy el Cristo, y a muchos engañarán.

⁶ Ustedes oirán de guerras y rumores de guerras. Atención, no se alarmen, porque esto debe suceder. Pero aún no es el fin. ⁷ Porque se levantará nación contra nación y reino contra reino, y habrá hambrunas y terremotos en diferentes lugares. ⁸ Pero todas estas cosas serán principio de dolores de parto.

⁹ Entonces los entregarán a tribulación y los matarán. Serán aborrecidos por todas las gentes a causa de mi Nombre. ¹⁰ Entonces muchos tropezarán. Se entregarán unos a otros y se aborrecerán. ¹¹ Muchos falsos profetas se levantarán y engañarán a muchos. ¹² Y por haberse multiplicado la maldad, el amor de muchos se enfriará. ¹³ Pero el que persevere hasta el fin será salvo. ¹⁴ Estas Buenas Noticias del reino serán proclamadas en toda la tierra para testimonio a todas las naciones. Entonces vendrá el fin.

¹⁵ Por tanto, cuando ustedes vean la repugnancia de la desolación anunciada por el profeta Daniel puesta en el Lugar Santo (el que lee, entienda), ¹⁶ entonces, los que estén en Judea huyan a las montañas. ¹⁷ El que

esté en la azotea, no baje a tomar *las cosas* de su casa, ¹⁸ y el que esté en el campo, no regrese a tomar su ropa. ¹⁹ Pero, ¡ay de las que estén embarazadas y de las que amamanten en aquellos días!

²⁰ Por tanto hablen con Dios para que su huida no sea en invierno, ni en sábado. ²¹ Porque habrá entonces una gran tribulación, como no hubo desde *el* comienzo del mundo hasta ahora, ni habrá jamás. ²² Si aquellos días no fueran acortados, ninguna persona sería salva. Pero aquellos días serán acortados por causa de los escogidos.

²³ Entonces, si alguno les dice: ¡Miren al Cristo! O: ¡Aquí! No crean. ²⁴ Porque se levantarán falsos cristos y falsos profetas. Harán grandes señales y prodigios, si fuera posible hasta engañar aun a los escogidos.

²⁵ Recuerden que se lo predije.

²⁶ Si les dicen: ¡Mira, está en el desierto! No salgan. ¡Mira, está en las recámaras! No crean. ²⁷ Porque como el relámpago sale del oriente y fulgura hasta el occidente, así será la venida del Hijo del Hombre. ²⁸ Donde esté el cadáver se reunirán los buitres.

La venida del Hijo del Hombre

²⁹ Inmediatamente después de la tribulación de aquellos días,
El sol se oscurecerá y la luna no dará su resplandor. Las estrellas se caerán del cielo y las potencias celestiales serán conmovidas. ³⁰ Entonces se mostrará la señal del Hijo del Hombre en el cielo. Todas las naciones de la tierra se lamentarán y verán al Hijo del Hombre que viene sobre las nubes del cielo con poder y gran gloria. ³¹ Enviará a sus ángeles con sonido de gran trompeta, y reunirán a sus escogidos de los cuatro puntos cardinales, desde un extremo al otro extremo de los cielos.

³² Así que aprendan la parábola de la higuera: Cuando su rama esté tierna y broten las hojas, saben ustedes que el verano está cerca. ³³ Así también ustedes, cuando vean todas estas cosas, sepan que está cerca, a las puertas.

³⁴ En verdad les digo: Que de ningún modo pase este linaje hasta que sucedan todas estas cosas. ³⁵ El cielo y la tierra pasarán, pero que no pasen mis Palabras. ³⁶ Sin embargo, nadie sabe en cuanto a aquél día y hora, ni los ángeles de los cielos, ni el Hijo. Solo el Padre.

³⁷ Pero como en los días de Noé, así será la venida del Hijo del Hombre. ³⁸ Porque como en aquellos días antes del diluvio comían y bebían, se casaban y se daban en casamiento hasta el día cuando Noé entró en el arca, ³⁹ y no entendieron hasta cuando el diluvio llegó y se los llevó a todos, así será la venida del Hijo del Hombre.

⁴⁰ Entonces estarán dos en el campo: Uno será tomado y el otro será dejado. ⁴¹ Estarán dos mujeres moliendo en el molino. Una será tomada y la

otra será dejada. ⁴²Velen, porque no saben cuál día viene su Señor. ⁴³Pero sepan esto: Si el dueño de la casa supiera a qué hora de la noche viene el ladrón, velaría y no permitiría que su casa fuera invadida. ⁴⁴Por esto, ustedes también estén preparados, porque el Hijo del Hombre vendrá a la hora cuando no lo piensen.

⁴⁵¿Quién es, pues, el esclavo fiel y prudente, a quien el señor puso para dar la comida a tiempo a su servidumbre? ⁴⁶¡Inmensamente feliz aquel esclavo a quien, cuando llegue su señor, lo encuentre que hace así! ⁴⁷En verdad les digo que lo pondrá sobre todos sus bienes.

⁴⁸Pero si aquel esclavo malo dice en su corazón: Mi señor tarda, ⁴⁹y comienza a golpear a sus consiervos, a comer y a beber con los que se emborrachan, ⁵⁰el señor vendrá el día y a la hora cuando el esclavo no *lo* espera, ⁵¹lo castigará severamente, y le asignará su lugar con los hipócritas. Allí será el llanto y el crujido de los dientes.

Las diez vírgenes

25 ¹Entonces el reino celestial será semejante a diez vírgenes, quienes tomaron sus lámparas y salieron a recibir al esposo. ²Cinco de ellas eran insensatas y cinco prudentes. ³Las insensatas tomaron sus lámparas y no tomaron aceite con ellas. ⁴Pero las prudentes llevaron aceite en sus vasijas con sus lámparas. ⁵El esposo tardó. Y todas cabecearon y se durmieron. ⁶A la medianoche hubo un clamor. ¡Ya *viene* el esposo, salgan a recibirlo!

⁷Entonces todas aquellas vírgenes se levantaron y arreglaron sus lámparas. ⁸Las insensatas dijeron a las prudentes: Dennos de su aceite, pues nuestras lámparas se apagan. ⁹Pero las prudentes respondieron: Vayan más bien a los que venden y compren para ustedes, a fin de que no nos falte a nosotras y a ustedes. ¹⁰Mientras iban a comprar, llegó el esposo. Las preparadas entraron con él a las bodas, y la puerta fue cerrada. ¹¹Más tarde, las otras vírgenes llegaron y clamaron: ¡Señor, señor, ábrenos! ¹²Pero él respondió: En verdad les digo que no las reconozco.

¹³Velen, pues, ya que no saben el día ni la hora.

Reparto de talentos

¹⁴Porque *esto* es como un hombre que, al salir de viaje, llama a sus esclavos y les encarga sus bienes. ¹⁵A uno dio cinco talentos,[a] a otro dos, y a otro uno, a cada uno según su capacidad. Y salió de viaje. ¹⁶El que recibió los cinco talentos negoció con ellos y ganó otros cinco. ¹⁷Asimismo el *que recibió* los dos ganó otros dos. ¹⁸Pero el que recibió uno excavó en la tierra y escondió el dinero de su señor.

---

[a] **25.15** Talento: 33 kilogramos de plata.

¹⁹ Después de mucho tiempo, llegó el señor de aquellos esclavos y arregló cuentas con ellos. ²⁰ Cuando se acercó el que recibió los cinco talentos, llevó otros cinco talentos y dijo: Señor, me entregaste cinco talentos. Mira, gané otros cinco talentos. ²¹ Y su señor le dijo: Bien, esclavo bueno y fiel. Sobre poco fuiste fiel. Te asignaré mucho. Entra en el gozo de tu señor.

²² Al acercarse también el *que recibió* los dos talentos, dijo: Señor, me entregaste dos talentos. Mira, gané otros dos talentos. ²³ Su señor le dijo: Bien, esclavo bueno y fiel. Sobre poco fuiste fiel. Te asignaré mucho. Entra en el gozo de tu señor.

²⁴ Al acercarse también el que recibió un talento, dijo: Señor, supe que tú eres un hombre duro, que cosechas donde no sembraste y recoges donde no esparciste. ²⁵ Me atemoricé, fui y escondí tu talento en la tierra. Mira, tienes lo tuyo. ²⁶ Pero su señor le respondió: Esclavo malo y negligente. ¿Sabías que cosecho donde no sembré y recojo donde no esparcí? ²⁷ Por tanto debiste llevar mi dinero a los banqueros, y al regresar yo habría recibido lo mío con intereses. ²⁸ Quítenle, pues, el talento, y denlo al que tiene los diez talentos. ²⁹ Porque a todo el que tiene se le dará y tendrá en abundancia. Pero al que no tiene, aun lo que tiene se le quitará. ³⁰ Echen en la oscuridad de afuera al esclavo inútil. Allí será el llanto y el crujido de los dientes.

Juicio a las naciones

³¹ Cuando el Hijo del Hombre venga en su gloria, y todos los ángeles con Él, se sentará en su trono de gloria. ³² Se reunirán delante de Él todas las naciones. Apartará *los* unos de *los* otros como el pastor separa las ovejas de las cabras: ³³ Pondrá las ovejas a su derecha y las cabras a su izquierda.

³⁴ Entonces el Rey dirá a los que estén a su derecha: ¡Vengan, benditos de mi Padre, hereden el reino preparado para ustedes desde la fundación del mundo! ³⁵ Porque tuve hambre y me dieron de comer, tuve sed y me dieron de beber, fui forastero y me acogieron, ³⁶ *estuve* desnudo y me vistieron, estuve enfermo y me visitaron, estaba en prisión y fueron a verme.

³⁷ Entonces los justos le responderán: Señor, ¿cuándo te vimos hambriento y te sustentamos, o sediento y te dimos de beber? ³⁸ ¿Cuándo te vimos forastero y te acogimos, o desnudo y te vestimos? ³⁹ ¿Cuándo te vimos enfermo o en la cárcel y te visitamos?

⁴⁰ El Rey les responderá: En verdad les digo. Por cuanto hicieron *esas cosas* a uno de mis hermanos más pequeños, *las* hicieron a Mí. ⁴¹ También dirá a los de su izquierda: ¡Apártense de Mí, malditos! ¡*Vayan* al fuego eterno preparado para el diablo y sus ángeles! ⁴² Porque tuve hambre y no me dieron de comer, tuve sed y no me dieron de beber, ⁴³ fui forastero y no me acogieron, estuve desnudo y no me vistieron, enfermo y en prisión, y no me visitaron.

⁴⁴ Entonces ellos responderán: Señor, ¿cuándo te vimos hambriento, sediento, forastero, desnudo, enfermo o en prisión, y no te servimos?

⁴⁵ Y les responderá: En verdad les digo. Por cuanto no *lo* hicieron a uno de estos más pequeños, tampoco *lo* hicieron a Mí. ⁴⁶ Éstos irán al castigo eterno, y los justos a la vida eterna.

El complot

26 ¹ Cuando Jesús terminó estas palabras, dijo a sus discípulos: ² Ustedes saben que dentro de dos días se celebra la Pascua, y el Hijo del Hombre será entregado para ser crucificado.

³ Entonces los principales sacerdotes y los ancianos del pueblo se reunieron en el patio del sumo sacerdote Caifás ⁴ y conspiraron para apresar a Jesús con engaño y matarlo. ⁵ Pero decían: No durante la fiesta, para que no haya alboroto en el pueblo.

Unción en Betania

⁶ Jesús estaba en casa de Simón el leproso en Betania. ⁷ Se acercó una mujer que tenía un frasco de alabastro con un perfume muy costoso, y lo derramó sobre la cabeza de Jesús mientras estaba reclinado.

⁸ Cuando los discípulos vieron *esto* se indignaron y dijeron: ¿Para qué este derroche? ⁹ Pues esto se podría vender por mucho para dar a *los* pobres.

¹⁰ Jesús les preguntó: ¿Por qué molestan a la mujer? Pues me hizo buena obra, ¹¹ porque siempre tienen con ustedes a los pobres, pero a Mí no me tienen siempre. ¹² Al derramar este perfume sobre mi cuerpo, me preparó para ser sepultado. ¹³ En verdad les digo: En cualquier parte del mundo donde se proclamen estas Buenas Noticias también se dirá lo que hizo en memoria de ella.

30 piezas de plata

¹⁴ Entonces uno de los 12, Judas Iscariote, fue a los principales sacerdotes ¹⁵ y les preguntó: ¿Qué me dan si yo se lo entrego?

Y ellos le pesaron 30 piezas de plata. ¹⁶ Desde entonces buscaba una oportunidad para entregarlo.

Institución de la Cena del Señor

¹⁷ El primer día de la fiesta de los Panes sin Levadura, los discípulos preguntaron a Jesús: ¿Dónde quieres que preparemos para comer la pascua?

¹⁸ Y Él contestó: Vayan a la ciudad, a casa de un hombre y díganle: El Maestro dice: Mi tiempo está cerca. En tu casa celebro la Pascua con mis discípulos.

¹⁹ Los discípulos hicieron como Jesús les ordenó, y prepararon la pascua.
²⁰ Cuando llegó la tarde, se reclinó a la mesa con los 12. ²¹ Mientras comían, *Jesús* dijo: En verdad les digo que uno de ustedes me entregará.

²² Ellos, profundamente entristecidos, comenzaron a preguntarle, uno por uno: ¿Soy yo, Señor?

²³ Él respondió: El que mete la mano conmigo en el plato me entregará. ²⁴ En verdad, el Hijo del Hombre avanza según lo que está escrito de Él, pero ¡ay de aquel hombre por el cual el Hijo del Hombre es entregado! Bueno le fuera a ese hombre no haber nacido.

²⁵ Entonces Judas, el que lo iba a entregar, preguntó: ¿Soy yo, Maestro? Le respondió: Tú *lo* dijiste.

²⁶ Mientras comían, Jesús tomó un pan, dio gracias, partió y al dar a los discípulos dijo: Tomen, coman. Esto es mi cuerpo.

²⁷ Tomó una copa, dio gracias, les dio y dijo: Beban de ella todos. ²⁸ Esto es la sangre del Pacto, la cual se derrama por muchos para perdón de pecados. ²⁹ Y les digo: Que de ningún modo beba de este fruto de la vid desde ahora hasta aquel día cuando beba nuevo *vino* con ustedes en el reino de mi Padre.

³⁰ Después de cantar un himno, salieron hacia la Montaña de Los Olivos.

Predicha la conturbación de los discípulos

³¹ Entonces Jesús les dijo: Esta noche todos ustedes serán conturbados a causa de Mí, porque está escrito:
Heriré al Pastor y las ovejas del rebaño serán dispersadas.

³² Pero después que Yo sea resucitado, iré delante de ustedes a Galilea.

³³ Pedro respondió: Aunque todos sean conturbados por causa de Ti, yo nunca seré conturbado.

Predicha la negación de Pedro

³⁴ Jesús le dijo: En verdad te digo que esta noche, antes que un gallo cante, me negarás tres veces.

³⁵ Pedro le respondió: Aunque tenga que morir contigo, de ningún modo te negaré. Y todos los discípulos dijeron lo mismo.

Conversación con Dios en Getsemaní

³⁶ Entonces Jesús llegó con ellos a un lugar llamado Getsemaní y dijo a los discípulos: Siéntense aquí, mientras voy allí y hablo con Dios.

³⁷ Se llevó a Pedro y a los dos hijos de Zebedeo, y comenzó a entristecerse y angustiarse. ³⁸ Les dijo: Mi alma está muy afligida hasta la muerte. ¡Quédense aquí y velen conmigo!

⁣**Mt**

³⁹ Fue un poco más adelante, se postró sobre su rostro y habló con Dios: ¡Padre mío, si es posible pase de Mí esta copa! Pero no como Yo quiero, sino como Tú *quieras*.

⁴⁰ Luego regresó a los discípulos y los halló dormidos, y dijo a Pedro: ¿Así que no pudieron velar conmigo una hora? ⁴¹ Velen y hablen con Dios para que no entren en tentación. En verdad, el espíritu está dispuesto, pero el cuerpo es débil.

⁴² Fue de nuevo y habló con Dios por segunda vez: ¡Padre mío, si esto no puede pasar sin que lo beba, sea hecha tu voluntad!

⁴³ Al regresar, los halló otra vez dormidos, porque sus ojos estaban cargados *de sueño*. ⁴⁴ Nuevamente los dejó, fue y habló con Dios por tercera vez, y dijo las mismas palabras.

⁴⁵ Luego fue a los discípulos y les dijo: Duerman lo que resta y descansen. Miren, la hora llegó y el Hijo del Hombre es entregado en manos de pecadores. ⁴⁶ Levántense, vamos. Miren, se acerca el que me entrega.

El arresto del Señor Jesús

⁴⁷ Mientras hablaba llegó Judas, uno de los 12, acompañado por mucha gente con espadas y garrotes de parte de los sacerdotes y ancianos del pueblo. ⁴⁸ El que lo entregaba les dio una señal: Al que yo bese, Él es. Arréstenlo. ⁴⁹ Enseguida, al acercarse a Jesús, dijo: ¡Te saludo, Maestro! Y lo besó ostentosamente.

⁵⁰ Jesús le dijo: ¡Compañero, a lo que vienes!

Entonces se acercaron, pusieron las manos sobre Jesús y lo arrestaron.

⁵¹ Pero uno de los que estaban con Jesús, sacó su espada, atacó al esclavo del sumo sacerdote y le amputó la oreja.

⁵² Entonces Jesús le dijo: Vuelve tu espada a su lugar, porque todos los que toman espada, a espada perecerán. ⁵³ ¿O piensas que no puedo invocar a mi Padre, y ahora mismo pondría a mi disposición más de 12 legiones de ángeles? ⁵⁴ Pero entonces, ¿cómo se cumplirían las Escrituras las cuales dicen que así debe suceder?

⁵⁵ En aquella hora Jesús dijo a la muchedumbre: ¿Como contra un bandido salieron ustedes a arrestarme con espadas y garrotes? Cada día me sentaba y enseñaba en el Templo, y no me arrestaron. ⁵⁶ Pero todo esto sucedió para que se cumplieran las Escrituras de los profetas.

Entonces todos los discípulos lo abandonaron y huyeron.

Ante el Tribunal Supremo

⁵⁷ Los que arrestaron a Jesús lo llevaron ante el sumo sacerdote Caifás, donde estaban reunidos los escribas y los ancianos.

⁵⁸ Pedro lo seguía de lejos, hasta el patio del sumo sacerdote. Después de entrar, se sentó con los guardianes para ver el fin.

⁵⁹ Los principales sacerdotes y todo el Tribunal Supremo buscaban un falso testimonio contra Jesús para matarlo. ⁶⁰ Pero, aunque se presentaron muchos testigos falsos, no lo hallaron.

Finalmente, al presentarse dos, ⁶¹ dijeron: Éste dijo: Puedo derribar el Santuario de Dios y reconstruirlo en tres días.

⁶² Entonces el sumo sacerdote se levantó y le preguntó: ¿Nada respondes a lo que testifican estos contra ti?

⁶³ Pero Jesús callaba.

Entonces el sumo sacerdote le dijo: ¡Te conjuro por el Dios viviente que nos digas si Tú eres el Cristo, el Hijo de Dios!

⁶⁴ Jesús le contestó: Tú mismo lo dijiste. Y además les digo: Desde ahora verán ustedes al

> Hijo del Hombre sentado a la mano derecha del Poder, y
> que viene sobre las nubes del cielo.

⁶⁵ Entonces el sumo sacerdote rasgó sus ropas y dijo: ¡Blasfemó! ¿Qué necesidad tenemos aún de testigos? ¡Ahora mismo ustedes oyeron la blasfemia! ⁶⁶ ¿Cómo les parece? Ellos respondieron: ¡Es reo de muerte!

⁶⁷ Entonces lo escupieron en el rostro y le dieron puñetazos. Otros le dieron bofetadas ⁶⁸ y decían: ¡Profetízanos, Cristo! ¿Quién es el que te golpeó?

La negación de Pedro

⁶⁹ Pedro estaba sentado afuera en el patio. Se le acercó una esclava y le dijo: ¡Tú también estabas con Jesús el galileo!

⁷⁰ Pero él negó delante de todos: ¡No sé de qué hablas!

⁷¹ Al salir a la puerta, otra lo vio y dijo a los que estaban allí: ¡Éste estaba con Jesús nazareno!

⁷² Otra vez negó con juramento: ¡No conozco al Hombre!

⁷³ Después, se acercaron los que estaban por ahí y dijeron a Pedro: En verdad tú también eres de ellos, porque hasta tu manera de hablar te delata.

⁷⁴ Entonces comenzó a maldecir y a jurar: ¡No conozco a ese Hombre!

Enseguida un gallo cantó. ⁷⁵ Pedro se acordó de la Palabra de Jesús, Quien le dijo: Antes que un gallo cante, me negarás tres veces. Y salió afuera y lloró amargamente.

Ante Pilato

27 ¹ Al llegar la madrugada, todos los principales sacerdotes y los ancianos del pueblo se reunieron en consejo contra Jesús para matarlo.
² Después de atarlo, lo llevaron y lo entregaron a Pilato, el procurador.

Muerte de Judas

3 Entonces Judas, el que lo entregó, al ver que fue condenado, sintió remordimiento. Devolvió las 30 piezas de plata a los principales sacerdotes y ancianos **4** y dijo: Pequé al entregar sangre inocente.

Pero ellos dijeron: ¿Y a nosotros qué? ¡Allá tú!

5 Después de tirar las piezas de plata en el Santuario, se retiró. Luego fue y se ahorcó.

6 Los principales sacerdotes tomaron las piezas de plata y dijeron: No es lícito echarlas en el tesoro por cuanto es precio de sangre. **7** Tomaron consejo y compraron con ellas el campo del alfarero como cementerio para extranjeros, **8** por lo cual fue llamado Campo de Sangre hasta hoy.

9 Entonces se cumplió lo dicho por el profeta Jeremías:
Tomaron las 30 piezas de plata, precio del Valorado, a Quien *los* hijos de Israel le fijaron precio, **10** y las dieron por el campo del alfarero, como el Señor me ordenó.

El Rey de los judíos

11 Jesús fue llevado ante el procurador Pilato, quien le preguntó: ¿Eres Tú el Rey de los judíos?

Jesús respondió: Tú *lo* dices.

12 Al ser acusado por los principales sacerdotes y los ancianos, Él nada respondió.

13 Pilato entonces le preguntó: ¿No oyes cuántas cosas testifican contra Ti?

14 Pero no le respondió ni una palabra, hasta el punto de asombrar en gran manera al procurador.

La sentencia

15 Ahora bien, en cada fiesta el procurador acostumbraba soltar un preso a la multitud, el que quisieran. **16** Entonces tenían un preso famoso llamado Barrabás.

17 Al reunirse ellos, Pilato les preguntó: ¿A quién quieren que les suelte: A Barrabás o a Jesús, el llamado Cristo? **18** Porque sabía que por envidia lo entregaron.

19 Cuando él estaba sentado en el tribunal, su esposa le mandó a decir: No te metas con ese Justo, porque hoy he sufrido mucho en sueños a causa de Él.

20 Pero los principales sacerdotes y los ancianos persuadieron a la multitud para que pidieran a Barrabás y mataran a Jesús.

21 El procurador les preguntó: ¿A cuál de los dos quieren que les suelte?

Ellos dijeron: ¡A Barrabás!

²² Pilato les preguntó: ¿Qué hago a Jesús, el llamado Cristo?

Dijeron todos: ¡Que lo crucifiquen!

²³ Él insistió: ¿Pues qué mal hizo?

Pero ellos gritaban aún más: ¡Crucifíquenlo!

²⁴ Al ver Pilato que nada se lograba, sino más bien se formaba un alboroto, tomó agua, se lavó las manos delante de la turba y dijo: ¡Soy inocente de la sangre de Éste! ¡Allá ustedes!

²⁵ Todo el pueblo respondió: ¡Su sangre sea sobre nosotros y sobre nuestros hijos!

²⁶ Entonces les soltó a Barrabás. Después de azotar a Jesús, lo entregó para que fuera crucificado.

²⁷ Los soldados, después de llevar a Jesús a la residencia oficial del procurador, reunieron a toda la tropa alrededor de Él. ²⁸ Después de desnudarlo, le pusieron un manto escarlata. ²⁹ Luego, trenzaron una corona de espinas y la pusieron en su cabeza. Colocaron una caña en su mano derecha. Lo ridiculizaban, se arrodillaban ante Él y le decían: ¡Honor a Ti, Rey de los judíos! ³⁰ Lo escupieron, tomaron la caña y *le* golpeaban la cabeza.

El Gólgota

³¹ Cuando lo ridiculizaron, le quitaron el manto, le pusieron su ropa y lo llevaron para crucificarlo. ³² Al salir, hallaron a Simón cireneo, a quien obligaron a llevar la cruz *de Jesús*.

³³ Después de llegar a un lugar llamado *Gólgota*, es decir: Lugar de *la* calavera, ³⁴ le dieron vino mezclado con hiel, pero luego de probarlo no quiso beber. ³⁵ Después de crucificarlo, echaron suerte para repartirse sus ropas, ³⁶ y sentados allí, lo vigilaban. ³⁷ Por encima de su cabeza pusieron escrita la acusación contra Él: **Éste es Jesús, el Rey de los judíos.**

³⁸ Dos ladrones fueron crucificados con Él: uno a la derecha y otro a la izquierda. ³⁹ Los que pasaban lo insultaban, meneaban la cabeza, ⁴⁰ y decían: El que derriba el Santuario y en tres días lo reedifica, ¡sálvese Él mismo! Si es Hijo de Dios, ¡descienda de la cruz!

⁴¹ De igual manera, los principales sacerdotes se burlaban junto con los escribas y ancianos, y decían: ⁴² A otros salvó, Él mismo no se puede salvar. ¡Es Rey de Israel! ¡Descienda ahora de la cruz, y creeremos en Él! ⁴³ Confió en Dios. Que lo libre ahora si quiere, porque dijo: **Soy Hijo de Dios.**

⁴⁴ Del mismo modo lo insultaban los ladrones que fueron crucificados con Él.

⁴⁵ Desde las 12 del día hasta las tres de la tarde hubo oscuridad sobre toda la tierra.

⁴⁶ Alrededor de las tres de la tarde, Jesús exclamó a gran voz: Elí, Elí, ¿lemá sabajtani? Esto es: Dios mío, Dios mío, ¿por qué me desamparaste?

⁴⁷ Algunos de los que estaban allí, al oír *esto*, decían: Éste llama a Elías. ⁴⁸ Al instante, uno de ellos corrió, tomó una esponja, la empapó en vinagre, la colocó en una caña y le daba de beber. ⁴⁹ Pero los demás decían: Deja, veamos si Elías viene a salvarlo.

⁵⁰ Entonces Jesús, después de clamar otra vez a gran voz, entregó el espíritu.

⁵¹ Sucedió que el velo del Santuario se rasgó en dos, de arriba abajo. La tierra fue sacudida y las rocas fueron partidas. ⁵² Se abrieron los sepulcros y muchos cuerpos de los santos que habían dormido fueron resucitados. ⁵³ Cuando salieron de los sepulcros, entraron en la Ciudad Santa. Después de la resurrección de Él aparecieron a muchos.

⁵⁴ Cuando el centurión y los que custodiaban a Jesús vieron el terremoto y lo que sucedía, se atemorizaron y dijeron: ¡En verdad Éste era Hijo de Dios!

⁵⁵ Muchas mujeres estaban allí quienes miraban desde lejos. Ellas seguían y servían a Jesús desde Galilea, ⁵⁶ entre las cuales estaban María Magdalena, María, la madre de Jacobo y José, y la madre de los hijos de Zebedeo.

La sepultura de Jesús

⁵⁷ Por la tarde un discípulo de Jesús llamado José, hombre rico de Arimatea, ⁵⁸ se presentó ante Pilato y le pidió el cuerpo de Jesús.

Entonces Pilato ordenó que se le diera.

⁵⁹ José tomó el cuerpo, lo envolvió en una sábana limpia ⁶⁰ y lo puso en un sepulcro nuevo de su propiedad, el cual había excavado en la roca. Y después de rodar una gran piedra hasta la entrada del sepulcro, se retiró.

⁶¹ Y María Magdalena y la otra María estaban sentadas allí frente al sepulcro.

La guardia ante la tumba

⁶² El día después de la Preparación, los principales sacerdotes y fariseos se reunieron con Pilato ⁶³ y le dijeron: Señor, nos acordamos que aquel impostor, cuando aún vivía, dijo: Después de tres días, seré resucitado. ⁶⁴ Manda, pues, asegurar el sepulcro hasta el tercer día, no sea que vengan los discípulos, lo hurten y digan al pueblo que resucitó de entre los muertos. Entonces será el último engaño peor que el primero.

⁶⁵ Pilato les dijo: Ustedes tienen una guardia. Vayan, asegúrenlo como saben.

⁶⁶ Ellos salieron, aseguraron el sepulcro y sellaron la piedra en compañía de la guardia.

Resurrección de Cristo

28 ¹ Al amanecer el primer día de la semana, María Magdalena y la otra María llegaron a ver el sepulcro.

² Y había sucedido un gran terremoto, porque un ángel del Señor descendió del cielo, rodó la piedra y se sentó sobre ella. ³ Su aspecto era como un relámpago y su vestidura blanca como la nieve.

⁴ Al verlo, los guardias que custodiaban *el sepulcro* se atemorizaron y quedaron como muertos.

⁵ Entonces el ángel dijo a las mujeres: No teman, porque sé que buscan a Jesús, el que fue crucificado. ⁶ No está aquí, porque fue resucitado como lo dijo. Vengan, vean el lugar donde fue puesto. ⁷ Vayan de prisa y digan a sus discípulos que fue resucitado de entre *los* muertos. Él va delante de ustedes a Galilea. Allí lo verán. ¡Ya les dije!

⁸ Así que ellas salieron sin demora del sepulcro y corrieron con temor y gran gozo a dar la noticia a sus discípulos.

⁹ Jesús les salió al encuentro y las saludó.

Ellas se acercaron, se postraron ante Él y le abrazaron los pies.

¹⁰ Jesús les dijo: No teman. Salgan, anuncien a mis hermanos que vayan a Galilea. Allí me verán.

El informe de la guardia

¹¹ Mientras ellas iban en el camino, algunos guardias fueron a la ciudad e informaron todo lo sucedido a los principales sacerdotes. ¹² Entonces, se reunieron, tomaron consejo con los ancianos, dieron mucha plata a los guardias ¹³ y les ordenaron: Digan que mientras estaban dormidos, sus discípulos vinieron de noche y hurtaron *el cuerpo*. ¹⁴ Si el procurador oye esto, nosotros lo convenceremos y los libraremos de problemas.

¹⁵ Entonces ellos tomaron la plata e hicieron lo que se les ordenó. Este hecho se ha divulgado entre los judíos hasta hoy.

La gran comisión

¹⁶ Los 11 discípulos fueron a la montaña que Jesús les dijo en Galilea. ¹⁷ Cuando lo vieron, lo adoraron, pero ellos dudaban.

¹⁸ Entonces Jesús les habló: Toda potestad me fue dada en *el* cielo y sobre *la* tierra. ¹⁹ Vayan, pues, discipulen a todas las gentes y bautícenlas en el Nombre del Padre, del Hijo y del Espíritu Santo. ²⁰ Enséñenles a guardar todas las cosas que les he mandado. Y ciertamente Yo estoy con ustedes todos los días hasta el fin de la era.

Marcos

El precursor

1 ¹ Principio de las Buenas Noticias de Jesucristo. ² Como está escrito en el profeta Isaías:
Ciertamente envío mi mensajero delante de Ti, quien preparará tu camino.
³ Voz que clama en el desierto:
Preparen el camino del Señor. Enderecen sus sendas.

⁴ Juan apareció en una región despoblada. Bautizaba y proclamaba un bautismo de cambio de mente para perdón de pecados.

⁵ Los habitantes de Judea y Jerusalén acudían a él. Confesaban sus pecados y eran bautizados por él en el río Jordán.

⁶ Juan vestía pelos de camello y cinturón de cuero alrededor de su cintura, y comía saltamontes y miel silvestre. ⁷ Proclamaba: Viene tras mí Alguien más poderoso que yo, de Quien no soy digno de inclinarme y desatar la correa de sus sandalias. ⁸ Yo los bautizo con agua, pero Él los bautizará con *el* Espíritu Santo.

Bautismo de Jesús

⁹ Aconteció en aquellos días que Jesús salió de Nazaret de Galilea y fue bautizado por Juan en el Jordán. ¹⁰ De inmediato, al salir del agua, vio los cielos abiertos y al Espíritu que descendía sobre Él como paloma. ¹¹ Se oyó una voz de los cielos: Tú eres mi Hijo amado. En Ti me deleité.

La tentación al Señor Jesús

¹² Enseguida el Espíritu lo impulsó a una región despoblada. ¹³ Estuvo allí 40 días y fue tentado por Satanás. Estaba con las fieras, y los ángeles le servían.

Ministerio en Galilea

¹⁴ Después del arresto de Juan, Jesús fue a Galilea a proclamar las Buenas Noticias de Dios: ¹⁵ ¡El tiempo se cumplió y el reino de Dios se acercó! ¡Cambien de mente y crean en las Buenas Noticias!

Primeros discípulos

¹⁶ Al pasar junto al mar de Galilea, vio a Simón y a su hermano Andrés, quienes echaban una red en el mar porque eran pescadores. ¹⁷ Jesús les dijo:

Síganme y serán pescadores de hombres. ¹⁸ Dejaron las redes y de inmediato lo siguieron.

¹⁹ Un poco más adelante vio a Jacobo, *hijo* de Zebedeo y a su hermano Juan quienes remendaban las redes en su barca. ²⁰ Enseguida los llamó.

Dejaron a su padre Zebedeo en la barca con los jornaleros y lo siguieron.

En Cafarnaúm

²¹ Entraron en Cafarnaúm, y los sábados *Jesús* enseñaba en la congregación judía.

²² Se asombraban de su doctrina, porque les enseñaba como Quien tiene autoridad y no como los escribas.

²³ Un hombre que tenía un espíritu impuro estaba en la congregación y gritaba: ²⁴ ¿Qué nos pasa[a] a Ti y a mí, Jesús nazareno? ¿Vienes a destruirnos? ¡Sé Quién eres: El Santo de Dios!

²⁵ Pero Jesús lo reprendió: ¡Enmudece y sal de él!

²⁶ El espíritu impuro lo convulsionó, gritó a gran voz y salió de él.

²⁷ Todos se asombraron de manera tan extraordinaria que decían: ¿Qué es esto? ¿Una nueva enseñanza? Con autoridad manda aun a los espíritus impuros, ¡y le obedecen! ²⁸ Enseguida su fama se extendió por toda la región alrededor de Galilea.

La suegra de Pedro

²⁹ Al salir de la congregación, *Jesús* fue a la casa de Simón y Andrés con Jacobo y Juan.

³⁰ La suegra de Simón estaba tendida con fiebre, y de inmediato le hablaron de ella.

³¹ Jesús se acercó, la tomó de la mano y la levantó. Se le quitó la fiebre, y les servía.

Muchas sanidades

³² Cuando bajó el sol, le llevaron todos los enfermos y endemoniados. ³³ La ciudad entera se agolpó ante la puerta *de la casa*.

³⁴ Jesús sanó a muchos de diversas dolencias y echó fuera muchos demonios. No los dejaba hablar, porque lo conocían.

Viaje por Galilea

³⁵ Después de levantarse muy temprano, cuando aún había oscuridad, fue a un lugar solitario para hablar con Dios.

---

[a] **1.24** Lit. *Qué a nosotros.*

³⁶ Simón y los que andaban con él lo buscaron. ³⁷ Cuando lo hallaron, le dijeron: ¡Todos te buscan!

³⁸ *Él* les dijo: Vamos a predicar a otros pueblos vecinos, pues para esto salí. ³⁹ Fue por toda Galilea, predicaba en las congregaciones de ellos y echaba fuera los demonios.

Un leproso

⁴⁰ Un leproso se acercó a Él y le rogaba: Si quieres, puedes limpiarme.

⁴¹ Conmovido, *Jesús* extendió la mano, lo tocó y le dijo: Quiero. ¡Sé limpio! ⁴² Al instante la lepra salió de él y quedó limpio.

⁴³ Después de advertirle rigurosamente, lo despidió ⁴⁴ y le dijo: Mira, a nadie le hables de esto, sino vé, preséntate ante el sacerdote. Ofrece por tu purificación lo que Moisés ordenó, para testimonio a ellos.

⁴⁵ Pero al salir, pregonaba a muchos y divulgaba el asunto, de tal modo que *Jesús* no podía entrar públicamente en *la* ciudad, sino permanecía en lugares despoblados. Iban a Él de todas partes.

Autoridad para perdonar

2 ¹ Varios días después, *Él* regresó a Cafarnaúm, y se oyó: *Jesús* está en casa. ² Se aglomeraron tantos que ya no quedaba lugar ni aun frente a la puerta.

Jesús les hablaba la Palabra.

³ Entonces cuatro *hombres* llegaron con un paralítico. ⁴ Al no poder llevarlo ante Él por causa de la multitud, quitaron el techo del lugar donde *Jesús* estaba y bajaron al paralítico sobre la camilla en la cual estaba acostado.

⁵ Cuando Jesús vio la fe de ellos, dijo al paralítico: Hijo, tus pecados te son perdonados.

⁶ Unos escribas estaban sentados allí quienes pensaban: ⁷ ¿Por qué habla éste así? Blasfema. ¿Quién puede perdonar pecados sino solo Dios?

⁸ Al instante, Jesús conoció en su espíritu que razonaban esto y les preguntó: ¿Por qué piensan esas cosas? ⁹ ¿Qué es más fácil? ¿Decir al paralítico: Tus pecados te son perdonados, o levántate, toma tu camilla y anda? ¹⁰ Pues para que ustedes sepan que el Hijo del Hombre tiene potestad para perdonar pecados en la tierra, dijo al paralítico: ¹¹ ¡Levántate, alza tu camilla y vete a tu casa!

¹² Se levantó, alzó la camilla y salió delante de los reunidos. Todos se asombraban, glorificaban a Dios y decían: ¡Jamás vimos algo semejante!

El publicano Leví

13 *Jesús* volvió a la orilla del mar. La multitud se agolpaba hacia Él, y les enseñaba. **14** Al pasar vio a Leví, *hijo* de Alfeo sentado en el lugar de los tributos y le dijo: ¡Sígueme! Se levantó y lo siguió.

15 Sucedió que muchos publicanos y pecadores que lo seguían *se* reclinaron con Jesús y sus discípulos en la casa de *Leví*, pues eran muchos y lo seguían. **16** Los escribas de los fariseos, al ver que comía con los pecadores y publicanos, preguntaron a los discípulos de Él: ¿Por qué come con los publicanos y pecadores?

17 Cuando Jesús oyó *esto* les dijo: Los sanos no necesitan médico, sino los enfermos. No vine a llamar a justos, sino a pecadores.

Sobre el ayuno

18 Los discípulos de Juan y los fariseos ayunaban. Se acercaron y le preguntaron: ¿Por qué los discípulos de Juan y los discípulos de los fariseos ayunan, y tus discípulos no ayunan?

19 Jesús les respondió: ¿Pueden ayunar los que asisten al esposo cuando él está con ellos? Mientras el esposo está presente no pueden ayunar, **20** pero vendrán días cuando se les quitará el esposo. Entonces ayunarán.

21 Nadie remienda vestido viejo con tela nueva, porque de lo contrario, el remiendo nuevo tira de lo viejo y la rotura es peor. **22** Nadie echa vino nuevo en odres viejos, porque el vino revienta los odres, y se pierden el vino y los odres. *El* vino nuevo *se echa* en odres nuevos.

El Señor del sábado

23 Al pasar por los sembrados un sábado, sus discípulos, cuando se abrían paso, arrancaban espigas.

24 Los fariseos le decían: Mira, ¿por qué hacen lo que no es lícito hacer los sábados?

25 Les preguntó: ¿Nunca leyeron ustedes *lo* que hizo David cuando tuvo hambre y necesidad, él y los que estaban con él, **26** en los tiempos del sacerdote Abiatar? ¿Cómo entró en la Casa de Dios y comió los Panes de la Presentación, de los cuales no es lícito comer sino a los sacerdotes, y dio también a los que estaban con él?

27 El sábado se estableció por causa del hombre, y no el hombre por causa del sábado. **28** Por tanto el Hijo del Hombre es también Señor del sábado.

¿Es lícito hacer bien o mal?

3 ¹ Entró otra vez en la congregación, y estaba allí un hombre que tenía una mano paralizada. ² Lo observaban para ver si lo sanaría en sábado a fin de acusarlo.

³ Entonces dijo al hombre que tenía la mano paralizada: Levántate, *ponte en pie* en medio.

⁴ Les preguntó: ¿Es lícito en sábado hacer bien o hacer mal, salvar *la* vida o matar? Pero ellos callaban.

⁵ Al mirarlos alrededor con enojo, entristecido por la dureza de sus corazones, le dijo al hombre: Extiende tu mano.

El hombre la extendió y le fue restaurada.

⁶ De inmediato los fariseos tomaron consejo con los herodianos contra Él para matarlo.

Una multitud a la orilla del mar

⁷ Pero Jesús se retiró con sus discípulos hacia el mar, y una gran multitud de Galilea, Judea, ⁸ Jerusalén, Edom, del otro lado del Jordán y muchos de alrededor de Tiro y Sidón, al oír cuán grandes cosas hacía, acudió a Él. ⁹ Por causa de la multitud, dijo a sus discípulos que tuvieran lista una barquilla para que no lo apretujaran, ¹⁰ porque le caían encima para tocarlo, pues había sanado a muchos enfermos.

¹¹ Cuando los espíritus impuros lo miraban, caían ante Él y gritaban: ¡Tú eres el Hijo de Dios!

¹² Pero Él los reprendía severamente para que no declararan Quién era Él.

Los 12 apóstoles

¹³ *Jesús* subió a la montaña y llamó a los que Él quiso, y fueron con Él. ¹⁴ Escogió a 12 para que estuvieran con Él y enviarlos a predicar ¹⁵ y darles autoridad de echar fuera los demonios. ¹⁶ A Simón, a quien llamó Pedro, ¹⁷ Jacobo y su hermano Juan, los *hijos* de Zebedeo, a quienes llamó Boanerges, esto es, hijos del trueno, ¹⁸ Andrés, Felipe, Bartolomé, Mateo, Tomás, Jacobo, *hijo* de Alfeo, Tadeo, Simón el cananita, ¹⁹ y Judas Iscariote, quien lo traicionó.

Lo imperdonable

²⁰ *Jesús* fue a una casa, y de nuevo se agolpó una multitud, de tal modo que ellos ni siquiera podían comer.

²¹ Cuando su familia oyó lo que sucedía, fueron a echarle mano, porque decían que estaba fuera de sí.

²² Y los escribas que bajaron de Jerusalén decían: ¡Tiene a Beelzebul! Y: ¡Por el jefe de los demonios echa fuera a los demonios!

²³ Los llamó y les dijo en parábolas: ¿Cómo puede Satanás echar fuera a Satanás? ²⁴ Si un reino se divide contra él mismo no permanece firme. ²⁵ Si una casa se divide contra ella misma no permanece firme. ²⁶ Si Satanás se levanta contra él mismo y se divide, no puede permanecer, sino tiene fin.

²⁷ Pero nadie que entra en la casa del valiente podrá saquear sus bienes, si primero no ata al valiente para luego saquear su casa.

²⁸ En verdad les digo que todos los pecados y las blasfemias, cualesquiera que sean, les serán perdonados a los hijos de los hombres, ²⁹ pero el que blasfeme contra el Espíritu Santo no tiene perdón jamás, sino es reo culpable de pecado eterno. ³⁰ Porque decían: Tiene un espíritu impuro.

La verdadera familia

³¹ Entonces llegaron su madre y sus hermanos. Estaban afuera y mandaron a llamarlo. ³² Alrededor de Él estaba sentada una multitud y le dijeron: Mira, tu madre y tus hermanos te buscan.

³³ Él les respondió: ¿Quiénes son mi madre y mis hermanos? ³⁴ Entonces miró a su alrededor y dijo: ¡Aquí están mi madre y mis hermanos! ³⁵ Cualquiera que haga la voluntad de Dios es mi hermano, mi hermana y mi madre.

El sembrador

4 ¹ Otra vez comenzó a enseñar junto al mar. Se reunió ante Él una multitud tan grande que tuvo que sentarse en una barca en el mar, y toda la multitud estaba en la playa.

² Les enseñaba muchas cosas por medio de parábolas. En su enseñanza les decía: ³ Oigan. El sembrador salió a sembrar. ⁴ Parte *de la semilla* cayó junto al camino. Llegaron las aves y la devoraron.

⁵ Otra *parte* cayó en el pedregal y brotó enseguida porque no había mucha tierra. ⁶ Pero cuando salió el sol se marchitó, y por no tener raíz se secó.

⁷ Otra *parte* cayó entre espinos. Los espinos crecieron y la aplastaron, y no dio fruto.

⁸ Pero otra *parte* cayó en tierra buena. Al crecer y desarrollarse, dio fruto que produjo una a 30, otra a 70 y otra a ciento por uno.

⁹ Y decía: El que tiene oídos para oír, escuche.

El propósito de las parábolas

¹⁰ Cuando quedaron solos, los que estaban con los 12 alrededor de Él le preguntaban sobre las parábolas.

¹¹ Y les dijo: A ustedes les fue dado *entender* el misterio del reino de Dios. Pero a los de afuera todo se *les* presenta en parábolas, ¹² para que al ver, vean y no perciban, y al oír, oigan y no entiendan, no sea que den la vuelta y se les perdone.

Significado de la parábola

¹³ Entonces les preguntó: ¿No entendieron *ustedes* esta parábola? ¿Cómo entenderán las demás?

¹⁴ El que siembra, planta la Palabra. ¹⁵ Los de junto al camino son aquellos en quienes es sembrada la Palabra, y cuando *la* oyen enseguida viene Satanás y quita la Palabra que se sembró en ellos.

¹⁶ Los sembrados en pedregales son aquellos que, cuando oyen la Palabra, de inmediato la reciben con gozo, ¹⁷ pero no tienen raíz en ellos mismos. Son temporales. Entonces, cuando viene una aflicción o persecución por causa de la Palabra, enseguida tropiezan.

¹⁸ Los sembrados entre espinos son los que oyen la Palabra, ¹⁹ pero los afanes de la era presente, el engaño de las riquezas y la codicia por las demás cosas, aplastan la Palabra y no la dejan dar fruto.

²⁰ Los que fueron sembrados en la buena tierra son los que oyen la Palabra y la reciben, y dan fruto, uno a 30, otro a 60, y otro a ciento por uno.

Manifestación de lo oculto

²¹ También les dijo: ¿Se trae la lámpara para ponerla debajo de una caja[a] o debajo de la cama? ¿No es para ponerla sobre el candelero? ²² Porque no hay *cosa* oculta que no sea manifestada, ni escondida que no salga a la luz. ²³ Si alguno tiene oídos para oír, escuche.

²⁴ También les dijo: Consideren *lo* que oyen. Con la medida que midan se les medirá y se les añadirá. ²⁵ Porque al que tiene, se le dará, y al que no tiene, aun lo que tiene se le quitará.

Crecimiento de la semilla

²⁶ También dijo: El reino de Dios es como cuando un hombre echa la semilla en la tierra. ²⁷ Él duerme de noche y se levanta de día, y la semilla brota y crece sin que él sepa cómo. ²⁸ Por sí misma la tierra da fruto: primero el tallo, luego la espiga, luego los granos que llenan la espiga. ²⁹ Cuando el grano madura, enseguida mete la hoz, porque llegó la cosecha.

---

[a] **4.21** Lit. *almud*: medida para áridos.

La semilla de mostaza

30 También dijo: ¿Cómo comparamos el reino de Dios, o con cuál parábola lo propondremos? 31 Es como una semilla de mostaza, la más pequeña de todas las semillas, 32 que cuando se siembra, crece y es mayor que todas las hortalizas, y echa grandes ramas de modo que las aves del cielo anidan bajo su sombra.

Función de las parábolas

33 Con muchas parábolas como éstas les hablaba la Palabra, conforme a lo que podían entender. 34 Y no les hablaba sin parábolas, aunque a sus discípulos explicaba todo en privado.

Una tempestad

35 Aquel mismo día, al llegar la noche, les dijo: Pasemos al otro lado. 36 Después de despedir a la multitud, lo llevaron tal como estaba en la barca. Y otras barcas lo acompañaban.

37 Pero se desató una gran tormenta de viento y las olas entraban en la barca, de tal modo que la barca se anegaba. 38 *Jesús* dormía en la popa sobre una almohada.

Lo despertaron y le dijeron: ¡Maestro! ¿No te preocupa que perezcamos?

39 Cuando lo despertaron, reprendió al viento y dijo al mar: ¡Calla! ¡Enmudece! Y el viento cesó y hubo una gran calma.

40 Entonces les preguntó: ¿Por qué tienen miedo? ¿Aún no tienen fe?

41 Tuvieron gran temor y se decían unos a otros: ¿Quién es Éste, que aun el viento y el mar le obedecen?

Un endemoniado geraseno

5 1 Fueron a la otra orilla del mar, a la región de los gerasenos. 2 Cuando *Jesús* salió de la barca, un hombre que tenía un espíritu impuro fue a Él desde los sepulcros. 3 Éste vivía en las tumbas. Nadie podía atarlo, ni siquiera con cadena, 4 porque muchas veces lo ataban con grillos y cadenas, y los rompía. Nadie podía someterlo. 5 Continuamente, de noche y de día, estaba en los sepulcros y las montañas. Daba alaridos y se hería con piedras.

6 Cuando vio de lejos a Jesús, corrió, cayó delante de Él 7 y clamó a gran voz: ¿Qué *nos pasa* a mí y a Ti, Jesús, Hijo del Dios Altísimo? ¡Te imploro por Dios que no me atormentes!

8 Pues *Jesús* le decía: ¡Sal del hombre, espíritu impuro! 9 Y le preguntó: ¿Cómo te llamas?

Le respondió: Me llamo Legión, porque somos muchos. ¹⁰ Le rogaba mucho que no lo enviara fuera de la región.

¹¹ Cerca de la montaña había una gran piara de cerdos. ¹² Le rogaron: Envíanos a los cerdos para que entremos en ellos. ¹³ *Jesús* les permitió. Al salir los espíritus impuros, entraron en los cerdos. La piara, que era como 2.000, corrió por el acantilado al mar y se ahogaron.

¹⁴ Los que apacentaban los cerdos huyeron e informaron en la ciudad y en los campos. Y *la gente* fue a ver lo sucedido. ¹⁵ Llegaron ante Jesús y contemplaron al endemoniado que tuvo la legión, sentado, vestido y en su juicio cabal, y tuvieron miedo. ¹⁶ Los que lo vieron relataron qué hizo *Jesús* al endemoniado, y *lo* de los cerdos. ¹⁷ Entonces le rogaron que saliera de su región.

¹⁸ Al entrar *Jesús* en la barca, el que estuvo endemoniado le rogaba que le permitiera estar con Él. ¹⁹ Pero no lo dejó, sino le dijo: Vé a tu casa, a tu familia. Cuéntales cuán grandes cosas te hizo el Señor, y cómo tuvo misericordia de ti. ²⁰ Así que él fue y comenzó a proclamar en Decápolis cuán grandes cosas Jesús hizo por él, y todos se maravillaban.

La hija de Jairo

²¹ Cuando Jesús regresó a la otra orilla, se reunió una gran multitud alrededor de Él, y estaba junto al mar. ²² Se acercó Jairo, uno de los oficiales de la congregación de los judíos. Cuando lo vio se postró a sus pies ²³ y le suplicaba: Mi hijita está cerca de la muerte. Vé, pon las manos sobre ella para que sane. ²⁴ Fue con él, y lo seguía una gran multitud que lo apretujaban.

Una mujer con flujo de sangre

²⁵ Una mujer había estado con flujo de sangre por 12 años. ²⁶ Había sufrido mucho en manos de los médicos y gastado cuanto tenía y de nada le había servido. Al contrario, había empeorado. ²⁷ Cuando escuchó con respecto a Jesús, llegó por detrás entre la multitud y tocó su ropa. ²⁸ Porque decía: si toco su ropa, seré sanada. ²⁹ Al instante el flujo de sangre se secó y notó que fue sanada.

³⁰ De inmediato Jesús, al entender que un poder salió de Él, dio la vuelta hacia la multitud y preguntó: ¿Quién tocó mi ropa?

³¹ Sus discípulos le dijeron: Ves que la multitud te apretuja y preguntas ¿quién me tocó? ³² Y miró alrededor para ver quién hizo esto.

³³ Entonces la mujer, temerosa y temblorosa, pues entendía lo que le sucedió, se postró ante Él y le dijo toda la verdad.

³⁴ Él le dijo: Hija, tu fe te sanó. Vé en paz. Queda sana de tu azote.

Sanidad de la hija de Jairo

³⁵ Mientras aún hablaba, llegaron algunos de parte del jefe de la congregación y dijeron: Tu hija murió. ¿Para qué aún molestas al Maestro? ³⁶ Pero Jesús oyó lo que se hablaba y le dijo al jefe de la congregación: No temas, solo cree. ³⁷ Solo permitió que lo acompañaran Pedro, Jacobo y Juan, el hermano de Jacobo.

³⁸ Al llegar a la casa *de Jairo*, el jefe de la congregación, observó un alboroto: unos lloraban y daban grandes alaridos. ³⁹ Cuando *Jesús* entró, les preguntó: ¿Por qué están atribulados y lloran? La niña no murió, sino duerme.

⁴⁰ Y se burlaban de Él.

Entonces Jesús sacó a todos de la casa. Tomó con Él a los padres de la niña y a los discípulos que lo acompañaban, y entró donde estaba la niña. ⁴¹ *Jesús* tomó la mano de la niña y dijo: *Talita cum,* que significa: Niña, levántate.

⁴² Al instante la niña *se* levantó y andaba, pues tenía 12 años. Y los que observaban quedaron grandemente asombrados. ⁴³ Les encargó mucho que nadie supiera esto, y dijo que se le diera de comer.

Rechazado en Nazaret

6 ¹ *Jesús* salió de allí y fue a su tierra, y sus discípulos lo siguieron. ² Cuando llegó el sábado enseñaba en la congregación.

Y muchos de los que oían estaban asombrados y decían: ¿De dónde le vienen a Él estas cosas? ¿Cuál sabiduría es ésta que se le dio y los milagros como estos que realizan sus manos? ³ ¿No es Éste el carpintero, el hijo de María y hermano de Jacobo, José, Judas y Simón? ¿No están ante nosotros también sus hermanas? Y estaban conturbados por causa de Él.

⁴ Jesús les respondió: No hay profeta despreciado sino en su tierra, entre sus parientes y en su casa. ⁵ No hizo allí algún milagro grandioso, solo, al imponer las manos sobre algunos enfermos, *los* sanó. ⁶ Él estaba asombrado por la incredulidad de ellos y recorría las aldeas cercanas para enseñar.

Misión de los 12 apóstoles

⁷ Entonces *Jesús* llamó a los 12, comenzó a enviarlos de dos en dos y les dio autoridad sobre los espíritus impuros. ⁸ Les ordenó que nada llevaran para *el* camino, solo un bastón, *que no llevaran* pan, ni bolsa, ni cobre en el cinturón, ⁹ que no vistieran dos túnicas, sino que calzaran sandalias.

¹⁰ También les dijo: Cuando entren en una casa, permanezcan en ella hasta que salgan del lugar. ¹¹ Cuando no los reciban ni los escuchen en cualquier lugar, al salir de allí sacudan el polvo de sus pies como testimonio contra ellos.

¹² Al salir, proclamaban que cambiaran de mente, ¹³ echaban fuera muchos demonios, ungían con aceite a muchos enfermos y sanaban.

Preocupación de Herodes

¹⁴ Como el Nombre *de Jesús* fue famoso, el rey Herodes dijo: Juan el Bautista resucitó de entre *los* muertos y por eso actúan en él esos poderes.

¹⁵ Pero otros decían: Es Elías. Y otros decían: Es un profeta como los antiguos.

¹⁶ Cuando Herodes oyó *esto*, dijo: Yo decapité a Juan. Éste resucitó.

¹⁷ Porque Herodes había mandado detener a Juan, y lo tenía encadenado en prisión porque *Herodes* se había casado con Herodías, la esposa de su hermano Felipe. ¹⁸ Pues Juan le decía a Herodes: No te es lícito tener la esposa de tu hermano. ¹⁹ Por eso Herodías le tenía rencor y quería matarlo, pero no podía. ²⁰ Herodes temía a Juan y lo protegía, porque sabía que éste era justo y santo. Cuando lo escuchaba quedaba perplejo, pero lo escuchaba con gusto.

²¹ Llegó la oportunidad cuando Herodes, al celebrar su cumpleaños, hizo un banquete para sus altos oficiales, comandantes y jefes de Galilea. ²² La hija de Herodías entró y danzó en el banquete, lo cual agradó tanto a Herodes y a los que comían con él, que el rey le dijo: Pídeme lo que quieras, y te *lo* daré. ²³ Le juró: Te daré *lo* que me pidas, hasta *la* mitad de mi reino.

²⁴ Al salir preguntó a su madre: ¿Qué pido?

Y ella le respondió: ¡La cabeza de Juan el Bautista!

²⁵ De inmediato entró de prisa ante el rey y pidió: ¡Quiero que ahora mismo me des en una bandeja la cabeza de Juan el Bautista!

²⁶ El rey se entristeció muchísimo pero, a causa de su juramento y de sus invitados, no quiso desatenderla. ²⁷ Enseguida el rey ordenó a un verdugo que *le* trajera la cabeza. Él fue y lo decapitó en la prisión. ²⁸ Llevó su cabeza en una bandeja y la dio a la muchacha, y ella la dio a su madre.

²⁹ Cuando los discípulos de Juan lo supieron, llevaron el cadáver y lo sepultaron.

Multiplicación de panes y peces

³⁰ Los apóstoles se reunieron con Jesús y le informaron todas las cosas que hicieron y enseñaron.

³¹ Les dijo: Vengan ustedes a un lugar solitario y descansen un poco. Porque eran muchos los que iban y venían, y no tenían oportunidad para comer.

³² Salieron solos en la barca a un lugar solitario. ³³ Pero muchos los vieron cuando partieron y *los* reconocieron. Entonces muchos de todos los poblados corrieron hacia allá y llegaron antes que ellos.

³⁴ Cuando Jesús bajó de la barca, vio un gran gentío y se enterneció, porque eran como ovejas que no tienen pastor. Y comenzó a enseñarles muchas cosas.

³⁵ Cuando llegó una hora avanzada, sus discípulos acudieron a Él y le dijeron: El lugar es solitario, y *la* hora ha avanzado. ³⁶ Despídelos para que vayan a las villas y aldeas de alrededor, y compren qué comer.

³⁷ Pero Él les respondió: Denles ustedes de comer.

Le preguntaron: ¿*Quieres* que vayamos y compremos 200 denarios[a] de panes y les demos de comer?

³⁸ Entonces Él les preguntó: ¿Cuántos panes tienen? Vayan, vean.

Y al averiguar, dijeron: Cinco, y dos peces.

³⁹ Entonces mandó que todos se recostaran en grupos sobre la hierba. ⁴⁰ Se recostaron grupo por grupo de 100 y de 50. ⁴¹ Tomó los cinco panes y los dos peces, miró hacia el cielo y dio gracias. Partió los panes y los peces, y los daba a los discípulos para que los sirvieran a ellos.

⁴² Todos comieron y quedaron satisfechos. ⁴³ Recogieron 12 cestos llenos de pedazos de pan y peces. ⁴⁴ Los que comieron fueron 5.000 hombres.

Sobre el mar

⁴⁵ En seguida impulsó a sus discípulos a subir a la barca e ir delante a la otra orilla, hacia Betsaida, mientras Él despedía a la multitud. ⁴⁶ Después de despedirse de ellos, fue a la montaña para hablar con Dios.

⁴⁷ Cuando llegó la noche, la barca estaba en medio del mar, y Él en la tierra solo. ⁴⁸ Alrededor de las cuatro de la madrugada, al verlos fatigados de tanto remar porque el viento les era contrario, *Jesús* llegó a ellos andando sobre el mar, y quería pasarlos.

⁴⁹ Pero ellos, cuando lo vieron caminar sobre el mar, pensaron: ¡Es un fantasma! Y gritaron, ⁵⁰ porque todos lo vieron y se aterraron.

Pero inmediatamente Él les habló: Tengan ánimo. Soy Yo. ¡No tengan miedo! ⁵¹ Subió a la barca y calmó el viento.

Se asombraron muchísimo, ⁵² porque no habían entendido lo de los panes, pues su corazón estaba endurecido.

---

[a] **6.37** Denario: salario de un día.

Sanidades en Genesaret

⁵³ Terminaron la travesía y atracaron en la tierra de Genesaret. ⁵⁴ Cuando ellos salieron de la barca, al instante lo reconocieron. ⁵⁵ Recorrieron toda aquella región, y a donde oían que estaba, le llevaban enfermos en camillas. ⁵⁶ Dondequiera que entraba en aldeas, ciudades o villas, ponían a los enfermos en las plazas, y le rogaban que al menos les permitiera tocar el borde de su ropa. Cuantos lo tocaban eran sanados.

Tradición de los ancianos

7 ¹ Entonces los fariseos y algunos de los escribas que llegaron de Jerusalén se presentaron ante Jesús. ² Vieron que algunos de sus discípulos comían pan con manos impuras, es decir, no lavadas. ³ (Porque todos los judíos, incluso los fariseos, al aferrarse a la tradición de los ancianos, no comían si no se lavaban las manos con el puño, ⁴ y *al regresar* del mercado, no comían si no se lavaban. Además tenían otras tradiciones para cumplir: lavado de copas, de jarros y de utensilios de bronce.)

⁵ Estos fariseos y escribas le preguntaron: ¿Por qué tus discípulos no viven según la tradición de los ancianos, sino comen pan con las manos impuras?

⁶ Entonces Él les respondió: Bien profetizó Isaías con respecto a ustedes, hipócritas, como está escrito:
Este pueblo me honra de labios, pero su corazón está lejos de Mí. ⁷ En vano me honran, porque enseñan como doctrinas preceptos de hombres.

⁸ Al dejar el Mandamiento de Dios, se aferran a la tradición de los hombres.

⁹ Les dijo también: ¡Qué bien invalidan ustedes el Mandamiento de Dios para establecer su tradición! ¹⁰ Porque Moisés dijo:
Honra a tu padre y a tu madre.
Y:
El que insulta a padre o madre, muera sin ningún remedio.[a]

¹¹ Pero ustedes dicen: Si un hombre dice al padre o a la madre: Cualquier cosa mía que te fuera beneficiosa es corbán, es decir, una ofrenda, ¹² ya nada le dejan hacer para ayudar a su padre o a su madre. ¹³ Así invalidan la Palabra de Dios con su tradición que transmitieron, y hacen muchas cosas semejantes a éstas.

Lo que contamina

¹⁴ Al llamar otra vez a la multitud, les dijo: Escúchenme y entiendan todos: ¹⁵ Nada de lo que viene de afuera puede contaminar al hombre, pero las cosas que salen del hombre lo contaminan. [[¹⁶]]

---

[a] **7.10** Lit. *muera con muerte.*

¹⁷ Cuando entró en una casa lejos de la multitud, sus discípulos le preguntaron sobre la parábola.

¹⁸ Y les preguntó: ¿Así que ustedes tampoco lo entienden? ¿No entienden que todo lo que entra en el hombre no lo puede contaminar, ¹⁹ pues no entra en su corazón, sino en el estómago, y sale a la letrina? *Así reconoció como puro todo alimento.*

²⁰ Y decía: Lo que sale del hombre lo contamina. ²¹ Porque de adentro, del corazón de los hombres, salen los malos *pensamientos*: inmoralidades sexuales, robos, homicidios, ²² adulterios, avaricias, perversidades, engaño, sensualidad, envidia, maledicencia, arrogancia, insensatez. ²³ Todas estas maldades salen de adentro y contaminan al hombre.

Fe de una extranjera

²⁴ De allí Él fue a la región de Tiro y entró en una casa. Quería que nadie *lo* supiera, pero no pudo quedar oculto.

²⁵ Una mujer cuya hijita tenía un espíritu impuro supo con respecto a Él. De inmediato llegó y se postró a sus pies. ²⁶ La mujer era griega, de nacimiento sirofenicio. Le rogó que echara fuera el demonio de su hijita.

²⁷ Pero *Jesús* le dijo: Deja que los hijos se sacien primero, porque no es bueno tomar el pan de los hijos y echarlo a los perrillos.

²⁸ Pero ella contestó: Señor, también los perrillos comen las migajas *que caen* debajo de la mesa de los hijos.

²⁹ Él le respondió: Por lo que dijiste, vé. El demonio salió de tu hija.

³⁰ Al llegar a su casa, halló a la niña acostada en la cama y el demonio había salido.

Sanidad a un sordomudo

³¹ Al salir otra vez de la región de Tiro, fue por Sidón hacia el mar de Galilea, a través de las regiones de Decápolis.

³² Le llevaron un sordo y tartamudo, y le rogaban que le impusiera la mano.

³³ Lo tomó a solas, aparte de la multitud, le metió los dedos en las orejas y al escupir, le tocó la lengua. ³⁴ Y al mirar al cielo, suspiró profundamente y le ordenó: **Effatha**, lo cual traduce, **sé abierto**. ³⁵ Entonces los oídos del sordo se abrieron, se le desató la lengua y hablaba bien.

³⁶ Les ordenó que a ninguno se lo dijeran, pero cuanto más les ordenaba, mucho más *lo* proclamaban. ³⁷ Estaban muy maravillados y decían: ¡Todo lo hizo bien! ¡Hace oír a los sordos y hablar a los mudos!

Segunda multiplicación de panes y peces

8 ¹ En aquellos días, cuando de nuevo estaba presente una gran multitud que no tenían qué comer, Jesús dijo a sus discípulos: ² Tengo compasión[a] de la multitud. Hace tres días están conmigo y no tienen qué comer. ³ Si los envío en ayunas a su casa, se desmayarán en el camino, y algunos vinieron desde lejos.

⁴ Sus discípulos le preguntaron: ¿De dónde podrá alguno satisfacer de pan a éstos aquí en una región despoblada?

⁵ Y les preguntó: ¿Cuántos panes tienen?

Ellos dijeron: Siete.

⁶ Mandó a la multitud que *se* recostara en la tierra. Tomó los siete panes, dio gracias, los partió y daba a sus discípulos para que los sirvieran a la multitud. ⁷ *También* tenían unos pececillos. Después de dar gracias, mandó que también los sirvieran.

⁸ Comieron y se saciaron. Recogieron siete canastas de la abundancia de trozos *que sobraron.* ⁹ *Comieron* como 4.000 *hombres.*

Los despidió. ¹⁰ De inmediato subió a la barca con sus discípulos y fue a las regiones de Dalmanuta.

Petición de una señal

¹¹ Entonces llegaron unos fariseos que discutían con Él y le pedían una señal del cielo para probarlo.

¹² Después de un profundo suspiro, dijo: ¿Por qué esta generación pide señal? En verdad les digo: Ninguna señal se dará a esta generación. ¹³ Los dejó, embarcó otra vez y salió hacia la otra orilla.

La levadura

¹⁴ *Los discípulos* olvidaron llevar pan, y en la barca solo tenían uno.

¹⁵ Y *Jesús* dijo: Les advierto, cuídense de la levadura de los fariseos y de la de Herodes.

¹⁶ Discutían entre ellos: *Dice esto* porque no tenemos pan.

¹⁷ Al entenderlo, les preguntó: ¿Por qué piensan ustedes que no tienen pan? ¿Aún no perciben ni comprenden? ¿Tienen endurecido su corazón? ¹⁸ Tienen ojos, ¿y no miran? Tienen oídos, ¿y no escuchan? ¿No recuerdan ¹⁹ cuántos cestos llenos de trozos recogieron cuando partí los cinco panes entre los 5.000?

Le respondieron: 12.

---

[a] **8.2** Lit. *Se me enternecen las entrañas.*

²⁰ Cuando *repartí* los siete *panes* entre los 4.000, ¿cuántas canastas llenas de trozos recogieron?

Y contestaron: Siete.

²¹ Les preguntó: ¿Aún no entienden?

Una sanidad fuera de Betsaida

²² Cuando llegaron a Betsaida, le llevaron un ciego y le rogaban que lo tocara.

²³ Él tomó al ciego de la mano y lo llevó a las afueras de la aldea. Escupió en los ojos de él, le puso las manos y le preguntaba: ¿Ves algo?

²⁴ Al mirar, dijo: Veo a los hombres como árboles que andan.

²⁵ Le puso otra vez las manos sobre los ojos.

El ciego miró fijamente y se restableció. Vio todas las cosas con claridad.

²⁶ *Jesús* lo envió a su casa y le dijo: No entres en la aldea.

Confesión de Pedro

²⁷ Jesús salió con sus discípulos hacia las aldeas de Cesarea de Filipo. En el camino preguntó a sus discípulos: ¿Quién dicen los hombres que soy Yo?

²⁸ Ellos le respondieron: *Unos dicen que eres* Juan el Bautista. Otros, Elías. Otros, uno de los profetas.

²⁹ Él les preguntó: ¿Y ustedes, quién dicen que soy Yo?

Pedro respondió: ¡Tú eres el Cristo!

³⁰ Les ordenó con severidad que a nadie hablaran de Él.

Predicción de su muerte y resurrección

³¹ Comenzó a enseñarles: El Hijo del Hombre tiene que padecer muchas cosas. Será desechado por los ancianos, los principales sacerdotes y los escribas. Será ejecutado, y después de tres días será resucitado. ³² Con claridad les habló.

Pedro lo tomó aparte y comenzó a reprenderlo.

³³ Entonces Él, al dar la vuelta y mirar a sus discípulos, reprendió a Pedro: ¡Colócate detrás de Mí, Satanás, pues no piensas en las cosas de Dios, sino en las de los hombres!

³⁴ Después de llamar a la gente y a sus discípulos, les dijo: Si alguno quiere seguirme, niéguese a sí mismo, levante su cruz y sígame. ³⁵ Porque el que quiera salvar su vida, la perderá, pero cualquiera que pierda su vida por causa de Mí y de las Buenas Noticias, la salvará.

³⁶ Porque, ¿qué aprovecha a un hombre si gana todo el mundo y pierde su alma? ³⁷ ¿O qué puede dar un hombre a cambio de su alma? ³⁸ El que se avergüence de Mí y de mis Palabras en esta generación adúltera y pecadora,

también el Hijo del Hombre se avergonzará de él cuando venga en la gloria de su Padre con los santos ángeles.

La transfiguración

9 ¹ También les habló: En verdad les digo que hay algunos de los que están aquí que de ningún modo padezcan muerte hasta que vean que el reino de Dios vino con poder.

² Seis días después, Jesús tomó con Él a Pedro, Jacobo y Juan y los llevó a una montaña alta. Se transfiguró delante de ellos. ³ Sus ropas se volvieron resplandecientes y tan blancas como ningún blanqueador en la tierra puede hacerlo. ⁴ Les apareció Elías con Moisés, y conversaban con Jesús.

⁵ Pedro intervino y dijo a Jesús: Maestro, es bueno que nosotros estemos aquí. Hagamos tres cobertizos: uno para Ti, uno para Moisés y uno para Elías. ⁶ Porque no sabía qué decir, pues estaban aterrorizados.

⁷ Apareció una nube que los cubrió, y una voz desde la nube dijo: Éste es mi Hijo amado. ¡Escuchen a Él!

⁸ Súbitamente, cuando miraron alrededor, a nadie vieron sino a Jesús solo con ellos.

Juan el Bautista como representante de Elías

⁹ Al bajar ellos de la montaña, les mandó que a nadie dijeran lo que vieron, sino cuando el Hijo del Hombre fuera resucitado de entre *los* muertos. ¹⁰ Guardaron la Palabra para ellos, y discutían qué sería resucitar de entre *los* muertos.

¹¹ Le preguntaron: ¿Por qué dicen los escribas que Elías debe venir primero?

¹² Él les respondió: Elías en verdad, al venir primero, restauraría todas las cosas. ¿Por qué está escrito con respecto al Hijo del Hombre que padecería mucho y sería desechado? ¹³ Pero les digo que Elías ya vino, y le hicieron todo lo que quisieron, como está escrito de él.

Liberación para un endemoniado

¹⁴ Cuando llegaron a donde estaban los discípulos, vieron una gran multitud alrededor de ellos y a unos escribas que discutían con ellos. ¹⁵ De inmediato, al verlo, toda la multitud se asombró y corrió hacia Él. Lo saludaron.

¹⁶ Les preguntó: ¿Qué discuten con ellos?

¹⁷ Uno de la multitud le respondió: Maestro, te traje a mi hijo que tiene un espíritu mudo. ¹⁸ Lo derriba dondequiera que lo ataca, echa espumarajos, cruje los dientes y se pone rígido. Rogué a tus discípulos que lo echaran, pero no pudieron.

¹⁹ Él respondió: ¡Oh generación incrédula! ¿Hasta cuándo estaré con ustedes? ¿Hasta cuándo tendré que soportarlos? Tráiganmelo.

²⁰ Lo llevaron ante Él. Cuando el espíritu lo vio, en seguida lo convulsionó. Al caer en la tierra, se revolcaba y echaba espumarajos.

²¹ Preguntó a su padre: ¿Desde cuándo le sucede esto? Y él respondió: Desde niño. ²² Muchas veces también lo echaba al fuego y al agua para destruirlo. Pero, si algo puedes *hacer*, ayúdanos. Ten compasión de nosotros.

²³ Jesús le preguntó: ¿Si puedes? ¡Todas las cosas son posibles para el que cree!

²⁴ De inmediato el padre del muchacho clamó: ¡Creo! ¡Ayuda mi falta de fe!

²⁵ Entonces Jesús, cuando vio que una multitud se reunía de golpe, reprendió al espíritu impuro y dijo: **Espíritu mudo y sordo. Yo te mando: ¡Sal de él y no entres más en él!**

²⁶ Después de gritar y convulsionar mucho, salió. Y éste quedó como muerto, de manera que decían: ¡Está muerto!

²⁷ Pero Jesús, lo tomó de la mano, *lo* enderezó y *lo* levantó.

²⁸ Cuando Él entró en una casa, sus discípulos le preguntaron en privado: ¿Por qué nosotros no fuimos capaces de echarlo?

²⁹ Y les contestó: **Este género con nada puede salir sino en conversación con Dios.**

Segunda predicción de su muerte y resurrección

³⁰ Al salir de allí, iban por Galilea, y no quería que alguno lo supiera. ³¹ Enseñaba a sus discípulos: **El Hijo del Hombre será entregado en manos de hombres y lo matarán. Pero tres días después de ser asesinado, se levantará.** ³² Pero ellos no entendían lo que les decía y temían preguntarle.

¿Quién es el mayor?

³³ Llegaron a Cafarnaúm, y cuando estaban en la casa les preguntaba: ¿Qué discutían en el camino? ³⁴ Pero ellos callaban, porque en el camino discutieron unos con otros cuál era *el* mayor.

³⁵ Se sentó, llamó a los 12 y les dijo: **Si alguno quiere ser el primero tiene que ser el último y servidor de todos.**

³⁶ Tomó a un niño, lo puso en medio de ellos, y al tomarlo en sus brazos, les dijo: ³⁷ **Cualquiera que reciba a un niño como éste en mi Nombre, a Mí me recibe. Cualquiera que me reciba, no me recibe a Mí, sino a Quien me envió.**

Con Él o contra Él

³⁸ Juan le dijo: Maestro, vimos a uno que echaba fuera demonios en tu Nombre y le prohibimos, porque no nos seguía.

³⁹ Pero Jesús respondió: No le prohíban, porque nadie hay que haga un milagro en mi Nombre y pronto hable mal de Mí. ⁴⁰ Porque el que no está contra nosotros, está a favor de nosotros. ⁴¹ Cualquiera, pues, que les dé un vaso de agua, porque son de Cristo, en verdad les digo: Que de ningún modo pierda su recompensa.

Ocasiones de tropezar

⁴² Cualquiera que haga tropezar a uno de estos pequeños que creen, bueno es más bien que le sea colgada una piedra de molino de asno al cuello y sea echado al mar.

⁴³ Si tu mano te causa tropiezo, córtala. Mejor te es entrar manco en la vida, que con las dos manos ir al infierno, al fuego inextinguible. [[⁴⁴]] ⁴⁵ Y si tu pie te causa tropiezo, córtalo. Más te vale entrar cojo en la vida que con los dos pies ser echado al infierno. [[⁴⁶]] ⁴⁷ Si tu ojo te causa tropiezo, sácalo. Mejor te es entrar tuerto en el reino de Dios, que con los dos ojos ser echado al infierno, ⁴⁸ donde
el gusano de ellos no muere y el fuego no se apaga.

⁴⁹ Porque todo será salado con fuego. ⁵⁰ Buena es la sal, pero si la sal se vuelve insípida, ¿con qué la sazonarán? Tengan sal en ustedes mismos, y *vivan* en paz unos con otros.

Sobre el divorcio

10 ¹ Cuando salió de allí fue a las regiones de Judea, al otro lado del Jordán. Otra vez la multitud se reunió con Él. Les enseñaba como de costumbre.

² Los fariseos se acercaron para tentarlo y le preguntaban si es lícito que un hombre repudie a *su* esposa.

³ Él les preguntó: ¿Qué les mandó Moisés?

⁴ Ellos respondieron: Moisés permitió escribir certificado de divorcio y repudiar.

⁵ Pero Jesús les dijo: Por la dureza del corazón de ustedes les escribió este mandamiento, ⁶ pero desde *el* principio de *la* creación *Dios* los hizo hombre y mujer. ⁷ Por esto dejará *el* hombre a su padre y a su madre, se unirá a su esposa ⁸ y los dos serán un solo cuerpo. Así que ya no son dos, sino un solo cuerpo. ⁹ Por tanto lo que Dios unió no *lo* separe un hombre.

¹⁰ En la casa sus discípulos volvieron a preguntarle sobre esto. ¹¹ Y les dijo: Cualquiera que repudie a su esposa y se case con otra, adultera con ella. ¹² Si ella repudia a su esposo y se casa con otro, adultera.

Bendición a los niños

13 Le llevaban niños para que los tocara, pero los discípulos reprendían a *los que los llevaban.*

14 Jesús vio esto, se indignó y dijo: Dejen que los niños vengan a Mí. No les impidan, porque de ellos es el reino de Dios. **15** En verdad les digo que el que no recibe el reino de Dios como un niño, que de ningún modo entre en él.

16 Al tomarlos en sus brazos, los bendecía y colocaba las manos sobre ellos.

El joven rico

17 Cuando Él salió al camino, uno llegó de prisa, se postró ante Él y le preguntó: Maestro bueno, ¿qué hago para heredar vida eterna?

18 Jesús le contestó: ¿Por qué me llamas bueno? Ninguno es bueno, sino Uno: Dios. **19** Sabes los Mandamientos: No asesines, no adulteres, no robes, no des falso testimonio, no defraudes y honra a tu padre y a tu madre.

20 Él le dijo: Maestro, todas esas cosas he guardado desde mi juventud.

21 Entonces Jesús fijó su mirada en él, lo amó y le dijo: Una cosa te falta. Vé, vende todo lo que tienes, da a *los* pobres, y tendrás tesoro en *el* cielo. Y ven, sígueme.

22 Pero él se entristeció por estas palabras y salió afligido, porque tenía muchas posesiones.

Peligro de las riquezas

23 Jesús miró a su alrededor y dijo a sus discípulos: ¡Cuán difícilmente entrarán en el reino de Dios los que tienen riquezas!

24 Los discípulos se asombraron por sus palabras. Entonces Jesús replicó: Hijos, ¡cuán difícil es entrar en el reino de Dios! **25** Es más fácil pasar un camello por un ojo de aguja que un rico entrar en el reino de Dios.

26 Pero ellos se asombraron aún más y *se* decían: ¿Quién, pues, puede ser salvo?

27 Jesús los miró y dijo: Para los hombres es imposible, pero para Dios no. Porque todas las cosas son posibles para Dios.

28 Pedro tomó la palabra: Mira, nosotros dejamos todas las cosas y te seguimos.

29 Jesús respondió: En verdad les digo: Nadie hay quien deje casa, hermanos, hermanas, madre, padre, hijos o granjas por causa de Mí y de las Buenas Noticias, **30** que no reciba 100 veces más en este tiempo: casa, hermanos, hermanas, madre, padre, hijos o granjas, aunque con persecuciones, y en la era que viene, *la* vida eterna. **31** Pero muchos primeros serán últimos, y últimos, primeros.

Tercera predicción de su muerte y resurrección

32 Iban por el camino que sube a Jerusalén, y Jesús iba adelante. Los que lo seguían estaban asombrados y atemorizados.

Al tomar otra vez a los 12 con Él, comenzó a decirles las cosas que iban a sucederle: 33 Miren, subimos a Jerusalén, y el Hijo del Hombre será entregado a los principales sacerdotes y a los escribas. Lo condenarán a muerte y lo entregarán a los gentiles. 34 Lo ridiculizarán, escupirán, azotarán y matarán. Pero después de tres días se levantará.

Petición de Jacobo y Juan

35 Jacobo y Juan, hijos de Zebedeo, se acercaron a Él y le dijeron: Maestro, queremos que nos hagas lo que te pidamos.

36 Y Él les preguntó: ¿Qué quieren que les haga?

37 Ellos le respondieron: Concédenos que en tu gloria nos sentemos uno a tu derecha, y otro a tu izquierda.

38 Pero Jesús les respondió: No saben *ustedes lo* que piden. ¿Pueden beber la copa que Yo bebo, o ser bautizados con el bautismo con el cual Yo soy bautizado?

39 Y ellos le dijeron: Podemos.

Entonces Jesús les dijo: La copa que Yo bebo beberán, y con el bautismo con el cual Yo soy bautizado serán bautizados, 40 pero sentarse a mi derecha o a mi izquierda, no me corresponde dar, sino a aquellos para quienes fue preparado.

41 Cuando los otros 10 oyeron a Jacobo y a Juan, se enojaron contra ellos.

42 Jesús los llamó y les dijo: Ustedes saben que los que suponen gobernar las naciones ejercen dominio sobre ellas, y los grandes les hacen sentir su autoridad. 43 Pero entre ustedes no es así. El que quiera ser grande entre ustedes será su servidor, 44 y el que quiera ser primero entre ustedes será esclavo de todos. 45 Porque aun el Hijo del Hombre no vino a ser servido, sino a servir y dar su vida en rescate por muchos.

Salida de Jericó

46 Llegaron a Jericó. Cuando Él salía de Jericó con sus discípulos y una gran multitud, un mendigo ciego llamado Bartimeo, hijo de Timeo estaba sentado junto al camino. 47 Al oír que era Jesús el nazareno, comenzó a clamar: ¡Jesús, Hijo de David, ten misericordia de mí!

48 Muchos lo reprendían para que callara, pero él clamaba mucho más: ¡Hijo de David, ten misericordia de mí!

49 Jesús se detuvo y dijo: Llámenlo.

Llamaron al ciego y le dijeron: No temas. Levántate. Él te llama. ⁵⁰ Entonces él tiró su ropa externa, saltó y fue hacia Jesús.

⁵¹ Jesús le preguntó: ¿Qué quieres que te haga?

Y el ciego le contestó: Maestro, que vea.

⁵² Jesús le dijo: **Ve. Tu fe te sanó.**

Y al instante recobró la vista, y seguía *a Jesús* en el camino.

Cristo en Jerusalén

11 ¹ Cuando llegaron cerca de Jerusalén por Betfagé y Betania, frente a la Montaña de Los Olivos, envió a dos de sus discípulos ² y les dijo: Vayan a la aldea de en frente, y al entrar, hallarán un pollino atado en el cual nadie ha montado. Desátenlo y tráiganlo. ³ Si alguien les pregunta: ¿Por qué hacen esto? Digan: El Señor lo necesita, y enseguida lo devolverá.

⁴ Fueron y hallaron un pollino en la calle atado a una puerta, y lo desataron.

⁵ Pero algunos de los que estaban allí les preguntaron: ¿Porqué desatan el pollino?

⁶ Ellos contestaron lo que Jesús dijo, y los dejaron.

⁷ Llevaron el pollino a Jesús, sobre el cual echaron sus ropas, y Él montó.

⁸ Muchos también extendieron sus ropas por el camino, y otros, ramas que cortaron de los campos. ⁹ Los que iban adelante y los que *lo* seguían aclamaban:

¡Hosanna! ¡Bendito el que viene en Nombre del Señor!

¹⁰ ¡Bendito el reino de nuestro antepasado David que viene!

¡Hosanna en las alturas!

Entrada de Jesús al Santuario

¹¹ *Jesús* entró al Santuario en Jerusalén y echó una mirada a su alrededor. Como la hora era avanzada, salió a Betania con los 12.

Una higuera estéril

¹² Al día siguiente, cuando salieron de Betania, *Jesús* tuvo hambre. ¹³ Al ver de lejos una higuera que tenía hojas, se acercó a ver si hallaba algún fruto, pero solo halló hojas porque no era tiempo de higos. ¹⁴ Entonces Jesús dijo *a la higuera*: ¡De ahora en adelante para siempre, nadie coma fruto de ti!

Y sus discípulos escuchaban.

Purificación del Templo

¹⁵ Volvieron a Jerusalén. Entró en el Santuario y echó a los que vendían y compraban allí. Volcó las mesas de los cambistas y los asientos de los que

vendían palomas. ¹⁶ No permitía que llevaran objetos a través del Templo.
¹⁷ Les enseñaba: ¿No está escrito:

Mi Casa será llamada Casa de conversación con Dios para todas las naciones?
Pero ustedes la convirtieron en
una cueva de ladrones.

¹⁸ Los sumos sacerdotes y los escribas oyeron a Jesús, y buscaban la manera de matarlo, pero tenían miedo porque la multitud estaba maravillada de su enseñanza.

¹⁹ Al atardecer salieron de la ciudad.

La higuera seca

²⁰ Cuando pasaron por la mañana, vieron que la higuera se secó desde *las* raíces.

²¹ Pedro recordó y le dijo: Maestro, mira, la higuera que maldijiste se secó.

²² Jesús respondió: Tengan fe en[a] Dios. ²³ En verdad les digo: Cualquiera que diga a esta montaña: Quítate de ahí y pásate al mar, y no dude en su corazón, sino crea que lo que habla sucede, se le hará. ²⁴ Por tanto les digo: Hablen con Dios todas las cosas y pidan. Crean que *las* recibieron, y se les harán.

²⁵ Cuando perseveren en la conversación con Dios, si tienen algo contra alguien, perdonen, para que también su Padre celestial les perdone sus transgresiones. [[²⁶]]

¿Con qué autoridad?

²⁷ Volvieron a Jerusalén. Cuando *Jesús* caminaba en el Santuario se le acercaron los principales sacerdotes, los escribas y los ancianos.

²⁸ Le preguntaron: ¿Con cuál autoridad haces estas cosas? ¿Quién te dio la autoridad para hacerlas?

²⁹ Entonces Jesús les respondió: Les pregunto un asunto. Respóndanme y también les diré con cuál autoridad hago estas cosas: ³⁰ El bautismo de Juan, ¿era del cielo o de los hombres? Contéstenme.

³¹ Consultaban entre ellos: Si decimos del cielo, Él dirá: ¿Por qué no le creyeron? ³² Pero, ¿si decimos: De hombres...? Temían a la multitud, porque todos creían que Juan era realmente un profeta.

³³ Respondieron: No sabemos.

Y Jesús les dijo: Tampoco Yo les digo con cuál autoridad hago estas cosas.

---

[a] **11.22** Lit. de.

Los labradores perversos

12 ¹ Les habló en parábolas: Un hombre plantó una viña. La cercó, excavó un estanque debajo del lagarᵃ y edificó una torre. La arrendó a unos labradores y salió de viaje. ² A su debido tiempo envió un esclavo a los labradores para que le entregaran *su parte* de la cosecha. ³ Pero ellos lo golpearon y lo enviaron con las manos vacías. ⁴ De nuevo les envió otro esclavo, al cual golpearon en la cabeza y trataron con vergüenza. ⁵ Envió otro y lo asesinaron. Y a muchos otros *atacaron*: golpearon a unos y asesinaron a otros.

⁶ Tenía un hijo amado. Lo envió a ellos de último y dijo: Respetarán a mi hijo.

⁷ Pero los labradores se dijeron: Éste es el heredero. Matémoslo y la heredad será nuestra. ⁸ Lo atraparon, lo asesinaron y lo echaron fuera de la viña.

⁹ ¿Qué hará el señor de la viña? Vendrá y destruirá a los labradores y dará la viña a otros. ¹⁰ ¿Ni siquiera leyeron ustedes esta Escritura?
Una piedra que los constructores desecharon
Fue erigida como cabeza de ángulo.
¹¹ Ésta fue hecha de parte del Señor,
Y es maravilloso ante los ojos de ustedes.

¹² Procuraban arrestarlo, porque comprendieron que dijo la parábola con referencia a ellos, pero tuvieron miedo a la multitud. Lo dejaron y salieron.

Lo de Dios y lo de César

¹³ Le enviaron algunos fariseos y herodianos para sorprenderlo en alguna palabra. ¹⁴ Llegaron y le dijeron: Maestro, sabemos que eres veraz y que no te inclinas a favor de nadie, pues no miras apariencia de hombres, sino enseñas en verdad el camino de Dios. ¿Es lícito pagar tributo a César, o no? ¿Que paguemos o no paguemos?

¹⁵ Pero al entender la hipocresía de ellos, Él les preguntó: ¿Por qué me tientan? Tráiganme un denario para que *lo* vea.

¹⁶ Entonces ellos *lo* llevaron.

Y les preguntó: ¿De quién es esta imagen y la inscripción?

Ellos le respondieron: De César.

¹⁷ Entonces Jesús les dijo: **Paguen a César lo de César, y a Dios lo de Dios.** Y *se* admiraron grandemente de Él.

ᵃ **12.1** Lagar: Sitio donde se pisan las uvas para obtener su jugo fresco llamado mosto, el cual al fermentarlo produce vino.

Sobre la resurrección

¹⁸ Unos saduceos, quienes dicen que no hay resurrección, se acercaron a Él y le preguntaron: ¹⁹ Maestro, Moisés nos escribió: Si un hombre muere y deja viuda sin hijos, que su hermano se case con la viuda y levante descendencia a su hermano. ²⁰ Había siete hermanos. El primero tomó esposa, murió y no dejó descendencia. ²¹ El segundo la tomó, y murió sin dejar descendencia. Lo mismo sucedió al tercero. ²² Igual pasó con los siete: No dejaron descendencia. Después de morir todos, la mujer también murió. ²³ En la resurrección, ¿de cuál de ellos será esposa? Porque los siete la tuvieron como esposa.

²⁴ Jesús les preguntó: ¿Por el hecho de no entender las Escrituras y el poder de Dios, no están *ustedes* equivocados? ²⁵ Porque cuando resuciten de entre los muertos, no se casan, ni son dados en matrimonio, sino son como ángeles en los cielos. ²⁶ Pero en cuanto a que los muertos resucitan, ¿no leyeron *ustedes* en el rollo de Moisés lo de la zarza, cómo Dios le habló?
Yo soy el Dios de Abraham, Dios de Isaac y Dios de Jacob.

²⁷ Él no es Dios de muertos, sino de vivos. *Ustedes* están muy equivocados.

El Mandamiento supremo

²⁸ Uno de los escribas que los oyó discutir y oyó que les respondió bien, le preguntó: ¿Cuál es *el* primer Mandamiento de todos?

²⁹ Jesús respondió: El primero es:
Oye, Israel, el Señor nuestro Dios, el Señor es Uno. ³⁰ Amarás al Señor tu Dios con todo tu corazón, con toda tu alma, con toda tu mente y con toda tu fuerza.

³¹ *El* segundo es:
Amarás a tu prójimo como a ti mismo. No hay Mandamiento mayor que éstos.

³² El escriba le dijo: Bien, Maestro, con verdad dijiste que Él es Uno solo, y no hay otro sino Él; ³³ y amarlo con todo el corazón, con todo el entendimiento, con toda la fuerza y amar al prójimo como a él mismo, es más que todos los holocaustos y sacrificios.

³⁴ Jesús, al entender que respondió sabiamente, le dijo: No estás lejos del reino de Dios.

Y ya nadie se atrevía a preguntarle algo.

¿Quién es el Cristo?

³⁵ Mientras Jesús enseñaba la Palabra en el Santuario, preguntó: ¿Cómo dicen los escribas que el Cristo es Hijo de David? ³⁶ El mismo David dijo por medio del Espíritu Santo:
Dijo *el* Señor a mi Señor:

Siéntate a mi mano derecha, hasta que ponga a tus enemigos debajo de tus pies.

³⁷ Si el mismo David lo llama Señor, ¿en qué sentido es su Hijo? Y una gran multitud lo escuchaba con gusto.

Contra los líderes

³⁸ En su enseñanza, decía: Guárdense de los escribas, que anhelan andar con largas ropas y saludos en las plazas, ³⁹ y ocupar *los* primeros asientos en las congregaciones y puestos de honor en los banquetes, ⁴⁰ que devoran las casas de las viudas y como excusa *hacen* largas conversaciones con Dios. Éstos recibirán una sentencia más rigurosa.

Ofrenda de una viuda

⁴¹ Cuando se sentó al frente del arca de las ofrendas, observaba cómo la gente echaba cobre en el arca. Y muchos ricos echaban mucho. ⁴² Al llegar una viuda pobre, echó dos blancas, equivalentes a un cuadrante.[a]

⁴³ Llamó a sus discípulos y les dijo: En verdad les digo que esta pobre viuda echó más que los demás. ⁴⁴ Porque todos echaron de su abundancia, pero ella, de su pobreza, depositó todo lo que tenía, todo su sustento.

Decreto sobre la destrucción del Templo

13 ¹ Cuando Él salió del Templo uno de sus discípulos le dijo: Maestro, ¡mira cuán grandes piedras y cuán grandes edificios!

² Jesús le contestó: ¿Ves estos grandes edificios? Que de ningún modo quede aquí piedra sobre piedra que no sea derribada.

Señales para antes del fin

³ Cuando Él estaba sentado en la Montaña de Los Olivos, frente al Santuario, Pedro, Jacobo, Juan y Andrés le preguntaban en privado: ⁴ Dinos, ¿cuándo sucederá esto? ¿Y cuál será la señal que indica que todas estas cosas se van a cumplir?

⁵ Entonces Jesús les respondió: Cuidado que nadie los engañe. ⁶ Vendrán muchos en mi Nombre y dirán: Yo soy. Engañarán a muchos. ⁷ Cuando oigan de guerras y rumores de guerras, no se turben. Es necesario que sucedan, pero aún no es el fin. ⁸ Porque se levantará nación contra nación, y reino contra reino. Habrá terremotos en diversas regiones. Habrá hambrunas. Estas cosas serán principio de dolores de parto.

---

[a] **12.42** Blanca: moneda judía de cobre de menor valor en el tiempo de Cristo. Cuadrante: La moneda de menos valor de los romanos. Equivalía a dos blancas.

⁹ Pero ustedes tengan cuidado. Los entregarán a los tribunales supremos, los azotarán en congregaciones y serán puestos en pie delante de gobernadores y reyes por causa de Mí, para testimonio a ellos. ¹⁰ Primero tienen que proclamarse las Buenas Noticias a todas las naciones. ¹¹ Cuando los conduzcan para entregarlos, no se preocupen por lo que deben hablar, sino hablen lo que les sea dado en aquella hora. Porque no son ustedes los que hablan, sino el Espíritu Santo.

¹² *El* hermano entregará a su hermano a *la* muerte, y *el* padre al hijo, y *los* hijos se rebelarán contra *sus* progenitores y los matarán. ¹³ *Ustedes* serán aborrecidos por todos a causa de mi Nombre, pero el que persevere hasta *el* fin será salvo.

¹⁴ Pero cuando vean la *repugnancia* devastadora en pie donde no debe (el que lee, entienda), entonces los que estén en Judea huyan a las montañas. ¹⁵ Quien esté en la azotea, no baje ni entre a recoger algo de su casa, ¹⁶ y el que esté en el campo, no regrese a tomar su ropa. ¹⁷ Pero, ¡ay de las que estén embarazadas y de las que amamanten en aquellos días! ¹⁸ Hablen con Dios para que no sea en invierno. ¹⁹ Porque aquellos días serán una tribulación como no hubo desde *el* principio de *la* creación que Dios hizo, hasta ahora y que de ningún modo haya jamás.

²⁰ Si el Señor no acortara aquellos días, nadie sería salvo, pero por causa de los escogidos los acortó. ²¹ Entonces, si alguien les dice: ¡Mira, aquí está el Cristo! ¡Mira, está allí! No *lo* crean. ²² Porque se levantarán falsos cristos y falsos profetas. Mostrarán señales y prodigios a fin de extraviar a los escogidos, si fuera posible. ²³ Pero ustedes estén alerta. Les predije todas las cosas.

Segunda venida del Hijo del Hombre

²⁴ Pero en aquellos días, después de aquella tribulación,
el sol se oscurecerá, la luna no dará su claridad nocturna,
²⁵ las estrellas caerán del cielo, y las potencias que están en los cielos serán sacudidas.

²⁶ En ese tiempo verán al Hijo del Hombre que viene en *las* nubes con gran poder y gloria. ²⁷ Entonces enviará a los ángeles y reunirá a los escogidos de los cuatro puntos cardinales, desde *el* extremo de *la* tierra hasta *el* extremo del cielo.

²⁸ De la higuera aprendan la parábola: Cuando ya su rama enternece y brotan sus hojas, saben que el verano está cerca. ²⁹ Así también ustedes, cuando vean que suceden estas cosas, sepan que está cerca, a *las* puertas. ³⁰ En verdad les digo: Que de ningún modo pase este linaje hasta que se

cumplan todas estas cosas. ³¹ El cielo y la tierra pasarán, pero mis palabras de ningún modo pasarán.

³² Con respecto a aquel día o la hora, nadie sabe, ni los ángeles en *el* cielo, ni el Hijo, sino el Padre. ³³ Cuidado, estén alerta, porque no saben cuándo es el tiempo. ³⁴ Sucederá como cuando un hombre viaja y deja su casa. Da a sus esclavos la autoridad, a cada uno su trabajo y ordena al portero que vigile. ³⁵ Velen, pues, porque no saben cuándo viene el señor de la casa: si en la tarde, a media noche, al canto del gallo o en la mañana, ³⁶ no sea que, al llegar de repente, los halle dormidos. ³⁷ Lo que digo a ustedes, digo a todos: ¡Velen!

El complot

14 ¹ Dos días después se celebraba la Pascua y los Panes sin Levadura. Los principales sacerdotes y los escribas buscaban cómo detenerlo por engaño y asesinarlo. ² Decían: ¡No en la fiesta! No sea que se produzca un tumulto del pueblo.

La unción en Betania

³ Cuando Él estaba reclinado en Betania en la casa de Simón el leproso, se acercó una mujer con un frasco de alabastro con perfume de nardo puro muy costoso. Quebró el frasco de alabastro y *lo* derramó sobre su cabeza.

⁴ Algunos que se indignaron *decían*: ¿Para qué *ella* hizo este desperdicio de perfume? ⁵ Porque podría venderse por más de 300 denarios para dar a los pobres. La censuraban.

⁶ Pero Jesús dijo: Déjenla. No la molesten, porque buena obra hizo en Mí. ⁷ A los pobres siempre *los* tienen con ustedes, y cuando quieran pueden hacerles bien, pero a Mí no *me* tienen siempre. ⁸ Hizo lo que tenía disponible. Ungió mi cuerpo con anticipación para la sepultura. ⁹ En verdad les digo: Dondequiera que se prediquen las Buenas Noticias se contará lo que hizo en memoria de ella.

La traición

¹⁰ Entonces Judas Iscariote, uno de los 12, fue a los sumos sacerdotes para entregárselo. ¹¹ Al oír *esto*, ellos se regocijaron y prometieron darle plata. Y él buscaba una manera conveniente para entregarlo.

La Pascua

¹² El primer día de los Panes sin Levadura, cuando celebraban la Pascua, los discípulos le preguntaron: ¿Dónde quieres que preparemos para comer la pascua?

¹³ Envió a dos de sus discípulos y les ordenó: Vayan a la ciudad, y un hombre que lleva un cántaro de agua los encontrará. Síganlo, ¹⁴ y donde entre, digan al señor de la casa que el Maestro dice: ¿Dónde está mi aposento para comer la pascua con mis discípulos? ¹⁵ Él les mostrará un gran aposento alto, amoblado y dispuesto. Preparen allí la pascua.

¹⁶ Los discípulos fueron a la ciudad. Encontraron como Él les dijo y prepararon la pascua.

¹⁷ Al llegar la noche, fue con los 12.

¹⁸ Cuando estaban reclinados y comían, Jesús dijo: En verdad les digo que uno de ustedes quien come conmigo, me entregará.

¹⁹ Se entristecieron y le preguntaban: ¿Seré yo?

²⁰ Él les contestó: Es uno de los 12, quien moja el pan en el tazón conmigo. ²¹ En verdad, el Hijo del Hombre sigue *adelante*, como está escrito de Él. Pero, ¡ay de aquél hombre quien entrega al Hijo del Hombre! Le sería mejor no haber nacido.

La cena del Señor

²² Mientras comían, Jesús tomó un pan, dio gracias, lo partió y dijo: Tomen, esto es mi cuerpo.

²³ Después de tomar una copa y dar gracias, les dio, y todos bebieron de ella. ²⁴ Y dijo: Esto es mi sangre del Pacto que es derramada por muchos. ²⁵ En verdad les digo: Que de ningún modo beba Yo más del fruto de la vid hasta aquel día cuando lo beba nuevo en el reino de Dios.

²⁶ Después de cantar un himno salieron hacia la Montaña de Los Olivos.

Anuncio de la negación de Pedro

²⁷ Jesús les dijo: Todos ustedes serán conturbados, porque está escrito: Heriré al Pastor, y las ovejas serán dispersadas.

²⁸ Pero después de ser resucitado, iré delante de ustedes a Galilea.

²⁹ Entonces Pedro le dijo: Si todos son conturbados, ciertamente yo no.

³⁰ Jesús le respondió: En verdad te digo que hoy, esta noche, antes que un gallo cante dos veces, me negarás tres veces.

³¹ Pero Pedro insistía: Aunque sea necesario morir contigo, de ningún modo te negaré. Y lo mismo decían todos.

Entrada en Getsemaní

³² Entonces fueron a un sitio llamado Getsemaní, y *Jesús* dijo a sus discípulos: Siéntense aquí, hasta que Yo hable con Dios.

³³ Tomó con Él a Pedro, Jacobo y Juan. Entonces *se* entristeció y *se* angustió. ³⁴ Les dijo: Mi alma está profundamente afligida hasta *la* muerte. Quédense aquí y velen.

³⁵ Después de ir un poco adelante, se postraba en tierra y hablaba con el Padre. *Pedía* que si fuera posible, pasara de Él aquella hora. ³⁶ Y decía: ¡Abba! que significa Padre. ¡Todas las cosas son posibles para Ti! ¡Aparta de Mí esta copa! Pero no lo que Yo quiero, sino lo que Tú *quieras*.

³⁷ *Jesús* volvió y los halló dormidos, y dijo a Pedro: Simón, ¿duermes? ¿No tuviste fuerzas para velar una hora? ³⁸ Velen y hablen con Dios para que no entren en tentación. El espíritu a la verdad está dispuesto, pero la carne es débil.

³⁹ Fue otra vez y dijo las mismas palabras. ⁴⁰ Al regresar otra vez, los halló dormidos, porque sus ojos estaban pesados, y no sabían qué responderle.

⁴¹ Volvió la tercera vez y les dijo: Duerman y descansen lo que resta. ¡Es suficiente! Llegó la hora. Ya el Hijo del Hombre es entregado en las manos de los pecadores. ⁴² ¡Levántense! Vamos. Miren, el que me entrega se acerca.

El arresto del Señor Jesús

⁴³ Al instante, mientras aún Él hablaba, llegó Judas, uno de los 12, acompañado por una turba con espadas y garrotes enviados por los principales sacerdotes, los escribas y los ancianos.

⁴⁴ El que lo entregaba les dio una señal: Es Aquel a Quien yo bese. Arréstenlo y llévenlo bajo guardia. ⁴⁵ De inmediato, se acercó Judas y le dijo: ¡Maestro! Y lo besó aparatosamente.

⁴⁶ Entonces le pusieron las manos encima y lo arrestaron. ⁴⁷ Pero uno de los presentes sacó la espada, atacó al esclavo del sumo sacerdote y le amputó la oreja.

⁴⁸ Jesús les preguntó: ¿Como contra un bandido salieron con espadas y garrotes a detenerme? ⁴⁹ Cada día estaba con ustedes y enseñaba en el Santuario, y no me arrestaron. Pero *esto sucede* para que se cumplan las Escrituras.

⁵⁰ Todos lo abandonaron y huyeron.

⁵¹ Un joven lo seguía cubierto con una sábana. Y lo arrestaron, ⁵² pero él soltó la sábana y huyó desnudo.

Ante el Tribunal Supremo de los judíos

⁵³ Llevaron a Jesús ante el sumo sacerdote. *Allí* se reunieron todos los principales sacerdotes, los ancianos y los escribas.

⁵⁴ Pedro lo siguió de lejos, hasta el patio del sumo sacerdote, y se sentó con los guardias para calentarse junto al fuego.

⁵⁵ Los principales sacerdotes y el Tribunal Supremo buscaban testigos contra Jesús para asesinarlo, pero no *los* hallaban. ⁵⁶ Porque muchos daban falso testimonio contra Él, pero los testimonios no eran iguales. ⁵⁷ Algunos que dieron falso testimonio contra Él dijeron: ⁵⁸ Nosotros lo oímos cuando dijo: Yo destruiré este Templo hecho por manos humanas, y en tres días edificaré otro no hecho por manos. ⁵⁹ Pero aun así su testimonio no coincidía.

⁶⁰ El sumo sacerdote se levantó y preguntó a Jesús: ¿Nada respondes a lo que testifican contra ti?

⁶¹ Pero Él guardó silencio y nada respondió.

El sumo sacerdote le preguntaba otra vez: ¿Eres Tú el Cristo, el Hijo del Bendito?

⁶² Jesús respondió: Yo soy. Verán al Hijo del Hombre sentado a la mano derecha del Padre[a] y que viene en las nubes del cielo.

⁶³ Entonces el sumo sacerdote rasgó sus ropas y dijo: ¿Qué necesidad tenemos de testigos? ⁶⁴ Ustedes oyeron la blasfemia. ¿Qué les parece?

Y todos ellos lo declararon reo de muerte. ⁶⁵ Algunos comenzaron a escupirlo, a cubrirle el rostro, a darle puñetazos y a decirle: ¡Profetiza! También los alguaciles lo recibieron a bofetadas.

La negación de Pedro

⁶⁶ Mientras Pedro estaba abajo en el patio, apareció una de las esclavas del sumo sacerdote. ⁶⁷ Cuando vio que Pedro se calentaba, lo miró fijamente y le dijo: ¡Tú también estabas con Jesús de Nazaret!

⁶⁸ Pero él negó: No sé ni entiendo lo que dices. Y salió a la puerta.

⁶⁹ Al verlo otra vez, la esclava repitió a los presentes: ¡Éste es *uno* de ellos! ⁷⁰ Pero él negó otra vez.

Un poco después, los que estaban presentes dijeron otra vez a Pedro: ¡Verdaderamente eres de ellos, pues también eres galileo!

⁷¹ Y él juró con maldición: ¡No conozco a este Hombre de Quien ustedes hablan!

⁷² Enseguida el gallo cantó por segunda vez, y Pedro se acordó de lo que Jesús le dijo: Antes que el gallo cante dos veces, me negarás tres veces. Reflexionó y lloraba.

Jesús ante Pilato

15 ¹ Muy de mañana, los principales sacerdotes consultaron con los ancianos, los escribas y el Tribunal Supremo. Ataron a Jesús, *lo* llevaron y *lo* entregaron a Pilato.

² Pilato le preguntó: ¿Eres Tú el Rey de los judíos?

---
[a] **14.62** Lit. *Poder.*

Le respondió: **Tú** *lo* **dices.**
³ Los principales sacerdotes lo acusaban mucho.
⁴ Pilato le preguntó otra vez: ¿Nada respondes? Mira de cuántas cosas te acusan.
⁵ Pero Jesús nada más respondió, de tal modo que Pilato se asombró.

Barrabás

⁶ En cada fiesta *Pilato* les soltaba un preso: el que pidieran. ⁷ Un hombre llamado Barrabás estaba preso con los sublevados que habían cometido un homicidio en una revuelta. ⁸ Cuando la multitud pidió a Pilato que hiciera lo que siempre les hacía, ⁹ Pilato les preguntó: ¿Quieren que les suelte al Rey de los judíos? ¹⁰ Porque entendía que los principales sacerdotes lo habían entregado por envidia.

¹¹ Pero los principales sacerdotes incitaron a la multitud para *pedirle* que más bien les soltara a Barrabás.

¹² Pilato les volvió a preguntar: ¿Qué hago al Rey de los judíos?

¹³ Ellos gritaron otra vez: ¡Crucifícalo!

¹⁴ Pero Pilato les preguntaba: ¿Pues qué mal hizo?

Y ellos gritaron aún más: ¡Crucifícalo!

¹⁵ Pilato, entonces, quiso satisfacer a la multitud y les soltó a Barrabás. Azotó a Jesús y lo entregó para que lo crucificaran.

El escarnio

¹⁶ Entonces los soldados lo llevaron a la residencia oficial del gobernador y reunieron a toda la tropa. ¹⁷ Lo vistieron de púrpura, trenzaron una corona de espinas y se la pusieron *en la cabeza*. ¹⁸ Lo saludaban: ¡Honores, Rey de los judíos! ¹⁹ También le golpeaban la cabeza con una caña, lo escupían y se arrodillaban para rendirle homenaje. ²⁰ Cuando lo ridiculizaron, le quitaron la ropa de púrpura, lo vistieron con su ropa y lo sacaron para crucificarlo. ²¹ Obligaron a uno que pasaba, quien llegaba del campo, Simón cireneo, el padre de Alejandro y Rufo, a llevar la cruz de Jesús.

La crucifixión

²² Lo llevaron al *Gólgota*, que significa: Lugar de una Calavera. ²³ Le dieron vino mezclado con mirra, pero no tomó. ²⁴ Lo crucificaron y se repartieron sus ropas para lo cual echaron suerte a fin de saber qué llevaría cada uno.

²⁵ Eran las nueve de la mañana cuando lo crucificaron.

²⁶ Entonces escribieron la acusación contra Él encima de la cruz: **El Rey de los judíos.**

²⁷ Crucificaron con Él a dos ladrones, uno a su derecha y otro a su izquierda. [[²⁸]]

²⁹ Los que pasaban lo ofendían, meneaban sus cabezas y decían: ¡Bah! ¡El que derriba el Santuario y *lo* reedifica en tres días, ³⁰ baja de la cruz, sálvate a Ti mismo!

³¹ Del mismo modo, los principales sacerdotes y los escribas se burlaban y se decían unos a otros: Salvó a otros. Él mismo no puede salvarse. ³² ¡El Cristo, el Rey de Israel! Baja ahora de la cruz para que veamos y creamos. También lo insultaban los que fueron crucificados con Él.

Muerte del Señor Jesús

³³ Cuando llegó el mediodía hubo oscuridad en toda la tierra hasta las tres de la tarde. ³⁴ A esa hora Jesús exclamó a gran voz:
Eloi, Eloi, ¿lema sabajtani?
que significa: Dios mío, Dios mío, ¿por qué me desamparaste?

³⁵ Al oírlo algunos de los presentes, decían: ¡Mira, llama a Elías!

³⁶ Entonces alguien corrió y empapó una esponja con vinagre, la sujetó a una caña, le dio a beber y dijo: Dejen, veamos si Elías viene a bajarlo.

³⁷ Pero Jesús, con una fuerte exclamación, expiró.

³⁸ El velo del Santuario fue rasgado en dos, de arriba abajo.

³⁹ El centurión destacado frente a Él, al ver cómo había expirado, exclamó: ¡Verdaderamente este Hombre era Hijo de Dios!

⁴⁰ También estaban unas mujeres que miraban de lejos, entre quienes estaban María Magdalena, María, la madre de Jacobo el menor y de José, Salomé, ⁴¹ y muchas otras que subieron con Él a Jerusalén, las cuales lo seguían y le servían cuando estaba en Galilea.

El sepulcro

⁴² Al llegar la noche, puesto que era Preparación, es decir, víspera del sábado, ⁴³ cuando llegó José de Arimatea, miembro prominente del Tribunal Supremo, quien también esperaba el reino de Dios, con audacia entró ante Pilato y pidió el cuerpo de Jesús.

⁴⁴ Pilato *se* sorprendió de que ya había muerto. Llamó al centurión para preguntar si ya había muerto. ⁴⁵ Cuando el centurión le informó, *Pilato* entregó el cuerpo a José.

⁴⁶ Éste compró una sábana, *lo* bajó, *lo* envolvió en la sábana, *lo* puso en un sepulcro excavado en una roca y rodó una piedra contra la entrada del sepulcro.

⁴⁷ María Magdalena y María la *madre* de José observaban dónde era puesto.

La resurrección del Señor Jesús

16 ¹ Cuando pasó el sábado, María Magdalena, María, la *madre de* Jacobo, y Salomé compraron especias aromáticas para ir a ungirlo. ² El primero de la semana, muy temprano en la mañana al salir el sol, fueron al sepulcro. ³ Y se preguntaban: ¿Quién nos removerá la piedra de la entrada del sepulcro?

⁴ Pero, al levantar la mirada, vieron que, aunque la piedra era muy grande, ya había sido rodada. ⁵ Entraron en el sepulcro y vieron a un joven sentado a la derecha, vestido de un manto largo y blanco, y se alarmaron.

⁶ Pero él les dijo: No se alarmen. Buscan al Nazareno que fue crucificado. No está aquí. Fue resucitado. Miren el lugar donde lo pusieron. ⁷ Pero vayan, digan a sus discípulos y a Pedro que va delante de ustedes a Galilea. Allí lo verán, como les dijo.

⁸ Salieron del sepulcro y huyeron, porque un temblor y asombro las dominaba. A nadie le informaron porque tenían miedo.

[[⁹⁻²⁰]]ᵃ

ᵃ **16.9-20** Estos versículos no se hallan en los manuscritos más antiguos y confiables.

Lucas

Introducción

1 ¹ Puesto que muchos han tratado de poner en orden un relato de las cosas completamente ciertas entre nosotros, ² como nos las transmitieron los que desde el principio fueron testigos oculares y servidores de la Palabra, ³ a mí también me pareció bien, después de investigar con diligencia todas las cosas desde el principio, escribírtelas en orden, excelentísimo Teófilo, ⁴ para que conozcas exactamente la verdad con respecto a las cosas en las cuales fuiste instruido.

Anuncio del nacimiento de Juan el Bautista

⁵ Hubo en los días de Herodes, rey de Judea, un sacerdote llamado Zacarías, de la clase de Abías. Su esposa Elisabet era de la descendencia de Aarón. ⁶ Ambos eran justos delante de Dios y vivían de manera irreprochable según todos los Mandamientos y Ordenanzas del Señor. ⁷ No tenían hijos, porque Elisabet era estéril, y ambos de edad avanzada.

⁸ Aconteció que al ministrar él como sacerdote delante de Dios, ⁹ en el turno de su clase de oficio sacerdotal, cuando entró en el Santuario del Señor, le cayó en suerte ofrecer una ofrenda de incienso. ¹⁰ Todo el pueblo hablaba con Dios afuera a la hora del incienso.

¹¹ Entonces se le apareció en pie un ángel del Señor a *la* derecha del altar del incienso. ¹² Cuando Zacarías *lo* vio se perturbó y se llenó de temor.

¹³ Pero el ángel le dijo: No temas, Zacarías, porque fue oída tu conversación con Dios. Tu esposa Elisabet te dará a luz un hijo y lo llamarás Juan. ¹⁴ Será para ti gozo y alegría, y muchos se regocijarán por su nacimiento, ¹⁵ porque será grande delante del Señor. No beberá vino ni licor, y será lleno del Espíritu Santo aun desde el vientre de su madre. ¹⁶ Y muchos de los hijos de Israel volverán al Señor su Dios. ¹⁷ Éste irá delante del Señor con *el* espíritu y poder de Elías, para volver corazones de padres a hijos, y de desobedientes a *la* prudencia de *los* justos, a fin de preparar un pueblo dispuesto para *el* Señor.

¹⁸ Zacarías preguntó al ángel: ¿Cómo será esto? Porque yo y mi esposa somos ancianos.

¹⁹ Y el ángel le respondió: Yo soy Gabriel, el que está en la presencia de Dios, y fui enviado para hablar contigo y anunciarte estas Buenas Noticias. ²⁰ Por cierto, quedarás mudo y no podrás hablar hasta el día cuando sucedan estas cosas, por cuanto no creíste mis palabras, las cuales se cumplirán a su debido tiempo.

²¹ El pueblo esperaba a Zacarías y extrañaba que demoraba en el Santuario. ²² Cuando salió no podía hablarles. Comprendieron que había tenido una visión en el Santuario, porque les hablaba por señas y continuaba mudo.

²³ Aconteció que al cumplirse los días de su ministerio, fue a su casa. ²⁴ Después de estos días, su esposa Elisabet concibió. Se recluyó cinco meses y decía: ²⁵ Así hizo conmigo *el* Señor en los días cuando me miró para quitarme una afrenta entre *los* hombres.

Anuncio del nacimiento de Jesús

²⁶ El sexto mes Dios envió al ángel Gabriel a Nazaret de Galilea, ²⁷ a una virgen comprometida con un hombre cuyo nombre era José, de la casa de David. El nombre de la virgen era María. ²⁸ Cuando entró adonde estaba ella, dijo: ¡Regocíjate, muy favorecida! ¡El Señor está contigo!

²⁹ Ella se turbó mucho por esta palabra y se preguntaba de qué clase sería esta salutación.

³⁰ Pero el ángel le dijo: ¡No temas, María, porque hallaste gracia ante Dios! ³¹ Mira, concebirás y darás a luz un Hijo. Llamarás su Nombre Jesús. ³² Éste será grande y será llamado Hijo del Altísimo. *El* Señor Dios le dará el trono de David su antepasado. ³³ Reinará sobre la casa de Jacob por los siglos y su reino no tendrá fin.

³⁴ Entonces María preguntó al ángel: ¿Cómo será esto? Porque no me he unido a un hombre.

³⁵ El ángel le respondió: *El* Espíritu Santo vendrá sobre ti, y *el* poder del Altísimo te hará sombra, por lo cual también el Santo Ser que nacerá será llamado Hijo de Dios. ³⁶ Y mira, tu parienta Elisabet también concibió un hijo en su vejez, y éste es *el* sexto mes para la estéril. ³⁷ Porque para Dios ninguna cosa es imposible.ᵃ

³⁸ Entonces María contestó: Aquí está la esclava del Señor. Que se haga conmigo según tu palabra. Y el ángel se retiró.

El misterio de la piedad

³⁹ En aquellos días, María fue de prisa a una ciudad en la región montañosa de Judá. ⁴⁰ Entró en la casa de Zacarías y saludó a Elisabet.

⁴¹ Aconteció que cuando Elisabet oyó el saludo de María, la criatura saltó en su vientre, y Elisabet fue llena del Espíritu Santo. ⁴² Y exclamó a gran voz: ¡Bendita tú entre *las* mujeres, y bendito el fruto de tu vientre! ⁴³ ¿Por qué se me *concede* que venga a mí la madre de mi Señor? ⁴⁴ Porque mira, cuando la voz de tu saludo llegó a mis oídos, la criatura saltó de regocijo en mi vientre.

ᵃ **1.37** Lit. *no será imposible toda palabra.*

⁴⁵ ¡Inmensamente feliz[a] la que creyó que se cumplirán las cosas que se le dijeron de parte del Señor!

⁴⁶ Entonces María exclamó:

Mi alma engrandece al Señor,
⁴⁷ Y mi espíritu se regocija en Dios mi Salvador.
⁴⁸ Porque miró la humilde condición de su esclava,
Pues ciertamente desde ahora
Todas las generaciones me llamarán inmensamente feliz.
⁴⁹ Porque me concedió grandes cosas el Poderoso.
¡Santo es su Nombre!
⁵⁰ Su misericordia es de generación a generación
Para los que le temen.
⁵¹ Hizo proeza con su brazo.
Esparció a los soberbios en la intención de su corazón.
⁵² Derribó de *sus* tronos a los poderosos,
Y exaltó a los humildes.
⁵³ A los que tienen hambre colmó de bienes,
Y a los ricos envió vacíos.
⁵⁴ Al recordar *su* misericordia
Ayudó a Israel su esclavo,
⁵⁵ Como habló a nuestros antepasados,
A Abraham y a su descendencia para siempre.

⁵⁶ María permaneció con ella como tres meses, y regresó a su casa.

Nacimiento de Juan el Bautista

⁵⁷ Entonces se le cumplió a Elisabet el tiempo del parto y dio a luz un hijo. ⁵⁸ Sus vecinos y parientes oyeron que *el* Señor engrandeció su misericordia, y se gozaban con ella.

⁵⁹ Sucedió que al octavo día fueron a circuncidar al niño, y lo llamaban Zacarías, con el nombre de su padre. ⁶⁰ Pero intervino su madre: ¡No, se llamará Juan!

⁶¹ Y le dijeron: Nadie hay de tu familia que tenga ese nombre.

⁶² Por señas le preguntaban a su padre cómo deseaba llamarlo. ⁶³ Entonces él pidió una tablilla y escribió: Juan es su nombre. Y todos se asombraron. ⁶⁴ Al instante fue abierta su boca, y su lengua hablaba y bendecía a Dios.

⁶⁵ Hubo un temor en todos los que vivían alrededor de ellos, y en toda la región montañosa de Judea se comentaban todas estas cosas. ⁶⁶ Todos los que *las* oían *las* tenían en su corazón y decían: ¿Quién, pues, será este niño? Porque *la* mano del Señor ciertamente estaba con él.

---

[a] **1.45** Algunas versiones traducen *bienaventurada*.

⁶⁷ Y su padre Zacarías fue lleno del Espíritu Santo y profetizó:
⁶⁸ Bendito el Señor Dios de Israel, Quien visitó y redimió a su pueblo.
⁶⁹ Nos levantó un Cuerno de salvación
En *la* casa de David su esclavo.
⁷⁰ Como habló por boca de sus santos profetas, desde tiempo antiguo:
⁷¹ Salvación de nuestros enemigos
Y de *la* mano de todos los que nos aborrecen,
⁷² Para tener misericordia con nuestros antepasados
Y recordar su santo Pacto.
⁷³ El juramento que hizo a nuestro antepasado Abraham
⁷⁴ De librarnos de mano de *los* enemigos,
Y concedernos que le sirvamos sin temor
⁷⁵ En santidad y justicia delante de Él
Todos nuestros días.
⁷⁶ ¡Y tú, niño, serás llamado profeta del Altísimo!
Porque irás delante del Señor
Para preparar sus caminos
⁷⁷ Y dar conocimiento de salvación
Y perdón de pecados a su pueblo,
⁷⁸ A causa de *la* entrañable misericordia de nuestro Dios
Con la cual la Aurora nos visitará desde *lo* alto,
⁷⁹ A fin de dar luz a los que viven en oscuridad y sombra de muerte,
Y guiar nuestros pies hacia *el* camino de paz.
⁸⁰ Y el niño crecía y se fortalecía en espíritu, y estuvo en los lugares despoblados hasta *el* día de su manifestación a Israel.

La Natividad

2 ¹ En aquellos días aconteció que salió un edicto de parte de César Augusto, para que se empadronara toda la tierra habitada. ² Este primer censo se realizó cuando Cirenio era gobernador de Siria. ³ Todos iban a registrar*se*, cada uno a su ciudad.

⁴ Por tanto José subió de *la* ciudad de Nazaret de Galilea, a Belén, *la* ciudad de David en Judea, porque él era de *la* casa y familia de David, ⁵ para registrarse con su esposa María, la cual estaba embarazada.

⁶ Cuando estaban allí se cumplió el tiempo de su parto y ⁷ dio a luz a su Hijo primogénito. Lo envolvió en pañales y lo acostó en un pesebre, porque no había lugar para ellos en la pensión.

Visto por los ángeles

⁸ Había pastores en aquella misma región que posaban a campo abierto y guardaban las vigilias de la noche sobre sus rebaños.

⁹ Un ángel del Señor les apareció y *la* gloria del Señor los rodeó de resplandor. Se llenaron de un gran temor. ¹⁰ Pero el ángel les dijo: ¡No teman! Porque miren, les traigo Buenas Noticias de gran gozo que será para todo el pueblo. ¹¹ ¡Hoy les nació en *la* ciudad de David un Salvador, Quien es Cristo *el* Señor! ¹² Esto será para ustedes la señal: Hallarán a un Niño envuelto en pañales y acostado en un pesebre.

¹³ Repentinamente apareció con el ángel una multitud de la hueste celestial que alababa a Dios, y decía:

¹⁴ ¡Gloria a Dios en las alturas,
Y en la tierra paz entre los hombres
Sobre quienes reposa el favor de Dios!

¹⁵ Sucedió que cuando los ángeles partieron de ellos al cielo, los pastores se decían unos a otros: Vayamos, pues, hasta Belén. Veamos esto que sucedió y que el Señor nos manifestó.

¹⁶ Y salieron aprisa, fueron y hallaron a María y José, y al Niño acostado en el pesebre. ¹⁷ Cuando lo vieron, anunciaron lo que les fue dicho con respecto a este Niño. ¹⁸ Todos los que oyeron se asombraron de lo que los pastores les decían.

¹⁹ María guardaba todas estas cosas en su corazón y meditaba en ellas.

²⁰ Los pastores regresaron. Glorificaban y alababan a Dios por todo lo que oyeron y vieron, como se les dijo.

²¹ Cuando se cumplieron los ocho días para circuncidarlo, lo llamaron Jesús, nombre que le fue asignado por el ángel antes de que fuera concebido en el vientre.

La presentación

²² Cuando se cumplieron los días de *la* purificación de ellos, según la Ley de Moisés, lo llevaron a Jerusalén para presentarlo al Señor, ²³ como está escrito en *la* Ley del Señor:
Todo varón que abre matriz se llamará santo para el Señor,
²⁴ y para dar la ofrenda conforme a lo dicho en la Ley del Señor:
Un par de tórtolas o dos palominos.

Simeón

²⁵ Estaba en Jerusalén un hombre justo y devoto llamado Simeón, quien esperaba *la* consolación de Israel.

El Espíritu Santo estaba sobre él, ²⁶ Quien le reveló que no moriría antes que viera al Cristo del Señor. ²⁷ El Espíritu lo movió y fue al Templo. Cuando los padres introdujeron al Niño Jesús, para hacer ellos por Él según la costumbre de la Ley, ²⁸ él también lo tomó en sus brazos. Bendijo a Dios:

²⁹ Ahora, Soberano, despide a tu esclavo en paz, según tu Palabra.

³⁰ Porque mis ojos vieron tu salvación,

³¹ La cual preparaste en presencia de todos los pueblos.

³² Luz para revelación a *los* gentiles,

Y gloria de tu pueblo Israel.

³³ Su padre y su madre estaban maravillados de lo que se decía con respecto a Él.

³⁴ Simeón los bendijo. Dijo a su madre María: Mira, Éste es designado para caída y levantada de muchos en Israel, y como una señal que tiene contradicción ³⁵ para que sean descubiertos los pensamientos de muchos. Y una espada traspasará tu alma.

Ana

³⁶ Estaba allí la profetiza Ana, hija de Fanuel, de *la* tribu de Aser. Ella vivió con *su* esposo siete años desde su virginidad y era de edad avanzada. ³⁷ Era viuda durante 84 años. No se alejaba del Templo y servía noche y día con ayunos y conversaciones con Dios. ³⁸ Ella se presentó en ese momento. Daba gracias a Dios y hablaba del Niño a todos los que esperaban la redención de Jerusalén.

Regreso a Nazaret

³⁹ Cuando cumplieron todo según la Ley del Señor, regresaron a Nazaret de Galilea, su ciudad.

⁴⁰ El Niño crecía y se fortalecía. Se llenaba de sabiduría y *la* gracia de Dios estaba sobre Él.

⁴¹ Sus padres iban cada año a Jerusalén a la fiesta de *la* Pascua.

⁴² Cuando cumplió 12 años, ellos subieron según la costumbre de la fiesta y ⁴³ regresaron al terminar los días. El Niño Jesús se quedó en Jerusalén, y sus padres no *lo* supieron. ⁴⁴ Por tanto, como supusieron que estaba en la caravana, anduvieron un día y lo buscaban entre los familiares y los conocidos.

⁴⁵ Pero al no hallarlo, regresaron a Jerusalén. ⁴⁶ Tres días después lo hallaron en el Templo, sentado en medio de los maestros. Los oía y les preguntaba. ⁴⁷ Todos los que *lo* oían se asombraban de su inteligencia y de sus respuestas.

⁴⁸ Al verlo, se asombraron, y su madre le dijo: Hijo, ¿por qué nos hiciste esto? ¡Considera, tu padre y yo te buscábamos angustiados!

⁴⁹ Y les preguntó: ¿Por qué me buscaban? ¿No sabían que me es necesario estar en las cosas de mi Padre? ⁵⁰ Pero ellos no entendieron la respuesta que les dio.

⁵¹ Bajó con ellos a Nazaret, y estaba sujeto a ellos. Y su madre reflexionaba en todas estas cosas.

⁵² Jesús crecía en sabiduría, estatura y gracia hacia Dios y *los* hombres.

Ministerio de Juan el Bautista

3 ¹ En el año decimoquinto del imperio de Tiberio César, cuando Poncio Pilato era gobernador de Judea, y Herodes tetrarca de Galilea, y su hermano Felipe tetrarca de Iturea y de la provincia de Traconite, y Lisanias tetrarca de Abilinia, ² en *el* tiempo del sumo sacerdocio de Anás y Caifás, la Palabra de Dios vino a Juan, hijo de Zacarías, en un lugar deshabitado.

³ Salió a toda *la* región alrededor del Jordán a proclamar un bautismo de cambio de mente para perdón de pecados, ⁴ como está escrito en *el* rollo del profeta Isaías:
Voz que clama en el lugar despoblado: Preparen el camino del Señor. Enderecen sus sendas. ⁵ Todo valle será rellenado, y toda montaña y colina nivelada. Lo torcido se enderezará, y los caminos ásperos serán suavizados. ⁶ Y toda persona verá la salvación de Dios.

⁷ Decía a la multitud que salía para ser bautizada por él: ¡Generación de víboras! ¿Quién les enseñó a huir de la ira que viene? ⁸ Produzcan, pues, frutos dignos de cambio de mente, y no comiencen a decir dentro de ustedes: Tenemos al padre Abraham. Porque les digo que Dios puede levantar hijos a Abraham de estas piedras. ⁹ Además el hacha ya está puesta a la raíz de los árboles. Por tanto todo árbol que no produce buen fruto es cortado y echado al fuego.

¹⁰ Y la multitud le preguntaba: ¿Qué, pues, *dices* que hagamos?

¹¹ Les respondía: El que tiene dos mudas de ropa, dé al que no tiene, y el que tiene comida, haga del mismo modo.

¹² Unos publicanos fueron a ser bautizados y le preguntaron: Maestro, ¿qué haremos?

¹³ Él les contestó: No cobren más de lo que se les mandó.

¹⁴ Le preguntaron también unos soldados: Y nosotros, ¿qué haremos?

Y les respondió: A nadie extorsionen ni denuncien falsamente, y estén satisfechos con sus salarios.

¹⁵ Cuando el pueblo estaba a la expectativa y todos se preguntaban si tal vez Juan sería el Cristo, ¹⁶ Juan declaró a todos: Yo en verdad los bautizo con agua. Pero viene el más poderoso que yo, de Quien no soy digno de desatar la correa de sus sandalias. Él los bautizará con Espíritu Santo y fuego.

¹⁷ Su aventador está en su mano para limpiar su era y recoger el trigo en su granero, pero quemará la concha del grano con fuego inextinguible.

¹⁸ Así, con estas y otras muchas exhortaciones, proclamaba las Buenas Noticias al pueblo.

¹⁹ Entonces Herodes el tetrarca, al ser reprendido por él a causa de Herodías, la esposa de su hermano, y por todas las maldades que él hizo, ²⁰ añadió a todas también esto: Encerró a Juan en la cárcel.

El bautismo

²¹ Cuando todo el pueblo era bautizado, Jesús también fue bautizado. Habló con Dios y se abrió el cielo. ²² Descendió el Espíritu Santo sobre Él en forma corporal como una paloma, y hubo una voz del cielo: Tú eres mi Hijo amado. En Ti me deleité.

La genealogía

²³ Cuando Jesús comenzó su ministerio tenía como 30 años. Era hijo, según se suponía, de José, de Elí, ²⁴ de Matat, de Leví, de Melqui, de Jana, de José, ²⁵ de Matatías, de Amós, de Nahúm, de Hesli, de Nagai, ²⁶ de Maat, de Matatías, de Semei, de José, de Judá, ²⁷ de Joanán, de Resa, de Zorobabel, de Salatiel, de Neri, ²⁸ de Melqui, de Adi, de Cosam, de Elmodam, de Her, ²⁹ de Josué, de Eliezer, de Jorim, de Matat, de Leví, ³⁰ de Simeón, de Judá, de José, de Jonán, de Eliaquim, ³¹ de Melea, de Mainán, de Matata, de Natán, de David, ³² de Isaí, de Obed, de Booz, de Sala, de Naasón, ³³ de Aminadab, de Admín, de Arní, de Esrom, de Fares, de Judá, ³⁴ de Jacob, de Isaac, de Abraham, de Taré, de Nacor, ³⁵ de Serug, de Ragau, de Peleg, de Heber, de Sala, ³⁶ de Cainán, de Arfaxad, de Sem, de Noé, de Lamec, ³⁷ de Matusalén, de Enoc, de Jared, de Mahalaleel, de Cainán, ³⁸ de Enós, de Set, de Adán, de Dios.

La tentación

4 ¹ Jesús regresó del Jordán lleno del Espíritu Santo y fue impulsado por el Espíritu a una región deshabitada ² por 40 días para que fuera tentado por el diablo. Nada comió en aquellos días. Cuando se acabaron tuvo hambre.

³ Entonces el diablo le dijo: Ya que eres Hijo de Dios, dí a esta piedra que se convierta en pan.

⁴ Jesús le respondió: Está escrito:
No solo de pan vivirá el hombre.

⁵ Lo subió y le mostró en un momento todos los reinos de la tierra habitada. ⁶ Y el diablo le dijo: Te daré toda esta autoridad y el esplendor de ellos, pues me fue entregada, y a quien quiera se la doy. ⁷ Si Tú te postras ante mí, será toda tuya.

⁸ Jesús respondió: Está escrito:
Ante el Señor tu Dios te postrarás y a Él solo servirás.

⁹ Entonces lo llevó a Jerusalén, lo puso en pie sobre el pináculo del Templo y le dijo: Ya que eres Hijo de Dios, lánzate de aquí abajo, ¹⁰ porque está escrito:
A sus ángeles mandará para que te guarden.

¹¹ Y:
En *las* manos te sostendrán para que tu pie no tropiece en piedra.

¹² Jesús le respondió: Está dicho:
No tentarás al Señor tu Dios.

¹³ Y cuando acabó toda tentación, el diablo se retiró de Él hasta un tiempo oportuno.

El regreso a Galilea

¹⁴ Jesús regresó a Galilea con el poder del Espíritu, y *la* noticia con respecto a Él salió por toda la región alrededor. ¹⁵ Enseñaba en las congregaciones de ellos y era alabado por todos.

En Nazaret

¹⁶ Fue a Nazaret, donde fue criado. El día sábado entró en la congregación según la costumbre y se levantó a leer. ¹⁷ Se le dio un rollo del profeta Isaías. Lo desenvolvió y halló el lugar donde está escrito:
¹⁸ *El* Espíritu del Señor está sobre Mí, porque me ungió para anunciar Buenas Noticias a *los* pobres. Me envió a proclamar libertad a cautivos, y restauración de vista a ciegos, a enviar en libertad a oprimidos, ¹⁹ A proclamar el año aceptable del Señor.

²⁰ Envolvió el rollo, lo devolvió al asistente y se sentó. Los ojos de todos en la congregación estaban fijos en Él. ²¹ Y les dijo: Hoy se cumplió esta Escritura en sus oídos.

²² Todos daban testimonio de Él y se maravillaban de las palabras de gracia que salían de su boca. Se preguntaban: ¿No es Éste *el* hijo de José?

²³ Y les respondió: Sin duda ustedes me dirán este refrán: Médico, cúrate a ti mismo. Todas las cosas que oímos que se hicieron en Cafarnaúm, hazlas también aquí en tu tierra.

²⁴ En verdad les digo que ningún profeta es bienvenido en su tierra.
²⁵ Ciertamente les digo que muchas viudas había en Israel en los días de Elías, cuando el cielo fue cerrado por tres años y seis meses, mientras hubo una gran hambruna en toda la tierra. ²⁶ Pero a ninguna de ellas fue enviado Elías, sino a una mujer viuda en Sarepta de Sidón. ²⁷ Muchos leprosos había en

Israel en *el* tiempo del profeta Eliseo, y ninguno de ellos fue limpiado, sino Naamán el sirio.

²⁸ Al oír esto todos en la congregación se llenaron de ira. ²⁹ Se levantaron, lo sacaron fuera de la ciudad y lo llevaron para despeñarlo desde *la* cumbre de la montaña sobre la cual fue edificada la ciudad de ellos.

³⁰ Pero Él pasó por en medio de ellos y salió.

En Cafarnaúm

³¹ Descendió a la ciudad de Cafarnaúm en Galilea y los sábados les enseñaba. ³² Se asombraban de su enseñanza, porque su Palabra era con autoridad.

³³ En la congregación estaba un hombre que tenía un espíritu demoníaco impuro, quien clamó a gran voz: ³⁴ ¡Ah! ¿Qué *nos pasa* a nosotros y a Ti, Jesús nazareno? ¿Viniste a destruirnos? ¡Sé Quién eres: El Santo de Dios!

³⁵ Jesús lo reprendió: ¡Enmudece y sal de él! Y cuando lo lanzó en medio, sin hacerle daño el demonio salió de él.

³⁶ Todos se asombraron y discutían entre ellos: ¿Qué Palabra es ésta, que con autoridad y poder manda a los espíritus impuros, y salen? ³⁷ Su fama se difundía por todo lugar de la región circunvecina.

La suegra de Pedro

³⁸ Cuando salió de la congregación, entró en la casa de Simón. La suegra de Simón estaba atormentada por una gran fiebre y le rogaron por ella. ³⁹ Se inclinó hacia ella, reprendió la fiebre y la sanó. De inmediato, se levantó y les servía.

Sanidades al ocultarse el sol

⁴⁰ Cuando el sol bajaba, todos los que tenían enfermos de diversas dolencias los llevaban a Él. Imponía las manos sobre cada uno de ellos y los sanaba. ⁴¹ También salían demonios de muchos que gritaban: ¡Tú eres el Hijo de Dios! Pero los reprendía y no les permitía hablar esto, porque sabían que Él era el Cristo.

⁴² Cuando amaneció, salió a un lugar solitario, pero la multitud lo buscaba. Fueron a Él y lo detenían para que no se alejara de ellos.

⁴³ Pero Él les dijo: Me es necesario proclamar las Buenas Noticias del reino de Dios también a las otras ciudades, pues para esto fui enviado. ⁴⁴ Y predicaba en las congregaciones de Judea.

La pesca milagrosa

5 ¹ *Jesús* estaba en pie junto al lago Genesaret. La multitud se agolpó alrededor de Él para oír la Palabra de Dios. ² Entonces Él vio dos barcas a la orilla del lago y a los pescadores que lavaban las redes. ³ Jesús entró en la barca de Simón y le pidió que *la* alejara un poco de la tierra. Luego se sentó y enseñaba a la multitud desde la barca.

⁴ Cuando terminó de hablar, le dijo a Simón: Lleva la barca a la parte honda y echen abajo sus redes para pescar.

⁵ Simón respondió: Maestro, hemos trabajado toda *la* noche y nada pescamos, pero en tu Palabra echaré las redes.

⁶ Cuando hizo esto, capturaron tantos peces que las redes se desgarraban. ⁷ Llamaron a los compañeros de la otra barca para que los ayudaran. Llegaron y llenaron ambas barcas de tal modo que comenzaban a hundirse.

⁸ Al ver *esto Simón* se postró ante Jesús y exclamó: ¡Apártate de mí, Señor, porque soy un pecador! ⁹ Pues a causa de la gran pesca, un asombro lo dominó *a él* y a sus compañeros, ¹⁰ así como a Jacobo y Juan, hijos de Zebedeo, socios de Simón.

Pero Jesús *le* dijo a Simón: No temas. Desde ahora serás pescador de hombres.

¹¹ Después de llevar las barcas a la tierra, dejaron todo y lo siguieron.

Sanidad de un leproso

¹² Cuando Él estaba en una ciudad vio a un leproso. Éste miró a Jesús, se postró y le rogó: Señor, si quieres, puedes limpiarme.

¹³ Extendió la mano, lo tocó y le dijo: ¡Quiero, sé limpiado! Al instante la lepra desapareció. ¹⁴ Y *Jesús* le mandó: A nadie se lo digas, sino vé, preséntate al sacerdote y ofrece por tu purificación lo que Moisés ordenó como testimonio para ellos.

¹⁵ La fama de Él se difundía más que nunca. Una gran multitud se reunía para oírlo y ser sanados de sus enfermedades. ¹⁶ Pero Él *se* retiraba a lugares solitarios y hablaba con Dios.

Sanidad de un paralítico

¹⁷ Un día mientras Jesús enseñaba, unos fariseos y maestros de la Ley que habían llegado de Galilea, Judea y Jerusalén, se sentaron a su alrededor. Y *el* poder sanador del Señor estaba con Él.

¹⁸ Unos hombres llevaban a un paralítico, y trataron de introducirlo y colocarlo ante Él. ¹⁹ Pero al no hallar como llevarlo adentro a causa del gentío,

subieron a la azotea y lo descolgaron en la camilla a través de las losas para ubicarlo en el medio delante de Jesús.

20 Al ver la fe de ellos dijo: ¡Hombre, tus pecados te fueron perdonados!

21 Los escribas y los fariseos razonaron: ¿Quién es Éste que habla blasfemias? ¿Quién puede perdonar pecados sino Dios?

22 Pero Jesús entendió lo que pensaban y les preguntó: ¿Qué razonan ustedes en secreto? 23 ¿Qué es más fácil? ¿Decir: Tus pecados te son perdonados? ¿O decir: Levántate y anda? 24 Pues para que sepan que el Hijo del Hombre tiene potestad en la tierra para perdonar pecados (dijo al paralítico): Te digo: ¡Levántate, toma tu camilla y vete a tu casa!

25 Al instante se levantó delante de ellos, tomó *la camilla* en la cual estaba acostado, se fue a su casa y glorificaba a Dios.

26 Todos se asombraron. Glorificaban a Dios, se llenaron de temor y decían: ¡Hoy vimos maravillas!

El publicano Leví

27 Después de esto, salió y vio al publicano Leví sentado en el lugar de los tributos, y le dijo: ¡Sígueme! 28 Se levantó, lo dejó todo y lo seguía.

29 Leví le ofreció un banquete en su casa. Muchos publicanos y otros que estaban reclinados con ellos comían. 30 Los fariseos y escribas de ellos murmuraban contra los discípulos de Jesús: ¿Por qué *ustedes* comen y beben con publicanos y pecadores?

31 Jesús les respondió: Los sanos no necesitan médico, sino los enfermos. 32 No vine a llamar a justos sino a pecadores para que cambien de mente.

Vino añejo y vino nuevo

33 Ellos le dijeron: Los discípulos de Juan ayunan y hablan con Dios con frecuencia, pero los tuyos solo comen y beben.

34 Jesús les preguntó: ¿Pueden ayunar los que atienden al novio mientras el novio está con ellos? 35 Pero vendrán días cuando se les quitará el novio. En aquellos días ayunarán.

36 Les decía también una parábola: Nadie corta un remiendo de un traje nuevo y *lo* pone en un traje viejo. De lo contrario, no solo rasgará lo nuevo, sino no le quedará bien a lo viejo el remiendo procedente de lo nuevo.

37 Nadie echa vino nuevo en odres viejos. De otra manera, el vino nuevo revienta los odres y se derrama, y los odres se pierden. 38 Pero *el* vino nuevo se echa en odres nuevos. 39 Nadie que bebió añejo desea uno nuevo, porque sabe que el añejo es bueno.

Señor del sábado

6 ¹ Un sábado, Él pasó por los sembrados. Los discípulos arrancaban espigas, las restregaban con las manos y comían. ² Y algunos de los fariseos dijeron: ¿Por qué hacen *ustedes* lo que no es lícito los sábados?

³ Jesús les preguntó: ¿Ni siquiera leyeron lo que hizo David cuando él y sus hombres tuvieron hambre? ⁴ Él entró en la Casa de Dios y tomó los Panes de la Presentación, de los cuales no es lícito comer sino solo a los sacerdotes. Comió y dio a los que estaban con él. ⁵ El Hijo del Hombre es Señor del sábado.

Restauración de una mano paralizada

⁶ Otro sábado Él entró en la congregación a enseñar. Estaba allí un hombre que tenía *la* mano derecha paralizada.

⁷ Los escribas y los fariseos lo observaban atentamente para ver si sanaba en sábado, a fin de hallar de qué acusarlo.

⁸ Pero Él sabía lo que pensaban y mandó al hombre que tenía la mano paralizada: **Levántate. Ponte en medio.**

Y se puso en pie.

⁹ Entonces Jesús les preguntó: **¿Es lícito en sábado hacer el bien o el mal? ¿Salvar una vida o quitarla?** ¹⁰ Al mirar a todos alrededor, dijo: **Extiende tu mano.**

El hombre lo hizo, y su mano fue restaurada.

¹¹ Pero ellos se llenaron de ira y discutían qué hacer a Jesús.

12 apóstoles

¹² En aquellos días Él subió a la montaña para hablar con Dios, y pasó toda la noche en la conversación con Dios. ¹³ Cuando amaneció llamó a sus discípulos y escogió a 12 de ellos, a quienes llamó apóstoles: ¹⁴ a Simón, a quien llamó Pedro, a su hermano Andrés, también a Jacobo, Juan, Felipe, Bartolomé, ¹⁵ Mateo, Tomás, Jacobo, *hijo* de Alfeo, Simón el Zelote, ¹⁶ Judas, *hijo* de Jacobo, y Judas Iscariote el traidor.

Enseñanzas y sanidades

¹⁷ Bajó con ellos y se detuvo en un lugar plano.

Una multitud de sus discípulos y del pueblo de Judea, Jerusalén y de la región costera de Tiro y Sidón, ¹⁸ acudió a oírlo y para que los sanara. Y los atormentados por espíritus impuros también eran sanados. ¹⁹ Toda la multitud procuraba tocarlo, porque salía poder de Él y sanaba a todos.

Los inmensamente felices

²⁰ Al levantar sus ojos hacia sus discípulos, decía:
Inmensamente felices[a] los pobres, porque de ustedes es el reino de Dios.
²¹ Inmensamente felices los que ahora tienen hambre, porque serán saciados.
Inmensamente felices ustedes, los que ahora lloran, porque reirán.
²² Inmensamente felices serán cuando los hombres los aborrezcan, cuando los excluyan, insulten y rechacen su nombre por causa del Hijo del Hombre.
²³ Ese día regocíjense y salten, porque su recompensa será grande en el cielo, pues sus antepasados trataban así a los profetas.

Ayes

²⁴ Pero ¡ay de ustedes los ricos, porque *ya* tienen su consuelo!
²⁵ ¡Ay de ustedes, los que están saciados, porque tendrán hambre!
¡Ay de los que ahora ríen, porque lamentarán y llorarán!
²⁶ ¡Ay, cuando todos los hombres digan bien de ustedes, porque así hacían sus antepasados con los falsos profetas!

La regla de oro

²⁷ Pero a ustedes quienes me oyen *les* digo: Amen a sus enemigos, hagan bien a los que los aborrecen, ²⁸ bendigan a los que los maldicen, hablen con Dios a favor de los que los maltratan.
²⁹ Al que te golpea en la mejilla, preséntale también la otra, y al que te quita la ropa externa, no *le* retengas la interna.
³⁰ A todo el que te pide dale, y al que te quite lo tuyo no *le* reclames.
³¹ Traten a los demás como desean que los traten a ustedes.

El amor verdadero

³² Pues si aman a los que los aman, ¿qué mérito tienen? ¡Aun los pecadores aman a los que los aman! ³³ Cuando hagan bien a los que les hacen bien, ¿qué mérito tienen? Los pecadores hacen lo mismo. ³⁴ Cuando presten a aquellos de quienes esperan recibir, ¿qué mérito tienen? Los pecadores también se prestan entre ellos para recibir la misma cantidad.
³⁵ Pero amen a sus enemigos y hagan bien. Presten sin esperar algo *a cambio* y su galardón será grande. Serán hijos del Altísimo, porque Él es bondadoso con los ingratos y perversos.
³⁶ Sean misericordiosos como su Padre es misericordioso.

---

[a] **6.20** Algunas versiones traducen *bienaventurados*.

La inconveniencia de juzgar

³⁷ No juzguen, y que de ningún modo sean juzgados. No condenen, y que de ningún modo sean condenados. Perdonen y serán perdonados.

³⁸ Den y recibirán: Medida buena, apretada, sacudida y rebosada darán en su regazo.ᵃ Porque con *la* medida que miden se les medirá.

³⁹ También les dijo una parábola: ¿Puede un ciego guiar a otro ciego? ¿No se caerán ambos en un hoyo?

⁴⁰ Un discípulo no es superior a su maestro, pero aquél que recibe el adiestramiento será como su maestro.

⁴¹ ¿Por qué miras la concha de grano en el ojo de tu hermano, pero no notas la viga que está en tu propio ojo? ⁴² ¿Cómo puedes decir a tu hermano: Hermano, deja que saque la concha de grano que está en tu ojo, y tú mismo no ves la viga que está en el tuyo? ¡Hipócrita, saca primero la viga de tu ojo, y entonces verás bien para sacar la concha de grano que está en el ojo de tu hermano!

Reconocimiento por el fruto

⁴³ No hay árbol bueno que produzca fruto malo, ni árbol malo que produzca fruto bueno. ⁴⁴ Cada árbol es conocido por su propio fruto. No recogen higos de espinos, ni cosechan uvas de una zarza.

⁴⁵ El hombre bueno del tesoro bueno del corazón saca lo bueno, y el malvado saca lo malvado, porque de *la* abundancia del corazón habla su boca.

Los dos cimientos

⁴⁶ ¿Por qué me llaman: Señor, Señor, y no hacen lo que digo? ⁴⁷ Les mostraré a quién es semejante todo el que viene a Mí, oye *mis* Palabras y las practica.

⁴⁸ Es semejante a un hombre que edificó una casa. Excavó profundamente y puso un cimiento sobre la roca. Hubo una inundación, el torrente embistió contra aquella casa, pero no pudo sacudirla porque estaba bien fundada.

⁴⁹ Pero el que oye y no practica, es semejante a un hombre que edificó una casa sin cimiento sobre la tierra, contra la cual irrumpió el torrente. Inmediatamente colapsó, y fue grande la ruina de aquella casa.

El esclavo de un centurión

7 ¹ Cuando terminó sus palabras para el pueblo que lo escuchaba, entró en Cafarnaúm.

ᵃ **6.38** Regazo. Parte de la ropa externa que iba desde la cintura hasta la rodilla, en la cual se medía y se llevaba cualquier alimento seco.

² El esclavo de un centurión, a quien éste estimaba mucho, estaba enfermo cerca de la muerte. ³ Al oír con respecto a Jesús, le envió unos ancianos de los judíos para rogarle que fuera y sanara a su esclavo. ⁴ Cuando ellos se presentaron ante Jesús, le rogaban con insistencia: Es digno de que se le conceda esto, ⁵ porque ama a nuestra nación, y él mismo nos edificó la congregación judía.

⁶ Jesús iba con ellos.

Pero al llegar cerca de la casa, el centurión envió unos amigos para decirle: Señor, no te molestes, porque no soy digno de que entres bajo mi techo. ⁷ Por lo cual, ni siquiera me consideré digno de ir a Ti, pero da *la* orden, y mi esclavo sanará. ⁸ Porque aun yo soy hombre que está bajo autoridad. Tengo soldados bajo mi mando y digo a uno: Ve, y va. Y a otro: Ven, y viene. Y a mi esclavo: Haz esto, y *lo* hace.

⁹ Al oír esto, Jesús lo admiró, y al dar la vuelta, dijo a la gente que lo seguía: ¡Ni aun en Israel hallé una fe tan grande!

¹⁰ Cuando los enviados regresaron a la casa, hallaron al esclavo sano.

Una viuda de Naín

¹¹ Después fue con sus discípulos y una gran multitud a la ciudad de Naín. ¹² Cuando llegó cerca de la puerta de la ciudad, ocurrió que llevaban afuera un difunto, hijo único de una viuda. Mucha gente la acompañaba. ¹³ Al verla el Señor se compadeció de ella y le dijo: **No llores.** ¹⁴ Se acercó, tocó el féretro, y se detuvieron los que lo llevaban. Y dijo: **Joven, te digo: ¡Levántate!**

¹⁵ El muerto *se* levantó y habló. Y *Jesús* lo entregó a su madre.

¹⁶ Un temor dominó a todos. Glorificaban a Dios y decían: ¡Un gran profeta se levantó entre nosotros! ¡Dios visitó a su pueblo! ¹⁷ Esta declaración con respecto a Él se difundió por toda Judea y la región circundante.

Pregunta de Juan el Bautista

¹⁸ Los discípulos de Juan le informaron todas estas cosas. ¹⁹ Juan llamó a dos de sus discípulos y los envió al Señor para preguntarle: ¿Eres Tú el que vendría o esperamos a otro?

²⁰ Cuando los hombres se presentaron ante Él, dijeron: Juan el Bautista nos envió a Ti y preguntó: ¿Eres Tú el que vendría o esperamos a otro?

²¹ En aquella hora sanó a muchos de enfermedades y dolencias, y de espíritus malignos. A muchos ciegos dio la vista.

²² Él les respondió: Vayan, informen a Juan lo que vieron y oyeron: Ciegos ven, cojos andan, leprosos son limpiados, sordos oyen, muertos son

resucitados, se dan las Buenas Noticias a los pobres. ²³ Inmensamente feliz el que no se conturbe por causa de Mí.

El profeta más grande

²⁴ Cuando salieron los mensajeros de Juan, preguntó a la multitud con respecto a él: ¿Qué salieron a ver en el lugar despoblado? ¿Una caña sacudida por el viento? ²⁵ ¿Pero qué salieron a ver? ¿A un hombre vestido con ropas finas? Saben que los que tienen ropa espléndida y viven en deleites están en los palacios reales.

²⁶ ¿Pero qué salieron a ver? ¿A un profeta? Sí, les digo, y mucho más que un profeta. ²⁷ Éste es *aquél* de quien está escrito:
Envío mi mensajero delante de Ti Quien aparejará tu camino.

²⁸ Les digo que entre los nacidos de mujeres, ninguno es mayor que Juan, pero el más pequeño en el reino de Dios es mayor que él.

²⁹ Todo el pueblo y los publicanos que oyeron y fueron bautizados por Juan reconocieron la justicia de Dios. ³⁰ Pero los fariseos y los doctores de la Ley rechazaron el plan de Dios para ellos al no ser bautizados por él.

³¹ ¿A quién, pues, compararé los hombres de esta generación, y a quién son semejantes? ³² Son semejantes a los muchachos que se sientan en una plaza y gritan unos a otros: ¡Les tocamos la flauta y ustedes no bailaron, entonamos una lamentación y no lloraron!

³³ Porque vino Juan el Bautista, que no comía pan ni bebía vino, y *ustedes* dijeron: ¡Tiene demonio! ³⁴ Viene el Hijo del Hombre, Quien come y bebe, y dicen: ¡Ahí está un hombre comilón y bebedor de vino, amigo de publicanos y de pecadores!

³⁵ Pero la sabiduría es defendida por todos sus hijos.

Un fariseo y una pecadora

³⁶ Uno de los fariseos le rogaba que comiera con él. Al entrar en la casa del fariseo, se reclinó.

³⁷ Ocurrió que una mujer que era pecadora en la ciudad, al saber que estaba reclinado en la casa del fariseo, llevó un alabastro lleno de perfume. ³⁸ *Se* postró detrás y lloraba a sus pies, los regaba con lágrimas, *los* secaba con los cabellos de su cabeza, los besaba y *los* ungía con perfume.

³⁹ Cuando el fariseo que lo invitó vio esto, se decía: Éste, si fuera un profeta sabría quién y qué clase de mujer lo toca, porque es una pecadora.

⁴⁰ Jesús le dijo: Simón, tengo algo que decirte.

Y él respondió: Dí, Maestro.

⁴¹ Un acreedor tenía dos deudores: Uno *le* debía 500 denarios,[a] y el otro 50. ⁴² Como ellos no tenían con qué pagar, perdonó a ambos. Dí, pues, ¿cuál de ellos lo amará más?

⁴³ Simón respondió: Pienso que aquél a quien perdonó más.

Él le dijo: Juzgaste rectamente.

⁴⁴ Se volvió hacia la mujer y dijo a Simón: ¿Ves a esta mujer? Entré en tu casa. No me diste agua para mis pies, pero ella riega mis pies con sus lágrimas y *los* seca con sus cabellos ⁴⁵ No me diste un beso, pero ella, desde que entré, no ha cesado de besar mis pies. ⁴⁶ No ungiste mi cabeza con aceite, pero ella ungió mis pies con perfume.

⁴⁷ Por lo cual te digo que sus muchos pecados *le* fueron perdonados, porque amó mucho. Pero al que poco se le perdona, poco ama.

⁴⁸ Y a ella *le* dijo: Los pecados te fueron perdonados.

⁴⁹ Y los que estaban reclinados con Él se dijeron: ¿Quién es Éste para que perdone pecados?

⁵⁰ Y Él *le* dijo a la mujer: Tu fe te salvó. Vé en paz.

Unas siervas del Señor

8 ¹ Él iba por ciudades y aldeas. Predicaba y proclamaba las Buenas Noticias del reino de Dios. Lo acompañaban los 12 ² y algunas mujeres que habían sido sanadas de espíritus malignos y de enfermedades: María Magdalena, de quien habían salido siete demonios, ³ Juana, esposa de Chuza, mayordomo de Herodes, Susana y muchas otras que les servían de sus propiedades.

Parábola del sembrador

⁴ Cuando se reunió una gran multitud que acudió a Él de cada ciudad, les habló por medio de una parábola.

⁵ El sembrador salió a sembrar su semilla.

Una *parte* cayó junto al camino, fue pisoteada, y las aves del cielo la comieron.

⁶ Otra *parte* cayó sobre la roca, y al brotar se secó por no tener humedad.

⁷ Otra *parte* cayó en medio de las espinas, y cuando creció juntamente con las espinas, la ahogaron.

⁸ Otra *parte* cayó en la buena tierra, y cuando creció, produjo fruto a ciento por uno.

Al decir estas cosas, exclamaba: ¡El que tiene oídos para oír, escuche!

⁹ Sus discípulos le preguntaban el significado de esta parábola.

---

[a] **7.41** Denario: salario de un día.

¹⁰ Él contestó: A ustedes les fue dado conocer los misterios del reino de Dios, pero a los demás, por parábolas, para que al ver no miren y al oír no entiendan.

¹¹ Esta es, pues, la parábola: La semilla es la Palabra de Dios.

¹² La parte que cayó junto al camino son los que oyeron. Luego viene el diablo y quita la Palabra de sus corazones para que no crean y sean salvos.

¹³ La parte que cayó sobre la roca son los que, cuando oyen, reciben la Palabra con gozo, pero no tienen raíz. Creen por un tiempo, pero cuando llega la prueba *se* apartan.

¹⁴ La *parte* que cayó entre las espinas son los que oyeron, pero al seguir su camino, son ahogados por preocupaciones, riquezas y placeres de la vida, y no producen fruto.

¹⁵ Pero la *parte* que cae en la buena tierra son los que oyeron la Palabra con corazón recto y bueno, y producen fruto con perseverancia.

La imposibilidad de ocultar cosas

¹⁶ El que enciende una lámpara no la cubre con una vasija ni *la* mete debajo de la cama, sino la pone sobre un candelero para que los que entran tengan luz. ¹⁷ Porque no hay secreto que no se revele, ni *algo* escondido que de ningún modo sea conocido y salga a la luz.

¹⁸ Consideren, pues, lo que oyen, porque al que tenga, le será dado, y al que no tenga, aun lo que supone tener le será quitado.

La verdadera familia de Jesús

¹⁹ Entonces llegaron la madre y los hermanos de Jesús, pero no podían acercarse a Él por causa de la multitud. ²⁰ Y le informaron: Tu madre y tus hermanos están afuera y desean verte.

²¹ Él respondió: Mi madre y mis hermanos son los que oyen y practican la Palabra de Dios.

Una tempestad

²² Un día Él entró en una barca con sus discípulos y les dijo: Pasemos al otro lado del lago. Y salieron al mar.

²³ Pero mientras navegaban, se quedó dormido. Una tempestad de viento descendió sobre el lago. Eran anegados y tenían peligro.

²⁴ Entonces lo despertaron y le dijeron: ¡Maestro, Maestro! ¡Perecemos!

Y Él reprendió el viento y las olas. Cesaron y hubo calma.

²⁵ Les preguntó: ¿Dónde está su fe?

Atemorizados y asombrados, se preguntaban unos a otros: ¿Quién es Éste que aun manda a los vientos y al agua, y le obedecen?

Un endemoniado geraseno

²⁶ Navegaron hacia la región de los gerasenos, en la ribera opuesta a Galilea. ²⁷ Llegaron a la tierra.

De la ciudad les salió al encuentro un varón que tenía demonios, y por mucho tiempo no llevaba ropa ni vivía en una casa, sino entre las tumbas.

²⁸ Cuando vio a Jesús, se postró ante Él y clamó con gran voz: ¿Qué tienes conmigo, Jesús, Hijo del Dios Altísimo? Te ruego que no me atormentes.

²⁹ Porque mandaba al espíritu impuro que saliera del hombre, pues por mucho tiempo se había apoderado de él violentamente. Lo ataban con cadenas y grillos, y lo mantenían bajo guardia. Al romper las cadenas era impulsado por el demonio hacia los lugares desolados.

³⁰ Jesús le preguntó: ¿Cómo te llamas?

Y él respondió: Legión, porque muchos demonios entraron en él. ³¹ Le rogaban que no los mandara al abismo.

³² Había allí una piara de muchos cerdos que eran atendidos en la colina. Y le rogaron que les permitiera entrar en ellos, y les permitió.

³³ Entonces, al salir los demonios del hombre, entraron en los cerdos. La piara salió precipitada por el despeñadero al lago y se ahogó.

³⁴ Al ver lo sucedido, los que cuidaban los cerdos huyeron e informaron en la ciudad y por las granjas.

³⁵ Salieron a ver lo sucedido y fueron a Jesús. Hallaron al hombre de quien salieron los demonios vestido y en su juicio cabal, sentado a los pies de Jesús. Y se llenaron de temor.

³⁶ Los que vieron les contaron cómo el endemoniado fue sanado.

³⁷ Pero todos los de la región de los gerasenos le rogaron a Jesús que se fuera de su región, pues estaban atemorizados.

Él entró en la barca y regresó.

³⁸ El hombre de quien salieron los demonios le rogaba *que le permitiera* estar con Él.

Pero lo despidió y le dijo: ³⁹ **Regresa a tu casa y anuncia cuán grandes cosas te hizo Dios.**

Salió y proclamaba por toda la ciudad las grandes cosas que Jesús le hizo.

La hija de Jairo

⁴⁰ Al regresar Jesús, la multitud le dio la bienvenida, pues todos lo esperaban.

⁴¹ Llegó un hombre llamado Jairo quien era un oficial de la congregación. Se postró a los pies de Jesús y le rogaba que fuera a su casa, ⁴² porque su única hija, como de 12 años, estaba a punto de morir.

Cuando Él iba, la multitud lo apretujaba.

Una mujer con flujo de sangre

⁴³ Una mujer que había tenido flujo de sangre por 12 años, quien no pudo ser sanada por alguno, ⁴⁴ se acercó por detrás y tocó el borde de la ropa de Jesús. De inmediato cesó su flujo de sangre.

⁴⁵ Y Jesús preguntó: ¿Quién me tocó?

Y al negar todos, Pedro dijo: Maestro, la multitud te apretuja y te oprime.

⁴⁶ Pero Jesús contestó: Alguien me tocó, porque Yo comprendí que salió poder de Mí.

⁴⁷ Entonces la mujer, cuando entendió que la había descubierto, fue temblorosa y se postró ante Él. Confesó delante de todo el pueblo por qué lo tocó, y que fue sanada al instante.

⁴⁸ Entonces Él le dijo: Hija, tu fe te sanó. Vé en paz.

⁴⁹ Mientras Él aún hablaba, apareció uno de parte del oficial de la congregación quien dijo: Tu hija murió. Ya no molestes al Maestro.

⁵⁰ Pero al oírlo, Jesús le dijo: No temas. Solo cree y será sanada.

⁵¹ Al entrar en la casa, a ninguno permitió entrar con Él, sino a Pedro, Juan, Jacobo y los padres de la joven.

⁵² Todos lloraban y se lamentaban por ella.

Pero Él dijo: No lloren, porque no murió, sino duerme.

⁵³ *Como estaban* convencidos de que murió, se burlaban de Él.

⁵⁴ Pero Él tomó la mano de la niña y clamó: ¡Niña, levántate!

⁵⁵ El espíritu volvió a ella, y en seguida *se* levantó.

Jesús ordenó que se le diera de comer.

⁵⁶ Los padres de la niña quedaron asombrados, pero Él les ordenó que a nadie dijeran lo sucedido.

Ministerio de los apóstoles

9 ¹ Convocó a los 12, y les dio poder y autoridad sobre todos los demonios y para sanar. ² Los envió a proclamar el reino de Dios y a sanar.

³ También les dijo: Nada tomen para el camino: ni bordón, ni mochila,[a] ni pan, ni plata, ni usen doble ropa. ⁴ A la casa donde lleguen, posen allí hasta que salgan de la ciudad. ⁵ Donde no los reciban, al salir de allí sacudan el polvo de sus pies, como testimonio contra ellos.

⁶ Cuando salieron, recorrían una por una las aldeas, anunciaban las Buenas Noticias y sanaban por todas partes.

---

[a] **9.3** Lit. *alforja*.

Confusión de Herodes

⁷ Herodes el tetrarca supo todas las cosas que pasaban y estaba muy perplejo porque algunos decían: Juan resucitó.

⁸ Otros *afirmaban*: ¡Elías apareció! Y otros: ¡Resucitó uno de los antiguos profetas!

⁹ Pero Herodes decía: Yo decapité a Juan. ¿Quién es Éste de quien oigo estas cosas? Y procuraba verlo.

Una multiplicación de panes y peces

¹⁰ Al regresar los apóstoles le relataron todo lo que hicieron.

Y *Jesús* los tomó consigo y salió en privado a una ciudad llamada Betsaida. ¹¹ Cuando la multitud se enteró, lo siguieron.

Él los recibió, les hablaba del reino de Dios y sanaba a los enfermos.

¹² El día comenzó a declinar. Los 12 *se* acercaron y le dijeron: Despide a la multitud para que vayan a las aldeas y granjas de alrededor y busquen alojamiento y comida, porque aquí estamos en un lugar despoblado.

¹³ Pero les dijo: Denles ustedes de comer.

Ellos respondieron: No tenemos sino cinco panes y dos peces, a menos que nosotros vayamos y compremos comida para todo este pueblo. ¹⁴ Porque eran como 5.000 hombres.

Entonces mandó a sus discípulos: Que se reclinen en grupos de 50.

¹⁵ Así *lo* hicieron y reclinaron a todos.

¹⁶ *Él* tomó los cinco panes y los dos peces, miró al cielo y los bendijo. Partió en pedazos y daba a los discípulos para que los sirvieran a la multitud.

¹⁷ Todos comieron y se saciaron.

Recogieron lo que les sobró: 12 cestos de pedazos.

Confesión de Pedro

¹⁸ Un día, después que *Jesús* hablaba a solas con Dios, los discípulos estaban con Él y les preguntó: Según la gente, ¿Quién soy Yo?

¹⁹ Ellos respondieron: *Unos*, Juan el Bautista. Otros, Elías. Otros, un profeta antiguo que resucitó.

²⁰ Les preguntó: ¿Y ustedes, quién dicen que soy?

Y respondió Pedro: El Cristo de Dios.

Un anuncio de su muerte y resurrección

²¹ Entonces Él les ordenó rigurosamente que a nadie hablaran de esto.

²² El Hijo del Hombre tiene que padecer muchas cosas. Será rechazado por los ancianos, los principales sacerdotes y los escribas. Será ejecutado y será resucitado al tercer día.

²³ Y decía a todos: Si alguno quiere seguirme, niéguese a sí mismo, levante su cruz cada día y sígame. ²⁴ El que quiera salvar su vida, la perderá, y cualquiera que pierda su vida por causa de Mí, la salvará.

²⁵ ¿Qué beneficio obtiene el hombre si gana el mundo entero y se destruye o se pierde?

²⁶ Porque el que se avergüence de Mí y de mis Palabras, el Hijo del Hombre se avergonzará de él cuando venga en su gloria, *la* del Padre y de los santos ángeles.

Transfiguración

²⁷ En verdad les digo que algunos de los que están aquí, que de ningún modo sufran muerte hasta que vean el reino de Dios.

²⁸ Unos ocho días después de estas palabras, *Jesús* tomó a Pedro, Juan y Jacobo y subió a la montaña a hablar con Dios.

²⁹ Mientras Él hablaba con Dios, su rostro cambió y su ropa se volvió blanca y resplandeciente. ³⁰ Súbitamente aparecieron Moisés y Elías, dos varones quienes le hablaban. ³¹ Aparecieron en esplendor y hablaban de la partida de Él que iba a cumplir en Jerusalén.

³² Pedro y sus compañeros estaban cargados de sueño, pero al permanecer despiertos, vieron su gloria y a los dos varones que estaban con Él. ³³ Cuando ellos se iban, Pedro, sin saber lo que expresaba, dijo a Jesús: Maestro, bueno es que nos quedemos aquí, y *que* hagamos tres enramadas: una para Ti, una para Moisés y una para Elías.

³⁴ Mientras él hablaba, apareció una nube que los cubría. Al entrar ellos en la nube, se atemorizaron.

³⁵ De la nube salió una voz que decía: ¡Este es mi Hijo escogido! ¡Escúchenlo a Él!

³⁶ Al cesar la voz, Jesús estaba solo. Los discípulos callaron y en aquellos días a nadie dijeron lo que vieron.

Liberación de un endemoniado

³⁷ Al día siguiente cuando bajó de la montaña, una gran multitud le salió al encuentro, ³⁸ y un hombre clamó: Maestro, te suplico que veas a mi hijo unigénito. ³⁹ Porque un espíritu lo toma, de repente da alaridos, lo convulsiona, le hace daño y no se aparta de él. ⁴⁰ Rogué a tus discípulos que lo echaran fuera, pero no pudieron.

⁴¹ Jesús respondió: ¡Oh generación incrédula y depravada! ¿Hasta cuándo estaré con ustedes? ¿Hasta cuándo tendré que soportarlos? Trae acá a tu hijo.

⁴² Cuando él llegaba, el demonio lo tiró al suelo y lo convulsionó.

Pero Jesús reprendió al espíritu impuro, sanó al muchacho y lo devolvió a su padre.

⁴³ Todos estaban asombrados de la grandeza de Dios.

Otro anuncio de su muerte

Mientras admiraban las cosas que hacía, Jesús dijo a sus discípulos: ⁴⁴ Penetren estas Palabras en sus oídos. Porque el Hijo del Hombre va a ser entregado en manos de hombres.

⁴⁵ Pero ellos no entendían esta palabra pues les estaba encubierta para que no la entendieran, y temían preguntarle acerca de esto.

El más grande

⁴⁶ Entonces discutieron quién de ellos sería el más grande.

⁴⁷ Pero Jesús entendió lo que pensaban. Tomó un niño, lo puso a su lado ⁴⁸ y les dijo: Cualquiera que recibe a este niño en mi Nombre, me recibe. Cualquiera que me recibe, recibe al que me envió. Porque el menor entre ustedes es el mayor.

Otro que echaba fuera demonios

⁴⁹ Juan dijo: Maestro, vimos a uno que echaba fuera demonios en tu Nombre. Le prohibimos, porque no sigue con nosotros.

⁵⁰ Jesús le respondió: No *le* prohíban, porque el que no está contra ustedes, está a favor de ustedes.

El paso por Samaria

⁵¹ Al cumplirse los días de su ascensión, Él afirmó su rostro para ir a Jerusalén. ⁵² Envió mensajeros delante de Él quienes fueron a una aldea de samaritanos a preparar *hospedaje* para Él.

⁵³ Pero no lo recibieron, porque entendieron que iba a Jerusalén.

⁵⁴ Cuando los discípulos vieron *esto*, Jacobo y Juan preguntaron: Señor, ¿quieres que ordenemos que descienda fuego del cielo que los consuma?

⁵⁵ Entonces *Él* dio la vuelta y los reprendió.

⁵⁶ Y fueron a otra aldea.

⁵⁷ Cuando iban por el camino, uno le dijo: Te seguiré adondequiera que vayas.

⁵⁸ Jesús le respondió: Las zorras tienen guaridas y las aves del cielo nidos, pero el Hijo del Hombre no tiene dónde recostar la cabeza.

⁵⁹ Y dijo a otro: ¡Sígueme!

Pero él respondió: Permíteme primero que vaya *a* enterrar a mi padre.

⁶⁰ Le dijo: Deja que los muertos entierren a sus muertos. Tú, ¡vé, proclama el reino de Dios!

⁶¹ Otro le dijo: Te seguiré, Señor, pero primero permíteme despedirme de los que están en mi casa.

⁶² Jesús contestó: Ninguno que pone la mano en un arado y mira atrás, es apto para el reino de Dios.

70 enviados

10 ¹ Después de esto, el Señor designó a otros 70, a quienes envió de dos en dos a los lugares a donde Él pensaba ir.

² Y les decía: La cosecha en verdad es mucha, y los obreros pocos. Hablen, pues, con el Señor de la cosecha para que envíe obreros a su cosecha.

³ ¡Vayan! Consideren que los envío como corderos en medio de lobos.

⁴ No lleven bolsa de dinero, ni mochila, ni sandalias y a ninguno saluden en el camino.

⁵ Cuando entren a una casa primeramente digan: ¡Paz sea a esta casa! ⁶ Si vive ahí un hijo de paz, la paz de ustedes reposará sobre él, y si no, regresará a ustedes. ⁷ Permanezcan en esa misma casa, coman y beban lo que les den, porque el obrero es digno de su salario. No vayan de casa en casa.

⁸ En cualquier ciudad donde entren y los reciban, coman lo que les sirvan, ⁹ sanen a los enfermos que estén allí y díganles: El reino de Dios se acercó a ustedes.

¹⁰ Pero en cualquier ciudad donde entren y no los reciban, salgan a sus plazas y digan: ¹¹ Les sacudimos aun el polvo de su ciudad que se nos pegó a los pies. Pero sepan esto: El reino de Dios se acercó.

¹² Les digo que en el día del juicio será más tolerable *el juicio* para Sodoma que para aquella ciudad.

Maldiciones para Corazín, Betsaida y Cafarnaúm

¹³ ¡Ay de ti, Corazín! ¡Ay de ti, Betsaida! Porque si en Tiro y Sidón se hubieran hecho los milagros que se hicieron en ustedes, hace tiempo habrían cambiado de mente, sentadas en tela áspera y ceniza. ¹⁴ Por tanto el juicio será más tolerable para Tiro y Sidón que para ustedes.

¹⁵ Y tú, Cafarnaúm, ¿serás exaltada hasta el cielo? ¡Hasta el infierno[a] te hundirás!

¹⁶ El que los oye a ustedes, me oye. El que los rechaza, me rechaza. El que me rechaza, rechaza al que me envió.

---

[a] **10.15** Lit. *Hades*

Regreso de los 70

¹⁷ Los 70 regresaron con gozo y decían: Señor, aun los demonios se nos someten en tu Nombre.

¹⁸ Les dijo: Yo veía a Satanás que cayó del cielo como un rayo.

¹⁹ Recuerden que les di potestad de pisar serpientes y escorpiones y sobre todo el poder del enemigo, y que de ningún modo algo les haga daño. ²⁰ Pero no se regocijen por esto, que los espíritus se les sometan, sino regocíjense porque sus nombres están inscritos en los cielos.

Alabanza por los niños

²¹ En aquella misma hora *se* regocijó muchísimo en el Espíritu Santo y dijo: Te alabo, Padre, Señor del cielo y de la tierra, porque escondiste estas cosas de sabios e inteligentes y las revelaste a niños. Sí, Padre, porque así te agradó. ²² Todas las cosas me fueron entregadas por mi Padre. Nadie conoce quién es el Hijo sino el Padre, ni quién es el Padre sino el Hijo y aquel a quien el Hijo quiera revelarse.

²³ Al dar la vuelta hacia los discípulos en privado, les dijo: Inmensamente felices los ojos que ven lo que *ustedes* ven, ²⁴ porque les digo que muchos profetas y reyes desearon ver lo que ustedes ven, y no *lo* vieron, y oír lo que escuchan, y no *lo* escucharon.

Relato sobre el buen samaritano

²⁵ De repente un doctor de la Ley apareció para probarlo y preguntó: Maestro, ¿qué haré para heredar *la* vida eterna?

²⁶ *Jesús* le preguntó: ¿Qué está escrito en la Ley? ¿Cómo lees?

²⁷ Él contestó:
Amarás al Señor *tu* Dios de todo corazón, con toda *tu* alma, con todas *tus* fuerzas, con todo *tu* entendimiento, y a *tu* prójimo como a *ti* mismo.

²⁸ Le dijo: Respondiste correctamente. Haz esto y vivirás.

²⁹ Pero él para justificarse preguntó a Jesús: ¿Quién es mi prójimo?

³⁰ Jesús le respondió: Un hombre bajaba de Jerusalén a Jericó y cayó en manos de salteadores. Lo *desnudaron, lo* golpearon, *lo* dejaron medio muerto y huyeron. ³¹ Un sacerdote bajaba por aquel camino y al verlo, pasó por el lado opuesto. ³² Un levita llegó al lugar y cuando lo vio también pasó por el otro lado.

³³ Pero un samaritano que viajaba, pasó cerca de él. Lo vio y fue movido a compasión. ³⁴ Se acercó, le vendó las heridas, les derramó aceite y vino, y lo puso sobre su propia cabalgadura. Lo llevó a un hospedaje y cuidó de él. ³⁵ Cuando salió el día siguiente le dio dos denarios al hospedador y *le* dijo:

Cuídalo, y lo que gastes de más, yo te lo pagaré cuando regrese. ³⁶ ¿Quién de estos tres te parece que fue prójimo del que cayó entre los salteadores?

³⁷ Y él contestó: El que hizo la misericordia con él. Entonces Jesús le dijo: Vé y haz tú lo mismo.

En casa de Marta y María

³⁸ Al proseguir ellos, Él entró a una aldea y una mujer llamada Marta lo hospedó.

³⁹ Ésta tenía una hermana llamada María, que escuchaba la Palabra sentada a los pies del Señor. ⁴⁰ Pero Marta, quien estaba atareada con muchos quehaceres, se acercó a Él y le dijo: Señor, ¿No te preocupa que mi hermana me dejó servir sola? Dile que me ayude.

⁴¹ Entonces el Señor le respondió: Marta, Marta, estás afanada y distraída en muchas cosas, ⁴² pero solo una es necesaria. María escogió la buena parte, la cual no se le quitará.

Cómo hablar con Dios

11 ¹ Cuando Él terminó de hablar con Dios en un lugar, uno de sus discípulos le dijo: Señor, enséñanos a hablar con Dios, como Juan enseñó a sus discípulos.

² Les contestó: Cuando hablen con Dios, digan: Padre, santificado sea tu Nombre. Venga tu reino. ³ Danos hoy nuestro pan de cada día. ⁴ Perdónanos nuestros pecados porque también nosotros *ya* perdonamos[a] a todo el que nos debe, y no nos metas en prueba.

⁵ También les dijo: ¿Quién de ustedes tiene un amigo, y va a él a media noche y le dice: Amigo, préstame tres panes, ⁶ porque un amigo me llegó de camino, y no tengo qué servirle? ⁷ Y aquél responde desde adentro: No me molestes. Ya cerré la puerta y mis niños están conmigo en la cama. No puedo levantarme y darte. ⁸ Les digo que, si no *se* levanta *y* le da *lo que pide* por ser su amigo, por su importunidad, se levanta y le da todo lo que necesite.

⁹ Yo les digo: Pidan y se les dará, busquen y hallarán, llamen a la puerta y se les abrirá. ¹⁰ Porque todo el que pide, recibe, y el que busca, halla, y al que llama a la puerta, se le abre.

¹¹ ¿A cuál de ustedes *que es* padre, *si* su hijo *le* pide un pescado, le da una serpiente? ¹² O si pide un huevo, ¿le da un escorpión? ¹³ Pues si ustedes, que son malos, saben dar buenos regalos a sus hijos, ¡Cuánto más el Padre celestial dará *el* Espíritu Santo a los que lo piden!

---

[a] **11.4** En castellano, perdonamos es igual en presente y en pretérito indefinido. En el original está en pretérito indefinido.

La casa dividida

¹⁴ *Jesús* echó fuera un demonio mudo.

Al salir el demonio, el mudo habló, y la multitud quedó asombrada. ¹⁵ Pero algunos dijeron: Echa fuera los demonios por Beelzebul, el demonio principal. ¹⁶ Otros demandaban de Él una señal del cielo para probarlo.

¹⁷ Pero Él conocía los pensamientos de ellos y les dijo: Todo reino dividido contra él mismo es asolado y se derrumba. ¹⁸ Si Satanás se dividió contra él mismo, ¿cómo se sostendrá su reino? Pues ustedes dicen que por Beelzebul Yo echo fuera los demonios. ¹⁹ Si Yo echo fuera los demonios por Beelzebul, ¿sus hijos por quién los echan fuera? Por esto, ellos los juzgarán a ustedes. ²⁰ Pero si echo fuera los demonios con el dedo de Dios, entonces el reino de Dios vino a ustedes.

²¹ Cuando el fuerte completamente armado custodia su casa, su propiedad está segura. ²² Pero cuando llega uno más fuerte que él y lo vence, *le* quita su armadura en la cual confiaba y reparte sus despojos.

²³ El que no está conmigo, está contra Mí, y el que no recoge conmigo, desparrama.

Lo que hace el espíritu impuro

²⁴ Cuando el espíritu impuro sale del hombre, va por lugares secos y busca reposo. Al no hallarlo, dice: Regresaré a mi casa de donde salí. ²⁵ Cuando regresa *la* halla barrida y ordenada. ²⁶ Entonces va y toma consigo otros siete espíritus peores que él, entran y habitan allí. Las últimas cosas de aquel hombre son peores que las primeras.

Quiénes son inmensamente felices

²⁷ Cuando Él hablaba estas cosas, una mujer de la multitud exclamó: ¡Inmensamente feliz el vientre que te llevó y los pechos que mamaste!

²⁸ Pero Él replicó: Más inmensamente felices son los que oyen y guardan la **Palabra de Dios**.

Demanda de una señal

²⁹ Mientras se aglomeraba la multitud, Él dijo: Esta generación es perversa. Busca una señal, pero solo se le dará la señal de Jonás. ³⁰ Porque como Jonás fue una señal para los ninivitas, así también será el Hijo del Hombre para esta generación. ³¹ Una reina del Sur se levantará en el juicio contra los varones de esta generación y los condenará, porque vino de los confines de la tierra a oír la sabiduría de Salomón, y aquí está Uno mayor que Salomón. ³² Unos varones ninivitas se levantarán en el juicio contra esta generación y

la condenarán, porque cambiaron de mente por la predicación de Jonás, y aquí está Uno mayor que Jonás.

Ojo bueno y ojo malo

³³ Nadie que enciende una lámpara la pone en un lugar oculto, o debajo de una caja para medir granos, sino sobre el candelero para que los que entran vean la luz. ³⁴ La lámpara del cuerpo es tu ojo. Cuando tu ojo esté bien, todo tu cuerpo estará iluminado, pero cuando esté mal tu cuerpo estará oscuro. ³⁵ Ten cuidado, pues, no sea que la luz que hay en ti sea oscuridad. ³⁶ Así que, si todo tu cuerpo está iluminado y no tiene ninguna parte oscura, todo será luminoso, como cuando una lámpara te ilumina con *su* fulgor.

Censura a escribas y fariseos

³⁷ Mientras hablaba, un fariseo le rogó que comiera con él. Entró y se reclinó. ³⁸ Pero cuando el fariseo lo observó, admiró que no se purificó antes de la comida.

³⁹ Y el Señor le dijo: Ustedes los fariseos limpian lo de fuera del vaso o del plato, pero lo de dentro de ustedes está lleno de robo y perversidad. ⁴⁰ Insensatos, el que hizo lo de afuera, ¿no hizo también lo de adentro? ⁴¹ Más bien den de lo que está adentro como obra de caridad y entonces todo les será limpio.

⁴² Pero ¡ay de ustedes, los fariseos! Porque diezman la menta, la ruda y toda hortaliza, pero pasan por alto la justicia y el amor de Dios. Era necesario practicar esto sin descuidar aquello. ⁴³ ¡Ay de ustedes, los fariseos! Porque aman el puesto de honor en las congregaciones y las salutaciones en las plazas. ⁴⁴ ¡Ay de ustedes! Porque son como los sepulcros que no se ven y los hombres que caminan encima no *lo* saben.

⁴⁵ Entonces uno de los doctores de la Ley le respondió: Maestro, al decir estas cosas también nos ofendes a nosotros.

⁴⁶ Y Él contestó: ¡Ay de ustedes, los doctores de la Ley! Porque abruman a los hombres con cargas difíciles de llevar, pero ustedes ni siquiera las tocan con uno de sus dedos. ⁴⁷ ¡Ay de ustedes! Porque construyen sepulcros a los profetas que sus antepasados mataron. ⁴⁸ Así que son testigos y consentidores de las obras de sus antepasados. Porque ciertamente ellos los mataron, y ustedes edifican *sus sepulcros*.

⁴⁹ Por esto también la sabiduría de Dios dijo: Les enviaré profetas y apóstoles. Matarán y perseguirán a algunos de ellos, ⁵⁰ para que la sangre derramada de todos los profetas desde la creación del mundo se demande de esta generación, ⁵¹ desde *la* sangre de Abel hasta *la* sangre de Zacarías, quien fue asesinado entre el altar y la Casa *de Dios*. Ciertamente les digo, será

demandada de esta generación. ⁵² ¡Ay de ustedes, los doctores de la Ley, porque quitaron la llave del conocimiento! Ustedes no entraron e impidieron a los que querían entrar.

⁵³ Cuando Él salió de allí, los escribas y los fariseos actuaron de manera hostil y lo interrogaron con respecto a muchas cosas. ⁵⁴ Lo asechaban para atrapar algo que dijera.

La hipocresía de los fariseos

12 ¹ Entretanto, al reunirse una multitud de miles y miles, hasta pisotearse unos a otros, comenzó a decir primero a sus discípulos: Guárdense de la levadura de los fariseos, que es una hipocresía. ² Nada hay encubierto que no sea descubierto, ni oculto que no sea conocido. ³ Por tanto lo que dijeron ustedes en la oscuridad será oído en la luz, y lo que hablaron al oído en los aposentos más secretos será pregonado en las azoteas.

Un verdadero temor

⁴ Les digo, amigos míos: No teman a los que matan el cuerpo, y después no tienen como hacer algo peor. ⁵ Les advertiré a quién deben temer: Teman a Aquél que mata y tiene poder para echar en el infierno. Sí, les digo: teman a Éste.

⁶ ¿No se venden cinco pajarillos por dos pequeñas monedas? Y ni uno de ellos está olvidado delante de Dios. ⁷ Aun los cabellos de la cabeza de ustedes están contados. No teman, ustedes valen más que muchos pajarillos.

La blasfemia contra el Espíritu Santo

⁸ Les digo: Todo aquel que me confiese delante de los hombres, el Hijo del Hombre lo confesará delante de los ángeles de Dios, ⁹ pero el que me niegue delante de los hombres será negado delante de los ángeles de Dios. ¹⁰ A todo aquel que diga una palabra contra el Hijo del Hombre se le perdonará, pero el que blasfeme contra el Santo Espíritu no será perdonado.

¹¹ Cuando los arrastren a las congregaciones, a los magistrados y a las autoridades, no se preocupen de cómo defenderse o qué dirán, ¹² porque el Santo Espíritu les enseñará en aquella hora lo que deben decir.

Jesús, Juez o Partidor

¹³ Le dijo uno de la multitud: Maestro, dí a mi hermano que comparta la herencia conmigo.

¹⁴ Él le respondió: Hombre, ¿quién me nombró juez o partidor entre ustedes?

¹⁵ Y les dijo: Tengan cuidado y guárdense de toda avaricia, porque aunque alguno tenga más que suficiente, su vida no depende de las cosas que posee.

Parábola del insensato

¹⁶ Les narró una parábola: La tierra de un hombre rico produjo mucho fruto.

¹⁷ Él razonaba: ¿Qué haré? Porque no tengo donde recoger mis frutos. ¹⁸ Esto haré: derribaré mis graneros, *los* edificaré más grandes y allí guardaré mis granos y mis bienes. ¹⁹ Y diré a mi alma: Alma, tienes muchos bienes almacenados para muchos años. Repósate, come, bebe y regocíjate.

²⁰ Pero Dios le dijo: ¡Insensato! Esta noche piden tu alma, y lo que guardaste, ¿para quién será? ²¹ Así es el que atesora para él y no es rico para Dios.

Contra la preocupación por la vida

²² Y dijo a los discípulos: Por esto les digo: No se preocupen por la vida ni por el cuerpo: qué comerán y qué vestirán. ²³ Porque la vida es *más* que la comida, y el cuerpo más que la ropa.

²⁴ Consideren los cuervos, que no siembran ni cosechan, ni tienen despensa ni granero, y Dios los alimenta. ¡Cuánto más valen ustedes que las aves! ²⁵ ¿Quién de ustedes puede por la preocupación añadir unos centímetros[a] al trayecto de su vida? ²⁶ Entonces si no pueden hacer lo mínimo, ¿por qué se preocupan por lo demás?

²⁷ Consideren cómo crecen los lirios. No trabajan ni hilan. Ni Salomón con todo su esplendor se vistió como uno de éstos. ²⁸ Si Dios viste así la hierba que hoy está en *el* campo y mañana se echa al horno, ¡cuánto más a ustedes, *los* de poca fe!

²⁹ Ustedes, pues, no busquen qué comer o qué beber, ni estén ansiosos, ³⁰ porque la gente del mundo busca todas estas cosas, pero el Padre de ustedes sabe que las necesitan. ³¹ Más bien busquen el reino de Él, y todas estas cosas se les añadirán.

³² No temas, rebaño pequeño, porque tu Padre resolvió darles el reino. ³³ Vendan sus posesiones y den limosna. Háganse carteras que no envejecen, tesoro inagotable en los cielos, donde ladrón no se acerca ni polilla destruye, ³⁴ porque donde está tu tesoro, allí también está tu corazón.

Inmensa felicidad para el que vela

³⁵ Estén atadas sus cinturas y encendidas sus lámparas.

---

[a] **12.25** Lit. un *codo*, es decir, 45 centímetros.

³⁶ Sean semejantes a hombres que esperan cuando su señor regrese de las bodas, para que le abran de inmediato cuando llegue y llame a la puerta. ³⁷ Inmensamente felices aquellos esclavos quienes velen cuando venga el señor. En verdad les digo que se alistará, dirá que se reclinen y les servirá. ³⁸ Si viene en la segunda vigilia o en la tercera, si encuentra aquellos esclavos despiertos, serán inmensamente felices.

³⁹ Pero sepan que si el amo de la casa supiera a qué hora viene el ladrón, no dejaría que se le invadiera. ⁴⁰ También ustedes estén preparados, porque el Hijo del Hombre viene a una hora inesperada.

⁴¹ Entonces Pedro preguntó: Señor, ¿dices esta parábola para nosotros o para todos?

⁴² El Señor respondió: ¿Quién es el mayordomo fiel y prudente, al cual el señor coloca sobre su casa para darles su ración a tiempo? ⁴³ Inmensamente feliz aquel esclavo quien esté ocupado en su labor cuando venga su señor. ⁴⁴ En verdad les digo que lo designará mayordomo de todos sus bienes.

⁴⁵ Pero si aquel esclavo razona: Mi señor demora en venir, y comienza a golpear a los demás esclavos, a comer, beber y embriagarse, ⁴⁶ vendrá el señor de aquel esclavo un día y a una hora cuando no lo espera. Lo castigará con severidad y lo pondrá con los infieles.

⁴⁷ Aquel esclavo que conoció la voluntad de su señor, y no se preparó ni hizo conforme a la voluntad de éste, será azotado mucho. ⁴⁸ Pero el que no *la* conoció, aunque hizo cosas dignas de azotes, será azotado poco. Porque a todo aquel a quien fue dado mucho, mucho se le demandará. Al que encomendaron mucho, mucho más le pedirán.

Un objetivo de la primera venida de Cristo: la división

⁴⁹ Vine a echar fuego sobre la tierra. ¿Qué más quiero, si ya fue encendido?

⁵⁰ De un bautismo tengo que ser bautizado, ¡y cómo me angustio hasta que se cumpla!

⁵¹ ¿Piensan ustedes que vine a establecer paz en la tierra? No, sino más bien disensión. ⁵² Porque desde ahora, cinco en una casa estarán divididos: tres en contra de los otros dos. ⁵³ Se dividirán padre contra hijo e hijo contra padre, madre contra hija e hija contra madre, suegra contra nuera y nuera contra suegra.

Reconocimiento del tiempo

⁵⁴ Decía también a la multitud: Cuando *ustedes* ven una nube que sale del occidente, de inmediato dicen: Viene un aguacero, y así sucede. ⁵⁵ Y cuando sopla un viento del sur dicen: Habrá un día caliente, y sucede. ⁵⁶ ¡Hipócritas!

Saben analizar el aspecto de la tierra y del cielo, ¿y cómo no analizaron este tiempo?

Reconciliación con el adversario

⁵⁷ ¿Por qué no juzgan ustedes lo justo? ⁵⁸ Cuando vas con tu adversario ante un magistrado, esfuérzate para reconciliarte con él en el camino, no sea que te arrastre ante el juez, y éste te entregue al alguacil y él te meta en una cárcel. ⁵⁹ Te digo que no saldrás de allí hasta que pagues el último centavo.

El cambio de mente

13 ¹ En la misma ocasión estaban presentes algunos que le informaron *a Jesús* sobre unos galileos cuya sangre Pilato mezcló con los sacrificios de ellos.

² *Jesús* les preguntó: ¿Piensan ustedes que aquellos galileos eran más pecadores que los demás galileos porque sufrieron esas cosas? ³ No. Más bien, si ustedes no cambian de mente, todos perecerán de igual manera. ⁴ O aquellos 18 sobre quienes cayó la torre en Siloé y los mató, ¿piensan que ellos eran más culpables que los demás habitantes de Jerusalén? ⁵ No. Más bien, si ustedes no cambian de mente todos perecerán del mismo modo.

Una higuera estéril

⁶ Les narró esta parábola: Alguien tenía una higuera plantada en su huerto. Fue a buscar fruto en ella y no *lo* halló. ⁷ Y dijo al jardinero: Mira, hace tres años vengo a buscar fruto en esta higuera y no *lo* hallo. ¡Córtala para que no inutilice la tierra!

⁸ El jardinero respondió: Señor, déjala aún este año, hasta que cave alrededor de ella y *le* eche abono. ⁹ Si se ve que va a producir fruto, *bien*, y si no, la cortas.

Sanidad en un sábado

¹⁰ Un sábado enseñaba en una congregación de los judíos.

¹¹ Una mujer que había estado enferma 18 años estaba *allí* encorvada y no podía levantarse.

¹² Cuando Jesús la vio, *la* llamó y le dijo: ¡Mujer, quedas libre de tu enfermedad! ¹³ Le impuso las manos. Al instante se enderezó y glorificaba a Dios.

¹⁴ Pero el jefe de la congregación se indignó porque Jesús sanó en sábado y decía a la multitud: Hay seis días en los cuales uno debe trabajar. En éstos vengan y sean sanados, y no en sábado.

¹⁵ Entonces el Señor le respondió: ¡Hipócritas! ¿Cada uno de ustedes no desata su buey o el asno del establo en sábado y lo lleva a beber? ¹⁶ A ésta hija de Abraham, a quien Satanás ató por 18 años, ¿no le era necesario ser liberada de esta atadura en sábado?

¹⁷ Al decir estas cosas, todos los que se le oponían quedaban humillados, pero todo el pueblo se regocijaba por las cosas espléndidas que Él hacía.

Como un grano de mostaza

¹⁸ Por tanto dijo: ¿A qué es semejante el reino de Dios, y a qué lo compararé? ¹⁹ Es semejante a un grano de mostaza que un hombre sembró en su huerto. Creció y se convirtió en un árbol, y las aves del cielo anidaron en sus ramas.

La levadura

²⁰ Y otra vez dijo: ¿A qué compararé el reino de Dios? ²¹ Es semejante a *la* levadura que una mujer echó en tres medidas de harina hasta que todo fue leudado.

Puerta angosta

²² En su viaje a Jerusalén, *Jesús* enseñaba en las ciudades y aldeas por donde pasaba. ²³ Y alguien le preguntó: Señor, ¿son pocos los que se salvan?

Él le contestó: ²⁴ Esfuércense a entrar por la puerta angosta, porque muchos procurarán entrar y no podrán. ²⁵ Después que el amo de casa cierre la puerta, aunque *algunos* que estén afuera comiencen a golpearla y digan: Señor, ábrenos, les responderá: No sé quiénes son ustedes.

²⁶ Entonces dirán: Delante de Ti comimos y bebimos, y enseñaste en nuestras plazas.

²⁷ Él les contestará: No sé de dónde son. ¡Apártense de Mí todos, hacedores de injusticia! ²⁸ Allí será el llanto y el crujido de los dientes cuando vean a Abraham, a Isaac, a Jacob y a todos los profetas en el reino de Dios, y ustedes sean lanzados fuera. ²⁹ Vendrán del oriente, del occidente, del norte y del sur, y se reclinarán *a comer* en el reino de Dios. ³⁰ Piensen: Hay últimos que serán primeros, y primeros que serán últimos.

Queja contra Jerusalén

³¹ En aquella hora llegaron unos fariseos que le dijeron: Sal y escápate de aquí porque Herodes quiere matarte.

³² Les dijo: Vayan, digan a aquella zorra: Mira, hoy y mañana echo fuera demonios y realizo sanidades, y al tercer *día* termino mi obra. ³³ Pero me es

necesario ir hoy, mañana y el día siguiente, porque no es posible que un profeta perezca fuera de Jerusalén.

34 ¡Jerusalén, Jerusalén, que matas a los profetas y apedreas a los que te son enviados! ¡Cuántas veces quise recoger a tus hijos como una gallina a sus polluelos bajo sus alas, y no quisiste! 35 Consideren que su casa queda desolada. Les digo: Que de ningún modo me verán hasta que digan: ¡Bendito el que viene en Nombre del Señor!

Sanidad en sábado

14 ¹ Él entró en *la* casa de uno de los principales fariseos a comer pan un sábado. Ellos lo observaban detenidamente.

² Entonces un hombre que era hidrópico estaba delante de Él.

³ Y Jesús preguntó a los doctores de la Ley y a los fariseos: ¿Es lícito sanar en sábado o no?

⁴ Pero ellos callaron. Lo tomó, lo sanó y lo despidió.

⁵ Les dijo: ¿A quién de ustedes se le cae un hijo o un buey en un pozo y no se apresura a sacarlo en sábado?

⁶ Y no pudieron responderle.

Los primeros puestos

⁷ Al ver que ellos escogían los puestos de honor, les narró una parábola: ⁸ Cuando seas invitado a una fiesta de bodas, no te reclines en el puesto de honor, no sea que otro más honorable que tú sea invitado por él, ⁹ y al llegar el que te invitó *a ti* y a él, te diga: Da lugar a éste, y entonces ocuparás avergonzado el último lugar.

¹⁰ Pero cuando seas invitado, reclínate en el último lugar, para que cuando llegue el que te invitó, te diga: Amigo, pasa más adelante. Entonces serás honrado delante de todos los que se reclinan contigo. ¹¹ Porque todo el que se enaltece será humillado, y el que se humilla será enaltecido.

A quiénes se debe invitar

¹² Decía también al que lo invitó: Cuando ofrezcas una comida o una cena, no invites a tus amigos, hermanos, parientes, ni vecinos ricos, no sea que también ellos a su vez te inviten y tengas recompensa. ¹³ Pero cuando hagas un banquete, invita a pobres, mancos, cojos, ciegos, ¹⁴ y serás inmensamente feliz, pues no tienen cómo retribuirte, pero te será recompensado en la resurrección de los justos.

Una gran cena

15 Al oírlo, uno de los reclinados le dijo: Inmensamente feliz cualquiera que coma pan en el reino de Dios.

16 Él le contestó: Un hombre preparaba una gran cena e invitó a muchos. **17** A la hora de la cena envió a su esclavo a decir a los invitados: ¡Vengan, porque ya está preparada!

18 Pero todos igualmente comenzaron a excusarse. El primero le dijo: Compré un campo y necesito ir a verlo. Te ruego que me disculpes. **19** Otro dijo: Compré cinco yuntas de bueyes y voy a probarlas. Te ruego que me disculpes. **20** Y otro dijo: Me casé, y por esto no puedo ir.

21 Cuando el esclavo regresó, informó esto a su señor. Entonces el amo de casa se enojó y dijo a su esclavo: ¡Sal pronto por las calles y callejones de la ciudad y trae acá a los pobres, mancos, ciegos y cojos!

22 Luego el esclavo dijo: Señor, hice lo que ordenaste y aún hay lugar.

23 Y el señor ordenó al esclavo: Vé por los caminos y senderos. Impúlsalos a entrar para que se llene mi casa. **24** Porque les digo que ninguno de aquellos que fueron invitados probará mi cena.

Condiciones para ser discípulo de Cristo

25 Iba con Él una gran multitud, y al dar la vuelta, les dijo: **26** Si alguno viene a Mí, y no aborrece a padre y madre, esposa e hijos, hermanos y hermanas, y aun su propia vida, no puede ser mi discípulo. **27** Cualquiera que no levanta su cruz y me sigue, no puede ser mi discípulo.

28 Porque ¿quién de ustedes que quiere edificar una torre, no se sienta primero y calcula el costo, si tiene para terminarla? **29** No sea que, después de poner el cimiento, y no poder terminarla, todos los que observan comiencen a burlarse: **30** Este hombre comenzó a edificar, pero no pudo terminar.

31 ¿O cuál rey que marcha a enfrentar en batalla a otro rey, no se sienta primero a planificar si es capaz de enfrentar con 10.000 al que viene contra él con 20.000? **32** Y si no puede, cuando aún está lejos de él, le envía una delegación y solicita condiciones de paz. **33** Así pues, cualquiera de ustedes que no se despoje de todas sus posesiones no puede ser mi discípulo.

Una comparación con la sal

34 Buena es la sal, pero si la sal se desvanece, ¿con qué será sazonada? **35** Ni para una tierra, ni para una pila de abono es útil. La botan. El que tiene oídos para oír, escuche.

La oveja perdida

15 ¹ Entonces muchos publicanos y pecadores se acercaban para oírlo. ² Los fariseos y los escribas refunfuñaban: Éste recibe a pecadores y come con ellos.

³ Entonces les presentó esta parábola: ⁴ ¿Cuál hombre de ustedes que tenga 100 ovejas, y pierda una, no deja las 99 en un lugar solitario y va tras la perdida, hasta que la halle? ⁵ Y después de hallarla, se regocija y *la* pone sobre sus hombros. ⁶ Al regresar a casa, reúne a los amigos y vecinos, y les dice: ¡Regocíjense conmigo, porque hallé mi oveja perdida!

⁷ Les digo que así habrá *más* gozo en el cielo por un pecador que cambia de mente que por 99 justos que no tienen necesidad de cambio de mente.

Una dracma perdida

⁸ ¿O cuál mujer que tiene diez dracmas,ᵃ cuando pierda una, no enciende una lámpara, barre la casa y busca cuidadosamente hasta que *la* halla? ⁹ Cuando la halla, reúne a las amigas y vecinas y les dice: ¡Regocíjense conmigo! ¡Hallé la dracma que había perdido!

¹⁰ Así les digo, habrá gozo delante de los ángeles de Dios por un pecador que cambia de mente.

Un hijo menor perdido

¹¹ También dijo: Un hombre tenía dos hijos. ¹² El menor dijo al padre: Padre, dame la parte de la hacienda que me corresponde. Y él les repartió la propiedad.

¹³ Unos pocos días más tarde, el hijo menor recogió sus cosas, salió hacia una región lejana y allí malgastó sus bienes en una vida perdida. ¹⁴ Después de malgastar todo, llegó una hambruna severa en aquella región, y él comenzó a tener necesidad. ¹⁵ Fue y se arrimó a uno de los ciudadanos de aquella región, quien *lo* envió a sus campos a apacentar cerdos. ¹⁶ Ansiaba saciarse con las algarrobas que comían los cerdos, pero nadie se las daba.

¹⁷ Entonces reflexionaba y decía: ¡Cuántos jornaleros de mi padre tienen superabundancia de pan, y yo aquí me muero de hambre! ¹⁸ Me levantaré, iré a mi padre y le diré: Padre, pequé contra el cielo y contra ti. ¹⁹ No soy digno de que me llames tu hijo. Recíbeme como uno de tus jornaleros. ²⁰ Se levantó y regresó a su padre.

Cuando él estaba aún muy distante, su padre lo vio y tuvo compasión de él. Corrió, lo abrazó y lo besó. ²¹ El hijo le habló: Padre, pequé contra el cielo y contra ti. No soy digno de que me llames tu hijo.

ᵃ **15.8** Moneda de plata equivalente a un denario, que era el pago por un día de trabajo.

Celebración del rescate de un hijo

²² Pero el padre ordenó a sus esclavos: ¡Saquen pronto la mejor ropa y vístanlo, y pongan un anillo en su mano y sandalias en sus pies! ²³ ¡Traigan el becerro gordo y mátenlo! ¡Comamos y regocijémonos! ²⁴ Porque este hijo mío estaba muerto y revivió. Estaba perdido y fue hallado. Y comenzaron a regocijarse.

Un hijo mayor perdido

²⁵ Cuando el hijo mayor regresaba del campo, se acercó a la casa y oyó música y danza. ²⁶ Llamó a uno de los esclavos y le preguntó qué ocurría.

²⁷ Él le contestó: Tu hermano regresó, y tu padre sacrificó el becerro gordo, porque lo recibió sano.

²⁸ Entonces se enojó y no quería entrar.

Así que su padre salió y le rogaba.

²⁹ Él respondió: Mira, padre, te he servido muchos años como esclavo y jamás te desobedecí, y nunca me diste un cabrito para disfrutarlo con mis amigos, ³⁰ pero cuando vino este hijo tuyo quien consumió tu hacienda con prostitutas, le mataste el becerro gordo.

³¹ Entonces él le contestó: Hijo, tú siempre estás conmigo, y todas mis cosas son tuyas. ³² Pero era necesario regocijarnos, porque este hermano tuyo estaba muerto y revivió, estaba perdido y se halló.

El mayordomo de la injusticia

16 ¹ Dijo también a los discípulos: Un rico tenía un mayordomo quien fue acusado de malgastar los bienes de su señor. ² Lo llamó y le preguntó: ¿Qué es esto que oigo con respecto a ti? Rinde la cuenta de tu mayordomía, porque ya no puedes ser mayordomo.

³ Entonces el mayordomo se dijo: ¿Qué haré porque mi señor me quita la mayordomía? No puedo cavar. Me da avergüenza mendigar. ⁴ Sé lo que haré para que cuando se me quite la mayordomía me reciban en las casas de ellos.

⁵ Llamó a cada uno de los deudores de su señor y preguntó al primero: ¿Cuánto debes a mi señor?

⁶ Él contestó: 100 barriles de aceite.

Y el mayordomo le dijo: Toma las facturas, siéntate pronto y escribe 50.

⁷ Luego preguntó a otro: ¿Y tú, cuánto debes?

Y él respondió: 100 medidas de trigo. Le dijo: Toma las facturas y escribe 80.

La riqueza de la injusticia

⁸ El señor elogió al mayordomo de la injusticia porque actuó sagazmente. Porque con respecto a su generación, los hijos de este siglo son más sagaces que los hijos de la luz.

⁹ Yo les digo: Consigan amigos por medio de las riquezas[a] injustas, para que cuando falte *algo*, los reciban en las moradas eternas.

¹⁰ El que es fiel en lo muy poco, también es fiel en lo mucho, y el que en lo muy poco es injusto, también en lo mucho es injusto.

¹¹ Así que, si en la riqueza injusta no fueron fieles, ¿quién les confiará lo verdadero? ¹² Y si en lo ajeno no fueron fieles, ¿quién les dará a ustedes lo que le pertenece a él?

Dios y la riqueza injusta

¹³ Ningún esclavo doméstico puede servir como esclavo a dos señores, porque despreciará al uno y apreciará al otro, o estimará al uno y desestimará al otro. No pueden servir como esclavos a Dios y a la riqueza injusta.

¹⁴ Los fariseos, quienes eran amigos del dinero, oían todo esto y se burlaban de Él.

¹⁵ Entonces les dijo: Ustedes se declaran justos delante de los hombres, pero Dios conoce sus corazones, porque lo sublime entre hombres, delante de Dios es repugnancia.

La Ley y el reino

¹⁶ La Ley y los profetas se proclamaron hasta Juan. Desde entonces se proclama el reino de Dios, y todos se esfuerzan por entrar en él. ¹⁷ Pero es más fácil que desaparezcan el cielo y la tierra que caiga un trazo de *una* letra de la Ley.

Repudio y adulterio

¹⁸ Todo el que repudia a su esposa y se casa con otra, adultera, y el que se casa con la repudiada, adultera.

Un rico y un mendigo

¹⁹ Había un hombre rico que se vestía de púrpura y lino fino y se regocijaba con esplendidez cada día.

²⁰ Un mendigo llamado Lázaro, cubierto de llagas, era colocado a su puerta. ²¹ Deseaba saciarse con lo que caía de la mesa del rico. Aun los perros llegaban y le lamían las llagas.

---

[a] **16.9** Lit. *Mamón:* En griego, dios del dinero, símbolo del poder de la riqueza.

²² Sucedió que murió el mendigo y fue llevado por los ángeles al seno de Abraham.

Murió también el rico y fue sepultado. ²³ Cuando estaba en tormentos en el infierno[a] levantó sus ojos y vio a Abraham desde lejos y a Lázaro en el seno de él. ²⁴ Clamó: Padre Abraham, ten misericordia de mí. Envía a Lázaro para que moje la punta de su dedo en agua y refresque mi lengua, porque estoy atormentado en esta llama.

²⁵ Abraham le contestó: Hijo, recuerda que recibiste tus bienes en tu vida, y Lázaro también los males. Pero ahora es consolado aquí, y tú atormentado. ²⁶ Además de todo esto, entre nosotros y ustedes fue establecida una gran sima, de modo que los que quieren cruzar de aquí a ustedes no puedan, ni de allá cruzar hacia nosotros.

²⁷ Entonces exclamó: Padre, te ruego que lo envíes a la casa de mi padre, ²⁸ porque tengo cinco hermanos, para que les advierta a fin de que no vengan ellos a este lugar de tormento.

²⁹ Y Abraham respondió: A Moisés y a los profetas tienen. ¡Óiganlos!

³⁰ Entonces él dijo: No, padre Abraham. Pero si alguno de *los* muertos fuera a ellos, cambiarán su mente.

³¹ Y le contestó: Si no escuchan a Moisés y a los profetas, tampoco se convencerán si alguno apareciera de entre *los* muertos.

Las conturbaciones

17 ¹ Entonces dijo a sus discípulos: Es imposible que no vengan las conturbaciones, pero ¡ay de aquél por medio de quien vienen! ² Es mejor para él si se le cuelga una piedra de molino al cuello y se lanza al mar, que conturbar a uno de estos pequeños.

³ Tengan cuidado de ustedes mismos.

Cuando peque tu hermano, repréndelo, y si cambia de mente, perdónalo. ⁴ Si siete veces al día peca contra ti, y siete veces vuelve a ti y dice: Cambio de mente. Perdónalo.

La dimensión de la fe

⁵ Dijeron los apóstoles al Señor: Auméntanos *la* fe.

⁶ Entonces el Señor dijo: Si *ustedes* tienen fe como un grano de mostaza, dirían al sicómoro:[b] ¡Desarráigate y plántate en el mar! Y les obedecería.

---

[a] **16.23** Lit. *Hades*. [b] **17.6** Sicómoro: árbol siempre verde que alcanza hasta 15 metros de altura y tiene mucho follaje.

Esclavos inútiles

⁷ ¿Quién de ustedes tiene un esclavo que ara o pastorea, y al llegar *éste* del campo, le dice: Pasa de inmediato, reclínate? ⁸ ¿No le dice más bien: Prepárame la cena, átate el delantal y sírveme hasta que coma y beba yo, y después de esto comerás y beberás tú? ⁹ ¿Da gracias al esclavo porque hizo lo que se le ordenó?

¹⁰ Así también ustedes, cuando hagan todas las cosas que se les ordenan, digan: Somos esclavos inútiles. Hicimos lo que debíamos hacer.

Diez leprosos

¹¹ Cuando iba hacia Jerusalén, pasaba entre Samaria y Galilea.

¹² Cuando Él entró en una aldea, le salieron al encuentro diez hombres leprosos, quienes se pararon a una distancia. ¹³ Gritaron: ¡Jesús, Maestro, ten misericordia de nosotros!

¹⁴ Al verlos dijo: ¡Vayan, muéstrense a los sacerdotes! Sucedió que cuando iban fueron limpiados.

¹⁵ Uno de ellos, al ver que fue sanado, regresó y glorificaba a Dios a gran voz. ¹⁶ Se postró a sus pies y le daba gracias. Era un samaritano.

¹⁷ Jesús le preguntó: ¿No fueron limpiados los diez? ¿Dónde están los nueve? ¹⁸ ¿No regresaron a dar gloria a Dios, excepto este extranjero? ¹⁹ Y le dijo: Levántate, vete. Tu fe te salvó.

La venida del reino

²⁰ Al ser interrogado por los fariseos sobre cuándo viene el reino de Dios, les respondió: El reino de Dios no viene con advertencia, ²¹ ni dirán: ¡Miren, está aquí! O: ¡Miren, está allí! Porque aquí en medio de ustedes está el reino de Dios.

Como el relámpago

²² Entonces dijo a los discípulos: Vendrán días cuando ustedes anhelarán ver uno de los días del Hijo del Hombre, y no *lo* verán. ²³ Y les dirán: ¡Miren, está aquí! ¡Miren, está allí! No vayan, ni persigan. ²⁴ Como el resplandor del relámpago brilla desde un extremo del cielo hasta el otro, así será el Hijo del Hombre. ²⁵ Pero primero le es necesario padecer mucho y ser rechazado por esta generación.

Como en los días de Noé y de Lot

²⁶ Como sucedió en los días de Noé, así será también en los días del Hijo del Hombre: ²⁷ Comían, bebían, se casaban y se daban en matrimonio,

hasta el día cuando Noé entró en el arca. Vino el diluvio y destruyó a todos. ²⁸ Asimismo, como sucedió en los días de Lot: comían, bebían, compraban, vendían, plantaban y edificaban. ²⁹ Pero el día cuando Lot salió de Sodoma, llovió fuego y azufre del cielo y destruyó a todos.

³⁰ Así será el día cuando el Hijo del Hombre se manifieste. ³¹ En aquel día, el que esté en la azotea y sus bienes en la casa, no baje a tomarlos. El que *esté* en el campo, igualmente, no vuelva a las cosas de atrás. ³² Recuerden a la esposa de Lot.

³³ Cualquiera que procure preservar su vida, la perderá, y cualquiera que la pierda, *la* preservará.

Uno tomado y otro dejado

³⁴ Les digo: Aquella noche estarán dos en una cama: uno será tomado y otro será dejado. ³⁵ Dos molerán en el mismo lugar: una será tomada y otra será dejada. [[³⁶]]

³⁷ Le preguntaron: ¿Dónde, Señor?

Él les contestó: Donde esté el cadáver, allí también se reunirán los buitres.

Un juez injusto y una viuda

18 ¹ Les narró también una parábola con respecto a la necesidad de hablar ellos siempre con Dios y no desmayar: ² Había un juez en una ciudad que no temía a Dios ni respetaba a hombre.

³ Había también una viuda en aquella ciudad que iba ante él y decía: Hazme justicia contra mi oponente.

⁴ No quería por un tiempo, pero después de esto se dijo: Aunque no temo a Dios, ni respeto a hombre,ᵃ ⁵ por cuanto esta viuda me causa molestia, le haré justicia, no sea que al venir de continuo me agote la paciencia.

⁶ Y dijo el Señor: Oigan al juez injusto. ⁷ ¿Dios de ningún modo hará la justicia a sus escogidos que claman a Él día y noche? ¿Demorará en responderles?

⁸ Les digo que con prontitud les hará justicia. Pero cuando el Hijo del Hombre venga, ¿hallará la fe en la tierra?

Un fariseo y un publicano

⁹ Narró esta parábola a unos que confiaban en ellos mismos como justos y menospreciaban a los demás: ¹⁰ Dos hombres subieron al Templo a hablar con Dios: el uno fariseo y el otro publicano.

¹¹ El fariseo se puso en pie y hablaba consigo mismo: Dios, te doy gracias porque no soy como los demás hombres: ladrones, injustos, adúlteros, ni aun

---

ᵃ **18.4** Lit. *soy avergonzado por hombre.*

como este publicano. ¹² Ayuno dos veces *por* semana y doy diezmo de todo lo que me gano.

¹³ Pero el publicano, situado lejos, no quería ni aun levantar los ojos al cielo, sino golpeaba su pecho y decía: ¡Dios, compadécete de mí, pecador!

¹⁴ Les digo que éste bajó a su casa justificado y no el otro, porque todo el que se enaltece será humillado, y el que se humilla será enaltecido.

Presentación de los niños

¹⁵ Le presentaban también los niños para que los tocara. Al ver esto, los discípulos los reprendían.

¹⁶ Pero Jesús los llamó y les dijo: Dejen que los niños vengan a Mí, y no se lo impidan, porque de ellos es el reino de Dios. ¹⁷ En verdad les digo: El que no reciba el reino de Dios como un niño, que de ningún modo entre en él.

Dificultad de los ricos

¹⁸ Un dignatario le preguntó: Maestro bueno, ¿qué hago para heredar *la* vida eterna?

¹⁹ Jesús le preguntó: ¿Por qué me llamas bueno? Nadie es bueno, sino uno solo: Dios. ²⁰ Sabes los Mandamientos:
No adulteres, no asesines, no robes, no des falso testimonio,
honra a tu padre y a tu madre.

²¹ Y él respondió: Todo esto guardé desde *la* juventud.

²² Cuando Jesús lo oyó le dijo: Aún te falta uno: Vende todo lo que tienes. Repártelo a los pobres y tendrás un tesoro en *el* cielo. Y ven, sígueme.

²³ Cuando oyó esto se entristeció profundamente porque era muy rico.

²⁴ Jesús lo miró y dijo: ¡Cuán difícilmente entran los ricos en el reino de Dios! ²⁵ Es más fácil pasar un camello por un ojo de aguja[a] que entrar un rico en el reino de Dios.

²⁶ Entonces los que lo oyeron le preguntaron: ¿Quién puede ser salvo?

²⁷ Y Él respondió: Lo imposible para *los* hombres es posible para Dios.

²⁸ Luego Pedro le dijo: Mira: Nosotros dejamos todo y te seguimos.[b]

²⁹ Entonces Él les contestó: En verdad les digo que nadie hay que deje casa, esposa, hermanos, padres o hijos por causa del reino de Dios ³⁰ que no reciba muchas veces más en este tiempo, y en la era que viene, *la* vida eterna.

---

[a] **18.25** Un ojo de aguja. Puerta pequeña en una pared o un muro por donde pasaba la carga.
[b] **18.28** En castellano, *seguimos*es igual en presente y en pretérito indefinido. Aquí, en el original está en pretérito indefinido.

Tercera predicción de su muerte y resurrección

³¹ *Jesús* tomó consigo a los 12 y les dijo: Miren, subimos a Jerusalén. Se cumplirán todas las cosas que fueron escritas por los profetas con respecto al Hijo del Hombre. ³² Porque será entregado a los gentiles, ridiculizado, maltratado, escupido, ³³ y después de azotarlo, lo asesinarán. Pero al tercer día será resucitado.

³⁴ Ellos nada de esto entendieron. Esta Palabra era oculta de ellos. No entendían lo que se les decía.

Un ciego cerca de Jericó

³⁵ Cuando *Él* se acercó a Jericó, un ciego estaba sentado junto al camino y mendigaba.

³⁶ Al oír que pasaba una multitud, preguntaba qué sería aquello, ³⁷ y le informaron: Que viene Jesús el Nazareno.

³⁸ Entonces gritó: ¡Jesús, Hijo de David, ten misericordia de mí!

³⁹ Y los que iban delante lo reprendían para que callara. Pero él gritaba mucho más: ¡Hijo de David, ten misericordia de mí!

⁴⁰ Entonces Jesús se detuvo y pidió que se lo trajeran. Cuando se acercó, le preguntó: ⁴¹ ¿Qué quieres que te haga?

Y él contestó: Señor, que vea.

⁴² Jesús le ordenó: Ve. Tu fe te salvó.

⁴³ Al instante vio. Lo seguía y glorificaba a Dios.

Cuando todo el pueblo lo vio, alabó a Dios.

El publicano Zaqueo

19 ¹ Cuando *Jesús* entró en Jericó, iba por la ciudad.

² Ocurrió que un hombre llamado Zaqueo, quien era rico y jefe de publicanos, ³ procuraba ver quién era Jesús, pero no podía a causa de la multitud porque era pequeño de estatura. ⁴ Entonces corrió adelante y trepó a un sicómoro para verlo, pues iba a pasar por allí.

⁵ Cuando llegó Jesús al lugar, miró hacia arriba y le dijo: Zaqueo, baja pronto, porque voy a reposar hoy en tu casa.

⁶ Él *se* apresuró, bajó y con gozo lo recibió.

⁷ Pero al ver *esto*, todos refunfuñaban: Entró a reposar con un pecador.

⁸ Entonces Zaqueo, puesto en pie, dijo al Señor: Mira, Señor, la mitad de mis bienes doy a *los* pobres, y si en algo extorsioné a alguno, *lo* devuelvo cuadruplicado.

⁹ Jesús le dijo: Hoy vino *la* salvación a esta casa, por cuanto él también es hijo de Abraham. ¹⁰ Porque el Hijo del Hombre vino a buscar y a salvar lo que estaba perdido.

Parábola de las diez minas

¹¹ Por cuanto Él estaba cerca de Jerusalén y porque ellos oían esto y pensaban que el reino de Dios ya iba a manifestarse, prosiguió y presentó una parábola: ¹² Un hombre noble salió hacia un país lejano a recibir un reino para él, y regresar. ¹³ Después de llamar a diez de sus esclavos, les dio diez minas y les dijo: Negocien mientras vengo. ¹⁴ Pero sus conciudadanos lo aborrecían, y enviaron tras él una delegación para que dijera: No deseamos que éste reine sobre nosotros.

¹⁵ Al regresar después de recibir el reino, sucedió que él ordenó llamar a aquellos esclavos a quienes había entregado la plata para saber cuánto ganaron. ¹⁶ Entonces llegó el primero y dijo: Señor, tu mina produjo diez minas.

¹⁷ Le contestó: ¡Bien hecho, buen esclavo! Por cuanto en lo ínfimo fuiste fiel, ten autoridad sobre diez ciudades.

¹⁸ Llegó el segundo y dijo: Señor, tu mina produjo cinco minas.

¹⁹ Y dijo a éste: Tú también tendrás autoridad sobre cinco ciudades.

²⁰ El otro llegó y dijo: Señor, aquí está tu mina que tenía guardada en un pañuelo, ²¹ porque temía, pues eres hombre severo que tomas lo que no pusiste y cosechas lo que no sembraste.

²² Le dijo: Esclavo malo, por lo que dices te juzgo. ¿Sabías que yo soy hombre severo, que tomo lo que no puse y que cosecho lo que no sembré? ²³ ¿Entonces por qué no depositaste mi dinero en el banco, y al regresar, yo lo hubiera recibido con intereses?

²⁴ A los presentes les dijo: ¡Quiten la mina a éste y denla al que tiene las diez minas!

²⁵ Y le replicaron: Señor, ¡tiene diez minas!

²⁶ *Contestó*: Les digo que a todo el que tiene se *le* dará, pero *al* que no tiene, aun lo que tiene se *le* quitará. ²⁷ A aquellos enemigos míos que no quisieron que yo reinara sobre ellos, ¡tráiganlos acá y mátenlos delante de mí!

²⁸ Después de decir estas cosas, iba hacia adelante y subía a Jerusalén.

Llegada a Jerusalén

²⁹ Cuando Jesús llegó cerca de Betfagé y Betania, a la Montaña de *Los* Olivos, envió a dos discípulos ³⁰ y les dijo: Vayan a la aldea de enfrente. Al entrar hallarán un pollino atado sobre el cual ninguno montó. Desátenlo y

tráiganlo. ³¹ Si alguien les pregunta por qué lo desatan, digan que el Señor lo necesita.

³² Ellos fueron y hallaron como les dijo.

³³ Cuando desataban el pollino, los dueños les preguntaron: ¿Por qué lo desatan?

³⁴ Ellos respondieron: El Señor lo necesita.

³⁵ Llevaron el pollino a Jesús, echaron sus ropas sobre él y montaron a Jesús.

³⁶ Mientras Él avanzaba, ellos tendían sus ropas externas en el camino.

³⁷ Cuando Él se acercaba a la ladera de la Montaña de Los Olivos, la multitud de discípulos comenzó a alabar a Dios a gran voz. Se regocijaba por todos los milagros que vieron ³⁸ y decía:
¡Bendito el Rey que viene en *el* Nombre del Señor!
¡Paz en *el* cielo y gloria en *las* alturas!

³⁹ Algunos fariseos le reclamaron: Maestro, reprende a tus discípulos.

⁴⁰ Él les respondió: Les digo que si éstos callan, las piedras clamarían.

⁴¹ Cuando llegó cerca y vio la ciudad, lloró por ella ⁴² y dijo: ¡Si tú supieras hoy lo que corresponde a *tu* paz! Pero por ahora no puedes verlo. ⁴³ Porque vendrán días cuando tus enemigos levantarán cerco contra ti, te rodearán, te estrecharán por todas partes, ⁴⁴ te arrasarán con tus hijos dentro de ti y no dejarán en ti piedra sobre piedra, por cuanto no reconociste el tiempo de tu supervisión.

Entrada al Templo

⁴⁵ Cuando entró en el Templo, comenzó a echar fuera a los que vendían, ⁴⁶ y les decía: Está escrito:
Mi Casa será Casa de conversación con Dios,
pero ustedes la convirtieron en cueva de ladrones.

⁴⁷ Enseñaba cada día en el Templo, pero los principales sacerdotes, los escribas y los más prominentes del pueblo procuraban matarlo. ⁴⁸ No hallaban cómo hacerlo, porque todo el pueblo estaba pendiente de Él, y lo escuchaba.

Su autoridad

20 ¹ Un día mientras *Jesús* enseñaba al pueblo y proclamaba las Buenas Noticias en el Templo, aparecieron los principales sacerdotes, los escribas y los ancianos ² y le preguntaron: ¿Con cuál autoridad haces estas cosas? ¿Quién te dio la autoridad?

³ Les respondió: Yo también les preguntaré un asunto. Díganme: ⁴ El bautismo de Juan, ¿era del cielo o de *los* hombres?

⁵ Entonces ellos razonaron: Si decimos del cielo, dirá: ¿por qué no le creyeron? ⁶ Si decimos, de hombres, todo el pueblo nos apedreará, porque se convencieron de que Juan era profeta.

⁷ Respondieron que no sabían de dónde era.

⁸ Jesús les dijo: Tampoco Yo les digo con cuál autoridad hago estas cosas.

Unos labradores perversos

⁹ Entonces dijo al pueblo esta parábola: Un hombre plantó una viña, se la arrendó a unos labradores y salió de viaje por mucho tiempo.

¹⁰ En el tiempo oportuno envió un esclavo a los labradores para que le dieran su parte de la cosecha, pero los labradores lo golpearon y lo enviaron con las manos vacías. ¹¹ Procedió a enviar a otro esclavo, pero ellos también lo humillaron, golpearon y lo enviaron con las manos vacías. ¹² Envió a un tercero, y ellos lo hirieron y lo expulsaron de la viña. ¹³ Entonces el dueño de la viña se preguntó: ¿Qué haré? Enviaré a mi hijo amado. Tal vez éste sea respetado.

¹⁴ Pero al verlo, los labradores razonaban unos con otros: Éste es el heredero. *Conviene* que lo matemos para que la heredad sea nuestra. ¹⁵ Lo sacaron de la viña y lo asesinaron.

¿Qué, pues, les hará el dueño de la viña? ¹⁶ Vendrá y destruirá a estos labradores, y dará la viña a otros.

Al escuchar *esto* dijeron: ¡Que nunca suceda!

¹⁷ Entonces Él los miró fijamente y preguntó: ¿Qué significa esto que está escrito?
Una piedra que desecharon los que edifican
Fue convertida en cabeza de ángulo.

¹⁸ Todo el que cae sobre esta piedra se quebrará, pero sobre aquel que caiga, lo desmenuzará.

Lo de Dios y lo de César

¹⁹ En aquella hora los escribas y los principales sacerdotes trataron de arrestarlo, porque entendieron que la parábola era contra ellos, pero tuvieron temor al pueblo.

²⁰ Después de asecharlo enviaron espías para que fingieran ser justos con el propósito de atraparlo en *alguna* palabra, a fin de entregarlo a las autoridades.

²¹ Le preguntaron: Maestro, sabemos que hablas y enseñas rectamente y que no haces acepción de personas, sino en verdad enseñas el camino de Dios. ²² ¿Nos es lícito pagar tributo a César, o no?

²³ Al percibir la astucia de ellos, les contestó: ²⁴ Muéstrenme un denario. ¿De quién es la imagen y la inscripción?

Ellos respondieron: De César.

²⁵ Él les dijo: Den a César lo de César, y a Dios lo de Dios.

²⁶ Y no pudieron atrapar una palabra de Él delante del pueblo, y maravillados por su respuesta, callaron.

Pregunta de los saduceos

²⁷ Entonces se acercaron unos saduceos, quienes dicen que no hay resurrección, y le preguntaron: ²⁸ Maestro, Moisés nos escribió: Si un hombre muere y deja viuda sin hijos, que su hermano tome a la viuda y levante descendencia a su hermano.

²⁹ Había siete hermanos, y el primero tomó esposa y murió sin hijos. ³⁰ También el segundo ³¹ y el tercero la tomaron. Igualmente los siete. No dejaron hijos y murieron. ³² Finalmente, murió también la mujer. ³³ En la resurrección, ¿de cuál de ellos será esposa? Porque los siete la tuvieron como esposa.

³⁴ Jesús les respondió: Los hijos de este siglo se casan y son dados en matrimonio.

³⁵ Pero los que son considerados dignos de llegar a aquella era, y de la resurrección de entre *los* muertos, no se casarán ni se darán en matrimonio. ³⁶ Porque ni siquiera pueden morir, ya que son como ángeles. Al ser hijos de la resurrección son hijos de Dios.

³⁷ Aún Moisés reveló en *el pasaje de* la zarza, que los muertos resucitan, cuando llama al Señor:

el Dios de Abraham, Dios de Isaac y Dios de Jacob.

³⁸ No es Dios de muertos, sino de vivos, porque para Él todos viven.

³⁹ Algunos escribas respondieron: Bien dicho, Maestro. ⁴⁰ Y ya nadie tenía el valor de hacerle más preguntas.

¿De quién es Hijo?

⁴¹ Entonces les preguntó: ¿Cómo dicen que el Cristo es Hijo de David? ⁴² Porque el mismo David dice en un rollo de salmos:

Dijo *el* Señor a mi Señor:

Siéntate a mi derecha

⁴³ Hasta que ponga a tus enemigos como estrado de tus pies.

⁴⁴ Pues si David lo llama Señor, ¿cómo, pues, es Hijo de Él?

Cuidado con los escribas

⁴⁵ Mientras el pueblo escuchaba, dijo a los discípulos: ⁴⁶ Tengan cuidado con los escribas, quienes desean andar con ropas externas largas.

Aman las salutaciones en las plazas y *los* primeros asientos en las congregaciones y *los* puestos de honor en las cenas. ⁴⁷ Pero devoran los bienes de las viudas y hacen largas conversaciones con Dios como pretexto. Éstos tendrán un juicio más severo.

21 ¹ Él observó a los ricos que echaban sus ofrendas en el receptáculo para contribuciones.

La ofrenda de una viuda

² Vio también a una viuda pobre que echaba allí dos pequeñas monedas de cobre ³ y dijo: En verdad les digo que esta viuda pobre echó más que todos, ⁴ porque todos éstos ofrendaron de lo que les sobra, pero ésta de su pobreza ofrendó todo el sustento que tenía.

Decreto sobre el Templo

⁵ A unos que comentaban sobre las piedras preciosas y las ofrendas votivas que adornaban el Templo, les dijo: ⁶ En cuanto a estas cosas que miran, vendrán días cuando no quedará piedra sobre piedra que no sea derribada.

Señales

⁷ Le preguntaron: Maestro, ¿cuándo sucederá esto? ¿Y cuál es la señal para saber cuando van a suceder?

⁸ Él respondió: Cuidado, no se engañen. Porque vendrán muchos en mi Nombre y dirán: ¡Yo soy! Y: ¡El tiempo llegó! No los sigan. ⁹ Cuando oigan de guerras e insurrecciones no teman, porque es necesario que suceda primero esto. Pero el fin no será de inmediato.

¹⁰ Entonces les decía: Se levantará nación contra nación y reino contra reino. ¹¹ En varios lugares habrá grandes terremotos, pestilencias y hambrunas. Y habrá horrores y grandes señales en el cielo.

Persecuciones

¹² Pero antes de todo esto los detendrán, perseguirán y entregarán a las congregaciones judías y cárceles. Serán llevados ante reyes y gobernadores por causa de mi Nombre. ¹³ Les servirá de *oportunidad* para el testimonio.

¹⁴ Por tanto, propónganse no preparar su defensa, ¹⁵ porque Yo les daré palabras de sabiduría que no podrán resistir ni contradecir quienes los

adversen. ¹⁶ Serán entregados aun por padres, hermanos, parientes y amigos. *Algunos* de ustedes serán asesinados.

¹⁷ Todos los aborrecerán por causa de mi Nombre, ¹⁸ pero que de ningún modo perezca un cabello de su cabeza.

¹⁹ Por su perseverancia ganarán sus vidas.

La destrucción de Jerusalén

²⁰ Cuando vean a Jerusalén rodeada por ejércitos, sepan que su destrucción está cerca. ²¹ Entonces los que estén en Judea huyan a las montañas, los que estén en la ciudad[a] salgan, y los que estén en los campos no vuelvan a ella.

²² Porque estos serán días de retribución para que se cumpla lo que está escrito. ²³ ¡Ay de las que estén embarazadas y de las que amamanten en aquellos días! Porque habrá gran calamidad sobre la tierra e ira para este pueblo. ²⁴ Caerán a filo de espada, serán esparcidos como cautivos a todas las naciones y Jerusalén será hollada por gentiles hasta que sean cumplidos los tiempos de ellos.

La venida del Hijo del Hombre

²⁵ Habrá señales en el sol, la luna y las estrellas. Sobre la tierra habrá angustia de gentes en perplejidad por un rugido y oleaje del mar, ²⁶ tal que desfallecen los hombres por miedo y expectación de lo que viene a la tierra habitada, porque las potencias de los cielos serán sacudidas. ²⁷ Entonces verán al Hijo del Hombre que viene con poder y gran gloria en una nube. ²⁸ Cuando esto suceda, enderécense y alcen sus cabezas porque su redención está cerca.

²⁹ Les dijo una parábola: Miren la higuera y todos los árboles. ³⁰ Cuando ven que brotan, ustedes entienden que el verano está cerca. ³¹ Así también, cuando vean que sucede esto, sepan que está cerca el reino de Dios. ³² En verdad les digo: ¡Que de ningún modo pase este linaje hasta que suceda todo esto! ³³ El cielo y la tierra pasarán, pero mis palabras de ningún modo pasarán.

³⁴ Estén alerta, no sea que se carguen con relajamiento moral, embriaguez y afanes de la vida, y aquel día aparezca de repente sobre ustedes. ³⁵ Porque vendrá como una trampa sobre todos los habitantes de la tierra. ³⁶ Así que velen en todo tiempo, rueguen que tengan completa fuerza para escapar de todo esto que va a suceder y estar en pie delante del Hijo del Hombre.

³⁷ *Jesús* enseñaba de día en el Templo y pasaba las noches en la Montaña de Los Olivos.

³⁸ En la mañana todo el pueblo acudía a Él para oírlo en el Templo.

---

[a] **21.21** Lit. *en ella.*

Una confabulación

22 ¹ Se aproximaba la Pascua, la fiesta de los Panes sin Levadura. ² Los principales sacerdotes y los escribas buscaban cómo matarlo pero temían al pueblo.

³ Entonces Satanás entró en Judas Iscariote, quien era de los 12. ⁴ Él fue y habló con los principales sacerdotes y magistrados en cuanto a cómo lo entregaría. ⁵ Se regocijaron y acordaron darle plata. ⁶ Él aceptó y buscaba una ocasión para entregárselo sin alboroto.

Celebración de la Pascua

⁷ Entonces llegó el día de los Panes sin Levadura. Era necesario sacrificar la pascua.

⁸ Envió a Pedro y Juan y les dijo: Vayan, prepárennos la pascua para que la comamos.

⁹ Y ellos le preguntaron: ¿Dónde quieres que *la* preparemos?

¹⁰ Él les contestó: Miren, vayan a la ciudad. Se encontrarán con un hombre que lleva un cántaro de agua. Síganlo hasta la casa donde entre ¹¹ y digan al dueño de *la* casa: El Maestro te pregunta: ¿Dónde está el aposento donde comeré la pascua con mis discípulos? ¹² Él les mostrará un gran aposento alto ya listo. Preparen allí.

¹³ Ellos fueron y hallaron como les dijo, y prepararon la pascua.

¹⁴ Cuando llegó la hora Él *se* reclinó con los apóstoles ¹⁵ y les dijo: ¡Ardientemente deseé comer esta pascua con ustedes antes de mi padecimiento! ¹⁶ Porque les digo: Que de ningún modo la coma *otra vez* hasta que se cumpla en el reino de Dios.

¹⁷ Tomó una copa, dio gracias y dijo: Tomen esto y repártanlo entre ustedes, ¹⁸ porque de ahora en adelante, que de ningún modo beba del fruto de la vid hasta que venga el reino de Dios.

Origen de la Cena del Señor

¹⁹ Tomó un pan, dio gracias, lo partió, les dio y les dijo: Esto es mi cuerpo que es entregado por ustedes. Hagan esto en memoria de Mí.

²⁰ Después de comerlo, *tomó* también la copa y dijo: Esta copa es el Nuevo Pacto en mi sangre, la cual es derramada por ustedes.

²¹ Pero observen, la mano del que me entrega está conmigo en la mesa. ²² Porque en verdad, el Hijo del Hombre se conduce según lo que fue determinado. Pero ¡ay de aquel hombre que lo entrega!

²³ Ellos discutieron quién sería el que iba a cometer esto.

El mayor

²⁴ También discutieron entre ellos quién era el más importante.

²⁵ Entonces Él les dijo: Los reyes de las naciones ejercen señorío sobre ellas, y los que tienen autoridad son llamados benefactores.

²⁶ Pero no es así entre ustedes, sino el más importante es como el de menos importancia, y el líder como el que sirve. ²⁷ Porque, ¿quién es más importante, el reclinado o el que sirve? ¿No es el reclinado? Y Yo estoy entre ustedes como el que sirve.

²⁸ Pero ustedes son quienes permanecieron conmigo en mis pruebas.

²⁹ Como mi Padre me asignó un reino, Yo también lo asigno a ustedes, ³⁰ para que coman y beban a mi mesa en mi reino, y se sienten en tronos a juzgar a las 12 tribus de Israel.

Anuncio sobre la negación de Pedro

³¹ Simón, Simón, piensa esto: Satanás te reclamó para zarandearte como el trigo.

³² Pero Yo hablé con Dios por ti para que tu fe no desfallezca. Y tú, cuando vuelvas, fortalece a tus hermanos.

³³ Pero él le dijo: Señor, estoy listo a ir contigo tanto a *la* cárcel como a *la* muerte.

³⁴ Él respondió: Pedro, un gallo no cantará hoy hasta que me niegues tres veces.

Las armas

³⁵ Y les dijo: Cuando los envié sin bolsa, ni morral, ni sandalias, ¿les faltó algo?

Y ellos contestaron: Nada.

³⁶ Pero ahora, el que tiene bolsa, llévela, y el que tiene morral, también. El que no tiene espada, venda su ropa y compre *una*. ³⁷ Porque es necesario que se cumpla en Mí lo que está escrito:

Fue contado con inicuos. Porque lo que está escrito de Mí se cumple.

³⁸ Ellos dijeron: Señor, aquí hay dos espadas.

Él les respondió: Es suficiente.

Conversación con Dios en Getsemaní

³⁹ Como acostumbraba, fue a la Montaña de Los Olivos, y lo siguieron sus discípulos.

⁴⁰ Cuando llegaron al lugar, les dijo: Hablen con Dios para que no entren en tentación.

⁴¹ Y Él se apartó de ellos como *a distancia de* un tiro de piedra, se arrodilló y hablaba con Dios: ⁴² Padre, si quieres, aparta esta copa de Mí, pero que no se cumpla mi voluntad, sino la tuya. [[⁴³⁻⁴⁴]]

⁴⁵ Y cuando terminó de hablar con Dios, fue a los discípulos y los halló dormidos por causa de la tristeza. ⁴⁶ Y les preguntó: ¿Por qué duermen? Levántense, hablen con Dios para que no entren en tentación.

El arresto del Señor Jesús

⁴⁷ Mientras Él hablaba, apareció Judas, uno de los 12, seguido por una turba. Se acercó a Jesús para besarlo.

⁴⁸ Jesús le preguntó: Judas, ¿con un beso entregas al Hijo del Hombre?

⁴⁹ Entonces al ver lo que sucedía, los que estaban alrededor de Él dijeron: Señor, dinos si atacamos con espada. ⁵⁰ Uno de ellos atacó al esclavo del sumo sacerdote y le amputó la oreja derecha.

⁵¹ Entonces Jesús dijo: ¡Permitan aun esto! Y al agarrar la oreja, lo sanó.

⁵² Jesús dijo a los principales sacerdotes, oficiales del Templo y ancianos que llegaron contra Él: ¿*Ustedes* salieron con espadas y garrotes como contra un bandido? ⁵³ Cada día Yo estaba con ustedes en el Templo, y no extendieron las manos contra Mí. Pero ésta es la hora de ustedes y la potestad de la oscuridad.

La negación de Pedro

⁵⁴ *Lo* arrestaron y *lo* llevaron a la casa del sumo sacerdote. Y Pedro *lo* seguía de lejos. ⁵⁵ Encendieron un fuego en medio del patio y se sentaron alrededor. Pedro se sentó entre ellos.

⁵⁶ Entonces una esclava miró fijamente a Pedro quien estaba sentado frente a la lumbre, y dijo: ¡Éste también estaba con Él!

⁵⁷ Pero él negó: ¡No lo conozco, mujer!

⁵⁸ Un poco después, otro de ellos lo miró y dijo: Tú también eres de ellos.

Pedro contestó: ¡Hombre, no soy!

⁵⁹ Como una hora más tarde, otro afirmaba: En verdad éste también estaba con Él, pues también es galileo.

⁶⁰ Pedro respondió: ¡Hombre, no sé lo que dices!

Y al instante, mientras aún hablaba, un gallo cantó.

⁶¹ El Señor se volvió y miró a Pedro.

Y él recordó la Palabra que el Señor le dijo: Hoy, antes que un gallo cante, me negarás tres veces. ⁶² Salió y lloró amargamente.

Jesús ridiculizado y golpeado

⁶³ Los hombres que lo custodiaban lo ridiculizaban y golpeaban, ⁶⁴ le vendaron los ojos y le decían: Profetiza, ¿quién es el que te golpeó? ⁶⁵ Y decían muchas otras cosas para blasfemar contra Él.

Presentado al Tribunal Supremo de los judíos

⁶⁶ Cuando amaneció, se reunieron el presbiterio del pueblo, los principales sacerdotes y los escribas. Lo llevaron ante su Tribunal Supremo ⁶⁷ y le dijeron: Si tú eres el Cristo, dinos.

Él les respondió: Si les digo, de ningún modo creerían,⁶⁸ y si les pregunto, de ningún modo responderían. ⁶⁹ Pero desde ahora el Hijo del Hombre estará sentado a *la* derecha del poder de Dios.

⁷⁰ Y le preguntaron: ¿Entonces Tú eres el Hijo de Dios?

Él les respondió: Ustedes dicen que Yo soy.

⁷¹ Entonces ellos preguntaron: ¿Qué necesidad tenemos aún de testimonio? Porque nosotros mismos *lo* oímos de su boca.

El Señor Jesús ante Pilato

23 ¹ Todo el gran número de ellos se levantó, y lo llevó ante Pilato. ² Entonces lo acusaron: Hallamos a Éste que descarría a nuestra nación, prohíbe dar tributo a César y dice que Él es Cristo, un Rey.

³ Entonces Pilato le preguntó: ¿Eres Tú el Rey de los Judíos? *Jesús* respondió: Tú *lo* dices.

⁴ Entonces Pilato dijo a los principales sacerdotes y a la multitud: Ningún delito hallo en este hombre.

⁵ Pero ellos insistían: Alborota al pueblo. Comenzó desde Galilea y enseñó por toda Judea hasta aquí.

Llevado ante Herodes

⁶ Al oír esto Pilato preguntó si el hombre era galileo. ⁷ Cuando supo que era de la jurisdicción de Herodes, lo remitió a éste, quien también estaba en Jerusalén en aquellos días.

⁸ Al ver a Jesús, Herodes se regocijó mucho porque hacía largo tiempo que deseaba verlo, pues había oído muchas cosas acerca de Él y esperaba ver algún milagro. ⁹ Le hacía muchas preguntas, pero Él nada respondía.

¹⁰ Los principales sacerdotes y los escribas lo acusaban con vehemencia.

¹¹ Entonces Herodes junto con sus tropas lo menospreció y se burló de Él. Le puso una ropa espléndida y lo devolvió a Pilato. ¹² Herodes y Pilato se hicieron amigos aquel día, porque habían estado enemistados.

El juicio y la sentencia

¹³ Entonces Pilato convocó a los principales sacerdotes, a los gobernantes y al pueblo, ¹⁴ y les dijo: *Ustedes* acusaron a este hombre de descarriar al pueblo. Y miren, yo *lo* interrogué delante de ustedes y no hallé ningún delito de los que lo acusan. ¹⁵ Tampoco Herodes, porque nos *lo* devolvió. Así que nada digno de muerte hallo en él. ¹⁶ Por tanto *lo* castigaré y *lo* dejaré libre. [[¹⁷]]

¹⁸ Pero todos gritaron: Quita a Éste y suéltanos a Barrabás. ¹⁹ Éste estaba preso por una insurrección en la ciudad y por un homicidio.

²⁰ Y Pilato, quien quería soltar a Jesús, les volvió a gritar.

²¹ Pero ellos vociferaban: ¡Crucifícalo! ¡Crucifícalo!

²² Entonces él les preguntó la tercera vez: ¿Qué mal hizo Éste? Ningún delito de muerte hallé en Él. Entonces lo azotaré y *lo* dejaré en libertad.

²³ Pero ellos porfiaban a grandes voces y demandaban que fuera crucificado. Y sus voces prevalecieron.

²⁴ Pilato sentenció que se ejecutara la demanda de ellos. ²⁵ Entonces soltó al que pedían, quien estaba preso en la cárcel por insurrección y homicidio, y entregó a Jesús a la voluntad de ellos.

La crucifixión

²⁶ Cuando lo llevaban, agarraron a Simón de Cirene, quien venía del campo, y le cargaron la cruz para que *la* llevara detrás de Jesús.

²⁷ Lo seguía una gran multitud del pueblo y de mujeres que se dolían y lo lamentaban.

²⁸ Pero Jesús se volvió hacia ellas y les dijo: Hijas de Jerusalén, no lloren por Mí, sino lloren por ustedes y por sus hijos.

²⁹ Porque vienen días en los cuales dirán: Inmensamente felices las estériles, los vientres que no concibieron y los pechos que no amamantaron. ³⁰ Entonces comenzarán a decir a las montañas: ¡Caigan sobre nosotros! Y a las colinas: ¡Cúbrannos!

³¹ Porque si con el árbol verde hacen estas cosas, ¿qué harán con el seco?

³² También llevaban a dos malhechores para ejecutarlos con Él.

³³ Cuando llegaron al lugar llamado Calavera, lo crucificaron allí, y a los malhechores, uno a *la* derecha y otro a *la* izquierda.

³⁴ Echaron suertes para repartirse sus ropas.

³⁵ El pueblo observaba. También los gobernantes lo ridiculizaban: Salvó a otros. Sálvese Él mismo, si Él es el Cristo, el Escogido de Dios.

³⁶ También los soldados se burlaron al acercarse y ofrecerle vinagre.

³⁷ Decían: Si Tú eres el Rey de los judíos, sálvate a Ti mismo.

⁣³⁸ Había también una inscripción encima de Él: **Éste es el Rey de los judíos.**

Los dos malhechores

³⁹ Uno de los malhechores que fue colgado lo blasfemaba: ¿No eres Tú el Cristo? ¡Sálvate a Ti mismo y a nosotros!

⁴⁰ Pero el otro lo reprendió: ¿Ni siquiera tú, que estás en la misma condena, temes a Dios? ⁴¹ Nosotros en verdad justamente recibimos lo que merecemos por lo que hicimos, pero Éste nada malo hizo. ⁴² Y decía: ¡Jesús, acuérdate de mí cuando llegues a tu reino!

⁴³ Le contestó: **En verdad te digo: Hoy estarás conmigo en el paraíso.**

Muerte del Señor Jesús

⁴⁴ Desde las 12 del día hasta las tres de la tarde hubo oscuridad en toda la tierra.

⁴⁵ Al oscurecer el sol, el velo del Templo fue rasgado por el medio.

⁴⁶ Y Jesús clamó a gran voz: **¡Padre, encomiendo mi espíritu en tus manos!** Y cuando dijo esto, expiró.

⁴⁷ Al ver lo que sucedió, el centurión exaltó a Dios: ¡Realmente este Hombre era justo!

⁴⁸ Toda la multitud que llegó para este espectáculo, al ver lo que ocurrió, cuando regresaba se golpeaba el pecho.

⁴⁹ Pero todos los conocidos de Él, y mujeres que lo seguían desde Galilea, miraban desde lejos lo que sucedía.

Sepultura del Señor Jesús

⁵⁰ Un varón bueno y justo llamado José, miembro del Tribunal Supremo, ⁵¹ de Arimatea, una ciudad de los judíos, esperaba el reino de Dios. Éste no consintió en la decisión ni en la acción de ellos. ⁵² Él se presentó ante Pilato y pidió el cuerpo de Jesús. ⁵³ *Lo* bajó, lo envolvió en una sábana y lo puso en un sepulcro excavado en la roca donde aún nadie había sido puesto. ⁵⁴ Era día de Preparación y empezaba el sábado.

⁵⁵ Las mujeres que habían llegado con Él desde Galilea, se fijaron en el sepulcro y cómo fue puesto su cuerpo. ⁵⁶ Regresaron y prepararon especias aromáticas y ungüentos. Y descansaron el sábado según el Mandamiento.

Resurrección del Señor Jesús

24 ¹ Muy de mañana el primer *día* de la semana *las mujeres* fueron al sepulcro a llevar las especias aromáticas preparadas. ² Encontraron la piedra del sepulcro rodada, ³ entraron y no hallaron el cuerpo del Señor Jesús.

⁴ Mientras ellas estaban perplejas por esto, aparecieron dos varones con ropas resplandecientes junto a ellas.

⁵ Ellas se atemorizaron e inclinaron su rostro hacia la tierra. Ellos les dijeron: ¿Por qué buscan entre los muertos al que vive?

⁶ No está aquí. Fue resucitado. Recuerden lo que les habló cuando estaba aún en Galilea: ⁷ Es necesario que el Hijo del Hombre sea entregado en manos de hombres pecadores, sea crucificado y resucitado al tercer día.

⁸ Se acordaron de sus palabras, ⁹ y al regresar del sepulcro, anunciaron todo esto a los 11 y a los demás. ¹⁰ Eran María Magdalena, Juana, María, la *madre* de Jacobo, y las demás *que estaban* con ellas, quienes dijeron esto a los apóstoles.

¹¹ Estas palabras les parecieron como un delirio y se negaban a creerlas.

¹² Pero Pedro corrió al sepulcro, se agachó y vio los lienzos solos. Salió maravillado de lo sucedido.

Una caminata hacia Emaús

¹³ El mismo día dos de ellos iban hacia una aldea llamada Emaús, que dista 11 kilómetrosª de Jerusalén. ¹⁴ Conversaban de todas estas cosas que acontecieron.

¹⁵ Ocurrió que cuando ellos conversaban y discutían, el mismo Jesús se acercó e iba con ellos.

¹⁶ Pero los ojos de ellos estaban velados para que no lo reconocieran.

¹⁷ Entonces les preguntó: ¿Cuáles son estas cosas que discuten mientras caminan?

Y con semblantes tristes, se detuvieron.

¹⁸ Uno llamado Cleofas le respondió: ¿Eres Tú el único forastero en Jerusalén que no supo lo que sucedió estos días?

¹⁹ Les preguntó: ¿Cuáles?

Ellos le respondieron: Las cosas con respecto a Jesús el Nazareno, Quien fue Varón Profeta poderoso en obra y Palabra delante de Dios y el pueblo, ²⁰ cómo los principales sacerdotes y nuestros gobernantes lo entregaron para que lo sentenciaran a muerte y lo crucificaran.

²¹ Nosotros esperábamos que Él era el que iba a redimir a Israel. Además de todo esto, hoy es el tercer día desde cuando sucedió.

²² Sin embargo, algunas de nuestras mujeres fueron muy temprano al sepulcro, y nos asombraron, ²³ pues al no hallar su cuerpo, volvieron y dijeron que tuvieron una visión de ángeles, quienes dijeron que Él vive.

²⁴ Algunos de los nuestros fueron al sepulcro y *lo* hallaron tal como dijeron las mujeres, pero a Él no *lo* vieron.

ª **24.13** Lit. *60 estadios.* Un estadio es igual a 180 metros.

²⁵ Y Él les respondió: ¡Oh insensatos y lentos del corazón para creer en todo lo que dijeron los profetas! ²⁶ ¿No era necesario que el Cristo padeciera esto y que entrara en su gloria? ²⁷ Comenzó desde Moisés y de todos los profetas y les explicó en todas las Escrituras las cosas relacionadas con Él mismo.

²⁸ Llegaron cerca de la aldea a la cual iban, y Él actuó como si fuera más lejos.

²⁹ Pero ellos le insistieron: Quédate con nosotros, porque es tarde y el día ya declinó. Entró para estar con ellos.

³⁰ Al reclinarse con ellos, tomó el pan, dio gracias, lo partió y les dio.

³¹ Entonces los ojos de ellos fueron abiertos y lo reconocieron, pero Él se volvió invisible. ³² Y se dijeron el uno al otro: ¿No ardía nuestro corazón *cuando* nos hablaba en el camino, cuando nos abría las Escrituras?

³³ En aquella misma hora regresaron a Jerusalén. Hallaron a los 11 reunidos y a los que estaban con ellos, ³⁴ quienes decían: ¡Realmente fue resucitado el Señor y fue visto por Simón! ³⁵ Ellos contaron lo que *sucedió* en el camino, y cómo se dio a conocer a ellos cuando partió el pan.

Aparición de Jesús

³⁶ Mientras ellos hablaban esto, Él mismo apareció en medio de ellos y les dijo: **Paz a ustedes.**

³⁷ Se aterrorizaron y se espantaron. Pensaban que era un espíritu.

³⁸ Pero Él les preguntó: **¿Por qué están turbados, y por qué surgen dudas en sus corazones? ³⁹ Miren mis manos y mis pies. ¡Yo mismo soy! Tóquenme y vean, pues un espíritu no tiene carne ni huesos, como ven que tengo Yo.**

⁴⁰ Cuando dijo esto les mostró las manos y los pies. ⁴¹ Pero como ellos no creían por causa del gozo y del asombro, les preguntó: **¿Tienen aquí algo para comer?**

⁴² Entonces ellos le dieron parte de un pescado asado. ⁴³ *Lo* tomó y comió delante de ellos, ⁴⁴ y les dijo: **Cuando todavía estaba con ustedes les anuncié que era necesario que se cumplieran todas las cosas escritas con respecto a Mí en la Ley de Moisés, los profetas y *los* Salmos.**

⁴⁵ Entonces les abrió el entendimiento para que comprendieran las Escrituras ⁴⁶ y les dijo: **Así está escrito, que el Cristo padecería y sería resucitado de entre *los* muertos al tercer día, ⁴⁷ y que, al comenzar desde Jerusalén, sería predicado en su Nombre *el* cambio de mente para perdón de pecados a todas las naciones.**

⁴⁸ **Ustedes son testigos de esto. ⁴⁹ Yo envío la promesa de mi Padre sobre ustedes. Permanezcan en la ciudad hasta que sean investidos de poder de lo alto.**

Ascensión de nuestro Señor

⁵⁰ Los condujo hasta Betania, alzó sus manos y los bendijo.
⁵¹ Mientras los bendecía, Él partió de ellos y fue llevado al cielo.
⁵² Lo adoraron y regresaron a Jerusalén con gran gozo.
⁵³ Estaban siempre en el Templo y alababan a Dios.

Juan

El Verbo

1 ¹ En un principio era el Verbo,[a] y el Verbo estaba ante Dios, y el Verbo era Dios. ² Él estaba en *el* principio con Dios. ³ Todas las cosas fueron hechas por el *Verbo*, y sin Él nada de lo hecho fue hecho. ⁴ En Él había Vida, y la Vida era la Luz de los hombres. ⁵ La Luz resplandece en la oscuridad, y la oscuridad no la apagó.

⁶ Vino un hombre enviado por Dios llamado Juan ⁷ a dar testimonio de la Luz, para que todos creyeran por medio de él. ⁸ *Juan* no era la Luz, sino *vino* a dar testimonio de la Luz.

⁹ La Luz verdadera que alumbra a todo hombre venía al mundo. ¹⁰ Estaba en el mundo, y el mundo fue hecho por Él, pero el mundo no lo conoció. ¹¹ A lo suyo vino, y los suyos no lo recibieron. ¹² Pero a los que creen en su Nombre, los que lo recibieron, les dio potestad de ser hijos de Dios, ¹³ quienes no nacieron de sangres, ni de voluntad corporal, ni de voluntad de hombre, sino de Dios.

¹⁴ El Verbo se encarnó y vivió entre nosotros. Contemplamos la gloria del Unigénito del Padre, lleno de gracia y verdad.

¹⁵ Juan testificó acerca de Él y clamó: Éste es de Quien yo decía: El que viene detrás de mí es antes de mí, porque era primero que yo. ¹⁶ De su plenitud recibimos[b] todos, es decir, gracia sobre gracia. ¹⁷ La Ley fue dada por medio de Moisés. La gracia y la verdad fueron constituidas[c] por medio de Jesucristo. ¹⁸ Nadie vio jamás a Dios. El Unigénito Dios, Quien está en el seno del Padre, Él se dio[d] a conocer.

Testimonio de Juan el Bautista

¹⁹ Éste es el testimonio de Juan cuando los judíos de Jerusalén le enviaron unos sacerdotes y levitas para que le preguntaran: ¿Tú quién eres?

²⁰ *Juan* dijo con claridad: Yo no soy el Cristo.

²¹ Y le preguntaron: ¿Quién eres? ¿Eres tú Elías?

Y contestó: No soy.

¿Eres el Profeta?

Y respondió: No.

---

[a] **1.1** También traduce *Palabra*.   [b] **1.16** En castellano, *recibimoses* igual en presente y en pretérito indefinido. En el original está en pretérito indefinido.   [c] **1.17** Lit. *fue constituida*. Este verbo aparece en singular: fue constituido, como si se hablara de un solo sistema.   [d] **1.18** No aparece el complemento lo. El verbo está en voz media: *se dio a conocer*.

²² Entonces le preguntaron: ¿Quién eres? Para que demos respuesta a los que nos enviaron. ¿Qué dices con respecto a ti mismo?

²³ Él dijo: Yo soy una voz que clama en el desierto:
Enderecen el camino del Señor,
> como dijo el profeta Isaías.

²⁴ Unos enviados eran de los fariseos. ²⁵ Le preguntaron: Si tú no eres el Cristo, ni Elías, ni el Profeta ¿por qué bautizas?

²⁶ Juan les respondió: Yo bautizo con agua. Entre ustedes está Alguien a Quien ustedes no conocen, ²⁷ el que viene después de mí, de Quien no soy digno de desatar la correa de su sandalia.

²⁸ Esto ocurrió en Betania, al otro lado del Jordán, donde Juan bautizaba.

El Cordero de Dios

²⁹ El día siguiente *Juan* vio a Jesús que iba hacia él, y dijo: ¡Ahí está el Cordero de Dios, Quien quita el pecado del mundo! ³⁰ De Él dije: Después de mí viene un Hombre que está adelante de mí, porque era primero que yo. ³¹ Yo no lo reconocía *como el Cristo*, pero vine a bautizar en agua para que *Él* se manifestara a Israel.

³² Juan dio testimonio: Contemplé al Espíritu que descendió del cielo como paloma y se posó sobre Él. ³³ Yo no lo conocía, pero el que me envió a bautizar con agua me dijo: El que bautiza con el Espíritu Santo es Aquel sobre Quien veas que desciende el Espíritu y se posa sobre Él. ³⁴ Yo *lo* miré y di testimonio que Éste es el Hijo de Dios.

En busca de discípulos

³⁵ El día siguiente otra vez Juan estaba con dos de sus discípulos. ³⁶ Vieron que Jesús pasaba y dijo: Ahí está el Cordero de Dios.

³⁷ Sus dos discípulos oyeron *lo* que *Juan* dijo y siguieron a Jesús.

³⁸ Jesús dio vuelta y vio que lo seguían. Entonces les preguntó: ¿Qué buscan?

Ellos le preguntaron: *Rabí*, que significa Maestro, ¿dónde te hospedas?

³⁹ Él les respondió: Vengan y vean.

Fueron y vieron dónde se hospedaba y aquel día se quedaron con Él. Eran como las cuatro de la tarde.

⁴⁰ Uno de los dos que oyeron a Juan y siguieron a *Jesús* era Andrés, el hermano de Simón Pedro. ⁴¹ Éste halló primero a su hermano Simón y le dijo: Hallamos al *Mesías*, que significa Cristo.

⁴² Lo llevó a Jesús, Quien lo miró fijamente y *le* dijo: Tú eres Simón hijo de Juan. Tú serás llamado Cefas, que significa Pedro.

Felipe y Natanael

⁴³ Jesús quiso ir a Galilea. Halló a Felipe y le dijo: **Sígueme.**

⁴⁴ Felipe era de Betsaida, la ciudad de Andrés y Pedro. ⁴⁵ Felipe se encontró con Natanael y le dijo: Hallamos a Aquél de Quien Moisés escribió en la Ley y *también* los profetas: a Jesús, Hijo de José de Nazaret.

⁴⁶ Natanael le preguntó: ¿De Nazaret puede salir algo bueno?

Felipe le respondió: Ven y ve.

⁴⁷ Jesús vio a Natanael quien se acercaba y dijo con respecto a él: ¡Ahí está un verdadero israelita en quien no hay engaño!

⁴⁸ Natanael le preguntó: ¿Cómo me conoces?

Jesús respondió: **Antes que Felipe *te* llamara, cuando estabas debajo de la higuera, *te* vi.**

⁴⁹ Natanael le respondió: ¡Maestro, Tú eres el Hijo de Dios! ¡Tú eres *el* Rey de Israel!

⁵⁰ Jesús respondió: **Porque te dije que te vi debajo de la higuera, ¿crees? Verás cosas mayores que éstas.** ⁵¹ **En verdad, en verdad les digo:** *Ustedes verán* **el cielo abierto, y a los ángeles de Dios que ascienden y descienden sobre el Hijo del Hombre.**

Una boda en Caná de Galilea

2 ¹ Tres días después se celebró una boda en Caná de Galilea, y la madre de Jesús estaba allí. ² Jesús y sus discípulos también fueron invitados a la boda.

³ Cuando se acabó el vino, la madre de Jesús le dijo: No tienen vino.

⁴ Jesús le respondió: **Mujer, ¿qué *nos toca* a Mí y a ti? Aún no *llega* mi hora.**

⁵ Su madre dijo a los que servían: Hagan lo que *Él* les diga.

⁶ Estaban allí colocadas seis tinajas de piedra con agua que usaban para purificarse. Cada una tenía capacidad como para cien litros.ª

⁷ Jesús les mandó: **Llenen las tinajas de agua.**

Y las llenaron hasta el borde.

⁸ También les dijo: **Ahora saquen agua y lleven al director de la fiesta.**

Y se la llevaron.

⁹ Cuando el director de la fiesta probó el agua convertida en vino sin saber de donde salió, aunque los servidores lo sabían, llamó al esposo ¹⁰ y le dijo: Todo hombre sirve primero el buen vino, y cuando estén embriagados, el inferior. Pero tú guardaste el buen vino hasta ahora.

ª **2.6** Lit. *dos o tres metretas.* Metreta: medida para líquidos que podía contener entre 24 y 36 litros.

¹¹ Jesús realizó este primer milagro en Caná de Galilea, donde manifestó su gloria, y sus discípulos creyeron en Él.

¹² Después de esto Él descendió a Cafarnaúm con su madre, *sus* hermanos y sus discípulos. Permanecieron allí pocos días.

Limpieza del Templo

¹³ Cuando se acercaba la Pascua de los judíos, Jesús subió a Jerusalén.

¹⁴ Encontró en el Templo a los que vendían bueyes, ovejas y palomas, y a los cambistas sentados. ¹⁵ Después de arreglar un azote de cuerdas, echó a todos del Templo, y también las ovejas y los bueyes. Desparramó la moneda de los cambistas, volcó las mesas ¹⁶ y dijo a los que vendían palomas: ¡Quiten éstas de aquí! ¡No conviertan la Casa de mi Padre en casa de mercado!

¹⁷ Recordaron sus discípulos que está escrito:
El celo de tu Casa me consumirá.

¹⁸ Los judíos intervinieron: Ya que haces estas cosas, ¿qué señal nos muestras?

¹⁹ Jesús respondió: Destruyan este Templo y en tres días lo levantaré.

²⁰ Los judíos dijeron: Este Templo fue edificado durante 46 años, ¿y Tú lo levantarás en tres días?

²¹ Pero Él hablaba del Templo de su cuerpo. ²² Cuando *Él* fue resucitado de entre *los* muertos, sus discípulos recordaron que dijo esto y creyeron en la Escritura y en la Palabra de Jesús.

²³ Mientras *Jesús* estaba en Jerusalén en la fiesta de la Pascua, muchos creyeron en su Nombre cuando vieron las señales que hacía.

²⁴ Pero Jesús no confiaba en ellos porque conocía a todos. ²⁵ No tenía necesidad de que alguien le diera testimonio acerca del hombre, porque sabía *lo* que había en él.

Nicodemo

3 ¹ Un fariseo llamado Nicodemo, principal de los judíos, ² visitó a Jesús de noche y le dijo: Maestro, sabemos que Tú viniste de Dios *como* Maestro, porque nadie puede hacer las señales que Tú haces, si Dios no está con Él.

³ Jesús respondió: En verdad, en verdad te digo: Si alguno no nace de nuevo no puede ver el reino de Dios.

⁴ Nicodemo le preguntó: ¿Cómo puede nacer un hombre viejo? ¿Puede entrar por segunda vez en el vientre de su madre y *nacer*?

⁵ Jesús respondió: En verdad, en verdad te digo: si alguno no nace de agua y Espíritu, no puede entrar en el reino de Dios. ⁶ Lo nacido del cuerpo es cuerpo, y lo nacido del Espíritu es espíritu. ⁷ No te maravilles porque te dije: Les es necesario nacer de nuevo. ⁸ El viento sopla donde quiere, y oyes su

sonido, pero no sabes de dónde viene ni a dónde va. Así es todo el que nace del Espíritu.

⁹ Nicodemo respondió: ¿Cómo puede ser esto?

¹⁰ Jesús contestó: Tú eres el maestro de Israel, ¿y no entiendes esto? ¹¹ En verdad, en verdad te digo: Lo que sabemos hablamos y lo que vimos testificamos. Pero *ustedes* no aceptan nuestro testimonio. ¹² Si les dije las cosas terrenales y no creen, ¿cómo creerán si les digo las celestiales?

¹³ Nadie subió al cielo, sino Quien descendió del cielo: el Hijo del Hombre. ¹⁴ Como Moisés levantó la serpiente en el desierto, así es necesario que el Hijo del Hombre sea levantado,ᵃ ¹⁵ para que todo el que cree en Él tenga vida eterna.

El amor de Dios

¹⁶ Dios amó tanto al mundo que dio a su Hijo Unigénito, para que todo el que cree en Él no perezca, sino tenga vida eterna. ¹⁷ Porque Dios no envió a *su* Hijo al mundo para juzgar al mundo, sino para que el mundo sea salvo por medio de Él. ¹⁸ El que cree en Él no es juzgado, pero el que no cree ya fue juzgado, porque no creyó en el Nombre del Unigénito Hijo de Dios.

¹⁹ Este es el juicio: la Luz vino al mundo, y los hombres amaron más la oscuridad que la Luz, porque sus obras eran malas. ²⁰ Porque todo el que practica lo malo aborrece la Luz. No va a la Luz para que sus obras no sean expuestas. ²¹ Pero el que practica la verdad va hacia la Luz para que se manifieste que sus obras se realizan en Dios.

El ministerio de bautizar

²² Después de esto, Jesús fue con sus discípulos a Judea. Permaneció allí con ellos y bautizaba.

²³ También Juan bautizaba en Enón cerca de Salim, pues allí había mucha agua. *Muchos* iban y eran bautizados, ²⁴ porque Juan aún no había sido encarcelado.

²⁵ Entonces hubo una discusión entre los discípulos de Juan y un judío acerca de *la* purificación. ²⁶ Fueron a Juan y le dijeron: Maestro, el que estaba contigo al otro lado del Jordán, de Quien Tú diste testimonio, bautiza y todos van hacia Él.

²⁷ Juan respondió: No puede el hombre recibir sino lo que se le dé del cielo. ²⁸ Ustedes son testigos de que dije: Yo no soy el Cristo, sino soy enviado delante de Él. ²⁹ El que tiene la esposa es *el* esposo, pero el amigo del esposo, que lo acompaña y lo oye, se regocija mucho al oír la voz del esposo. Por eso este gozo mío se cumplió. ³⁰ Él debe crecer, y yo disminuir.

ᵃ **3.14** Referencia a su muerte en la cruz.

³¹ El que viene de arriba está sobre todas las cosas. El que es de la tierra procede de la tierra, y habla de la tierra. El que viene del cielo está sobre todos. ³² Lo que vio y oyó, esto testifica, pero nadie recibe su testimonio. ³³ El que recibe su testimonio confirma que Dios es veraz. ³⁴ El enviado de Dios habla las Palabras de Dios, porque Él da el Espíritu sin medida.

³⁵ El Padre ama al Hijo, y entregó todas las cosas en su mano. ³⁶ El que cree en el Hijo tiene vida eterna, pero el que desobedece al Hijo no verá *la* vida. Al contrario, la ira de Dios permanece sobre él.

4 ¹ Cuando Jesús supo que los fariseos oyeron que Jesús hacía más discípulos que Juan y los bautizaba ² (aunque Jesús mismo no bautizaba, sino sus discípulos), ³ salió de Judea y volvió a Galilea. ⁴ Y le era necesario pasar por Samaria.

⁵ Entonces fue a una ciudad de Samaria llamada Sicar, cerca del campo que Jacob dio a su hijo José. ⁶ Allí estaba *el* pozo de Jacob. Como a las 12 del mediodía, Jesús, cansado de la jornada, se sentó junto al pozo.

Jesús y una samaritana

⁷ Una mujer de Samaria llegó a sacar agua.

Jesús le dijo: Dame de beber. ⁸ Pues sus discípulos habían ido a la ciudad a comprar alimento.

⁹ Entonces la mujer samaritana le preguntó: ¿Cómo Tú, que eres judío, me pides de beber a mí, que soy samaritana? Porque *los* judíos no se tratan con *los* samaritanos.

¹⁰ Jesús le respondió: Si conocieras el Don de Dios, y Quién es el que te dice: Dame de beber, tú le pedirías, y *Él* te daría agua viva.

¹¹ Le respondió: Señor, ni vasija tienes, y el pozo es hondo. ¿De dónde sacas el agua viva? ¹² ¿Eres Tú mayor que nuestro antepasado Jacob, quien nos dio este pozo, del cual él mismo bebió, y sus hijos y sus ganados?

¹³ Jesús respondió: Todo el que bebe de esta agua volverá a tener sed, ¹⁴ pero el que beba del agua que Yo le dé, de ningún modo tendrá sed jamás. El agua que le dé se convertirá en una fuente de agua que brota en él para vida eterna.

¹⁵ La mujer le respondió: Señor, dame esa agua, para que no tenga sed ni venga aquí a sacarla.

¹⁶ Le dijo: Vé, llama a tu marido y vuelve acá.

¹⁷ La mujer respondió: No tengo marido.

Jesús le dijo: Bien dijiste: No tengo marido,¹⁸ porque cinco maridos has tenido, y el que tienes ahora no es tu marido. Dijiste la verdad.

¹⁹ La mujer le dijo: Señor, me parece que Tú eres Profeta. ²⁰ Nuestros antepasados adoraron en la montaña *de Samaria*, y ustedes dicen que el lugar donde se debe adorar es Jerusalén.

²¹ Jesús le respondió: Mujer, créeme que viene una hora cuando ustedes no adorarán al Padre ni en esta montaña ni en Jerusalén. ²² Ustedes adoran lo que no saben. Nosotros adoramos lo que sabemos, porque la salvación viene de los judíos.

²³ Pero la hora viene y ya llegó, cuando los verdaderos adoradores adorarán al Padre en espíritu y verdad. Porque ciertamente el Padre busca que lo adoren así. ²⁴ Dios es Espíritu. Los que lo adoran, deben adorarlo en espíritu y verdad.

²⁵ La mujer le dijo: Sé que viene *el Mesías*, es decir, el Cristo. Cuando Él venga, nos declarará todas las cosas.

²⁶ Jesús le respondió: Yo soy, Quien habla contigo.

²⁷ En ese momento llegaron sus discípulos y se asombraron de que hablaba con una mujer, pero nadie le preguntó qué buscaba o qué hablaba con ella.

²⁸ Entonces la mujer dejó su cántaro, fue a la ciudad y dijo a la gente: ²⁹ ¡Vengan! ¡Vean a un Hombre que me dijo todo lo que he hecho! ¿No será Éste el Cristo?

³⁰ *Ellos* salieron de la ciudad y fueron hacia Él.

³¹ Entre tanto, los discípulos le rogaban: Maestro, come.

³² Pero Él les respondió: Yo tengo una comida para comer, de la cual ustedes no saben.

³³ Entonces los discípulos se preguntaban unos a otros: ¿Alguien le trajo de comer?

³⁴ Jesús les respondió: Mi comida es que haga la voluntad del que me envió y cumpla su obra.

³⁵ ¿No dicen ustedes: Aún faltan cuatro meses para la cosecha? Ciertamente Yo les digo: Levanten su mirada y vean los campos blancos para la cosecha.

³⁶ El que cosecha recibe salario y recoge fruto para vida eterna. Así el que siembra y el que cosecha se regocijan juntamente. ³⁷ En esto es verdadero el dicho: Uno es el que siembra y otro el que cosecha.

³⁸ Yo los envié a cosechar lo que ustedes no sembraron. Otros labraron, y ustedes entraron en su labor.

³⁹ Y muchos de los samaritanos de aquella ciudad creyeron en *Jesús* a causa del testimonio de la mujer, quien decía: ¡Me dijo todo lo que he hecho! ⁴⁰ Entonces los samaritanos fueron a Jesús y le rogaban que se quedara con ellos. Y Él se quedó allí dos días.

⁴¹ Y muchos más creyeron por la Palabra de Él, ⁴² y le decían a la mujer: Ya no creemos por lo que dices, sino porque nosotros mismos *lo* oímos. Entendimos que verdaderamente Éste es el Salvador del mundo.

Sanidad para un niño

⁴³ Después de dos días *Jesús* salió de allí hacia Galilea, ⁴⁴ aunque Él mismo testificó que un profeta no es respetado en su propia patria. ⁴⁵ Cuando *Jesús* llegó a Galilea fue bien recibido por los galileos, pues ellos vieron lo que Él hizo durante la fiesta en Jerusalén.

⁴⁶ Volvió a Caná de Galilea, donde había convertido el agua en vino.

Y un funcionario real, quien tenía un hijo enfermo, estaba en Cafarnaúm. ⁴⁷ Cuando el *funcionario* oyó que Jesús llegó de Judea a Galilea, fue a Él y le rogaba que bajara y sanara a su hijo, quien ya iba a morir.

⁴⁸ Jesús le dijo: Ustedes, si no ven señales y prodigios, de ningún modo creerán.

⁴⁹ El funcionario real le dijo: Señor, baja antes que muera mi hijito.

⁵⁰ Jesús le contestó: ¡Vé, tu hijo vive!

El hombre creyó la Palabra que Jesús le dijo, y se fue.

⁵¹ Mientras bajaba, sus esclavos salieron a encontrarlo y dijeron: ¡Tu niño vive!

⁵² Les preguntó a qué hora comenzó a mejorar, y le contestaron: Ayer a la una de la tarde se le quitó la fiebre.

⁵³ Entonces el padre recordó que a esa hora Jesús le dijo: ¡Tu hijo vive! *Como resultado* él y toda su casa creyeron en Jesús.

⁵⁴ Ésta fue la segunda señal que *Jesús* hizo después de ir de Judea a Galilea.

Sanidad de un paralítico en Betzata

5 ¹ Después de esto Jesús subió a Jerusalén a una fiesta de los judíos. ² Junto a la puerta de La Oveja en Jerusalén, había un estanque llamado en hebreo *Betzata* que tenía cinco patios cubiertos ³ donde muchos enfermos, ciegos, cojos y paralíticos estaban tendidos. [[⁴]]

⁵ Allí estaba un hombre que tenía 38 años enfermo.

⁶ Cuando Jesús lo vio tendido y supo cuánto tiempo tenía enfermo, le preguntó: ¿Quieres ser sano?

⁷ El enfermo le respondió: Señor, no tengo alguien que me baje al estanque cuando se agita el agua. Mientras voy, otro baja antes de mí.

⁸ Jesús le dijo: ¡Levántate, alza tu camilla y anda!

⁹ De inmediato el hombre fue sanado, alzó su camilla y andaba. Ese día era sábado.

¹⁰ Entonces los judíos decían al que fue sanado: *Hoy es sábado. No es legal que cargues tu camilla.*

¹¹ Pero él les respondió: *El que me sanó, me dijo: Alza tu camilla y anda.*

¹² Le preguntaron: *¿Quién te dijo: Alza y anda?*

¹³ Pero el hombre no sabía quien lo sanó, porque Jesús se apartó de *la* multitud que estaba en el lugar.

¹⁴ Después de esto Jesús lo halló en el Templo y le dijo: *Fuiste sanado. Ya no peques más para que no te venga algo peor.*

¹⁵ El hombre fue e informó a los judíos que Jesús lo sanó.

¹⁶ Por esto los judíos perseguían a Jesús, porque hacía esto el sábado.

¹⁷ Pero Él les decía: *Mi Padre hasta ahora trabaja y Yo también.*

¹⁸ Por esto los judíos más procuraban matarlo, porque no solo quebrantaba el sábado, sino también llamaba a Dios su propio Padre y se igualaba a Dios.

Igualdad del Hijo con el Padre

¹⁹ Jesús declaró: *En verdad, en verdad les digo: El Hijo nada puede hacer por iniciativa propia, sino lo que ve que el Padre hace. Lo que el Padre hace, también lo hace el Hijo.* ²⁰ *Porque el Padre ama al Hijo y le muestra todo lo que Él hace. Y mayores obras le mostrará para que ustedes se maravillen.* ²¹ *Porque como el Padre resucita a los muertos y les da vida, así también el Hijo da vida a los que quiere.*

²² *Porque ni aun el Padre juzga a alguno, sino todo el juicio encomendó al Hijo,* ²³ *para que todos honren al Hijo como honran al Padre. El que no honra al Hijo, no honra al Padre Quien lo envió.*

²⁴ *En verdad, en verdad les digo: El que oye mi Palabra y cree al que me envió, tiene vida eterna. No va a juicio, sino pasa de la muerte a la vida.* ²⁵ *En verdad, en verdad les digo: Viene una hora y ya llegó, cuando los muertos oirán la voz del Hijo de Dios, y los que la oigan vivirán.*

Vida del Padre y del Hijo

²⁶ *Porque como el Padre tiene vida en Él mismo, así también concedió al Hijo que tuviera vida en Él mismo.* ²⁷ *Le dio autoridad para juzgar, porque es el Hijo del Hombre.* ²⁸ *No se maravillen de esto, porque viene la hora cuando todos los que están en los sepulcros oirán su voz.* ²⁹ *Los que hicieron lo bueno saldrán a resurrección de vida, pero los que hicieron lo malo, a resurrección de juicio.*

³⁰ *Yo nada puedo hacer por iniciativa propia. Como oigo, juzgo. Mi juicio es justo, porque no busco mi voluntad, sino la voluntad de Quien me envió.*

³¹ Si Yo doy testimonio con respecto a Mí mismo, mi testimonio no es verdadero. ³² Otro es quien da testimonio de Mí, y sé que su testimonio es verdadero.

³³ Ustedes enviaron *mensajeros* a Juan, y *él* dio testimonio de la Verdad. ³⁴ Pero Yo no recibo el testimonio de parte de un hombre. Digo esto para que ustedes sean salvos. ³⁵ Aquél era la antorcha que ardía y alumbraba, y ustedes quisieron regocijarse en su luz por un tiempo.

³⁶ Pero Yo tengo un testimonio mayor que el de Juan, porque hago las obras que el Padre me mandó que hiciera, las cuales dan testimonio de que el Padre me envió. ³⁷ El Padre que me envió también dio testimonio de Mí. Ustedes jamás oyeron su voz, ni vieron su apariencia, ³⁸ ni su Palabra permanece en ustedes, porque ustedes no creen en el que Él envió.

³⁹ *Ustedes* escudriñan las Escrituras porque les parece que allí tienen vida eterna. Ellas son las que dan testimonio de Mí. ⁴⁰ ¡Y ustedes no quieren venir a Mí para que tengan vida! ⁴¹ No recibo alabanzas de hombres. ⁴² Pero sé que ustedes no tienen el amor de Dios. ⁴³ Yo vine en Nombre de mi Padre, y no me reciben. Si otro viene en su propio nombre, lo recibirían. ⁴⁴ ¿Cómo pueden creer ustedes quienes reciben honor los unos de los otros, y no buscan el honor del único Dios?

⁴⁵ No piensen que Yo los acusaré delante del Padre. Los acusa Moisés, en quien ustedes esperan. ⁴⁶ Porque si creyeran a Moisés, me creerían a Mí, porque él escribió con respecto a Mí. ⁴⁷ Pero si no creen sus escritos, ¿cómo creerán mis Palabras?

Alimentación para una multitud

6 ¹ Después Jesús fue a Tiberias, al otro lado del mar de Galilea.

² Mucha gente lo seguía, porque veían las señales que hacía en los enfermos.

³ Entonces Jesús subió a la colina y se sentó allí con sus discípulos.

⁴ Estaba cerca la Pascua, la fiesta de los judíos.

⁵ Cuando Jesús vio a la multitud que venía hacia Él, preguntó a Felipe: ¿Dónde compraremos pan para que coma esta multitud? ⁶ Esto decía para probarlo, porque Él sabía *lo* que iba a hacer.

⁷ Felipe le respondió: 200 denarios[a] de pan no son suficientes para que cada uno reciba un poco.

⁸ Andrés, uno de sus discípulos, hermano de Simón Pedro, le dijo: ⁹ Aquí está un muchacho que tiene cinco panes de cebada y dos peces. Pero, ¿qué es esto para tantos?

---

[a] **6.7** Denario: salario de un día.

¹⁰ Jesús dijo: Manden que todos se recuesten. Había mucha hierba en el lugar.

Entonces se reclinaron como 5.000 hombres.

¹¹ Luego Jesús tomó los panes y los peces, dio gracias y *los* repartió a *los* reclinados. Les *dio* cuanto querían.

¹² Cuando se saciaron dijo a sus discípulos: Recojan los pedazos que sobraron para que nada se pierda.

¹³ Recogieron y llenaron 12 cestos con *los* pedazos que les sobraron de los cinco panes de cebada.

¹⁴ Al ver la gente la señal que *Jesús* hizo, dijeron: En verdad, Éste es el Profeta que vendría al mundo.

¹⁵ Pero Jesús, al entender que vendrían pronto para arrebatarlo y proclamarlo rey, volvió a retirarse Él solo a la montaña.

Caminata sobre el mar de Galilea

¹⁶ Cuando anochecía sus discípulos bajaron al mar. ¹⁷ Entraron en una barca y se dirigieron hacia Cafarnaúm, al otro lado del mar.

Ya era de noche, y Jesús aún no había llegado a ellos. ¹⁸ El mar estaba agitado por un fuerte viento que soplaba.

¹⁹ Después de remar como cuatro o cinco kilómetros,[a] vieron a Jesús Quien andaba sobre el mar y se acercaba a la barca. Se aterrorizaron.

²⁰ Pero Él les dijo: ¡Yo soy, no teman!

²¹ Entonces quisieron recibirlo en la barca, y enseguida la barca atracó en la tierra a donde iban.

En busca de Jesús

²² Al día siguiente la multitud que quedó al otro lado del mar vio que allí no había sino una barquilla, y que Jesús no entró con sus discípulos en la barca, sino salieron solos. ²³ Otras barcas llegaron de Tiberias cerca del lugar donde dieron gracias al Señor y comieron pan. ²⁴ Cuando vieron que Jesús y sus discípulos no estaban allí, subieron a las barcas y fueron a buscar a Jesús a Cafarnaúm.

Pan de Vida

²⁵ Al hallarlo al otro lado del mar, le dijeron: Maestro, ¿cuándo llegaste acá?

²⁶ Jesús respondió: En verdad, en verdad les digo: Ustedes no me buscan porque vieron señales, sino porque comieron pan y se saciaron.

---

[a] **6.19** Lit. *25 o 30 estadios*. Un estadio es igual a 180 metros.

⁲⁷ No trabajen por la comida que perece, sino por la que permanece para vida eterna, la cual el Hijo del Hombre les dará, porque el Padre Dios selló a Éste.

²⁸ Entonces le preguntaron: ¿Qué haremos para que practiquemos las obras de Dios?

²⁹ Jesús respondió: Ésta es la obra de Dios: Que ustedes crean en Quien Él envió.

³⁰ Entonces le preguntaron: ¿Qué señal haces Tú para que *la* veamos y te creamos? ¿Cuál obra haces? ³¹ En el desierto nuestros antepasados comieron el maná, como está escrito:

Pan del cielo les dio a comer.

³² Jesús les respondió: En verdad, en verdad les digo: Moisés no les dio el pan del cielo, sino mi Padre les da el verdadero Pan del cielo. ³³ Porque el Pan de Dios es el que desciende del cielo y que da vida al mundo.

³⁴ Entonces le pidieron: ¡Señor, danos siempre ese pan!

³⁵ Jesús les respondió: Yo soy el Pan de la Vida. El que viene a Mí, que de ningún modo tenga hambre, y el que cree en Mí, que de ningún modo tenga sed jamás.

³⁶ Pero les dije: Aunque me han visto, no creen. ³⁷ Todo lo que el Padre me da, vendrá a Mí. El que viene a Mí, que de ningún modo *Yo lo* eche fuera. ³⁸ Porque no descendí del cielo para hacer mi voluntad, sino la voluntad de Quien me envió. ³⁹ La voluntad del Padre Quien me envió es que no pierda nada de todo lo que me dio, sino que lo resucite el día final. ⁴⁰ Porque la voluntad de mi Padre es que todo el que mira al Hijo y cree en Él, tenga vida eterna, y Yo lo resucitaré el día final.

⁴¹ Entonces los judíos refunfuñaban contra Él, porque dijo: Yo soy el Pan que descendió del cielo. ⁴² Decían: ¿No es éste Jesús, el hijo de José? ¿No conocemos al padre y la madre? ¿Cómo dice ahora: Descendí del cielo?

⁴³ Jesús respondió: No refunfuñen entre ustedes. ⁴⁴ Nadie puede venir a Mí si el Padre que me envió no lo atrae. Y Yo lo resucitaré en el día final.

⁴⁵ Está escrito en los profetas:
Todos serán enseñados por Dios.

Todo el que oye y aprendió del Padre, viene a Mí.

⁴⁶ No *digo* que alguno vio al Padre, excepto el que vino de Dios. Éste vio al Padre.

⁴⁷ En verdad, en verdad les digo: El que cree tiene vida eterna.

⁴⁸ Yo soy el Pan de la Vida. ⁴⁹ Los antepasados de ustedes comieron el maná en el desierto y murieron. ⁵⁰ Éste es el Pan que desciende del cielo, para que no muera el que coma de Él. ⁵¹ Yo soy el Pan vivo que descendió del

cielo. Si alguno come de este Pan, vivirá para siempre. Y ciertamente, el Pan que Yo daré por la vida del mundo es mi cuerpo.

⁵² Entonces los judíos discutían unos con otros: ¿Cómo puede Éste darnos a comer *su* cuerpo?

⁵³ Jesús les dijo: En verdad, en verdad les digo: Si no comen la carne del Hijo del Hombre y beben su sangre, ustedes no tienen vida.

⁵⁴ El que come mi carne y bebe mi sangre tiene vida eterna, y Yo lo resucitaré en el día final. ⁵⁵ Porque mi carne es verdadera comida y mi sangre verdadera bebida. ⁵⁶ El que come mi carne y bebe mi sangre permanece en Mí, y Yo en él. ⁵⁷ Como me envió el Padre que vive, y Yo vivo por el Padre, el que me come también vivirá por Mí. ⁵⁸ Éste es el Pan que descendió del cielo, no como el que los antepasados comieron, y murieron. El que mastica este Pan vivirá para siempre.

⁵⁹ *Jesús* enseñó esto en una congregación de Cafarnaúm.

Palabras de Vida eterna

⁶⁰ Al oír *esto*, muchos de sus discípulos dijeron: Esta declaración es dura. ¿Quién puede aceptarla?

⁶¹ Entonces Jesús, al saber que sus discípulos refunfuñaban sobre esto, les preguntó: ¿Esto los conturba? ⁶² *¿No se conturbarían* si vieran al Hijo del Hombre que asciende adonde estaba?

⁶³ El Espíritu es el que da vida. El cuerpo para nada aprovecha. Las Palabras que Yo les dije son Espíritu y Vida. ⁶⁴ Pero algunos de ustedes no creen. (Porque desde *el* principio Jesús sabía quiénes eran y quién lo entregaría.) ⁶⁵ Por eso les expliqué que nadie puede venir a Mí si no le es concedido por el Padre.

⁶⁶ Por tanto muchos de sus discípulos volvieron atrás y no andaban con Él.

⁶⁷ Entonces Jesús dijo a los 12: ¿Quieren ustedes irse también?

⁶⁸ Simón Pedro le respondió: Señor, ¿a quién iremos? Tienes Palabras de vida eterna. ⁶⁹ Nosotros creímos y sabemos que Tú eres el Santo de Dios.

⁷⁰ Jesús le respondió: ¿No los escogí Yo a ustedes los 12, y uno de ustedes es diablo? ⁷¹ *Jesús* hablaba de Judas, *hijo* de Simón Iscariote, uno de los 12, quien lo entregaría.

Incredulidad de los hermanos de Jesús

7 ¹ Después de esto, Jesús andaba en Galilea, porque no quería andar en Judea, pues los judíos lo buscaban para matar*lo*.

² Se acercaba El Tabernáculo, la fiesta de los judíos, ³ y sus hermanos le dijeron: Sal de aquí y vé a Judea para que también tus discípulos vean las obras que haces. ⁴ Porque el que quiere darse a *conocer* no actúa en secreto.

Puesto que haces estas cosas, manifiéstate al mundo. ⁵ Porque ni aun sus hermanos creían en Él.

⁶ Jesús les dijo: Mi tiempo aún no llegó, aunque para ustedes cualquier tiempo es oportuno. ⁷ El mundo no puede aborrecerlos, pero a Mí me aborrece porque Yo testifico que sus obras son malas. ⁸ Suban ustedes a la fiesta. Yo no subo a esta fiesta, porque mi tiempo aún no se cumplió. ⁹ Dijo esto y se quedó en Galilea.

La fiesta del Tabernáculo

¹⁰ Sin embargo, cuando sus hermanos subieron a la fiesta, Él también subió, pero en secreto.

¹¹ Los judíos lo buscaban en la fiesta y preguntaban: ¿Dónde está Aquél?

¹² Había mucha murmuración entre la gente con respecto a Él, pues unos decían: Es bueno. Otros decían: No, más bien engaña a la gente. ¹³ Pero nadie hablaba francamente con respecto a Él por temor a los judíos.

¹⁴ En la mitad de la fiesta, Jesús subió al Templo y enseñaba.

¹⁵ Los judíos decían con asombro: ¿Éste cómo sabe tanto, si no ha estudiado?

¹⁶ Entonces Jesús les respondió: Mi enseñanza no es mía, sino de Quien me envió.

¹⁷ Si alguien quiere hacer la voluntad de Dios sabrá si la enseñanza es de Dios, o si Yo hablo de Mí mismo. ¹⁸ El que habla de él mismo busca su propia fama. Pero el que busca la gloria del que lo envió es veraz y no hay perversidad en Él.

¹⁹ ¿Moisés no les dio la Ley? Pero ninguno de ustedes la cumple. ¿Por qué quieren matarme?

²⁰ La gente respondió: ¡Tienes demonio! ¿Quién quiere matarte?

²¹ Jesús respondió: Hice una obra, y todos ustedes están asombrados. ²² Moisés les dio la circuncisión, la cual no es de Moisés sino de los antepasados, y en sábado circuncidan al varón. ²³ Si *el* varón es circuncidado en sábado para no quebrantar la Ley de Moisés, ¿se enojan conmigo porque en sábado sané a todo un hombre?

²⁴ No juzguen según *la* apariencia, sino juzguen según *la* justicia.

²⁵ Entonces algunos de Jerusalén decían: ¿No es Éste a Quien buscan para matarlo? ²⁶ Miren, habla con libertad, y nada le dicen. ¿Tal vez los gobernantes reconocieron que Éste es verdaderamente el Cristo? ²⁷ Sabemos de dónde es Éste. Pero cuando venga el Cristo nadie sabrá de dónde es.

²⁸ Entonces Jesús, al enseñar en el Templo, exclamó: ¡A Mí me conocen y saben de dónde soy! Pero Yo no vine por iniciativa propia, sino me envió

el Verdadero, a Quien ustedes no conocen. ²⁹ Yo lo conozco, porque de Él vengo y Él me envió.

³⁰ Entonces procuraban arrestarlo, pero nadie puso la mano sobre Él, porque aún no había llegado su hora.

³¹ Pero muchos de la multitud creyeron en Él y decían: Cuando venga el Cristo, ¿hará más señales que las que Éste ha hecho?

³² Cuando los fariseos y los principales sacerdotes oyeron los comentarios de la gente acerca de *Jesús* enviaron alguaciles para que lo arrestaran.

³³ Entonces Jesús *les* dijo: Aún estoy con ustedes poco tiempo, y regresaré al que me envió. ³⁴ Ustedes me buscarán y no *me* hallarán, y a donde Yo esté, ustedes no pueden ir.

³⁵ Entonces los judíos se dijeron: ¿A dónde se irá Éste, que nosotros no lo hallemos? ¿Se irá a los judíos que están entre los griegos para enseñar a los griegos? ³⁶ ¿Qué quiere decir esta Palabra: Me buscarán y no *me* hallarán, y a donde Yo esté ustedes no pueden ir?

Abundante agua viva

³⁷ El último día grande de la fiesta Jesús se puso en pie y exclamó: ¡Si alguno tiene sed, venga a Mí y beba! ³⁸ De lo más profundo del ser del que cree en Mí, como dice la Escritura, fluirán ríos de agua viva. ³⁹ Dijo esto con respecto al Espíritu que recibirían los que habían creído en Él, porque aun no se *había concedido* el Espíritu, pues Jesús aún no había sido glorificado.

División entre la multitud

⁴⁰ Cuando oyeron estas Palabras, *algunos* entre la multitud decían: ¡Verdaderamente Éste es el Profeta!

⁴¹ Otros decían: ¡Éste es el Cristo! Pero otros decían: ¿El Cristo viene de Galilea? ⁴² ¿No dice la Escritura que el Cristo viene de la descendencia de David y de Belén, la aldea de David?

Incapacidad de los alguaciles

⁴³ Entonces hubo una división entre la gente por causa de Él. ⁴⁴ Algunos querían arrestarlo, pero nadie le puso las manos.

⁴⁵ Así que los alguaciles fueron a los principales sacerdotes y fariseos, y éstos les preguntaron: ¿Por qué no lo trajeron?

⁴⁶ Los alguaciles respondieron: ¡Nunca habló así un hombre!

⁴⁷ Entonces los fariseos les respondieron: ¿Entonces ustedes también fueron engañados? ⁴⁸ ¿Alguno de los magistrados o de los fariseos creyó en Él? ⁴⁹ Pero esta gente que no conoce la Ley es maldita.

⁵⁰ Nicodemo, quien visitó a Jesús y era uno de ellos, les dijo: ⁵¹ ¿Nuestra Ley juzga al hombre si no lo oye primero y sabe qué hizo?

⁵² *Ellos le* respondieron: ¿Tú también eres de Galilea? Investiga y ve que de Galilea no se levanta profeta. [[⁵³]]ª

La Luz del mundo

8 [[¹⁻¹¹]]ᵇ¹² Jesús les habló otra vez: Yo soy la Luz del mundo. El que me sigue, de ningún modo andará en la oscuridad, sino tendrá la Luz de la Vida.

¹³ Los fariseos le dijeron: Tú das testimonio de Ti mismo. Tu testimonio no es verdadero.

¹⁴ Jesús respondió: Aunque Yo dé testimonio de Mí mismo, mi testimonio es verdadero porque sé de dónde vine y a dónde voy. Pero ustedes no lo saben. ¹⁵ Ustedes juzgan según la apariencia. Yo a nadie juzgo. ¹⁶ Si juzgo, mi juicio es verdadero, porque no estoy solo, sino Yo y el Padre Quien me envió. ¹⁷ En la Ley de ustedes está escrito que el testimonio de dos hombres es veraz. ¹⁸ Yo doy testimonio de Mí mismo, y el que me envió también da testimonio de Mí.

¹⁹ Entonces le preguntaron: ¿Dónde está tu padre?

Jesús respondió: No me conocen a Mí ni a mi Padre. Si me conocieran a Mí, también conocerían a mi Padre.

²⁰ Estas palabras habló cuando enseñaba frente al tesoro en el Templo, pero nadie lo detuvo, porque no había llegado su hora.

Relación del pecado con la muerte

²¹ *Jesús* les dijo otra vez: Yo me voy, y me buscarán. En su pecado morirán. Adonde Yo voy, ustedes no pueden ir.

²² Entonces los judíos se preguntaban: ¿Se suicidará? Porque dice: Adonde Yo voy, ustedes no pueden ir.

²³ Les decía: Ustedes son de abajo, Yo soy de arriba. Ustedes son de este mundo, Yo no soy de este mundo. ²⁴ Por eso les dije que morirán en sus pecados. Si no creen que Yo Soy, morirán en sus pecados.

²⁵ Entonces le preguntaron: ¿Tú Quién eres?

Jesús les respondió: Lo que les dije *desde* el principio. ²⁶ Tengo que decir y juzgar muchas cosas con respecto a ustedes, pero el que me envió es veraz. Yo hablo en el mundo lo que oí de Él.

²⁷ Pero *ellos* no entendieron que *Jesús* les hablaba del Padre.

ª **7.53** 7.53–8.11 Estos versículos no se hallan en los manuscritos más antiguos y confiables.
ᵇ **8.1-11** 7.53–8.11 Estos versículos no se hallan en los manuscritos más antiguos y confiables.

²⁸ Entonces Jesús dijo: Cuando *ustedes* levanten al Hijo del Hombre comprenderán que Yo Soy, y que nada hago por iniciativa propia, sino hablo lo que el Padre me enseñó. ²⁹ El que me envió está conmigo. No me dejó solo, porque Yo siempre hago lo que le agrada. ³⁰ Cuando Él decía esto muchos creyeron en Él.

La libertad

³¹ Entonces Jesús decía a los judíos que creyeron en Él: Si ustedes permanecen en mi Palabra, son verdaderamente mis discípulos. ³² Conocerán la Verdad, y la Verdad los libertará.

³³ Le respondieron: Somos descendencia de Abraham, y jamás fuimos esclavos. ¿Porque dices que seremos libres?

³⁴ Jesús les respondió: En verdad, en verdad les digo que todo el que practica el pecado es esclavo del pecado. ³⁵ El esclavo no permanece en casa para siempre. El hijo permanece para siempre. ³⁶ Así que si el Hijo los liberta, serán verdaderamente libres.

³⁷ Sé que son descendientes de Abraham, pero quieren matarme porque mi Palabra no penetra en ustedes. ³⁸ Yo hablo lo que vi junto al Padre, y ustedes hacen lo que oyeron del padre *de ustedes*.

Hijos del diablo

³⁹ Respondieron: Nuestro padre es Abraham.

Jesús les dijo: Si fueran hijos de Abraham, harían las obras de Abraham. ⁴⁰ Pero ahora quieren matar a un Hombre Quien les habla la verdad que oyó de Dios. Abraham no hizo esto. ⁴¹ Ustedes hacen las obras de su padre.

Le contestaron: Nosotros no nacimos de inmoralidad sexual. Un Padre tenemos: Dios.

⁴² Jesús les respondió: Si Dios fuera su Padre, ciertamente me amarían, porque Yo procedo de Dios. No vine por iniciativa propia, sino Él me envió. ⁴³ ¿Por qué no entienden lo que digo? Porque no quieren[a] escuchar mi Palabra.

⁴⁴ Ustedes son de *su* padre el diablo, y quieren practicar los deseos de su padre. Él fue homicida desde el principio y no permaneció en la verdad, porque no hay verdad en él. Cuando miente, habla de lo suyo, pues es mentiroso y padre de mentira.

⁴⁵ Pero Yo *les* digo la verdad y no me creen. ⁴⁶ ¿Quién de ustedes me reprocha de pecado? Si digo verdad, ¿por qué ustedes no me creen? ⁴⁷ El que

---

[a] **8.43** Lit. *pueden.*

es de Dios escucha las Palabras de Dios. Por eso ustedes no las escuchan, porque no son de Dios.

Preexistencia de Cristo

⁴⁸ Los judíos respondieron: ¿No tenemos razón cuando decimos que Tú eres samaritano y tienes demonio?

⁴⁹ Jesús respondió: Yo no tengo demonio, sino honro a mi Padre. Y ustedes me deshonran. ⁵⁰ Pero Yo no busco mi gloria. Hay Uno que *la* busca y juzga. ⁵¹ En verdad, en verdad les digo: Si alguno practica mi Palabra, que de ningún modo sufra muerte para siempre.

⁵² Los judíos le dijeron: Ahora entendemos que tienes demonio. Abraham y los profetas murieron. Tú dices: Si alguno practica mi Palabra, que de ningún modo sufra muerte para siempre. ⁵³ ¿Eres Tú mayor que nuestro padre Abraham? Él y los profetas murieron. ¿Quién crees que eres?

⁵⁴ Jesús respondió: Si Yo me glorifico a Mí mismo, mi gloria no vale. Me glorifica mi Padre, de Quien ustedes dicen que es su Dios.

⁵⁵ Ustedes no lo conocen, pero Yo lo conozco. Si dijera que no lo conozco, sería un mentiroso semejante a ustedes. Pero lo conozco y guardo su Palabra.

⁵⁶ Abraham, el padre de ustedes, se regocijó al ver mi día. *Lo* vio y se regocijó.

⁵⁷ Entonces los judíos le dijeron: Aún no tienes 50 años, ¿y viste a Abraham?

⁵⁸ Jesús les contestó: En verdad, en verdad les digo: Antes que Abraham existiera, Yo Soy.

⁵⁹ Entonces, *los judíos* tomaron piedras para lanzárselas, pero Jesús se ocultó y salió del Templo.

Un ciego de nacimiento

9 ¹ Cuando pasaba, *Jesús* vio a un hombre ciego de nacimiento.

² Sus discípulos le preguntaron: Maestro, ¿quién pecó, éste o sus padres, para que naciera ciego?

³ Jesús respondió: No pecó éste ni sus padres, sino *está ciego* para que las obras de Dios se manifiesten en él. ⁴ Mientras es día nos es necesario realizar las obras del que me envió. Viene *la* noche cuando nadie puede trabajar. ⁵ Mientras *Yo* esté en el mundo, soy *la* Luz del mundo.

⁶ Después de decir esto escupió en la tierra, hizo barro con la saliva, untó el barro sobre los ojos *del ciego* ⁷ y le dijo: Vé, lávate en el estanque de Siloé, que significa enviado.

El ciego fue, se lavó y cuando regresó veía.

División entre judíos

⁸ Los vecinos y los que antes veían que era un mendigo, decían: ¿No es éste el que se sentaba y mendigaba?

⁹ Otros decían: Éste es. Y otros: No, pero se le parece.

Él decía: Soy yo.

¹⁰ Entonces le preguntaron: ¿Cómo te fueron abiertos los ojos?

¹¹ Él respondió: El hombre que se llama Jesús hizo barro, me untó los ojos y me dijo: Vé al Siloé y lávate. Por tanto fui, me lavé y vi.

¹² Le preguntaron: ¿Dónde está Él?

Contestó: No sé.

¹³ Entonces llevaron al que había sido ciego ante los fariseos, ¹⁴ porque el día cuando Jesús hizo barro y le abrió los ojos era sábado.

¹⁵ Otra vez los fariseos le preguntaron como vio.

Y él les respondió: Me puso barro sobre los ojos, me lavé y veo.

¹⁶ Entonces algunos de los fariseos decían: Este hombre no es de Dios, porque no guarda el sábado.

Otros preguntaban: ¿Cómo puede un hombre pecador hacer señales como éstas? Y había división entre ellos.

¹⁷ Volvieron a preguntar al que había sido ciego: ¿Tú qué dices del que te abrió los ojos?

Él respondió: Que es profeta.

¹⁸ Pero los judíos no creyeron que él había sido ciego y que vio. Por tanto llamaron a los padres del que vio ¹⁹ y les preguntaron: ¿Éste es su hijo de quien ustedes dicen que nació ciego? ¿Cómo ve ahora?

²⁰ Entonces sus padres respondieron: Sabemos que éste es nuestro hijo y que nació ciego. ²¹ Pero cómo ve ahora, no lo sabemos. Quién le abrió los ojos, no lo sabemos. Pregúntenle, tiene edad. Él hablará por él mismo. ²² Sus padres dijeron esto porque temían a los judíos, pues estos ya habían acordado que si alguno lo confesaba como el Cristo, fuera expulsado de la congregación. ²³ Por esto sus padres dijeron: Tiene edad, pregúntenle.

²⁴ Llamaron por segunda vez al hombre que había sido ciego, y le dijeron: ¡Da gloria a Dios! Nosotros sabemos que este hombre es pecador.

²⁵ Entonces él respondió: Si es pecador, no lo sé. Una cosa sé: Que yo era ciego y ahora veo.

²⁶ Insistieron: ¿Qué te hizo? ¿Cómo te abrió los ojos?

²⁷ Les respondió: Ya les dije y no escucharon. ¿Por qué quieren oír otra vez? ¿También ustedes quieren ser sus discípulos?

²⁸ Lo insultaron: ¡Tú eres discípulo de Él, pero nosotros somos discípulos de Moisés! ²⁹ Nosotros sabemos que Dios *le* habló a Moisés, pero no sabemos de dónde es Éste.

³⁰ El hombre respondió: Lo asombroso es que ustedes no sepan de dónde es, y a mí me abrió los ojos. ³¹ Sabemos que Dios no oye a pecadores, pero sí oye a quien es temeroso de Él y hace su voluntad. ³² Jamás se oyó que alguien abrió los ojos de uno que nació ciego. ³³ Si Éste no viniera de Dios, nada podría hacer.

³⁴ *Ellos* respondieron: Tú naciste completamente en pecados, ¿y nos enseñas? Y lo expulsaron de la congregación.

Ciegos espirituales

³⁵ Jesús oyó que lo expulsaron, y cuando lo halló le preguntó: ¿Crees tú en el Hijo del Hombre?

³⁶ Él respondió: ¿Quién es, Señor, para que crea en Él?

³⁷ Jesús le contestó: No solo lo viste. Es el que habla contigo.

³⁸ Y él dijo: Creo, Señor. Y lo adoró.

³⁹ Jesús dijo: Yo vine a este mundo para juicio, a fin de que los que no ven, vean, y los que ven, sean cegados.

⁴⁰ *Algunos* fariseos que estaban con Él oyeron esto y le preguntaron: ¿Nosotros también somos ciegos?

⁴¹ Jesús les respondió: Si fueran ciegos, no tendrían pecado. Pero ahora *porque* dicen que ven, su pecado permanece.

Alegoría sobre el redil

10 ¹ En verdad, en verdad les digo: El que no entra por la puerta en el redil de las ovejas, pero se mete por otro lugar es ladrón y asaltante. ² Pero el que entra por la puerta es *el* pastor de las ovejas.

³ El portero le abre y las ovejas oyen su voz. Llama a sus ovejas por nombre y las saca. ⁴ Cuando saque todas las suyas, va delante de ellas. Las ovejas lo siguen porque conocen su voz. ⁵ De ningún modo seguirán al extraño, sino huirán de él, porque no conocen la voz de los extraños.

⁶ Jesús les dijo esta alegoría, pero ellos no entendieron lo que les decía.

La única Puerta de las ovejas

⁷ Jesús les habló otra vez: En verdad, en verdad les digo: Yo soy la Puerta de las ovejas. ⁸ Todos los que vinieron antes de Mí son ladrones y asaltantes, pero las ovejas no los oyeron.

⁹ Yo soy la Puerta. Si alguno entra por Mí será salvo. Entrará y saldrá, y hallará pasto.

¹⁰ El ladrón no viene sino para robar, matar y destruir. Yo vine para que tengan vida, y *la* tengan en abundancia.

El excelente Pastor

¹¹ Yo soy el excelente Pastor. El excelente Pastor da su vida por las ovejas. ¹² El asalariado, que no es el pastor, ni le pertenecen las ovejas, cuando ve el lobo que se acerca, huye y abandona las ovejas. El lobo las ataca y *las* dispersa. ¹³ *Él huye* porque es asalariado y no le importan las ovejas.

¹⁴ Yo soy el excelente Pastor. Conozco mis ovejas y las mías me conocen, ¹⁵ como el Padre me conoce y Yo lo conozco. Y doy mi vida por las ovejas. ¹⁶ Además tengo otras ovejas que no son de este redil. A ellas también debo traer y oirán mi voz. Habrá un rebaño y un Pastor.

¹⁷ Por esto el Padre me ama, porque Yo doy mi vida para volverla a tomar. ¹⁸ Nadie me la quita, sino Yo la doy de Mí mismo. Tengo autoridad para darla y para volverla a tomar. Este Mandamiento recibí de mi Padre.

Otra división entre los judíos

¹⁹ Otra vez hubo una división entre los judíos por estas palabras.

²⁰ Muchos de ellos decían: Tiene demonio y está fuera de sí. ¿Por qué lo oyen?

²¹ Otros decían: Estas palabras no son de un endemoniado. ¿Puede un demonio abrir ojos de ciegos?

La fiesta de La Dedicación

²² En Jerusalén se celebraba la fiesta de La Dedicación. Era invierno, ²³ y Jesús caminaba en el Templo por el patio de Salomón.

²⁴ Entonces los judíos lo rodearon y le preguntaban: ¿Hasta cuándo nos mantienes en suspenso? Dinos con claridad si Tú eres el Cristo.

²⁵ Jesús les respondió: Les dije, y no creen. Las obras que Yo hago en el Nombre de mi Padre dan testimonio de Mí, ²⁶ pero ustedes no creen porque no son de mis ovejas. ²⁷ Mis ovejas oyen mi voz. Yo las conozco y me siguen. ²⁸ Yo les doy vida eterna, y que ninguna perezca jamás. Nadie las arrebatará de mi mano. ²⁹ Lo que me dio mi Padre es mayor que todo y nadie *lo* arrebata de la mano del Padre. ³⁰ Yo y el Padre somos uno.

³¹ Los judíos tomaron piedras otra vez para apedrearlo.

³² Jesús les dijo: Les mostré muchas buenas obras de mi Padre. ¿Por cuál de ellas me apedrean?

³³ Los judíos respondieron: No te apedreamos por buenas obras sino por blasfemia, porque Tú, Quien eres Hombre, te proclamas Dios.

³⁴ Jesús les respondió: ¿No está escrito en la Ley de ustedes?

Yo dije que ustedes son dioses.

³⁵ Si llamó dioses a aquellos a quienes se dirigió la Palabra de Dios (y la Escritura no puede ser quebrantada), ³⁶ ¿al que el Padre santificó y envió al mundo, ustedes le dicen que blasfema, porque dije que soy Hijo de Dios? ³⁷ Si no hago las obras de mi Padre, no me crean. ³⁸ Pero si *las* hago, aunque no me crean a Mí, crean en las obras, para que sepan y entiendan que el Padre está en Mí y Yo en el Padre.

³⁹ Otra vez *los judíos* intentaron arrestarlo, pero escapó de sus manos.

⁴⁰ Volvió al otro lado del Jordán, donde Juan bautizaba al principio, y permaneció allí.

⁴¹ Muchos acudieron a Él y decían: Juan, a la verdad, ninguna señal hizo, pero todas las cosas que Juan dijo con respecto a Éste eran verdaderas. ⁴² Allí muchos creyeron en Él.

11

¹ Estaba enfermo Lázaro de Betania, la aldea de las hermanas María y Marta.

Muerte de Lázaro

² María, hermana de Lázaro, fue la que ungió al Señor con perfume y le secó los pies con sus cabellos. ³ Las hermanas mandaron a decirle *a Jesús*: Señor, mira, el que amas está enfermo.

⁴ Cuando Jesús *lo* oyó, dijo: Esta enfermedad no es para muerte, sino para la gloria de Dios a fin de que el Hijo de Dios sea glorificado por ella. ⁵ Jesús amaba a Marta, a su hermana y a Lázaro. ⁶ Pero cuando oyó que *Lázaro* estaba enfermo, a propósito permaneció dos días *más* donde estaba. ⁷ Después dijo a sus discípulos: Regresemos a Judea.

⁸ Sus discípulos le contestaron: Maestro, hace poco los judíos intentaban apedrearte, ¿y otra vez volverás allá?

⁹ Jesús respondió: ¿No hay 12 horas en el día? Si alguno anda de día, no tropieza porque ve la luz de este mundo. ¹⁰ Pero si alguno anda de noche, tropieza porque la luz no está en él.

¹¹ Después les dijo: Nuestro amigo Lázaro durmió, pero voy a despertarlo.

¹² Entonces sus discípulos le dijeron: Señor, si duerme sanará. ¹³ Pero Jesús hablaba de la muerte de él, y ellos supusieron que hablaba del reposo del sueño.

¹⁴ Entonces Jesús les aclaró: Lázaro murió. ¹⁵ Me alegro que no estaba allá por causa de ustedes, para que crean. Pero vamos a él.

¹⁶ Entonces Tomás el Dídimo dijo a sus condiscípulos: Vamos también nosotros para que muramos con Él.

Jesús, la Resurrección y la Vida

¹⁷ Cuando Jesús llegó, halló que *Lázaro* ya tenía cuatro días en el sepulcro. ¹⁸ Betania estaba cerca de Jerusalén, como a tres kilómetros.

¹⁹ Muchos judíos habían ido para consolar a Marta y María por *la muerte de* su hermano.

²⁰ Cuando Marta oyó que Jesús llegaba, salió a encontrarlo, pero María permaneció en la casa.

²¹ Entonces Marta dijo a Jesús: ¡Señor, si hubieras estado aquí, no habría muerto mi hermano! ²² Ahora también sé que todo lo que Tú pidas a Dios, te lo dará.

²³ Jesús le dijo: Tu hermano resucitará.

²⁴ Marta le respondió: Sé que **resucitará** en la resurrección el día final.

²⁵ Jesús le dijo: Yo soy la **Resurrección** y la **Vida**. El que cree en Mí, aunque muera, vivirá. ²⁶ Y todo el que vive y cree en Mí, que de ningún modo muera jamás. ¿Crees esto?

²⁷ Le contestó: Sí, Señor. Yo creo que Tú eres el Cristo, el Hijo de Dios que vino al mundo.

Lágrimas del Señor Jesús

²⁸ Después de decir esto, fue y llamó a su hermana María. Le dijo en privado: El Maestro está aquí y te llama. ²⁹ Cuando ella *lo* oyó, se levantó de prisa y fue hacia Él. ³⁰ Jesús aún no había llegado a la aldea, sino estaba en el lugar donde Marta lo recibió. ³¹ Entonces los judíos que la consolaban en la casa, al ver que María salió de prisa, la siguieron, porque pensaron que iba a llorar en el sepulcro.

³² María llegó donde estaba Jesús, se postró a sus pies y le dijo: ¡Señor, si hubieras estado aquí, no habría muerto mi hermano!

³³ Cuando Jesús vio que María y los judíos que llegaron con ella lloraban, gimió en el espíritu. Se conmovió profundamente ³⁴ y preguntó: ¿Dónde lo pusieron?

Le respondieron: Señor, ven y mira.

³⁵ Jesús lloró.

³⁶ Entonces los judíos decían: ¡Miren cómo lo amaba! ³⁷ Éste, Quien abrió los ojos del ciego, ¿no podría lograr también que éste no muriera?

Resurrección de Lázaro

³⁸ Jesús otra vez profundamente conmovido fue a la tumba. Era una cueva. Una piedra estaba colocada sobre ella.

³⁹ Jesús ordenó: **Quiten la piedra**. Marta, la hermana del muerto, le dijo: Señor, ya hiede porque es *el* cuarto día.

⁴⁰ Jesús le preguntó: ¿No te dije que si crees verás la gloria de Dios?

⁴¹ Quitaron la piedra. Entonces Jesús levantó los ojos y dijo: ¡Padre, te doy gracias porque me escuchaste! ⁴² Yo sé que siempre me escuchas, pero *lo* dije por causa de la multitud que está alrededor, para que crean que Tú me enviaste.

⁴³ Después de decir esto, clamó a gran voz: ¡Lázaro, ven fuera! ⁴⁴ Y el muerto salió con vendas en los pies y las manos. Su cara había sido envuelta en un sudario.

Jesús les ordenó: ¡Desátenlo y déjenlo ir!

⁴⁵ Muchos de los judíos que fueron a consolar a María, al ver lo que *Jesús* hizo, creyeron en Él.

Complot para matar a Jesús

⁴⁶ Pero algunos de ellos fueron a los fariseos y les contaron lo que Jesús hizo.

⁴⁷ Entonces los principales sacerdotes y los fariseos reunieron al Tribunal Supremo y dijeron: ¿Qué hacemos? Porque este hombre realiza muchas señales. ⁴⁸ Si lo dejamos así, todos creerán en Él. Vendrán los romanos y nos quitarán tanto el Templo[a] como la nación.

⁴⁹ Entonces Caifás, sumo sacerdote aquel año, les dijo: Ustedes nada saben, ⁵⁰ ni consideran que es bueno que un solo hombre muera por el pueblo, y no que perezca toda la nación. ⁵¹ Pero no dijo esto por iniciativa propia, sino porque, como aquel año era sumo sacerdote, profetizó que Jesús estaba destinado a morir por la nación, ⁵² y no solo por la nación, sino también para congregar en uno a los dispersados hijos de Dios. ⁵³ Desde aquel día decidieron matarlo.

⁵⁴ Por tanto Jesús ya no andaba en público entre los judíos, sino que se retiró a Efraín, un poblado cercano al desierto. Allí permaneció con sus discípulos.

⁵⁵ Estaba cerca la Pascua de los judíos, y muchos de la región subieron a Jerusalén antes de la Pascua para purificarse. ⁵⁶ Buscaban a Jesús, y en el Templo se preguntaban unos a otros: ¿Qué les parece? ¿Que de ningún modo viene a la fiesta? ⁵⁷ Los principales sacerdotes y los fariseos habían dado órdenes para que si alguno supiera dónde estaba, informara a fin de detenerlo.

---

[a] **11.48** Lit. *Lugar*.

Unción en Betania

12 ¹ Seis días antes de la Pascua Jesús fue a Betania, a la casa de Lázaro, a quien había resucitado. ² Allí le prepararon una cena.

Marta servía y Lázaro era uno de los reclinados con Él. ³ María tomó una libra de perfume de nardo puro de mucho valor, ungió los pies de Jesús y los secó con sus cabellos. La casa se llenó con la fragancia del perfume.

⁴ Pero Judas Iscariote, uno de sus discípulos, el que iba a traicionarlo, preguntó: ⁵ ¿Por qué no se vendió este perfume por 300 denarios[a] para dar a *los* pobres? ⁶ Pero dijo esto, no porque le importaban los pobres, sino porque era ladrón, y como tenía la bolsa, robaba lo que se echaba *en ella*.

⁷ Entonces Jesús *le* dijo: Déjala, lo guardaba para el día de preparación para mi sepultura. ⁸ Siempre tienen a los pobres con ustedes, pero a Mí no me tienen siempre.

⁹ Muchos judíos supieron que estaba allí, y fueron, no solo para ver a Jesús, sino también a Lázaro a quien había resucitado.

Complot para matar a Lázaro

¹⁰ Pero los principales sacerdotes hicieron un complot para matar también a Lázaro, ¹¹ porque por causa de él, muchos judíos iban y creían en Jesús.

Entrada a Jerusalén

¹² Al día siguiente, cuando oyeron que Jesús iba a Jerusalén, la gran multitud que acudió a la fiesta, ¹³ tomaron ramas de palmera y salieron a recibirlo. Clamaban: ¡Hosanna!
¡Bendito el que viene en el Nombre del Señor, el Rey de Israel!

¹⁴ Jesús halló un pollino y *se* montó sobre él, como está escrito:
¹⁵ No temas, hija de Sion. Mira, tu Rey viene montado en un pollino de asna.

¹⁶ Al principio sus discípulos no entendieron esto, pero cuando Jesús fue glorificado, recordaron que esto estaba escrito con respecto a Él y que así le hicieron.

¹⁷ La multitud que estaba con Él daba testimonio de cómo resucitó a Lázaro. ¹⁸ Por esto la multitud salió a recibirlo, porque oyeron que Él hizo esta señal. ¹⁹ Por tanto los fariseos se dijeron: ¿Ustedes ven que así nada logran? ¡Miren, todos se van tras Él!

---

[a] **12.5** Denario. El salario de un día.

Consulta de unos griegos

²⁰ Entre los que subían a adorar en la fiesta había algunos griegos. ²¹ Éstos se acercaron a Felipe, quien era de Betsaida de Galilea, y le rogaban: Señor, deseamos ver a Jesús.

²² Felipe fue y se lo comentó a Andrés, y los dos se lo dijeron a Jesús.

²³ Jesús les respondió: Llegó la hora para que el Hijo del Hombre sea glorificado.

²⁴ En verdad, en verdad les digo: Si el grano de trigo que cayó en la tierra no muere, permanece él solo, pero si muere, produce mucho fruto. ²⁵ El que ama su vida, la pierde. El que aborrece su vida en este mundo, la guardará para vida eterna. ²⁶ Si alguno me sirve, sígame. Donde Yo estoy, allí también estará mi servidor. Si alguno me sirve, mi Padre lo honrará.

Anuncio de la muerte de Jesús

²⁷ Ahora mi alma está turbada. ¿Y qué digo? ¿Padre, sálvame de esta hora? Pero para esto llegué a esta hora. ²⁸ ¡Padre, glorifica tu Nombre!

Entonces vino una voz del cielo: ¡Lo he glorificado y volveré a glorificarlo!

²⁹ La multitud presente que escuchó, decía que fue un trueno. Otros decían que un ángel le habló.

³⁰ Jesús dijo: Esta voz no vino por causa de Mí, sino por causa de ustedes. ³¹ Ahora es *el* juicio de este mundo. El príncipe de este mundo será echado fuera. ³² Cuando Yo sea levantado[a] en la tierra, a todos atraeré a Mí mismo. ³³ Decía esto para dar a entender de qué manera iba a morir.

³⁴ Entonces la gente le respondió: Por la Ley sabemos que el Cristo permanece para siempre. ¿Cómo dices Tú que es necesario que el Hijo del Hombre sea levantado?[b] ¿Quién es este Hijo del Hombre?

³⁵ Jesús les respondió: La Luz está entre ustedes aún por poco tiempo. Anden mientras tienen la Luz, para que no los sorprenda *la* oscuridad, porque el que anda en la oscuridad no sabe a dónde va. ³⁶ Mientras tengan la Luz, crean en la Luz, para que sean hijos de Luz. Jesús habló esto, salió y se ocultó de ellos.

Incredulidad de los oyentes

³⁷ Aunque *Jesús* hizo tan grandes señales delante de ellos, no creían en Él, ³⁸ para que se cumpliera la Palabra del profeta Isaías:

Señor, ¿quién creyó nuestro anuncio? ¿Y a quién se reveló el brazo del Señor?

³⁹ Por esto no podían creer, como Isaías dijo en otra ocasión:

---

[a] **12.32** Referencia a su muerte en la cruz. [b] **12.34** Referencia a su muerte en la cruz.

⁴⁰ Cegó los ojos de ellos, y endureció su corazón para que no miren con los ojos, ni entiendan con el corazón, y se conviertan, y Yo los sane.

⁴¹ Isaías dijo esto porque vio la gloria de Él, y habló acerca de Él.

⁴² Sin embargo, muchos magistrados creyeron en Él, pero por causa de los fariseos no confesaban para no ser expulsados de la congregación judía, ⁴³ porque amaban más el esplendor de los hombres que la gloria de Dios.

Quién juzga

⁴⁴ Entonces Jesús dijo: El que cree en Mí, no cree en Mí, sino en el que me envió. ⁴⁵ El que me ve, ve al que me envió. ⁴⁶ Yo, *la* Luz, vine al mundo para que todo el que cree en Mí no permanezca en la oscuridad.

⁴⁷ Si alguno oye mis Palabras y no las guarda, Yo no lo juzgo, porque no vine a juzgar al mundo, sino a salvarlo. ⁴⁸ El que me rechaza y no recibe mis Palabras tiene quien lo juzgue. La Palabra que hablé es la que lo juzgará en el día final.

⁴⁹ Porque Yo no hablé por iniciativa propia, sino el Padre Quien me envió me dio Mandamiento: Qué decir y qué hablar. ⁵⁰ Sé que su Mandamiento es vida eterna. Por tanto Yo hablo lo que el Padre me dice.

Lavamiento de pies

13 ¹ Antes de la fiesta de la Pascua, Jesús sabía que había llegado su hora para pasar de este mundo al Padre. Como había amado a los suyos que estaban en el mundo, los amó hasta el fin.

² Cuando celebraban una cena, el diablo ya había puesto en el corazón de Judas, *hijo* de Simón Iscariote, que lo entregara.

³ *Jesús* sabía que el Padre le dio todas las cosas en las manos, que salió de Dios y regresaba a Él. ⁴ Se puso en pie, se quitó el manto, tomó una toalla y se *la* ató. ⁵ Luego echó agua en una vasija, procedió a lavar los pies de los discípulos y a secarlos con la toalla.

⁶ Cuando llegó a Simón Pedro, éste le preguntó: Señor, ¿Tú me lavas los pies?

⁷ Jesús respondió: Tú no entiendes ahora lo que Yo te hago. Lo entenderás después.

⁸ Pedro le dijo: ¡Que de ningún modo me laves los pies jamás!

Jesús le respondió: Si no te lavo, no tienes parte conmigo.

⁹ Simón Pedro le respondió: ¡Señor, no solo mis pies, sino también las manos y la cabeza!

¹⁰ Jesús le dijo: El que está bañado no necesita lavarse sino los pies, pues está todo limpio. Ustedes están limpios, aunque no todos. ¹¹ Por eso dijo: No todos están limpios, porque sabía quién lo traicionaría.

¹² Después de lavarles los pies, tomó su manto, *se* reclinó otra vez y les preguntó: ¿Entienden *lo* que les hice? ¹³ Ustedes me llaman el Maestro y el Señor, y dicen bien porque *lo* soy. ¹⁴ Pues si Yo, el Señor y el Maestro, les lavé los pies, ustedes también laven los pies los unos a los otros. ¹⁵ Porque les di ejemplo, hagan también ustedes como Yo les hice.

¹⁶ En verdad, en verdad les digo: Un esclavo no es mayor que su señor, ni un enviado mayor que el que lo envió. ¹⁷ Si saben esto, son inmensamente felices si lo practican.

¹⁸ No hablo de todos ustedes. Yo sé a quiénes me escogí, pero para que se cumpla la Escritura:
El que come mi pan levantó contra Mí su talón.

¹⁹ Esto les digo ahora antes que ocurra, para que cuando suceda, crean que Yo soy. ²⁰ En verdad, en verdad les digo: El que recibe al que Yo envío, me recibe a Mí. El que me recibe a Mí, recibe al que me envió.

Anuncio de la traición de Judas

²¹ Después de decir esto, Jesús se conmovió en espíritu y dijo: En verdad, en verdad les digo que uno de ustedes me traicionará.

²² Los discípulos se miraban unos a otros, y se preguntaban de quién hablaba.

²³ Uno de sus discípulos, a quien Jesús amaba, estaba al lado de Jesús. ²⁴ Simón Pedro le hizo señas a éste para que le preguntara de quién hablaba. ²⁵ De esta manera, como estaba reclinado al lado de Jesús, le preguntó: Señor, ¿quién es?

²⁶ Jesús *le* respondió: Es aquél a quien yo dé este bocado mojado. Después de mojar el bocado, *lo* dio a Judas, *hijo* de Simón Iscariote.

²⁷ En ese momento, con el bocado Satanás entró en él.

Entonces Jesús le ordenó: Haz pronto lo que haces.

²⁸ Ninguno de los reclinados entendió por qué le dijo esto. ²⁹ Algunos pensaban que como Judas tenía la bolsa del dinero, Jesús le decía que comprara las cosas que necesitaban para la fiesta, o que diera algo a los pobres.

³⁰ Cuando él tomó el bocado, enseguida salió. Era de noche.

Un Mandamiento nuevo

³¹ Cuando Judas salió, Jesús dijo: ¡Ahora es glorificado el Hijo del Hombre, y Dios es glorificado en Él! ³² Si Dios es glorificado en Él, Dios también lo glorificará en Él mismo. Y enseguida lo glorificará.

⁳³ Hijitos, aún estoy un poco con ustedes. Me buscarán, pero como dije a los judíos, lo digo también a ustedes ahora: Adonde Yo voy, ustedes no pueden ir.

³⁴ Un Mandamiento nuevo les doy: Que se amen unos a otros. Como los amé, ámense también unos a otros. ³⁵ Por esto sabrán todos que son mis discípulos, si se aman los unos a los otros.

Advertencia sobre la negación de Pedro

³⁶ Simón Pedro le preguntó: Señor, ¿a dónde vas?

Jesús respondió: Adonde voy no puedes seguirme ahora, pero *me* seguirás más tarde.

³⁷ Pedro le preguntó: Señor, ¿por qué no puedo seguirte ahora? Mi vida daré por Ti.

³⁸ Jesús le respondió: ¿Tu vida darás por Mí? En verdad, en verdad te digo: Que de ningún modo cante un gallo hasta que me niegues tres veces.

Camino, Verdad y Vida

14 ¹ No se atribule su corazón. Crean en Dios, crean también en Mí. ² En la casa de mi Padre hay muchas moradas. Si no fuera así, ¿les hubiera dicho que me voy a prepararles lugar? ³ Si me voy y les preparo lugar, vendré otra vez y los llevaré conmigo, para que donde Yo estoy, ustedes también estén. ⁴ Saben adonde voy y saben el camino.

⁵ Tomás le dijo: Señor, no sabemos a dónde vas. ¿Cómo podemos saber el camino?

⁶ Jesús le contestó: Yo soy el Camino, la Verdad y la Vida. Nadie viene al Padre sino por medio de Mí. ⁷ Si me conocen, también conocen a mi Padre. Desde ahora lo conocen y lo vieron.

⁸ Felipe le dijo: Señor, muéstranos al Padre, y nos basta.

⁹ Jesús le preguntó: Felipe, ¿tanto tiempo he estado con ustedes, y no me conoces? El que me vio, vio al Padre. ¿Cómo dices tú: Muéstranos al Padre? ¹⁰ ¿No crees que Yo estoy en el Padre, y el Padre en Mí? Las Palabras que Yo les digo, no *las* hablo por mi propia iniciativa, sino el Padre que mora en Mí realiza sus obras. ¹¹ Créanme que Yo estoy en el Padre, y el Padre en Mí. De otra manera, créanme por causa de las mismas obras.

¹² En verdad, en verdad les digo: El que cree en Mí, también hará las obras que Yo hago. Y mayores que éstas hará, porque Yo voy al Padre. ¹³ Todo lo que pidan en mi Nombre, eso haré, para que el Padre sea glorificado en el Hijo. ¹⁴ Si me piden cualquier cosa en mi Nombre, Yo *lo* haré.

Otro Intercesor

¹⁵ Si me aman, guardarán mis Mandamientos.

¹⁶ Yo rogaré al Padre y les dará otro Intercesor, a fin de que esté con ustedes para siempre: ¹⁷ al Espíritu de Verdad, a Quien el mundo no puede recibir, porque no lo ve ni *lo* conoce. Ustedes lo conocen, porque mora con ustedes y estará en ustedes.

¹⁸ No los dejaré huérfanos. Vendré a ustedes. ¹⁹ Aún un poco, y el mundo no me verá, pero ustedes me verán. Porque Yo vivo, ustedes también vivirán. ²⁰ Aquel día sabrán que Yo estoy en mi Padre, ustedes en Mí y Yo en ustedes.

²¹ El que tiene mis Mandamientos y los guarda es el que me ama. Al que me ama, mi Padre lo amará. Y Yo lo amaré y me revelaré a él.

²² Judas, no el Iscariote, le preguntó: Señor, ¿cómo te revelarás a nosotros y no al mundo?

²³ Jesús le respondió: Si alguno me ama, guardará mi Palabra. Mi Padre lo amará. Vendremos a él y viviremos con él. ²⁴ El que no me ama, no guarda mis Palabras. La Palabra que *ustedes* escuchan no es mía, sino del Padre que me envió.

²⁵ Esto les he hablado mientras estoy con ustedes, ²⁶ pero el Intercesor, el Espíritu Santo, a Quien el Padre enviará en mi Nombre, Él les enseñará todas las cosas y les recordará todo lo que les dije.

²⁷ Paz les dejo. Les doy mi paz. Yo no se la doy como el mundo la da. No se atribule ni se atemorice su corazón. ²⁸ Oyeron que me voy y regreso a ustedes. Si me aman, se regocijarían porque voy al Padre, pues el Padre es mayor que Yo. ²⁹ Esto se lo digo antes que suceda, para que cuando suceda, crean.

³⁰ Ya no hablaré mucho más con ustedes, porque viene el príncipe de este mundo y nada tiene en Mí. ³¹ Pero hablo esto para que el mundo sepa que amo al Padre, y hago lo que el Padre me mandó.

¡Levántense, vámonos de aquí!

La Vid y las ramas

15 ¹ Yo soy la Vid verdadera, y mi Padre es el Viñador. ² Toda rama que en Mí no produce fruto, la levanta. Toda la que produce fruto, la poda para que dé más fruto. ³ Ya ustedes están limpios por medio de la Palabra que les he hablado.

⁴ Permanezcan en Mí, y Yo en ustedes. Como la rama no puede dar fruto por ella misma, si no permanece en la vid, así tampoco ustedes, si no permanecen en Mí. ⁵ Yo soy la Vid, ustedes las ramas. El que permanece en Mí, y Yo en él, éste da mucho fruto. Porque separados de Mí nada pueden

hacer. ⁶ Si alguno no permanece en Mí, será echado fuera como rama y se secará. Las recogen, las echan al fuego y arden. ⁷ Si permanecen en Mí y mis palabras permanecen en ustedes, pidan lo que deseen y se *les* hará. ⁸ En esto es glorificado mi Padre: en que den mucho fruto y sean mis discípulos.

⁹ Como el Padre me amó, también Yo los amé. Permanezcan en mi amor. ¹⁰ Si guardan mis Mandamientos, permanecerán en mi amor, como Yo he guardado los Mandamientos de mi Padre y permanezco en su amor. ¹¹ Estas cosas les he hablado para que mi gozo esté en ustedes y su gozo sea completo. ¹² Este es mi Mandamiento: Que se amen unos a otros como los amé. ¹³ Nadie tiene mayor amor que el que da su vida por sus amigos.

¹⁴ Ustedes son mis amigos si hacen lo que Yo les mando. ¹⁵ Ya no los llamo esclavos, porque el esclavo no sabe *lo* que su señor hace. Pero los llamo amigos, porque todas las cosas que oí de mi Padre, se las revelé. ¹⁶ Ustedes no me eligieron, sino Yo los elegí y los coloqué para que ustedes vayan y den fruto, y su fruto permanezca, a fin de que les dé todo lo que pidan al Padre en mi Nombre.

¹⁷ Esto les mando: que se amen unos a otros.

El aborrecimiento del mundo

¹⁸ Si el mundo los aborrece, recuerden que a Mí me aborreció antes que a ustedes. ¹⁹ Si fueran del mundo, el mundo los amaría. Pero los aborrece porque Yo me los escogí del mundo, y *ustedes* no son del mundo.

²⁰ Recuerden la Palabra que Yo les dije: *El* esclavo no es mayor que su señor. Si me persiguieron, también los perseguirán. Si guardaron mi Palabra, también guardarán la de ustedes. ²¹ Pero todas estas cosas les harán por causa de mi Nombre, porque no conocieron a Quien me envió.

²² Si no hubiera venido ni les hubiera hablado, tendrían excusa por su pecado. Pero ahora no tienen excusa por su pecado.

²³ El que me aborrece, también aborrece a mi Padre. ²⁴ Si no hubiera hecho entre ellos las obras que ningún otro hizo, no tendrían pecado. Pero ahora, han visto y han aborrecido tanto a Mí como a mi Padre. ²⁵ Pero esto sucedió para que se cumpliera la Palabra escrita en su Ley:
Me aborrecen sin causa.

El trabajo del Espíritu Santo

²⁶ Cuando venga el Intercesor, a Quien Yo les enviaré del Padre, el Espíritu de la Verdad, Quien procede del Padre, Él dará testimonio de Mí. ²⁷ Ustedes también dan testimonio, porque están conmigo desde un principio.

16 ¹ Estas cosas les he hablado para que no tengan tropiezo. ² Los expulsarán de las congregaciones, y aun viene *la* hora cuando cualquiera que los mate, piense que ofrece servicio a Dios. ³ Harán esto porque no conocieron al Padre ni a Mí. ⁴ Les he dicho esto para que cuando les llegue su hora, recuerden que Yo se lo dije. No les dije esto desde el principio porque *Yo* estaba con ustedes.

⁵ Pero ahora voy a Quien me envió, y ninguno de ustedes me pregunta: ¿A dónde vas? ⁶ Porque les he hablado estas cosas, la tristeza llenó su corazón.

⁷ Pero Yo les digo la verdad: Les conviene que Yo vaya, porque si no voy, el Intercesor no vendrá a ustedes. Pero si voy, lo enviaré. ⁸ Cuando Él venga, convencerá al mundo de pecado, de justicia y de juicio: ⁹ de pecado, porque no creen en Mí, ¹⁰ de justicia, porque voy al Padre y ustedes no Me verán más, ¹¹ y de juicio, porque el príncipe de este mundo ha sido juzgado.

¹² Aún tengo muchas cosas que decirles, pero ahora no pueden soportarlas. ¹³ Cuando el Espíritu de la verdad venga los guiará a toda la verdad. Porque no hablará por iniciativa propia, sino hablará todo lo que oirá y les proclamará las cosas que vienen. ¹⁴ Él me glorificará porque tomará de lo mío y se lo hará saber. ¹⁵ Todo cuanto tiene el Padre es mío. Por eso dije que toma de lo mío y se lo hará saber.

De la tristeza al gozo

¹⁶ Dentro de poco tiempo ya no me verán, y un poco más tarde me volverán a ver.

¹⁷ Entonces sus discípulos se dijeron: ¿Qué es esto que nos dice: Dentro de poco tiempo ya no me verán, y un poco más tarde me volverán a ver porque voy al Padre? ¹⁸ Se preguntaban qué era eso, pues no entendían lo que Jesús decía.

¹⁹ Jesús comprendió que querían saber mejor y les preguntó: ¿Se preguntan unos a otros acerca de lo que dije: Dentro de poco *tiempo* ya no me verán, y un poco más tarde me volverán a ver?

²⁰ En verdad, en verdad les digo que ustedes llorarán y lamentarán, y el mundo se regocijará. Ustedes se entristecerán, pero su tristeza se convertirá en gozo. ²¹ Cuando la mujer da a luz tiene dolor, porque llegó su hora. Pero cuando da a luz al hijo, ya no recuerda la angustia por el gozo del nacimiento de un ser humano. ²² Ahora ustedes también están tristes, pero los veré otra vez. Ustedes gozarán, y nadie les quitará su gozo.

²³ Aquel día nada me preguntarán. En verdad, en verdad les digo, que el Padre les dará todo lo que pidan en mi Nombre. ²⁴ Hasta ahora nada pidieron en mi Nombre. Pidan y recibirán, para que su gozo sea completado.

El Triunfador

²⁵ Estas cosas les he hablado en alegorías. Viene una hora cuando ya no les hablaré en alegorías, sino claramente les anunciaré con respecto al Padre.

²⁶ Aquel día pedirán en mi Nombre. No les digo que Yo rogaré al Padre por ustedes, ²⁷ porque el mismo Padre los ama, pues ustedes me han amado y han creído que Yo descendí de Dios. ²⁸ Salí del Padre y vine al mundo. De nuevo, dejo el mundo y voy al Padre.

²⁹ Sus discípulos le dijeron: En verdad ahora hablas con claridad y no usas alegoría. ³⁰ Entendemos que sabes todas las cosas y no necesitas que alguien te pregunte. Por esto creemos que saliste de Dios.

³¹ Jesús les preguntó: ¿Ahora creen? ³² Ciertamente llegó la hora cuando serán esparcidos cada uno por su lado y me dejarán solo. Aunque no estoy solo, porque el Padre está conmigo. ³³ Les he dicho esto para que en Mí tengan paz. En el mundo tienen aflicción, pero ¡tengan ánimo! Yo he vencido al mundo.

Intercesión del Señor Jesús

17 ¹ Jesús habló estas cosas. Levantó su mirada al cielo y dijo: **Padre,** llegó la hora. Glorifica a tu Hijo para que Él te glorifique, ² por cuanto le concediste autoridad sobre toda persona, para que otorgue vida eterna a todos los que le diste.

³ Ésta es la vida eterna: que te conozcan como *el* único Dios verdadero, y a Jesucristo, a Quien enviaste. ⁴ Te glorifiqué al acabar la obra que me encomendaste para que hiciera en la tierra. ⁵ Ahora, Padre, glorifícame Tú junto a Ti con la gloria que tenía contigo antes que existiera el mundo.

⁶ Manifesté tu Nombre a los hombres que me diste del mundo. Tuyos eran y me los diste. Y han guardado tu Palabra.

⁷ Ahora han sabido que todas las cosas que me diste proceden de Ti, ⁸ porque les he hablado las Palabras que me diste. Ellos *las* recibieron, entendieron que verdaderamente salí de Ti y creyeron que Tú me enviaste. ⁹ Yo ruego por ellos. No ruego por el mundo, sino por los que me diste, pues son tuyos.

¹⁰ Todo lo mío es tuyo, y lo tuyo, mío. He sido glorificado en ellos.

¹¹ Ya no estoy en el mundo, pero ellos están en el mundo, y Yo voy a Ti. Padre Santo, guárdalos en tu Nombre, el cual me diste, para que sean uno como Nosotros. ¹² Mientras estaba con ellos, Yo los guardaba en tu Nombre que me diste, y los cuidé. Ninguno de ellos se perdió sino el hijo de perdición, para que se cumpliera la Escritura.

¹³ Pero ahora voy a Ti, y hablo estas cosas en el mundo para que tengan mi gozo completo en ellos mismos. ¹⁴ Yo les he dado tu Palabra. El mundo los aborreció, porque no son del mundo como Yo no soy del mundo. ¹⁵ No ruego que los saques del mundo, sino que los guardes del maligno. ¹⁶ No son del mundo, como Yo no soy del mundo. ¹⁷ Santifícalos en la verdad. Tu Palabra es verdad.

¹⁸ Como me enviaste al mundo, también Yo los envié al mundo. ¹⁹ Por ellos Yo me santifico, para que también ellos sean santificados en verdad.

²⁰ Pero no ruego solo por éstos, sino también por los que crean en Mí por la palabra de ellos, ²¹ para que todos sean uno. Como Tú, Padre, en Mí, y Yo en Ti, que también ellos estén en Nosotros, para que el mundo crea que Tú me enviaste. ²² Yo les he dado la gloria que me has dado para que sean uno, como Nosotros somos Uno. ²³ Yo en ellos y Tú en Mí, para que sean perfeccionados en uno, para que el mundo sepa que Tú me enviaste, y los amaste como me amaste *a Mí*.

²⁴ Padre, quiero que los que me diste estén donde Yo estoy, para que contemplen la gloria que me diste, porque me amaste antes de *la* fundación del mundo.

²⁵ Padre justo, el mundo no te conoció, pero Yo te conocí. Y éstos entendieron que Tú me enviaste. ²⁶ Les di a conocer y les daré a conocer tu Nombre, para que el amor con el cual Tú me amaste esté en ellos, y Yo en ellos.

Arresto del Señor Jesús

18 ¹ Después que Jesús dijo estas cosas, salió con sus discípulos y entró a un huerto al otro lado del riachuelo de Cedrón.

² Judas, quien lo iba a entregar, también conocía el lugar, pues muchas veces Jesús se reunió allí con sus discípulos. ³ Entonces Judas, después de recibir la cohorte *romana* y algunos guardias de los sumos sacerdotes y de los fariseos, fue allí con linternas, antorchas y armas.

⁴ Por tanto Jesús, Quien sabía todo lo que venía sobre Él, salió y les preguntó: ¿A quién buscan?

⁵ Le respondieron: A Jesús el nazareno.

Les dijo: Yo Soy.

Judas, el que lo traicionaba, también iba con ellos. ⁶ Cuando les dijo: Yo Soy, retrocedieron y cayeron a tierra.

⁷ Les volvió a preguntar: ¿A quién buscan?

Ellos contestaron: A Jesús el nazareno.

⁸ Jesús respondió: Les dije que Yo Soy. Por tanto, si me buscan, permitan que éstos se vayan.

⁹ Esto sucedió para que se cumpliera la Palabra que dijo: **De los que me diste, no perdí a ninguno de ellos.**

¹⁰ Entonces Simón Pedro desenvainó una espada, atacó a Malco, el esclavo del sumo sacerdote, y le amputó la oreja derecha.

¹¹ Entonces Jesús dijo a Pedro: **Mete la espada en la vaina. ¿*Tú quieres* qué de ningún modo beba la copa que el Padre me dio?**

Ante el sumo sacerdote

¹² Entonces la cohorte, el comandante y los guardias de los judíos arrestaron y ataron a Jesús. ¹³ *Lo* llevaron primero ante Anás, porque era suegro de Caifás, quien era sumo sacerdote aquel año. ¹⁴ Caifás fue quien aconsejó a los judíos: Conviene que un solo hombre muera por el pueblo.

¹⁵ Simón Pedro y otro discípulo seguían a Jesús. Este discípulo era conocido del sumo sacerdote y entró con Jesús en el patio del sumo sacerdote, ¹⁶ pero Pedro quedó afuera, junto a la puerta.

El otro discípulo salió y habló a la esclava portera y logró que Pedro entrara.

¹⁷ Entonces la esclava portera *le* preguntó a Pedro: ¿No eres tú también *uno* de los discípulos de este hombre?

Él contestó: No soy.

¹⁸ Estaban en pie los esclavos y los guardias, pues habían preparado un fuego de brasas y se calentaban, porque había frío. Pedro también estaba con ellos en pie y se calentaba.

Preguntas de Anás

¹⁹ Entonces el sumo sacerdote preguntó a Jesús con respecto a sus discípulos y su enseñanza.

²⁰ Jesús le respondió: **Yo he hablado osadamente al mundo. Siempre enseñé en una congregación y en el Templo, donde se reúnen todos los judíos. Nada hablé en oculto. ²¹ ¿Por qué me preguntas a Mí? Pregunta a los que oyeron lo que les hablé. Ciertamente ellos saben lo que Yo dije.**

²² Cuando Él dijo esto, uno de los guardias le dio una bofetada a Jesús y dijo: ¿Así respondes al sumo sacerdote?

²³ Jesús le respondió: **Si hablé mal, testifica cuál fue el mal, pero si *hablé* bien, ¿por qué me golpeas?**

²⁴ Entonces Anás lo envió atado a Caifás, el sumo sacerdote.

Segunda negación de Pedro

²⁵ Simón Pedro estaba en pie y se calentaba. Así que le dijeron: ¿No eres tú también de sus discípulos? Él *lo* negó: No soy.

²⁶ Uno de los esclavos del sumo sacerdote, pariente de aquel a quien Pedro amputó la oreja, le dijo: ¿No te vi con Él en el huerto?

²⁷ Entonces Pedro *lo* negó otra vez, y en seguida cantó un gallo.

Acusación ante Pilato

²⁸ Entonces llevaron a Jesús desde *la casa de* Caifás a la residencia oficial del gobernador. Era temprano en la mañana. Ellos no entraron en la residencia del gobernador para no contaminarse, a fin de poder comer la pascua.

²⁹ Pilato salió y les preguntó: ¿De qué acusan a este hombre?

³⁰ Respondieron: Si Éste no hubiera hecho mal, no te lo entregaríamos.

³¹ Entonces Pilato les dijo: Tómenlo ustedes y júzguenlo según su Ley. Los judíos respondieron: No nos es lícito matar a alguno.

³² Así se cumplió la Palabra de Jesús Quien predijo cómo iba a morir.

³³ Entonces Pilato entró otra vez en la residencia y llamó a Jesús. Le preguntó: ¿Eres Tú el Rey de los judíos?

³⁴ Jesús *le* respondió: ¿Dices esto por iniciativa propia, o te lo dijeron?

³⁵ Pilato respondió: ¿Yo soy judío? Tu nación y los principales sacerdotes te entregaron a mí. ¿Qué hiciste?

³⁶ Jesús respondió: Mi reino no es de este mundo. Si fuera de este mundo, mis servidores lucharían para que no fuera entregado a los judíos. Pero ahora mi reino no es de aquí.

³⁷ Entonces Pilato le preguntó: ¿Así que Tú eres un rey?

Jesús respondió: Tú dices que soy rey. Yo para esto nací y para esto vine al mundo: para dar testimonio de la Verdad. Todo el que es de la Verdad escucha mi voz.

³⁸ Pilato le preguntó: ¿Qué es verdad? Después de decir esto, salió otra vez a los judíos y les dijo: Yo no hallo delito en Él. ³⁹ Pero es costumbre de ustedes que les suelte a uno en la Pascua. ¿Quieren, pues, que les suelte al Rey de los judíos?

⁴⁰ Entonces gritaron otra vez: ¡No a Éste, sino a Barrabás! Barrabás era un bandido.

Despreciado y desechado

19 ¹ Entonces Pilato tomó a Jesús y *lo* azotó. ² Los soldados trenzaron una corona de espinas, se *la* pusieron sobre su cabeza y lo cubrieron con un manto de color púrpura. ³ Se acercaban a Él y le decían: ¡Honores, Rey de los judíos! Y le daban bofetadas.

⁴ Pilato salió otra vez y les dijo: Aquí se lo traigo. Sepan que no hallo delito en Él.

⁵ Cuando Jesús salió, llevaba la corona de espinas y el manto de púrpura.

Y *Pilato* les dijo: ¡Aquí está el Hombre!

⁶ Al verlo los principales sacerdotes y los guardias gritaron: ¡Crucifícalo! ¡Crucifícalo!

Pilato les dijo: ¡Tómenlo ustedes y crucifíquenlo, pues yo no hallo delito en él!

⁷ Los judíos le respondieron: Nosotros tenemos Ley, y según la Ley tiene que morir, porque se declaró Hijo de Dios.

⁸ Cuando Pilato escuchó esta declaración, tuvo más temor. ⁹ Entró otra vez en la residencia y preguntó a Jesús: ¿De dónde eres Tú?

Pero Jesús no le respondió.

¹⁰ Entonces Pilato le preguntó: ¿No me hablas? ¿No sabes que tengo autoridad para soltarte y para crucificarte?

¹¹ Jesús respondió: Ninguna autoridad tendrías sobre Mí si no te fuera dada de arriba. Por esto, el que me entregó a ti tiene mayor pecado.

¹² Por tanto Pilato procuraba soltarlo. Pero los judíos gritaron: ¡Si sueltas a Éste, no eres amigo de César! ¡Todo el que se proclama rey contradice a César!

¹³ Después de oír estas palabras, Pilato llevó a Jesús afuera y se sentó en un tribunal, en un lugar llamado Enlosado, y en hebreo *Gabbata*. ¹⁴ Eran como las 12 del día de *la* Preparación de la Pascua.

Y *Pilato* dijo a los judíos: ¡Aquí está su Rey!

¹⁵ Por tanto ellos gritaron: ¡Fuera, fuera, crucifícalo!

Pilato les preguntó: ¿Que crucifique a su Rey?

Los sumos sacerdotes respondieron: ¡No tenemos rey sino a César!

Crucifixión

¹⁶ Así que *Pilato* se lo entregó para que lo crucificaran. Entonces se llevaron a Jesús.

¹⁷ Él mismo cargó la cruz y salió hacia el Lugar llamado Calavera, que en hebreo es *Gólgota*. ¹⁸ Allí lo crucificaron, y a otros dos con Él, uno a cada lado, y a Jesús en el medio.

¹⁹ Pilato también escribió y colocó sobre la cruz un letrero: **Jesús nazareno, Rey de los judíos.**

²⁰ Muchos de los judíos leyeron este letrero escrito en hebreo, latín y griego, porque el lugar donde Jesús fue crucificado estaba cerca de la ciudad.

²¹ Los principales sacerdotes de los judíos dijeron a Pilato: No escribas: **Rey de los judíos,** sino aquel que dijo: Soy Rey de los judíos.

²² Pilato respondió: Lo que he escrito está escrito.

²³ Cuando los soldados crucificaron a Jesús, tomaron sus ropas y las repartieron en cuatro partes, una parte para cada soldado, excepto la túnica porque era sin costura tejida por completo desde arriba.

²⁴ Entonces se dijeron unos a otros: No la rasguemos, sino echemos suertes sobre ella *a fin de* saber de quién será, para que se cumpliera la Escritura:
Se repartieron mis ropas entre ellos,
Y sobre mi manto echaron suerte.

Así pues, los soldados hicieron estas cosas.

²⁵ Delante de la cruz de Jesús estaban en pie su madre, la hermana de su madre, María, la *esposa* de Cleofas y María Magdalena.

²⁶ Entonces Jesús, al ver a su madre y al discípulo a quien amaba, que estaba en pie junto a ella, dijo a su madre: **¡Mujer, ahí está tu hijo!**

²⁷ Después dijo al discípulo: **¡Ahí está tu madre!** Desde aquella hora el discípulo la recibió en su hogar.

Muerte del Señor Jesús

²⁸ Después de esto, como Jesús sabía que ya todo se había consumado, para que se cumpliera la Escritura, dijo: **Tengo sed.**

²⁹ Estaba allí una vasija llena de vinagre. Entonces sujetaron alrededor de un hisopo[a] una esponja empapada en vinagre, y la llevaron a su boca.

³⁰ Jesús probó el vinagre y dijo: **Fue consumado.** Al inclinar la cabeza, entregó el espíritu.

Sangre y agua

³¹ Entonces los judíos rogaron a Pilato que se les quebraran las piernas y fueran quitados, por cuanto era el día de *la* Preparación, para que los cuerpos no permanecieran en la cruz en sábado, pues aquel sábado era grande.

³² Los soldados fueron y quebraron las piernas de los dos crucificados con Él. ³³ Pero al llegar a Jesús, como lo vieron ya muerto, no le quebraron las piernas. ³⁴ Sin embargo, uno de los soldados le abrió el costado con su lanza, y al instante salieron sangre y agua.

³⁵ El que vio da testimonio, y su testimonio es verdadero. Él sabe que dijo la verdad, para que también ustedes crean. ³⁶ Porque estas cosas sucedieron para que se cumpliera la Escritura:
No será quebrado hueso suyo.

³⁷ Además otra Escritura dice:
Mirarán al que traspasaron.

---

[a] **19.29** Hisopo: escobilla de cerdas atada a la punta de una varita.

Sepultura del cuerpo de Jesús

³⁸ Después de estas cosas, José de Arimatea, discípulo oculto de Jesús por miedo a los judíos, pidió a Pilato el cuerpo de Jesús. Y Pilato *le* permitió. Fue y se llevó el cuerpo.

³⁹ También llegó Nicodemo, quien visitó a Jesús de noche, y llevó una mezcla de mirra y áloe como de 45 kilogramos.

⁴⁰ Tomaron el cuerpo de Jesús y lo envolvieron en lienzos con las especias aromáticas, según es costumbre de los judíos para sepultar.

⁴¹ En el lugar donde fue crucificado había un jardín y un sepulcro nuevo en el cual nadie había sido puesto. ⁴² Allí pusieron a Jesús por causa de la Preparación de los judíos, porque el sepulcro estaba cerca.

¡Resurrección!

20 ¹ El primer *día* de la semana en la mañana cuando aún había oscuridad, María Magdalena fue a la tumba y vio la piedra quitada del sepulcro. ² Entonces corrió, fue a Simón Pedro y al otro discípulo a quien Jesús amaba y les dijo: ¡Sacaron al Señor del sepulcro, y no sabemos dónde lo pusieron!

³ Pedro salió con el otro discípulo, y se fueron al sepulcro.

⁴ Ambos corrieron, pero el otro discípulo corrió más rápido que Pedro y llegó primero al sepulcro. ⁵ Se agachó y vio las envolturas de lino puestas *allí*, pero no entró.

⁶ También Simón Pedro, quien lo seguía, llegó y entró al sepulcro. Vio las envolturas de lino puestas *allí*, ⁷ y el sudario que estaba sobre su cabeza, no dejado con las envolturas de lino, sino doblado en un lugar aparte.

⁸ Entonces entró también el otro discípulo, el que llegó primero al sepulcro. Vio y creyó. ⁹ Porque aún no habían entendido la Escritura, que le era necesario ser resucitado de entre *los* muertos.

¹⁰ Entonces los discípulos regresaron a los suyos.

Sorpresa para María

¹¹ Pero María lloraba cerca del sepulcro. En medio de su llanto, se inclinó y miró dentro del sepulcro. ¹² Vio a dos ángeles resplandecientes sentados uno a la cabecera y uno a los pies donde había sido puesto el cuerpo de Jesús.

¹³ Ellos le preguntaron: Mujer, ¿por qué lloras?

Ella les contestó: Porque movieron a mi Señor, y no sé dónde lo pusieron.

¹⁴ Cuando dijo esto, se volvió y vio a Jesús, Quien estaba en pie, pero no sabía que era Jesús.

¹⁵ Jesús le dijo: Mujer, ¿por qué lloras? ¿A quién buscas?

Ella, al pensar que era el jardinero, le dijo: Señor, si Tú lo llevaste, dime dónde lo pusiste, y yo lo llevaré.

¹⁶ Jesús le respondió: ¡María!

Ella, al dar la vuelta, le dijo en hebreo: ¡*Rabboni!* que significa Maestro.

¹⁷ Jesús le dijo: No me toques, porque aún no he subido al Padre. Pero vé a mis hermanos y diles: Subo a mi Padre y a su Padre, a mi Dios y a su Dios.

¹⁸ María Magdalena fue a anunciar a los discípulos: ¡Vi al Señor! Y les *informó* que le dijo estas cosas.

Aparición de Jesús a los discípulos

¹⁹ Por la tarde de aquel día, el primero de *la* semana, cuando los discípulos tenían las puertas trancadas a causa del temor a los judíos, Jesús se apareció en medio y les dijo: **Paz a ustedes.** ²⁰ Luego les mostró las manos y el costado. Al ver al Señor, los discípulos se regocijaron.

²¹ Les dijo otra vez: **Paz a ustedes. Como el Padre me envió, Yo también los envío.**

²² Entonces sopló sobre ellos y dijo: **Reciban** *el* **Espíritu Santo.**

²³ A cuantos perdonen los pecados, les fueron perdonados. A cuantos se los retengan, les fueron retenidos.

Ausencia de Tomás

²⁴ Tomás el Dídimo, uno de los 12, no estaba con ellos cuando Jesús apareció. ²⁵ Los otros discípulos le decían: Vimos al Señor. Pero él les respondió: Si no veo la marca de los clavos en sus manos, si no meto mi dedo en el lugar de los clavos, y mi mano en su costado, de ningún modo creeré.

²⁶ Ocho días después, sus discípulos estaban otra vez adentro con las puertas trancadas, y Tomás con ellos. Jesús se apareció en medio de ellos y dijo: **Paz a ustedes.**

²⁷ Luego dijo a Tomás: **Pon aquí tu dedo y mira mis manos. Extiende tu mano y métela en mi costado. No seas incrédulo, sino creyente.**

²⁸ Tomás respondió: ¡Señor mío y Dios mío!

²⁹ Jesús le preguntó: **¿Porque me has visto, has creído? Inmensamente felices los que no vieron y creyeron.**

Propósito del libro

³⁰ Jesús también hizo muchas otras señales en presencia de los discípulos, las cuales no están escritas en este rollo. ³¹ Pero éstas fueron escritas para que crean que Jesús es el Cristo, el Hijo de Dios, y para que al creer, tengan vida en su Nombre.

Una gran pesca

21 ¹ Después de esto, Jesús apareció otra vez a los discípulos junto al mar de Tiberias.

Apareció de esta manera: ² Estaban juntos Simón Pedro, Tomás el Dídimo, Natanael el de Caná de Galilea, los *hijos* de Zebedeo y otros dos de sus discípulos.

³ Simón Pedro les dijo: **Voy a pescar.**

Le respondieron: Vamos también contigo.

Entraron en la barca, pero aquella noche nada pescaron.

⁴ Al amanecer, Jesús apareció en la playa. Sin embargo, los discípulos no sabían que era Jesús.

⁵ Entonces Jesús les preguntó: **Hijitos, ¿tienen algo para comer?**

Le respondieron: No.

⁶ Él les dijo: **Echen la red a la derecha de la barca y hallarán.**

La echaron y ya no podían arrastrarla por la gran cantidad de peces *que contenía.*

⁷ Entonces el discípulo a quien Jesús amaba, dijo a Pedro: ¡Es el Señor!

Cuando Simón Pedro oyó: Es el Señor, se ató el manto externo, pues se había despojado de él, y se lanzó al mar.

⁸ Los otros discípulos llegaron en la barquilla y arrastraban la red de los peces, pues estaban como a 90 metros de la tierra. ⁹ Al desembarcar, vieron brasas con un pescado encima, y pan.

¹⁰ Jesús les ordenó: **Traigan unos peces de los que acaban de pescar.**

¹¹ Simón Pedro subió y arrastró la red llena de grandes peces a tierra. Eran 153. Aunque eran tantos, la red no se rompió.

¹² Jesús les dijo: **Vengan, coman.**

Al entender que era el Señor, ninguno de los discípulos se atrevía a preguntarle: ¿Quién eres Tú?

¹³ Entonces Jesús tomó el pan y el pescado y les dio.

¹⁴ Ésta fue la tercera vez que Jesús se manifestó a los discípulos después de ser resucitado de entre *los* muertos.

Conversación con Pedro

¹⁵ Cuando desayunaron Jesús le preguntó a Simón Pedro: **Simón,** *hijo* **de Juan, ¿me amas más que éstos?**

Le respondió: Sí, Señor, Tú sabes que te tengo afecto.

Le dijo: **Apacienta mis corderos.**

¹⁶ Otra vez le preguntó: **Simón,** *hijo* **de Juan, ¿me amas?**

Le respondió: Sí, Señor, Tú sabes que te tengo afecto.

Le dijo: **Pastorea mis ovejas.**

¹⁷ Le preguntó la tercera vez: **Simón,** *hijo* **de Juan, ¿me tienes afecto?**

Pedro se entristeció porque le preguntó la tercera vez: ¿me tienes afecto? Y le respondió: Señor, Tú sabes que te tengo afecto. Tú conoces todas las cosas.

Le dijo: **Apacienta mis ovejas.** ¹⁸ **En verdad, en verdad te digo: Cuando eras más joven, te vestías y caminabas a donde querías. Pero cuando envejezcas, extenderás tus manos, te vestirá otro y te llevará a donde no quieres.**

¹⁹ Esto dijo para dar a entender cómo glorificaría a Dios con su muerte. Luego le ordenó: **Sígueme.**

Destino del discípulo amado

²⁰ Pedro se volvió y vio que los seguía el discípulo a quien Jesús amaba, el que en la cena se reclinó a su lado y preguntó: Señor, ¿quién es el que te entrega?

²¹ Entonces al verlo Pedro, le preguntó a Jesús: Señor, ¿y qué *dices* de éste?

²² Jesús le contestó: **Si lo quiero dejar hasta que venga, ¿qué te importa? Sígueme tú.**

²³ Entre los hermanos salió el comentario que ese discípulo no moriría. Pero Jesús no le dijo: No morirás, sino: Si lo quiero dejar hasta que venga.

²⁴ Éste es el discípulo que da testimonio de estas cosas y quien las escribió. Y sabemos que su testimonio es verdadero.

²⁵ También Jesús hizo muchas otras cosas, las cuales, si se escribieran una por una, supongo que en el mundo no cabrían los rollos escritos.

Hechos

La promesa del Padre

1 ¹ En el primer relato, oh Teófilo, escribí con respecto a las cosas que Jesús hizo y enseñó desde el comienzo ² hasta el día cuando dio órdenes por el Espíritu Santo a los apóstoles que escogió, y ascendió. ³ Después de padecer Él, se les apareció vivo con muchas pruebas durante 40 días y les hablaba sobre el reino de Dios.

⁴ Se reunieron y les mandó que no salieran de Jerusalén, sino que esperaran la promesa del Padre que Él les anunció: ⁵ **Porque Juan ciertamente bautizó con agua, pero ustedes serán bautizados con el Espíritu Santo dentro de unos días.**

Ascensión del Señor Jesús

⁶ Los reunidos le preguntaban: Señor, ¿restauras el reino a Israel en este tiempo?

⁷ Les respondió: **A ustedes no les corresponde saber los tiempos o las épocas que el Padre estableció en su propia jurisdicción. ⁸ Pero cuando venga el Espíritu Santo sobre ustedes, me serán testigos primero en Jerusalén, toda Judea, Samaria y hasta lo último de la tierra.**

⁹ Después de decir esto, mientras ellos lo miraban, fue levantado, y una nube lo ocultó de sus ojos.

¹⁰ Mientras miraban fijamente que Él ascendía al cielo, les llegaron dos varones con ropas blancas, ¹¹ quienes les preguntaron: Varones galileos, ¿por qué miran al cielo? Este Jesús, Quien fue tomado de ustedes al cielo, vendrá así como lo contemplaron al ascender.

Supuesto sucesor de Judas

¹² Entonces regresaron a Jerusalén de la Montaña de Los Olivos, la cual está cerca de Jerusalén, que tiene camino de un sábado.[a] ¹³ Al entrar en la ciudad, subieron al aposento alto donde estaban hospedados Pedro, Juan, Jacobo, Andrés, Felipe, Tomás, Bartolomé, Mateo, Jacobo, *hijo* de Alfeo, Simón el Zelote y Judas, *hermano* de Jacobo. ¹⁴ Todos éstos estaban dedicados con propósito a la conversación con Dios, con *algunas* mujeres, y María, la madre de Jesús, y los hermanos de Él.

¹⁵ Los reunidos eran como 120. En esos días, Pedro dijo a sus hermanos: ¹⁶ Varones hermanos, fue necesario que se cumpliera la Escritura que el

---

[a] **1.12** *Como un kilómetro de distancia.*

Espíritu Santo predijo por boca de David con respecto a Judas, quien fue guía de los que arrestaron a Jesús, ¹⁷ porque era uno de nosotros y participaba en este ministerio.

¹⁸ Éste compró un campo con el pago por su iniquidad. *Allí* cayó de cabeza, reventó por el medio y se le derramaron todos sus órganos internos. ¹⁹ Esto lo supieron todos los que viven en Jerusalén, de modo que aquel campo se llama en su propia lengua *Acéldama*, es decir, Campo de Sangre.

²⁰ En un rollo de salmos está escrito:
Sea desierta su morada,
Y no haya quien viva en ella.
　Y:
Tome otro su oficio.

²¹ Es necesario, pues, que de los varones que anduvieron con nosotros durante todo el tiempo cuando el Señor Jesús estuvo entre nosotros, ²² a partir del bautismo de Juan hasta el día cuando fue tomado arriba de entre nosotros, uno de éstos sea testigo con nosotros de su resurrección.

²³ Propusieron a dos: a José, llamado Barsabás, a quien apodaban Justo, y a Matías. ²⁴ Después de hablar con Dios, dijeron: *Tú*, Señor, conocedor de los corazones de todos, muestra a quién de estos dos te escogiste ²⁵ para tomar el lugar en este ministerio y apostolado, del cual cayó Judas para irse a su propio lugar.

²⁶ Les echaron suertes. La suerte cayó sobre Matías y fue incorporado con los 11 apóstoles.

Día de Pentecostés

2 ¹ Cuando se cumplió el día de Pentecostés, estaban todos reunidos en un lugar. ² De repente vino del cielo un estruendo, como una ráfaga de viento impetuoso que llenó toda la casa donde estaban sentados. ³ Se les distribuyeron lenguas[a] como de fuego que posaron sobre cada uno de ellos. ⁴ Todos fueron llenos del Espíritu Santo, y comenzaron a hablar en diferentes lenguas, según el Espíritu les concedía hablar.

⁵ Había varones judíos piadosos que vivían en Jerusalén procedentes de toda nación bajo el cielo. ⁶ Después de este estruendo, la multitud concurrió. Se confundió, porque oían que cada uno les hablaba en su propia lengua.

⁷ Se maravillaban. Se asombraban y decían: Observen, ¿no son galileos todos estos que hablan? ⁸ ¿Cómo, pues, los oímos, cada uno de nosotros, en nuestra propia lengua con la cual nacimos: ⁹ partos, medos, elamitas y los que habitamos Mesopotamia, Judea y también Capadocia, Ponto y Asia, ¹⁰ Frigia, Panfilia, Egipto y las regiones de Libia frente a Cirene, y los forasteros

---
[a] **2.3** En un sentido lengua es sinónimo de idioma.

romanos, ¹¹ tanto judíos como prosélitos, cretenses y árabes, los oímos que hablan en nuestras lenguas las maravillosas obras de Dios?

¹² Estaban todos asombrados y perplejos. Se preguntaban unos a otros: ¿Qué significa esto?

¹³ Otros, en son de burla, decían: ¡Están embriagados!

Primer mensaje de Pedro

¹⁴ Entonces Pedro, se puso en pie con los 11, alzó su voz y les declaró: Varones judíos y todos los que viven en Jerusalén: ¡Sepan esto y escuchen mis palabras! ¹⁵ Porque éstos no están ebrios como ustedes piensan, pues son las nueve de la mañana.

¹⁶ Pero esto es lo dicho por medio del profeta Joel:
¹⁷ Acontecerá en los últimos días, dice Dios, que derramaré de mi Espíritu sobre toda persona. Sus hijos y sus hijas profetizarán, sus jóvenes tendrán visiones, sus ancianos tendrán sueños. ¹⁸ Ciertamente sobre mis esclavos y sobre mis esclavas derramaré de mi Espíritu en aquellos días y profetizarán. ¹⁹ Haré prodigios arriba en el cielo, y señales milagrosas abajo en la tierra, sangre, fuego y vapor de humo. ²⁰ El sol se convertirá en oscuridad, y la luna en sangre antes que venga *el* día grande y glorioso del Señor. ²¹ Sucederá que todo aquel que invoque el Nombre del Señor será salvo.

²² Varones israelitas, escuchen estas palabras: A Jesús nazareno, hombre recomendado por Dios entre ustedes con milagros, prodigios y señales milagrosas, que Dios hizo por medio de Él entre ustedes, como ustedes saben, ²³ a Éste, Quien fue entregado por el designio determinado y *el* conocimiento anticipado de Dios, lo clavaron, lo mataron por medio de manos inicuas, ²⁴ a Quien Dios resucitó y desató de las garras de la muerte, porque era imposible que Él fuera retenido bajo su dominio.

²⁵ Porque David dice con respecto a Él:
Veía al Señor continuamente delante de Mí,
Pues está a mi mano derecha para que no sea conmovido.
²⁶ Por esto, mi corazón se alegró y mi lengua se regocijó,
Y aun mi cuerpo también descansará con esperanza,
²⁷ Pues no abandonará mi alma en el sepulcro,
Ni permitirá que su Santo pase a corrupción.
²⁸ Me dio a conocer *el* camino de vida,
Me llenará de gozo con su presencia.

²⁹ Varones hermanos, les puedo decir con confianza en cuanto al patriarca David, que no solo murió, sino también fue sepultado, y su sepulcro está con nosotros hasta hoy. ³⁰ Pero, como era profeta, sabía que Dios le juró sentar en su trono a uno de sus descendientes.

³¹ Después de preverlo, habló sobre la resurrección de Cristo, que no fue dejado en *el* sepulcro, ni su cuerpo pasó a corrupción. ³² Dios resucitó a este Jesús. De esto todos nosotros somos testigos.

³³ Así que, exaltado a la mano derecha de Dios, y después de recibir del Padre la promesa del Espíritu Santo, derramó esto que ustedes ven y oyen.

³⁴ Porque David no subió a los cielos. Pero él mismo declaró:
Dijo *el* Señor a mi Señor:
Siéntate a mi mano derecha,
³⁵ Hasta que ponga a tus enemigos como estrado de tus pies.

³⁶ Casa de Israel, sepa sin duda que a este Jesús, a Quien ustedes crucificaron, Dios lo constituyó Señor y Cristo.

Los primeros convertidos

³⁷ Al oír esto, les remordió el corazón y dijeron a Pedro y a los otros apóstoles: Varones hermanos, ¿qué haremos?

³⁸ Y Pedro les *respondió*: ¡Cambien de mente y bautícese cada uno de ustedes en el Nombre de Jesucristo para perdón de sus pecados, y recibirán el Don del Santo Espíritu! ³⁹ Porque para ustedes es la promesa, para sus hijos, para todos los que están lejos y para cuantos llame el Señor nuestro Dios.

⁴⁰ Con muchas otras palabras testificaba solemnemente y exhortaba: ¡Sálvense de esta perversa generación!

⁴¹ Así que, los que recibieron su palabra fueron bautizados, y en aquel día se añadieron como 3.000 personas. ⁴² Perseveraban en la enseñanza de los apóstoles, la comunión, el partimiento del pan y las conversaciones con Dios.

⁴³ Vino temor a toda persona.

Los apóstoles hacían muchos prodigios y señales milagrosas.

⁴⁴ Todos los que creían estaban juntos y tenían todas las cosas en común. ⁴⁵ Vendían las propiedades y posesiones, y las distribuían según la necesidad de cada uno. ⁴⁶ Perseveraban unánimes cada día en el Templo. Partían *el* pan de casa en casa y compartían alimento con alegría y sencillez de corazón.

⁴⁷ Alababan a Dios y tenían gracia con todo el pueblo.

El Señor les añadía cada día los que eran salvos.

Curación para un cojo

3 ¹ Pedro y Juan subían al Templo a las tres de la tarde, hora de hablar con Dios.

² Cada día llevaban un hombre cojo de nacimiento a la puerta del Templo llamada La Hermosa, para que pidiera limosna a los que entraban. ³ El cojo, al ver a Pedro y Juan que iban a entrar al Templo, rogaba que le dieran una limosna.

⁴ Pedro, con Juan, fijó sus ojos en él y le dijo: ¡Míranos!

⁵ Y él les puso atención y esperaba recibir algo de ellos.

⁶ Pedro le dijo: No tengo plata ni oro, pero te doy lo que tengo. En el Nombre de Jesucristo de Nazaret, ¡levántate y anda! ⁷ Lo tomó de la mano derecha, lo levantó y de inmediato sus pies y tobillos se fortalecieron.

⁸ Saltó, se puso en pie y comenzó a caminar. Entró con ellos al Templo y andaba, saltaba y alababa a Dios.

⁹ Todo el pueblo vio que andaba y alababa a Dios, ¹⁰ y reconocían que éste era el que se sentaba para pedir limosna en la puerta La Hermosa del Templo. Se llenaron de admiración y asombro por lo que sucedió.

Segundo mensaje de Pedro

¹¹ Mientras él tenía agarrados a Pedro y a Juan, todo el pueblo, asombrado, corrió con prisa hacia el Patio de Salomón.

¹² Al ver esto Pedro, se dirigió al pueblo: Varones israelitas, ¿por qué se maravillan de esto? ¿Por qué nos miran a nosotros, como si por nuestro poder o piedad lo hubiéramos hecho andar?

¹³ El Dios de Abraham, Isaac y Jacob, el Dios de nuestros antepasados, glorificó a su Siervo Jesús, a Quien, en presencia de Pilato, después que éste decidió libertarlo, ustedes rechazaron y entregaron. ¹⁴ Pero ustedes negaron al Santo y Justo, pidieron que les fuera concedido un hombre homicida ¹⁵ y mataron al Originador de la vida, a Quien Dios resucitó de entre *los* muertos, de lo cual nosotros somos testigos.

¹⁶ Por la fe en el Nombre de Él, *el Señor* fortaleció a éste que ven y conocieron. La fe en el Nombre de Él, le dio esta completa sanidad delante de todos ustedes.

¹⁷ Ahora, hermanos, entiendo que ustedes obraron por ignorancia, como también sus gobernantes, ¹⁸ pero Dios cumplió así lo que predijo por medio de todos los profetas: que su Cristo debía padecer.

¹⁹ Por tanto, cambien de mente y den la vuelta *hacia Dios*, para que sean borrados sus pecados, ²⁰ y que de la presencia del Señor vengan tiempos de refrigerio, y les envíe a Cristo Jesús Quien fue antes Anunciado, ²¹ Quien ciertamente debe permanecer en el cielo hasta los tiempos de *la* restauración de todas las cosas, de las que Dios habló desde tiempo antiguo por medio de sus santos profetas.

²² Moisés en verdad dijo:
El Señor su Dios les levantará un Profeta de entre sus hermanos como yo. Todas las cosas que les hable las escucharán de Él. ²³ Sucederá que cualquiera persona que no escuche a aquel Profeta será eliminada del pueblo.

²⁴ De igual modo todos los profetas desde Samuel y cuantos sucesivamente hablaron, anunciaron estos días. ²⁵ Ustedes son los hijos de los profetas y del Pacto que Dios decretó a nuestros antepasados, cuando dijo a Abraham: En tu descendencia serán benditas todas las familias de la tierra.

²⁶ Después de resucitar a su Siervo, Dios lo envió primeramente a ustedes para bendecirlos, y dio a cada uno el entendimiento para apartarse de sus maldades.

Pedro y Juan ante el Tribunal Supremo

4 ¹ Mientras ellos hablaban al pueblo, llegaron *los* sacerdotes, el jefe de la guardia del Templo y los saduceos. ² Estaban muy enojados porque ellos proclamaban al pueblo la resurrección de entre *los* muertos por medio de Jesús. ³ Los detuvieron y, como ya era tarde, los pusieron bajo custodia hasta el día siguiente. ⁴ Muchos de los que oyeron la Palabra creyeron, de los cuales como 5.000 fueron varones.

⁵ Al día siguiente se reunieron en Jerusalén los magistrados, los ancianos, los escribas, ⁶ y Anás, sumo sacerdote, Caifás, Juan, Alejandro y todos los del linaje de los sumos sacerdotes. ⁷ Los pusieron en medio y les preguntaron: ¿Con cuál autoridad o en nombre de quién hicieron esto?

⁸ Entonces Pedro, lleno del Espíritu Santo, les respondió: Gobernantes del pueblo y ancianos: ⁹ Se nos interroga con respecto al beneficio hecho a un hombre enfermo: ¿cómo fue sanado? ¹⁰ Sepan todos ustedes y todo el pueblo de Israel, que por el Nombre de Jesucristo de Nazaret, a Quien ustedes crucificaron, a Quien Dios resucitó, este *hombre* está sano delante de ustedes. ¹¹ Éste *Jesús* es
La Piedra desechada por ustedes los constructores,
La cual *se* convirtió en Cabeza de ángulo.

¹² En ningún otro hay salvación, porque no hay otro nombre bajo el cielo dado a *los* hombres, en Quien tenemos que ser salvos.

¹³ Cuando percibieron la osadía de Pedro y Juan, y pensaron que eran hombres iliteratos y no educados, se asombraban y reconocían que habían estado con Jesús. ¹⁴ Al ver al hombre sanado en pie con ellos, nada podían replicar.

¹⁵ Les ordenaron que salieran del Tribunal Supremo y discutían: ¹⁶ ¿Qué haremos a estos hombres? Porque ciertamente una notable señal milagrosa sucedió por medio de ellos, visible a todos los que habitan Jerusalén, y no se puede negar.

¹⁷ Sin embargo, para que no se divulgue más hacia el pueblo, amenacémoslos a fin de evitar que hablen más en este Nombre a alguno.

¹⁸ Los llamaron y *les* ordenaron que en absoluto no proclamaran ni enseñaran en el Nombre de Jesús.

¹⁹ Pedro y Juan respondieron: Juzguen si es justo delante de Dios escucharlos a ustedes y no a Él, ²⁰ porque nosotros no podemos callar lo que vimos y oímos.

²¹ Entonces ellos, al no hallar cómo castigarlos por causa del pueblo, los amenazaron aún más y los soltaron. Todos glorificaban a Dios por lo sucedido, ²² porque el hombre en quien ocurrió este milagro de la curación tenía más de 40 años.

El poder de la conversación con Dios

²³ Cuando los soltaron, fueron a los suyos e informaron todo lo que les dijeron los principales sacerdotes y los ancianos. ²⁴ Después de escucharlos, alzaron *la* voz unánimes a Dios: Soberano, Tú que hiciste el cielo, la tierra, el mar y todo lo que hay en ellos, ²⁵ que dijiste por *el* Espíritu Santo a tu esclavo, nuestro antepasado David:
¿Por qué se amotinan las gentes,
Y los pueblos maquinan cosas vanas?
²⁶ Se levantaron los reyes de la tierra,
Y sus gobernantes consultaron unidos
Contra el Señor y contra su Ungido.

²⁷ Porque en verdad Herodes y Poncio Pilato se reunieron con gentiles y pueblos de Israel en esta ciudad contra tu santo Siervo Jesús, a Quien ungiste ²⁸ para hacer cuanto tu mano y designio predestinaron para que sucediera. ²⁹ Ahora Señor, mira sus amenazas y concede a tus esclavos que hablen tu Palabra con toda osadía. ³⁰ Extiende tu mano para que se realicen sanidades, señales milagrosas y prodigios por medio del Nombre de tu santo Siervo Jesús.

³¹ Después de hablar ellos con Dios, tembló el lugar donde estaban reunidos, y todos fueron llenos del Espíritu Santo y hablaban con osadía la Palabra de Dios.

Prácticas de los primeros creyentes

³² La congregación de los que creyeron tenía un corazón y un alma. Ninguno decía que poseía algo, sino todas las cosas les eran de propiedad común. ³³ Los apóstoles daban el testimonio de la resurrección del Señor Jesús con gran poder, y había abundante gracia sobre todos ellos. ³⁴ Porque no había algún empobrecido entre ellos, pues quienes tenían tierras o casas las vendían y colocaban el valor de lo vendido ³⁵ a los pies de los apóstoles. Era distribuido a cada uno según su necesidad.

Bernabé

³⁶ José, un levita chipriota llamado por los apóstoles Bernabé, que significa hijo de consolación, ³⁷ quien tenía un campo, lo vendió y llevó el dinero a los apóstoles.

Ananías y Safira

5 ¹ Pero un hombre llamado Ananías y su esposa Safira vendieron una posesión. ² A sabiendas de su esposa, sustrajo *una porción* del valor y llevó el resto a los apóstoles.

³ Pedro le preguntó: Ananías, ¿por qué llenó Satanás tu corazón para que mientas al Espíritu Santo, y te quedes con *una parte* del valor de la posesión? ⁴ ¿No era tuya *la posesión*? Y al venderla, ¿no era tuyo el dinero? ¿Por qué decidiste hacer esto? No mentiste a hombres, sino a Dios.

⁵ Al oír Ananías estas palabras, cayó muerto.

Y vino un gran temor sobre todos los que lo supieron.

⁶ Cuando aparecieron los jóvenes, lo envolvieron en una sábana para cadáveres, *lo* sacaron y *lo* sepultaron.

⁷ Como tres horas más tarde su esposa llegó, sin saber lo ocurrido.

⁸ Pedro la enfrentó: Dime, ¿vendieron por tanto la parcela?

Ella contestó: Sí, por tanto.

⁹ Pedro le preguntó: ¿Por qué acordaron tentar al Espíritu del Señor? Ahí están en la puerta los que sepultaron a tu esposo y te sacarán.

¹⁰ De inmediato cayó muerta a sus pies.

Los jóvenes entraron y la hallaron muerta. La sacaron y la sepultaron junto a su esposo.

¹¹ Vino un gran temor sobre toda la iglesia y los que oyeron esto.

Milagros y prodigios

¹² Los apóstoles realizaban muchas señales milagrosas y prodigios entre el pueblo, y estaban todos unánimes en el Patio de Salomón.

¹³ Pero ninguno del pueblo se atrevía a estar con ellos. Sin embargo, el pueblo los alababa muchísimo. ¹⁴ Se añadían muchos más que creían en el Señor, hombres y mujeres, ¹⁵ tanto que aun sacaban a los enfermos a las calles en catres y camillas para que al pasar Pedro, al menos su sombra cubriera a alguno de ellos.

¹⁶ También de ciudades circunvecinas de Jerusalén se reunía la multitud, y llevaban enfermos y atormentados por espíritus impuros. Todos eran sanados.

Oposición contra Pedro y Juan

¹⁷ El sumo sacerdote se levantó con todos sus compañeros, quienes eran de la secta de los saduceos, se llenaron de envidia, ¹⁸ detuvieron a los apóstoles y los pusieron en custodia pública.

¹⁹ Pero un ángel del Señor, quien abrió las puertas de la cárcel, los sacó y *les* dijo: ²⁰ Vayan. Puestos en pie en el Templo, hablen al pueblo todas las Palabras de esta Vida.

²¹ Escucharon esto, entraron al amanecer en el Templo y enseñaban.

Al aparecer el sumo sacerdote y sus compañeros, convocaron al Tribunal Supremo y a todo el Consejo de Ancianos de los hijos de Israel. Enviaron órdenes a la cárcel para que los llevaran.

²² Pero al llegar los alguaciles, no los hallaron en la cárcel. Regresaron e informaron: ²³ Hallamos la cárcel cerrada con toda seguridad y a los centinelas de pie ante las puertas, pero a nadie hallamos adentro.

²⁴ Cuando el jefe de la guardia del Templo y los principales sacerdotes oyeron estas palabras, estaban muy perplejos en cuanto a qué significaría esto.

²⁵ Entonces llegó uno que les informó: Miren, los hombres que fueron puestos en la cárcel están en el Templo y enseñan al pueblo.

²⁶ Luego el jefe de la guardia, quien fue con los alguaciles, los conducía sin violencia, porque temía que fueran apedreados por el pueblo.

²⁷ Los presentaron en el Tribunal Supremo, y el sumo sacerdote los interrogó: ²⁸ Les mandamos estrictamente que no enseñen en ese Nombre. Pero han llenado a Jerusalén de su enseñanza y quieren traer sobre nosotros la sangre de ese Hombre.

²⁹ Pedro y los apóstoles respondieron: Tenemos que obedecer a Dios y no a hombres. ³⁰ El Dios de nuestros antepasados resucitó a Jesús, a Quien ustedes colgaron en un madero y lo mataron. ³¹ Dios exaltó a Éste a su mano derecha como Príncipe y Salvador para dar a Israel cambio de mente y perdón de pecados. ³² Nosotros somos testigos de estas cosas, y también el Espíritu Santo, a Quien Dios derramó sobre los que le obedecen.

³³ Pero cuando ellos oyeron esto, se enfurecieron profundamente y quisieron matarlos.

Intervención de Gamaliel

³⁴ Se levantó en el Tribunal Supremo un fariseo y maestro de la Ley llamado Gamaliel, respetado por todo el pueblo, y ordenó que sacaran a los apóstoles del recinto brevemente.

³⁵ Les dijo: Varones israelitas, tengan cuidado de ustedes mismos con respecto a lo que van a hacer a estos hombres. ³⁶ Porque hace un tiempo surgió Teudas y dijo que él era alguien, a quien se unió un número como de 400 hombres. Éste fue muerto. Todos los que le obedecían fueron dispersados y se redujeron a nada.

³⁷ Después de éste surgió Judas el galileo en los días del censo, e incitó a muchos para que lo siguieran. También él fue asesinado, y sus seguidores se dispersaron.

³⁸ Les digo con respecto a lo de ahora: No tomen en cuenta a estos hombres y déjenlos, porque si esta decisión o esta obra es de hombres, se desvanecerá. ³⁹ Pero si es de Dios, no podrán destruirlos, no sea que también se descubra que luchan contra Dios.

Y fueron persuadidos por él.

⁴⁰ Llamaron a los apóstoles, los azotaron, les ordenaron no hablar en el Nombre de Jesús, y los soltaron.

⁴¹ Ellos salieron de la presencia del Tribunal Supremo regocijados porque fueron considerados dignos de sufrir por el Nombre.

⁴² Cada día en el Templo y de casa en casa, no cesaban de enseñar y proclamar: Jesús es el Cristo.

Primeros diáconos

6 ¹ En aquellos días, cuando aumentaron los discípulos, los helenistas murmuraron contra los hebreos, porque sus viudas eran desatendidas en el servicio diario.

² Los 12 convocaron a la multitud de los discípulos y dijeron: No es conveniente que nosotros descuidemos la Palabra de Dios para servir a las mesas. ³ Por tanto, hermanos, busquen de entre ustedes a siete varones aprobados, llenos del Espíritu y de sabiduría, a quienes encarguemos este servicio, ⁴ y nosotros continuaremos la conversación con Dios y *el* ministerio de la Palabra.

⁵ La propuesta agradó a toda la multitud, y eligieron a Esteban, varón lleno de fe y de Espíritu Santo, a Felipe, Prócoro, Nicanor, Timón, Pármenas y a Nicolás, un prosélito de Antioquía, ⁶ a quienes presentaron ante los apóstoles. Ellos hablaron con Dios y les impusieron las manos.

⁷ La Palabra de Dios se extendía. El número de los discípulos se multiplicaba mucho en Jerusalén y un gran número de los sacerdotes obedecían a la fe.

Ministerio de Esteban

⁸ Esteban, lleno de gracia y poder, realizaba prodigios y grandes señales milagrosas entre el pueblo.

⁹ Pero algunos de la Congregación de Libertos: cireneos, alejandrinos y otros de Cilicia y Asia, *se levantaron* para disputar con Esteban. ¹⁰ Pero no podían resistir la sabiduría y al espíritu con el cual hablaba.

¹¹ Entonces sobornaron a unos hombres que dijeron: Lo oímos cuando hablaba palabras blasfemas contra Moisés y Dios.

¹² Alborotaron al pueblo, a los ancianos y a los escribas. Cayeron sobre él, lo arrebataron y lo llevaron al Tribunal Supremo. ¹³ Presentaron testigos falsos que dijeron: Este hombre no cesa de hablar palabras contra el Lugar Santo y la Ley. ¹⁴ Porque lo oímos cuando dijo que este Jesús nazareno destruirá este lugar y cambiará las costumbres que Moisés nos transmitió.

¹⁵ Cuando lo miraban, todos los que estaban sentados en el Tribunal Supremo vieron su rostro como si fuera un ángel.

Declaración de Esteban

7 ¹ Entonces el sumo sacerdote preguntó: ¿Es esto cierto?

² Y él respondió: Varones hermanos y padres, oigan: El Dios de la gloria apareció a nuestro padre Abraham en Mesopotamia, antes de él vivir en Harán, ³ y le dijo:

Sal de tu tierra y de tu parentela, y vé a la tierra que te muestre.

⁴ Salió de *la* tierra de *los* caldeos y vivió en Harán. De allí, después de morir su padre, *Dios* lo trasladó a esta tierra donde ustedes viven ahora. ⁵ Pero no le dio herencia en ella, ni siquiera 30 centímetros. Aunque no tenía hijo, le prometió darla en posesión a él y a su descendencia.

⁶ Dios le dijo:

Tus descendientes vivirán como extranjeros en una tierra ajena por 400 años, y la esclavizarán y maltratarán. ⁷ Pero Yo juzgaré, dijo Dios, a la nación a la cual servirán como esclavos. Después de esto, saldrán y me servirán en este lugar.

⁸ Hizo con él un Pacto de circuncisión. Así engendró a Isaac y lo circuncidó al octavo día. Isaac *engendró* a Jacob, y Jacob a los 12 patriarcas. ⁹ Los patriarcas por envidia hacia José, lo vendieron para Egipto.

Pero Dios estaba con él ¹⁰ y lo libró de todas sus aflicciones. Le dio gracia y sabiduría delante de Faraón, rey de Egipto, quien lo designó gobernador sobre Egipto y toda su casa.

¹¹ Entonces en todo Egipto y Canaán vino una hambruna y una gran aflicción, y nuestros antepasados no hallaban alimento. ¹² Pero cuando Jacob supo que había alimento en Egipto, envió primero a nuestros antepasados. ¹³ En la segunda ocasión, José se dio a conocer a sus hermanos, y el linaje de José fue declarado a Faraón. ¹⁴ José llamó a su padre Jacob y a toda su parentela, en número de 75 personas.

¹⁵ Así que Jacob bajó a Egipto, y murieron él y nuestros antepasados. ¹⁶ Sus restos fueron trasladados a Siquem y puestos en el sepulcro que Abraham compró por precio de plata a los hijos de Hamor en Siquem.

¹⁷ Pero cuando vino el tiempo de la promesa que Dios juró a Abraham, el pueblo crecía y se multiplicaba en Egipto, ¹⁸ hasta que surgió otro rey que no conocía a José. ¹⁹ Éste trató con astucia a nuestro linaje y maltrató a los antepasados pues los obligó a que expusieran a sus bebés a la intemperie, a fin de que no sobrevivieran.

²⁰ En aquel tiempo nació Moisés, y fue agradable a Dios. Fue criado tres meses en la casa del padre. ²¹ Pero cuando él fue expuesto, la hija de Faraón lo recogió y lo crió para ella como hijo. ²² Moisés fue educado en toda *la* sabiduría de *los* egipcios y era poderoso en sus palabras y obras.

²³ Cuando cumplió 40 años, le vino al corazón visitar a sus hermanos, los hijos de Israel. ²⁴ Al ver a uno que era tratado injustamente, mató al egipcio y vengó al oprimido. ²⁵ Suponía entonces que sus hermanos entendían que Dios les daba salvación por medio de él, pero ellos no entendieron.

²⁶ Al día siguiente se presentó a *unos de* ellos que se peleaban. Los reconciliaba en paz y decía: Varones, son hermanos. ¿Por qué se maltratan el uno al otro?

²⁷ Pero el que maltrataba a su prójimo lo empujó y dijo: ¿Quién te designó gobernante y juez sobre nosotros? ²⁸ ¿Quieres tú matarme como mataste ayer al egipcio?

²⁹ Ante esta declaración, Moisés huyó al extranjero, a tierra de Madián, donde engendró dos hijos.

³⁰ Transcurridos 40 años, le apareció un ángel en la región despoblada de la montaña Sinaí, en *la* llama de fuego de una zarza. ³¹ Cuando Moisés la vio, admiraba la visión. Al acercarse para observar, oyó una voz del Señor: ³² Yo soy el Dios de tus antepasados, el Dios de Abraham, Isaac y Jacob.

Moisés quedó aterrado y no *se* atrevía a mirar.

³³ El Señor le dijo:

Quita las sandalias de tus pies, porque el lugar donde estás es tierra santa. ³⁴ Ciertamente he visto la aflicción de mi pueblo en Egipto, escuché su gemido y descendí a librarlos. Ahora ven, te enviaré a Egipto.

³⁵ A este Moisés, a quien rechazaron y dijeron: ¿Quién te designó gobernante y juez? Dios lo envió como gobernante y redentor por medio de un ángel que le apareció en la zarza. ³⁶ Éste los sacó por medio de prodigios y señales milagrosas en la tierra de Egipto, en el mar Rojo y en el desierto durante 40 años. ³⁷ Éste es el Moisés que dijo a los hijos de Israel:
Dios les levantará profeta de entre sus hermanos, como a mí.

⁳⁸ Éste fue quien estuvo con la congregación en el desierto, con el Ángel que le hablaba en la montaña Sinaí y con nuestros antepasados, quien recibió Palabras vivientes para darnos.

³⁹ Nuestros antepasados no *le* obedecieron, sino *lo* rechazaron. En sus corazones se volvieron a Egipto ⁴⁰ y dijeron a Aarón: ¡Haznos dioses que vayan delante de nosotros, porque este Moisés quien nos sacó de *la* tierra de Egipto, no sabemos qué le pasó! ⁴¹ En aquellos días hicieron un becerro, ofrecieron sacrificio al ídolo y se regocijaron en las obras de sus manos.

⁴² Pero Dios desistió y los entregó a rendir culto al ejército del cielo, como está escrito en el rollo de los profetas:
¿Oh casa de Israel, me ofrecieron ofrendas y sacrificios en el desierto por 40 años? ⁴³ Mas bien llevaron el tabernáculo de Moloc y la estrella del dios Renfán, las imágenes que hicieron para adorarlas. Los deportaré, pues, más allá de Babilonia.

⁴⁴ Nuestros antepasados tenían el Tabernáculo del Testimonio en el desierto, como ordenó el que hablaba a Moisés para hacerlo según el modelo que vio. ⁴⁵ Después que nuestros antepasados lo recibieron, Josué lo introdujo en la posesión de las naciones que Dios expulsó de *la* presencia de nuestros antepasados hasta los días de David, ⁴⁶ quien halló gracia delante de Dios, y pidió construir un Tabernáculo para la casa de Jacob, ⁴⁷ pero Salomón le edificó Casa.

⁴⁸ Sin embargo, el Altísimo no mora en *casas* hechas por manos humanas. Como dice el profeta:
⁴⁹ El cielo es mi trono, y la tierra, estrado de mis pies. ¿Qué clase de casa me edificarán? dice *el* Señor. ¿O cuál lugar para mi reposo? ⁵⁰ ¿No hizo mi mano todas las cosas?

⁵¹ ¡Indómitos e incircuncisos de corazón y de oídos! Ustedes resisten constantemente al Espíritu Santo. Son como sus antepasados. ⁵² ¿A cuál de los profetas no persiguieron los antepasados de ustedes? Mataron a los que predijeron la venida del Justo. Lo traicionaron y asesinaron. ⁵³ Recibieron la Ley por instrucciones de ángeles y no *la* guardaron.

El martirio del diácono Esteban

⁵⁴ Al oír estas cosas, sus corazones se enfurecieron y crujían los dientes contra él.

⁵⁵ Pero *él*, lleno del Espíritu Santo, miró al cielo, vio *la* gloria de Dios y a Jesús en pie a la mano derecha de Dios, ⁵⁶ y dijo: ¡Ciertamente veo los cielos abiertos y al Hijo del Hombre en pie a *la* mano derecha de Dios!

⁵⁷ Pero ellos gritaron a gran voz, se taparon los oídos y arremetieron unánimes contra él. ⁵⁸ Después de sacarlo de la ciudad, *lo* apedrearon. Los testigos colocaron sus ropas a los pies de un joven llamado Saulo.

⁵⁹ Y mientras apedreaban a Esteban, *él* invocaba: ¡Señor Jesús, recibe mi espíritu! ⁶⁰ Cayó de rodillas y clamó a gran voz: ¡Señor, no les atribuyas este pecado! Y después de decir esto durmió.

Persecución de Saulo

8 ¹ Saulo estuvo de acuerdo con este asesinato.

Aquel día se desató una gran persecución contra la Iglesia de Jerusalén. Todos se dispersaron por las regiones de Judea y Samaria, excepto los apóstoles. ² Unos hombres piadosos sepultaron a Esteban e hicieron gran lamentación por él.

³ Saulo asolaba a la iglesia. Entraba de casa en casa, arrastraba a hombres y mujeres y *los* entregaba en *la* cárcel.

⁴ Pero los esparcidos proclamaban la Palabra dondequiera que iban.

Llegada de las Buenas Noticias a Samaria

⁵ Felipe bajó a una ciudad de Samaria y les predicaba a Cristo.

⁶ La multitud, cuando oyó y vio las señales milagrosas que hacía, prestaba atención unánime a lo expresado por Felipe. ⁷ Porque muchos espíritus impuros daban alaridos y salían de los poseídos. Muchos paralíticos y cojos eran sanados. ⁸ Hubo grande gozo en aquella ciudad.

Simón el mago

⁹ Pero un hombre llamado Simón practicaba la magia y asombraba a la gente de Samaria y se hacía pasar como un gran personaje.

¹⁰ Todos, desde el más pequeño hasta el más grande, le ponían atención y decían: Éste es el gran poder de Dios. ¹¹ Le prestaban mucha atención porque los asombró con las magias durante mucho tiempo.

¹² Pero hombres y mujeres creyeron las Buenas Noticias del reino de Dios en el Nombre de Jesucristo que Felipe les proclamaba, y se bautizaban. ¹³ Aun el mismo Simón creyó, y después de ser bautizado, estaba adherido constantemente a Felipe. Se maravillaba al ver las señales milagrosas y los grandes prodigios que hacía.

¹⁴ Cuando los apóstoles en Jerusalén supieron que Samaria había recibido la Palabra de Dios, les enviaron a Pedro y Juan. ¹⁵ Llegaron y hablaron con Dios por ellos para que recibieran *el* Espíritu Santo, ¹⁶ porque aún no había descendido sobre ellos. Solo habían sido bautizados en el Nombre del Señor Jesús. ¹⁷ Luego les impusieron las manos y recibieron *el* Espíritu Santo.

¹⁸ Entonces Simón, quien vio que por la imposición de las manos de los apóstoles era dado el Espíritu, les ofreció dinero ¹⁹ y dijo: Denme también este poder para que a cualquiera a quien imponga las manos reciba el Espíritu Santo.

²⁰ Entonces Pedro le contestó: Tu dinero permanezca contigo para destrucción, porque pensaste que el Don de Dios se compra por dinero. ²¹ Tú no tienes parte ni participación en este asunto, porque tu corazón no es recto delante de Dios. ²² Por tanto cambia de mente en cuanto a esta maldad y ruega al Señor. Tal vez te sea perdonado lo que pensaste. ²³ Porque veo que estás en hiel de amargura y en atadura de maldad.

²⁴ Simón respondió: Rueguen ustedes al Señor por mí para que no me sucedan estas cosas.

²⁵ Después de testificar solemnemente y hablar la Palabra del Señor, regresaron a Jerusalén. En el camino proclamaron las Buenas Noticias en muchas aldeas de samaritanos.

El tesorero de la reina de Etiopía

²⁶ Un ángel del Señor habló a Felipe: Vé hacia el sur por el camino solitario que baja de Jerusalén a Gaza.

²⁷ Fue y vio a un eunuco[a] etíope, funcionario tesorero de Candace, reina de los etíopes, quien había ido a adorar en Jerusalén. ²⁸ Mientras regresaba en su carruaje leía el profeta Isaías.

²⁹ Entonces el Espíritu dijo a Felipe: Vé y júntate a este carruaje.

³⁰ Felipe corrió y oyó que leía el profeta Isaías. Le preguntó: ¿Entiendes lo que lees?

³¹ Y él contestó: ¿Cómo podría si alguno no me explica? Y rogó a Felipe que subiera a sentarse con él.

³² La porción de la Escritura que leía era ésta:
Como oveja fue llevado al matadero, y como cordero silencioso ante el que lo trasquila no abrió su boca. ³³ En la humillación no se le hizo justicia. ¿Quién describirá su generación? Porque su vida fue removida de la tierra.

³⁴ El eunuco preguntó a Felipe: Te ruego, ¿De quién dice esto el profeta? ¿De él mismo o de otro?

³⁵ Entonces Felipe comenzó desde esta Escritura, y le anunció las Buenas Noticias de Jesús.

³⁶ Cuando iban por el camino, llegaron a un lugar donde había agua, y el eunuco dijo: ¡Aquí hay agua! ¿Qué impide que sea bautizado? [[³⁷]] ³⁸ Mandó parar el carruaje. Ambos bajaron al agua, y Felipe lo bautizó.

---

[a] **8.27** Eunuco: hombre castrado.

³⁹ Cuando subieron del agua, *el* Espíritu del Señor arrebató a Felipe, y el eunuco no lo vio más, pero siguió su camino con gozo. ⁴⁰ Felipe se halló en Azoto, y al pasar, proclamaba las Buenas Noticias a todas las ciudades, hasta llegar a Cesarea.

Conversión del perseguidor

9 ¹ Saulo, quien aún respiraba amenaza y muerte contra los discípulos del Señor, fue al sumo sacerdote. ² Le solicitó cartas de autorización para las congregaciones judías de Damasco, a fin de que, si hallaba hombres o mujeres de este Camino, fueran llevados atados a Jerusalén.

³ Pero cuando estaba cerca de Damasco, de repente una luz del cielo resplandeció alrededor de él. ⁴ Saulo cayó en tierra y oyó una voz que le decía: Saulo, Saulo, ¿por qué me persigues?

⁵ Preguntó: ¿Quién eres, Señor?

Y le *contestó*: Yo soy Jesús, a Quien tú persigues. ⁶ Levántate, entra en la ciudad, y allí se te dirá lo que tienes que hacer.

⁷ Los hombres que iban con él se detuvieron estupefactos al oír en verdad la voz, pero sin ver a alguien.

⁸ Entonces Saulo fue levantado de la tierra. Abrió sus ojos y nada veía. Lo tomaron de la mano y lo llevaron a Damasco. ⁹ Estuvo tres días sin ver. No comió ni bebió.

¹⁰ Un discípulo llamado Ananías estaba en Damasco. El Señor le habló en visión: **Ananías**.

Y él respondió: Aquí estoy, Señor.

¹¹ El Señor le ordenó: Vé a la casa de Judas en la calle Derecha, y pregunta por Saulo de Tarso. Porque ciertamente, él habla con Dios. ¹² Vio a un hombre que se llama Ananías quien entró e impuso *las* manos sobre él para que viera.

¹³ Ananías respondió: Señor, oí de muchos con respecto a este hombre, cuántos males hizo a tus santos en Jerusalén. ¹⁴ Aquí tiene autoridad de los principales sacerdotes para atar a todos los que invocan tu Nombre.

¹⁵ Pero el Señor le contestó: Vé, porque éste me es un instrumento elegido para llevar mi Nombre ante naciones, reyes e hijos de Israel. ¹⁶ Porque Yo le mostraré cuánto tiene que padecer por mi Nombre.

¹⁷ Entonces Ananías fue a la casa, le impuso las manos y dijo: Hermano Saulo, el Señor Jesús, Quien te apareció en el camino, me envió para que veas y seas lleno del Espíritu Santo.

¹⁸ Al instante le cayeron de los ojos como escamas y recobró la vista. Se levantó y fue bautizado. ¹⁹ Comió, recuperó la fuerza y se quedó algunos días con los discípulos en Damasco.

De perseguidor a defensor

²⁰ De inmediato predicaba a Jesús en las congregaciones judías: ¡Éste es el Hijo de Dios!

²¹ Todos los que escuchaban se asombraban y decían: ¿No es éste el que aniquiló a los que invocan este Nombre en Jerusalén? ¿No venía acá para llevarlos atados a los principales sacerdotes?

²² Pero Saulo confundía mucho más a los judíos que residían en Damasco. Argumentaba: ¡Éste es el Cristo!

De perseguidor a perseguido

²³ Después de muchos días los judíos se confabularon para matarlo, ²⁴ pero Saulo supo del complot. Vigilaban estrictamente las puertas de día y de noche para matarlo.

²⁵ Una noche los discípulos lo bajaron por el muro en una canasta.

Saulo con los discípulos en Jerusalén

²⁶ Después de llegar a Jerusalén intentaba reunirse con los discípulos, pero todos le temían, pues no creían que era un discípulo.

²⁷ Pero Bernabé *lo* llevó ante los apóstoles. Les relató cómo vio al Señor en el camino, que Dios le habló, y que Saulo habló con osadía en el Nombre de Jesús en Damasco.

²⁸ Estaba con *los apóstoles* en Jerusalén. Entraba y salía, y hablaba con osadía en el Nombre del Señor. ²⁹ También conversaba y discutía con los helenistas,[a] pero ellos intentaban matarlo. ³⁰ Cuando los hermanos lo supieron, lo bajaron a Cesarea y lo enviaron a Tarso.

Multiplicación de la iglesia

³¹ Entretanto la iglesia en toda Judea, Galilea y Samaria tenía paz. Era edificada, andaba en el temor del Señor y se multiplicaba con la fortaleza del Espíritu Santo.

Sanidad de Eneas

³² Cuando Pedro recorría la región, fue a visitar a los santos en Lida. ³³ Allí encontró a un paralítico llamado Eneas, quien había estado ocho años acostado en una camilla.

³⁴ Y Pedro le dijo: ¡Eneas, Jesucristo te sana! ¡Levántate y toma tu cama! Inmediatamente se levantó.

---

[a] **9.29** Helenistas: Judíos de habla griega.

35 Lo vieron todos los habitantes de Lida y Sarón, quienes dieron la vuelta hacia el Señor.

Resurrección de la discípula Tabita

36 En Jope estaba una discípula llamada *Tabita*, que significa Gacela, quien hacía muchas buenas obras y *daba* limosnas. 37 En aquellos días ella enfermó y murió. La lavaron y la pusieron en un aposento alto. 38 Cuando supieron que Pedro estaba en Jope, lugar que no está lejos de Lida, enviaron a dos hombres para rogarle: No demores en venir acá.

39 Entonces Pedro fue con ellos. Lo llevaron al aposento alto. Las viudas se presentaron ante él. Lloraban y mostraban los vestidos y mantos que Gacela hacía cuando estaba con ellas.

40 Entonces Pedro mandó que todos salieran de la habitación. Se arrodilló, habló con Dios, se volvió al cuerpo y le dijo: ¡*Tabita*, levántate!

Ella abrió sus ojos, vio a Pedro y *se* sentó.

41 Al darle la mano, la levantó. Llamó a los santos y a las viudas, y la presentó viva.

42 Esto se supo en toda Jope, y muchos creyeron en el Señor.

43 Permaneció muchos días en Jope, en la casa de Simón el curtidor.

Cornelio

10 1 En Cesarea vivía Cornelio, centurión de la llamada Cohorte Italiana. 2 Él y su familia eran piadosos y temerosos de Dios. Daba muchas limosnas al pueblo y hablaba con Dios continuamente.

3 *Un día*, como a las tres de la tarde, tuvo una visión: Un ángel de Dios entró hacia él y le dijo: ¡Cornelio!

4 Él lo miró, sintió terror y preguntó: ¿Qué quieres, Señor?

Le contestó: Tus conversaciones con Dios y tus limosnas subieron como ofrenda de recuerdo ante Dios. 5 Envía ahora a unos hombres a Jope y llama a Simón Pedro, 6 quien está hospedado en la casa de Simón, curtidor, junto al mar.

7 Cuando salió el ángel que le hablaba, llamó a dos de sus esclavos domésticos y a un soldado devoto de los que le servían constantemente. 8 Les explicó todas las cosas y los envió a Jope.

Asombrosa visión de Pedro

9 El día siguiente como a medio día, cuando ellos viajaban y se acercaban a la ciudad, Pedro subió a la azotea a hablar con Dios. 10 Tuvo hambre y deseaba comer. Mientras le preparaban algo, le vino un éxtasis. 11 Observó que el cielo se abrió y que descendía algo semejante a un gran lienzo que era descolgado

a la tierra por las cuatro puntas, ¹² en el cual había todos los cuadrúpedos, reptiles y aves. ¹³ Oyó una voz: **Levántate, Pedro, sacrifica y come.**

¹⁴ Pedro respondió: De ningún modo, Señor, porque jamás comí alguna cosa impura o inmunda.ª

¹⁵ La voz llegó a él por segunda vez: Lo que Dios purificó no lo llames tú impuro.

¹⁶ Esto ocurrió tres veces, y luego el objeto fue llevado al cielo.

Propósito de la visión

¹⁷ Mientras Pedro estaba perplejo en cuanto a qué significaba la visión, llegaron los hombres enviados por Cornelio a la puerta de la casa de Simón. ¹⁸ Preguntaron si Simón Pedro estaba hospedado en ese lugar.

¹⁹ Mientras Pedro reflexionaba sobre la visión, el Espíritu le dijo: Ahí te buscan tres hombres. ²⁰ Baja y vé con ellos sin dudar, porque Yo los envié.

²¹ Entonces Pedro bajó y les dijo: Aquí estoy, yo soy el que buscan. ¿Por qué vinieron?

²² Ellos respondieron: El centurión Cornelio, hombre justo y temeroso de Dios, que tiene buen testimonio en toda la nación de los judíos, recibió instrucciones de un santo ángel para invitarte a su casa a fin de que les expliques algo.

²³ Pedro los invitó a entrar y *los* hospedó.

Al día siguiente él y algunos hermanos de Jope fueron con ellos.

Visita a Cornelio

²⁴ Llegaron a Cesarea el día siguiente.

Cornelio, junto con sus familiares y amigos íntimos, los esperaban. ²⁵ Cuando Pedro entraba, Cornelio salió a recibirlo. Se postró a sus pies y lo adoró.

²⁶ Pero Pedro lo levantó y le dijo: ¡Levántate, porque yo soy un hombre!

²⁷ Entró y conversaba con él. Halló a muchos reunidos ²⁸ y les dijo: Ustedes saben cuán ilícito es que un varón judío se asocie o acerque a uno de otra nación. Pero Dios me mostró que a ningún hombre llame impuro o inmundo. ²⁹ Por tanto, puesto que tu *me* llamaste, vine sin objeción. Así que pregunto: ¿Por qué enviaron a llamarme?

³⁰ Cornelio respondió: Hace cuatro días a las tres de la tarde, yo hablaba con Dios en mi casa. Ahí apareció un hombre con ropa resplandeciente delante de mí ³¹ y dijo: Cornelio, tu conversación con Dios y tus limosnas fueron recordadas delante de Dios. ³² Envía, pues, a Jope, y llama a Simón Pedro, quien está hospedado en casa de Simón curtidor, junto al mar. ³³ De

---

ª **10.14** Impura o inmunda. Prohibida por la Ley.

inmediato envié a llamarte. Hiciste bien al venir. Todos nosotros estamos aquí delante de Dios para oír las cosas que te fueron ordenadas por el Señor.

³⁴ Pedro dijo: En verdad entiendo que Dios no hace acepción de personas, ³⁵ sino que se agrada del que le teme y actúa con justicia en toda nación. ³⁶ Envió la Palabra a los hijos de Israel para proclamar paz por medio de Jesucristo, Quien es el Señor de todos.

³⁷ Ustedes supieron lo que comenzó desde Galilea y se divulgó por toda Judea, desde el bautismo de Juan, ³⁸ *con respecto* a Jesús de Nazaret, cómo Dios lo ungió con el Espíritu Santo, hizo el bien y sanó a todos los oprimidos por el diablo, porque Dios estaba con Él.

³⁹ Nosotros somos testigos de todas las cosas que hizo, tanto en la región de Judea como en Jerusalén. Lo mataron colgado en una cruz. ⁴⁰ Dios resucitó a Éste al tercer día, y le concedió que apareciera, ⁴¹ no a todo el pueblo sino a nosotros, testigos designados con anticipación por Dios, que comimos y bebimos con Él después que resucitó. ⁴² Nos mandó que predicáramos al pueblo, y testificáramos solemnemente que Éste es el Juez designado por Dios para vivos y muertos.

⁴³ Todos los profetas dan testimonio de Éste.

Todo el que cree en Él recibe perdón de pecados en su Nombre.

⁴⁴ Mientras Pedro hablaba estas palabras descendió el Espíritu Santo sobre todos los que lo oían.

⁴⁵ Los judíos que fueron con Pedro se admiraron porque también se derramó sobre los gentiles el Don del Espíritu Santo, ⁴⁶ pues los oían que hablaban lenguas y exaltaban a Dios.

Entonces Pedro preguntó: ⁴⁷ ¿Puede alguno impedir que sean bautizados éstos que también recibieron el Espíritu Santo como nosotros? ⁴⁸ Les mandó que fueran bautizados en el Nombre de Jesucristo.

Entonces le rogaron que permaneciera algunos días.

Informe para Jerusalén

11 ¹ Entonces los apóstoles y los hermanos de Judea supieron que también los gentiles recibieron la Palabra de Dios. ² Cuando Pedro subió a Jerusalén, los judíos disputaban con él: ³ ¡Entraste a *la casa de* los gentiles y comiste con ellos!

⁴ Pedro les explicó en orden *lo sucedido*: ⁵ Yo estaba en *la* ciudad *de* Jope y hablaba con Dios. Tuve una visión: un objeto, algo como un gran lienzo que era descolgado del cielo por sus cuatro puntas, y llegó hasta mí, ⁶ en el cual, miré y vi los cuadrúpedos de la tierra, las bestias salvajes, los reptiles y las aves. ⁷ Escuché también una voz que me decía: **Pedro, levántate, mata y come.**

⁸ Y contesté: De ningún modo, Señor, porque lo impuro o inmundo jamás entró en mi boca.

⁹ Y una voz del cielo habló por segunda vez: No llames tú impuro lo que Dios purificó. ¹⁰ Esto sucedió tres veces, y todo fue llevado de nuevo al cielo.

¹¹ De inmediato tres hombres de Cesarea que me buscaban aparecieron donde me hospedaba.

¹² El Espíritu me ordenó que fuera con ellos sin dudar.

Seis hermanos fueron también conmigo, y entramos en la casa del hombre. ¹³ Nos informó que un ángel se le apareció en su casa quien le dijo: Envía a Jope y trae a Simón Pedro, ¹⁴ quien te hablará palabras por las cuales serás salvo tú y toda tu casa.

¹⁵ Cuando comencé a hablar, descendió sobre ellos el Espíritu Santo, como también sobre nosotros en un principio. ¹⁶ Entonces recordé la Palabra del Señor Quien nos dijo: Juan ciertamente bautizó con agua, pero ustedes serán bautizados con *el* Espíritu Santo.

¹⁷ Así que, si Dios les otorgó el mismo Don que a nosotros que creímos en el Señor Jesucristo, ¿quién soy yo para impedir a Dios?

¹⁸ Al oír esto, callaron, glorificaron a Dios y dijeron: ¡Entonces Dios también otorgó a los gentiles el cambio de mente para vida!

Gran iglesia en Antioquía de Siria

¹⁹ Los dispersados por la persecución en *el tiempo* de Esteban pasaron hasta Fenicia, Chipre y Antioquía. Hablaban la Palabra solo a judíos.

²⁰ Pero algunos de ellos, chipriotas y cirenenses, fueron a Antioquía, hablaron a los helenistas, y anunciaron las Buenas Noticias del Señor Jesús.

²¹ *La* mano del Señor estaba con ellos, y un gran número creyó y dio la vuelta hacia el Señor.

Envío de Bernabé a Antioquía

²² El informe con respecto a ellos fue recibido por la iglesia en Jerusalén. Enviaron a Bernabé hacia Antioquía.

²³ Cuando él llegó y vio la gracia de Dios, se regocijó y exhortaba a todos para que permanecieran fieles al Señor con firmeza de corazón. ²⁴ Porque era un hombre bueno, lleno del Espíritu Santo y de fe. Una gran multitud fue agregada a la fe.[a]

²⁵ Bernabé fue a Tarso para buscar a Saulo, ²⁶ y cuando *lo* halló, *lo* llevó a Antioquía. Durante un año entero se congregaron con la iglesia, y enseñaron a una multitud considerable.

Los discípulos fueron llamados cristianos por primera vez en Antioquía.

---
[a] **11.24** Lit. *al Señor.*

Ayuda a Jerusalén

²⁷ En aquellos días unos profetas bajaron de Jerusalén a Antioquía. ²⁸ Uno de ellos llamado Agabo predijo por el Espíritu que era inminente una gran hambruna en toda la tierra habitada. (Ésta sucedió en *el tiempo* de Claudio.) ²⁹ Entonces algunos de los discípulos decidieron enviar ayuda a los hermanos de Judea, según la posibilidad de cada uno, ³⁰ lo cual en efecto hicieron. La enviaron a los ancianos en manos de Bernabé y Saulo.

Asesinato de Jacobo

12 ¹ En aquel tiempo, el rey Herodes puso las manos sobre algunos de la iglesia para maltratarlos. ² Mató a espada a Jacobo, el hermano de Juan.

Arresto de Pedro

³ Al ver que esto agradó a los judíos, también arrestó a Pedro. Eran los días de *los* Panes sin Levadura. ⁴ Después de arrestar*lo, lo* metió en *la* cárcel. Fue entregado a cuatro grupos de cuatro soldados para que lo custodiaran. Se proponía sacarlo al pueblo después de la Pascua.

⁵ Por tanto Pedro era custodiado en la cárcel, pero la iglesia hablaba con Dios fervientemente a favor de él.

⁶ La víspera del día cuando Herodes estaba dispuesto a sacarlo, Pedro estaba dormido entre dos soldados, atado con dos cadenas. Unos centinelas delante de la puerta vigilaban la cárcel.

⁷ Apareció un Ángel del Señor y una luz resplandeció en la celda. Tocó el costado de Pedro, lo despertó y le dijo: ¡Levántate de prisa!

Y se le cayeron las cadenas de las manos.

⁸ Entonces el Ángel le ordenó: Ajústate la ropa y átate tus sandalias. Cúbrete con tu manto y sígueme. Así lo hizo.

⁹ Salió y seguía *al ángel*, pero no entendía que era real lo que hacía. Suponía que era una visión. ¹⁰ Pasaron *la* primera guardia y *la* segunda. Llegaron a la puerta de hierro que conduce a la ciudad, la cual se les abrió. Salieron y avanzaron una calle, y enseguida el ángel se retiró.

¹¹ Cuando Pedro se dio cuenta se dijo: Ahora entiendo en verdad que el Señor envió a su ángel y me libró de *la* mano de Herodes y de los judíos.

¹² Reflexionó y fue a la casa de María, la madre de Juan Marcos, donde muchos estaban reunidos y hablaban con Dios. ¹³ Cuando él llamó a la puerta del patio, una esclava llamada Rode salió a atender. ¹⁴ Al reconocer la voz de

Pedro, por la alegría, no abrió la puerta sino corrió adentro e informó que Pedro estaba en frente del patio.

¹⁵ Ellos le dijeron: ¡Estás loca! Pero ella insistía en lo que dijo. Entonces ellos decían: ¡Es su ángel!

¹⁶ Pedro continuaba llamando. Abrieron, lo vieron y se asombraron. ¹⁷ Les hizo señal de guardar silencio y relató cómo el Señor lo sacó de la cárcel y ordenó: Informen esto a Jacobo y a los hermanos. Y se fue a otro lugar.

¹⁸ Al llegar el día, hubo un gran alboroto entre los soldados: ¿Dónde está Pedro?

¹⁹ Entonces Herodes lo buscó y no lo halló. Investigó a los guardias y ordenó que los ejecutaran.

Y cuando bajó de Judea a Cesarea permaneció allá.

El fin de Herodes

²⁰ *Herodes* estaba muy airado contra los de Tiro y Sidón, pero ellos se presentaron unánimes ante él. Sobornaron a Blasto, el camarero del rey y pedían paz, porque la región de ellos era abastecida por la *región* real.

²¹ Un día prefijado, vestido con ropa real, Herodes se sentó en el tribunal y les presentó un discurso enardecido.

²² El pueblo gritaba: ¡Voz de Dios y no de hombre!

²³ De inmediato un ángel del Señor lo atacó, porque no dio la gloria a Dios, y expiró comido por gusanos.

²⁴ Pero la Palabra de Dios crecía y se multiplicaba.

²⁵ Cuando Bernabé y Saulo cumplieron el servicio en Jerusalén, regresaron *a Antioquía* y llevaron con ellos a Juan Marcos.

Inicio de la obra misionera

13 ¹ En la iglesia de Antioquía había profetas y maestros: Bernabé, Simón llamado Negro, Lucio el cireneo, Manaén, hermano de crianza de Herodes el tetrarca, y Saulo.

² Cuando éstos ministraban al Señor y ayunaban, el Espíritu Santo dijo: Apártenme a Bernabé y a Saulo para la obra a la cual los llamé.

³ Ayunaron y hablaron con Dios, impusieron las manos sobre ellos y los despidieron.

⁴ Ellos, enviados por el Santo Espíritu, bajaron a Seleucia y de allí navegaron a Chipre. ⁵ Cuando llegaron a Salamina proclamaron la Palabra de Dios en las congregaciones de los judíos. Y llevaron a Juan Marcos como ayudante.

⁶ Recorrieron toda la isla y llegaron a Pafos, donde hallaron a Barjesús, un mago y falso profeta judío, ⁷ quien estaba con el procónsul Sergio Paulo, hombre inteligente. Éste llamó a Bernabé y Saulo para oír la Palabra de Dios.

⁸ El mago Elimas (así se traduce su nombre), se les oponía e intentó apartar al procónsul de la fe. ⁹ Entonces Saulo, es decir, Pablo, lleno del Espíritu Santo, fijó sus ojos en él ¹⁰ y dijo: ¡Oh lleno de todo engaño y maldad, hijo del diablo, enemigo de toda justicia! ¿No cesarás de trastornar los rectos caminos del Señor? ¹¹ ¡*La* mano del Señor está contra ti! Estarás ciego por un tiempo. No verás la luz del sol.

De inmediato cayeron sobre él niebla y oscuridad. Andaba alrededor y buscaba lazarillos.

¹² Al ver lo sucedido, asombrado a causa de la doctrina del Señor, el procónsul creyó.

¹³ Pablo y sus compañeros zarparon de Pafos y fueron a Perge de Panfilia. Entonces Juan *Marcos* desertó de ellos y regresó a Jerusalén.

Predicación en Antioquía de Pisidia

¹⁴ De Perge fueron a Antioquía de Pisidia. El sábado entraron en la congregación y se sentaron. ¹⁵ Después de la lectura de la Ley y de los profetas, los principales de la congregación les enviaron un mensaje: Varones hermanos, si ustedes tienen una palabra de exhortación para el pueblo, hablen.

¹⁶ Entonces Pablo *se* levantó, hizo señal con la mano y dijo: Varones israelitas y temerosos de Dios, escuchen. ¹⁷ El Dios del pueblo de Israel escogió a nuestros antepasados y engrandeció al pueblo durante la permanencia en *la* tierra de Egipto.

Con brazo levantado los sacó de allí ¹⁸ y por unos 40 años los soportó en el desierto.

¹⁹ Destruyó siete naciones en *la* tierra de Canaán y *les* dio como herencia la tierra de ellas ²⁰ *para lo cual necesitó* unos 450 años.

Después de esto, estableció jueces hasta *el tiempo* del profeta Samuel.

²¹ Entonces pidieron un rey, y Dios les dio a Saúl, hijo de Cis, de la tribu de Benjamín, por 40 años.

²² Después de quitarlo, les levantó a David como rey, de quien testificó: Hallé a David *hijo* de Isaí, un varón según mi corazón, quien hará todas las cosas según mis deseos.

²³ De la descendencia de éste, Dios trajo a Jesús como Salvador para Israel según la promesa.

²⁴ Antes de su venida, Juan proclamó un bautismo de cambio de mente a todo el pueblo de Israel. ²⁵ Cuando Juan terminaba su carrera decía: ¿Quién suponen que soy yo? Yo no soy el Cristo, pero detrás de mí viene Uno de Quien no soy digno de desatar las sandalias de sus pies.

²⁶ Varones hermanos del linaje de Abraham y los temerosos de Dios: Esta Palabra de salvación fue enviada a nosotros. ²⁷ Porque los habitantes de Jerusalén y sus gobernantes no reconocieron a Jesús, ni las Palabras de los profetas que se leen cada sábado. *Las* cumplieron al condenarlo. ²⁸ Después de no hallar culpa de muerte, pidieron a Pilato que Él fuera asesinado.
²⁹ Cuando se cumplió todo lo que fue escrito con respecto a Él, *lo* bajaron de la cruz y *lo* pusieron en un sepulcro.

³⁰ Pero Dios lo resucitó ³¹ y se apareció durante muchos días a los que subieron con Él de Galilea a Jerusalén, quienes son sus testigos ante el pueblo.

³² Nosotros también les anunciamos las Buenas Noticias de la promesa dada a los antepasados: ³³ Al resucitar a Jesús, Dios cumplió esta promesa a nosotros, sus descendientes, como también está escrito en el salmo segundo:
Mi Hijo eres Tú.
Yo te engendré hoy.

³⁴ Y en cuanto a que lo levantó de entre *los* muertos para nunca pasar a corrupción, dijo:
Les daré las santas y fieles *misericordias prometidas* a David.

³⁵ Por lo cual dice también otro salmo:
No permitirás que tu Santo pase a descomposición.

³⁶ Porque ciertamente David, después de servir a su generación según el propósito de Dios, murió, fue sepultado junto a sus antepasado y se descompuso. ³⁷ Pero Aquél a Quien Dios levantó no pasó a descomposición.

³⁸ Varones hermanos, sepan pues, que por medio de Jesús se les anuncia el perdón de pecados. De todo lo que no pudieron ser justificados por *la* Ley de Moisés, ³⁹ en Éste es justificado todo el que cree.

⁴⁰ Cuidado que no les venga lo dicho por los profetas:
⁴¹ Tengan cuidado, *ustedes*, los que menosprecian. Asómbrense y perezcan, porque Yo haré una obra en sus días que de ningún modo creerían, si alguien se la cuenta.

⁴² Al salir ellos, *les* rogaban que les hablaran estas palabras el siguiente sábado. ⁴³ Después de concluir la reunión, muchos de los judíos y de los prosélitos adoradores de Dios siguieron a Pablo y a Bernabé, quienes hablaron con ellos y los persuadieron a continuar en la gracia de Dios.

⁴⁴ El siguiente sábado casi toda la ciudad se congregó para escuchar la Palabra del Señor.

⁴⁵ Pero los judíos, al ver la multitud, se llenaron de envidia. Blasfemaban y contradecían lo dicho por Pablo.

⁴⁶ Pablo y Bernabé hablaron con toda osadía: Era necesario que se hablara la Palabra de Dios primero a ustedes. Pero como la rechazan y se juzgan

indignos de la vida eterna, de inmediato nos vamos a los gentiles. ⁴⁷ Porque así el Señor nos lo mandó:
Te puse como luz de las naciones, a fin de que *lleves* la salvación hasta lo último de la tierra.

⁴⁸ Al oírlo los gentiles se gozaban y glorificaban la Palabra del Señor. Creyeron todos los que estaban destinados para vida eterna. ⁴⁹ La Palabra del Señor se difundía por toda la región.

⁵⁰ Pero los judíos incitaron a prominentes mujeres adoradoras de Dios y a los líderes de la ciudad. Provocaron una persecución contra Pablo y Bernabé y los expulsaron de su región.

⁵¹ Entonces ellos sacudieron el polvo de sus pies contra ellos y se fueron a Iconio.

⁵² Los discípulos estaban llenos de gozo y del Espíritu Santo.

Sucesos en Iconio

14 ¹ En Iconio entraron en la congregación de los judíos, y hablaron de tal manera que creyó una gran multitud de judíos y griegos.

² Pero los judíos que no creían incitaron y llenaron de odio los ánimos de los gentiles contra los hermanos.

³ A pesar de todo, se detuvieron *allí* mucho tiempo, y hablaban osadamente *confiados* en el Señor, Quién confirmaba la Palabra de su gracia y concedía que se hicieran señales milagrosas y prodigios por medio de sus manos.

⁴ La población de la ciudad se dividió: unos estaban con los judíos y otros con los apóstoles.

⁵ Pero los gentiles, los judíos y sus gobernantes prepararon un atentado para maltratarlos y apedrearlos.

⁶ Al saber esto, *los apóstoles* huyeron a las ciudades de Licaonia, Listra, Derbe y sus alrededores ⁷ donde proclamaron las Buenas Noticias.

En Listra y Derbe

⁸ En Listra estaba sentado un hombre impotente de los pies que nunca anduvo, cojo desde *el* vientre de su madre. ⁹ Éste escuchó cuando Pablo hablaba, quien lo miró directamente. Al ver que tenía fe para ser sanado, ¹⁰ le dijo a gran voz: ¡Levántate! Él saltó y andaba.

¹¹ La multitud que vio lo que Pablo hizo alzó su voz en lengua licaónica: ¡Dioses semejantes a hombres bajaron a visitarnos! ¹² A Bernabé lo llamaban Zeus, y a Pablo, Hermes, porque era quien hablaba la Palabra.

¹³ El sacerdote de Zeus, cuyo *templo* estaba en las afueras de la ciudad, llevó toros y guirnaldas a los portones y quería ofrecer sacrificio junto con la multitud.

¹⁴ Pero, cuando los apóstoles Bernabé y Pablo lo oyeron, rasgaron sus mantos, corrieron hacia la multitud y gritaban: ¹⁵ Señores, ¿por qué hacen esto? Nosotros también somos hombres semejantes a ustedes. Les anunciamos las Buenas Noticias para que den la vuelta de estas vanidades hacia el Dios vivo, Quien hizo el cielo, la tierra, el mar y todo lo que hay en ellos. ¹⁶ En los tiempos pasados, *Dios* permitió que todas las gentes practicaran sus propios caprichos. ¹⁷ Sin embargo se manifestó de muchas maneras y les hizo bien: les dio lluvias del cielo y estaciones anuales fructíferas, y los llenó de sustento y alegría.

¹⁸ Cuando dijeron estas cosas, con dificultad detuvieron a la multitud para que no les ofreciera sacrificio.

¹⁹ Pero llegaron unos judíos de Antioquía e Iconio quienes persuadieron a la multitud para que apedrearan a Pablo. *Lo* arrastraron fuera de la ciudad, porque lo consideraban muerto.

²⁰ Pero cuando los discípulos lo rodearon, se levantó y volvió a la ciudad.

El día siguiente salió con Bernabé hacia Derbe ²¹ donde anunciaron las Buenas Noticias e hicieron muchos discípulos. Regresaron a Listra, Iconio y Antioquía.

²² Fortalecieron a los discípulos y los exhortaron a perseverar en la fe. *Les decían*: Es necesario que a través de muchas aflicciones entremos en el reino de Dios. ²³ En cada iglesia designaron ancianos. Hablaron con Dios y ayunaron. Los encomendaron al Señor en Quien creyeron.

Regreso del primer viaje misionero

²⁴ Pasaron por Pisidia y llegaron a Panfilia. ²⁵ Hablaron la Palabra en Perge y bajaron a Atalia.

²⁶ De allí navegaron a Antioquía, donde habían sido encomendados a la gracia de Dios para la obra que cumplieron. ²⁷ Reunieron a la iglesia e informaron lo que Dios hizo con ellos y como abrió la puerta de la fe a los gentiles. ²⁸ Pasaron con los discípulos un buen tiempo.

Concilio en Jerusalén

15 ¹ Pero algunos que bajaron de Judea enseñaban a los hermanos: Si no son circuncidados según el rito de Moisés, no pueden ser salvos.

² Sucedió una gran disensión y controversia de parte de Pablo y Bernabé contra ellos. Determinaron que Pablo, Bernabé y algunos otros de ellos subieran a Jerusalén a los apóstoles y ancianos *para hablar* con respecto a esta cuestión. ³ Recibieron provisiones de la iglesia para el viaje.

Pasaron por Fenicia y Samaria. Relataban en detalle la conversión de los gentiles, y eran causa de gran gozo para todos los hermanos.

⁴ Al llegar a Jerusalén, la iglesia, los apóstoles y los ancianos los recibieron. *Los misioneros* informaron lo que Dios hizo con ellos.

⁵ Pero algunos de la secta de los fariseos que habían creído dijeron: Es necesario circuncidarlos y mandarles que guarden la Ley de Moisés.

⁶ Los apóstoles y los ancianos se reunieron para considerar este asunto.

Pedro ante el concilio

⁷ Después de discutirlo mucho, Pedro se puso en pie y dijo: Varones hermanos, ustedes saben que desde los primeros días, Dios me escogió de entre ustedes para llevar la Palabra de las Buenas Noticias a fin de que los gentiles creyeran. ⁸ Dios, Quien conoce los corazones, al derramar sobre ellos el Espíritu Santo, les dio testimonio también como a nosotros. ⁹ Al purificar sus corazones por la fe, ninguna distinción hizo entre nosotros y ellos.

¹⁰ Ahora, pues, ¿por qué tientan a Dios, al poner sobre los hombros de los discípulos un yugo que ni nuestros antepasados ni nosotros pudimos llevar? ¹¹ Más bien, creemos que por la gracia del Señor Jesús fuimos salvos de igual modo como ellos.

¹² Entonces toda la asamblea calló. Oían a Bernabé y a Pablo quienes informaban cuán grandes señales milagrosas y prodigios Dios hizo por medio de ellos entre los gentiles.

Jacobo ante el Concilio

¹³ Cuando ellos callaron, Jacobo tomó la palabra: Varones hermanos, escúchenme: ¹⁴ Simón explicó cómo Dios nos visitó la primera vez para tomar de entre los gentiles un pueblo para su Nombre. ¹⁵ Esto concuerda con las Palabras de los profetas, como está escrito:

¹⁶ Después de estas cosas volveré y restauraré el Tabernáculo derribado de David. Reconstruiré sus ruinas y lo reedificaré ¹⁷ para que el resto de los hombres busque al Señor, y todos los gentiles sobre quienes fue invocado mi Nombre, dice el Señor, quien hace que todas estas cosas ¹⁸ se conozcan desde *la* eternidad.

¹⁹ Por tanto yo pienso que no se debe causar dificultades a los gentiles que dan la vuelta hacia Dios, ²⁰ sino que se les escriba que se abstengan de las contaminaciones de los ídolos, de la relación carnal fuera del matrimonio, de lo estrangulado y de *comer* sangre. ²¹ Porque Moisés desde generaciones antiguas tiene los que lo proclaman en cada ciudad, puesto que es leído cada sábado en las congregaciones.

Misiva del Concilio a las iglesias

22 Entonces les pareció a los apóstoles y a los ancianos, con toda la iglesia, enviar varones escogidos de ellos a Antioquía con Pablo y Bernabé: a Judas, el llamado Barnabás, y a Silas, varones que sobresalían entre los hermanos, 23 y escribir por medio de ellos:

Los apóstoles y los ancianos, a los hermanos de los gentiles en Antioquía, Siria y Cilicia. Saludos.

24 Por cuanto oímos que algunos de nosotros, sin nuestra autorización, los inquietaron y perturbaron con sus palabras, 25 al llegar a la unanimidad, nos pareció bien escoger a unos hombres para enviarlos a ustedes con nuestros amados Bernabé y Pablo, 26 hombres que han expuesto sus vidas por el Nombre de nuestro Señor Jesucristo.

27 Enviamos, pues, a Judas y Silas, y ellos de palabra informarán las mismas cosas.

28 Porque pareció *bien* al Espíritu Santo y a nosotros, no imponerles alguna carga adicional, excepto estas cosas necesarias: 29 Que se abstengan de cosas ofrecidas a ídolos, de *comer* sangre, de lo estrangulado y de relación carnal fuera del matrimonio. Harán bien si se abstienen de tales cosas. ¡Adiós!

30 Así que ellos fueron despedidos, bajaron a Antioquía y entregaron la carta. 31 Cuando *la* leyeron, se regocijaron por su mensaje de consuelo. 32 Judas y Silas, quienes también eran profetas, consolaron y fortalecieron a los hermanos con abundante palabra.

33 Después de un tiempo, los hermanos los despidieron en paz, y regresaron a los que los enviaron. [[34]]

35 Pablo y Bernabé permanecieron en Antioquía, y con muchos otros enseñaban y proclamaban las Buenas Noticias del Señor.

Desacuerdo entre Pablo y Bernabé

36 Después de algunos días, Pablo dijo a Bernabé: Volvamos a visitar a los hermanos de las ciudades donde proclamamos la Palabra del Señor, *para ver* cómo están.

37 Bernabé quería que llevaran con ellos a Juan Marcos.

38 Pero Pablo insistía en no llevar al que se apartó de ellos en Panfilia y no fue a la obra.

39 Hubo tanto desacuerdo que se separaron el uno del otro.

Bernabé tomó a Marcos y navegó hacia Chipre.

40 Pablo escogió a Silas y salió encomendado a la gracia del Señor por los hermanos. 41 Pasó por Siria y Cilicia y fortalecía a las iglesias.

Timoteo en el ministerio

16 ¹ Luego llegó a Derbe y Listra. Allí estaba el discípulo Timoteo, hijo de una mujer judía creyente pero de padre griego. ² Los hermanos de Listra e Iconio hablaban bien de él. ³ Pablo quiso que éste fuera con él. Por causa de los judíos que estaban en aquellos lugares, lo circuncidó, porque todos sabían que su padre era griego.

⁴ Cuando pasaban por las ciudades, les entregaban los acuerdos aprobados por los apóstoles y ancianos de Jerusalén para que los practicaran. ⁵ Así las iglesias eran fortalecidas en la fe, y el número de ellas aumentaba cada día.

⁶ El Santo Espíritu les impidió hablar la Palabra en Asia. Viajaron a través de Frigia y Galacia. ⁷ Siguieron a Misia. Intentaban proseguir a Bitinia, pero el Espíritu de Jesús no les permitió. ⁸ De Misia bajaron a Troas.

Visión para Pablo en Troas

⁹ Pablo tuvo una visión de noche: Un varón macedonio puesto en pie lo exhortaba: ¡Pasa a Macedonia y ayúdanos! ¹⁰ Cuando tuvo la visión, de inmediato procuramos partir hacia Macedonia, pues entendimos que Dios nos llamaba para que les proclamáramos las Buenas Noticias.

Las Buenas Noticias en Europa

¹¹ Zarpamos de Troas, navegamos directamente a Samotracia y al siguiente día a Neápolis. ¹² De allí a Filipos, la cual es una colonia romana y la primera ciudad de la provincia de Macedonia. Pasamos algunos días en esta ciudad.

¹³ Un sábado salimos fuera de la puerta de la ciudad, a la orilla del río, donde suponíamos que había un lugar de conversación con Dios. Nos sentamos y hablamos a las mujeres reunidas.

¹⁴ Escuchaba una mujer llamada Lidia de *la* ciudad de Tiatira, negociante en telas de púrpura, que adoraba a Dios. El Señor abrió su corazón para que estuviera atenta a lo dicho por Pablo. ¹⁵ Cuando fue bautizada, *ella* y su familia, nos rogó: Si me consideran fiel al Señor, entren en mi casa y reciban hospedaje. Y nos impulsó vigorosamente.

Pablo y Silas en la cárcel

¹⁶ Aconteció que cuando íbamos a hablar con Dios, nos salió al encuentro una muchacha esclava que tenía espíritu de adivinación, la cual daba gran ganancia a sus amos. ¹⁷ Ésta nos seguía y gritaba: Estos hombres son siervos del Dios Altísimo. Les anuncian el camino de salvación. ¹⁸ Esto lo hacía por muchos días.

Entonces Pablo se perturbó y dijo al espíritu: ¡En el Nombre de Jesucristo te ordeno que salgas de ella! Y en ese momento salió.

19 Pero sus amos, al ver que la esperanza de su ganancia se acabó, agarraron a Pablo y a Silas, y *los* arrastraron hasta la plaza pública ante las autoridades. 20 Cuando los presentaron ante los magistrados, dijeron: Estos judíos alborotan nuestra ciudad 21 y proclaman costumbres que no es lícito aceptar ni practicar, porque somos romanos.

22 La multitud se agolpó contra ellos. Los magistrados les rasgaron las ropas y mandaron azotarlos con varas.

En la cárcel de Filipos

23 Los azotaron mucho, los echaron en la cárcel y ordenaron al carcelero custodiarlos con seguridad. 24 Éste recibió la orden, los metió en el calabozo interior y les aseguró los pies en el cepo.

25 Como a medianoche Pablo y Silas hablaban con Dios y cantaban himnos, y los presos los escuchaban.

26 De repente hubo un gran terremoto que sacudió los cimientos de la cárcel. Al instante todas las puertas fueron abiertas y las cadenas de todos los presos se soltaron.

27 Entonces despertó el carcelero y vio las puertas de la cárcel abiertas. Desenvainó su espada y se iba a suicidar, porque supuso que los presos se habían escapado.

28 Pero Pablo clamó a gran voz: ¡No te hagas algún mal! ¡Todos estamos aquí!

29 Entonces pidió luz y se precipitó adentro. Temblaba y se arrodilló ante Pablo y Silas. 30 Los condujo afuera y *les* preguntó: Señores, ¿qué hago para ser salvo?

31 Ellos respondieron: Cree en el Señor Jesús, y serás salvo, tú y tu casa. 32 Hablaron la Palabra del Señor a él y a todos los que estaban en su casa.

33 Los tomó en aquella hora de la noche y les lavó las heridas. De inmediato él fue bautizado y todos los de su casa. 34 Los subió a la casa, les sirvió alimentos y se gozó muchísimo porque creyó en Dios junto con toda su casa.

35 Cuando amaneció, los magistrados enviaron a los alguaciles para que dijeran al carcelero: Suelta a esos hombres.

36 El carcelero anunció a Pablo las palabras: Los magistrados enviaron a decir que ustedes sean soltados. Salgan ahora y vayan en paz.

37 Pero Pablo les respondió: Nos azotaron públicamente sin una sentencia apropiada. Aunque somos varones romanos, nos echaron en prisión, ¿y ahora encubiertamente *nos* expulsan? ¡Pues no! Vengan ellos mismos y sáquennos.

³⁸ Los alguaciles informaron estas palabras a los magistrados. Al oír que eran romanos, se atemorizaron. ³⁹ *Los aguaciles* fueron a la cárcel, trataron de pacificarlos, los sacaron y *les* rogaron salir de la ciudad.

⁴⁰ Cuando salieron de la cárcel, fueron a *la casa* de Lidia. Vieron a los hermanos, los exhortaron y salieron.

Alboroto en Tesalónica

17 ¹ Pasaron por Anfípolis y Apolonia y llegaron a Tesalónica, donde había una congregación de los judíos.

² Pablo los visitó según su costumbre, y durante tres sábados debatió con ellos basado en las Escrituras. ³ Explicaba y demostraba que el Cristo debía padecer y ser resucitado de entre *los* muertos: ¡Este Jesús, a Quien yo les anuncio, es el Cristo!

⁴ Algunos de ellos fueron persuadidos y se unieron a Pablo y a Silas, no solo un gran número de griegos temerosos de Dios, sino también muchas mujeres prominentes.

⁵ Pero los judíos, llenos de envidia, tomaron algunos varones malvados de los que frecuentaban la plaza, formaron una turba y alborotaron la ciudad. Atacaron la casa de Jasón y los buscaban para sacarlos ante la multitud.

⁶ Pero como no *los* hallaron, arrastraron a Jasón y a algunos hermanos ante las autoridades de la ciudad y gritaban: ¡Éstos que trastornaron el mundo también están acá! ⁷ Jasón los recibió. Todos estos actúan contra los decretos del César y dicen que hay otro rey: Jesús. ⁸ Alborotaron a la multitud y a las autoridades de la ciudad que escuchaban estas cosas.

⁹ Después de obtener la fianza de Jasón y de los demás, los soltaron.

Las Buenas Noticias en Berea

¹⁰ Enseguida los hermanos enviaron de noche a Pablo y a Silas hacia Berea. Llegaron y fueron a la congregación de los judíos.

¹¹ Éstos eran más receptivos que los de Tesalónica. Tomaron la Palabra con toda disposición y examinaban cada día las Escrituras *para comprobar* estas cosas. ¹² Por tanto muchos de ellos creyeron y también un buen número de prominentes griegos, hombres y mujeres.

¹³ Cuando los judíos de Tesalónica supieron que también en Berea Pablo proclamaba la Palabra de Dios, fueron allá para alborotar y perturbar a la multitud.

¹⁴ Entonces los hermanos enviaron enseguida a Pablo para que fuera hasta el mar, pero Silas y Timoteo permanecieron allí. ¹⁵ Los que conducían a Pablo lo llevaron hasta Atenas. Cuando Silas y Timoteo recibieron instrucciones de Pablo para que se encontraran con él sin demora, salieron.

¹⁶ Mientras Pablo los esperaba en Atenas, su espíritu se enardecía al observar que la ciudad estaba llena de ídolos.

Predicación en Atenas

¹⁷ Así que todo el día discutía en la congregación con los judíos, con los adoradores de Dios y en la plaza con los concurrentes.

¹⁸ También algunos de los filósofos epicúreos y estoicos debatían con él. Algunos decían: ¿Qué quiere decir este charlatán? Y otros: Parece ser predicador de dioses extraños, porque les predicaba a Jesús y la resurrección.

¹⁹ Lo llevaron al Areópago y le preguntaron: ¿En qué consiste esta nueva doctrina que proclamas? ²⁰ Porque te oímos cosas que nos sorprenden. Nos gustaría saber qué significa esto. ²¹ Pues todos *los* atenienses y los extranjeros que estaban de visita, no se ocupaban de otra cosa sino en decir o en oír algo nuevo.

²² Entonces Pablo se puso en pie en medio del Areópago y dijo: Varones atenienses, los observo como muy religiosos en todas las cosas. ²³ Porque mientras pasaba y observaba de cerca sus monumentos sagrados, hallé también un altar en el cual había esta inscripción: Al Dios desconocido. Pues lo desconocido que adoran, eso yo les anuncio.

²⁴ El Dios que hizo el mundo y todo lo que hay en él, es el Señor del cielo y de *la* tierra. No mora *en* templos hechos por manos humanas, ²⁵ ni recibe servicio de humanos, como si necesitara algo. Él mismo es Quien da vida, aliento y todas las cosas.

²⁶ Primero determinó el orden de los tiempos y los límites de su habitación. De un *hombre* hizo todo el linaje humano para que vivan sobre toda la superficie de la tierra, ²⁷ y busquen a Dios, si tal vez lo palpen y hallen, aunque no está lejos de cada uno de nosotros.

²⁸ Porque en Él vivimos, nos movemos y existimos. Así lo dijeron algunos de sus poetas: Nosotros también descendemos de Él. ²⁹ Puesto que somos linaje de Dios, no debemos suponer que la Divinidad sea escultura de arte en oro, plata, piedra ni de imaginación humana.

³⁰ Pues bien, Dios pasó por alto los tiempos de la ignorancia y ahora ordena a todos los hombres en todo lugar que cambien de mente. ³¹ Porque Él estableció un día cuando juzgará a la humanidad con justicia por medio de un Hombre, y lo resucitó como garantía para todos.

³² Pero cuando oyeron: resurrección de *los* muertos, unos se burlaban y otros dijeron: ¡Te volveremos a oír con respecto a esto!

³³ Por tanto Pablo se retiró.

³⁴ Sin embargo, algunos creyeron y se unieron a él, entre ellos Dionisio el areopagita y una mujer llamada Dámaris.

La iglesia de Corinto

18 ¹ Después de esto Pablo salió de Atenas y fue a Corinto. ² Halló a Aquila, un judío nativo de Ponto, y a su esposa Priscila, recién llegados de Italia, porque Claudio ordenó a todos los judíos que salieran de Roma. Pablo fue a ellos, ³ y por ser del mismo oficio, el de hacer tiendas, permaneció y trabajaba con ellos. ⁴ Todos los sábados discutía en la congregación y persuadía a judíos y a griegos.

⁵ Cuando Silas y Timoteo bajaron de Macedonia, Pablo se dedicaba por completo a la predicación de la Palabra y declaraba solemnemente a los judíos: Jesús es el Cristo. ⁶ Pero cuando ellos se opusieron y blasfemaron, él sacudió sus ropas y les dijo: ¡La sangre de ustedes caiga sobre su cabeza! ¡Yo cumplí limpiamente mi deber! Desde ahora me voy a los gentiles.

⁷ Cuando salió de allí, entró en casa de Ticio Justo, adorador de Dios, cuya casa estaba junto a la congregación.

⁸ También Crispo, el principal de la congregación judía, creyó en el Señor, y toda su casa con él. Muchos corintios escucharon el mensaje, creyeron y fueron bautizados.

⁹ El Señor dijo a Pablo en visión de noche: No temas. Habla y no calles, ¹⁰ porque Yo estoy contigo. Ninguno te atacará para maltratarte, porque tengo mucho pueblo en esta ciudad. ¹¹ Vivió en *Corinto* 18 meses y les enseñaba la Palabra de Dios.

El procónsul Galión

¹² Pero en vista de que Galión era procónsul de Acaya,ᵃ los judíos conspiraron de común acuerdo contra Pablo. Lo llevaron al tribunal ¹³ y dijeron: Éste incita a los hombres a adorar a Dios contra la Ley.

¹⁴ Cuando Pablo iba a hablar, Galión dijo a los judíos: Si en verdad fuera algún crimen o perversa fechoría, oh judíos, según *la* razón los toleraría, ¹⁵ pero si son cuestiones de palabra, de nombres y de la Ley de ustedes, entiéndanse ustedes mismos. Yo no quiero ser juez de estas cosas. ¹⁶ Y los echó del tribunal.

¹⁷ Entonces todos agarraron a Sóstenes, principal de la congregación judía, y *lo* golpeaban delante del tribunal, pero nada de esto *le* importaba a Galión.

Fin del segundo viaje misionero

¹⁸ Pablo permaneció aún muchos días *en Corinto*. Se despidió de los hermanos y navegó hacia Siria con Priscila y Aquila. En Cencreas se rapó la cabeza, porque tenía un voto.

ᵃ **18.12** Corinto era ciudad de la región de Acaya.

¹⁹ Llegaron a Éfeso y los dejó allí. Él entró en la congregación y discutía con los judíos. ²⁰ Cuando ellos le rogaron que permaneciera más tiempo, no quiso. ²¹ Se despidió de ellos y dijo: Si Dios quiere, volveré a ustedes. Y zarpó de Éfeso.

²² Arribó a Cesarea y saludó a la asamblea. Subió a Antioquía ²³ donde permaneció un tiempo.

Tercer viaje misionero

Salió y atravesó una tras otra las regiones de Galacia y Frigia, y fortalecía a todos los discípulos.

Ministerio de Apolos

²⁴ Entonces llegó a Éfeso un judío llamado Apolos, de origen alejandrino, varón elocuente y poderoso en las Escrituras. ²⁵ Éste era instruido en el camino del Señor. Era ferviente de espíritu. Hablaba y enseñaba con diligencia con respecto a Jesús, aunque solo conocía el bautismo de Juan. ²⁶ Éste comenzó a hablar con osadía en la congregación judía, pero cuando Priscila y Aquila lo oyeron, lo tomaron aparte y le expusieron más exactamente el Camino.

²⁷ Cuando él quiso viajar a Acaya para animar a los hermanos, *Priscila y Aquila* escribieron a los discípulos para que lo recibieran. Cuando llegó, ayudó mucho a los que por gracia habían creído. ²⁸ Refutaba con ímpetu a los judíos en público y demostraba por medio de las Escrituras que Jesús es el Cristo.

Las Buenas Noticias a Éfeso

19 ¹ Mientras Apolos estaba en Corinto, Pablo recorrió las costas del norte y llegó a Éfeso. Halló a unos discípulos ² y les preguntó: ¿Después que creyeron, recibieron el Espíritu Santo?

Y contestaron: ¡Ni siquiera oímos que hay Espíritu Santo!

³ Y les volvió a preguntar: ¿En qué *nombre* fueron bautizados?

Y ellos respondieron: En el bautismo de Juan.

⁴ Entonces Pablo dijo: Juan bautizó con un bautismo de cambio de mente, y anunció al pueblo que creyeran en el que vendría, es decir, en Jesús.

⁵ Cuando oyeron esto, fueron bautizados en el Nombre del Señor Jesús.

⁶ Cuando Pablo les impuso *las* manos, el Espíritu Santo vino sobre ellos. Hablaban en lenguas y profetizaban. ⁷ En total eran unos 12 hombres.

⁸ Entró en la congregación de los judíos y hablaba osadamente durante tres meses. Discutía y persuadía con respecto al reino de Dios.

⁹ Pero como algunos se endurecieron y no creyeron, maldijeron el Camino delante de la multitud.

Pablo se apartó de ellos y se llevó a los discípulos. Discutía cada día en la escuela de Tirano ¹⁰ durante dos años, de manera que todos los que vivían en Asia, judíos y griegos, oyeron la Palabra del Señor.

¹¹ Dios hacía milagros extraordinarios por medio de Pablo. ¹² Incluso les llevaban a los enfermos pañuelos o delantales de su cuerpo, y eran sanados de sus dolencias y salían los espíritus malos.

¹³ Entonces algunos judíos exorcistas ambulantes también intentaron invocar el Nombre del Señor Jesús sobre los que tenían espíritus malignos, y decían: ¡Los conjuro por Jesús, el que predica Pablo! ¹⁴ Esto lo hacían siete hijos de un tal Esceva, sumo sacerdote judío.

¹⁵ Pero el espíritu maligno les respondió: Conozco a Jesús y entiendo a Pablo, pero ustedes, ¿quiénes son?

¹⁶ El hombre en quien estaba el espíritu maligno se abalanzó sobre ellos y dominó a dos. Prevaleció contra ellos de tal modo que huyeron de aquella casa desnudos y heridos.

¹⁷ Todos los habitantes de Éfeso, judíos y griegos, supieron esto. El temor se apoderó de todos ellos, y el Nombre del Señor Jesús era engrandecido.

¹⁸ Muchos creyentes llegaban, confesaban y declaraban sus malas prácticas. ¹⁹ Entonces muchos de los que practicaban las magias, recogieron los rollos y *los* quemaron públicamente. Calcularon su costo: 50.000 piezas de plata. ²⁰ Así crecía poderosamente y prevalecía la Palabra del Señor.

²¹ Después que ocurrió esto, Pablo pasó por Macedonia y Acaya. Luego decidió en su espíritu ir a Jerusalén. Y dijo: Después que vaya allí, también necesito ir a Roma. ²² Luego envió a sus ayudantes Timoteo y Erasto a Macedonia y él permaneció un tiempo en Asia.

Alboroto en Éfeso

²³ En aquel tiempo hubo un gran alboroto con respecto al Camino.

²⁴ Demetrio, un platero que hacía templos de plata de Artemisa, conseguía mucha ganancia para los diseñadores. ²⁵ Los reunió juntamente con sus artesanos. Les dijo: Varones, sabemos que nuestra prosperidad se basa en este negocio. ²⁶ Pero ustedes ven y oyen que este Pablo persuadió a una considerable multitud en Éfeso y en casi toda Asia, y la desvió cuando dijo que no son dioses los que se hacen con las manos. ²⁷ Con esto se corren riesgos: nuestro negocio sería desacreditado. También el templo de la gran diosa Artemisa sería estimado como nada, y aquella diosa, a quien toda Asia y la humanidad adoran, sería despojada de su grandeza.

²⁸ Cuando escucharon *esto*, gritaban llenos de furia: ¡Grande es Artemisa de *los* efesios! ²⁹ La ciudad se alborotó. Irrumpieron unánimes en el teatro y arrebataron a Gayo y Aristarco, macedonios compañeros de viaje de Pablo.

³⁰ Cuando Pablo quiso entrar en la asamblea popular, los discípulos no le permitieron. ³¹ También algunos amigos suyos, hombres ricos e influyentes de Asia, le enviaron *aviso* y le rogaban que no se presentara al teatro.

³² Unos gritaban una cosa, y otros otra, porque la concurrencia estaba aturdida. La mayoría no sabía por qué se habían reunido.

³³ De entre la multitud instruyeron a Alejandro, y los judíos lo empujaron. Entonces Alejandro hizo señal de silencio con la mano y quería defenderse ante el pueblo. ³⁴ Pero al saber que era judío, surgió una sola voz de todos. Gritaron como por dos horas: ¡Grande es Artemisa de los efesios!

³⁵ Entonces el escribano calmó a la multitud y dijo: Varones efesios, ¿hay alguno de los hombres que no sabe que la ciudad de los efesios es guardiana de la gran Artemisa que cayó del cielo? ³⁶ Por cuanto esto es indiscutible, es necesario estar calmados y no actuar con precipitación. ³⁷ Trajeron a estos hombres que no roban templos ni blasfeman a nuestra deidad. ³⁸ Si Demetrio y los diseñadores que lo acompañan tienen acusación contra alguien, los tribunales están abiertos y hay procónsules. Presenten cargos unos contra otros.

³⁹ Si desean saber algo más, en legítima asamblea será decidido. ⁴⁰ Porque por lo de hoy, aun corremos el peligro de ser acusados de rebelión, ya que no existe causa con la cual podremos dar razón del alboroto. ⁴¹ Después de decir esto, disolvió la reunión.

Viaje a Macedonia y Grecia

20 ¹ Cuando cesó el alboroto, Pablo llamó y exhortó a los discípulos. Se despidió y partió a Macedonia. ² Recorrió aquellas regiones, los exhortó con mucha enseñanza y llegó a Grecia.

³ Después de tres meses cuando iba a embarcarse para Siria, los judíos tramaron un complot contra él. Así que decidió regresar por Macedonia.
⁴ Lo acompañaban Sópater, *hijo* de Pirro, de Berea; Aristarco y Segundo, de Tesalonica; Gayo y Timoteo, de Derbe; y Tíquico y Trófimo, de Asia. ⁵ Ellos se adelantaron, y nos esperaban en Troas.

⁶ Nosotros, después de los días de los Panes sin Levadura, navegamos desde Filipos. En cinco días nos reunimos con ellos en Troas, donde pasamos siete días.

La caída de Eutico

⁷ El primer día de la semana nos reunimos para partir *el* pan. Pablo, quien salía el día siguiente, les hablaba y prolongó el mensaje hasta medianoche.
⁸ Había muchas lámparas en el aposento alto donde estábamos reunidos.
⁹ Pablo habló largamente.

Un muchacho llamado Eutico, que estaba sentado en la ventana, se quedó profundamente dormido, cayó desde el tercer piso y murió.

¹⁰ Entonces Pablo bajó y se tendió sobre él. Lo abrazó y dijo: ¡No se aflijan, porque está vivo! ¹¹ Pablo subió, partió el pan y comió. Habló largamente hasta *el* amanecer y salió. ¹² Llevaron vivo al muchacho, y se consolaron mucho.

De Éfeso a Asón y a Mitilene

¹³ Pablo iba por tierra a Asón. Nosotros fuimos hasta la nave con anticipación, y zarpamos hacia Asón para embarcar allí a Pablo, según los planes. ¹⁴ Se encontraron con nosotros en Asón, subió a bordo, y navegamos a Mitilene.

¹⁵ Zarpamos de allí y el día siguiente llegamos frente a Quío. El otro día, llegamos cerca de Samos. Y el próximo llegamos a Mileto.

¹⁶ Pablo decidió navegar sin escala en Éfeso para no demorarse en Asia, porque iba de prisa para llegar a Jerusalén, si fuera posible, el día de Pentecostés.

La despedida en Mileto

¹⁷ *Pablo* envió *un mensaje* a Éfeso desde Mileto para llamar a los ancianos de la iglesia. ¹⁸ Cuando llegaron les dijo: Saben cómo me conduje con ustedes todo el tiempo, desde el día cuando llegué a Asia. ¹⁹ Serví al Señor con toda humildad, lágrimas y pruebas que me llegaron por las maquinaciones de los judíos. ²⁰ No me negué a predicarles las cosas provechosas y enseñarles públicamente y de casa en casa. ²¹ Testifiqué solemnemente a judíos y a griegos sobre el cambio de mente hacia Dios, y la fe en nuestro Señor Jesús.

²² Ahora miren, voy a Jerusalén atado en el espíritu, sin saber lo que me sucederá allá. ²³ En cada ciudad el Espíritu Santo me da a entender solemnemente que me esperan cadenas y aflicciones. ²⁴ Pero por ningún motivo considero mi vida valiosa, con tal que termine mi carrera y el ministerio que recibí del Señor Jesús para proclamar solemnemente las Buenas Noticias de la gracia de Dios.

²⁵ Ahora escuchen: Yo sé que ninguno de ustedes entre quienes estuve para predicar el reino, volverá a ver mi rostro. ²⁶ Por tanto, hoy les declaro que estoy limpio de la sangre de todos, ²⁷ porque no me refrené en anunciarles todo el consejo de Dios.

²⁸ Tengan cuidado de ustedes mismos y de todo el rebaño en el cual el Espíritu Santo los puso como supervisores para apacentar la iglesia de Dios, la cual adquirió por medio de su propia sangre.

²⁹ Yo sé que después de mi partida se levantarán entre ustedes lobos feroces que no perdonan al rebaño. ³⁰ De entre ustedes mismos se levantarán hombres que hablarán cosas depravadas para arrastrar a los discípulos tras ellos. ³¹ Por tanto, velen. Recuerden que noche y día durante tres años, no me cansé de amonestar con lágrimas a cada uno.

³² Ahora, los encomiendo a Dios y a la Palabra de su gracia, la cual puede edificar y dar la herencia a todos los santificados.

³³ De nadie codicié plata, ni oro, ni ropa. ³⁴ Ustedes saben que estas manos sirvieron para mis necesidades y para los que estaban conmigo. ³⁵ En todo les demostré que al trabajar de este modo es necesario socorrer a los débiles, y recordar las Palabras del Señor Jesús, pues Él mismo dijo: **Más inmensamente feliz es el que da que el que recibe.**

³⁶ Cuando terminó de hablar esto, se arrodilló y habló con Dios en compañía de ellos.

³⁷ Entonces brotó un gran llanto de todos. Abrazaron a Pablo y lo besaban. ³⁸ Estaban muy tristes por la palabra que les dijo: que ya no volverían a ver su rostro. Y lo acompañaron hasta el barco.

21

¹ Llegó el momento y nos separamos de los hermanos. Zarpamos con rumbo directo a Cos.

Al día siguiente zarpamos hacia Rodas, y de allí a Pátara.

Hacia Jerusalén

² Encontramos un barco que cruzaba hacia Fenicia en el cual embarcamos y zarpamos. ³ Dejamos a Chipre a lado izquierdo, navegamos hacia Siria y arribamos a Tiro, porque el barco iba a descargar la mercancía allí.

⁴ Hallamos a los discípulos, quienes por el Espíritu decían a Pablo que no subiera a Jerusalén. Permanecimos allí siete días.

⁵ Después salimos hasta a fuera de la ciudad, acompañados por todos, con las esposas y los hijos. En la playa doblamos las rodillas y hablamos con Dios. ⁶ Nos despedimos y entramos al barco. Ellos regresaron a sus hogares.

⁷ Completamos la navegación de Tiro a Tolemaida, donde saludamos a los hermanos y nos quedamos un día con ellos.

⁸ Al día siguiente seguimos a Cesarea, y nos hospedamos en casa de Felipe el evangelista, uno de los siete diáconos. ⁹ Felipe tenía cuatro hijas vírgenes que profetizaban.

¹⁰ Permanecimos allí muchos días.

Un profeta llamado Agabo bajó de Judea, ¹¹ quien acudió a nosotros. Tomó el cinturón de Pablo, se ató los pies y las manos y dijo: El Espíritu Santo dice esto: Así los judíos atarán al dueño de este cinturón y lo entregarán en manos de gentiles en Jerusalén.

¹² Cuando oímos esto, nosotros y los residentes le rogamos que no subiera a Jerusalén.

¹³ Entonces Pablo respondió: ¿Por qué lloran y quebrantan mi corazón? Pues no solo estoy dispuesto a ser atado, sino también a morir en Jerusalén por el Nombre de Cristo Jesús.

¹⁴ Como no pudimos convencerlo, dijimos: ¡Que se haga la voluntad del Señor!

¹⁵ Después de estos días, hicimos preparativos y subimos a Jerusalén. ¹⁶ Nos acompañaron algunos discípulos de Cesarea entre quienes estaba Masón, antiguo discípulo chipriota, en cuya casa íbamos a hospedarnos.

Encuentro de Pablo con Jacobo

¹⁷ Cuando llegamos a Jerusalén, los hermanos nos recibieron con gozo.

¹⁸ El día siguiente, fuimos con Pablo para saludar a Jacobo, y se reunieron todos los ancianos. ¹⁹ Allí les describió una por una las cosas que Dios hizo entre los gentiles por medio de su ministerio.

²⁰ Cuando oyeron glorificaban a Dios y le dijeron: Mira, hermano, cuántos millares de los que creyeron son judíos. Todos son celosos de la Ley.

²¹ Se les informó con respecto a ti, que enseñas a los judíos que están entre los gentiles a apostatar de Moisés, pues les dices que no circunciden a sus hijos, ni practiquen las tradiciones judías. ²² ¿Esto es cierto? Sin duda oirán que llegaste.

²³ Haz, pues, esto que te decimos: Tenemos cuatro varones que tienen un voto sobre ellos mismos. ²⁴ Toma a estos, purifícate con ellos, y gasta en ellos para que se rasuren la cabeza. Entenderán todos que nada hay de lo que se les informó con respecto a ti, sino que tú también guardas la Ley.

²⁵ En cuanto a los gentiles que han creído, decidimos escribirles que se abstengan de comer lo sacrificado a ídolos, de sangre, de lo estrangulado y también de inmoralidad sexual.

²⁶ Entonces Pablo se purificó con ellos y al día siguiente entró en el Templo para informar sobre el cumplimiento de los días de la purificación, hasta cuando fuera ofrecida la ofrenda por cada uno de ellos.

Arresto de Pablo

²⁷ Pero cuando iban a cumplirse los siete días, los judíos de Asia lo vieron en el Templo y alborotaron a todo el pueblo. Lo atraparon ²⁸ y gritaban: ¡Varones israelitas, ayuden! ¡Éste es el hombre que enseña a todos en todas partes contra el pueblo, la Ley y este Lugar! Además, introdujo a unos griegos en el Templo y profanó este santo Lugar. ²⁹ *Dijeron esto* porque lo habían

visto en la ciudad con Trófimo el efesio, y pensaban que Pablo lo introdujo en el Templo.

³⁰ Así se alborotó la ciudad. El pueblo se agolpó, se apoderaron de Pablo y lo arrastraron fuera del Templo. De inmediato sus puertas fueron cerradas.
³¹ Mientras procuraban matarlo, informaron al comandante del batallón: Toda Jerusalén está alborotada. ³² De inmediato éste tomó soldados y centuriones y corrió hacia ellos. Cuando vieron al comandante y a los soldados, dejaron de golpear a Pablo.

³³ El comandante lo arrestó y mandó atarlo con dos cadenas. Le preguntaba quién era y qué había hecho. ³⁴ Unos de la multitud gritaban una cosa y otros, otra. Como no sabía con certeza la razón del alboroto, ordenó que fuera llevado al cuartel. ³⁵ Cuando llegó a las gradas, fue necesario que los soldados lo cargaran a causa de la violencia de la turba, ³⁶ porque la muchedumbre del pueblo gritaba: ¡Mátalo!

³⁷ Cuando iba a entrar en el cuartel, Pablo preguntó al comandante: ¿Me permites decirte algo?

Y él respondió: ¿Hablas griego? ³⁸ ¿No eres tú el egipcio que levantó una rebelión en días pasados y sacó al desierto a unos 4.000 varones de los sicarios?

³⁹ Pablo contestó: Yo ciertamente soy judío, nativo de Tarso, una ciudad importante de Cilicia. Te ruego que me permitas hablar al pueblo.

⁴⁰ Se lo permitió. Pablo, sobre las gradas, hizo una señal con la mano al pueblo. Cuando hubo silencio, les dirigió la palabra en hebreo.

Discurso de Pablo

22 ¹ Varones hermanos y padres, escuchen ahora mi defensa. ² Cuando oyeron que les hablaba en hebreo, guardaron más quietud.

³ Yo soy judío, nacido en Tarso de Cilicia, pero criado en esta ciudad, educado a los pies de Gamaliel en estricta conformidad con la Ley de nuestros antepasados. Era celoso de Dios como todos ustedes son hoy. ⁴ Perseguí hasta *la* muerte este Camino. Ataba y entregaba en cárceles tanto a varones como a mujeres.

⁵ El sumo sacerdote y todos los ancianos saben que me dieron cartas para los hermanos e iba a Damasco a fin de traer atados a Jerusalén aun a los que estaban allí, para que los castigaran.

Conversión de Pablo

⁶ Iba cerca de Damasco. Como al mediodía, de repente una gran luz del cielo resplandeció alrededor de mí. ⁷ Caí a tierra y oí una voz que me decía: Saulo, Saulo, ¿por qué me persigues?

⁸ Respondí: ¿Quién eres, Señor?

Y me dijo: Yo soy Jesús nazareno, a Quién tú persigues.

⁹ Los que me acompañaban ciertamente vieron la Luz, pero no entendieron la voz del que me hablaba.

¹⁰ Entonces pregunté: ¿Qué hago, Señor?

Y el Señor me respondió: Levántate y vé a Damasco, y allí se te dirá lo que tienes que hacer.

¹¹ Como no veía a causa del resplandor de aquella Luz, fui llevado de la mano por mis compañeros a Damasco.

¹² Entonces Ananías, varón piadoso según la Ley, aprobado por todos los judíos que vivían allí, ¹³ me visitó y me dijo: Hermano Saulo, recobra la visión. En ese instante recobré la vista.

¹⁴ Entonces Ananías me dijo: El Dios de nuestros antepasados te escogió para que conozcas su voluntad, veas al Justo y oigas su voz. ¹⁵ Porque le serás testigo ante todos los hombres de lo que viste y oíste. ¹⁶ Ahora pues, ¿por qué demoras? ¡Levántate, bautízate, invoca su Nombre y lava tus pecados!

Ministerio para los gentiles

¹⁷ Cuando regresé a Jerusalén, hablaba con Dios en el Templo. Me vino un éxtasis ¹⁸ y lo vi cuando me decía: Apresúrate y sal pronto de Jerusalén, porque no creerán lo que digas de Mí.

¹⁹ Yo respondí: Señor, ellos saben que yo encarcelaba y azotaba a los que creen en Ti en todas las congregaciones judías. ²⁰ Cuando era derramada la sangre de Esteban tu testigo, yo mismo estaba allí, di aprobación y guardaba las ropas de quienes lo mataban.

²¹ Pero Él me dijo: Vé porque Yo te enviaré lejos, a los gentiles.

²² Hasta esa palabra lo escucharon. Alzaron su voz: ¡Extermínalo de la tierra, porque no merece vivir!

²³ Mientras ellos gritaban, agitaban los mantos y lanzaban polvo al aire.

²⁴ El comandante mandó llevarlo al cuartel y ordenó examinarlo con azotes, por qué gritaban así contra él.

El ciudadano romano

²⁵ Pero cuando lo estiraron con las correas, Pablo preguntó al centurión: ¿Les es lícito azotar a un ciudadano romano que no ha sido sentenciado?

²⁶ Al oír esto, el centurión fue al comandante y le advirtió: ¿Qué vas a hacer? Porque este hombre es romano.

²⁷ Entonces el comandante le preguntó: Dime, ¿eres tú romano?
Y él contestó: Sí.

²⁸ El comandante dijo: Yo pagué mucho dinero para adquirir esta ciudadanía.
Entonces Pablo dijo: Pues yo nací *ciudadano*.

²⁹ Al instante los que iban a interrogarlo se retiraron de él. Y aun el comandante, cuando supo que era romano, se atemorizó porque lo había atado.

Ante el Tribunal Supremo

³⁰ Al día siguiente quería saber por qué era acusado por los judíos. Lo desató. Mandó que se reunieran los principales sacerdotes y todo el Tribunal Supremo. Sacó a Pablo y lo colocó delante de ellos.

23 ¹ Entonces Pablo fijó sus ojos en el Tribunal Supremo y declaró: Varones hermanos: Yo me he conducido delante de Dios hasta hoy con toda buena conciencia.

² Pero el sumo sacerdote Ananías mandó a los que estaban junto a él que le golpearan la boca.

³ Entonces Pablo le dijo: ¡Dios te golpeará pronto, pared blanqueada! Te sientas para juzgarme según la Ley, ¿y contra la Ley mandas que yo sea golpeado?

⁴ Los presentes le reclamaron: ¿Te atreves a maldecir al sumo sacerdote de Dios?

⁵ Pablo respondió: No sabía, hermanos, que es un sumo sacerdote, pues está escrito:
No maldecirás a un magistrado de tu pueblo.

⁶ Entonces Pablo entendió que algunos de ellos eran saduceos y otros, fariseos. Levantó la voz ante el Tribunal Supremo: Varones hermanos, yo soy fariseo, hijo de fariseos. Con respecto a *la* esperanza de *la* resurrección de los muertos me juzgan.

⁷ Cuando dijo esto, hubo un altercado entre los fariseos y los saduceos. Se dividió la asamblea ⁸ porque los saduceos dicen que no hay resurrección, ni ángel, ni espíritu, pero los fariseos creen todo esto.

⁹ Entonces hubo una discusión acalorada. Se levantaron algunos escribas de *los* fariseos y contendían con violencia: No hallamos algún mal en este hombre. ¿Y si le habló un espíritu o un ángel?

¹⁰ Se produjo un gran altercado. El comandante tuvo temor de que Pablo fuera despedazado. Ordenó que la tropa bajara de inmediato a arrebatarlo de en medio de ellos y llevarlo al cuartel.

¹¹ La noche siguiente le apareció el Señor y *le* dijo: ¡Ten ánimo! Como testificaste fielmente con respecto a Mí en Jerusalén, así te es necesario testificar también en Roma.

Un complot contra Pablo

¹² Cuando aclaró el día, los judíos tramaron un complot. Se juramentaron bajo maldición y dijeron que no comerían ni beberían hasta matar a Pablo. ¹³ Los que tramaron este complot eran más de 40, ¹⁴ los cuales dijeron a los principales sacerdotes y a los ancianos: Juramos bajo maldición no comer hasta cuando matemos a Pablo. ¹⁵ Ahora, pues, ustedes y el Tribunal Supremo soliciten al comandante que mañana lo lleve ante ustedes porque van a investigar estrictamente las cosas relacionadas con él. Nosotros estaremos preparados para matarlo antes que llegue.

¹⁶ Pero el hijo de la hermana de Pablo supo lo de la emboscada. Fue al cuartel e informó a Pablo.

¹⁷ Entonces Pablo llamó a uno de los centuriones y le dijo: Lleva a este joven ante el comandante, porque tiene algo que informarle.

¹⁸ Él lo llevó ante el comandante y dijo: El prisionero Pablo me rogó que te trajera a este joven que tiene algo que informarte.

¹⁹ El comandante lo tomó de la mano, *lo* llevó aparte y le preguntó: ¿Qué tienes que decirme?

²⁰ Y respondió: Los judíos se pusieron de acuerdo para rogarte que mañana lleves a Pablo al Tribunal Supremo, porque van a investigar estrictamente lo relacionado con él. ²¹ Pero no te dejes convencer por ellos, porque más de 40 varones lo acechan, pues juraron bajo maldición no comer ni beber hasta que lo maten. Ya están preparados y esperan tu promesa.

²² Entonces el comandante le ordenó: A nadie digas que me informaste esto. Y lo despidió.

Traslado a Cesarea

²³ Llamó a dos centuriones y *les* dijo: Preparen 200 soldados, 70 jinetes y 200 lanceros para que vayan a Cesarea a las nueve de la noche. ²⁴ Preparen cabalgadura para que monten a Pablo y *lo* lleven con seguridad ante el gobernador Félix.

²⁵ Le escribió una carta:
²⁶ Claudio Lisias al excelentísimo gobernador Félix. Saludos.

²⁷ Este hombre fue arrestado por los judíos y lo iban a ejecutar. Supe que es romano, fui con la tropa y *lo* rescaté. ²⁸ Como quería saber la causa por la cual lo acusaban, lo llevé al Tribunal Supremo de ellos. ²⁹ Supe que era acusado por cuestiones de la Ley de ellos, pero no había ningún cargo digno de muerte o prisión.

³⁰ Me llegó el informe de que había un complot contra él. De inmediato *lo* envié a ti. Ordené también a sus acusadores que hablen contra él delante de ti.

³¹ Los soldados tomaron a Pablo según se les ordenó, y *lo* llevaron de noche a Antípatris. ³² Al día siguiente *lo* enviaron *a Cesarea* con la caballería, y los demás regresaron al cuartel. ³³ Ellos entraron en Cesarea, entregaron la carta al gobernador y presentaron a Pablo.

³⁴ *Aquél* leyó y preguntó de qué provincia era. Supo que era de Cilicia ³⁵ y le dijo: Te oiré cuando comparezcan también tus acusadores. Y mandó que él fuera custodiado en el Palacio de Justicia de Herodes.

Acusación contra Pablo

24 ¹ Cinco días después el sumo sacerdote Ananías bajó *a Cesarea* con algunos ancianos y el abogado Tértulo, quienes comparecieron ante el gobernador contra Pablo. ² Cuando fue llamado, Tértulo comenzó a acusar: Estamos disfrutando de mucha paz por medio de ti. Debido a tu provisión se hacen reformas en esta nación, ³ *lo cual* recibimos por todos los medios y en todas partes con gratitud, oh excelentísimo Félix. ⁴ Pero, a fin de no importunarte más, te suplico que nos oigas brevemente con tu bondad.

⁵ Porque descubrimos que este hombre es una amenaza pública que promueve altercados entre los judíos en toda la tierra habitada y es un cabecilla de la secta de los nazarenos. ⁶ Incluso intentó profanar el Templo. Por tanto lo arrestamos. [[⁷]] ⁸ Al examinarlo con respecto a todo esto, tú mismo podrás saber por qué lo acusamos.

⁹ Los judíos también se unieron en el ataque y afirmaron que todo esto era cierto.

Defensa de Pablo ante Félix

¹⁰ El gobernador le hizo una señal para que hablara.

Pablo respondió: Por cuanto estoy enterado de que desde hace muchos años tú eres juez para esta nación, con buen ánimo me defiendo de esta acusación. ¹¹ Debes saber que solo hace 12 días subí a adorar en Jerusalén. ¹² No discutía con alguno en el Templo, ni provocaba un motín en las congregaciones judías, ni en la ciudad, ¹³ ni pueden probarte aquello de lo cual me acusan.

¹⁴ Pero te confieso que según el Camino que ellos llaman secta, sirvo al Dios de mis antepasados. Creo todo lo que es según la Ley y los profetas. ¹⁵ Tengo la esperanza en Dios, la cual ellos mismos también aceptan, de una resurrección tanto de justos como de injustos. ¹⁶ Por esto, también yo mismo procuro tener siempre una conciencia irreprensible en relación con Dios y con los hombres.

¹⁷ Después de algunos años me presenté a mi nación para dar limosnas y ofrendas. ¹⁸ Después de haberme purificado, me hallaron en estas cosas en el Templo, no con turba ni con alboroto, ¹⁹ *pero me detuvieron* porque algunos judíos de Asia *me acusaron*.

Estos deberían comparecer ante ti y decir si tienen algo de que acusarme. ²⁰ O digan éstos cuál delito hallaron cuando estuve ante el Tribunal Supremo de los judíos, ²¹ excepto esta sola declaración que expresé en voz alta cuando estaba entre ellos: Con respecto a la resurrección de los muertos soy juzgado hoy por ustedes.

Prisionero en Cesarea

²² Cuando Félix conoció con mayor exactitud estas cosas referentes al Camino, los aplazó. Les dijo: Cuando el comandante Lisias baje, determinaré lo referente a ustedes. ²³ Ordenó al centurión custodiarlo, que tuviera servicio y que no impidiera que alguno de los suyos lo atendiera.

²⁴ Después de algunos días, cuando Félix se presentó con su esposa Drusila, quien era judía, llamó a Pablo y lo oyó con respecto a la fe en Cristo Jesús. ²⁵ Pero cuando él se pronunció sobre justicia, dominio propio y el juicio que viene, Félix se sintió atemorizado y replicó: ¡Vete por ahora! Cuando haya un tiempo favorable, te llamaré. ²⁶ Al mismo tiempo esperaba que Pablo le diera dinero. Por eso lo llamaba con frecuencia para conversar.

²⁷ Dos años después, Félix recibió un sucesor: Porcio Festo. Como quería conceder un favor a los judíos, Félix dejó a Pablo encadenado.

Apelación de Pablo a César

25 ¹ Festo, pues, llegó a la provincia. A los tres días subió de Cesarea a Jerusalén.

² Los principales sacerdotes y los judíos más importantes le presentaron demanda contra Pablo. Le rogaban ³ un favor contra él: que lo trasladara a Jerusalén. Le estaban preparando una emboscada para matarlo en el camino.

⁴ Festo respondió que Pablo estaba custodiado en Cesarea, a donde él mismo se dirigía en breve. ⁵ Por tanto dijo: Si hay algo impropio en el hombre, los autorizados entre ustedes bajen conmigo y acúsenlo.

⁶ Pasó entre ellos unos ocho o diez días y bajó a Cesarea. El día siguiente se sentó en el tribunal y ordenó que Pablo fuera llevado.

⁷ Cuando él apareció, los judíos que habían bajado de Jerusalén lo rodearon de pie para presentar muchas acusaciones graves, las cuales no podían probar.

⁸ Pablo se defendió: Nada malo hice contra la Ley de los judíos, ni contra el Templo, ni contra César.

⁹ Pero Festo, al querer otorgar un favor a los judíos, respondió a Pablo: ¿Quieres subir a Jerusalén y ser juzgado de esto allí delante de mí?

¹⁰ Pablo respondió: Estoy en pie ante el tribunal de César donde debo ser juzgado. En nada agravié a los judíos, como tú sabes muy bien. ¹¹ Por tanto, si soy malhechor e hice algo digno de muerte, no me niego a morir. Pero si nada hay de lo que ellos me acusan, nadie puede entregarme como un favor a ellos. Apelo a César.

¹² Entonces Festo deliberó con su consejo y respondió: Apelaste a César. A César irás.

Pablo ante el rey Agripa

¹³ Unos días después, el rey Agripa y Berenice bajaron a Cesarea para saludar a Festo. ¹⁴ Como pasaron allí muchos días, Festo presentó al rey lo relacionado con Pablo: Félix dejó preso un hombre. ¹⁵ Cuando estuve en Jerusalén, los principales sacerdotes y ancianos de los judíos me presentaron demanda contra él, y pidieron sentencia condenatoria.

¹⁶ Les respondí que no es costumbre de los romanos entregar libremente a algún hombre como un favor, antes que el acusado tenga a los acusadores cara a cara y la oportunidad de defenderse con respecto a la acusación. ¹⁷ Sin demora nos reunimos. El día siguiente me senté en el tribunal y ordené que se trajera al hombre. ¹⁸ Los acusadores en pie no presentaron alguna acusación con respecto a los *delitos* perversos de los cuales yo sospechaba, ¹⁹ sino tenían contra él algunos puntos de desacuerdo en cuanto a su religión y acerca de un difunto Jesús, de Quien Pablo afirmaba que está vivo. ²⁰ Estuve perplejo en la investigación y le pregunté si quería ir a Jerusalén y ser juzgado allá. ²¹ Pero Pablo apeló que él fuera reservado para la decisión de su majestad el Emperador. Ordené que él fuera custodiado hasta que lo enviara a César.

²² Entonces Agripa dijo a Festo: A mí también me interesa oír a ese hombre.

Festo le contestó: Mañana lo oirás.

²³ El día siguiente Agripa y Berenice llegaron con mucha pompa. Entraron al auditorio con comandantes y personajes excelentes de la ciudad. Festo dio la orden y Pablo fue llevado.

²⁴ Festo exclamó: Rey Agripa y todos los varones presentes: Este es el hombre con respecto al cual todo el pueblo de los judíos acudió a mí, tanto en Jerusalén como aquí, y vociferaban que no debe vivir más. ²⁵ Pero yo entendí que él no cometió algo digno de muerte, y como él mismo se acogió a su majestad el Emperador, decidí enviarlo.

²⁶ No tengo algo cierto para escribir al soberano con respecto a él. Por tanto lo traje ante ustedes, y especialmente ante ti, rey Agripa, para que después de la audiencia preliminar, tenga algo para escribir. ²⁷ Porque me parece absurdo enviar a un preso sin comunicar los cargos que hay contra él.

Pablo ante Agripa

26 ¹ Agripa dijo a Pablo: Se te permite hablar por ti mismo.

Entonces extendió su mano y se defendía. ² Con respecto a todas las cosas de las cuales soy acusado por los judíos, me considero dichoso, rey Agripa, de que hoy me defiendo delante de ti, ³ especialmente porque eres un experto en cuanto a las costumbres y controversias entre los judíos. Por lo cual suplico que me escuches con paciencia.

⁴ Mi manera de vivir, la cual desde el principio de mi juventud se realizó en mi nación y en Jerusalén, fue conocida por todos los judíos ⁵ quienes saben desde hace mucho tiempo, si quieren testificar, que yo viví como fariseo, según la secta más estricta de nuestra religión.

⁶ Ahora, me juzgan por la esperanza en la promesa que Dios dio a nuestros antepasados, ⁷ a la cual esperan llegar nuestras 12 tribus, y sirven con fervor noche y día. Por *esta* esperanza, oh rey, soy acusado por los judíos. ⁸ ¿Por qué se considera increíble entre ustedes que Dios resucita muertos?

⁹ Yo ciertamente pensé que era necesario hacer muchas cosas contra el Nombre de Jesús de Nazaret, ¹⁰ lo cual hice en Jerusalén. Recibí autoridad de los principales sacerdotes, encerré en cárceles a muchos de los santos, y cuando eran condenados a muerte, deposité una piedrecita[a] contra ellos. ¹¹ Muchas veces, locamente enfurecido contra ellos, cuando los castigaba en todas las congregaciones judías, *los* forzaba a blasfemar, *los* perseguía aun hasta en las ciudades extranjeras.

¹² Cuando iba a Damasco en esta actividad, con autorización y completo poder de los principales sacerdotes, ¹³ en el camino, oh rey, como a mediodía, vi una Luz del cielo, superior al brillo del sol, que resplandeció alrededor de mí y de mis compañeros. ¹⁴ Caímos todos a tierra. Oí una voz que me decía en hebreo: ¡Saulo, Saulo! ¿Por qué me persigues? Dura acción te es dar puntapies contra algo puntiagudo.

¹⁵ Entonces yo pregunté: ¿Quién eres, Señor?

---

[a] **26.10** Se usaba para votar en el Tribunal Supremo de los judíos.

Y el Señor respondió: Yo soy Jesús, a Quien tú persigues. ¹⁶ Pero levántate. Ponte en pie. Para esto me aparecí a ti: para designarte ministro y testigo de lo que viste y de aquello en lo cual me volveré a aparecer ¹⁷ a fin de librarte del pueblo *judío* y de los gentiles. Yo te envío a ellos ¹⁸ para que abras sus ojos a fin de que vuelvan de la oscuridad a la Luz, y de la potestad de Satanás a Dios, y de que ellos mismos reciban perdón de pecados y herencia entre los santificados por la fe en Mí.

¹⁹ Por lo cual, oh rey Agripa, no desobedecí a la visión celestial. ²⁰ Primero anuncié el cambio de mente a los de Damasco, Jerusalén, toda la región de Judea y a los gentiles: que volvieran a Dios y que hicieran obras dignas del cambio de mente.

²¹ Por causa de esto unos judíos, quienes me arrestaron en el Templo, intentaron matarme. ²² Pero con la ayuda de Dios, estoy en pie hasta hoy.

Testifico, tanto a pequeño como a grande, sin decir algo aparte de lo que los profetas y Moisés dijeron que sucedería: ²³ Que el Cristo sería sometido a sufrimiento, sería el primero en resucitar de entre *los* muertos y proclamaría la resurrección tanto al pueblo *judío* como a los gentiles.

Mensaje dirigido a Agripa

²⁴ Cuando él pronunció esto en su defensa, Festo exclamó a gran voz: ¡Estás loco, Pablo! ¡Tu conocimiento superior te vuelve loco!

²⁵ Pablo respondió: No estoy loco, excelentísimo Festo. Me expreso con palabras de verdad y cordura. ²⁶ El rey, ante quien hablo con franqueza, entiende estas cosas. Se que nada de esto se le oculta, puesto que no se hace en secreto. ²⁷ ¿Crees *tú*, rey Agripa, a los profetas? Entiendo que crees.

²⁸ Entonces Agripa *le* respondió a Pablo: ¡Por poco me persuades a ser cristiano!

²⁹ Y Pablo contestó: Hablo con Dios para que, por poco o por mucho, no solo tú, sino también todos los que hoy me oyen, sean como yo, excepto estas cadenas.

³⁰ Se levantaron el rey, Berenice, el gobernador y todos los que estaban con ellos. ³¹ Cuando se retiraron, hablaban unos con otros: Este hombre nada hizo digno de muerte o prisión.

³² Agripa le dijo a Festo: Este hombre podría ser libertado si no hubiera apelado a César.

Rumbo a Roma

27 ¹ Cuando se decidió que navegáramos hacia Italia, entregaron a Pablo y a otros presos a un centurión llamado Julio, de un batallón imperial.

² Embarcamos en una nave de Adramitia que iba a zarpar hacia los puertos de Asia. Salimos al mar. Aristarco, un macedonio de Tesalónica, nos acompañaba.

³ Al día siguiente atracamos en Sidón. Julio, quien trataba a Pablo con benevolencia, permitió que fuera a sus amigos y recibiera atención.

⁴ Zarpamos de allí y navegamos al abrigo de Chipre, a causa de que los vientos eran contrarios. ⁵ Navegamos a través del mar de Cilicia y Panfilia y arribamos a Mira de Licia. ⁶ El centurión halló allí una nave alejandrina que navegaba hacia Italia y nos embarcó en ella. ⁷ Navegamos lentamente muchos días.

Logramos arribar con dificultad frente a Gnido. El viento no nos permitía avanzar y navegamos al abrigo de Creta hacia Salmón. ⁸ La costeamos con dificultad y arribamos a Buenos Puertos, cerca de la ciudad de Lasea.

Advertencia de Pablo

⁹ Transcurrió mucho tiempo y era peligrosa la navegación.

Cuando pasó el ayuno, Pablo aconsejaba: ¹⁰ Varones, percibo que la navegación será con perjuicio y mucha pérdida, no solo de la carga y de la nave, sino también de nuestras vidas.

¹¹ Pero el centurión ponía más atención al piloto y al propietario de la nave que a lo que Pablo decía. ¹² Como el puerto no era adecuado para pasar el invierno, la mayoría decidió zarpar de allí, para ver si podían arribar a Fenice, puerto de Creta que mira hacia el suroeste y el noroeste, y pasar allí el invierno.

Horrible tempestad

¹³ Cuando comenzó un suave viento del sur, consideraron que habían logrado el propósito, levantaron anclas y costeaban Creta. ¹⁴ Pero poco después el viento huracanado llamado Euraquilón[a] azotó la nave. ¹⁵ Fue violentamente arrebatada, y no se pudo colocar la proa al viento. Cedimos a la *tempestad* y éramos llevados a la deriva.

¹⁶ Navegamos al abrigo de una islita llamada Cauda y difícilmente logramos controlar el bote salvavidas. ¹⁷ Lo levantaron con cuerdas para atarlo a la nave. Temían que encallaran en la Sirte.[b] Echaron el ancla flotante y se abandonaron a la deriva.

¹⁸ El día siguiente, como fuimos sacudidos furiosamente por la tempestad, echaron parte de la carga. ¹⁹ Al tercer *día*, echaron los equipos de la nave con sus propias manos. ²⁰ Durante muchos días no apareció el sol ni estrellas.

---

[a] **27.14** Euraquilón, viento del Noreste.   [b] **27.17** Sirte: Elevación del fondo del mar en la costa libia al norte de África.

Una gran tempestad cayó sobre nosotros. Perdimos toda esperanza de salvarnos. 21 Había mucha abstinencia.

Pablo se puso en pie y dijo: ¡Varones! Era necesario obedecer mi consejo y no zarpar de Creta para evitar este daño y esta pérdida. 22 Pero ahora les aconsejo que tengan buen ánimo, pues ninguno perderá la vida. Solo se perderá la nave. 23 Porque anoche me vino un ángel de Dios, a Quien sirvo y pertenezco, 24 quien me dijo: No temas, Pablo. Tienes que comparecer ante César, y mira, Dios te concedió *la vida* de todos los que navegan contigo. 25 Por tanto, oh varones, tengan buen ánimo, porque creo a Dios que será así como me habló. 26 Tendremos que encallar en alguna isla.

27 Cuando llegó la décimacuarta noche, al ser llevados nosotros a la deriva en el Adriático, a la media noche, los marineros sospechaban que estaban cerca de una tierra. 28 Echaron una sonda y hallaron 36,6 metros. Después navegaron un poco más adelante y echaron otra vez la sonda. Hallaron 27,45 metros. 29 Teníamos el temor de encallar en algún lugar rocoso. Lanzaron cuatro anclas desde *la* popa y ansiaban que amaneciera. 30 Los marineros trataron de huir de la nave. Habían bajado el bote salvavidas al mar con el pretexto de soltar anclas desde *la* proa.

31 Pablo advirtió al centurión y a los soldados: Si los marineros no permanecen en la nave, ustedes no se salvarán.

32 Entonces los soldados cortaron las cuerdas del bote salvavidas y dejaron que se perdiera.

33 Y mientras llegaba el día, Pablo exhortaba a todos a recibir alimento: Hoy cumplimos 14 días de estar expectantes continuamente sin comer algo. 34 Por tanto, les ruego que coman algo, pues es bueno para su preservación, porque ni un cabello de su cabeza se perderá. 35 Cuando dijo esto, partió pan, dio gracias a Dios en presencia de todos, y comenzó a comer. 36 Entonces todos se animaron y comieron. 37 Había un total de 276 personas en la nave. 38 Cuando comimos, echaron el trigo al mar para aligerar la nave.

Fin del naufragio

39 Cuando amaneció, no conocían la tierra. Veían una bahía que tenía playa. Decidieron, si les era posible, sacar allí la nave. 40 Al cortar *las* anclas, las dejaron en el mar. Soltaron al mismo tiempo las cuerdas de los timones. Cuando izaron la vela de proa al viento, enfilaron hacia la playa. 41 Pero al caer en un lugar de corrientes cruzadas, encallaron la nave. Mientras la proa se clavó y quedó inmóvil, la popa era azotada por la violencia *de las olas*.

42 Un plan de los soldados era matar a los presos para que ninguno se escapara nadando.

⁴³ Pero el centurión, quien se propuso salvar a Pablo, impidió el plan. Mandó que los que podían nadar, se lanzaran primero por la borda y salieran a la tierra, ⁴⁴ y los demás, unos en tablones, y otros en algunos de los objetos de la nave.

Así todos llegamos salvos a tierra.

En la isla de Malta

28 ¹ Después supimos que la isla se llamaba Malta. ² Los nativos nos mostraban una bondad extraordinaria. A causa de la lluvia y el frío encendieron una hoguera y nos acogieron a todos.

³ Pablo recogió una brazada de maleza y la echó al fuego. Una víbora que huía del calor se apoderó de su mano.

⁴ Cuando los nativos vieron que el animal colgaba de la mano de él, se decían unos a otros: Sin duda, este hombre es un homicida a quien, después de salvarse del mar, la Justicia no le permitió vivir. ⁵ Pero él sacudió el animal en el fuego y nada malo padeció. ⁶ Ellos esperaban que él se hinchara o cayera muerto de repente. Pero esperaron mucho y vieron que nada malo le ocurría. Cambiaron de parecer y decían que él era un dios.

⁷ En los alrededores de aquel lugar había unas tierras de Publio, el principal de la isla. Él nos recibió con mucha bondad y nos hospedó por tres días. ⁸ El padre de Publio estaba en cama con fiebre y disentería. Cuando Pablo entró, habló con Dios, impuso las manos sobre él y lo sanó.

⁹ Cuando sucedió esto, los demás enfermos de la isla acudían y eran sanados. ¹⁰ Ellos también nos honraron con muchas atenciones, y al zarpar, nos dieron todo lo necesario.

De Malta a Roma

¹¹ Tres meses después nos embarcaron en una nave alejandrina que había invernado en la isla, que tenía escrito en la proa: A los *Dióscuros*.ᵃ ¹² Llegamos a Siracusa y permanecimos allí tres días. ¹³ Luego bordeamos alrededor y llegamos a Regio. El segundo día sopló un viento del sur y arribamos a Puteoli.

¹⁴ Hallamos allí a unos hermanos y nos invitaron a permanecer siete días. Así llegamos a Roma. ¹⁵ Cuando los hermanos de allí escucharon con respecto a nosotros fueron a encontrarnos hasta el Foro de Apio y Tres Tabernas. Cuando los vimos Pablo dio gracias a Dios y se animó.

¹⁶ Entramos en Roma. A Pablo se le permitió que viviera por su cuenta con el soldado que lo custodiaba.

ᵃ **28.11** Dióscuros significa hijos gemelos del dios Zeus y la diosa Leda, patronos de los navegantes.

Pablo con los judíos de Roma

17 Al tercer día él convocó a los judíos más prominentes. Cuando llegaron, les dijo: Varones hermanos, yo no hice algo contra el pueblo ni contra las costumbres de los antepasados. Fui entregado preso desde Jerusalén en las manos de los romanos, **18** quienes me interrogaron y me querían soltar por no hallar en mí ninguna causa de muerte. **19** Pero al oponerse los judíos, me vi obligado a apelar a César, no porque tenía algo de qué acusar a mi nación. **20** Por esta causa los llamé para verlos y hablarles, pues por la esperanza de Israel estoy rodeado por esta cadena.

21 Entonces ellos le dijeron: Nosotros no hemos recibido cartas de Judea con respecto a ti, ni llegó algún hermano a denunciar o hablar malo en cuanto a ti. **22** Pero pensamos que es conveniente escuchar de ti lo que piensas, porque ciertamente sabemos que en todas partes se habla mal de esta secta.

23 Los citó para un día y muchos acudieron al hospedaje, a quienes exponía mañana y tarde y testificaba solemnemente sobre el reino de Dios. Los persuadía con respecto a Jesús según la Ley de Moisés y los profetas. **24** Ciertamente algunos creyeron lo que Pablo anunciaba, pero otros no. **25** No lograban acuerdo y se despedían.

Entonces Pablo les dijo: Bien habló el Espíritu Santo por medio del profeta Isaías a los antepasados de ustedes:

26 Vé a este pueblo y dí:
Al oír oirán, pero de ningún modo entenderán. Al ver verán, pero de ningún modo percibirán. **27** Porque el corazón de este pueblo fue endurecido. Sus oídos oyeron pesadamente y cerraron sus ojos, para que no vean con los ojos, ni oigan con los oídos, ni entiendan con el corazón, y cambien de mente, y Yo los sane.

28 Sepan ustedes que esta salvación de Dios se envió a los gentiles. Ellos también oirán. [[**29**]]

Epílogo

30 Permaneció dos años enteros en su *casa* alquilada y recibía a todos los que lo visitaban. **31** Proclamaba el reino de Dios y enseñaba con respecto al Señor Jesucristo con toda osadía y sin impedimento.

Romanos

Saludo

1 ¹ Pablo, un esclavo de Cristo Jesús, llamado apóstol apartado para *las* Buenas Noticias de Dios, ² que Él prometió por medio de sus profetas en *las* Sagradas Escrituras ³ con respecto a su Hijo, nuestro Señor Jesucristo, del linaje de David según *la* naturaleza humana. ⁴ Él fue declarado Hijo de Dios con poder según *el* Espíritu de santidad, y resucitó de entre *los* muertos. ⁵ Por medio de Él recibimos gracia y apostolado para que todos los gentiles obedezcan a *la* fe en su Nombre, ⁶ entre los cuales ustedes son llamados por Jesucristo.

⁷ *Me dirijo* a todos los amados de Dios que están en Roma, llamados santos: Gracia a ustedes y paz de Dios nuestro Padre y del Señor Jesucristo.

Anhelo de Pablo

⁸ Primero, doy gracias a mi Dios por medio de Jesucristo por todos ustedes, por cuanto en todo el mundo se habla bien de su fe. ⁹ Porque Dios, a Quien sirvo en mi espíritu en las Buenas Noticias de su Hijo, es testigo de cómo me acuerdo sin cesar de ustedes.

¹⁰ Pido a Dios siempre en mis conversaciones con Él que de algún modo prospere según la voluntad de Dios para visitarlos. ¹¹ Porque anhelo verlos para impartirles algún don espiritual, a fin de que sean fortalecidos. ¹² Es decir, para que nos animemos unos a otros por la lealtad que compartimos. ¹³ Quiero que sepan, hermanos, que muchas veces me propuse visitarlos para obtener algún fruto entre ustedes y entre los demás gentiles, pero hasta ahora no he podido hacerlo.

¹⁴ Soy deudor a griegos y a extraños[a], a sabios y a ignorantes. ¹⁵ Así que estoy dispuesto a proclamar las Buenas Noticias también a ustedes en Roma.

Las Buenas Noticias como poder de Dios

¹⁶ Porque no me avergüenzo de las Buenas Noticias, puesto que son poder de Dios para salvación a todo el que cree, primero al judío y luego al griego. ¹⁷ Pues en él se revela *la* justicia de Dios por fe y para fe, como está escrito: El justo vivirá por *la* fe.

---

[a] **1.14** Lit. bárbaros: pueblos que se levantaron contra el Imperio Romano en el siglo V.

Depravación de los humanos

¹⁸ *La* ira de Dios se revela desde *el* cielo contra toda impiedad e injusticia de *los* seres humanos que suprimen la verdad con injusticia.

¹⁹ Porque lo que se conoce de Dios es evidente para ellos, puesto que Dios se *lo* manifestó. ²⁰ Porque desde la creación del mundo las cosas invisibles de Él, su eterno poder y deidad, se ven con claridad y se entienden por medio de las cosas hechas, de modo que no tienen excusa.

²¹ Aunque conocieron a Dios, no *lo* enaltecieron como Dios, ni le dieron gracias. Al contrario, se entregaron a vanos razonamientos y su necio corazón se oscureció. ²² Al afirmar ser sabios se volvieron necios, ²³ y cambiaron la gloria del Dios incorruptible por imagen de hombre mortal, de aves, de cuadrúpedos y de reptiles.

²⁴ Por tanto Dios los entregó a *la* impureza en los apetitos desordenados de los deleites carnales de sus corazones, de modo que deshonraron sus propios cuerpos entre ellos. ²⁵ Éstos cambiaron la verdad de Dios por la mentira, reverenciaron y sirvieron a la criatura y no al Creador, Quien es bendito por los siglos. Amén.

²⁶ Por esto Dios los entregó a pasiones vergonzosas, pues sus mujeres cambiaron su función natural por la que es contra naturaleza. ²⁷ Del mismo modo también los varones, al dejar la relación natural con la mujer, se encendieron en deleites carnales unos con otros y cometieron hechos vergonzosos varones con varones. Recibieron en ellos mismos la debida retribución de su extravío.

²⁸ Como no quisieron tener en cuenta a Dios, Él los entregó a una mente reprobada para hacer las cosas indecentes. ²⁹ Se llenaron con exceso de toda injusticia, perversidad, avaricia, maldad, envidia, homicidio, contienda, engaño y malignidad. Son chismosos, ³⁰ murmuradores, detractores, aborrecedores de Dios, insolentes, arrogantes, jactanciosos, inventores de cosas malas, desobedientes a los progenitores, ³¹ necios, desleales, sin afecto natural, despiadados.

³² Ellos, aunque entendieron exactamente el Mandamiento de Dios, según el cual los que practican tales cosas son dignos de muerte, no solo las hacen, sino también se complacen con los que *las* practican.

El juicio justo de Dios

2 ¹ Por esta razón eres inexcusable, tú que juzgas, pues cuando juzgas a otro te condenas a ti mismo, porque lo mismo haces tú que juzgas. ² Sabemos que el justo juicio de Dios sobre los que practican tales cosas es verdadero.

³ ¿Piensas, oh hombre, que juzgas a los que practican tales cosas y las haces, que tú escaparás del juicio de Dios? ⁴ ¿O menosprecias la riqueza de su bondad, paciencia y clemencia, e ignoras que la bondad de Dios te guía al cambio de mente? ⁵ Pero por tu terquedad y tu corazón no cambiado, acumulas ira para ti para el día de la ira y la manifestación del justo juicio de Dios.

⁶ Él pagará a cada uno según sus obras: ⁷ Vida eterna para los que perseveran en hacer el bien y buscan gloria, honor e inmortalidad. ⁸ Pero ira e indignación para los que rechazan la verdad por ambición y siguen la injusticia, ⁹ y aflicción y angustia para todo el que hace lo malo, sea judío o griego. ¹⁰ Pero gloria, honor y paz para todo el que hace el bien, sea judío o griego, ¹¹ pues ante Dios no hay acepción de personas.

Oidores y hacedores

¹² Porque todos los que sin la Ley pecaron, sin la Ley también perecerán. Y todos los que bajo la Ley pecaron, por medio de la Ley serán juzgados. ¹³ Porque no son justos ante Dios los oidores de la Ley, sino los que la practican.

¹⁴ Cuando los gentiles, quienes no tienen la Ley, hacen por naturaleza las cosas de la Ley, aunque no tengan la Ley, son ley para ellos mismos. ¹⁵ Ellos muestran que la Ley está escrita en sus corazones, dan testimonio juntamente con su conciencia y acusan o defienden sus pensamientos.

¹⁶ Así sucederá el día cuando Dios juzgue los secretos de los hombres por medio de Cristo Jesús, según las Buenas Noticias que predico.

Transgresores de la Ley mosaica

¹⁷ Pero si tú te llamas judío, te apoyas en la Ley y te enalteces en Dios, ¹⁸ conoces su voluntad, y por ser instruido según la Ley, apruebas lo mejor, ¹⁹ te convenciste de que eres guía de ciegos, luz de los que están en la oscuridad, ²⁰ instructor de ignorantes, maestro de los que carecen de madurez, y de que tienes en la Ley la incorporación del conocimiento y la verdad, ²¹ tú que enseñas a otro, ¿no te enseñas a ti mismo?

Tú que proclamas no robar, ¿robas? ²² Tú que dices que no se debe cometer adulterio, ¿adulteras? Tú que repugnas los ídolos, ¿robas templos? ²³ Tú que te enorgulleces de la Ley, ¿deshonras a Dios por medio de la infracción de la Ley?

²⁴ Porque, como está escrito:
Por causa de ustedes el Nombre de Dios es blasfemado entre los gentiles.

²⁵ Pues ciertamente la circuncisión vale cuando practiques la Ley. Pero cuando seas transgresor de la Ley, tu circuncisión cambia por incircuncisión.

²⁶ Así que, cuando los no circuncidados cumplan los Mandamientos de la Ley, ¿no será considerada su incircuncisión como circuncisión? ²⁷ El no circuncidado que por naturaleza cumple la Ley, te juzgará a ti que con letra y circuncisión eres transgresor de *la* Ley.

²⁸ Porque no es judío el que lo es en lo manifiesto, ni es circuncisión la aparente en *el* cuerpo. ²⁹ Pero el verdadero judío lo es internamente, y *la* circuncisión es la del corazón, la del espíritu, no de la letra, cuya alabanza no es de *los* hombres sino de Dios.

3 ¹ ¿Cuál, pues, es la ventaja del judío? ¿O cuál es la ganancia de la circuncisión? ² Mucha, en todo aspecto. Primero, ciertamente, porque *a los judíos* se les confió la Palabra de Dios.

³ Pues ¿qué *diremos* si algunos fueron infieles? ¿Su incredulidad anulará la fidelidad de Dios? ⁴ ¡Claro que no!

Antes bien, sea Dios veraz, y todo hombre mentiroso, como está escrito:
Para que tus palabras te justifiquen,
Y venzas cuando seas juzgado.

⁵ Si nuestra injusticia resalta *la* justicia de Dios, ¿qué diremos? ¿Será injusto Dios porque inflige el castigo? Hablo como hombre. ⁶ ¡Claro que no! De otro modo, ¿cómo juzgará Dios al mundo?

⁷ Pero si por mi mentira sobreabundó la verdad de Dios para su gloria, ¿por qué soy aún juzgado como pecador? ⁸ ¿Y por qué no decir: Hagamos lo malo para que venga lo bueno? De esto se nos calumnia, y algunos afirman que nosotros decimos *eso*. La condenación de ellos es justa.

Delito y condenación

⁹ Entonces ¿qué diremos? ¿Somos superiores? ¡Claro que no! Porque ya denunciamos que todos, judíos y griegos, estamos bajo el *dominio del* pecado.

¹⁰ Como está escrito:
No hay justo, ni uno.
¹¹ No hay quién entienda.
No hay quién busque a Dios.
¹² Todos se desviaron.
Igualmente son inútiles.
No hay quien haga lo recto, ni siquiera uno.
¹³ Sepulcro abierto es su garganta.
Con sus lenguas engañan.
Veneno de víboras hay bajo sus labios.
¹⁴ Su boca está llena de maldición y amargura.
¹⁵ Veloces son sus pies para derramar sangre.
¹⁶ Destrucción y miseria hay en sus caminos.

¹⁷ No conocieron camino de paz.
¹⁸ No hay temor a Dios delante de ellos.

¹⁹ Pero sabemos que lo que dice la Ley, lo dice a los que están bajo la Ley, para que toda boca se cierre, y todo el mundo responda ante Dios. ²⁰ Porque nadie[a] será declarado justo delante de Él por *las* obras de *la* Ley, pues por medio de *la* Ley reconocemos *el* pecado.

La justicia de Dios

²¹ Pero ahora, aparte de *la* Ley, se manifestó *la* justicia de Dios, atestiguada por la Ley y los profetas, ²² *la* justicia de Dios por medio de *la* fe en[b] Jesucristo para todos los que creen pues no hay diferencia *entre judíos y gentiles*.

²³ Porque todos pecaron y no alcanzan la gloria de Dios. ²⁴ Son justificados gratuitamente por la gracia de Él, por medio de la redención en Cristo Jesús, ²⁵ a Quien Dios exhibió públicamente como sacrificio purificador por medio de *la* fe en su sangre, como prueba de su justicia. Así pasó por alto los pecados pasados ²⁶ por la clemencia de Dios, para demostrar su justicia en este tiempo, a fin de que Él sea justo y el que declare justo al que es de la fe en[c] Jesús.

²⁷ ¿Dónde, pues, está la alabanza propia? Queda excluida. ¿Por medio de cuál ley? ¿La de las obras? No, sino por *la* ley de *la* fe. ²⁸ Concluimos, pues, que *el* hombre es declarado justo por *la* fe, sin *las* obras de *la* Ley.

El Dios de judíos y gentiles

²⁹ ¿Es Dios solo de *los* judíos? ¿No es también de *los* gentiles? ¡Sí, también de *los* gentiles! ³⁰ En verdad, hay un solo Dios, Quien declarará justos por medio de *la* fe a los circuncidados y a los no circuncidados.

³¹ ¿Entonces por medio de la fe anulamos *la* Ley? ¡Claro que no, más bien *la* confirmamos!

Ejemplo de fe

4 ¹ Entonces, ¿qué diremos que obtuvo Abraham, nuestro antepasado según *la* naturaleza humana? ² Porque si Abraham fue declarado justo por *las* obras, tiene de qué enaltecerse, pero no ante Dios. ³ Pues, ¿qué dice la Escritura?

Abraham creyó a Dios, y se le tomó en cuenta como justicia.

⁴ Al que trabaja, no se le cuenta el salario como gracia sino como deuda, ⁵ pero al que no trabaja, sino cree en el que declara justo al impío, su fe se le toma en cuenta como justicia.

⁶ Como también David declara la inmensa felicidad del hombre al cual Dios atribuye *la* justicia sin obras, ⁷ cuando dice:

---

[a] **3.20** Lit. *ninguna carne.*   [b] **3.22** Lit. *fe de.*   [c] **3.26** Lit. *fe de.*

Inmensamente felices son aquellos a quienes se les perdonan *las* iniquidades
Y se les cubren los pecados.
⁸ Inmensamente feliz *el* varón de quien *el* Señor de ningún modo toma en cuenta *el* pecado.

La inmensa felicidad

⁹ ¿Esta inmensa felicidad es para *los* circuncidados o también para *los* no circuncidados? Porque decimos: A Abraham se *le* contó la fe como justicia.

¹⁰ ¿Cuándo, pues, se le contó? ¿Cuándo estaba circuncidado o cuando no estaba circuncidado? No cuando estaba circuncidado, sino cuando no estaba circuncidado. ¹¹ Recibió *la* señal de *la* circuncisión, *el* sello de la justicia de la fe que tuvo cuando no estaba circuncidado, para ser padre de todos los que creen que están circuncidados, aunque no están circuncidados, a fin de que se les tuviera en cuenta la fe como justicia.

¹² Es padre de los circuncidados, y no solo de los circuncidados, sino también de los que siguen las pisadas de la fe cuando nuestro antepasado Abraham no estaba circuncidado.

Anticipación de la fe

¹³ Pues la promesa dada a Abraham y a su descendencia de que *él* sería heredero del mundo, no se *dio* por medio de *la* Ley, sino por medio de *la* justicia de *la* fe. ¹⁴ Porque si los de *la* Ley son herederos, la fe queda sin valor y la promesa anulada, ¹⁵ pues la Ley produce *la* ira *de Dios*. Pero donde no hay Ley, tampoco hay transgresión.

¹⁶ Por eso la promesa es por *la* fe para que sea según *la* gracia, a fin de que sea firme para toda la *descendencia*, no solo la que practica la Ley, sino también para la que practica *la* fe de Abraham, antepasado de todos nosotros.

¹⁷ Como está escrito:
Te puse como padre de muchos pueblos, delante de Dios.

Creyó que Él da vida a *los* muertos y llama las cosas que no son como *las* que existen.

¹⁸ *Abraham* creyó en esperanza contra esperanza que sería *el* padre de muchos pueblos, según lo que se le dijo:
Así será tu descendencia.

¹⁹ No se debilitó en la fe cuando consideró su cuerpo prácticamente muerto, pues tenía como 100 años y *consideró* muerta la matriz de Sara. ²⁰ No vaciló ni fue incrédulo a la promesa de Dios, sino se fortaleció en la fe y dio gloria a Dios. ²¹ Estaba plenamente convencido de que el que prometió también es poderoso para cumplirlo, ²² por lo cual *la fe*
se le contó como justicia.

²³ No solo por causa de *Abraham* está escrito que se le contó *como justicia*, ²⁴ sino también por causa de nosotros, a quienes nos sería contada, a los que creemos en el que resucitó a Jesús nuestro Señor de entre *los* muertos, ²⁵ Quien se entregó por causa de nuestras transgresiones y fue resucitado a causa de nuestra justificación.

La justificación del creyente

5 ¹ Por tanto, como somos declarados justos por *la* fe, tenemos paz con Dios por medio de nuestro Señor Jesucristo, ² por Quien también obtuvimos entrada a esta gracia en la cual estamos firmes, y celebramos *la* esperanza de la gloria de Dios.

³ No solo *esto*, sino también celebramos las aflicciones, pues sabemos que la aflicción produce paciencia, ⁴ y la paciencia, carácter aprobado, y el carácter aprobado, esperanza. ⁵ La esperanza no decepciona, porque el amor de Dios se derramó en nuestros corazones por medio del Espíritu Santo que se nos dio.

⁶ Porque aún cuando éramos incapaces, a su tiempo Cristo murió por *los* impíos. ⁷ Con dificultad alguien muere por un justo. Tal vez alguno tenga el valor de morir por el bueno. ⁸ Pero Dios demuestra su amor hacia nosotros, porque cuando éramos aún pecadores, Cristo murió por nosotros.

⁹ Por tanto, mucho más ahora, al ser declarados justos a causa de su sangre, seremos salvos de la ira por medio de Él. ¹⁰ Porque si cuando éramos enemigos fuimos reconciliados con Dios por medio de la muerte de su Hijo, mucho más después de ser reconciliados seremos salvos por su vida.

¹¹ No solo *esto*, sino también celebramos a Dios a causa de nuestro Señor Jesucristo, por medio de Quien recibimos[a] la reconciliación.

Superabundancia de la gracia

¹² Por esto, como el pecado entró en el mundo por medio de un hombre, y la muerte por medio del pecado, así también la muerte pasó a todos los hombres, porque todos pecaron. ¹³ Pues antes de *la* Ley había pecado en *el* mundo, pero como no había Ley, no se tenía en cuenta *el* pecado. ¹⁴ La muerte reinó desde Adán hasta Moisés, aun sobre los que no pecaron *con una ofensa* semejante a la transgresión de Adán, quien es figura del que vendría.

¹⁵ Pero el Regalo no es como la transgresión. Porque si por la transgresión de uno, *Adán*, muchos murieron, mucho más abundó *la* gracia de Dios para muchos y el Regalo *que vino* por la gracia de un Hombre: Jesucristo.

---

[a] **5.11** Se escribe igual el presente y el pretérito indefinido de este verbo. En este caso está en pretérito indefinido.

¹⁶ Con el Regalo no sucede como en el caso de aquel que pecó. Porque ciertamente el juicio *vino* a causa de un solo *pecado* para condenación, pero el Regalo *vino* a causa de muchas transgresiones para justificación. ¹⁷ Porque si por la transgresión de uno reinó la muerte, mucho más reinarán en vida los que reciben la abundancia de la gracia y el Regalo de la justicia por medio de Uno, Jesucristo.

¹⁸ Como por medio de *la* transgresión llegó la culpa a todos los hombres para condenación, así también, por medio de un acto de justicia llegó la gracia a todos los hombres para justificación de vida. ¹⁹ Como por la desobediencia de un hombre muchos fueron declarados pecadores, así por la obediencia de Uno muchos serán declarados justos.

²⁰ *La* Ley entró para que abundara la transgresión. Pero cuando el pecado abundó, sobreabundó la gracia, ²¹ a fin de que como el pecado reinó para muerte, así también la gracia reine por medio de *la* justicia para vida eterna por medio de Jesucristo nuestro Señor.

Muerte y resurrección con Cristo

6 ¹ Entonces ¿qué diremos? ¿Permanezcamos en el pecado para que abunde la gracia? ² ¡Claro que no! Porque los que morimos al pecado, ¿cómo seguiremos aún en él?

³ ¿No saben *ustedes* que los bautizados en Cristo Jesús fuimos bautizados en su muerte? ⁴ Por medio del bautismo fuimos sepultados con Él para la muerte, a fin de que como Cristo fue resucitado de entre *los* muertos por medio de la majestad del Padre, también nosotros andemos en vida nueva.

⁵ Porque si nos unimos en la semejanza de su muerte, también nos uniremos a la semejanza de su resurrección. ⁶ Sabemos que nuestro viejo ser fue crucificado con *Él*, a fin de que el cuerpo pecaminoso quedara sin fuerza para que no sirvamos más al pecado. ⁷ Porque el que murió fue liberado del pecado.

⁸ Si morimos con Cristo, creemos que también viviremos con Él. ⁹ Sabemos que Cristo, Quien fue resucitado de entre *los* muertos, ya no muere. La muerte ya no lo domina. ¹⁰ Porque el que murió, murió una vez por todas al pecado, pero el que vive, vive para Dios.

¹¹ Así también ustedes, considérense ciertamente muertos al pecado, pero vivos para Dios en Cristo Jesús. ¹² Por tanto, no reine *el* pecado en su cuerpo mortal, para que obedezcan a sus desordenados deleites sensuales.

¹³ Ni tampoco presenten sus miembros como instrumentos de iniquidad para el pecado, sino preséntense ustedes mismos a Dios como vivos entre *los* muertos, y sus miembros a Dios como armas de justicia. ¹⁴ Porque el pecado no tendrá dominio sobre ustedes, pues no están bajo *la* Ley, sino bajo *la* gracia.

De quién somos esclavos

¹⁵ ¿Entonces, qué diremos? ¿Pecaremos porque no estamos bajo *la* Ley, sino bajo *la* gracia? ¡Claro que no! ¹⁶ ¿No saben que son esclavos de aquel a quien se presentan para obedecerle, sea del pecado para muerte o de la obediencia para justicia?

¹⁷ Pero gracias a Dios que, aunque eran esclavos del pecado, obedecieron de corazón la doctrina a la cual se entregaron. ¹⁸ Como se libraron del pecado, se esclavizaron a la justicia.

¹⁹ Hablo como humano por causa de la debilidad de su naturaleza humana. Porque así como presentaron sus miembros como esclavos a la impureza *para* la iniquidad, ahora preséntenlos como esclavos a la justicia para santificación. ²⁰ Cuando eran esclavos del pecado no tenían obligación con la justicia.

²¹ ¿Qué fruto tenían de aquellas cosas de las cuales ahora se avergüenzan? Porque el fin de ellas es muerte. ²² Pero ahora, ya libres del pecado y esclavizados a Dios, tienen su fruto para santificación, y el fin, vida eterna. ²³ Porque la consecuencia[a] del pecado es muerte, pero el regalo de Dios es vida eterna en Cristo Jesús nuestro Señor.

Nuestra liberación de la Ley

7 ¹ Hablo a los que conocen la Ley. ¿No saben, hermanos, que la Ley domina al hombre mientras vive? ² La mujer casada está atada por ley al esposo mientras vive. Pero si muere el esposo, queda desatada de la ley del esposo. ³ Así que, mientras el esposo vive, si se une a otro varón es adúltera. Pero si muere el esposo, es libre de la ley *del esposo*, y si se une a otro varón no es adúltera.

⁴ Así también ustedes, hermanos míos, por medio del cuerpo de Cristo murieron a la Ley, para unirse a Otro, Quien fue resucitado de entre *los* muertos, a fin de que demos fruto para Dios.

⁵ Porque cuando estábamos en la naturaleza mortal, las pasiones pecaminosas se activaban en nuestros miembros por medio de la Ley a fin de dar fruto para muerte. ⁶ Pero ahora, después de morir a aquello en lo cual estábamos esclavizados, fuimos libertados de la Ley para que sirvamos en *la* vida nueva, la del espíritu, no al antiguo régimen de *la* letra.

Función de la Ley

⁷ Entonces ¿qué diremos? ¿La Ley es pecado? ¡Claro que no! No conocí el pecado sino por medio de la Ley, porque ciertamente no conocería la codicia si *la* Ley no dijera:

---

[a] **6.23** Lit. *el salario.*

No codiciarás.

⁸ El pecado aprovechó el Mandamiento y produjo en mí la codicia. Porque sin *la* Ley *el* pecado está muerto. ⁹ Antes yo vivía sin la Ley. Pero al aparecer el Mandamiento, el pecado revivió, ¹⁰ y yo morí. El Mandamiento que era para vida, a mí me resultó para muerte. ¹¹ El pecado aprovechó el Mandamiento y me engañó. Por medio de tal *Mandamiento, me* mató. ¹² Por tanto, la Ley en verdad es santa y el Mandamiento es santo, justo y bueno.

¹³ ¿Entonces, lo bueno fue muerte para mí? ¡Claro que no! Sin embargo el pecado, para que se mostrara como pecado, me produce muerte por medio de lo bueno, a fin de que por el Mandamiento el pecado fuera pecaminoso en extremo.

¹⁴ Sabemos que la Ley es espiritual, pero yo, que estoy vendido *a la esclavitud* del pecado, soy carnal. ¹⁵ No comprendo lo que hago. Lo que quiero, no lo practico. Mas bien hago lo que aborrezco. ¹⁶ Y si hago lo que no quiero, estoy de acuerdo en que la Ley es buena. ¹⁷ Pero ahora ya no soy yo el que hace esto, sino el pecado que vive en mí. ¹⁸ Sé que en mí, es decir, en mi cuerpo, no mora lo bueno. El querer está en mí, pero no lo puedo hacer. ¹⁹ Pues no hago lo bueno que quiero, sino el mal que no quiero. ²⁰ Si hago lo que no quiero, ya no lo hago yo, sino el pecado que está en mí.

²¹ Así que, aunque yo quiero hacer lo bueno, encuentro esta ley: Lo malo está en mí. ²² Según mi ser interior, concuerdo con la Ley de Dios. ²³ Pero veo otra ley en mis miembros que combate contra mi razonamiento, y me somete a la ley del pecado que está en mis miembros.

²⁴ ¡Soy un ser miserable! ¿Quién me librará de este cuerpo de muerte? ²⁵ ¡Gracias a Dios por medio de Jesucristo, nuestro Señor! Así que yo sirvo a *la* Ley de Dios con la mente y a la ley del pecado con el cuerpo.[a]

Los verdaderos hijos de Dios

8 ¹ Ahora, pues, ningún juicio hay para los que están en Cristo Jesús, ² porque la Ley del Espíritu de vida en Cristo Jesús nos[b] libró de la ley del pecado y de la muerte.

³ Lo imposible para la Ley por cuanto era débil por causa de la carne, Dios *lo resolvió* al enviar a su propio Hijo en semejanza de cuerpo pecaminoso *como ofrenda* por el pecado. Así pronunció sentencia en el cuerpo[c] contra el pecado, ⁴ para que la exigencia de la Ley se cumpliera en nosotros, los que andamos según el espíritu, no según la naturaleza humana.[d]

⁵ Porque los que viven según *la* naturaleza humana piensan en las cosas corporales, pero los que viven según *el* Espíritu, en las cosas del Espíritu. ⁶ Pues la aspiración de la naturaleza humana es muerte, pero la aspiración del

---

[a] 7.25 Lit. *carne.*   [b] 8.2 Lit. *te libró.*   [c] 8.3 Lit. *carne... carne... carne.*   [d] 8.4 Lit. *carne.*

espíritu es vida y paz. ⁷ Los designios de *la* naturaleza humana son enemistad contra Dios, pues no se someten a *la* Ley de Dios, ni tampoco pueden. ⁸ Así que los que viven según *la* naturaleza humana no pueden agradar a Dios.

⁹ Pero ustedes no viven según *la* naturaleza humana, sino por *el* Espíritu, si en verdad *el* Espíritu de Dios mora en ustedes. Si alguno no tiene *el* Espíritu de Cristo, no es de Él.

¹⁰ Pero si Cristo está en ustedes, el cuerpo en verdad está muerto por causa del pecado, pero el espíritu vive por causa de *la* justicia. ¹¹ Si el Espíritu del que resucitó a Jesús de entre *los* muertos vive en ustedes, el que resucitó a Cristo de entre *los* muertos vivificará también sus cuerpos mortales por medio de su Espíritu que mora en ustedes.

¹² Así que, hermanos, no somos deudores a la naturaleza humana para que vivamos según ella. ¹³ Porque si viven según *la* naturaleza humana, morirán. Pero si por *el* Espíritu hacen morir las prácticas de la naturaleza humana, vivirán.

¹⁴ Pues todos los que son guiados por *el* Espíritu de Dios son hijos de Dios. ¹⁵ Porque no recibieron un espíritu de esclavitud que los guíe otra vez al temor, sino recibieron *el* Espíritu de adopción, por Quien clamamos: ¡*Abba*! (¡Padre!)

¹⁶ El Espíritu mismo da testimonio a nuestro espíritu de que somos hijos de Dios. ¹⁷ Si hijos, también herederos: herederos de Dios y coherederos con Cristo, si sufrimos con Él, para que también seamos glorificados con Él.

La gloria que se manifestará

¹⁸ Considero que los sufrimientos actuales no merecen *compararse con* la gloria que se nos manifestará.

¹⁹ La creación espera con ardiente anhelo la manifestación de los hijos de Dios. ²⁰ Pues la creación fue sometida a vanidad, no por su propia voluntad, sino porque *Dios la* sujetó, con la esperanza ²¹ de que también la misma creación sea liberada de la esclavitud a la corrupción hacia la libertad gloriosa de los hijos de Dios. ²² Porque sabemos que toda la creación gime y sufre dolores de parto hasta ahora.

²³ No solo *ella*, sino también nosotros mismos, quienes tenemos la primicia del Espíritu, también gemimos al esperar ansiosamente la *adopción*, la redención de nuestro cuerpo. ²⁴ Porque en esperanza fuimos salvos, pero la *esperanza* que se ve no es esperanza, porque ¿qué espera el que ve? ²⁵ Pero si esperamos lo que no vemos, pacientemente esperamos con anhelo.

²⁶ De igual manera el Espíritu nos ayuda en nuestra debilidad, porque no sabemos pedir lo que conviene, pero el mismo Espíritu intercede por nosotros

con gemidos inexpresables. ²⁷ El que escudriña los corazones sabe cuál es la aspiración del Espíritu, porque intercede por *los* santos según Dios.

Un plan perfecto de salvación

²⁸ Sabemos que a los que aman a Dios, todas las cosas ayudan para lo bueno, a los que son llamados según *su* propósito.

²⁹ Porque a los que de antemano conoció, también predestinó para que sean conformados a la Imagen de su Hijo, a fin de que Él sea el Primogénito entre muchos hermanos. ³⁰ A los que predestinó también llamó. A los que llamó también declaró justos. Y a los que declaró justos también glorificó.

Victoria completa

³¹ ¿Qué diremos con respecto a esto? Si Dios está a favor de nosotros, ¿quién contra nosotros? ³² El que no nos negó a su propio Hijo, sino lo entregó por todos nosotros, ¿cómo no nos dará abundantemente todas las cosas con Él?

³³ ¿Quién presentará cargos contra *los* escogidos de Dios? Dios es el que justifica. ³⁴ ¿Quién es el que pronunciará sentencia? Cristo murió, y aun más, fue resucitado. También está a *la* mano derecha de Dios e intercede por nosotros.

³⁵ ¿Qué nos separará del amor de Cristo? ¿Tribulación, angustia, persecución, hambruna, desnudez, peligro o espada? ³⁶ Como está escrito:
Por causa de Ti estamos muertos todo el tiempo.
Fuimos estimados como ovejas de matadero.

³⁷ Pero en todas estas cosas ganamos la más gloriosa victoria por medio de Aquel que nos amó. ³⁸ Porque estoy convencido de que ni *la* muerte, ni *la* vida, ni ángeles, ni gobernantes, ni lo presente, ni lo que viene, ni poderes, ³⁹ ni lo alto, ni lo profundo, ni otra criatura podrá separarnos del amor de Dios, que es en Cristo Jesús, nuestro Señor.

Lo relacionado con Israel

9 ¹ No miento. Mi conciencia en el Espíritu Santo me confirma la verdad en Cristo: ² Que hay gran tristeza y constante dolor en mi corazón, ³ porque yo mismo deseaba ser una maldición de Cristo por mis hermanos, mis parientes. ⁴ Son israelitas, a quienes pertenece la adopción, el honor, los Pactos, la promulgación de la Ley, la adoración a Dios y las promesas, ⁵ de quienes son los patriarcas, y de los cuales, según *el* cuerpo, es Cristo, Quien es Dios sobre todas las cosas, bendito por los siglos. Amén.

Fidelidad de Dios hacia los patriarcas

⁶ No *digo* que la Palabra de Dios falló, porque no todos los *descendientes* de Israel son israelitas, ⁷ ni todos son hijos por ser descendientes de Abraham. Pero *dice*:
Tu descendencia vendrá por medio de Isaac.

⁸ Es decir, éstos son hijos de Dios. Los hijos de la promesa son considerados como descendientes, no los hijos corporales. ⁹ Porque ésta es *la* Palabra de la promesa:
Por este tiempo volveré, y Sara tendrá un hijo.

¹⁰ No solo esto. Pues también cuando Rebeca concibió *mellizos* de Isaac nuestro antepasado ¹¹ (porque antes que nacieran *los mellizos*, antes que hicieran algo bueno o malo, para que el propósito de Dios permaneciera según la elección, ¹² no por obras, sino por el que llama), se le dijo:
El mayor será esclavo del menor.

¹³ Como está escrito:
A Jacob amé y a Esaú aborrecí.

La soberanía de Dios

¹⁴ ¿Entonces qué diremos? ¿Dios es injusto? ¡Claro que no! ¹⁵ Ciertamente *Dios* dice a Moisés:
Mostraré misericordia al que *Yo* muestre misericordia, y mostraré compasión al que *Yo* muestre compasión.

¹⁶ Así que no depende del que quiere, ni del que corre, sino de Dios Quien tiene misericordia. ¹⁷ Porque la Escritura dice de Faraón:
Para esto mismo te levanté: para mostrar en ti mi poder y para que así sea proclamado mi Nombre en toda la tierra.

¹⁸ Así que, Dios muestra misericordia al que quiere y vuelve terco al que quiere.

¹⁹ Entonces me dirás: ¿Por qué *Dios* aún acusa, si nadie puede resistir su voluntad? ²⁰ Al contrario, ¿quién eres tú para que te opongas a Dios?
El vaso de barro dirá al que lo moldeó: ¿Por qué me hiciste así? ²¹ ¿El alfarero no tiene libertad para hacer de la misma masa un vaso honorable o para uso común?

²² ¿Qué diremos, si Dios, al querer mostrar la ira y hacer notable su poder, soportó con mucha paciencia los vasos de ira preparados para destrucción? ²³ Manifestó la riqueza de su gloria sobre vasos de misericordia que preparó con anticipación para *su* gloria.

²⁴ Aun a nosotros nos llamó, no solo de entre *los* judíos, sino también de entre *los* gentiles.

²⁵ Como también dice en Oseas:
Llamaré pueblo mío al que no era mi pueblo, y amada, a la no amada. ²⁶ Y sucederá que en el lugar donde se les dijo: Ustedes no son pueblo mío. Allí serán llamados hijos del Dios viviente.

²⁷ También Isaías clama con respecto a Israel:
Aunque el número de los hijos de Israel sea como la arena del mar, solo el remanente será rescatado.

²⁸ Porque el Señor ejecutará *su* Palabra sobre la tierra pronto y con vigor.

²⁹ Como predijo Isaías:
Si *el* Señor de *las* huestes no nos hubiera dejado descendencia, seríamos semejantes a Sodoma y Gomorra.

Dos clases de justicia

³⁰ Entonces ¿qué diremos? ¿Que *los* gentiles, quienes no perseguían *la* justicia, lograron la que es por *la* fe? ³¹ Pero Israel, que perseguía *la* Ley de *la* justicia, no cumplió *la* Ley. ³² ¿Por qué? Porque no la perseguían por *la* fe sino por obras. Tropezaron en la piedra de tropiezo. ³³ Como está escrito:
Ciertamente pongo en Sion una Piedra de tropiezo y Roca de caída: El que crea en Él no será defraudado.

10 ¹ Hermanos, ciertamente el anhelo de mi corazón y mi súplica a Dios por ellos es para que sean salvos. ² Porque testifico que tienen celo de Dios, pero no según conocimiento. ³ Pues ignoran la justicia de Dios y establecen la suya. Así no se sometieron a la justicia divina. ⁴ Porque *la* finalidad de *la* Ley es Cristo, para que sea justificado todo el que cree.

⁵ Porque Moisés escribe:
El hombre que practica la justicia según la Ley, vivirá por ella.

⁶ Pero la justicia según *la* fe dice: No digas en tu corazón: ¿Quién subirá al cielo? Es decir, para bajar a Cristo. ⁷ O, ¿quién bajará al Seol? Es decir, para resucitar a Cristo de entre *los* muertos.

⁸ Pero ¿qué dice *la justicia según la fe*? La Palabra está cerca de ti, en tu boca y en tu corazón. Esta es la Palabra de fe que proclamamos: ⁹ Que si confiesas con la boca al Señor Jesús y crees en tu corazón que Dios lo resucitó de entre *los* muertos, serás salvo. ¹⁰ Pues con *el* corazón se cree para justicia y con *la* boca se declara para salvación. ¹¹ La Escritura dice:
Todo aquel que crea en Él no será defraudado.

¹² Porque no hay diferencia entre judío y griego, pues el mismo Señor de todos es rico para todos los que lo invocan. ¹³ Todo el que invoque el Nombre del Señor será salvo.

Un pueblo que no es pueblo

14 ¿Cómo, pues, invocarán a Aquél en Quien no creyeron? ¿Cómo creerán en Aquel de Quien no oyeron? ¿Cómo oirán si no hay quien les predique? **15** ¿Cómo predicarán si no son enviados?

Como está escrito:

¡Cuán hermosos son los pies de los que proclaman Buenas Noticias!

16 Pero no todos obedecieron las Buenas Noticias, porque Isaías dice: Señor, ¿quién creyó a nuestro anuncio?

17 Así que la fe es por *la* predicación, y la predicación, por medio de *la* Palabra de Cristo. **18** Pero pregunto: ¿No oyeron? Al contrario:

La voz de ellos salió por toda la tierra

Y sus palabras hasta los confines de la tierra habitada.

19 Pregunto: ¿Israel no supo?

Primero Moisés dice:

Yo los provocaré a envidia con un pueblo que no es pueblo. Los provocaré a ira con un pueblo insensato.

20 Isaías se atreve a decir:

Fui hallado por los que no me buscan. Me manifesté a los que no preguntan por Mí.

21 Pero acerca de Israel dice:

Todo el día extendí mis manos a un pueblo desobediente y contradictor.

Un remanente

11 **1** Pregunto: ¿Dios desechó a su pueblo? ¡Claro que no! También yo soy israelita, de *la* descendencia de Abraham, de *la* tribu de Benjamín. **2** Dios no desechó a su pueblo, al cual conoció con anticipación.

¿No supieron lo que dice la Escritura en cuanto a Elías, cómo invoca a Dios contra Israel?

3 Señor, mataron a tus profetas y destruyeron tus altares. Yo quedé solo, y buscan mi vida.

4 ¿Pero qué le dice la respuesta divina?

Me reservé a 7.000 varones, quienes no doblaron rodilla ante baal.

5 Así también en el tiempo presente quedó un remanente escogido por gracia. **6** Si es por gracia, ya no es por obras. De otra manera, la gracia ya no es gracia.

7 Entonces ¿qué diremos? Lo que Israel buscaba no *lo* obtuvo, pero los elegidos *lo* obtuvieron y los demás fueron endurecidos. **8** Como está escrito: Dios les dio espíritu de adormecimiento, ojos para no ver y oídos para no oír hasta el día de hoy.

⁹ David dice:
Que su banquete se convierta en engaño y en trampa,
Y en piedra de tropiezo y en pago para ellos.
¹⁰ Que se oscurezcan sus ojos para que no vean,
Y doble la espalda de ellos para siempre.

La riqueza de los gentiles

¹¹ Pregunto: ¿Tropezaron para que cayeran? ¡Claro que no! Pero con su transgresión *vino* la salvación a los gentiles para provocarlos a celos. ¹² Si su transgresión es riqueza del mundo, y su derrota, riqueza de los gentiles, ¡cuánto más su plena restauración!

¹³ Pero hablo a ustedes los gentiles por cuanto yo soy apóstol de los gentiles. Honro mi ministerio para ver ¹⁴ si de alguna manera provoco a celos a mis parientes y logro la salvación[a] de algunos de ellos. ¹⁵ Porque si la reprobación de ellos es reconciliación del mundo, ¿qué será su aceptación? Solo vida de entre *los* muertos.

¹⁶ Si lo primero de la masa es santo, también la masa. Si la raíz es santa, también las ramas. ¹⁷ Pero si algunas de las ramas fueron desgajadas, y tú, que eras un olivo silvestre, fuiste injertado entre ellas y participaste de la rica savia de la raíz del olivo, ¹⁸ no te enaltezcas contra las ramas. Si te enalteces, recuerda que no sustentas a la raíz, sino la raíz a ti. ¹⁹ Entonces dirás: Unas ramas fueron desgajadas para que yo fuera injertado. ²⁰ Tienes razón. Fueron desgajadas por incredulidad, y tú por la fe estás firme. No seas arrogante, sino teme.

²¹ Porque si Dios no preservó las ramas naturales, tampoco te preservará. ²² Considera, pues, *la* bondad y *la* severidad de Dios para los que cayeron, pero bondad para ti, si permaneces en la bondad. De otra manera tú también serás cortado.

²³ Aun ellos, si dejan la incredulidad, serán injertados, porque Dios es poderoso para volverlos a injertar. ²⁴ Porque si tú fuiste cortado de un olivo silvestre natural, y contra naturaleza fuiste injertado en un olivo cultivado, ¿cuánto más estas ramas naturales serán injertadas en el propio olivo?

²⁵ Hermanos, para que no presuman de sabios, quiero que sepan este misterio: que a Israel en parte le ocurrió un endurecimiento hasta que entre la plenitud de los gentiles. ²⁶ Así todo Israel será rescatado, como está escrito: El Libertador vendrá de Sion, y quitará la impiedad de Jacob. ²⁷ Y éste será mi Pacto con ellos cuando *les* quite sus pecados.

---

[a] **11.14** Lit. *salvo.*

²⁸ Ciertamente, en cuanto a las Buenas Noticias, *los judíos* son enemigos por causa de ustedes, pero en cuanto a la elección, son muy amados por Dios por causa de los antepasados.

²⁹ Porque los dones y el llamamiento de Dios son irrevocables. ³⁰ Pues así como en otro tiempo ustedes fueron desobedientes a Dios, pero por la desobediencia de ellos, ahora se *les* concedió misericordia, ³¹ así también ahora éstos fueron desobedientes, para que por la misericordia que ustedes recibieron, ellos también logren misericordia. ³² Porque Dios encerró a todos en desobediencia para tener misericordia de todos.

La sabiduría de Dios

³³ ¡Oh profundidad de *la* riqueza, de *la* sabiduría y del conocimiento de Dios! ¡Cuán inalcanzables son sus juicios e inescrutables sus caminos!
³⁴ Porque ¿quién entendió *la* mente del Señor? ¿O quién fue su consejero?
³⁵ ¿O quién le dio por adelantado para que Él le devuelva?

³⁶ Porque de Él, por medio de Él y en Él son todas las cosas. ¡A Él sea la gloria por los siglos! Amén.

Renovación de la mente

12 ¹ Por tanto, hermanos, los exhorto por las misericordias de Dios a que presenten sus cuerpos como sacrificio vivo, santo, agradable a Dios, *lo cual* es su adoración racional. ² No sean moldeados por este mundo, sino sean transformados por la renovación de la mente, para que comprueben la voluntad de Dios, la cual es buena, aceptable y perfecta.

Dones del Espíritu

³ Por la gracia que se me dio, digo a cada uno de ustedes que no tenga más alto concepto de él mismo que el que debe tener, sino que piense con buen juicio, según *la* medida de fe que Dios asignó a cada uno.

⁴ Porque así como en un cuerpo tenemos muchos miembros, pero no todos los miembros tienen la misma función, ⁵ así nosotros, que somos muchos, somos un cuerpo en Cristo, e individualmente miembros los unos de los otros.

⁶ Como tenemos diferentes dones, *debemos practicarlos* según la gracia que se nos dio. Si es de profecía, *debemos practicarlo* según la proporción de la fe; ⁷ si es diaconía, en el servicio; el que enseña, en la enseñanza; ⁸ el que exhorta, en la exhortación; el que da, con liberalidad; el que dirige, con diligencia; el que practica misericordia, con alegría.

Distintivos del cristiano

⁹ El amor sea sin hipocresía, aborrezcan lo malo, apéguense a lo bueno. ¹⁰ Dedíquense unos a otros con amor fraternal. En cuanto a honor, prefiéranse unos a otros, ¹¹ en cuanto a diligencia, no perezosos. Sean fervientes en espíritu y sirvan al Señor.

¹² Regocíjense en la esperanza, permanezcan firmes en la aflicción, persistan en la conversación con Dios, ¹³ contribuyan para las necesidades de los santos, persigan la hospitalidad.

¹⁴ Bendigan a los que *los* persiguen. Bendigan y no maldigan. ¹⁵ Gocen con los que gozan, lloren con los que lloran. ¹⁶ Sientan lo mismo los unos hacia los otros. No sean altivos, sino asóciense con los humildes. No sean sabios según su propia opinión.

¹⁷ No paguen a nadie mal por mal. Respeten lo bueno delante de todos *los* hombres.

¹⁸ Si es posible, en lo que depende de ustedes, estén en paz con todos *los* hombres. ¹⁹ No se venguen ustedes mismos, amados, sino den lugar a la ira *de Dios*. Porque está escrito:

Mía es la venganza. Yo pagaré, dice el **Señor**.

²⁰ Así que,
si tu enemigo tiene hambre, dale de comer.
Si tiene sed, dale de beber.
Porque si haces esto apilarás carbones encendidos sobre su cabeza.

²¹ No seas vencido por lo malo, sino vence el mal con el bien.

El cristiano frente al gobierno

13 ¹ Sométase toda persona a las autoridades que gobiernan, porque no hay autoridad sino de Dios. Las que existen son establecidas por Dios. ² Por esta razón el que se opone a la autoridad resiste a la ordenanza de Dios, y los que resisten serán sometidos a juicio. ³ Porque los gobernantes no son un motivo de temor para el que hace el bien, sino el mal. ¿Quieres no temer a la autoridad? Haz lo bueno, y tendrás su aprobación.

⁴ Porque es un servidor de Dios para tu bien. Pero si haces lo malo, teme. No en vano lleva la espada, ya que es servidor de Dios que aplica el castigo al que practica lo malo. ⁵ Por tanto es necesario que nos sometamos, no solo por causa del castigo, sino también por causa de la conciencia.

⁶ También por esto ustedes pagan impuestos, porque *se utilizan para sostener a* estos servidores de Dios que se dedican a este oficio. ⁷ Paguen a todos lo que les deben: al que *deban* tributo, tributo; al que impuesto, impuesto; al que respeto, respeto; al que honra, honra.

⁸ A nadie deban nada, sino el amarse los unos a los otros. Porque el que ama al prójimo, cumple *la* Ley. ⁹ Porque:
No adulterarás, no asesinarás, no robarás, no codiciarás,
  y cualquier otro Mandamiento se resume en esto:
Amarás a tu prójimo como a ti mismo.

¹⁰ El que ama no hace mal al prójimo. Así que el que ama[a] cumple *la* Ley.

¹¹ *Hagan* esto pues conocen el tiempo. Es hora de despertar del sueño, porque ahora la salvación está más cerca de nosotros que cuando creímos. ¹² La noche pasó y llegó el día. *Es tiempo de* que nos despojemos de las obras de la oscuridad, de que tomemos las armas de la luz, ¹³ de que vivamos decentemente, como de día, no en orgías y borracheras, ni en pecados sexuales y sensualidades, ni en contienda y envidia.

¹⁴ Más bien, vístanse del Señor Jesucristo. No hagan provisión para los deseos apasionados de la naturaleza humana.

El cuidado para los débiles

14 ¹ Reciban al débil en la fe, pero no para enjuiciar sus opiniones. ² Uno considera bien comer de todo. Otro que es débil come verduras. ³ El que come no desprecie al que no come, y el que no come no juzgue al que come, porque Dios lo aceptó.

⁴ ¿Quién eres tú para que juzgues al esclavo de otro? Para su amo está firme o cae. Será afirmado, porque el Señor es poderoso para sostenerlo.

⁵ Uno considera diferente un día de otro, pero otro considera iguales todos los días. Cada uno esté plenamente convencido de lo que piensa. ⁶ El que observa el día, lo tiene en cuenta para el Señor. El que come, come para *el* Señor, porque da gracias a Dios. El que no come, no come para *el* Señor, y da gracias a Dios.

⁷ Porque ninguno de nosotros vive para él mismo, y ninguno muere para él mismo. ⁸ Si vivimos, para el Señor vivimos. Si morimos, para el Señor morimos. Así que, si vivimos o morimos, somos del Señor. ⁹ Para esto Cristo murió y volvió a vivir: para que sea Señor de *los* muertos y de los vivos.

¹⁰ ¿Por qué alguno de ustedes juzga a su hermano? O también tú, ¿por qué desprecias a tu hermano? Porque todos compareceremos ante el tribunal de Dios. ¹¹ Pues está escrito:
Yo vivo, dice *el* Señor, que ante Mí se doblará toda rodilla, y toda lengua confesará a Dios.

¹² Así que cada uno de nosotros dará cuenta a Dios. ¹³ Por tanto ya no nos juzguemos unos a otros, más bien decidan no poner tropiezo u ocasión de caer al hermano.

---

[a] **13.10** Lit. *el amor... el amor.*

¹⁴ Sé y me convencí en *el* Señor Jesús de que nada es impuro. Pero es impuro para el que lo considera impuro. ¹⁵ Porque si tu hermano se ofende por lo que comes, ya no procedes según *el* amor. No destruyas con tu comida a aquél por quien Cristo murió.

¹⁶ Que no hablen mal de lo bueno de ustedes. ¹⁷ Porque el reino de Dios no es comida y bebida, sino justicia, paz y gozo en *el* Espíritu Santo. ¹⁸ El que en esto es un esclavo de Cristo es aceptable ante Dios y aprobado por los hombres.

¹⁹ Así que persigamos lo que contribuye a la paz y a la mutua edificación. ²⁰ No destruyas la obra de Dios por causa de una comida. En verdad todas las cosas son limpias, pero es malo que una persona cause una ofensa por lo que come. ²¹ Bueno es no comer carne, ni beber vino, ni *hacer* algo en lo que tu hermano se ofenda, se debilite o tropiece.

²² Tú tienes fe. Tenla para ti mismo delante de Dios. Inmensamente feliz el que no se juzga en lo que aprueba. ²³ Pero el que duda sobre lo que come, se acusa, porque no *comió* por fe. Todo lo que no es por fe es pecado.

15 ¹ Así que, nosotros los fuertes tenemos que sobrellevar las flaquezas de los débiles, y no agradarnos a nosotros mismos. ² Cada uno de nosotros agrade al prójimo en lo bueno, para edificación. ³ Porque ni aun Cristo se agradó Él mismo. Al contrario, como está escrito:
Los insultos de los que te deshonran cayeron sobre Mí.

⁴ Porque lo que se escribió fue para enseñarnos, a fin de que tengamos esperanza por la paciencia y la consolación de las Escrituras.

⁵ El Dios de la paciencia y *la* consolación les conceda el mismo sentir los unos hacia los otros, según Cristo Jesús, ⁶ para que unánimes a una voz glorifiquen al Dios y Padre de nuestro Señor Jesucristo.

Cristo y los gentiles

⁷ Por tanto acéptense unos a otros, como también Cristo nos aceptó para *la* gloria de Dios.

⁸ Porque digo que Cristo fue un ministro de *los* circuncidados a favor de *la* verdad de Dios, para confirmar las promesas a los antepasados, ⁹ y para que los gentiles glorifiquen a Dios por su misericordia. Como está escrito:
Por tanto yo te alabaré entre *los* gentiles,
Y cantaré a tu Nombre.

¹⁰ En otro pasaje dice:
Alégrense, gentiles, con su pueblo.

¹¹ Y otra vez:
Alaben al Señor todos los gentiles,
Y exáltenlo, pueblos todos.

¹² Y además Isaías dice:
Brotará la raíz de Isaí: el que se levanta a regir a los gentiles, los gentiles esperarán en Él.

¹³ El Dios de la esperanza los llene de todo gozo y paz en la fe, para que ustedes abunden en la esperanza por *el* poder del Espíritu Santo.

¹⁴ Hermanos míos, yo mismo me convencí de que ustedes están colmados de bondad y todo conocimiento, y que igualmente pueden amonestarse los unos a los otros. ¹⁵ Pero les escribí, en un sentido con atrevimiento, para recordarles por medio de la gracia que Dios me dio, ¹⁶ para que yo sea ministro de Cristo Jesús a los gentiles y administre las Buenas Noticias como sacerdote de Dios, a fin de que los gentiles sean una ofrenda agradable, santificada por *el* Espíritu Santo.

¹⁷ Entonces tengo de qué enaltecerme en Cristo Jesús en lo que se refiere a Dios, ¹⁸ porque, para que los gentiles obedezcan, no me atrevería a hablar sino de lo que Cristo realizó por medio de mí, en palabra y obra, ¹⁹ con poder de señales milagrosas y prodigios mediante el poder del Espíritu, con el propósito de proclamar plenamente las Buenas Noticias de Cristo desde Jerusalén y sus alrededores hasta Ilírico. ²⁰ De esta manera, aspiro predicar las Buenas Noticias, no donde Cristo había sido conocido, para no edificar sobre fundamento ajeno, ²¹ sino, como está escrito:
Verán los que no tienen noticias de Él, m entenderán los que no habían oído.

²² Por lo cual también no pude ir a visitarlos muchas veces.

Proyecto para Roma y España

²³ Pero ahora, como no queda otro lugar para mí en estas regiones, y desde hace muchos años anhelo visitarlos, ²⁴ *espero verlos* cuando vaya a España. Confío estar con ustedes primero al pasar, y ser encaminado hacia allá por ustedes.

²⁵ Pero ahora voy a Jerusalén para ministrar a los santos, ²⁶ porque *los de* Macedonia y Acaya decidieron proveer una contribución para los pobres entre los santos de Jerusalén. ²⁷ Les pareció bien. Son deudores a ellos, puesto que si los gentiles participaron de los bienes espirituales de ellos, también deben servirles con los materiales. ²⁸ Por tanto, cuando cumpla este *viaje* y entregue la ofrenda, los visitaré de paso con seguridad cuando vaya a España. ²⁹ Sé que cuando los visite, estaré rebosante de la bendición de Cristo.

³⁰ Les ruego por medio de nuestro Señor Jesucristo y por el amor del Espíritu, que me ayuden en sus conversaciones con Dios ³¹ a fin de que me libre de los incrédulos en Judea y que la ayuda que llevo a los santos en Jerusalén sea aceptable.

³² Espero descansar después de llegar a ustedes con gozo, si Dios lo permite.
³³ El Dios de paz sea con todos ustedes. Amén.

Saludos y despedida

16 ¹ Ahora les recomiendo a nuestra hermana Febe, diaconisa de la iglesia de Cencrea, ² para que la reciban en el Señor de una manera digna de los santos, y que le provean lo que necesite. También ella ayudó a muchos e incluso a mí.

³ Saluden a Prisca y a Aquila, mis compañeros de trabajo en Cristo Jesús, ⁴ quienes arriesgaron su propio cuello por mi vida. Tanto las iglesias gentiles como yo les damos las gracias. ⁵ Saludos a la iglesia que está en su casa. Saluden a mi amado Epeneto, el primer convertido a Cristo en Asia. ⁶ Saluden a María, quien trabajó mucho entre ustedes. ⁷ Saluden a Andrónico y a Junia, mis parientes y compañeros de prisión. Para los apóstoles son muy apreciados y fueron creyentes en Cristo antes que yo.

⁸ Saluden a Amplias, amado mío en *el* Señor. ⁹ Saluden a Urbano, nuestro colaborador en Cristo, y a mi amado Estaquis. ¹⁰ Saluden a Apeles, el aprobado en Cristo. Saluden a los que son de Aristóbulo. ¹¹ Saluden a Herodión, mi pariente. Saluden a los de la casa de Narciso que están en *el* Señor. ¹² Saluden a Trifena y a Trifosa, las que luchan en el Señor. Saluden a la amada Pérsida, quien trabajó duro en el Señor. ¹³ Saluden a Rufo, el escogido en *el* Señor, y a su madre, y mía. ¹⁴ Saluden a Asíncrito, Flegonte, Hermas, Patrobas, Hermes y a los hermanos que están con ellos. ¹⁵ Saluden a Filólogo, Julia, Nereo y a su hermana, a Olimpas y a todos *los* santos que están con ellos.

¹⁶ Salúdense los unos a los otros con un beso santo. Saludan todas las iglesias de Cristo.

Instrucciones finales

¹⁷ Les ruego, hermanos, que pongan atención a los que causan disensiones y tropiezos contra la doctrina que ustedes aprendieron. Apártense de ellos. ¹⁸ Porque ellos no son esclavos de nuestro Señor Cristo, sino de su propio apetito. Por medio de palabras suaves y lisonjas engañan a los ingenuos.

¹⁹ Todos reconocen su obediencia, así que me gozo a causa de ustedes. Pero quiero que ustedes sean sabios para lo bueno e ingenuos para lo malo.

²⁰ El Dios de paz aplastará pronto a Satanás debajo de los pies de ustedes. La gracia de nuestro Señor Jesús sea con ustedes.

Posdata

²¹ Timoteo, mi colaborador, Lucio, Jasón y Sosípater, mis parientes, los saludan. ²² Yo, Tercio, quien escribió la epístola, los saludo en *el* Señor. ²³ Gayo, anfitrión mío y de toda la iglesia, los saluda. También Erasto, tesorero de la ciudad, y el hermano Cuarto. [[²⁴]]

Doxología

²⁵ Al que puede establecerlos según las Buenas Noticias y la proclamación de Jesucristo, según *la* revelación del misterio guardado en secreto desde tiempos eternos, ²⁶ pero manifestado ahora por medio de *las* Escrituras proféticas, según *el* Mandamiento del Dios eterno, que fue dado a conocer a todos los gentiles para que obedezcan a *la* fe, ²⁷ al único sabio Dios, sea la gloria por medio de Jesucristo, por los siglos. Amén.

1 Corintios

Saludo

1 ¹ Pablo, un apóstol de Cristo Jesús, llamado por voluntad de Dios, y el hermano Sóstenes, ² a la iglesia de Dios que está en Corinto, a los llamados santos porque son santificados en Cristo Jesús, con todos los que en todo lugar invocan el Nombre de nuestro Señor Jesucristo, *Señor* de ellos y nuestro.

³ Gracia y paz a ustedes de Dios nuestro Padre y del Señor Jesucristo.

Gratitud de Pablo

⁴ Siempre doy gracias a mi Dios por ustedes, por la gracia que Dios les dio en Cristo Jesús. ⁵ Porque en todo se enriquecieron en Él, en toda palabra y conocimiento, ⁶ así como el testimonio de Cristo se confirmó en ustedes. ⁷ De manera que ustedes no carecen de algún don y esperan la manifestación de nuestro Señor Jesucristo, ⁸ Quien también los establecerá hasta el fin para que nadie los reprenda en el día de nuestro Señor Jesucristo. ⁹ Fiel es Dios, Quien los llamó a *la* comunión de su Hijo Jesucristo, nuestro Señor.

Divisiones

¹⁰ Hermanos, les ruego en el Nombre de nuestro Señor Jesucristo que todos se pongan de acuerdo y que no haya divisiones entre ustedes, sino que estén completamente unidos en un solo pensamiento y un mismo parecer. ¹¹ Porque hermanos míos, los de Cloé me informaron que hay contiendas entre ustedes. ¹² Me refiero a que algunos de ustedes dicen: Yo soy de Pablo, yo, de Apolos, yo, de Cefas, yo, de Cristo.

¹³ ¿Se dividió Cristo? ¿Pablo fue crucificado por ustedes? O, ¿fueron bautizados en el nombre de Pablo? ¹⁴ Doy gracias a Dios porque a ninguno de ustedes bauticé, excepto a Crispo y a Gayo, ¹⁵ para que nadie diga que fue bautizado en mi nombre. ¹⁶ También bauticé a la familia de Estéfanas. De los demás no recuerdo si bauticé a otro. ¹⁷ Porque Cristo no me envió a bautizar sino a predicar las Buenas Noticias, no con sabiduría de palabra, para que la cruz de Cristo no sea en vano.

Poder y sabiduría de Dios

¹⁸ Porque el mensaje de la cruz es locura para los que se pierden. Pero para los que se salvan, es decir, para nosotros, es poder de Dios. ¹⁹ Porque está escrito:

Destruiré la sabiduría de los sabios y desecharé la inteligencia de los entendidos.

[20] ¿Dónde está *el* sabio? ¿Dónde *el* escriba? ¿Dónde *el* polemista de este mundo? ¿Dios no transformó la sabiduría del mundo en necedad? [21] Como el mundo no conoció la sabiduría de Dios por medio de su sabiduría humana, agradó a Dios salvar a los que creen por medio de la locura de la predicación.

[22] *Los* judíos piden señales y *los* griegos buscan sabiduría, [23] pero nosotros proclamamos a Cristo crucificado, Quien ciertamente es tropezadero para *los* judíos, y para *los* gentiles, locura. [24] Pero para los llamados, judíos y griegos, Cristo es poder y sabiduría de Dios. [25] Lo necio de Dios es más sabio que *la sabiduría* humana, y lo débil de Dios es más fuerte que *la fortaleza* humana.

[26] Hermanos, consideren su llamamiento. Entre ustedes no hay muchos sabios según las normas humanas, ni muchos poderosos, ni muchos nobles. [27] Pero Dios escogió lo necio del mundo para avergonzar a los sabios, y lo débil del mundo para avergonzar a los fuertes. [28] Dios escogió lo vil y despreciado del mundo, los que no son, para anular a los que son, [29] a fin de que ninguno se enaltezca delante de Dios.

[30] Pero por Él ustedes están en Cristo Jesús, a Quien Dios nos ofreció como sabiduría, justificación, santificación y redención, [31] para que, como está escrito:
El que se enaltece, enaltézcase en *el* Señor.

Proclamación del Cristo crucificado

2 [1] Hermanos, cuando los visité, fui a proclamarles el misterio de Dios sin brillantez de oratoria ni vana sabiduría. [2] Solo me propuse reconocer entre ustedes lo relacionado con Jesucristo crucificado. [3] Me presenté ante ustedes con debilidad, temor y mucho temblor. [4] No les prediqué con sabiduría convincente, sino con demostración del poder del Espíritu, [5] para que su fe no se base en *la* sabiduría humana, sino en el poder de Dios.

La sabiduría de Dios

[6] Sin embargo, hablamos sabiduría entre los que son maduros en la fe. No sabiduría de este tiempo, ni de los señores de este mundo que perecen. [7] Hablamos sabiduría oculta de Dios, la escondida, la cual Dios predestinó antes de los siglos para nuestro resplandor, [8] el cual ninguno de los señores de este mundo entendió, porque si *lo* entendieran, no habrían crucificado al Señor de *la* gloria. [9] Pero, como está escrito:
Cosas que ojo no vio, ni oído oyó, ni mente pensó, son las que Dios preparó para los que lo aman.

¹⁰ Pero Dios nos *las* reveló por medio del Espíritu, porque *el* Espíritu escudriña todas las cosas, aun las profundidades de Dios. ¹¹ ¿Quién conoce los pensamientos del hombre, sino el espíritu humano que está en él? Asimismo nadie conoce los pensamientos de Dios, sino el Espíritu de Dios. ¹² Nosotros no recibimos el espíritu del mundo, sino el Espíritu de Dios, para que sepamos lo que Dios nos concedió.

¹³ Esto también hablamos al comparar lo espiritual con lo espiritual, no con palabras de sabiduría humana, sino con las que enseña el Espíritu. ¹⁴ Pero *la* persona natural no acepta las cosas del Espíritu de Dios, porque para él son locura. No puede entenderlas, pues se evalúan espiritualmente.

¹⁵ En cambio, el *hombre* espiritual evalúa todas las cosas, pero a él nadie lo juzga.

¹⁶ ¿Quién conoció *la* mente del Señor? ¿Quién lo instruirá?

Sin embargo, nosotros tenemos *la* mente de Cristo.

Las obras del creyente

3 ¹ Hermanos, no pude hablarles como a espirituales, sino como a humanos, como a niños en Cristo. ² Les di a beber leche, no alimento sólido, porque todavía no podían recibirlo. Y todavía no pueden ³ pues aún están dominados por la naturaleza humana. Mientras haya entre ustedes envidia y contienda, ¿no están dominados por la naturaleza humana y viven como hombres? ⁴ Cuando alguno dice: Yo ciertamente soy de Pablo, y otro dice: Yo de Apolos, ¿no están dominados por la naturaleza humana?

⁵ ¿Quién es Apolos? ¿Y quién es Pablo? Somos servidores por medio de quienes creyeron, según el trabajo que el Señor asignó a cada uno. ⁶ Yo planté, Apolos regó, pero Dios produjo el crecimiento.

⁷ Así que, ni el que planta ni el que riega es algo, sino Dios, Quien produce el crecimiento. ⁸ El que planta y el que riega son iguales, aunque cada uno recibirá su salario según su labor. ⁹ Porque somos colaboradores de Dios. *Ustedes* son un campo cultivado por Dios, un edificio suyo.

¹⁰ Según la gracia que Dios me dio, puse un fundamento como arquitecto experimentado y otro construye sobre él.

Pero cada uno tenga cuidado cómo construye. ¹¹ Porque nadie puede poner otro fundamento distinto del que está puesto, el cual es Jesucristo. ¹² Si alguno edifica oro, plata, piedras preciosas, madera, pasto, hojarasca sobre el fundamento, ¹³ la obra de cada uno será visible. Porque el día la mostrará, pues con fuego será descubierta. El fuego probará la obra de cada uno. ¹⁴ Si permanece la obra que alguno construyó, recibirá recompensa. ¹⁵ Si la obra de alguno se quema, se perderá, pero él será salvo, como el que pasa por fuego.

¹⁶ ¿No saben que ustedes son Santuario de Dios, y que el Espíritu de Dios mora en ustedes? ¹⁷ Si alguno destruye el Santuario de Dios, Dios lo destruirá, porque el Santuario de Dios es santo. Ustedes son ese Santuario.

¹⁸ Nadie se engañe. Si alguno de ustedes supone que es sabio en este mundo, vuélvase necio para que sea sabio. ¹⁹ Porque la sabiduría de este mundo es necedad ante Dios, pues está escrito:
Él atrapa a los sabios en su astucia.

²⁰ Y otra vez:
El Señor conoce los pensamientos vanos de los sabios.

²¹ Así que, nadie se enaltezca por lo que es propio de los seres humanos. Porque todo es de ustedes, ²² sea Pablo, Apolos, Cefas, *el* mundo, *la* vida, *la* muerte, cosas que vinieron o que vienen, todo es de ustedes, ²³ y ustedes de Cristo y Cristo de Dios.

El sufrimiento del apóstol

4 ¹ Así que, considérenos los hombres como esclavos de Cristo y administradores de los secretos de Dios no revelados. ² Además, se requiere de los administradores que cada uno sea fiel.

³ Para mí es de poca importancia que sea evaluado por ustedes o por tribunal humano. Ni siquiera me evalúo a mí mismo. ⁴ Porque de *nada de esto* estoy consciente, de nada puedo justificarme. Sin embargo, el Señor es Quien me evalúa. ⁵ Así que, no juzguen algo antes de tiempo. Esperen hasta que venga *el* Señor, Quien demostrará lo escondido en la oscuridad y los motivos de los corazones. Entonces cada uno recibirá la aprobación de Dios.

⁶ Hermanos, estas cosas me las apliqué a mí mismo y a Apolos por causa de ustedes, para que por medio de nosotros aprendan a no pensar más allá de lo que está escrito a fin de que no sean arrogantes *los* unos contra *los* otros. ⁷ Porque ¿quién te considera superior? ¿Qué tienes que no recibiste? Y si lo recibiste, ¿por qué te enorgulleces como si no lo hubieras recibido?

⁸ Ya están saciados. Ya enriquecieron. Ya reinaron sin nosotros. ¡Ojalá reinen para que nosotros también reinemos con ustedes!

⁹ Porque pienso que Dios nos exhibió a *los* apóstoles en último lugar, como a sentenciados a muerte, porque fuimos un espectáculo para el mundo, para *los* ángeles y para *los* seres humanos. ¹⁰ Nosotros somos necios por causa de Cristo, pero ustedes, prudentes en Cristo. Nosotros somos débiles, pero ustedes, fuertes; ustedes, honrados, pero a nosotros se nos deshonra. ¹¹ Hasta ahora padecemos hambre y sed, nos vestimos pobremente, se nos golpea a puñetazos, no tenemos dónde vivir, ¹² luchamos y trabajamos con las propias manos. Cuando nos maldicen, bendecimos. Cuando nos persiguen,

soportamos. ¹³ Cuando somos difamados, respondemos con bondad. Hasta ahora somos como la escoria del mundo, desecho de todos.

¹⁴ No les escribo esto para avergonzarlos, sino para amonestarlos como a hijos míos amados. ¹⁵ Porque ustedes, aunque tuvieran 10.000 maestros en Cristo, no *tienen* muchos padres, porque en Cristo Jesús yo soy su padre por medio de las Buenas Noticias.

¹⁶ Por tanto los exhorto: Sean imitadores de mí. ¹⁷ Por esto les envío a Timoteo, quien es mi hijo amado y fiel en el Señor, el cual les recordará mi manera de actuar en Cristo, cómo enseño en toda iglesia dondequiera.

¹⁸ Y algunos se envanecieron porque yo no los visito. ¹⁹ Pero los visitaré pronto cuando el Señor quiera y no conoceré las palabras de los envanecidos, sino su poder. ²⁰ Porque el reino de Dios no consiste en palabras, sino en poder.

²¹ ¿Quieren que vaya a ustedes con vara, o con amor y espíritu de mansedumbre?

Un caso de inmoralidad

5 ¹ En verdad se dice que hay inmoralidad sexual entre ustedes: que un hombre se une a *la* esposa de su padre. Tal inmoralidad sexual ni aún *existe* entre los gentiles. ² Y ustedes están arrogantes. ¿No debieran más bien lamentarse y expulsar de entre ustedes al que comete esto?

³ Porque yo ciertamente, aunque no estoy físicamente en el cuerpo, sino presente en espíritu, ya juzgué como si estuviera presente físicamente al que hizo esto. ⁴ En el Nombre del Señor Jesús, reunidos ustedes y mi espíritu, con el poder de nuestro Señor Jesús, ⁵ entreguemos este *hombre* a Satanás para destrucción de la carne, a fin de que el espíritu se salve en el día del Señor.

⁶ El enaltecimiento de ustedes no es bueno. ¿No saben que un poco de levadura leuda toda la masa? ⁷ Eliminen la vieja levadura para que sean masa nueva sin levadura. Porque también Cristo, nuestra Pascua, fue sacrificado. ⁸ Así que no celebremos la *Pascua* con levadura vieja, ni con levadura de malicia y maldad, sino celebrémosla con pan sin levadura, con sinceridad y verdad.

⁹ Les escribí en mi epístola que no se asocien con inmorales sexuales. ¹⁰ No me refiero a los inmorales sexuales de este mundo, los avaros, estafadores o idólatras, pues en ese caso tendrían que salir del mundo. ¹¹ Pero entonces les escribí que no se asocien con alguno que, aunque se llame hermano, sea inmoral, avaro, idólatra, calumniador, borracho o estafador. Con ellos, ni se sienten a comer.

¹² ¿Por qué tengo que juzgar a los que están fuera de la congregación? ¿No juzgan ustedes a los de adentro? ¹³ Pero Dios juzgará a los de afuera.

¡Expulsen al perverso de entre ustedes!

Denuncias ante los impíos

6 ¹ Si alguno de ustedes tiene algo contra otro, ¿se atreve a denunciar el caso ante los injustos y no ante los santos? ² ¿No saben que los santos juzgarán al mundo? Si el mundo será juzgado por ustedes, ¿no son capaces de juzgar en casos insignificantes? ³ ¿No saben que juzgaremos a *los* ángeles? ¡Cuánto más en asuntos de esta vida!

⁴ Cuando ustedes tienen juicios sobre cosas de esta vida, ¿designan como jueces a los de menor estima en la congregación? ⁵ Digo esto para avergonzarlos. ¿No hay entre ustedes algún entendido que juzgue entre sus hermanos? ⁶ ¿Alguno denuncia a un hermano ante un tribunal porque peleó contra otro hermano, y esto ante los incrédulos? ⁷ Ya es una falta que entre ustedes tengan pleitos. ¿Por qué más bien no soportan la ofensa? ¿Por qué más bien no dejan que los defrauden? ⁸ Pero ustedes cometen injusticia y defraudan a hermanos.

⁹ ¿No saben que *los* injustos no heredarán *el* reino de Dios? No se engañen: Ni inmorales sexuales, ni idólatras, ni adúlteros, ni afeminados, ni homosexuales, ¹⁰ ni ladrones, ni avaros, ni borrachos, ni difamadores, ni estafadores heredarán *el* reino de Dios. ¹¹ Esto eran algunos de ustedes. Pero fueron lavados, santificados y declarados justos en el Nombre del Señor Jesucristo y por el Espíritu de nuestro Dios.

El santuario del Espíritu Santo

¹² Todas las cosas me son lícitas, pero no todas me son provechosas. Todas las cosas me son lícitas, pero no permitiré que alguna me domine.

¹³ El alimento es para el estómago y el estómago para el alimento, pero Dios los inutilizará a ambos. El cuerpo no es para la inmoralidad sexual, sino para el Señor. Y el Señor para el cuerpo, ¹⁴ pues Dios, Quien resucitó al Señor, también nos resucitará por medio de su poder.

¹⁵ ¿No saben que sus cuerpos son miembros de Cristo? ¿Tomaré los miembros de Cristo y los uniré a una prostituta? ¡Claro que no! ¹⁶ ¿No saben que el que se une a una prostituta es un cuerpo con ella? Porque la Escritura dice:
Los dos serán un solo cuerpo.

¹⁷ Pero el que se une al Señor es un espíritu con Él.

¹⁸ ¡Huyan de la inmoralidad sexual! Todo pecado que cometa un hombre está fuera del cuerpo, pero el que practica inmoralidad sexual, peca contra su propio cuerpo. ¹⁹ ¿No saben que su cuerpo es Santuario del Espíritu Santo, Quien está en ustedes, el cual recibieron de Dios? *¿No saben que* ustedes no

se pertenecen ²⁰ porque fueron comprados por precio? Por tanto enaltezcan a Dios con su cuerpo.

Dificultades matrimoniales

7 ¹ Con respecto a las cosas de las cuales ustedes me escribieron, bueno es para un hombre no tocar mujer.

² Pero por causa de las inmoralidades sexuales, cada uno tenga su propia esposa, y cada una su propio esposo.

³ El esposo y la esposa cumplan su deber conyugal. ⁴ La esposa no tiene autoridad sobre su propio cuerpo, sino el esposo. Del mismo modo el esposo tampoco tiene autoridad sobre su propio cuerpo, sino la esposa. ⁵ No se nieguen el uno al otro, excepto por mutuo acuerdo durante un tiempo para que *lo* dediquen a hablar con Dios. Luego vuelvan a unirse, a fin de que Satanás no los tiente a causa de su falta de dominio propio.

⁶ Esto digo como una concesión, no como un mandamiento. ⁷ Más bien quiero que todos los hombres sean como yo, pero cada uno tiene su propia dotación de Dios, uno de un modo, y otro de otro.

⁸ Digo, pues, a los solteros y a las viudas: Bueno es para ellos si permanecen como yo. ⁹ Pero si no tienen dominio propio, cásense, porque es mejor casarse que quemarse.

¹⁰ El Señor ordena a los casados, no yo: A *la* esposa, que no se separe de su esposo. ¹¹ Y si se separa, que permanezca sin casarse, o se reconcilie con su esposo. Y *al* esposo, que no se divorcie de su esposa.

¹² Yo digo a los demás, no el Señor: Si algún hermano tiene esposa no creyente en Cristo y ella consiente en vivir con él, no se divorcie. ¹³ Si alguna esposa tiene esposo no creyente en Cristo, y él consiente en vivir con ella, no se divorcie. ¹⁴ Porque el esposo no creyente es santificado por la esposa, y la esposa no creyente por su esposo.[a] Pues de otra manera, sus hijos son impuros, pero de esta manera son santos.

¹⁵ No obstante, si el no creyente se separa, que se separe, pues en estos casos, no está sujeto a servidumbre el hermano o la hermana. Dios los llamó a paz. ¹⁶ Porque ¿cómo sabes, esposa, si salvarás al esposo? ¿O cómo sabes, esposo, si salvarás a la esposa?

¹⁷ Pero, cada uno haga como el Señor le asignó y como Dios lo llamó. Esto ordeno en todas las iglesias. ¹⁸ ¿Fue llamado algún circuncidado? Quédese circuncidado. ¿Fue llamado alguno no circuncidado? No se circuncide. ¹⁹ Ni la circuncisión ni la incircuncisión sirven para algo. Lo que vale es la obediencia a los Mandamientos de Dios.

---

[a] **7.14** Lit. *hermano.*

²⁰ Cada uno permanezca en la condición en la cual fue llamado. ²¹ ¿Fuiste llamado esclavo? No te preocupes. Pero si puedes ser libre, más bien aprovecha. ²² Porque el esclavo llamado por *el* Señor es liberto del Señor. Asimismo el que es llamado libre es esclavo de Cristo. ²³ Por precio fueron comprados. No sean esclavos de hombres. ²⁴ Hermanos, cada uno permanezca ante Dios en el estado en el cual fue llamado.

²⁵ Acerca de las vírgenes, no tengo un Mandamiento del Señor, pero doy opinión como uno que logró misericordia de Él para ser digno de confianza. ²⁶ Considero, pues, que esto es bueno a causa del tiempo presente: Es bueno para un hombre quedarse como está. ²⁷ ¿Estás unido en matrimonio? No busques un divorcio. ¿Estás sin esposa? No busques esposa. ²⁸ Pero si te casas no pecas. Si la virgen se casa, no peca, pero ellos tendrán aflicción en el cuerpo, y yo se la quiero evitar.

²⁹ Por lo demás, hermanos, nos queda poco tiempo para que los que tienen esposa sean como los que no tienen, ³⁰ los que lloran como los que no lloran, los que gozan como los que no gozan, los que compran como los que nada tienen, ³¹ y los que se aprovechan del mundo como los que no son absorbidos *por él*, porque la apariencia de este mundo pasa.

³² Quiero, pues, que ustedes estén libres de preocupación. El soltero se preocupa por las cosas del Señor, cómo agradarlo. ³³ Pero el casado se preocupa por las cosas del mundo, cómo agradar a su esposa, ³⁴ y está dividido. La mujer no casada y la virgen tienen preocupación por las cosas del Señor, para ser santas en el cuerpo y en el espíritu. Pero la casada tiene preocupación por las cosas del mundo, cómo agradar al esposo. ³⁵ Esto digo para su propio beneficio, no para imponerles restricción, sino a fin de que tengan orden y constante devoción al Señor sin distracción.

³⁶ Pero si alguno piensa que está actuando indecentemente con su virgen, cuando esté pasada de su edad núbil, y si es necesario que sea así, que haga lo que desea. No peca. Que se case.

³⁷ Pero el que está firme en su corazón y no tiene necesidad, tiene autoridad con respecto a su propia voluntad y decidió en el corazón guardar la suya virgen, bien hará. ³⁸ Así que el que se casa con su virgen hace bien. El que no se casa hace mejor.

³⁹ La esposa está atada a su esposo durante toda la vida. Pero si muere el esposo, ella es libre para casarse con el que quiera, con tal *que sea* en el Señor. ⁴⁰ Pero según mi parecer, es más dichosa si permanece viuda. Y pienso que yo también tengo el Espíritu de Dios.

Lo sacrificado a ídolos

8 ¹ En cuanto a lo sacrificado a ídolos, todos sabemos algo. Pero el conocimiento envanece, y el amor edifica. ² Si alguno cree que sabe algo, aún no sabe lo que debe saber. ³ Pero si alguno ama a Dios, Él lo conoce.

⁴ Con respecto a la comida sacrificada a los ídolos, sabemos que solo hay un Dios y que un ídolo nada vale en *el* mundo. ⁵ Porque aunque hay muchos dioses y muchos señores en el cielo y en *la* tierra, es decir, llamados dioses, ⁶ sin embargo, para nosotros hay un solo Dios: el Padre, de Quien proceden todas las cosas, y nosotros somos de Él, y un solo Señor: Jesucristo. Por medio de Él todas las cosas existen, y nosotros existimos por medio de Él.

⁷ No obstante no todos saben esto. Hay algunos que, por estar hasta ahora acostumbrados a la idolatría, cuando comen carne sacrificada a ídolos se sienten contaminados y les remuerde su débil conciencia. ⁸ La comida no nos hace más aceptos ante Dios. No somos menos si no comemos, ni somos más si comemos.

⁹ Pero tengan cuidado, no sea que esta libertad de ustedes sea un tropiezo para los débiles. ¹⁰ Porque si alguno te ve a ti, que tienes conocimiento, reclinado en un templo de ídolos, ¿no será estimulada la conciencia del débil a comer de lo sacrificado a ídolos? ¹¹ Pues el hermano débil, por quien Cristo murió, es destruido por tu conocimiento. ¹² Así, al pecar contra los hermanos y golpear su débil conciencia, pecan contra Cristo. ¹³ Por tanto, si una comida es tropiezo para mi hermano, ¡no suceda jamás que yo coma carne, para que no sea tropiezo a mi hermano!

Derechos del apóstol Pablo

9 ¹ ¿No soy libre? ¿No soy apóstol? ¿No vi a Jesús nuestro Señor? ¿No son ustedes *resultado de* mi trabajo en *el* Señor? ² Si para otros no soy apóstol, para ustedes ciertamente lo soy, porque ustedes son mi sello del apostolado en el Señor.

³ Esta es mi defensa ante los que me acusan: ⁴ ¿No tenemos derecho de comer y beber? ⁵ ¿No tenemos derecho de llevar con nosotros a una esposa creyente, como también los demás apóstoles, los hermanos del Señor y Cefas? ⁶ ¿Yo y Bernabé no tenemos derecho a dejar de trabajar?

⁷ ¿Quién se ofrece jamás para un servicio militar y paga sus propios gastos? ¿Quién planta una viña y no come el fruto de ella? ¿O quién apacienta un rebaño y no participa de la leche del rebaño? ⁸ ¿Digo esto como humano? ¿No lo dice también la Ley? ⁹ Porque en la Ley de Moisés está escrito:
No pondrás bozal a un buey que trilla.

¿Tiene Dios cuidado de los bueyes? ¹⁰ ¿O lo dice ciertamente por causa de nosotros? Está escrito por causa de nosotros.
Porque el que ara y el que trilla esperan participar *del fruto*.
¹¹ Si nosotros sembramos en ustedes lo espiritual, ¿será mucho si cosechamos de ustedes lo material? ¹² Si otros participan del derecho de ustedes, ¿no *tenemos* más *derecho* nosotros?

Pero no nos aprovechamos de este derecho, sino soportamos todo, para no causar algún obstáculo a las Buenas Noticias de Cristo. ¹³ ¿No saben que los que trabajan en las cosas del Templo, comen del Templo? ¿Y los que sirven en el altar comen de lo que se sacrifica en el altar? ¹⁴ Así también el Señor ordenó que los que predican las Buenas Noticias, vivan de las Buenas Noticias.

¹⁵ Pero yo no aproveché algo de esto, ni lo escribo para que lo hagan conmigo. Porque prefiero morir y no que alguien me quite este *motivo de satisfacción*. ¹⁶ Porque si predico las Buenas Noticias, no tengo alguna razón para sentirme orgulloso, pues tengo la obligación de hacerlo. ¡Ay de mí si no predico las Buenas Noticias!

¹⁷ Pues si lo hago por *mi* propia voluntad, tengo recompensa. Sin embargo, si *lo hago* porque me fue impuesto, significa que se me confió una administración. ¹⁸ ¿Cuál, pues, es mi recompensa? Que al predicar las Buenas Noticias, las ofrezco gratuitamente, para no hacer pleno uso de mi derecho en la predicación de ellas.

¹⁹ Entonces, aunque soy libre de todos, asumí la función de esclavo de todos a fin de ganar a muchos. ²⁰ Para los judíos asumí la función de judío a fin de ganar a *los* judíos, para los que están bajo *la* Ley, como si estuviera bajo *la* Ley, aunque yo no estoy bajo ella, a fin de ganar a los que están bajo *la* Ley. ²¹ Para los que están sin *la* Ley, asumí la función de los que están sin *la* Ley, aunque yo no estoy sin *la* Ley de Dios, sino sujeto a *la* Ley de Cristo, a fin de ganar a los que están sin *la* Ley. ²² Para los débiles asumí la función de débil a fin de ganar a los débiles. Para todos asumí la función de todos, a fin de salvar a algunos de algún modo. ²³ Hago todo por causa de las Buenas Noticias para participar de ellas.

²⁴ ¿No saben que en un estadio todos en verdad corren, pero uno solo recibe el premio? ¡Corran de tal modo que *lo* obtengan! ²⁵ Todo el que lucha se abstiene de todo. Ellos ciertamente se abstienen para recibir una corona perecedera, pero nosotros, imperecedera.

²⁶ Así que, yo corro de este modo, con una meta definida. De esta manera lucho, no como el que golpea *el* aire. ²⁷ Al contrario, golpeo y esclavizo mi cuerpo, no sea que, después de predicar a otros, yo mismo sea descalificado.

El ejemplo de Israel

10 ¹ Hermanos, deseo que no ignoren que nuestros antepasados estuvieron todos bajo la nube y todos pasaron por el mar. ² Con Moisés, todos fueron bautizados en la nube y en el mar, ³ todos comieron el mismo alimento espiritual ⁴ y todos bebieron la misma bebida espiritual, porque bebían de la Roca espiritual que los seguía, y la Roca era Cristo. ⁵ Pero muchos de ellos no agradaron a Dios y quedaron tendidos en el desierto.

⁶ Todas esas cosas sucedieron como ejemplos para nosotros, a fin de que no codiciemos cosas malas, como las que ellos codiciaron. ⁷ No adoren ídolos como algunos de ellos. Como está escrito:
El pueblo se sentó a comer y a beber, y se levantó a divertirse.

⁸ Ni practiquemos inmoralidad sexual, como algunos de ellos practicaron inmoralidad sexual, y en un día cayeron 23.000. ⁹ Ni tentemos a Cristo, como algunos de ellos lo tentaron, y murieron mordidos por las serpientes. ¹⁰ Ni murmuremos, como algunos de ellos murmuraron, y perecieron en manos del destructor.

¹¹ Estas cosas les sucedieron como ejemplo, y fueron escritas como amonestación para nosotros, los que vivimos el fin de los tiempos. ¹² Así que, el que piensa estar firme, tenga cuidado que no caiga.

¹³ No los atrapó alguna tentación que no sea humana. Fiel es Dios, Quien no dejará que sean tentados más de lo que puedan soportar. Y junto con la tentación proveerá la salida para que puedan resistir.

La mesa del Señor y la mesa de los demonios

¹⁴ Por tanto, amados míos, huyan de la idolatría. ¹⁵ Les hablo como a sabios. Juzguen ustedes lo que digo: ¹⁶ La copa de bendición que bendecimos, ¿no es *la* comunión de la sangre de Cristo? El pan que partimos, ¿no es *la* comunión del cuerpo de Cristo? ¹⁷ Por cuanto todos participamos del mismo pan, *nosotros*, que somos muchos, somos un cuerpo. ¹⁸ Consideren al pueblo de Israel. ¿Los que comen los sacrificios no participan del altar?

¹⁹ ¿Qué quiero decir con esto? ¿Que un ídolo y la carne sacrificada a ídolos valen algo? ²⁰ Más bien digo que ofrecen *los sacrificios a* los demonios y no a Dios. No quiero que ustedes participen con los demonios. ²¹ No pueden beber la copa del Señor y la copa de los demonios, ni pueden comer la mesa del Señor y la mesa de demonios. ²² ¿Provocamos a celos al Señor? ¿Somos más fuertes que Él?

Lo ilícito y lo provechoso

²³ Todo es lícito, pero no todo es provechoso. Todo es lícito, pero no todo edifica. ²⁴ Nadie busque su propio bien, sino el del otro.

²⁵ Coman todo lo que se vende en *la* carnicería sin preguntar por causa de la conciencia, ²⁶ porque la tierra y todo lo que hay en ella son del Señor.

²⁷ Si algún incrédulo los invita, y quieren ir, coman todo lo que se sirva sin preguntar por causa de la conciencia. ²⁸ Pero si alguno les dice: Esto es de lo sacrificado *a ídolos*, no coman por causa de aquel que *les* informó, y de la conciencia.

²⁹ No me refiero a tu propia conciencia, sino a la de otro. Pues, ¿por qué se juzga mi libertad por la conciencia de otro? ³⁰ Si yo participo con gratitud, ¿por qué me censuran por *comer* aquello de lo cual doy gracias?

³¹ Por tanto, si comen, beben o hacen cualquier cosa, hagan todo para *la* gloria de Dios. ³² No ofendan a judíos, ni a griegos ni a la iglesia de Dios, ³³ como también yo procuro complacer a todos en todo, sin procurar mi beneficio, sino el de muchos para que sean salvos.

11
¹ Sean imitadores de mí, como yo de Cristo.

Uso del velo

² Los alabo, porque en todo se acuerdan de mí y retienen las instrucciones como las entregué. ³ Pero quiero que ustedes sepan que Cristo es la cabeza de todo varón, y el esposo, *la* cabeza de *la* esposa, y Dios, *la* Cabeza de Cristo.

⁴ Todo varón que habla con Dios o que predica[a] con *la* cabeza cubierta, deshonra su Cabeza. ⁵ Pero toda mujer que habla con Dios o que predica sin velo en la cabeza deshonra su cabeza, porque está como si estuviera rapada. ⁶ Porque si una mujer no se cubre, que se corte el cabello. Y si es vergonzoso para una mujer cortarse el cabello, o raparse, que se cubra.

⁷ Porque *el* hombre, quien es imagen y resplandor de Dios, no debe cubrirse la cabeza, pero la mujer es el resplandor del hombre. ⁸ Porque no procede el varón de la mujer, sino la mujer del varón, ⁹ porque no fue creado un varón de una mujer, sino una mujer de un varón. ¹⁰ Por tanto *la* mujer debe tener autoridad sobre su cabeza por causa de los ángeles.

¹¹ Sin embargo, en el Señor, ni la mujer es independiente del hombre, ni el hombre, independiente de la mujer. ¹² Porque así como la mujer *procede* del varón, también el varón nace de la mujer, pero todas las cosas *proceden* de Dios.

---

[a] **11.4** Lit. *profetiza*.

¹³ Juzguen entre ustedes mismos: ¿Es conveniente que una mujer hable con Dios sin velo sobre su cabeza? ¹⁴ ¿No les enseña la misma naturaleza que si un varón deja crecer el cabello le es una deshonra, ¹⁵ pero, si una mujer deja crecer su cabello le es un esplendor? Porque se le dio en lugar de cubierta. ¹⁶ Pero, si alguno quiere contradecir,ª sepa que nosotros y las iglesias de Dios no tenemos tal costumbre.

Abusos en la Cena del Señor

¹⁷ En la instrucción que les voy a dar, no *los* alabo, porque ustedes no se congregan para lo mejor, sino para lo peor. ¹⁸ En primer lugar oigo que hay divisiones entre ustedes cuando se reúnen como iglesia. En parte lo creo. ¹⁹ Porque también es necesario que haya grupos de diferente opinión entre ustedes para que se manifiesten los que son aprobados.

²⁰ Cuando ustedes se reúnen en un lugar, no significa que lo que comen es *la* cena del Señor. ²¹ Porque cuando comen, cada uno se adelanta a comer su propia cena. Uno tiene hambre y otro se embriaga. ²² ¿No tienen casas donde comer y beber? ¿Desprecian la iglesia de Dios y humillan a los que no tienen? ¿Qué les digo? ¿Los alabo? En esto no *los* alabo.

²³ Porque yo recibí del Señor lo mismo que les enseñé: Que el Señor Jesús, la noche cuando fue entregado, tomó pan, ²⁴ dio gracias, lo partió y dijo: Esto es mi cuerpo que por ustedes *es partido*. Hagan esto en memoria de Mí.

²⁵ De la misma manera, después de comer tomó la copa y dijo: Esta copa es el Nuevo Pacto *confirmado* en mi sangre. Hagan esto en memoria de Mí cuantas veces la beban. ²⁶ Porque cada vez que coman este pan y beban la copa, la muerte del Señor proclaman hasta cuando Él venga.

Indignidad para la Cena del Señor

²⁷ Por tanto, cualquiera que coma el pan o beba la copa del Señor indignamente, será culpable del cuerpo y de la sangre del Señor. ²⁸ Así que examínese cada uno, y luego coma del pan y beba de la copa.

²⁹ Porque el que come y bebe sin reconocer el Cuerpo, juicio come y bebe para él. ³⁰ Por esto hay muchos débiles y enfermos entre ustedes y muchos duermen. ³¹ Si nos evaluamos a nosotros mismos, no seríamos juzgados. ³² Pero al ser juzgados, somos disciplinados por *el* Señor, para que no seamos condenados por el mundo.

³³ Por tanto, hermanos míos, cuando se reúnen para comer, espérense unos a otros. ³⁴ Si alguno tiene hambre, coma en casa, a fin de que no se reúnan para juicio.

Dispondré las demás cosas cuando vaya.

ª **11.16** Lit. *quiere ser contencioso*.

Los dones espirituales

12 ¹ Ahora hermanos, no quiero que ustedes desconozcan los *dones* espirituales.

² Ustedes saben que cuando eran paganos, eran arrastrados ante los ídolos mudos. ³ Por lo cual, les informo que nadie que hable por *el* Espíritu de Dios dice: Jesús es una maldición. Y nadie puede decir: Señor Jesús, sino por *el* Espíritu Santo.

⁴ Hay diversidad de dones, pero el Espíritu es el mismo. ⁵ Hay diversidad de ministerios, pero el Señor es el mismo. ⁶ Hay diversidad de actividades, pero el mismo Dios es Quien efectúa todas las cosas en todos.

⁷ A cada uno se le da la manifestación del Espíritu para provecho. ⁸ Porque ciertamente el Espíritu da palabra de sabiduría a uno, palabra de conocimiento a otro según el mismo Espíritu; ⁹ a otro, fe por el mismo Espíritu; y a otro, dones de sanidad por el único Espíritu; ¹⁰ a otro, hacer milagros; a otro, profecía; a otro, diferenciación de espíritus; a otro, clases de lenguas; y a otro, interpretación de lenguas.

¹¹ Pero todas estas cosas *las* efectúa el único y el mismo Espíritu, y reparte a cada uno individualmente como Él quiere.

Comparación con el cuerpo humano

¹² Porque así como el cuerpo es uno y tiene muchos miembros, pero todos los miembros, aunque son muchos, son un solo cuerpo, así también es *el cuerpo de* Cristo. ¹³ También por un solo Espíritu fuimos todos bautizados en un cuerpo, sean judíos o griegos, esclavos o libres. Se nos dio a beber el mismo Espíritu a todos. ¹⁴ Además el cuerpo no consta de un solo miembro, sino de muchos.

¹⁵ Si el pie dice: No soy del cuerpo porque no soy mano, no por eso deja de pertenecer al cuerpo. ¹⁶ Y si la oreja dice: No soy del cuerpo porque no soy ojo, no por eso deja de pertenecer al cuerpo. ¹⁷ Si todo el cuerpo es ojo, ¿dónde estaría la oreja? Si todo es oreja, ¿dónde estaría la nariz?

¹⁸ Ahora bien, Dios puso cada miembro en el cuerpo como Él quiso. ¹⁹ Si todos son un solo miembro, ¿dónde *estaría* el cuerpo? ²⁰ Lo cierto es que los miembros son muchos, pero el cuerpo es uno.

²¹ El ojo no puede decir a la mano: No te necesito. Tampoco la cabeza a los pies: No los necesito. ²² Pero unos miembros del cuerpo que parecen más débiles, son mucho más necesarios. ²³ Cubrimos con más abundante honor aquellos miembros del cuerpo que nos parecen menos honorables. Y nuestras partes íntimas tienen más abundante decoro. ²⁴ Nuestras partes presentables no necesitan *decoro*.

Pero Dios compuso el cuerpo y dio más abundante honor al que lo necesita, ²⁵ para que no haya división en el cuerpo, sino que los miembros se preocupen igualmente los unos por los otros. ²⁶ De manera que si un miembro sufre, todos los miembros sufren con él. Y si un miembro es honrado, todos los miembros se regocijan con él.

²⁷ Ahora bien, ustedes son el cuerpo de Cristo, y cada individuo un miembro de Él.

²⁸ En la iglesia, Dios puso a unos primeramente *como* apóstoles; segundo, profetas; tercero, maestros; luego, *los que tienen* poderes milagrosos, dones de sanidades, ayudas, administraciones, clases de lenguas.

²⁹ ¿Todos son apóstoles? ¿Todos son profetas? ¿Todos son maestros? ¿Todos tienen poderes milagrosos? ³⁰ ¿Todos tienen dones de sanidades? ¿Todos hablan en lenguas? ¿Todos interpretan? ³¹ Anhelen ardientemente los mejores dones.

Pero yo les muestro un camino más excelente.

La excelencia del amor

13 ¹ Si yo hablo en lenguas humanas y angélicas, y no tengo amor, soy un bronce que resuena, o un címbalo que vibra. ² Y si tuviera *don de* profecía y entendiera todos los misterios y todo conocimiento, y si tuviera toda la fe para remover montañas, pero no tengo amor, nada soy. ³ Si distribuyera todas mis posesiones y entregara mi cuerpo para enorgullecerme, pero no tengo amor, de nada me sirve.

⁴ El amor es paciente. Es bondadoso. No está lleno de envidia. No se alaba, no es arrogante, ⁵ no es indecente, no es egoísta, no se irrita, no guarda rencor. ⁶ No se goza por la injusticia, pero se regocija por la verdad. ⁷ Todo lo sufre, todo lo cree, todo lo espera, todo lo soporta.

⁸ El amor nunca caduca. Pero si hay profecías, cesarán; si hay lenguas, acabarán; si hay conocimiento, será abolido. ⁹ Porque en parte conocemos y en parte profetizamos, ¹⁰ pero cuando venga lo perfecto, lo imperfecto será abolido.

¹¹ Cuando *yo* era niño, hablaba como niño, pensaba como niño, opinaba como niño. Cuando llegué a ser hombre, dejé lo que era de niño. ¹² Porque ahora vemos el reflejo como en un espejo, pero entonces *veremos* cara a cara. Ahora conozco en parte, pero entonces conoceré como he sido conocido.

¹³ Y ahora permanecen estos tres: *la* fe, *la* esperanza, *el* amor. Pero *el* mayor de éstos es el amor.

Todo para edificación

14 ¹ Sigan el amor y procuren los dones espirituales, pero sobre todo que profeticen.

² El que habla en lenguas, habla a Dios, no a los hombres, porque nadie *lo* entiende, pues en *su* espíritu habla misterios. ³ Pero el que profetiza, habla a *los* hombres para edificación, exhortación y consolación. ⁴ El que habla en lenguas se edifica él mismo, pero el que profetiza edifica a *la* iglesia. ⁵ Entonces deseo que todos ustedes hablen en lenguas, pero más que profeticen, pues mayor es el que profetiza que el que habla en lenguas, a menos que interprete para que la iglesia sea edificada.

⁶ Ahora, hermanos, si los visito y hablo en lenguas, ¿qué les aprovecharía si no les hablo con revelación, conocimiento, profecía o enseñanza? ⁷ Aun las cosas inanimadas que dan sonido, como la flauta o el arpa, si no producen sonidos distintos, ¿cómo se sabrá lo que se toca con la flauta o se tañe con el arpa? ⁸ De igual manera, si una trompeta no da sonido claro, ¿quién se prepararía para la batalla?

⁹ Así también ustedes, si por medio de la lengua no dan palabra fácilmente comprensible, ¿cómo entenderán lo que se habla? Porque hablarían al aire. ¹⁰ Sin duda, ¡cuántas clases de lenguas hay en el mundo, y ninguna carece de significado! ¹¹ Si, pues, no entiendo el significado de las palabras, seré un extranjero para el que habla, y el que habla, un extranjero para mí.

¹² Así también ustedes, puesto que anhelan *dones* espirituales, procuren abundar para la edificación de la iglesia.

¹³ Por tanto, el que habla en lengua, hable con Dios para que interprete. ¹⁴ Cuando hablo con Dios en una lengua, mi espíritu comunica, pero mi entendimiento queda sin provecho.

¹⁵ ¿Entonces, qué *digo*? Hablaré con Dios con el espíritu, pero también hablaré con el entendimiento. Cantaré alabanza con el espíritu, pero también cantaré con el entendimiento. ¹⁶ De otra manera, cuando bendigas en espíritu, el que quiere entender, ¿cómo dirá amén a tu acción de gracias si no sabe *lo* que dices? ¹⁷ Porque tú, ciertamente, expresas bien la acción de gracias, pero el otro no es edificado.

¹⁸ Doy gracias a Dios que hablo en lenguas más que todos ustedes, ¹⁹ pero en la iglesia prefiero hablar cinco palabras con mi entendimiento para instruir también a otros, que 10.000 palabras en lengua desconocida.

²⁰ Hermanos, no sean niños en el entendimiento. Sean niños en la perversidad, pero maduros en el entendimiento. ²¹ En la Ley está escrito: Hablaré a este pueblo en lenguas extrañas y por medio de otros. Ni aun así me escucharán, dice el Señor.

²² Por tanto, las lenguas no son señal para los que creen, sino para los incrédulos. Pero profetizar no *es señal* para los incrédulos, sino para los que creen. ²³ De manera que si toda la iglesia se congrega en un lugar y todos hablan en lenguas, y entran unos incrédulos o unos que no tienen *ese* don, ¿no dirán que están locos? ²⁴ Pero si todos profetizan y entra algún incrédulo que quiere entender, queda expuesto, llamado a cuentas por todos. ²⁵ Los secretos de su corazón son manifiestos, y así se postrará sobre el rostro, adorará a Dios y confesará que Dios está verdaderamente entre ustedes.

²⁶ ¿Entonces, hermanos, qué *significa esto*? Cuando se reúnan, cada uno tiene salmo, enseñanza, revelación, lengua o interpretación. Hagan todo para edificación.

²⁷ Si se habla en lengua, que sean dos, o a lo más tres, y uno después de otro, y uno interprete. ²⁸ Cuando no haya intérprete, calle en *la* iglesia. Hable para él mismo y a Dios. ²⁹ Hablen dos o tres profetas, y los demás evalúen. ³⁰ Si a otro que está sentado se le revela *algo*, calle el primero. ³¹ Porque todos pueden hablar uno por uno, para que todos aprendan y sean exhortados. ³² Los espíritus de los profetas están subordinados a los profetas.

³³ Porque Dios no es de desorden, sino de paz. Como en todas las iglesias de los santos, ³⁴ las mujeres callen en las congregaciones, porque no les es permitido hablar. Sean obedientes, como también dice la Ley. ³⁵ Si quieren aprender algo, pregunten en casa a sus esposos, porque es impropio que una mujer hable en la congregación. ³⁶ ¿Salió de ustedes la Palabra de Dios, o solo llegó a ustedes?

³⁷ Si alguno supone que es profeta o espiritual, reconozca las cosas que les escribo, porque es Mandamiento del Señor. ³⁸ Pero si alguno hace caso omiso, que sea ignorado.

³⁹ Así que, hermanos, procuren profetizar. No impidan hablar en lenguas. ⁴⁰ Pero hagan todo decentemente y con orden.

La resurrección

15 ¹ Además, hermanos, les declaro las Buenas Noticias que les prediqué, las cuales recibieron, y en ellas están firmes. ² Si se aferran a la Palabra que les prediqué son salvos por medio de *las Buenas Noticias*, si no creyeron en vano.

³ Porque primero les entregué lo que recibí: Que Cristo murió por nuestros pecados, según las Escrituras, ⁴ fue sepultado y fue resucitado al tercer día, según las Escrituras, ⁵ que apareció a Cefas y luego a los 12. ⁶ Después apareció a más de 500 hermanos a la vez. La mayoría de ellos aún viven, y algunos durmieron. ⁷ Luego se apareció a Jacobo, mas tarde a todos los

apóstoles, ⁸ y por último, como si fuera un nacido fuera de tiempo, se apareció también a mí.

⁹ Porque yo soy el más pequeño de los apóstoles. No soy digno de ser llamado apóstol, porque perseguí a la iglesia de Dios. ¹⁰ Pero por *la* gracia de Dios soy lo que soy, y su gracia hacia mí no resultó vana. Más bien trabajé mucho más que todos ellos, pero no yo, sino la gracia de Dios conmigo. ¹¹ Entonces, sean ellos o yo, así predicamos y así *ustedes* creyeron.

¹² Pero si se predica que Cristo fue resucitado de entre *los* muertos, ¿cómo dicen algunos de ustedes que no hay resurrección de muertos? ¹³ Pues si no hay resurrección de muertos, tampoco Cristo fue resucitado. ¹⁴ Si Cristo no fue resucitado, entonces nuestra predicación es vana y la fe de ustedes también. ¹⁵ Aún más, si en verdad *los* muertos no son resucitados, somos falsos testigos de Dios, porque dimos testimonio de que Dios resucitó a Cristo, al cual no resucitó.

¹⁶ Porque si *los* muertos no son resucitados, tampoco Cristo fue resucitado. ¹⁷ Si Cristo no fue resucitado, la fe de ustedes es vacía. Aún están en sus pecados, ¹⁸ y como resultado, los que durmieron en Cristo se perdieron. ¹⁹ Si solo esperamos en Cristo para esta vida, ¡somos los más dignos de lástima de todos los hombres!

²⁰ Pero, ¡Cristo fue resucitado de entre *los* muertos, el Primero de los que durmieron! ²¹ Por cuanto *la* muerte *vino* por medio de un hombre, también por medio de un Hombre, *la* resurrección de *los* muertos.

²² Porque así como en Adán todos mueren, también en Cristo todos volverán a vivir. ²³ Pero cada uno en su orden: Cristo, el Primero, luego, los de Cristo, en su venida.ᵃ ²⁴ Luego viene el fin, cuando Él entregue el reino al Dios y Padre, cuando suprima toda soberanía, autoridad y poder, ²⁵ porque le es necesario reinar hasta que ponga a todos sus enemigos bajo sus pies. ²⁶ *El* último enemigo *que será* destruido es la muerte.

²⁷ Porque Dios
sometió todas las cosas debajo de sus pies.

Pero cuando dice que todas las cosas le fueron sometidas, queda claro que eso excluye al *Padre*, Quien le sometió todas las cosas. ²⁸ Cuando todo le sea sometido, entonces el Hijo mismo se sujetará al que le sujetó todas las cosas, para que Dios sea todo en todos.

²⁹ De otro modo, si realmente los muertos no resucitan, ¿qué harán los que se bautizan por los muertos? ¿Por qué se bautizan por ellos? ³⁰ ¿Por qué nosotros nos exponemos a peligros a toda hora? ³¹ Les aseguro, hermanos, por la satisfacción que tengo con respecto a ustedes en nuestro Señor

---

ᵃ **15.23** Lit. *presencia.*

Jesucristo, que muero cada día. ³² Si como hombre batallé contra fieras en Éfeso, ¿qué provecho obtuve? Si los muertos no resucitan,
¡comamos y bebamos, porque mañana moriremos!

³³ No se engañen. Los malos compañeros corrompen las buenas costumbres. ³⁴ Velen debidamente y no pequen, porque algunos no conocen a Dios. Hablo para avergonzarlos.

³⁵ Pero alguno preguntará: ¿Cómo resucitan los muertos? ¿Con cuál clase de cuerpo se levantarán? ³⁶ ¡Insensato! Lo que tú siembras no se levanta si no muere. ³⁷ Lo que siembras no es el cuerpo que saldrá, sino siembras grano desnudo tal vez de trigo u otro grano. ³⁸ Pero Dios le da el cuerpo que quiere, y cuerpo propio a cada semilla. ³⁹ No toda carne es igual, sino una es humana, otra, carne de bestias, otra, carne de aves, y otra, de peces.

⁴⁰ Hay cuerpos celestiales y cuerpos terrenales. Pero uno es el resplandor de los celestiales, y otro, el de los terrenales. ⁴¹ Uno es resplandor de sol, otro, el resplandor de luna, y otro, el resplandor de estrellas, porque una estrella es distinta de otra en resplandor.

⁴² Así también es la resurrección de los muertos. Se siembra en *cuerpo* corruptible, se levanta en *cuerpo* incorruptible; ⁴³ se siembra en humillación, resucita con resplandor; se siembra en debilidad, resucita con poder; ⁴⁴ se siembra un cuerpo natural, resucita un cuerpo espiritual. Si hay cuerpo natural, hay también espiritual.

⁴⁵ Así también está escrito:
El primer hombre, Adán, fue hecho como un alma viviente, el último Adán, como un Espíritu que da vida.

⁴⁶ Pues primero es lo natural, luego, lo espiritual. ⁴⁷ El primer hombre es terrenal, el segundo Hombre es del cielo. ⁴⁸ Como el terrenal, así también los terrenales. Y como el celestial, así también los celestiales. ⁴⁹ Así como llevamos la imagen del terrenal, llevaremos también la imagen del celestial.
⁵⁰ Pero esto digo, hermanos: *el* cuerpo y *la* sangre no pueden heredar *el* reino de Dios, ni lo corruptible hereda lo incorruptible.

⁵¹ Ciertamente les digo un misterio: No todos dormiremos, pero todos seremos transformados ⁵² en un instante, en un pestañeo de ojo, al toque de la trompeta final, porque sonará. Los muertos serán resucitados incorruptibles, y nosotros seremos transformados. ⁵³ Porque es necesario que esto corruptible se vista de incorrupción, y esto mortal se vista de inmortalidad. ⁵⁴ Y cuando esto corruptible se vista de incorrupción, y esto mortal se vista de inmortalidad, se cumplirá la Palabra que está escrita:
¡Sorbida es la muerte en victoria!

⁵⁵ ¿Dónde está, oh muerte, tu aguijón? ¿Dónde, oh sepulcro, tu victoria?

⁵⁶ Pues el aguijón de la muerte es el pecado, y el poder del pecado, la Ley.

⁵⁷ Pero ¡gracias a Dios, que nos da la victoria por medio de nuestro Señor Jesucristo! ⁵⁸ Por tanto, mis hermanos amados, estén firmes e inconmovibles. Abunden en la obra del Señor siempre y entiendan que su trabajo en *el* Señor no es vano.

Las ofrendas del creyente

16 ¹ Con respecto a la colecta para los santos, hagan ustedes según las instrucciones que di a las iglesias de Galacia: ² Cada primer día de la semana cada uno de ustedes ponga algo aparte según prosperó, y guárdelo para que cuando yo vaya, no hagan colectas. ³ Cuando vaya, enviaré a los que designen para llevar el donativo[a] a Jerusalén con cartas de presentación. ⁴ Si es apropiado que yo también vaya, irán conmigo.

Proyecto de viaje

⁵ Iré a visitarlos cuando pase por Macedonia, pues tengo que pasar por allí. ⁶ En tal caso, estaré con ustedes. Si es posible pasaré el invierno para que ustedes me encaminen a donde vaya. ⁷ Ahora no quiero verlos de paso, pues espero que el Señor me permita permanecer un tiempo con ustedes. ⁸ Estaré en Éfeso hasta el Pentecostés, ⁹ porque *el Señor* me abrió una puerta grande *para el servicio* eficaz, pero muchos se oponen.

¹⁰ Cuando Timoteo llegue, pongan atención para que se sienta cómodo entre ustedes, porque él también trabaja en la obra del Señor como yo. ¹¹ Que ninguno lo desprecie. Ayúdenlo a seguir su viaje en paz para que venga a mí, porque lo espero con los hermanos.

¹² Con respecto al hermano Apolos, le rogué mucho que fuera con los hermanos a visitarlos a ustedes. Pero de ninguna manera tuvo voluntad para ir ahora. Sin embargo, irá cuando tenga oportunidad.

Despedida y recomendaciones

¹³ Estén alerta y firmes en la fe, actúen con valentía, sean fuertes. ¹⁴ Hagan todo con amor.

¹⁵ Hermanos, ya saben que la familia de Estéfanas, que es de los primeros convertidos de Acaya, se dedicó a servir a los santos. Los exhorto a ¹⁶ que también ustedes se pongan a su disposición, y a la de todos los que cooperan y trabajan. ¹⁷ Me regocijo por la llegada de Estéfanas, Fortunato y Acaico, quienes suplieron la carencia de ustedes, ¹⁸ porque refrescaron mi espíritu y el de ustedes. Por tanto reconózcanlos.

---

[a] **16.3** Lit. *la gracia*.

¹⁹ Las iglesias de Asia los saludan. Aquila y Prisca, con la iglesia que está en su casa, los saludan en *el* Señor. ²⁰ Todos los hermanos los saludan. Salúdense los unos a los otros con un beso santo.

²¹ Yo, Pablo, los saludo. ²² ¡Si alguno no ama al Señor, sea una maldición! ¡Ven, Señor!ᵃ ²³ La gracia del Señor Jesús sea con ustedes. ²⁴ Mi amor en Cristo Jesús sea con todos ustedes.

---

[a] **16.22** Lit. Arameo: *Anatema*... Arameo: *Marana Tha*.

2 Corintios

1 ¹ Pablo, un apóstol de Cristo Jesús por *la* voluntad de Dios, y el hermano Timoteo, a la iglesia de Dios que está en Corinto, con todos los santos que están en toda Acaya. ² Gracia a ustedes y paz de Dios nuestro Padre y del Señor Jesucristo.

Consolación de Dios

³ Bendito sea el Dios y Padre de nuestro Señor Jesucristo, el Padre de misericordias y Dios de toda consolación, ⁴ Quien nos consuela en toda nuestra aflicción, para que nosotros consolemos a los que están en cualquier aflicción, por medio de la consolación con la cual nosotros mismos somos consolados por Dios.

⁵ Porque así como los sufrimientos de Cristo abundan en nosotros, así también nuestra consolación abunda por medio de Cristo. ⁶ Pero si somos afligidos es para la consolación y salvación de ustedes. Si somos consolados, es para su consolación. En medio de los mismos sufrimientos que soportamos, la consolación se manifiesta en paciencia. ⁷ Nuestra esperanza con respecto a ustedes es firme. Porque sabemos que así como ustedes participan de nuestros sufrimientos, así también *participan* de la consolación.

⁸ Porque, hermanos, queremos que ustedes sepan con respecto a la aflicción que tuvimos en Asia. Fuimos abrumados en exceso más allá de nuestra fuerza, hasta el punto de perder la esperanza de vivir. ⁹ Pero estuvimos sentenciados a muerte, para que no confiáramos en nosotros mismos sino en Dios, Quien resucita a los muertos, ¹⁰ Quien nos libró y nos libra, y esperamos que nos librará de tan grande *peligro de* muerte.

¹¹ Ustedes también cooperan en su conversación con Dios a favor de nosotros, para que muchas personas den gracias por *el* don de gracia que se nos concedió.

Viaje pospuesto

¹² Porque ésta es nuestra satisfacción: el testimonio de nuestra conciencia es que nos portamos con sencillez y sinceridad de Dios en el mundo y mucho más ante ustedes. No *nos portamos* con sabiduría humana, sino con gracia de Dios. ¹³ Porque ninguna otra cosa les escribimos sino las que leen o entienden. Espero que ustedes entiendan por completo. ¹⁴ Como en parte también ustedes entendieron que su motivo de orgullo somos nosotros, igualmente ustedes serán nuestro motivo de orgullo en el día del Señor Jesús.

¹⁵ Con esta confianza me proponía visitarlos primero a ustedes para que recibieran bendición dos veces: ¹⁶ visitarlos de paso a Macedonia y regresar a ustedes para que me envíen a Judea. ¹⁷ Así que, al proponerme esto, ¿actué con precipitación? ¿O lo planifico según *la* naturaleza humana para que en mí haya al mismo tiempo el sí y el no?

¹⁸ Pero *como* Dios es fiel, nuestra palabra para ustedes no es sí y no. ¹⁹ Porque cuando Silvano, Timoteo y yo les predicamos con respecto a Jesucristo, el Hijo de Dios, no fue sí y no. En *Jesucristo* fue sí. ²⁰ Porque todas las promesas de Dios en Él son sí. Por tanto también por medio de Él decimos amén a Dios.

²¹ Dios es Quien nos fortalece juntamente con ustedes en Cristo y Quien nos ungió. ²² También nos selló y nos dio la cuota inicial del Espíritu en nuestros corazones.

²³ Pero invoco a Dios como testigo sobre mi vida de que por la inclinación que tengo a perdonarlos a ustedes, aún no fui a Corinto. ²⁴ Porque por fe permanecen firmes. No dominamos la fe de ustedes, sino trabajamos con ustedes para su gozo.

2 ¹ Así que decidí no visitarlos otra vez para no causarles tristeza. ² Porque si yo los entristezco, ¿quién me alegra, sino aquel a quien yo entristecí? ³ Les escribí esto para que al llegar no sea entristecido por los que debían alegrarme. Confío que mi gozo es el de todos ustedes. ⁴ Les escribí con muchas lágrimas por la gran aflicción y angustia, no para entristecerlos, sino para que supieran cuán gran amor les tengo.

Perdón para el disciplinado

⁵ Si causó tristeza a alguno, no fue solo a mí, sino hasta cierto punto, para no exagerar, a todos ustedes. ⁶ Este castigo de la mayoría para él fue suficiente. ⁷ Por tanto, al contrario, más bien les corresponde a ustedes perdonarlo y consolarlo, para que él no sea abrumado por la excesiva tristeza.

⁸ Así que les ruego confirmar *el* amor hacia él. ⁹ Por esto les escribí, a fin de ponerlos a prueba para saber si son obedientes en todas las cosas. ¹⁰ A quien perdonen algo, yo también. Porque lo que perdoné, si algo perdoné, *lo hice* por ustedes en presencia de Cristo ¹¹ para que Satanás no se aproveche, porque no ignoramos sus maquinaciones.

El conocimiento de Cristo

¹² Cuando fui a Troas para *predicar* las Buenas Noticias de Cristo, aunque el Señor me abrió una puerta, ¹³ no tuve reposo en mi espíritu por no hallar a mi hermano Tito. Así que me despedí de ellos y salí para Macedonia.

¹⁴ Pero gracias a Dios, Quien siempre nos lleva en un desfile triunfal en Cristo, y por medio de nosotros manifiesta la fragancia de su conocimiento en todo lugar. ¹⁵ Porque somos fragancia de Cristo para Dios entre los que son salvos y entre los que se pierden: ¹⁶ a estos ciertamente, *somos* olor de muerte para muerte, y a aquéllos, olor de vida para vida. Y para estas cosas, ¿quién está capacitado? ¹⁷ Porque no somos como muchos que negocian la Palabra de Dios. Hablamos con sinceridad en Cristo, como sus enviados delante de Dios.

El Nuevo Pacto

3 ¹ ¿Otra vez comenzamos a recomendarnos a nosotros mismos? ¿O necesitamos, como algunos, cartas de recomendación para ustedes, o de ustedes? ² Nuestra carta son ustedes, la cual fue escrita en nuestros corazones, conocida y leída por todos los hombres. ³ Porque es manifiesto que *ustedes* son una carta de Cristo encomendada a nosotros, no escrita con tinta, sino con el Espíritu del Dios viviente, no en tablas de piedra, sino en tablas de corazones humanos.

⁴ Tal confianza tenemos con Dios por medio de Cristo. ⁵ No *digo* que somos suficientes nosotros mismos para que consideremos que algo *procede* de nosotros. Pero nuestra suficiencia es de Dios. ⁶ Él también nos hizo ministros del Nuevo Pacto, no de la letra, sino del Espíritu. Porque *la* letra mata, pero el Espíritu da vida.

⁷ Si el ministerio de muerte grabado con letras en piedras tuvo resplandor, tanto que los hijos de Israel no podían fijar la vista en el rostro de Moisés a causa de su resplandor, el cual se desvanecería, ⁸ ¿cómo no será con más resplandor el ministerio del Espíritu? ⁹ Porque si en el ministerio de la condenación hay resplandor, hay mucho más abundante resplandor en el ministerio de la justicia.

¹⁰ Pues lo que fue esplendoroso ya no lo es, a causa del esplendor que lo sobrepasa. ¹¹ Porque si la ley que es abolida fue dada por medio de esplendor, mucho más lo que permanece en esplendor.

¹² Así que, por cuanto tenemos tal esperanza, nos atrevemos a hablar con mucha franqueza, ¹³ no como Moisés, quien colocaba *el* velo sobre su cara para que los hijos de Israel no fijaran los ojos en lo que sería abolido.

¹⁴ Pero los pensamientos de *los hijos de Israel* fueron endurecidos, porque hasta el día de hoy, sobre la lectura del Antiguo Pacto permanece el mismo velo no descorrido, que es anulado por Cristo. ¹⁵ Hasta hoy, cuando Moisés es leído, *el* velo es puesto sobre el corazón de ellos. ¹⁶ Sin embargo, cuando vuelva al Señor, el velo será quitado.

¹⁷ Porque el Señor es el Espíritu, y donde está el Espíritu del Señor hay libertad. ¹⁸ Pero todos nosotros, quienes contemplamos la gloria del Señor con cara descubierta, como en un espejo, somos transformados de resplandor en resplandor en la misma imagen por *el* Espíritu del Señor.

4 ¹ Por esto, como nosotros tenemos este ministerio según la misericordia que nos fue mostrada, no desmayamos. ² Nos apartamos de lo oculto y vergonzoso. No andamos con astucia ni adulteramos la Palabra de Dios. Manifestamos la verdad y nos encomendamos a toda conciencia humana para la manifestación de la verdad delante de Dios.

³ Si nuestras Buenas Noticias están aún encubiertas, entre los que se pierden están encubiertas. ⁴ El dios de este mundo cegó las mentes de los incrédulos para que no vean la iluminación de las Buenas Noticias de la gloria de Cristo, Quien es *la* Imagen de Dios.

⁵ Porque no nos predicamos a nosotros mismos, sino a Jesucristo como Señor, y a nosotros mismos como esclavos de ustedes por causa de Jesús. ⁶ Porque Dios, Quien ordenó que la Luz resplandezca de la oscuridad, resplandeció en nuestros corazones para iluminación del conocimiento de la gloria de Dios en el rostro de Cristo.

Un peso eterno de gloria

⁷ Pero tenemos este tesoro en vasos de barro, para que la extraordinaria cualidad del poder sea de Dios y no de nosotros, ⁸ quienes estamos oprimidos en todo, pero no angustiados; inciertos, pero no desesperados; ⁹ perseguidos, pero no abandonados; derribados, pero no destruidos.

¹⁰ Siempre llevamos por todas partes la muerte de Jesús en el cuerpo, para que también la vida de Jesús se manifieste en nuestro cuerpo. ¹¹ Porque nosotros, los que vivimos, somos entregados constantemente a la muerte por causa de Jesús, para que también la vida de Jesús se manifieste en nuestro cuerpo mortal. ¹² De modo que la muerte actúa en nosotros, pero la vida en ustedes. ¹³ Pero tenemos el mismo espíritu de fe, según lo que está escrito: Creí, por tanto hablé.

También nosotros creemos, por tanto hablamos. ¹⁴ Sabemos que el que resucitó al Señor Jesús, también nos resucitará y nos presentará con ustedes por medio de Jesús. ¹⁵ Porque todas las cosas son por amor a ustedes, para que al abundar la gracia por medio de muchos, la acción de gracias sea más que suficiente para la gloria de Dios.

¹⁶ Por tanto, no desfallecemos. Más bien, aunque nuestro aspecto exterior es desgastado, sin embargo, el interior es renovado de día en día. ¹⁷ Porque esta leve aflicción momentánea se nos reproduce en un peso eterno de resplandor de extraordinaria calidad, ¹⁸ al nosotros no mirar las cosas que se

ven, sino las que no se ven. Porque las que se ven son temporales, pero las que no se ven son eternas.

Cuerpo espiritual eterno

5 ¹ Sabemos que si se deshace nuestra casa terrenal, este tabernáculo, tenemos un edificio de Dios, una casa eterna en el cielo no hecha por manos. ² Por esto también gemimos *en esta casa terrenal*. Anhelamos revestirnos de nuestra morada celestial, ³ pues cubiertos así, seremos hallados vestidos y no desnudos.

⁴ Porque los que aún estamos en el tabernáculo gemimos angustiados, pues no queremos ser desnudados, sino revestidos para que lo mortal sea absorbido por la vida. ⁵ El que nos preparó para esto mismo es Dios, Quien nos dio la garantía del Espíritu.

⁶ Así que estamos siempre confiados. Y sabemos que mientras estemos en el cuerpo, estaremos ausentes del Señor, ⁷ porque vivimos por fe, no por vista. ⁸ Entonces estamos confiados. Consideramos bueno estar ausentes del cuerpo y en casa con el Señor.

⁹ Por tanto procuramos también, ausentes o presentes, ser agradables a Él. ¹⁰ Es necesario que todos nosotros comparezcamos ante el tribunal de Cristo, para que cada uno reciba según lo que hizo mientras estuvo en el cuerpo, sea bueno o malo.

La nueva criatura

¹¹ Entonces como conocimos el temor al Señor, persuadimos a los hombres. Pero a Dios le es manifiesto lo que somos, y confiamos que también seamos manifiestos a las conciencias de ustedes. ¹² No nos recomendamos otra vez a ustedes, sino les damos oportunidad de enaltecerse por nosotros, para que tengan qué responder a los que se enaltecen en apariencia y no de corazón. ¹³ Porque si estamos fuera de nosotros es para Dios. Si estamos en nuestro juicio es para ustedes.

¹⁴ Porque el amor de Cristo nos obliga al pensar esto: que si Uno murió por todos, entonces todos murieron. ¹⁵ Por todos murió, para que los que viven, ya no vivan para ellos mismos, sino para Aquel que murió y fue resucitado por ellos.

¹⁶ Por tanto desde ahora nosotros a nadie conocemos según *la* naturaleza humana. Conocimos a Cristo según la naturaleza humana, sin embargo, ya no *lo* conocemos *así*.

¹⁷ De modo que si alguno es nueva creación en Cristo, las cosas viejas pasaron y todas son nuevas. ¹⁸ Todo esto procede de Dios, Quien nos reconcilió con Él mismo por medio de Cristo, y nos dio el ministerio de la

reconciliación. ¹⁹ Es decir, que en Cristo, Dios reconciliaba al mundo con Él mismo sin tomar en cuenta las transgresiones de ellos, y puso la Palabra de la reconciliación en nosotros.

²⁰ Por tanto somos embajadores que representamos a Cristo, como si Dios rogara por medio de nosotros. Rogamos en Nombre de Cristo: ¡Reconcíliense con Dios! ²¹ Al que no conoció pecado, por nosotros lo hizo pecado, para que nosotros seamos justicia de Dios en Él.

6 ¹ Entonces nosotros, como colaboradores, también los exhortamos a ustedes a no recibir la gracia de Dios en vano. ² Porque *la Escritura* dice: En tiempo aceptable te escuché, y en día de salvación te socorrí. ¡Aquí está ahora *el* tiempo aceptable! ¡Aquí está ahora *el* día de salvación!

³ A nadie damos alguna ocasión de tropiezo, para que nuestro ministerio no sea desacreditado. ⁴ Más bien, nos recomendamos en todo como ministros de Dios con mucha paciencia en aflicciones, en necesidades, en angustias, ⁵ en azotes, en cárceles, en tumultos, en trabajos fatigosos, en desvelos, en ayunos, ⁶ en pureza, en conocimiento, en longanimidad, en bondad, en el Espíritu Santo, en amor genuino, ⁷ en palabra de verdad, en poder de Dios mediante armas de la justicia a la derecha y a la izquierda; ⁸ por honra y por deshonra, por mala fama y por buena fama; como engañadores, pero veraces; ⁹ como desconocidos, pero bien conocidos; como moribundos, pero hasta aquí vivimos; como castigados, pero no muertos; ¹⁰ como entristecidos, pero siempre gozamos; como pobres, pero enriquecemos a muchos; como si nada tuviéramos, pero poseemos todas las cosas.

¹¹ Hablamos abiertamente con ustedes, oh corintios. Nuestro corazón fue ensanchado. ¹² *Ustedes* no son restringidos en nosotros, pero son restringidos en sus corazones. ¹³ Para que correspondan del mismo modo, amplíen también *su corazón*. Les hablo como a hijos.

El yugo desigual

¹⁴ No se unan en yugo desigual con incrédulos, porque ¿qué compañerismo hay entre *la* justicia y *la* iniquidad? ¿Qué comunión hay entre *la* luz y *la* oscuridad? ¹⁵ ¿Qué acuerdo hay entre Cristo y Belial? ¿O qué parte *tiene* un creyente con un incrédulo? ¹⁶ ¿Qué acuerdo hay entre el santuario de Dios y *los* ídolos? Porque nosotros somos santuario del Dios que vive. Como Dios dijo:
Moraré en ellos. Andaré entre ellos. Seré su Dios, y ellos serán mi pueblo.

¹⁷ Por tanto
salgan de en medio de ellos y sepárense, dice el Señor. No toquen lo impuro. Yo los tomaré. ¹⁸ Y seré para ustedes Padre, y ustedes serán para Mí hijos e hijas, dice el Señor Todopoderoso.

7 ¹ Por tanto, amados, puesto que tenemos estas promesas, purifiquémonos de toda contaminación del cuerpo y del espíritu, y perfeccionemos *la* santidad en *el* temor a Dios.

Gozo por el arrepentimiento

² Admítannos. A nadie hicimos mal, a nadie corrompimos, a nadie engañamos. ³ No *lo* digo para condenación, porque ya dije que están en nuestros corazones para morir y vivir juntos. ⁴ Yo tengo mucha franqueza con ustedes. Me enaltezco mucho por esto. Me llené de consolación. Sobreabundo de gozo en todas nuestras aflicciones.

⁵ Porque en verdad cuando fuimos a Macedonia, nuestro cuerpo no tuvo algún reposo, sino fuimos afligidos en todo: de afuera, conflictos, de adentro, temores. ⁶ Pero Dios, Quien consuela a los humildes, nos consoló con la presencia de Tito, ⁷ no solo con su presencia, sino también con la consolación que *él* recibió de ustedes. Pues nos informó del anhelo de ustedes, de su llanto y preocupación por mí. Fui consolado hasta el punto de regocijarme aun más.

⁸ Pues ciertamente los entristecí con la epístola, pero no me pesa, aunque entonces me lamenté. Veo que aunque aquella epístola los entristeció por algún tiempo, ⁹ ahora gozo, no porque fueron entristecidos, sino porque fueron entristecidos para cambio de mente. Fueron entristecidos según Dios para que en nada fueran entristecidos por causa de nosotros.

¹⁰ La tristeza según Dios se activa en cambio de mente para salvación sin remordimiento, pero la tristeza del mundo se manifiesta en muerte. ¹¹ Consideren que por ser entristecidos según Dios, ¡cuánta diligencia se manifestó en ustedes! También defensa, indignación, temor, ardiente afecto, celo y vindicación. Se demostraron a ustedes mismos que son inocentes en todo.

¹² Así que, aunque les escribí, no ocurrió por causa del que cometió el agravio, ni por el agraviado, sino para que la devoción de nosotros por ustedes delante de Dios se manifestara. ¹³ Por esto fuimos consolados. Pero fuimos regocijados mucho más por el gozo de Tito, porque su espíritu fue tranquilizado por todos ustedes. ¹⁴ Porque si en algo me enaltecí con respecto a ustedes, no fui avergonzado. Más bien, como todas las cosas que hablamos en cuanto a ustedes son verdad, así también nuestra buena apreciación ante Tito fue verdad. ¹⁵ Su afecto entrañable hacia ustedes es aun más abundante cuando *él* se acuerda de la obediencia de todos ustedes, cómo lo recibieron con temor y temblor. ¹⁶ Me regocijo porque en todo tengo confianza en ustedes.

La ofrenda para los pobres

8 ¹ Hermanos, les informamos sobre la gracia de Dios que fue dada a las iglesias de Macedonia, ² que en medio de gran prueba de aflicción, la abundancia de su gozo y según su extrema pobreza, abundaron en la riqueza de su generosidad.

³ Porque doy testimonio de que espontáneamente según su capacidad, y aun por encima de ella, ⁴ nos rogaron mucho *que les concediéramos* el privilegio de participar en el sostenimiento[a] de los santos. ⁵ No como esperábamos,[b] sino primeramente ellos mismos se dieron al Señor y a nosotros, por *la* voluntad de Dios, ⁶ a fin de que rogáramos nosotros a Tito para que, así como se inició, también completara para ustedes este privilegio. ⁷ Por tanto, como en todo abundan: en fe, en palabra, en conocimiento, en toda diligencia y en el amor de nosotros para ustedes, abunden también en este privilegio.

⁸ No *lo* digo como un mandamiento, sino también para someter a prueba por medio de la diligencia de otros, la autenticidad del amor de ustedes. ⁹ Porque conocen la gracia de nuestro Señor Jesucristo, Quien era rico y empobreció por amor a ustedes para que ustedes, por medio de su pobreza, fueran ricos.

¹⁰ En esto doy *mi* consejo, porque les conviene a ustedes que comenzaron desde el año pasado, no solo a hacer *esto*, sino también a desearlo. ¹¹ Ahora, pues, lleven el hecho a su término, para que como estuvieron dispuestos a querer, así también estén dispuestos a cumplir según lo que tengan. ¹² Porque si primero la voluntad está dispuesta, será aceptada según lo que uno tenga, no según lo que no tenga.

¹³ Porque no digo esto para bienestar de otros y aflicción de ustedes, sino para igualdad, ¹⁴ *para que* en este tiempo la abundancia de ustedes supla la escasez de ellos, a fin de que también la abundancia de ellos regrese hacia la escasez de ustedes, para que haya igualdad. ¹⁵ Como está escrito:
El que *recogió* mucho, no tuvo más, y el que poco, no tuvo menos.

¹⁶ Pero gracias a Dios Quien puso la misma solicitud por ustedes en el corazón de Tito, ¹⁷ pues no solo aceptó el ruego, sino, al ser más diligente, espontáneamente fue a ustedes. ¹⁸ Enviamos juntamente con *Tito* al hermano cuya aprobación en las Buenas Noticias está en todas las iglesias. ¹⁹ No solo *esto*, sino también fue designado por las iglesias como nuestro compañero de viaje con esta ministración que es suministrada por nosotros para gloria del Señor y *para mostrar* nuestra disposición.

---

[a] **8.4** Lit. *comunión del servicio.*   [b] **8.5** Lit. *esperamos.* El verbo está en pretérito indefinido.

²⁰ Nos propusimos esto, no sea que alguien nos critique por esta abundancia suministrada por nosotros. ²¹ Porque tenemos en consideración cosas buenas, no solo delante del Señor, sino también delante de *los* hombres.

²² Enviamos con ellos a nuestro hermano a quien muchas veces probamos en muchas cosas *que* es diligente, pero ahora mucho más diligente porque tenemos mucha confianza en ustedes. ²³ En cuanto a Tito, es mi compañero y colaborador entre ustedes. En cuanto a nuestros hermanos, son enviados de iglesias, gloria de Cristo. ²⁴ Muestren la prueba de nuestro amor y de nuestro enaltecimiento con respecto a ustedes ante las iglesias por medio de ellos.

9 ¹ Con respecto a la suministración para los santos, no me es necesario escribirles, ² pues conocí su disposición, por la cual me enaltezco de ustedes ante los macedonios. Acaya se preparó hace un año. El ardor de ustedes estimuló a la mayoría.

³ Sin embargo, envié a los hermanos para que nuestra exaltación con respecto a ustedes no sea vana en este caso, a fin de que, como decía, se preparen, ⁴ no sea que si van conmigo unos macedonios y los ven desprevenidos en este proyecto, nosotros seamos avergonzados, por no decir ustedes. ⁵ Por tanto creí necesario exhortar a los hermanos para que fueran ante ustedes a preparar con anticipación su ofrenda prometida, y que ésta fuera preparada como una bendición y no como una exigencia.

⁶ Pero esto *digo*: El que siembra escasamente, también cosechará escasamente. El que siembra en bendiciones, también cosechará en bendiciones. ⁷ Cada uno *dé* según se propuso en su corazón, no con tristeza o por obligación, porque Dios ama al dador alegre. ⁸ Poderoso es Dios para hacer que abunde en ustedes toda gracia, a fin de que al tener siempre toda suficiencia en todo, abunden para toda buena obra. ⁹ Como está escrito: Distribuyó, dio a los pobres.
Su justicia permanece para siempre.

¹⁰ El que provee semilla al que siembra, también proveerá pan para comida, multiplicará la semilla de ustedes y hará crecer los frutos de la justicia de ustedes. ¹¹ Somos enriquecidos en todo para toda generosidad, la cual produce acción de gracias a Dios por medio de nosotros. ¹² Porque el ministerio de este acto de culto religioso, no solo suple las necesidades de los santos, sino también sobreabunda en acciones de gracias a Dios.

¹³ Al recibir esta ayuda, ellos glorificarán a Dios por la obediencia que profesan ustedes a las Buenas Noticias de Cristo, y por la liberalidad de ustedes en la contribución para ellos y para todos. ¹⁴ La conversación de ellos con Dios a favor de ustedes demuestra que *los* añoran a causa de la gracia de Dios que sobreabunda en ustedes.

¹⁵ ¡Gracias a Dios por su Regalo indecible!

Defensa de Pablo

10 ¹ Yo, Pablo, les ruego por la mansedumbre y gentileza de Cristo, yo, que cuando estoy presente ciertamente soy humilde entre ustedes, pero ausente soy atrevido. ² Ruego, pues, que al estar presente, no tenga que actuar con el atrevimiento con el cual estoy dispuesto a proceder contra algunos que consideran que vivimos según la naturaleza humana.

³ Porque aunque vivimos en el cuerpo, no militamos según la naturaleza humana. ⁴ Porque las armas de nuestra milicia no son humanas, sino poderosas en Dios para destrucción de fortalezas que derriban argumentos ⁵ y toda altivez que se levanta contra el conocimiento de Dios, y lleva cautivo todo pensamiento a la obediencia a[a] Cristo, ⁶ y que está preparado para castigar toda desobediencia cuando la obediencia de ustedes sea completa.

⁷ *Ustedes* miran las cosas según la apariencia. Si alguno cree que es de Cristo, razone que así como él es de Cristo, así también nosotros. ⁸ Si me exalto excesivamente con respecto a nuestra autoridad, la cual el Señor *nos* dio para edificación y no para destrucción de ustedes, no me avergonzaré, ⁹ para que no parezca que los atemorizo por medio de las epístolas.

¹⁰ Porque ciertamente dicen: Las epístolas son pesadas y fuertes, pero la presencia corporal es débil, y la palabra, despreciable. ¹¹ Esa persona tenga en cuenta que como son las palabras en *las* epístolas cuando estamos ausentes, así seremos también en hecho cuando estemos presentes.

¹² No presumimos de clasificarnos o compararnos nosotros mismos con algunos de los que presumen de sí mismos, porque ellos, al medirse a sí mismos y compararse con ellos mismos, no se entienden. ¹³ Pero nosotros no nos exaltaremos desmedidamente, sino según la medida que Dios nos asignó para llegar hasta ustedes. ¹⁴ Porque no nos extralimitamos como si no hubiéramos llegado hasta ustedes, pues fuimos con las Buenas Noticias de Cristo primero hasta ustedes.

¹⁵ No nos exaltamos más allá de nuestra medida en *las* labores de otros, pero tenemos *la* esperanza de que, al aumentar su fe, nosotros seamos engrandecidos entre ustedes para abundancia, según nuestra esfera de acción, ¹⁶ para anunciar las Buenas Noticias en los lugares que están más allá de ustedes, para no enaltecernos en la esfera de acción preparada por otro.

¹⁷ Pero el que se enaltece, enaltézcase en el Señor. ¹⁸ Pues no es recomendado aquel mismo que se aprueba, sino aquel a quien recomienda el Señor.

---

[a] **10.5** Lit. *de*.

Los falsos apóstoles

11 ¹ ¡Ojalá soporten un poco de insensatez! Pero también les ruego que me soporten, ² pues estoy celoso de ustedes con celo de Dios, porque los desposé con un solo Esposo para presentarlos como una virgen pura a Cristo.

³ Pero temo que, de algún modo, como la serpiente engañó a Eva con su astucia, así sus pensamientos sean desviados de la sincera devoción a Cristo. ⁴ Porque, ciertamente toleran bien si alguno aparece y proclama a otro Jesús, al cual no predicamos, o reciben otro espíritu, el cual no recibieron, u otro evangelio, al cual ustedes no adhirieron.

⁵ Considero que en nada soy menos que los más prominentes apóstoles. ⁶ Si soy torpe en la palabra, sin embargo, no *lo soy* en el conocimiento. Nos manifestamos en todas las cosas a ustedes. ⁷ ¿O cometí un pecado al humillarme a mí mismo para que ustedes fueran enaltecidos? Porque sin costo les prediqué las Buenas Noticias de Dios.

⁸ Despojé a otras iglesias al recibir un salario para *el* servicio a ustedes. ⁹ Cuando estuve necesitado al estar presente con ustedes, para nadie fui una carga, porque los hermanos que fueron de Macedonia suplieron mi necesidad. En todo me cuidé y me cuidaré de ser una carga para ustedes.

¹⁰ Es una verdad de Cristo en mí, que no me será silenciada esta gran satisfacción en las regiones de Acaya. ¹¹ ¿Por qué? ¿Porque no los amo? Dios sabe.

¹² Pero seguiré haciendo lo que hago, para no dar ocasión a los que desean un pretexto a fin de ser considerados como nosotros en aquello de lo cual se enaltecen. ¹³ Porque éstos son de esa clase, falsos apóstoles, obreros deshonestos, que se disfrazan de apóstoles de Cristo. ¹⁴ No es una maravilla, porque el mismo Satanás se disfraza como ángel de luz. ¹⁵ Así que no es gran cosa si también sus ministros se disfrazan como ministros de justicia, cuyo fin será según sus obras.

Sufrimientos de Pablo

¹⁶ Otra vez digo: Nadie suponga que soy un insensato. Pero si no, por lo menos, sopórtenme como a un insensato, para que yo también me enaltezca un poco. ¹⁷ No hablo esto según *el* Señor, sino como en insensatez, con esta confianza del enaltecimiento. ¹⁸ Puesto que muchos se enaltecen según la naturaleza humana, yo también me enalteceré.

¹⁹ Porque *ustedes* que son sensatos con mucho gusto toleran a los insensatos. ²⁰ Pues soportan si alguno los esclaviza, los explota, los arrebata, es presumido o *les* golpea la cara. ²¹ Digo con referencia a deshonor, como

si nosotros hubiéramos sido débiles, pero en lo que otro tenga el coraje, yo también. Hablo con insensatez.

²² ¿Son hebreos? Yo también. ¿Son israelitas? Yo también. ¿Son descendencia de Abraham? Yo también. ²³ ¿Son ministros de Cristo? Hablo como si estuviera fuera de mí. Yo más: en trabajos, mucho más abundantes; en cárceles, mucho más; en azotes, hasta un número mucho más grande; en peligros de muerte, muchas veces.

²⁴ Cinco veces recibí 40 *azotes* menos uno por los judíos. ²⁵ Tres veces fui azotado con vara, una vez apedreado, tres veces sufrí naufragio, una noche y un día estuve náufrago en alta mar, ²⁶ en viajes frecuentemente, en peligros de ríos, de ladrones, en peligros de *mi* raza, en peligros de *los* gentiles, en *la* ciudad, en el desierto, en el mar, entre falsos hermanos, ²⁷ en trabajo y fatiga, en desvelos muchas veces, en hambre y sed, frecuentemente sin alimentos, con frío y desnudez.

²⁸ Aparte de las presiones externas, la presión sobre mí cada día: el cuidado de todas las iglesias. ²⁹ ¿Quién enferma, y yo no enfermo? ¿A quién se hace tropezar, y yo no me indigno?

³⁰ Si es necesario enaltecerme, me enalteceré en mi debilidad. ³¹ El Dios y Padre de Jesucristo, Quien es bendito por los siglos, sabe que no miento. ³² En Damasco, el representante del rey Aretas vigilaba la ciudad de los damascenos para arrestarme, ³³ y fui descolgado en una canasta por una ventana del muro, y escapé de sus manos.

Un mensajero de Satanás

12 ¹ Exaltarse es necesario, aunque no es provechoso. Recurriré a *las* visiones y revelaciones del Señor. ² Conozco a un hombre en Cristo quien fue arrebatado hasta *el* tercer cielo hace 14 años, si en *el* cuerpo, no sé; si fuera del cuerpo, no sé, Dios sabe. ³ Y conozco a este hombre, si en *el* cuerpo o fuera del cuerpo, no sé, Dios sabe, ⁴ quien fue arrebatado al paraíso, y escuchó palabras indecibles, que no es permitido que las hable un ser humano.

⁵ De ése me exaltaré, pero de mí mismo no me exaltaré, sino en las debilidades. ⁶ Porque, si quisiera exaltarme no sería insensato, pues diré verdad. Pero desisto, para que nadie suponga de mí más de lo que ve u oye de mí, ⁷ y de la extraordinaria índole de las revelaciones.

Por tanto, para que no me enaltezca, me fue dado un aguijón en el cuerpo, un mensajero de Satanás que me golpea la cara, a fin de que no me enaltezca. ⁸ Por esto, tres veces imploré al Señor que lo alejara de mí. ⁹ Y me dijo: **Te basta mi gracia, porque el poder se perfecciona en la debilidad.** Por tanto, con muchísimo gusto me enalteceré más bien en mis debilidades, para que el poder de Cristo more en mí.

¹⁰ Así que *me* gozo en debilidades, en insultos, en calamidades, en persecuciones y angustias por causa de Cristo. Porque cuando soy débil, soy fuerte. ¹¹ Me volví un insensato. Ustedes me forzaron, porque yo debía ser recomendado por ustedes, pues en nada fui menos que los apóstoles más prominentes, aunque soy nada. ¹² Ciertamente las señales de un apóstol se mostraron entre ustedes con toda paciencia, señales, y también prodigios y milagros. ¹³ Porque ¿en qué fueron menos que las demás iglesias, sino en que yo mismo no les fui una carga? ¡Perdónenme este agravio!

Tercera visita

¹⁴ Ahora tengo todo listo para visitarlos por tercera vez, y no seré una carga. Porque no busco las cosas de ustedes, sino a ustedes. Pues no están obligados a atesorar los hijos para los progenitores, sino los progenitores para los hijos. ¹⁵ Pero yo con muchísimo gusto gastaré libremente y seré desgastado por sus almas, aunque al amarlos hasta un grado mucho mayor, sea amado menos. ¹⁶ Pero sea así: Yo no fui una carga para ustedes, pero por ser astuto, los atrapé con engaño.

¹⁷ ¿Los engañé por medio de alguno de los que envié a ustedes? ¹⁸ Rogué a Tito *que fuera*, y envié al hermano con él. ¿Los engañó Tito? ¿No procedimos con el mismo espíritu? ¿No *anduvimos* en las mismas pisadas?

¹⁹ Hace tiempo ustedes piensan que nos defendemos delante de ustedes. Amados, hablamos ante Dios en Cristo, y *hacemos* todas las cosas a favor de su edificación. ²⁰ Porque temo que de alguna manera, después de ir a ustedes, no los halle como quiero, y yo sea hallado por ustedes como no quieren. No sea que de algún modo haya contienda, envidia, iras, rivalidades, difamaciones, maledicencias, arrogancias, desórdenes; ²¹ que después que yo llegue otra vez, mi Dios me humille delante de ustedes, y llore por muchos de los que pecaron, y que no sintieron remordimiento por la impureza, inmoralidad sexual y lascivia que practicaron.

13 ¹ Esta es la tercera vez que los visito. Será decidido todo asunto por boca de dos y tres testigos. ² Dije y ahora digo con anticipación por segunda vez, como si estuviera presente, aunque ahora estoy ausente, a los que pecaron y a todos los demás: Si los visito otra vez, no me refrenaré, ³ puesto que buscan una prueba de que Cristo habla conmigo, Quien no es débil hacia ustedes, sino poderoso en ustedes. ⁴ Porque también fue crucificado en debilidad, pero vive por *el* poder de Dios. Porque nosotros también somos débiles en Él, pero viviremos con Él por *el* poder de Dios hacia nosotros.

⁵ Examínense ustedes mismos si están en la fe. Pruébense ustedes mismos. ¿O no reconocen ustedes mismos, que Jesucristo está en ustedes? ¡A menos que estén descalificados! ⁶ Pero confío que reconozcan que nosotros no estamos descalificados.

⁷ Nos presentamos a Dios para que ustedes no hagan algo malo, no para que nosotros seamos aprobados, sino para que ustedes hagan lo bueno, aunque nosotros seamos como descalificados. ⁸ Porque nada nos atrevemos contra la verdad, sino a favor de la verdad. ⁹ Pues nos gozamos cuando seamos débiles y ustedes sean fuertes. Aun pedimos esto *a Dios*: la perfección de ustedes. ¹⁰ Por tanto escribo estas cosas al estar ausente, para no actuar severamente cuando me presente, según la autoridad que *el* Señor me dio para edificación y no para destrucción.

Despedida

¹¹ Por lo demás, hermanos, tengan gozo, restáurense, exhórtense, tengan un mismo sentir, vivan en paz.

El Dios de amor y de paz estará con ustedes.

¹² Salúdense unos a otros con un beso santo. Los saludan todos los santos.

¹³ La gracia del Señor Jesucristo, el amor de Dios y la comunión del Santo Espíritu sean con todos ustedes.

Gálatas

Saludo

1 ¹ Pablo, un apóstol no por hombres ni por medio de hombre, sino por medio de Jesucristo y de Dios Padre, Quien lo resucitó de entre *los* muertos, ² y todos los hermanos que están conmigo, a las iglesias de Galacia.

³ Gracia a ustedes, y paz de Dios nuestro Padre y del Señor Jesucristo, ⁴ Quien se dio por nuestros pecados para librarnos de la presente era perversa, según la voluntad de nuestro Dios y Padre, ⁵ a Quien sea la gloria por los siglos de los siglos. Amén.

Las únicas Buenas Noticias

⁶ Estoy asombrado de que tan pronto se apartaron del que los llamó por gracia de Cristo hacia un evangelio diferente. ⁷ No digo que hay otro, sino hay algunos que los perturban y que quieren pervertir las Buenas Noticias de Cristo.

⁸ Pero si aun nosotros, o un ángel del cielo, se presenta con un evangelio contrario al que les proclamamos, sea una maldición. ⁹ Como dije, también digo ahora otra vez: Si alguno les proclama otro evangelio contrario al que recibieron, sea una maldición.

¹⁰ Porque, ¿trato ahora de convencer a seres humanos, o a Dios? ¿O busco agradar a seres humanos? Si aún complazco a seres humanos, no me sometería como esclavo de Cristo.

¹¹ Les informo, hermanos, que las Buenas Noticias proclamadas por mí no son según un ser humano, ¹² pues yo no las recibí ni fui enseñado por un ser humano, sino por una revelación de Jesucristo.

¹³ Porque *ustedes* oyeron que según mi conducta anterior en el judaísmo, perseguía excesivamente a la iglesia de Dios y la destrozaba, ¹⁴ y en el judaísmo iba adelante de muchos de los contemporáneos en mi nación, pues era mucho más celoso de las tradiciones de mis antepasados.

¹⁵ Pero cuando agradó *a Dios* (Quien me apartó desde *el* vientre de mi madre y *me* llamó por su gracia), ¹⁶ revelar a su Hijo en mí para que lo proclame entre los gentiles, no consulté inmediatamente a seres humanos, ¹⁷ ni fui a Jerusalén, a los que eran apóstoles antes de mí, sino fui a Arabia, y regresé a Damasco.

¹⁸ Luego, después de tres años, subí a Jerusalén a visitar a Cefas, y permanecí con él 15 días. ¹⁹ No vi a otro de los apóstoles sino a Jacobo, el

hermano del Señor. ²⁰ Observen que no miento delante de Dios en lo que les escribo.

²¹ Después fui a las regiones de Siria y de Cilicia, ²² y era desconocido personalmente por las iglesias cristianas de Judea. ²³ Solo oían: El que en un tiempo nos perseguía, ahora predica la fe que en otro tiempo destruía. ²⁴ Glorificaban a Dios por mí.

2 ¹ Después de 14 años subí otra vez a Jerusalén con Bernabé, y también llevé a Tito. ² Subí según una revelación. Para no correr ni haber corrido en vano, expuse en privado a los de cierta reputación las Buenas Noticias que predico entre los gentiles. ³ Ni aun Tito, el griego que estaba conmigo, fue obligado a circuncidarse ⁴ por motivo de los falsos hermanos que entraron solapadamente para espiar la libertad que tenemos en Cristo Jesús, a fin de esclavizarnos. ⁵ Ni por un momento cedimos a someternos a ellos, para que la verdad de las Buenas Noticias permaneciera con ustedes.

⁶ Los de reputación que parecían ser algo, nada me impartieron. Lo que eran no me interesa, Dios no hace acepción de personas.

⁷ Por otra parte, al considerar que las Buenas Noticias para los no circuncidados me fueron confiadas, como a Pedro, las Buenas Noticias para los circuncidados[a] ⁸ (porque el que actuó en Pedro para el apostolado a los judíos[b] también actuó en mí para los gentiles), ⁹ y después de reconocer la gracia que me fue dada, Jacobo, Cefas y Juan, los que parecían ser columnas, nos dieron las manos derechas de comunión a mí y a Bernabé, para que nosotros fuéramos a los gentiles, y ellos a los judíos.[c] ¹⁰ Solo nos pidieron que nos acordemos de los pobres. Yo también anhelaba hacer esto.

Un enfrentamiento entre apóstoles

¹¹ Pero cuando Cefas fue a Antioquía, le resistí cara a cara porque era digno de reprensión. ¹² Porque antes de llegar algunos de parte de Jacobo, *Cefas* comía con los gentiles. Pero cuando llegaron, al atemorizarse de los judíos,[d] se retraía y se apartaba. ¹³ Los demás judíos se unieron a él en su hipocresía, de tal manera que aun Bernabé fue arrastrado por la hipocresía de ellos.

¹⁴ Pero cuando noté que no actuaban rectamente en cuanto a la verdad de las Buenas Noticias, dije a Cefas delante de todos: Si tú, que eres judío, vives como gentil y no como judío, ¿cómo obligas a los gentiles a vivir según las costumbres judías?

---

[a] **2.7** Lit. *la circuncisión.*   [b] **2.8** Lit. *de la circuncisión.*   [c] **2.9** Lit. *la circuncisión.*   [d] **2.12** Lit. *de la circuncisión.*

Las Buenas Noticias encomendadas a Pablo

¹⁵ Nosotros, judíos por naturaleza, y no pecadores de entre *los* gentiles, ¹⁶ después de saber que un hombre no es declarado justo por *las* obras de *la* Ley, sino por *la* fe en Jesucristo, también creímos en Jesucristo, para que fuéramos declarados justos por *la* fe en Cristo, y no por *las* obras de *la* Ley. Porque por *las* obras de *la* Ley ningún humano[a] será declarado justo.

¹⁷ Si al buscar ser declarados justos en Cristo, también nosotros mismos fuimos hallados pecadores, ¿es entonces Cristo un ministro de pecado? ¡Claro que no! ¹⁸ Porque si edifico otra vez las cosas que destruí, muestro que soy transgresor.

¹⁹ Porque yo, por medio de *la* Ley morí a *la* Ley, a fin de vivir para Dios. Con Cristo fui juntamente crucificado, ²⁰ y ya no vivo yo, sino Cristo vive en mí. Lo que ahora vivo en *el* cuerpo, lo vivo en *la* fe en el Hijo de Dios, Quien me amó y se entregó por mí.

²¹ No declaro inválida la gracia de Dios, porque si por *la* Ley *hubiera* justicia, entonces Cristo murió sin propósito.

La recepción del Espíritu por la fe

3 ¹ ¡Oh gálatas insensatos! ¡Ante sus ojos fue exhibido Jesucristo crucificado! ¿Quién los hechizó? ² Solo esto quiero averiguar de ustedes: ¿Recibieron el Espíritu por *las* obras de *la* Ley, o por *la* predicación de *la* fe? ³ ¿Son tan insensatos que después de comenzar *por el* Espíritu, ahora son perfeccionados por *el* cuerpo? ⁴ ¿Tantas cosas padecieron en vano? Si en verdad fue en vano.

⁵ El que les suministra el Espíritu y efectúa milagros entre ustedes, ¿*lo hace* por *las* obras de *la* Ley o por *la* fe de *la* predicación?

⁶ Abraham creyó a Dios, y le fue tomado en cuenta como justicia.

⁷ Entonces sepan que éstos son *los* hijos de Abraham: los de *la* fe. ⁸ La Escritura, al prever que Dios declara justos a *los* gentiles por *la* fe, proclamó con anticipación *las* Buenas Noticias a Abraham:
Todos los pueblos serán benditos en ti.

⁹ Así que los de *la* fe son benditos con el creyente Abraham.

¹⁰ Los que confían en *las* obras de *la* Ley están bajo maldición, pues está escrito:
Maldito todo el que no permanece en todas las cosas que fueron escritas en el rollo de la Ley para hacerlas.

¹¹ Es evidente que por *la* Ley nadie es declarado justo delante de Dios, porque:
El justo vivirá por *la* fe.

---

[a] **2.16** Lit. *ninguna carne.*

¹² Pero *la* Ley no es por *la* fe, sino:
El que hizo estas cosas vivirá por ellas.

¹³ Cristo nos redimió de la maldición de la Ley al convertirse en maldición por nosotros, porque está escrito:
Maldito todo el que es colgado en un madero,
¹⁴ a fin de que la bendición de Abraham llegara a los gentiles por medio de Jesucristo, para que por medio de la fe recibiéramos la promesa del Espíritu.

¹⁵ Hermanos, hablo como humano: Nadie anula o añade a un pacto que fue ratificado. ¹⁶ Pero las promesas fueron hechas a Abraham y a su descendencia. No dice: Y a sus descendencias, como de muchas, sino como de una:
Y a su descendencia,
la cual es Cristo. ¹⁷ Esto digo: La Ley que vino 430 años después no invalida un Pacto previamente ratificado por Dios, para anular la promesa. ¹⁸ Porque si la herencia es por *la* Ley, ya no es por *la* promesa. Pero Dios se comprometió por medio de *la* promesa a Abraham.

Finalidad de la Ley

¹⁹ Entonces, ¿para qué *sirve* la Ley? Fue añadida por causa de las transgresiones hasta que viniera la Descendencia a la cual fue hecha la promesa. *La Ley* fue ordenada por medio de *los* ángeles en mano de un mediador. ²⁰ El mediador no es de una sola *parte*, pero Dios es Uno.

²¹ ¿Entonces la Ley está contra las promesas? ¡Claro que no! Porque si una Ley que puede dar vida fue dada, entonces la justicia sería verdaderamente por la Ley. ²² Pero la Escritura encerró todas las cosas bajo *el* pecado, para que la promesa de *la* fe en Jesucristo fuera dada a los que creen.

Nuestro tutor

²³ Antes de venir la fe estábamos confinados, destinados bajo *la* Ley para la fe que estaba a punto de ser revelada. ²⁴ Así que la Ley fue nuestro tutor hasta Cristo para que fuéramos declarados justos por *la* fe. ²⁵ Y como vino la fe, ya no estamos bajo tutor, ²⁶ porque todos *ustedes* son hijos de Dios por la fe en Cristo Jesús. ²⁷ Pues todos los que fueron bautizados en Cristo, se vistieron de Cristo.

²⁸ No hay judío ni griego, no hay esclavo ni libre, no hay varón ni hembra. Porque todos ustedes son uno solo en Cristo Jesús. ²⁹ Si ustedes son de Cristo, entonces son descendencia de Abraham, herederos según *la* promesa.

4 ¹ Pero digo: mientras el heredero es niño, aunque es señor de todas las cosas, en nada difiere de un esclavo, ² sino está bajo tutores y administradores hasta el tiempo fijado por el padre.

³ Así también nosotros, cuando éramos niños, nos esclavizábamos bajo los rudimentos del mundo. ⁴ Pero cuando vino el cumplimiento del tiempo, Dios envió a su Hijo, nacido de mujer, nacido bajo *la* Ley, ⁵ para que redimiera a los que estaban bajo *la* Ley, a fin de que recibiéramos la adopción.ª

⁶ Por cuanto *ustedes* son hijos, Dios envió al Espíritu de su Hijo a nuestros corazones, Quien clama: ¡Abba! (Padre). ⁷ Por tanto, ya no eres esclavo sino hijo, y si hijo, también heredero por medio de Dios.

Asombro de Pablo

⁸ Pero entonces, ciertamente, por no conocer a Dios, ustedes servían como esclavos a los que por naturaleza no son dioses. ⁹ Pero ahora, por cuanto conocen a Dios, y más bien, por cuanto fueron conocidos por Él, ¿cómo vuelven otra vez a los débiles y pobres rudimentos, a los cuales quieren otra vez servir como esclavos? ¹⁰ Se someten escrupulosamente a guardar días, meses, tiempos y años. ¹¹ Temo por ustedes, no sea que, de algún modo, un trabajo duro entre ustedes fue en vano.

Recuerdo de la primera visita

¹² Les ruego, hermanos, que sean como yo, porque yo también soy como ustedes. No me hicieron agravio. ¹³ Saben que la primera vez me presenté a predicarles las Buenas Noticias por *causa de* una enfermedad física. ¹⁴ Ustedes no me despreciaron ni me rechazaron por la prueba que había en mi cuerpo. Más bien me recibieron como a un ángel de Dios, como a Cristo Jesús.

¹⁵ ¿Dónde está su bendición? Porque les doy testimonio de que si hubiera sido posible, se habrían sacado los ojos y me los habrían dado. ¹⁶ ¿Me convertí en su enemigo al decirles la verdad?

¹⁷ Ellos están profundamente inquietos por ustedes, no para bien, sino quieren separarlos para que ustedes mismos estén profundamente preocupados *por ellos*. ¹⁸ Bueno es estar siempre profundamente preocupado por lo bueno, y no solo al estar presente yo con ustedes.

¹⁹ Hijos míos, por quienes otra vez sufro dolores de parto hasta que Cristo sea formado en ustedes, ²⁰ deseaba más bien estar presente con ustedes y mudar mi tono, porque me asombro de ustedes.

Simbolismo de Sara y Agar

²¹ Díganme, los que desean estar bajo *la* Ley: ¿No ponen atención a la Ley? ²² Porque fue escrito que Abraham tuvo dos hijos: uno de la esclava y uno de

---

ª **4.5** Adoptar es recibir como hijo. Adopción de hijos es una redundancia que no está en el original.

la libre. ²³ El de la esclava ciertamente fue engendrado en conformidad con la naturaleza humana, pero el de la libre, por medio de la promesa.

²⁴ Esto es dicho simbólicamente, porque éstas *mujeres* simbolizan dos pactos: una ciertamente de la Montaña Sinaí, la cual concibe para esclavitud. ²⁵ Agar es *la* Montaña Sinaí en Arabia, que corresponde a la Jerusalén de ahora, porque sirve como esclava con sus hijos. ²⁶ Pero la Jerusalén de arriba, la cual es nuestra madre, es libre. ²⁷ Porque está escrito:
Regocíjate oh estéril, la que no da a luz. Prorrumpe y clama, la que no sufre dolores de parto. Porque muchos son los hijos de la desamparada, más que los de la que tiene el esposo.

²⁸ Así que ustedes, hermanos, como Isaac, son hijos de *la* promesa. ²⁹ Tal como entonces el que fue engendrado según la naturaleza humana perseguía al que fue engendrado según el Espíritu, así también ahora. ³⁰ Pero ¿qué dice la Escritura?
Echa fuera a la esclava y a su hijo, porque de ningún modo heredará el hijo de la esclava con el hijo de la libre.

³¹ Por tanto, hermanos, no somos hijos de *la* esclava, sino de la libre.

Libertados para la libertad

5 ¹ Para la libertad Cristo nos liberó. Por tanto estén firmes y no sean sometidos otra vez a yugo de esclavitud.

² Noten que yo, Pablo, les digo que cuando sean circuncidados, de nada los beneficiará Cristo. ³ Otra vez a todo circuncidado le digo que está obligado a practicar toda la Ley. ⁴ Los que por *la* Ley son declarados justos, fueron desligados de Cristo. ¡Cayeron de la gracia!

⁵ Porque nosotros por el Espíritu de *la* fe aguardamos por fe la esperanza de la justicia. ⁶ Pues en Cristo Jesús, ni *la* circuncisión vale algo, ni *la* incircuncisión, sino *la* fe que se activa por *el* amor.

⁷ Corrían bien. ¿Quién les estorbó para no ser persuadidos por *la* verdad? ⁸ Esta persuasión no es del que los llama. ⁹ Un poco de levadura leuda toda la masa. ¹⁰ Con respecto a ustedes, me convencí en *el* Señor de que ninguna otra cosa pensarán. Pero el que los perturba llevará la sentencia, cualquiera que sea.

¹¹ Yo, hermanos, si aún predico *la* circuncisión, ¿por qué soy todavía perseguido? En tal caso, el tropiezo de la cruz fue abolido. ¹² ¡Ojalá se mutilaran los que los perturban!

¹³ Porque ustedes, hermanos, a libertad fueron llamados. Solo que no usen la libertad como base de abastecimiento para la naturaleza pecaminosa, sino sírvanse los unos a los otros como esclavos por medio del amor. ¹⁴ Pues toda *la* Ley se cumple en una palabra:

Amarás a tu prójimo como a ti mismo.

¹⁵ Pero si se muerden y se devoran unos a otros, tengan cuidado que no sean consumidos unos por otros.

Obras humanas y fruto del espíritu

¹⁶ Digo, pues: Vivan en *el* Espíritu y no satisfagan *los* deseos apasionados de *la* naturaleza humana. ¹⁷ Porque *la* naturaleza humana desea contra el Espíritu, y el Espíritu contra la naturaleza humana, porque éstos se oponen entre sí para que no hagan las cosas que quieran. ¹⁸ Pero si son guiados por *el* Espíritu, no están bajo *la* Ley.

¹⁹ Evidentes son las obras humanas, las cuales son: inmoralidad sexual, impureza, lascivia, ²⁰ idolatría, hechicería, hostilidades, contienda, celo, enemistades, rivalidades, disensiones, herejías, ²¹ envidias, borracheras, orgías y las cosas semejantes a éstas. Les digo con anticipación, como ya dije, que los que las practican no heredarán *el* reino de Dios.

²² Pero el fruto del espíritu es amor, gozo, paz, longanimidad, benignidad, bondad, fidelidad, ²³ mansedumbre, dominio propio, contra los cuales no hay Ley. ²⁴ Pues los que son de Cristo crucificaron la naturaleza humana con las pasiones y deseos ardientes. ²⁵ Si vivimos en *el* Espíritu, concordemos también con *el* Espíritu. ²⁶ No nos hagamos vanagloriosos, ni nos provoquemos, ni nos envidiemos unos a otros.

Práctica de la vida cristiana

6 ¹ Hermanos, cuando una persona sea sorprendida en alguna transgresión, ustedes, los espirituales, restáurenlo con un espíritu de humildad, al considerarte a ti mismo, no sea que tú también seas tentado. ² Sobrelleven los unos las cargas de los otros, y cumplirán así la Ley de Cristo.

³ Porque si alguno que es nada, supone ser algo, se engaña él mismo. ⁴ Así que cada uno someta a prueba su propia obra, y entonces tendrá motivo para la alabanza propia solo en él mismo, y no en otro, ⁵ porque cada cual llevará su propia carga.

⁶ El que es enseñado en la Palabra, haga partícipe de todas las cosas buenas al que enseña.

⁷ No sean engañados. Dios no es burlado, porque lo que siembre un hombre, esto también cosechará. ⁸ Porque el que siembra para su naturaleza humana, de la naturaleza humana cosechará corrupción, pero el que siembra para el Espíritu, del Espíritu cosechará vida eterna.

⁹ No desmayemos en hacer lo bueno, porque si no desmayamos, a su tiempo cosecharemos. ¹⁰ Así que, mientras tengamos oportunidad, esforcémonos en hacer el bien a todos, especialmente a la familia de la fe.

Exaltación en la cruz de Cristo

¹¹ ¡Observen cuán grandes letras les escribí con mi mano!

¹² Los que desean hacer una buena demostración en el cuerpo, los obligan a ser circuncidados, solo para que no sean perseguidos por causa de la cruz de Cristo. ¹³ Porque ni aun los mismos que son circuncidados guardan *la* Ley, pero desean que ustedes sean circuncidados para enaltecerse en el cuerpo de ustedes.

¹⁴ Pero de ningún modo me suceda enaltecerme, sino en la cruz de nuestro Señor Jesucristo, por medio del cual *el* mundo fue crucificado para mí, y yo para *el* mundo. ¹⁵ Porque ni *la* circuncisión es algo, ni *la* incircuncisión, sino *la* nueva creación. ¹⁶ A cuantos sigan según esta norma, paz y misericordia sean sobre ellos y sobre el Israel de Dios.

¹⁷ De aquí en adelante, nadie me cause dificultades, porque yo llevo en mi cuerpo las cicatrices de Jesús.

Bendición

¹⁸ Hermanos, la gracia de nuestro Señor Jesucristo sea con su espíritu. Amén.

Efesios

Saludo

1 ¹ Pablo, un apóstol de Cristo Jesús por voluntad de Dios, a los santos y fieles en Cristo Jesús que están en Éfeso. ² Gracia y paz a ustedes de nuestro Padre y del Señor Jesucristo.

El múltiple seguro de vida eterna

³ Bendito el Dios y Padre de nuestro Señor Jesucristo, Quien nos bendijo con toda bendición espiritual en los *planes* celestiales con Cristo,

Primera garantía: nos escogió

⁴ según se complació en escogernos en Él antes de *la* fundación del mundo, para que fuéramos santos y sin mancha en amor delante de Él,

Segunda garantía: nos predestinó

⁵ al predestinarnos para Él mismo en adopción por medio de Jesucristo, según la complacencia de su voluntad, ⁶ para *la* alabanza de *la* gloria de su gracia que nos favoreció altamente en el Amado.

Tercera garantía: nos redimió

⁷ En Él tenemos la redención por medio de su sangre, la cancelación de las transgresiones según la riqueza de su gracia ⁸ que fue más que suficiente para nosotros. En toda sabiduría e inteligencia ⁹ nos dio a conocer el misterio de su voluntad, según su beneplácito que se propuso en Él ¹⁰ en la administración del cumplimiento de los tiempos: de reunir todas las cosas en Cristo, *tanto* las que están en los cielos *como* las que están en la tierra.

En Él ¹¹ también obtuvimos herencia, fuimos predestinados, escogidos conforme al propósito del que hace todas las cosas según el designio de su voluntad, ¹² a fin de que nosotros, los que primero esperamos en Cristo, seamos para alabanza de su gloria.

Cuarta garantía: nos selló

¹³ En Él también ustedes, después de escuchar la Palabra de la verdad, las Buenas Noticias de su salvación, y creer, fueron sellados con el Espíritu Santo de la promesa,

Quinta garantía: nos declaró herederos

¹⁴ que es arras de nuestra herencia hasta *la* redención de la posesión para alabanza de su gloria.

Oración de Pablo

¹⁵ Por esto yo también, después de escuchar de su fe en el Señor Jesús y el amor para todos los santos, ¹⁶ no ceso de dar gracias por ustedes.

Los menciono en mis conversaciones con Dios ¹⁷ para que el Dios de nuestro Señor Jesucristo, el Padre de la gloria, les dé espíritu de sabiduría y de revelación en *el* conocimiento de Él ¹⁸ al iluminar los ojos del corazón para que sepan cuál es la esperanza de su llamamiento, la riqueza de la gloria de su herencia en los santos ¹⁹ y la supereminente grandeza de su poder hacia nosotros los que creemos, según la actividad de su fuerza poderosa ²⁰ que operó en Cristo al resucitarlo de entre *los* muertos y sentarlo a su mano derecha, según los *planes* celestiales, ²¹ sobre todo principado, autoridad, poder, señorío y todo nombre que se pronuncie, no solo en esta era sino también en la que viene.

²² *Dios* sometió todo debajo de sus pies. Sobre todas las cosas lo dio como Cabeza a la iglesia, ²³ la cual es su cuerpo, la plenitud de Aquel que llena todas las cosas en todo.

Salvación gratuita

2 ¹ Ustedes estaban muertos en sus transgresiones y pecados, ² en los cuales vivieron en otro tiempo según la conducta de este mundo, conforme al príncipe de la jurisdicción del aire, el espíritu que ahora obra en los hijos de la desobediencia.

³ Entre ellos también todos nosotros en otro tiempo fuimos llevados de acá para allá por los deseos apasionados de nuestra naturaleza humana. Hacíamos la voluntad del cuerpo y de la mente. Éramos por naturaleza hijos de ira, como los demás.

⁴ Pero Dios, Quien es rico en misericordia, por su gran amor con el cual nos amó ⁵ cuando nosotros aún estábamos muertos en las transgresiones, *nos* dio vida juntamente con Cristo. Por gracia son salvos. ⁶ En los *planes* celestiales *nos* resucitó y *nos* sentó con Cristo Jesús, ⁷ para mostrar en los siglos que vienen la superabundante riqueza de su gracia, por bondad hacia nosotros en Cristo Jesús.

⁸ Por gracia son salvos por medio de *la* fe. Esto no es de ustedes. Es el regalo de Dios. ⁹ No es por obras, para que nadie *se* enaltezca.

¹⁰ Porque somos hechura de Él, creados en Cristo Jesús para buenas obras, las cuales Dios preparó con anticipación para que vivamos en ellas.

Cristo, la paz de Dios

¹¹ Por tanto recuerden que en otro tiempo, ustedes, los gentiles en *el* cuerpo, los que son llamados *la* incircuncisión por los circuncidados por manos en *el* cuerpo, ¹² que en aquel tiempo estaban sin Cristo, excluidos de la ciudadanía de Israel y extraños a los Pactos de la promesa. No tenían esperanza ni Dios en el mundo.

¹³ Pero ahora en Cristo Jesús, ustedes, los que en otro tiempo estaban lejos, fueron acercados por la sangre de Cristo. ¹⁴ Porque Él mismo es nuestra paz, el que derribó la enemistad, la barrera intermedia de separación, y de ambos hizo uno.

¹⁵ Él abolió en su cuerpo la Ley de los Mandamientos *dados* en Ordenanzas para crear de los dos un solo ser nuevo en Él mismo. Así proclamó *la* paz, ¹⁶ reconcilió con Dios a ambos en un solo cuerpo por medio de la cruz y en ella mató la enemistad.

¹⁷ Vino y anunció *la* Buena Noticia: paz a ustedes los que estaban lejos y paz a los que estaban cerca. ¹⁸ Porque por *el* mismo Espíritu ambos *pueblos* tenemos el acceso al Padre por medio de Él.

¹⁹ En consecuencia, ya no son extraños y forasteros, sino son conciudadanos con los santos y miembros de la familia de Dios. ²⁰ Son edificados sobre el fundamento de los apóstoles y profetas, cuya Piedra Angular es el mismo Cristo Jesús.

²¹ En Él todo *el* edificio está ensamblado y crece hasta ser *el* Templo Santo en *el* Señor, ²² en el cual también ustedes son juntamente edificados para morada de Dios en Espíritu.

El enviado a los gentiles

3 ¹ Por esta razón yo, Pablo, *soy* prisionero de Cristo por ustedes los gentiles, ² si en verdad oyeron sobre la administración de la gracia de Dios que me fue encomendada para ustedes. ³ Por medio de una revelación me fue dado a conocer el misterio, como antes escribí en breve.

⁴ Al leerlo, pueden saber con respecto a mi entendimiento del misterio de Cristo, ⁵ que no fue dado a conocer a los hijos de los hombres en otras generaciones, como ahora fue revelado por *el* Espíritu a sus santos apóstoles y profetas, ⁶ *es decir*, que los gentiles son coherederos y participantes del mismo cuerpo, y copartícipes de la promesa en Cristo Jesús por medio de las Buenas Noticias.

⁷ De éstas soy ministro en conformidad con el regalo de la gracia de Dios que me fue dado según la manifestación de su poder. ⁸ A mí, al más pequeño de todos los santos, se me dio esta gracia de predicar las inescrutables riquezas de Cristo a los gentiles, ⁹ y de sacar a luz cuál es la administración del misterio escondido desde los siglos en Dios, Quien creó todas las cosas, ¹⁰ para que la multiforme sabiduría de Dios, según los *planes* celestiales, sea dada a conocer ahora por medio de la iglesia a los principados y circunscripciones, ¹¹ según el plan de las edades, que hizo en Cristo Jesús, el Señor nuestro, ¹² en Quien tenemos la libertad y confiado acceso *a Dios* por medio de la fe en[a] Él.

¹³ Por tanto les pido que no desmayen a causa de mis aflicciones por ustedes, las cuales son el resplandor de ustedes.

Dimensiones del amor de Cristo

¹⁴ Por esta causa doblo mis rodillas ante el Padre, ¹⁵ de Quien recibe nombre toda parentela en *los* cielos y en *la* tierra, ¹⁶ a fin de que les dé, según la riqueza de su gloria, ser fortalecidos con poder en el ser interior por su Espíritu, ¹⁷ para que Cristo resida por medio de la fe en los corazones de ustedes, a fin de que, arraigados y fortalecidos en amor, ¹⁸ sean plenamente capaces de comprender con todos los santos cuál es la anchura, longitud, altura y profundidad, ¹⁹ y reconocer el amor de Cristo que sobrepasa el conocimiento, para que sean llenos de toda la plenitud de Dios.

²⁰ Al que es poderoso para hacer todas las cosas infinitamente más allá de lo que nos atrevemos a pedir o entendemos, según el poder que actúa en nosotros, ²¹ a Él sea la gloria en la iglesia y en Cristo Jesús, por todas las generaciones del siglo de los siglos. Amén.

Un solo cuerpo

4 ¹ Por tanto yo, un prisionero por *causa del* Señor, los exhorto a vivir de una manera digna del llamamiento que recibieron ² con toda humildad y mansedumbre. Sopórtense con longanimidad unos a otros en amor. ³ Esfuércense por guardar la unidad del Espíritu con el cinturón de la paz.

⁴ *Hay* un solo cuerpo y un solo Espíritu, como también fueron llamados con una sola esperanza de su vocación, ⁵ un solo Señor, una sola fe, un solo bautismo, ⁶ un solo Dios y Padre de todos, el cual está sobre todos, a través de todos y en todos.

⁷ Pero a cada uno de nosotros fue dada la gracia según la medida del regalo de Cristo. ⁸ Por lo cual dice:
Al subir a lo alto,
llevó cautiva *la* cautividad,

---
[a] **3.12** Lit. *de.*

y dio regalos a los hombres.

⁹ ¿Qué significa la *expresión* al subir, sino que también descendió a las profundidades de la tierra? ¹⁰ El que descendió es el mismo que también ascendió por encima de todos los cielos para llenar todas las cosas.

¹¹ Él mismo designó a unos apóstoles, a otros profetas, a otros evangelistas, y a otros pastores y maestros, ¹² para el adiestramiento de los santos, la obra del ministerio y *la* edificación del cuerpo de Cristo, ¹³ hasta que todos alcancemos la unidad de la fe y del conocimiento del Hijo de Dios, para que seamos una persona madura, según *la* medida total de la plenitud de Cristo, ¹⁴ para que ya no seamos niños fluctuantes, llevados a la deriva por todo viento de enseñanza, según la astucia de los hombres que emplean las artimañas del error para engañar.

¹⁵ Pero al practicar la verdad en amor, crezcamos en todas las cosas en Aquel que es la Cabeza, Cristo, ¹⁶ de Quien todo el cuerpo, ajustado y entrelazado por la cohesión que aportan todas las coyunturas, se desarrolla para el crecimiento del cuerpo según *la* actividad propia de cada miembro para edificarse en amor.

Vida nueva

¹⁷ Digo esto y afirmo en *el* Señor: que ustedes ya no vivan como viven los gentiles, en *la* vanidad de su mente, ¹⁸ que tienen el entendimiento oscurecido, desprovistos de la vida de Dios a causa de la ignorancia que hay en ellos por la dureza de su corazón. ¹⁹ Ellos endurecieron y se entregaron a la sensualidad para buscar con avidez toda clase de impureza.

²⁰ Pero ustedes no entendieron así a Cristo, ²¹ si en verdad lo oyeron y fueron enseñados por Él según la verdad que está en Jesús. ²² Con respecto a su anterior manera de vivir, despójense del viejo ser que está viciado según los deseos ardientes del engaño.

²³ Sean renovados en el espíritu de su mente, ²⁴ y vístanse el nuevo ser, que fue creado según Dios en justicia y santidad de la verdad. ²⁵ Por tanto despójense de la mentira, hablen verdad cada uno con su prójimo, porque somos miembros los unos de los otros.

²⁶ Aírense, pero no pequen.

El sol no se ponga sobre su enojo, ²⁷ ni den lugar al diablo. ²⁸ El que robaba ya no robe, sino haga con sus manos lo bueno, para que tenga qué compartir con el necesitado. ²⁹ Que ninguna palabra malsana salga de su boca, sino la que sea buena para la necesaria edificación, a fin de que dé gracia a los que oyen.

³⁰ No entristezcan al Espíritu Santo de Dios, con el cual fueron sellados para *el* día de *la* redención. ³¹ Que se quite de ustedes toda amargura, enojo, ira, gritería, calumnia y malicia.

³² Sean bondadosos los unos con los otros, compasivos. Perdónense los unos a los otros como también Dios los perdonó a ustedes en Cristo.

Vida maravillosa

5 ¹ Por tanto sean imitadores de Dios como hijos amados. ² Vivan en amor como Cristo también nos amó y se entregó por nosotros *como* ofrenda y sacrificio a Dios para olor fragante.

³ Pero la inmoralidad sexual, toda impureza o avaricia, no se nombren entre ustedes, como conviene a santos; ⁴ ni indecencia, ni necedad, ni chiste grosero, que no sea apropiado. Más bien *practiquen* acción de gracias.

⁵ Porque saben que ningún inmoral, ni impuro, ni avaro, el cual es idólatra, tiene herencia en el reino de Cristo y de Dios.

⁶ Nadie los engañe con palabras vanas, porque por medio de estas cosas viene la ira de Dios sobre los hijos desobedientes. ⁷ Por eso no sean partícipes con ellos.

⁸ Porque en otro tiempo eran oscuridad, pero ahora son luz en *el* Señor. Vivan como hijos de luz ⁹ (porque el fruto de la luz consiste en toda bondad, justicia y verdad), ¹⁰ al tratar de aprender lo que es agradable al Señor. ¹¹ No participen en las obras infructuosas de la oscuridad, sino más bien expónganlas a la luz, ¹² porque es vergonzoso aun mencionar las cosas que hacen en secreto.

¹³ Pero todas las cosas que son expuestas por la luz son manifiestas. ¹⁴ Todo lo que se manifiesta es luz. Por lo cual dice: Despiértate, *tú* que duermes. Levántate de entre *los* muertos, y Cristo te alumbrará.

¹⁵ Observen, pues, cuidadosamente cómo viven, no como necios, sino como sabios. ¹⁶ Aprovechen el tiempo, porque los días son malos. ¹⁷ Por tanto no sean insensatos, sino entiendan cuál es la voluntad del Señor. ¹⁸ No se embriaguen con vino en el cual hay desenfreno, más bien, sean llenos con *el* Espíritu. ¹⁹ Hablen con salmos, himnos y cánticos espirituales. Canten y entonen salmos al Señor con su corazón ²⁰ y den gracias siempre por todas las cosas al Dios y Padre en *el* Nombre de nuestro Señor Jesucristo.

Sometimiento matrimonial

²¹ Sométanse unos a otros por temor a Cristo, ²² las esposas a sus propios esposos, como al Señor, ²³ porque *el* esposo es *la* cabeza de la esposa, como también Cristo es *la* Cabeza de la iglesia, el mismo Salvador del cuerpo.

²⁴ Pero, como la iglesia está sometida a Cristo, así también las esposas a sus esposos en todo.

²⁵ Los esposos amen a las esposas así como Cristo amó a la iglesia y se entregó por ella, ²⁶ a fin de santificarla al purificarla en el lavamiento del agua por *la* Palabra, ²⁷ para presentar a la iglesia esplendorosa para sí mismo, que no tenga mancha o arruga, ni cosa semejante, sino que sea santa y sin mancha.

²⁸ Así los esposos deben amar a sus esposas como a sus mismos cuerpos. El que ama a su esposa, se ama él mismo. ²⁹ Porque ninguno aborreció jamás su propio cuerpo. Al contrario, lo sustenta y cuida, como Cristo a la iglesia, ³⁰ porque somos miembros de su cuerpo.

³¹ Por esto dejará *el* hombre a padre y madre. Se unirá a su esposa, y los dos serán un solo cuerpo.

³² Este misterio es grande, pero yo digo esto respecto a Cristo y a la iglesia. ³³ Sin embargo, ustedes también, cada uno ame a su propia esposa como a él mismo, y la esposa respete al esposo.

Sometimiento entre progenitores e hijos

6 ¹ Los hijos obedezcan a sus progenitores, porque esto es justo.
² Honra a tu padre y a *tu* madre,
que es *el* primer Mandamiento con promesa,
³ para que te vaya bien, y vivas largo tiempo sobre la tierra.

⁴ Los padres no provoquen a ira a sus hijos, sino críenlos con disciplina y amonestación del Señor.

Sometimiento entre amos y esclavos

⁵ Los esclavos obedezcan a los señores humanos con temor y temblor, con sinceridad de su corazón, como a Cristo. ⁶ No *hagan* un servicio al ojo, como los que tratan de complacer a la gente, sino como esclavos de Cristo. Hagan la voluntad de Dios con ánimo. ⁷ Sirvan de buena voluntad, como al Señor y no a *los* hombres, ⁸ pues *ustedes* saben que lo bueno que cada uno haga, esto recibirá de parte del Señor, sea esclavo o libre.

⁹ Los amos hagan las mismas cosas con ellos y abandonen la amenaza, pues saben que el Señor, tanto de ellos como de ustedes, está en *el* cielo. Para Él no hay parcialidad.

Necesidad de tomar la armadura

¹⁰ Finalmente, mis hermanos, sean fuertes en *el* Señor y su fuerza poderosa. ¹¹ Vístanse con toda la armadura de Dios para que estén firmes contra las estrategias del diablo. ¹² Porque no tenemos lucha contra carne y sangre, sino contra los principados, las circunscripciones, los gobernadores de

este mundo de la oscuridad y contra las huestes espirituales en los *planes* celestiales. ¹³ Tomen la armadura completa de Dios, para que puedan resistir en el día malo y, después de conquistar todo, estar firmes.

¹⁴ Por tanto estén firmes. Átense la cintura con *la* verdad. Pónganse la coraza de justicia. ¹⁵ Cálcense los pies con el equipo de las Buenas Noticias de la paz. ¹⁶ Sobre todo, tomen el escudo de la fe, con el cual podrán extinguir todas las flechas encendidas del maligno. ¹⁷ Tomen el yelmo de la salvación y la espada del Espíritu, que es *la* Palabra de Dios.

¹⁸ Hablen con Dios en todo tiempo por medio de toda conversación y súplica en espíritu. Por lo mismo, estén alerta con toda perseverancia y suplicación por todos los santos, ¹⁹ y por mí, para que se me dé palabra al abrir mi boca, a fin de proclamar con osadía el misterio de las Buenas Noticias, ²⁰ del cual soy embajador con cadena, para que hable de él con osadía, como debo hablar.

Despedida

²¹ Para que ustedes también sepan mi situación y lo que hago, todo les informará Tíquico, el hermano amado, y fiel ministro en *el* Señor, ²² a quien les envié para que sepan las cosas con respecto a nosotros y consuele sus corazones.

²³ Paz a los hermanos y amor con fe en Dios Padre y en el Señor Jesucristo.

²⁴ La gracia sea con todos los que aman a nuestro Señor Jesucristo con perpetuidad.

Filipenses

Saludo

1 ¹ Pablo y Timoteo, esclavos de Jesucristo, a todos los santos en Cristo Jesús de Filipos, con *los* supervisores y diáconos. ² Gracia y paz a ustedes de Dios nuestro Padre y del Señor Jesucristo.

Oración

³ Doy gracias a mi Dios por todo el recuerdo de ustedes. ⁴ Siempre hago la súplica con gozo por todos ustedes en toda conversación mía con Dios, ⁵ sobre su relación con las Buenas Noticias desde el primer día hasta ahora. ⁶ Me convencí de que El que inició en ustedes *la* buena obra *la* completará hasta *el* día de Jesucristo.

⁷ Me es justo pensar esto de todos ustedes porque los tengo en mi corazón. Todos ustedes son participantes conmigo de la gracia, de mis cadenas y de la defensa y confirmación de las Buenas Noticias. ⁸ Porque Dios es mi testigo de cómo los añoro a todos ustedes con *el* amor entrañable de Jesucristo.

⁹ Hablo con Dios para que su amor abunde aun más y más en conocimiento superior y en toda comprensión ¹⁰ con el propósito de que sometan a prueba lo mejor, a fin de que sean sinceros e irreprochables hasta *el* día de Cristo, ¹¹ llenos de fruto de justicia para gloria y alabanza de Dios por medio de Jesucristo.

Anhelos de Pablo

¹² Anhelo, hermanos, que ustedes sepan que las cosas que me han sucedido han resultado más bien para *el* avance de las Buenas Noticias, ¹³ de modo que mis cadenas por causa de Cristo se manifestaron a toda la guardia de la residencia oficial y a todos los demás. ¹⁴ Muchos de los hermanos en *el* Señor se han convencido por causa de mis cadenas, y son más osados para hablar la Palabra sin temor.

¹⁵ Algunos ciertamente predican a Cristo por envidia y rivalidad, pero otros de buena voluntad. ¹⁶ Los unos *proclaman* por amor, pues reconocieron que estoy destinado para *la* defensa de las Buenas Noticias, ¹⁷ pero los otros predican a Cristo por rivalidad egoísta, no sinceramente. Suponen causar aflicción a mis cadenas.

¹⁸ ¿Entonces, qué *diremos*? Que de todos modos, sea por pretexto o por verdad, Cristo es predicado. Con esto me regocijo y aún me regocijaré. ¹⁹ Porque entiendo que esto resultará en mi liberación por medio de la

conversación de ustedes con Dios y el apoyo del Espíritu de Jesucristo, [20] conforme a mi expectación anhelante y esperanza de que en nada seré avergonzado. Al contrario, con toda confianza, como siempre, también ahora Cristo será engrandecido en mi cuerpo, por vida o por muerte. [21] Porque para mí el vivir es Cristo y el morir es ganancia.

[22] Pero si el vivir en *el* cuerpo me sirve para una obra fructífera, aún no sé qué escoger, [23] pues soy presionado por ambos deseos: tengo el anhelo de partir y estar con Cristo, lo cual es mucho mejor, [24] pero permanecer en *el* cuerpo es necesario por causa de ustedes. [25] Y confiado en esto, entiendo que permaneceré y continuaré con todos ustedes para su progreso y gozo en la fe, [26] a fin de que su enaltecimiento de mí en Cristo Jesús sea más que suficiente por mi presencia otra vez con ustedes.

Conducta del cristiano

[27] Solo *anhelo* que sean buenos ciudadanos de una manera digna de las Buenas Noticias de Cristo, para que, ya sea que vaya a visitarlos o esté ausente, oiga que ustedes están firmes en un solo espíritu, con un solo ánimo y que combaten juntos por la fe de las Buenas Noticias.

[28] No se intimiden en nada por los que se oponen, lo cual es señal de destrucción para ellos, pero para ustedes, de salvación de Dios. [29] Porque Cristo les concedió a ustedes no solo que crean en Él, sino también que padezcan por Él. [30] Ustedes tienen la misma lucha que vieron en mí, y ahora oyen que está en mí.

Unidad en Cristo

2 [1] Por tanto, si hay algún estímulo en Cristo, si alguna consolación de amor, si alguna comunión del espíritu, si algunos afectos profundos y alguna compasión, [2] completen mi gozo. Piensen lo mismo. Tengan el mismo amor. Estén unidos en espíritu. Sostengan un mismo pensamiento.

[3] Nada hagan por rivalidad, ni por vanagloria, sino con humildad, considérense los unos a los otros como superiores a ustedes mismos. [4] No fije cada uno los ojos en sus propias cosas, sino cada cual en las cosas de otros.

[5] Piensen entre ustedes esto que *hubo* también en Cristo Jesús, [6] Quien, aunque existió en forma de Dios, no consideró el ser igual a Dios como algo a lo cual aferrarse. [7] Al contrario, Él mismo *se* despojó, tomó la forma de esclavo y se hizo semejante a los hombres. Con la apariencia exterior de hombre, [8] Él mismo se humilló y obedeció hasta *la* muerte de cruz. [9] Por lo cual Dios también lo exaltó hasta lo sumo y le dio el Nombre que es sobre todo nombre, [10] para que en el Nombre de Jesús se doble toda rodilla, *las*

celestiales, terrenales y subterráneas, ¹¹ y toda lengua confiese que Jesucristo es *el* Señor para la gloria de Dios Padre.

El gozo de Pablo

¹² Por tanto, amados míos, como siempre obedecieron, no solo en mi presencia, sino mucho más ahora en mi ausencia, alisten su propia salvación con temor y temblor. ¹³ Porque Dios es el que activa en ustedes tanto el querer como el hacer, según su buena voluntad.

¹⁴ Hagan todo sin murmuraciones ni disputas, ¹⁵ para que sean hijos de Dios intachables y puros en medio de *la* generación deshonesta y depravada. Ustedes brillan entre ellos como estrellas en *el* universo, ¹⁶ y están aferrados a *la* Palabra de vida para satisfacción mía en *el* día de Cristo, pues no corrí ni trabajé duro en vano.

¹⁷ Pero aunque sea derramado en libación sobre el sacrificio y servicio de su fe, me gozo y me regocijo con todos ustedes. ¹⁸ Asimismo también ustedes, gócense y regocíjense conmigo.

Estrellas ejemplares

¹⁹ Espero en *el* Señor Jesús enviarles pronto a Timoteo, para que yo también me anime al saber de ustedes. ²⁰ Porque a nadie tengo del mismo ánimo, quien genuinamente se preocupa por ustedes, ²¹ porque todos buscan sus propias cosas, no las de Jesucristo. ²² Pero conocen su carácter, que como hijo a padre sirvió como esclavo conmigo en las Buenas Noticias. ²³ Por tanto espero enviarlo tan pronto sepa como están mis asuntos.

²⁴ Confío en *el* Señor que yo mismo vaya pronto.

²⁵ Me pareció necesario enviarles a Epafrodito, mi hermano, colaborador y compañero de milicia, enviado por ustedes y ministrador de mi necesidad. ²⁶ Él los añora a todos y está afligido porque *ustedes* oyeron que enfermó. ²⁷ Ciertamente enfermó y estuvo al borde de la muerte. Pero Dios tuvo misericordia de él, y no solo de él, sino también de mí, para que no tuviera tristeza sobre tristeza.

²⁸ Así que lo envié con especial urgencia, para que al verlo de nuevo se regocijen, y yo esté libre de tristeza. ²⁹ Recíbanlo, pues, en el Señor con todo gozo y tengan en estima a los que son como él. ³⁰ Estuvo al borde de la muerte por causa de la obra de Cristo y arriesgó la vida para completar la ausencia de servicio de ustedes para mí.

Las ganancias de Pablo

3 ¹ Por lo demás, hermanos míos, regocíjense en *el* Señor. A mí ciertamente no me es molesto escribirles las mismas cosas y para ustedes son una protección.

² Cuidado con los judaizantes,ª con los malos obreros y con la mutilación. ³ Porque nosotros somos los circuncidados, los que servimos por *el* Espíritu de Dios. Nos enaltecemos en Cristo Jesús sin tener confianza en *el* cuerpo, ⁴ aunque yo, *si quisiera, podría* también confiar en *el* cuerpo.

Si alguno supone que puede confiar en *el* cuerpo, yo más: ⁵ circuncidado al octavo día, de linaje de Israel, de *la* tribu de Benjamín, hebreo de hebreos; en cuanto a *la* Ley, fariseo; ⁶ en cuanto a ardor, perseguidor de la iglesia; según *la* justicia de *la* Ley, fui irreprensible.

⁷ Todas las cosas que eran ganancias para mí, las conté como pérdida por amor a Cristo. ⁸ Aún considero que todas las cosas son pérdida por causa de la insuperable grandeza del conocimiento de Cristo Jesús mi Señor. Todas las cosas se perdieron por amor a Él, y las considero como estiércoles para ganar a Cristo ⁹ y ser hallado en Él.

Mi justicia no se basa en *la* Ley, sino en *la* fe en^b Cristo, que es de Dios, ¹⁰ *a fin* de conocerlo *a Él* y el poder de su resurrección, y participar en sus padecimientos al ser como Él en su muerte, ¹¹ a fin de llegar^c a la resurrección de entre *los* muertos.

La meta

¹² No *digo* que ya *lo* alcancé, ni que ya sea perfecto. Pero prosigo a fin de alcanzar aquello para lo cual también fui alcanzado por Cristo Jesús. ¹³ Hermanos, yo mismo no considero haberlo alcanzado, pero una cosa *hago*: al olvidarme ciertamente de las cosas de atrás y extenderme hacia adelante, ¹⁴ prosigo hacia la meta, hacia el premio del supremo llamamiento de Dios en Cristo Jesús.

¹⁵ Todos los que somos maduros en la fe pensemos esto. Si piensan algo distinto, Dios también les revelará esto. ¹⁶ Pero seamos fieles en aquello que alcanzamos.

¹⁷ Hermanos, sean imitadores de mí, y observen a los que actúan según el modelo que tienen en nosotros.

¹⁸ Porque andan muchos de los cuales frecuentemente les hablaba, y aún ahora les digo con lágrimas, que son enemigos de la cruz de Cristo, ¹⁹ cuyo fin es *la* destrucción. Su dios es *su* estómago y su resplandor es su vergüenza, quienes piensan en lo terrenal.

ª **3.2** Lit. *perros.*   ᵇ **3.9** Lit. *de.*   ᶜ **3.11** Lit. *si en alguna manera llego.*

²⁰ Pero nuestra ciudadanía está en *los* cielos, de donde también ansiosamente esperamos *al* Salvador, *el* Señor Jesucristo. ²¹ Él transformará nuestro humilde cuerpo para que sea semejante a su glorioso cuerpo, según la operación de su poder que somete todas las cosas a Él mismo.

Regocijo y paz

4 ¹ Por tanto, hermanos míos amados y añorados, gozo y corona mía, de este modo estén firmes en *el* Señor, amados.

² Exhorto a Evodia y a Síntique a que piensen lo mismo en el Señor.

³ Ciertamente te ruego también a ti, compañero fiel,[a] que te acerques a ellas, quienes lucharon juntamente conmigo en las Buenas Noticias, también con Clemente y con los demás colaboradores míos. Sus nombres están en *el* rollo de *la* vida.

⁴ Regocíjense en *el* Señor siempre. Digo otra vez: ¡Regocíjense! ⁵ Su amabilidad sea conocida de todos los hombres. ¡El Señor está cerca! ⁶ Por nada estén ansiosos, sino sean conocidas sus peticiones ante Dios, en toda conversación con Dios y súplica, con acción de gracias.

⁷ La paz de Dios, que sobrepasa todo entendimiento, guardará sus corazones y sus pensamientos en Cristo Jesús.

Lo que uno debe proponerse

⁸ Por lo demás, hermanos, todo lo que es verdadero, todo lo honorable, todo lo justo, todo lo puro, todo lo amable, todo lo que es de buena reputación; si hay alguna virtud, si hay algo digno de alabanza, piensen en esto.

⁹ Hagan lo que aprendieron, recibieron, oyeron y vieron en mí. El Dios de paz estará con ustedes.

La oportunidad de las ofrendas

¹⁰ En gran manera me regocijé en el Señor porque al fin revivió su pensar en mí, lo cual también hacían, pero no tenían oportunidad. ¹¹ No lo digo por necesidad, porque yo aprendí a estar satisfecho con lo que tengo.[b] ¹² Aprendí tanto a ser disciplinado como a ser más que suficiente. En todo y por todo aprendí el secreto, tanto para ser más que suficiente como para estar necesitado. ¹³ ¡Puedo todas las cosas en *Cristo* Quien me fortalece!

¹⁴ Sin embargo, bien hicieron en participar conmigo en mi aflicción. ¹⁵ Y ustedes también saben, oh filipenses, que al comienzo de *la predicación* de las Buenas Noticias, cuando salí de Macedonia, ninguna iglesia compartió conmigo en cuanto a dar y a recibir, sino solo ustedes, ¹⁶ porque aun a

---

[a] **4.3** Lit. *legítimamente uncido al mismo yugo.*   [b] **4.11** Lit. *soy.*

Tesalónica me enviaron una y otra vez para la necesidad. ¹⁷ No *piensen* que busco la dádiva, sino busco el fruto que abunde en su cuenta.

¹⁸ Pero recibo todas las cosas y tengo más que suficiente. Me llené al recibir de Epafrodito las cosas de ustedes, olor fragante, sacrificio aceptable, agradable a Dios.

¹⁹ Mi Dios, pues, suplirá toda su necesidad conforme a su riqueza en gloria en Cristo Jesús.

²⁰ Al Dios y Padre nuestro sea la gloria, por los siglos de los siglos. Amén.

Despedida

²¹ Saluden a todo santo en Cristo Jesús. Los hermanos que están conmigo los saludan.

²² Todos los santos los saludan, y especialmente los de la casa de César.

²³ La gracia del Señor Jesucristo sea con su espíritu.

Colosenses

Saludo

1 ¹ Pablo, un apóstol de Jesucristo por *la* voluntad de Dios, y el hermano Timoteo, ² a los santos y fieles hermanos en Cristo de Colosas. Gracia y paz a ustedes de Dios nuestro Padre.

Gratitud

³ Siempre le damos gracias a Dios, Padre de nuestro Señor Jesucristo, cuando hablamos con Él a favor de ustedes. ⁴ Oímos de su fe en Cristo Jesús y que aman a todos los santos ⁵ a causa de la esperanza reservada para ustedes en el cielo.

Oyeron de ésta por la Palabra verdadera de las Buenas Noticias ⁶ que llegó hasta ustedes. En todo el mundo da fruto y crece como entre ustedes desde el día cuando en verdad escucharon y conocieron la gracia de Dios.

⁷ Aprendieron esto de Epafras, nuestro amado esclavo asociado, quien es un fiel ministro de Cristo para ustedes. ⁸ Él nos declaró el amor de ustedes en *el* Espíritu.

Conversación con Dios

⁹ Por esto también nosotros, desde el día cuando oímos, no nos cansamos de hablar con Dios y pedir que ustedes sean llenos del pleno conocimiento de su voluntad en toda sabiduría y entendimiento espiritual, ¹⁰ a fin de que vivan de una manera digna del Señor con el deseo de agradarlo en todo, den fruto en toda buena obra, crezcan en el conocimiento de Dios ¹¹ y que sean fortalecidos con todo poder según la potencia de su gloria, para obtener paciencia y longanimidad.

Con gozo ¹² den gracias al Padre, Quien los hizo suficientes para participar en la herencia de los santos en luz, ¹³ Quien nos rescató de la jurisdicción de la oscuridad y nos trasladó al reino del Hijo de su amor. ¹⁴ En Él tenemos la redención, el perdón de los pecados.

Grandeza de Cristo

¹⁵ Él es *la* Imagen del Dios invisible, Primogénito de toda creación. ¹⁶ Porque por Él fueron creadas todas las cosas en los cielos y en la tierra, las visibles y las invisibles, ya sean tronos, dominios, principados o jurisdicciones. Todo fue creado por medio de Él y para Él. ¹⁷ Él es antes de todas las cosas.

Todo subsiste en Él, [18] Quien es la Cabeza del cuerpo *que es* la iglesia. Él es *el* Principio, Primogénito de *los* muertos, para que Él sea *el* Primero en todo.

[19] Porque *el Padre* resolvió que more en Él toda la plenitud, [20] y después de hacer la paz por la sangre de su cruz, reconcilió con Él mismo todas las cosas por medio de *Cristo*, tanto las de la tierra como las del cielo.

[21] A ustedes, que en otro tiempo eran extraños y enemigos con la mente en malas obras, [22] ahora *Cristo los* reconcilió en su cuerpo humano por medio de la muerte, para presentarlos santos, sin mancha e irreprensibles delante de Él, [23] si en verdad permanecen fortalecidos, firmes en la fe y sin moverse de la esperanza de las Buenas Noticias que oyeron, proclamadas en toda *la* creación debajo del cielo, de las cuales yo, Pablo, soy ministro.

Cristo, la esperanza de gloria

[24] Ahora me regocijo en mis sufrimientos por ustedes. Completo en mi cuerpo lo que falta de las aflicciones de Cristo por su cuerpo, que es la iglesia, [25] de la cual yo soy ministro según la administración que Dios me dio para ustedes, a fin de que anuncie plenamente la Palabra de Dios, [26] el misterio escondido desde los siglos y generaciones, pero ahora manifestado a sus santos, [27] a quienes Dios quiso declarar cuál es la riqueza de la gloria de este misterio entre los gentiles: que Cristo es en ustedes la esperanza de gloria, [28] a Quien nosotros predicamos.

Amonestamos y enseñamos a todo ser humano con toda sabiduría para presentarlo perfecto en Cristo. [29] Con este fin también trabajo duro y me esfuerzo según la fuerza de Él que actúa poderosamente en mí.

El misterio de Dios

2 [1] Porque quiero que ustedes sepan cuán grande lucha tengo por ustedes, por los que están en Laodicea y por todos los que no me han visto, [2] para que sean consolados sus corazones, unidos en amor y alcancen todas las riquezas del pleno entendimiento, a fin de que conozcan el misterio de Dios que es Cristo. [3] En Él están escondidos todos los tesoros de la sabiduría y del conocimiento.

[4] Digo esto para que nadie los engañe con lenguaje persuasivo, [5] porque aunque estoy ausente en el cuerpo, ciertamente estoy con ustedes en el espíritu. Me regocijo y veo su buen orden y la firmeza de su fe en Cristo.

[6] Por tanto, de la manera que recibieron a Cristo Jesús el Señor, vivan en Él, [7] arraigados y edificados en Él, establecidos en la fe como se les enseñó. Abunden en acción de gracias.

La plenitud de la Deidad

⁸ Tengan cuidado no sea que se presente alguno que los lleve como esclavos por medio de filosofías y vanas sutilezas, según la tradición de los hombres, conforme a los rudimentos del mundo y no según Cristo. ⁹ Porque en Él vive corporalmente toda la plenitud de la Deidad.

¹⁰ *Ustedes* están completos en Él, Quien es la Cabeza de todo principado y jurisdicción. ¹¹ En Él también fueron circuncidados por medio de la circuncisión de Cristo, no con circuncisión hecha por mano, con la remoción de la carne del cuerpo. ¹² En el bautismo fueron sepultados y resucitados juntamente con Él por medio de la fe en la operación de Dios, Quien lo resucitó de entre *los* muertos.

¹³ Ustedes estaban muertos en las transgresiones y la incircuncisión de su cuerpo. Después de perdonarles todos sus delitos, les dio vida juntamente con Él. ¹⁴ Canceló el decreto escrito a mano que había contra nosotros, lo quitó de en medio y lo clavó en la cruz. ¹⁵ Desarmó en ella a los principados y a las jurisdicciones. Al dirigir un desfile triunfal, los expuso en público y triunfó sobre ellos en la cruz.

Contra enseñanzas falsas

¹⁶ Nadie, pues, los juzgue en comida, ni en bebida, ni con respecto a fiesta, o luna nueva, o sábados, ¹⁷ lo cual es sombra de las cosas que vienen, pero la realidad es Cristo. ¹⁸ Nadie los prive del galardón al deleitarse en la humillación propia y en la adoración a los ángeles, y *hablar* detalladamente lo que han visto, vanamente inflados por su mente carnal, ¹⁹ al no aferrarse a la Cabeza, de la cual todo el cuerpo, sustentado y unido por medio de ligamentos y coyunturas, crece con el crecimiento de Dios.

²⁰ Si murieron con Cristo a los rudimentos del mundo, ¿por qué, como si estuvieran en el mundo, son sometidos a preceptos: ²¹ no manejes, ni pruebes, ni toques, ²² según los mandamientos y enseñanzas de los hombres?

Todas estas cosas están destinadas a destrucción por el uso, ²³ las cuales ciertamente tienen reputación de sabiduría en una religión impuesta por uno mismo, en una falsa humildad y severo trato del cuerpo, *sin embargo*, carecen de algún valor contra lo que satisface al cuerpo.

Compromiso del cristiano con Cristo

3 ¹ Si fueron resucitados con Cristo, busquen las cosas de arriba, donde Cristo está sentado a la mano derecha de Dios. ² Pongan la mente en las cosas de arriba, no en las de la tierra. ³ Porque murieron y su vida fue escondida con Cristo en Dios. ⁴ Cuando se manifieste Cristo, *Quien es* su vida, entonces también ustedes se manifestarán con Él en gloria.

⁵ Por tanto hagan morir lo terrenal en ustedes: inmoralidad sexual, impureza, pasión desordenada, deseo malo y la avaricia, que es idolatría. ⁶ *Son* cosas por las cuales viene la ira de Dios, ⁷ en las cuales también ustedes anduvieron en otro tiempo, cuando vivían en ellas. ⁸ Pero ahora, despójense también de todas estas cosas: ira, enojo, malicia, maledicencia y lenguaje obsceno de su boca.

La vestidura del cristiano

⁹ Después de despojarse el viejo ser con sus prácticas, no se mientan unos a otros. ¹⁰ Vístanse con el nuevo, el cual es renovado hasta *el* conocimiento pleno, conforme a *la* imagen del que lo creó. ¹¹ Aquí no hay *distinción entre* griego y judío, circuncisión e incircuncisión, bárbaro, escita,ᵃ esclavo y libre, sino Cristo es todo en todos.

¹² Así que, como escogidos de Dios, santos y amados, vístanse de sentimientos afectuosos profundos, bondad, humildad, mansedumbre y longanimidad. ¹³ Sopórtense y perdónense los unos a los otros cuando alguno tenga queja contra otro. Como el Señor ciertamente los perdonó, así también ustedes. ¹⁴ Sobre todas estas cosas, *vístanse* el amor, que es *el* cinturón de la perfección.

¹⁵ La paz de Cristo actúe como árbitro en sus corazones, a la cual también fueron llamados en un solo cuerpo. Sean agradecidos. ¹⁶ La Palabra de Cristo viva abundantemente en ustedes, con toda sabiduría. Enséñense y amonéstense con salmos, himnos y cantos espirituales. Canten con gracia en sus corazones a Dios. ¹⁷ Todo lo que *hagan*, en palabra y en obra, háganlo en el Nombre del Señor Jesús y den gracias a Dios Padre por medio de Él.

Consejos para la familia

¹⁸ Las esposas sométanse a los esposos, como conviene en *el* Señor.

¹⁹ Los esposos amen a sus esposas y no sean ásperos con ellas.

²⁰ Los hijos obedezcan a sus progenitores en todo, porque esto es aceptable ante *el* Señor.

²¹ Los padres no irriten a sus hijos para que no pierdan *el* ánimo.

²² Los esclavos obedezcan en todo a sus amos humanos. No sirvan al ojo, como los que tratan de agradar a la gente, sino con sinceridad de corazón con temor al Señor.

²³ Lo que hagan sea de corazón, como para el Señor y no para *los* hombres, ²⁴ pues saben que obtendrán la herencia del Señor como recompensa. Sirvan

---
ᵃ **3.11** Gentilicio de Escitia, norte de África.

al Señor Cristo. ²⁵ Pero el que hace injusticia obtendrá la injusticia que cometió, porque no hay acepción de personas.

4 ¹ Los señores traten con justicia y equidad a sus esclavos. Sepan que también ustedes tienen *al* Señor en *el* cielo.

² Perseveren en la conversación con Dios y velen en ella con acción de gracias. ³ Al mismo tiempo hablen con Dios también por nosotros, para que Dios nos abra una puerta de proclamación a fin de anunciar el misterio de Cristo, por el cual fui encadenado, ⁴ para que lo proclame como debo hacerlo.

⁵ Vivan con sabiduría en relación con los de afuera y aprovechen bien el tiempo. ⁶ La palabra de ustedes sea siempre con gracia, sazonada con sal para que sepan cómo les conviene responder.

Despedida

⁷ Todas las cosas con respecto a mí se las informará Tíquico, el hermano amado, fiel ministro y consiervo en *el* Señor, ⁸ a quien les envié para que conozcan nuestra situación y consuele sus corazones. ⁹ *También les envié* a Onésimo, el fiel y amado hermano, quien es de ustedes. *Ellos* les informarán todas las cosas de aquí.

¹⁰ Aristarco, mi compañero de prisión, los saluda y Marcos, el primo de Bernabé, con respecto a quien les dí mandamientos. Si los visita, recíbanlo. ¹¹ *También los saluda* Jesús, el llamado Justo. Ellos son colaboradores conmigo en el reino de Dios y me consolaron. Son judíos.[a]

¹² Los saluda Epafras, quien es de ustedes y esclavo de Cristo, y se esfuerza siempre por ustedes en toda *la* voluntad de Dios. ¹³ Porque doy testimonio de que él tiene mucha aflicción por ustedes, y por los que están en Laodicea y en Hierápolis. ¹⁴ Los saluda Lucas, el médico amado, y Demas.

¹⁵ Saluden a los hermanos que están en Laodicea, a Ninfa y a la iglesia de la casa de ella.

¹⁶ Cuando esta epístola sea leída por ustedes, permitan que también se lea en la iglesia de Laodicea, y que ustedes también lean la de Laodicea.

¹⁷ Digan a Arquipo: Considera el ministerio que recibiste del Señor, para que lo cumplas.

¹⁸ El saludo de mi mano, de Pablo. Recuerden mis cadenas. La gracia sea con ustedes.

---

[a] **4.11** Lit. *de la circuncisión.*

1 Tesalonicenses

Saludo

1 ¹ Pablo, Silvano y Timoteo, a la iglesia de *los* tesalonicenses, en Dios Padre y en el Señor Jesucristo. Gracia y paz a ustedes.

Cristianos ejemplares

² Damos siempre gracias a Dios por todos ustedes y hacemos incesantemente mención en nuestras conversaciones con Dios, ³ y recordamos sin cesar delante del Dios y Padre nuestro la obra de su fe, el trabajo del amor, y la perseverancia en la esperanza de nuestro Señor Jesucristo.

⁴ Hermanos amados por Dios, sabemos que ustedes fueron escogidos, ⁵ porque nuestro mensaje de Buenas Noticias no llegó a ustedes solo con palabra, sino también con poder, con Espíritu Santo y con gran certidumbre. Saben cómo nos manifestamos a ustedes por amor.

⁶ Ustedes recibieron la Palabra con mucha aflicción. Fueron imitadores de nosotros y del Señor con gozo del Espíritu Santo, ⁷ hasta *llegar a* ser modelo para todos los que creen en Macedonia y Acaya. ⁸ Porque por medio de ustedes la Palabra del Señor se ha divulgado no solo en Macedonia y Acaya. En todo lugar se sabe de su fe en Dios, de tal modo que no necesitamos hablar algo.

⁹ Ellos mismos hablan de la manera como llegamos a ustedes, y cómo abandonaron los ídolos para ser esclavos del Dios vivo y verdadero, ¹⁰ y esperar de los cielos a su Hijo, a Quien resucitó de entre *los* muertos, a Jesús, Quien nos librará de la ira que viene.

El ministerio en Tesalónica

2 ¹ Porque ustedes mismos saben, hermanos, que nuestra visita[a] a ustedes no fue en vano, ² pues supieron que después de sufrir y ser maltratados en Filipos, *confiados* en nuestro Dios, tuvimos el valor de proclamarles las Buenas Noticias en medio de gran lucha.

³ Así que nuestra exhortación no fue errada, impura o engañosa, ⁴ sino por la aprobación de Dios, Quien nos confió las Buenas Noticias. Así hablamos, no como los que agradan a *los* hombres, sino a Dios, Quien prueba nuestros corazones.

⁵ Como saben, no hablamos con palabras halagadoras, ni con deseo de lucrar. Dios es Testigo. ⁶ Ni buscamos honor de *los* hombres, ni de ustedes ni

---

[a] **2.1** Lit. *entrada.*

de otros. ⁷ Aunque podríamos insistir en nuestra importancia como apóstoles de Cristo, más bien fuimos en medio de ustedes como una madre de crianza que acaricia a sus propios hijos.

⁸ De este modo, al tener un profundo afecto por ustedes, nos sentimos complacidos por impartirles las Buenas Noticias de Dios y también nuestras propias vidas, porque llegaron a sernos muy amados.

⁹ Hermanos, recuerden nuestra fatiga y arduo trabajo al ocuparnos de noche y de día para no ser carga a ninguno de ustedes. Así les proclamamos las Buenas Noticias de Dios. ¹⁰ Ustedes y Dios son testigos de nuestra conducta santa, justa e intachable con ustedes los que creen.

¹¹ También saben de qué modo tratamos a cada uno de ustedes, como un padre a sus hijos, ¹² al exhortarlos, animarlos y rogarles que tuvieran una conducta digna del Dios que los llama a su mismo reino y gloria.

¹³ Por esto también nosotros damos gracias a Dios incesantemente, porque cuando oyeron de nosotros *la* Palabra de *la* predicación de Dios, *la* recibieron, no *como* palabra de hombres, sino como lo que verdaderamente es, Palabra de Dios, la cual obra en ustedes los que creen.

¹⁴ Hermanos, ustedes fueron imitadores de las iglesias de Dios en Cristo Jesús de Judea. Porque también ustedes padecieron las mismas cosas por medio de sus propios compatriotas, como ellos de los judíos.

¹⁵ De igual manera, éstos, después de matar al Señor Jesús y a los profetas, de perseguirnos severamente y de no agradar a Dios, son hostiles a todos los hombres. ¹⁶ Nos prohíben hablar a los gentiles para que sean salvos, a fin de llenar siempre la medida de sus pecados. Pero la máxima ira llegó sobre ellos.

Anhelo de ver a los tesalonicenses

¹⁷ Nosotros, hermanos, al estar separados de ustedes por breve tiempo, de presencia, no de corazón, deseábamos ardientemente ver su rostro. ¹⁸ Porque ciertamente quisimos ir a ustedes, yo, Pablo, más de una vez, pero Satanás nos estorbó.

¹⁹ Pues ¿cuál es nuestra esperanza, o regocijo, o corona de satisfacción? ¿No son ustedes delante de nuestro Señor Jesús en su venida? ²⁰ Ustedes son el resplandor y el gozo nuestro.

El viaje de Timoteo

3 ¹ Por lo cual, al no soportar más, decidimos quedarnos solos en Atenas. ² Enviamos a Timoteo, nuestro hermano y colaborador de Dios en las Buenas Noticias de Cristo, para fortalecerlos y exhortarlos respecto a su fe, ³ a fin de que nadie se desanime por estas aflicciones, porque ustedes mismos saben que estamos para esto. ⁴ Pues aun cuando estábamos con ustedes, les predecíamos que estamos para ser afligidos, como también ocurrió, y supieron.

⁵ Por esto, yo también, al no soportar más, envié a reconocer su fe, no fuera que, de algún modo, los hubiera tentado el que tienta, y que nuestro arduo trabajo resultara en vano.

⁶ Pero ahora, al regresar Timoteo y traernos buenas noticias de la fe y del amor de ustedes, que siempre tienen buen recuerdo de nosotros y anhelan vernos, como también nosotros a ustedes, ⁷ por esto, hermanos, en medio de toda nuestra necesidad y aflicción, fuimos consolados por medio de su fe, ⁸ pues ahora vivimos, ya que ustedes están firmes en *el* Señor.

⁹ Porque, ¿qué acción de gracias podemos devolver a Dios por ustedes, por todo el gozo que tenemos delante de nuestro Dios por amor a ustedes? ¹⁰ Imploramos intensamente de noche y de día que veamos su rostro y completemos las cosas que faltan a su fe.

¹¹ El mismo Dios y Padre nuestro, y nuestro Señor Jesús, dirija nuestro camino a ustedes.

¹² El Señor los haga crecer y abundar en el amor unos a otros y para todos, así como también nosotros para ustedes, ¹³ a fin de confirmar sus corazones intachables en santidad delante de nuestro Dios y Padre en la venida de nuestro Señor Jesús con todos sus santos.

Una clase de vida que agrada a Dios

4 ¹ Por lo demás, hermanos, les rogamos y exhortamos en *el* Señor Jesús que, como les enseñamos la manera de vivir y agradar a Dios, tal como viven, así abunden más, ² pues saben cuáles instrucciones les dimos por medio del Señor Jesús.

³ Esta es *la* voluntad de Dios: su santificación, que ustedes se abstengan de la inmoralidad sexual. ⁴ Que sepa cada uno de ustedes mantener su propio vaso en santificación y honor, ⁵ no con pasión de placeres deshonestos, como los gentiles que no conocen a Dios. ⁶ Que no pequen ni engañen a su hermano en este asunto. Porque como les dijimos con anticipación y solemnemente fuimos testigos, el Señor es vengador de todas estas cosas.

⁷ Porque Dios no nos llamó a la impureza, sino a santificación. ⁸ Por tanto, el que rechaza *esto*, no rechaza a hombre, sino a Dios, Quien les da su mismo Espíritu Santo.

⁹ Con respecto al amor fraternal, no tienen necesidad de que les escriba, porque ustedes mismos son enseñados por Dios a amarse los unos a los otros. ¹⁰ Ciertamente lo hacen con todos los hermanos en toda Macedonia, pero les rogamos, hermanos, que abunden más, ¹¹ que consideren un honor estar tranquilos, que hagan sus propios asuntos y trabajen con sus manos, como les

ordenamos, ¹² a fin de que vivan decentemente hacia los de afuera, y que de nada tengan necesidad.

El traslado de la Iglesia

¹³ Hermanos, no queremos que ignoren en cuanto a los que duermen, para que no se entristezcan como los demás que no tienen esperanza. ¹⁴ Porque si creemos que Jesús murió y resucitó, así también Dios traerá con Jesús a los que durmieron en Cristo.

¹⁵ Les decimos esto en Palabra *del* Señor: Nosotros los que vivamos, los que seamos dejados atrás hasta la venida del Señor, ¡que de ningún modo precedamos a los que durmieron!

¹⁶ Porque el Señor mismo con señal de mando, con voz de arcángel y con trompeta de Dios, descenderá del cielo, y los muertos en Cristo resucitarán primero. ¹⁷ Luego nosotros, los que vivamos, los que quedemos atrás, seremos arrebatados simultáneamente con ellos en *las* nubes a encontrar al Señor en al aire. Así estaremos siempre con *el* Señor. ¹⁸ Por tanto consuélense los unos a los otros con estas palabras.

Como ladrón de noche

5 ¹ Hermanos, no tienen necesidad de que les escriba con respecto a los tiempos y a las ocasiones. ² Porque ustedes saben perfectamente que *el* día del Señor viene como ladrón de noche. ³ Cuando digan: Paz y seguridad, vendrá sobre ellos destrucción repentina como el dolor a la que está embarazada, ¡y que no escapen de ningún modo!

⁴ Pero ustedes, hermanos, no están en *la* oscuridad, para que aquel día los sorprenda como ladrón. ⁵ Porque todos ustedes son hijos de luz e hijos del día. No somos de *la* noche ni de *la* oscuridad.

⁶ Así que no tengamos indiferencia espiritual como los demás, sino velemos y estemos sobrios. ⁷ Porque los que duermen, de noche duermen, y los que se embriagan, de noche se embriagan. ⁸ Pero nosotros que somos del día, seamos sobrios. Estemos vestidos con *la* coraza de fe y amor y con el casco de la esperanza de salvación.

⁹ Porque Dios no nos destinó para ira, sino para obtener salvación por medio de nuestro Señor Jesucristo, ¹⁰ Quien murió por nosotros, para que, ya sea que velemos o que durmamos, vivamos juntamente con Él.

¹¹ Por tanto exhórtense y edifíquense los unos a los otros, como ya lo hacen.

Últimas exhortaciones

¹² Hermanos, les rogamos que reconozcan a los que trabajan entre ustedes, que se preocupan por ustedes y los amonestan en el Señor. ¹³ Que *los* tengan en gran estima con amor a causa de su obra.

Vivan en paz los unos con los otros.

¹⁴ También les rogamos, hermanos: Amonesten a los ociosos, animen a los desanimados, sostengan a los débiles, sean pacientes con todos. ¹⁵ Tengan cuidado que nadie devuelva a alguno mal por mal. Más bien persigan siempre lo bueno los unos para los otros y para todos.

¹⁶ ¡Estén siempre gozosos! ¹⁷ Hablen con Dios sin cesar. ¹⁸ Den gracias en todo, porque esta es *la* voluntad de Dios para ustedes en Cristo Jesús.

¹⁹ No apaguen al Espíritu. ²⁰ No menosprecien *las* profecías, ²¹ sino examinen todo. Retengan lo bueno. ²² Absténganse de toda clase de mal.

²³ El mismo Dios de la paz los santifique por completo y que todo su ser, espíritu, alma y cuerpo sea guardado sin reproche para la venida de nuestro Señor Jesucristo. ²⁴ Fiel es el que los llama, Quien también lo hará.

Despedida

²⁵ Hermanos, hablen con Dios por nosotros.

²⁶ Saluden a todos los hermanos con beso santo.

²⁷ Les ruego encarecidamente en el Nombre del Señor que sea leída esta epístola a todos los hermanos.

²⁸ La gracia de nuestro Señor Jesucristo sea con ustedes.

2 Tesalonicenses

Saludo

1 ¹ Pablo, Silvano y Timoteo, a la iglesia de *los* tesalonicenses en Dios nuestro Padre y en el Señor Jesucristo: ² Gracia y paz a ustedes de Dios nuestro Padre y del Señor Jesucristo.

Una justa retribución

³ Hermanos, tenemos que dar gracias a Dios siempre por ustedes como es apropiado, pues su fe crece maravillosamente y abunda el amor de cada uno de ustedes hacia los otros, ⁴ tanto que nos enaltecemos por ustedes en las iglesias de Dios por su paciencia y fe en medio de todas las persecuciones y aflicciones que enfrentan, ⁵ evidencia del justo juicio de Dios, para que ustedes sean considerados dignos del reino de Dios, por el cual también sufren.

⁶ En verdad es justo que Dios retribuya aflicción a los que los afligen, ⁷ y a ustedes, que son afligidos, les da reposo con nosotros en la manifestación del Señor Jesús desde el cielo con ángeles de su poder, ⁸ en llama de fuego para castigar a los que no conocieron a Dios, y a los que no obedecen a las Buenas Noticias de nuestro Señor Jesús.

⁹ Éstos sufrirán pena de eterna ruina lejos de la presencia del Señor y de la gloria de su poder, ¹⁰ cuando venga en aquel día para ser glorificado en sus santos y ser admirado por todos los que creyeron, porque ustedes creyeron nuestro testimonio.

¹¹ Por lo cual también hablamos con Dios siempre acerca de ustedes, para que nuestro Dios los considere dignos del llamamiento y cumpla con poder todo deseo de bondad y obra de fe, ¹² para que el Nombre de nuestro Señor Jesús sea glorificado en ustedes, y ustedes en Él, según la gracia de nuestro Dios y del Señor Jesucristo.

La manifestación del Anticristo

2 ¹ Pero con respecto a la venida de nuestro Señor Jesucristo y nuestra reunión con Él, les rogamos, hermanos, ² que no se muevan fácilmente del entendimiento, ni sean perturbados por espíritu, ni por palabra, ni por epístola como *si fuera* de nosotros, en el sentido de que el día del Señor llegó.

³ ¡Que nadie los engañe en ninguna manera! Pues *no sucederá* si la apostasía no viene primero, y se manifiesta el hombre de iniquidad, el hijo de destrucción, ⁴ el oponente que se levanta contra todo lo que es llamado Dios

o es objeto de adoración, hasta el punto de tomar asiento en el Santuario de Dios para proclamar que él mismo es Dios.

⁵ ¿No recuerdan que les decía estas cosas cuando yo estaba aún con ustedes?

⁶ Ahora saben lo que *lo* detiene, a fin de que sea revelado en el tiempo de él. ⁷ Porque ya se mueve el misterio de la iniquidad. En el tiempo presente está el que *lo* detiene, hasta que sea quitado de en medio.

⁸ Entonces se manifestará el inicuo, a quien el Señor matará con el aliento de su boca, y *lo* reducirá a la impotencia con la gloria de su venida. ⁹ La venida *del inicuo* es por operación de Satanás, con toda clase de poderes, señales milagrosas y prodigios falsos, ¹⁰ y con todo engaño de iniquidad para los que se pierden, porque no aceptaron el amor a la verdad para ser salvos.

¹¹ Por esto Dios les envía una operación engañosa para que ellos crean en la mentira, ¹² a fin de que sean juzgados todos los que no creyeron en la verdad, sino se deleitaron en la injusticia.

Escogidos para salvación

¹³ Hermanos amados por *el* Señor, nosotros tenemos que dar gracias siempre a Dios por ustedes, pues desde el principio Él los escogió para salvación por medio de la santificación del espíritu y fe en la verdad. ¹⁴ A esto los llamó por medio de nuestras Buenas Noticias para que obtengan la gloria de nuestro Señor Jesucristo.

¹⁵ Así que, hermanos, estén firmes y retengan las tradiciones como las enseñamos, bien por palabra o por epístola nuestra.

¹⁶ El mismo Señor nuestro, Jesucristo, y Dios nuestro Padre, Quien nos amó y nos dio consolación eterna y buena esperanza por gracia, ¹⁷ consuele y confirme sus corazones en toda obra y buena palabra.

Petición especial de Pablo

3 ¹ Por lo demás, hermanos, hablen con Dios con respecto a nosotros para que la Palabra del Señor corra y sea magnificada, como también *ocurrió* con ustedes, ² y para que seamos librados de los hombres perversos y malos, porque la fe no es de todos.

³ Pero fiel es el Señor, Quien los afianzará y protegerá del malo. ⁴ Ponemos la confianza en el Señor con respecto a ustedes, que hacen y harán lo que mandamos. ⁵ El Señor dirija sus corazones al amor de Dios y a la paciencia de Cristo.

Contra el desorden

⁶ Pero les ordenamos, hermanos, en Nombre del Señor Jesucristo, que ustedes se mantengan alejados de todo hermano que viva desordenadamente, y no según la enseñanza que recibieron de nosotros.

⁷ Porque ustedes mismos saben de qué manera deben imitarnos, pues no estuvimos fuera de orden entre ustedes, ⁸ ni comimos pan de nadie sin pago. Al contrario, trabajamos con afán y fatiga de noche y de día para no ser carga a ninguno de ustedes. ⁹ No porque no tenemos derecho, sino para que fuéramos como ejemplo a ustedes, a fin de que nos imiten.

¹⁰ Aun cuando estábamos con ustedes les ordenábamos esto: Si alguno no quiere trabajar, que tampoco coma. ¹¹ Porque oímos que algunos entre ustedes viven desordenadamente sin trabajar y entrometidos *en lo ajeno*. ¹² A ellos ordenamos y exhortamos por el Señor Jesucristo que trabajen ordenadamente y coman su propio pan. ¹³ A ustedes, hermanos, que no dejen de hacer cosas buenas.

¹⁴ Si alguno no obedece a nuestra enseñanza por medio de esta epístola, señalen a éste para que no se junten con él, a fin de que sea avergonzado. ¹⁵ Pero no lo consideren como enemigo. Amonéstenlo como a un hermano.

Despedida

¹⁶ El mismo Señor de la paz les dé siempre la paz en toda manera. El Señor sea con todos ustedes.

¹⁷ El saludo de mi mano, de Pablo, que es *la* señal en toda epístola. Así escribo.

¹⁸ La gracia de nuestro Señor Jesucristo sea con todos ustedes.

1 Timoteo

Saludo

1 ¹ Pablo, un apóstol de Cristo Jesús por mandato de Dios nuestro Salvador, y de Cristo Jesús nuestra esperanza, ² a Timoteo, legítimo hijo en *la* fe. Gracia, misericordia, paz de Dios Padre y de Cristo Jesús nuestro Señor.

Falsos maestros

³ Cuando pasé a Macedonia te rogué permanecer en Éfeso para que mandaras a algunos que no ofrecieran instrucción diferente, ⁴ ni pusieran atención a fábulas y genealogías interminables, las cuales más bien promueven especulaciones inútiles y no la administración de Dios que es por fe.

⁵ Pues el propósito de esta instrucción es *el* amor de corazón puro, buena conciencia y fe sincera, ⁶ de las cuales, algunos perdieron el camino y fueron desviados hacia vacía palabrería. ⁷ Deseaban ser maestros de la Ley sin entender lo que dicen, ni las cosas que hablan de manera absoluta.

Propósito de la Ley

⁸ Pero sabemos que *la* Ley es buena cuando alguno habla legítimamente. ⁹ Reconocemos que *la* Ley no se instituyó para *el* justo, sino para inicuos y desobedientes, ateos y pecadores, perversos y profanos, patricidas y matricidas, homicidas, ¹⁰ inmorales sexuales, homosexuales, secuestradores, mentirosos, perjuros y si hay algún otro que se opone a *la* sana doctrina, ¹¹ según las Buenas Noticias de la gloria del bendito Dios, las cuales se me encomendaron.

Vocación de Pablo

¹² Estoy agradecido al que me fortaleció, a Cristo Jesús nuestro Señor, porque al ponerme en el ministerio, me consideró fiel. ¹³ Había sido un blasfemo, perseguidor e insolente. Pero me fue otorgada misericordia porque procedí por ignorancia en incredulidad. ¹⁴ Pero la gracia de nuestro Señor estuvo presente en gran abundancia con fe y amor en Cristo Jesús.

¹⁵ La Palabra es fiel y digna de toda aceptación: Cristo Jesús vino al mundo a salvar pecadores, de los cuales yo soy *el* primero. ¹⁶ Pero por esto *me* fue otorgada misericordia, a fin de que Cristo Jesús demuestre toda longanimidad primero en mí como ejemplo de los que creerían en Él para vida eterna.

¹⁷ Por tanto, al Rey de los siglos, inmortal, invisible, al único Dios, sean *el* honor y *la* gloria por los siglos de los siglos. Amén.

[18] Este mandato te encargo, hijo Timoteo, para que conforme a las profecías que preceden sobre ti, te sirvas de ellas en el noble combate, [19] y mantengas *la* fe y la buena conciencia.

Algunos naufragaron respecto a la fe al rechazarlas, [20] de los cuales son Himeneo y Alejandro, a quienes entregué a Satanás para que aprendieran a no blasfemar.

Respaldo a la conversación con Dios

2 [1] Exhorto ante todo, que sean hechas peticiones, conversaciones con Dios, súplicas y acciones de gracias por todos los hombres, [2] por *los* reyes y por todos los que están en posición de autoridad, a fin de que pasemos una vida diaria tranquila y quieta, con toda piedad y dignidad.

[3] Esto es bueno y agradable delante de Dios nuestro Salvador, [4] el cual desea que todos los hombres sean salvos y acudan al conocimiento de la verdad.

[5] Porque hay un solo Dios y un solo Mediador entre Dios y hombres: Cristo Jesús, Hombre, [6] Quien se dio a sí mismo como rescate por todos. El testimonio *fue dado* en tiempos apropiados, [7] para lo cual yo fui constituido predicador y apóstol (digo verdad, no miento), maestro de *los* gentiles en fe y verdad.

[8] Quiero, pues, que los hombres hablen con Dios en todo lugar y levanten manos santas, sin ira ni discusión.

Comportamiento de las mujeres

[9] Asimismo, que las mujeres se adornen con ropa decorosa, con modestia y decencia, no con peinados ostentosos, ni oro, ni perlas, ni ropa costosa, [10] sino con buenas obras, lo cual conviene a mujeres que profesan reverencia a Dios.

[11] Que una mujer aprenda en quietud, con toda sumisión, [12] pues no permito a una mujer enseñar ni dominar a un varón, sino estar en quietud.

[13] Porque Adán fue formado primero, luego Eva. [14] Adán no fue engañado, sino la esposa. Cuando fue engañada, cayó en transgresión. [15] Pero será preservada por medio de la procreación, cuando permanezca en *la* fe, *el* amor, y *la* santificación con modestia.

Para los que anhelan ministerio

3 [1] Fiel es la Palabra: Si alguno anhela oficio de supervisor, desea buena obra. [2] Es necesario que el supervisor sea irreprochable, esposo de una sola esposa, sobrio, prudente, honorable, hospedador, apto para enseñar, [3] no adicto al vino, ni pendenciero, sino amable, apacible, no avaro, [4] que gobierne bien su propia familia, que tenga hijos en sujeción con toda dignidad, [5] (pues si alguno no sabe dirigir a su propia familia, ¿cómo cuidará de la iglesia de Dios?), ⁶ no un recién convertido, no sea que, después de envanecerse caiga en juicio del diablo.

⁷ Debe tener también buen testimonio de los de afuera, para que no caiga en reproche y trampa del diablo.

Para los diáconos

⁸ Asimismo, *los* diáconos, sean serios, sin doblez de lengua, dignos de respeto, no de doble palabra, no adictos a mucho vino, no codiciosos de ganancia deshonesta, ⁹ que guarden el misterio de la fe con limpia conciencia. ¹⁰ Éstos también sean probados primero, y entonces, si son irreprochables, sirvan como diáconos.

¹¹ De igual manera, *las* mujeres, sean serias, no calumniadoras, sobrias, fieles en todo.

¹² *Los* diáconos, que sean esposos de una sola esposa, que se encarguen bien de *sus* hijos y de sus propias casas. ¹³ Porque los que ministran bien se ganan una buena posición y mucha confianza en *la* fe en Cristo Jesús.

¹⁴ Esto te escribo con esperanza de visitarte en breve. ¹⁵ Pero, si demoro, *te escribo* para que sepas cómo debes conducirte en la familia de Dios, que es *la* iglesia del Dios viviente, columna y fundamento de la verdad.

Gran misterio

¹⁶ Por confesión unánime, grande es el misterio de la piedad:
Él fue manifestado en *el* cuerpo,
Justificado en Espíritu,
Visto por ángeles,
Proclamado entre gentiles,
Creído en *el* mundo,
Recibido arriba en gloria.

El tiempo del fin

4 ¹ Pero el Espíritu dice explícitamente que en los postreros tiempos algunos apostatarán de la fe. Fijarán *la* atención en espíritus engañadores y en enseñanzas relacionadas con demonios, ² por medio de *la* hipocresía de mentirosos cauterizados en su conciencia, ³ que prohíben casarse y mandan abstenerse de alimentos que Dios creó para que los creyentes que conocieron la verdad participen de ellos con acción de gracias.

⁴ Porque todo lo creado por Dios es bueno y no se debe rechazar si se toma con acción de gracias, ⁵ porque es santificado por medio de *la* Palabra de Dios y de *la* conversación con Dios.

El buen ministro de Cristo

⁶ Cuando enseñes estas cosas a los hermanos serás un buen ministro de Cristo Jesús, porque estás nutrido con las palabras de la fe y de la buena doctrina que seguiste fielmente. ⁷ Pero evita las fábulas profanas de ancianas.

Ejercítate en *la* piedad. ⁸ El adiestramiento corporal para poco es provechoso, pero la piedad es provechosa para todo, y tiene promesa de la vida presente y de la que viene.

⁹ Esta palabra es fiel y digna de que todos la prueben. ¹⁰ Porque para esto trabajamos arduamente y nos esforzamos, pues fijamos la esperanza en *el* Dios viviente, que es Salvador de todos *los* hombres, especialmente de *los* que creen. ¹¹ Estas cosas manda y enseña.

¹² Nadie desprecie tu juventud, mas bien sé ejemplo de los creyentes en palabra, conducta, amor, fe y pureza. ¹³ Mientras voy, pon atención a la lectura, a la exhortación y a la enseñanza. ¹⁴ No descuides el don que tú tienes, que te fue conferido por medio de profecía con imposición de las manos de los ancianos.

¹⁵ Reflexiona estas cosas. Persevera en éstas para que tu progreso se manifieste a todos. ¹⁶ Ten cuidado de ti mismo y de la doctrina, persiste en estas cosas, porque al hacer esto, te salvarás a ti mismo y a los que te escuchan.

Exhortaciones

5 ¹ No reprendas al anciano, sino exhórtalo como a un padre, a los más jóvenes, como a hermanos, ² a las ancianas, como a madres, a las más jóvenes, como a hermanas, con toda pureza.

³ Honra a *las* viudas, las realmente viudas. ⁴ Si alguna viuda tiene hijos o nietos, aprendan primero a mostrar piedad hacia su propia familia, y a dar recompensa a los progenitores, porque esto es agradable delante de Dios. ⁵ Sin embargo, *honra a* la que es realmente viuda y quedó sola, *que* fijó su esperanza en Dios, y persevera en las súplicas y en las conversaciones con Dios de noche y de día. ⁶ Pero la que vive entregada a los placeres vanos, aunque vive, murió.

⁷ Manda también estas cosas para que sean irreprochables, ⁸ porque si alguno no provee para los suyos, y especialmente para los de su familia, negó la fe y es peor que un incrédulo.

⁹ Sea incluida en la lista *la* viuda no menor de 60 años que fue esposa de un solo esposo, ¹⁰ aprobada en buenas obras: si crió hijos, si mostró hospitalidad, si lavó *los* pies de santos, si socorrió a afligidos y si siguió de cerca toda buena obra.

¹¹ Pero no incluyas viudas más jóvenes porque cuando sean impulsadas por deseos que están en conflicto con el afecto a Cristo, quieren casarse ¹² y tienen acusación. Quebrantaron la primera promesa. ¹³ Al mismo tiempo también aprenden a ser ociosas y vagan de casa en casa. Y no solo ociosas, sino también chismosas y entremetidas, pues hablan las cosas que no deben. ¹⁴ Por tanto deseo que las más jóvenes se casen, críen hijos, manejen sus casas y no den al adversario ocasión de reproche. ¹⁵ Porque algunas ya se extraviaron tras Satanás. ¹⁶ Si algún creyente tiene viudas, manténgalas, y no se cargue a la iglesia, a fin de que ayude a las que realmente son viudas.

¹⁷ Los ancianos que gobiernan bien sean considerados dignos de doble honor, especialmente los que trabajan arduamente en predicación y enseñanza. ¹⁸ Porque la Escritura dice:
No pondrás bozal al buey que trilla.
Y:
Digno es el trabajador de su pago.

¹⁹ Contra un anciano no aceptes acusación, excepto delante de dos o tres testigos. ²⁰ Reprende delante de todos a los que pecan, para que también los demás tengan temor. ²¹ Declaro solemnemente delante de Dios, de Cristo Jesús y de los ángeles escogidos que observes estas cosas sin prejuicio, sin hacer acepción de personas.

²² No impongas *las* manos a alguno apresuradamente, ni participes en pecados ajenos. Consérvate puro.

²³ Ya no bebas agua, sino toma un poco de vino por causa de tus frecuentes enfermedades del estómago.

²⁴ Los pecados de algunos hombres son evidentes antes que lleguen al juicio, pero a otros *los pecados los* siguen. ²⁵ Del mismo modo las buenas obras son evidentes, y las malas no se pueden esconder.

6 ¹ Los esclavos bajo yugo consideren a sus amos dignos de todo honor, para que no sea blasfemado el Nombre de Dios ni la doctrina. ² Los *esclavos* que tienen amos creyentes no les falten el respeto por ser hermanos. Más bien sírvanles aun mejor por cuanto los que disfrutan del buen servicio son creyentes y amados. Enseña estas cosas y exhorta.

Oposición a los falsos maestros

³ Si alguno ofrece diferente instrucción, y no acepta las sanas palabras, las de nuestro Señor Jesucristo y la doctrina según *la* piedad, ⁴ está envanecido. Nada entiende, pero tiene manía con respecto a cuestiones controversiales y contiendas relacionadas con palabras de las cuales vienen envidia, contienda, maledicencias, malas conjeturas y ⁵ disputas constantes de hombres que

fueron despojados de entendimiento y privados de la verdad, quienes suponen que la piedad es un medio de ganancia.

⁶ ¡Pero la piedad acompañada de contentamiento es un medio de gran ganancia! ⁷ Porque nada trajimos al mundo. Es evidente que nada podremos llevar. ⁸ Así que, si tenemos sustento y abrigo, estaremos satisfechos con éstos.

⁹ Pero los que quieren enriquecer caen en tentación y trampa, en muchas codicias insensatas y dañinas, las cuales hunden a los humanos en destrucción y ruina. ¹⁰ Porque la raíz de todos los males es el amor al dinero, el cual codiciaron algunos, se descarriaron de la fe y fueron atormentados con muchos dolores.

Exhortación al hombre de Dios

¹¹ Pero tú, oh hombre de Dios, huye de estas cosas. Persigue *la* justicia, *la* piedad, *la* fe, *el* amor, *la* paciencia, *la* mansedumbre. ¹² Pelea la buena batalla de la fe. Agarra la vida eterna a la cual fuiste llamado, de la cual hiciste buena confesión delante de muchos testigos. ¹³ Ordeno delante de Dios, Quien da vida a todas las cosas, y de Cristo Jesús, Quien dio testimonio de la buena confesión delante de Poncio Pilato, ¹⁴ que guardes el mandamiento sin mancha, sin reproche, hasta la aparición de nuestro Señor Jesucristo, ¹⁵ la cual mostrará en tiempos apropiados el bendito y único Soberano, el Rey de reyes y Señor de señores, ¹⁶ el Único que tiene inmortalidad, que mora en luz inaccesible, a Quien ninguno de *los* humanos vio, ni puede ver. A Él sea honor y soberanía eterna. Amén.

La verdadera riqueza

¹⁷ Instruye a los ricos de este mundo a no ser arrogantes ni poner su esperanza en riquezas inciertas, sino en Dios, Quien nos provee abundantemente todas las cosas para que las disfrutemos. ¹⁸ *Instrúyelos* a hacer bien, ser ricos en buenas obras, ser generosos, dispuestos a compartir, ¹⁹ que atesoren para sí mismos una buena reserva para lo futuro, a fin de que posean lo que en verdad es vida.

Exhortaciones finales

²⁰ Oh Timoteo, guarda el depósito que se te encomendó. Evita las palabrerías vacías y profanas, y contradicciones del que de manera falsa llaman conocimiento. ²¹ Algunos que lo profesaron se extraviaron de la fe.

La gracia sea con ustedes.

2 Timoteo

Saludo

1 ¹ Pablo, un apóstol de Cristo Jesús por voluntad de Dios, según *la* promesa de *la* vida en Cristo Jesús, ² a Timoteo, amado hijo. Gracia, misericordia, paz de Dios Padre y de Cristo Jesús nuestro Señor.

Oposición a las falsas doctrinas

³ Doy gracias a Dios a Quien sirvo con limpia conciencia, como lo hicieron mis antepasados, cuando sin cesar me recuerdo de ti en mis conversaciones con Dios de noche y de día, ⁴ al recordar tus lágrimas y anhelar verte para regocijarme. ⁵ Tengo presente el recuerdo de la fe sincera que hay en ti, la cual residió primero en tu abuela Loida y en tu madre Eunice, y estoy persuadido de que también en ti.

⁶ Por esta razón te recuerdo que avives el fuego, el don de Dios que está en ti por medio de la imposición de mis manos. ⁷ Porque Dios no nos dio espíritu de cobardía, sino de poder, de amor y de dominio propio. ⁸ Por tanto no te avergüences del testimonio de nuestro Señor, ni de mí, su prisionero. Sino comparte conmigo el sufrimiento en las Buenas Noticias según *el* poder de Dios, ⁹ Quien nos salvó y llamó con vocación santa, no según nuestras obras, sino según su propio propósito y gracia que nos fue dada en Cristo Jesús antes de *los* tiempos eternos.

¹⁰ Pero ahora *la gracia* fue manifestada por medio de la aparición de nuestro Salvador, Cristo Jesús, Quien ciertamente abolió la muerte al sacar a luz *la* vida y *la* inmortalidad por medio de las Buenas Noticias, ¹¹ para las cuales yo fui designado predicador, apóstol y maestro, ¹² razón por la cual también soporto estas cosas.

Pero no me avergüenzo, porque sé en Quién creí y me persuadí de que es poderoso para guardar mi depósito hasta aquel día.

¹³ Retén copia calcada de las palabras sanas que escuchaste de mí, la fe y el amor en Cristo Jesús.

Un depósito importante

¹⁴ Guarda el buen depósito por medio del Espíritu Santo que vive en nosotros.

¹⁵ Sabes que todos los de Asia se alejaron de mí, de los cuales son Figelo y Hermógenes.

¹⁶ El Señor conceda misericordia a la casa de Onesíforo, pues muchas veces me refrescó y no se avergonzó de mi cautividad. ¹⁷ Al hallarse en Roma, diligentemente me buscó y *me* encontró. ¹⁸ El Señor tenga misericordia de él en aquel día. Tú sabes bien cuántos servicios nos brindó en Éfeso.

El buen soldado de Jesucristo

2 ¹ Tú, pues, hijo mío, sé fortalecido con la gracia de Cristo Jesús. ² Lo que escuchaste de mí en medio de muchos testigos encomienda a hombres fieles que sean idóneos para enseñar también a otros.

³ Comparte sufrimientos como buen soldado de Cristo Jesús. ⁴ Ninguno que se alista como soldado se enreda en los negocios de la vida, a fin de agradar al que lo reclutó como soldado.

⁵ También, si alguno compite como atleta, no es coronado si no compite según las normas.

⁶ El labrador, para recibir su parte de los frutos, le es necesario que primero trabaje duro. ⁷ Considera lo que digo, pues el Señor te dará entendimiento en todo.

⁸ Recuerda a Jesucristo, descendiente de David, Quien resucitó de entre *los* muertos, según mi mensaje de Buenas Noticias, ⁹ por el cual sufro maltrato, hasta cadenas como un malhechor. Pero la Palabra de Dios no está atada. ¹⁰ Por tanto todo lo soporto por amor a los escogidos para que ellos también obtengan salvación de Cristo Jesús con gloria eterna.

¹¹ Fiel es la Palabra, pues si morimos con Él, también viviremos con Él. ¹² Si soportamos, también reinaremos con Él. Si lo negamos, Él también nos negará. ¹³ Si somos infieles, Él permanece fiel, porque no puede negarse a Él mismo.

El obrero aprobado

¹⁴ Recuérdales estas cosas. Encárgales solemnemente delante de Dios que no contiendan con respecto a palabras, *lo cual* para nada es provechoso. Sirve para destrucción de los oyentes. ¹⁵ Procura diligentemente presentarte a Dios aprobado como obrero que no tiene de qué avergonzarse, que maneja con precisión la Palabra de verdad.

¹⁶ Pero evita profanas y vacías habladurías, porque harán que *la* impiedad avance más.

¹⁷ La palabra de ellos carcomerá como gangrena, de los cuales son Himeneo y Fileto, ¹⁸ que perdieron el rumbo con respecto a la verdad. Dicen que la resurrección ya ocurrió y trastornan la fe de algunos.

¹⁹ Sin embargo, el sólido fundamento de Dios permanece firme, con este sello:
Conoce el Señor a los suyos, y:

Huya de iniquidad todo el que menciona el Nombre del Señor.

20 Pero en una casa grande, no solo hay vasijas de oro y de plata, sino también de madera y de barro, y unas para honor y otras para deshonor. 21 Así que, cuando alguno se limpie de todas estas cosas será vasija para honor, santificada, útil para el amo, preparada para toda buena obra.

22 Huye también de las pasiones juveniles, y persigue *la* justicia, *la* fe, *el* amor y *la* paz, con los que claman al Señor de corazón puro. 23 Pero evita las cuestiones necias y estúpidas, pues sabes que engendran contiendas.

24 Porque un esclavo del Señor no debe pelear, sino ser amable con todos, apto para enseñar, paciente, 25 que corrija con mansedumbre a los que se oponen, para ver si Dios les concede cambio de mente a fin de que conozcan *la* verdad 26 y vuelvan a ser sobrios con respecto a la trampa del diablo quien los tiene cautivos a su voluntad.

Los últimos tiempos

3 1 Sepan que en *los* últimos días habrá tiempos difíciles, 2 porque habrá hombres egoístas, amigos del dinero, arrogantes, soberbios, blasfemos, desobedientes a *los* progenitores, ingratos, impíos, 3 sin afecto natural, irreconciliables, calumniadores desenfrenados, crueles, aborrecedores de lo bueno, 4 traidores, impetuosos, envanecidos, amadores de los placeres en vez de ser amadores de Dios.

5 Aunque tienen apariencia de piedad, niegan el poder de ella. Apártate también de ellos. 6 Porque de éstos son los que penetran en las casas y desvían a mujercillas cargadas de pecados, llevadas por diversas pasiones, 7 que siempre aprenden y nunca llegan al conocimiento de *la* verdad.

8 De la manera que Janes y Jambres resistieron a Moisés, así también éstos se resisten a la verdad, hombres de mente depravada, descalificados en cuanto a la fe. 9 No avanzarán mucho, porque su insensatez será evidente a todos, como también fue la de aquéllos.

Encargo de Pablo a Timoteo

10 Pero tú seguiste mi enseñanza, conducta, propósito, fe, longanimidad, amor, perseverancia, 11 persecuciones, padecimientos, como los que me vinieron en Antioquía, en Iconio y en Listra. Esas persecuciones sufrí, y el Señor me libró de todas. 12 También todos los que quieren vivir piadosamente en Cristo Jesús serán perseguidos. 13 En cambio los hombres malos e impostores avanzarán hacia lo peor, pues engañan y son engañados.

14 Pero tú permanece en las cosas que aprendiste y por las cuales te persuadiste, pues sabes de quiénes aprendiste, 15 y que desde niño sabes *las*

Sagradas Escrituras, que pueden hacerte sabio en *la* salvación por medio de *la* fe en Cristo Jesús.

¹⁶ Toda *la* Escritura es inspirada por Dios, y útil para enseñanza, reprobación, corrección e instrucción en la justicia, ¹⁷ a fin de que el hombre de Dios sea equilibrado, equipado para toda buena obra.

La sagrada encomienda

4 ¹ Declaro solemnemente delante de Dios y de Cristo Jesús, Quien está destinado a juzgar a *los* vivos y a *los* muertos en su aparición y en su reino: ² Predica la Palabra, está listo a tiempo y fuera de tiempo, convierte el argumento contra el que lo presenta, reprende, exhorta con toda longanimidad y doctrina.

³ Habrá tiempo cuando no aceptarán la sana doctrina, sino, al tener una comezón de predicación, se acumularán para sí mismos maestros según sus propios deseos ardientes, ⁴ y ciertamente apartarán el oído de la verdad, y serán extraviados a las fábulas.

⁵ Pero tú sé sobrio en todo, soporta privaciones, haz obra de evangelista, cumple tu ministerio.

⁶ Porque yo ya soy ofrecido en libación, y el tiempo de mi partida es inminente. ⁷ He peleado la buena batalla, acabé la carrera, guardé la fe. ⁸ Por lo demás, la corona de justicia me está reservada, la cual el Señor, Juez justo, me dará en aquel día, y no solo a mí, sino también a todos los que tienen en alta estima su aparecimiento.

Recomendaciones personales

⁹ Haz todo esfuerzo para venir pronto a mí, ¹⁰ porque Demas, al amar al mundo de ahora, me desamparó y fue a Tesalónica, Crescente, a Galacia y Tito, a Dalmacia. ¹¹ Solo Lucas está conmigo. Toma a Marcos y tráelo contigo, porque me es útil para *el* ministerio, ¹² pues a Tíquico envié a Éfeso. ¹³ Al venirte, trae el capote que dejé con Carpo en Troas, y los rollos, especialmente los pergaminos.

¹⁴ Alejandro el calderero me hizo muchos males. El Señor le pagará según sus obras. ¹⁵ Guárdate tú también de él, porque con vehemencia contradijo nuestras enseñanzas.

¹⁶ En mi primera defensa ninguno se presentó. Todos me abandonaron. No les sea tomado en cuenta. ¹⁷ Pero el Señor estuvo presente y me fortaleció para que yo cumpliera la predicación, y que todos los gentiles oyeran. Fui librado de *la* boca del león. ¹⁸ El Señor me librará de toda obra mala y me preservará para su reino celestial. A Él sea la gloria por los siglos de los siglos. Amén.

Despedida

¹⁹ Saluda a Prisca y a Aquila, y a la familia de Onesíforo. ²⁰ Erasto quedó en Corinto. A Trófimo lo dejé en Mileto porque estaba enfermo. ²¹ Haz todo esfuerzo por venir antes del invierno. Eubulo te saluda, también Pudente, Lino, Claudia y todos los hermanos.

²² El Señor esté con tu espíritu. La gracia sea con ustedes.

Tito

Saludo

1 ¹ Pablo, un esclavo de Dios y apóstol de Jesucristo, según *la* fe de los escogidos de Dios y *el* conocimiento de la verdad en la piedad, ² con respecto a *la* esperanza de vida eterna, la cual Dios, Quien no miente, prometió antes de *los* tiempos eternos. ³ Pero a su debido tiempo reveló su Palabra por *la* predicación la cual me fue encomendada por orden de Dios nuestro Salvador.

⁴ A Tito, genuino hijo según *la* fe común. Gracia y paz de Dios Padre y de Cristo Jesús, nuestro Salvador.

Tito en Creta

⁵ Por esta razón te dejé en Creta, para que te encargaras de poner en orden las cosas desordenadas, y designaras ancianos en cada ciudad, como yo me propuse.

Requisitos para los ancianos

⁶ El anciano debe ser irreprochable, esposo de una sola esposa, que tenga hijos fieles, no con acusación de relajamiento moral o rebeldes. ⁷ Porque es necesario que el supervisor sea irreprochable como administrador de Dios: no arrogante, no iracundo, no adicto al vino, no pendenciero, no codicioso de ganancia deshonesta, ⁸ sino hospedador, amante de lo bueno, prudente, justo, santo, disciplinado, ⁹ que retenga *la* palabra fiel, según la doctrina, a fin de que también pueda exhortar con la sana doctrina y convencer a los que contradicen.

¹⁰ Porque hay muchos indisciplinados, habladores de vanidades y engañadores, especialmente de los judíos, ¹¹ a quienes hay que silenciar, que trastornan familias enteras, pues enseñan lo que no es necesario por amor a una ganancia deshonesta.

¹² Uno de ellos, su propio profeta, dijo: Cretenses, siempre mentirosos, malas bestias, glotones ociosos. ¹³ Este testimonio es verdadero. Por lo cual, repréndelos severamente para que sean sanos en la fe, ¹⁴ que no fijen *la* atención en fábulas judaicas y mandamientos de hombres que se apartan de la verdad.

¹⁵ Todas las cosas son puras para los puros, pero para los contaminados e incrédulos nada es puro. Pues aun la mente y la conciencia de ellos fueron

contaminadas. ¹⁶ Profesan conocer a Dios, pero con los hechos lo niegan, pues son repugnantes y desobedientes, descalificados para toda buena obra.

Sana doctrina

2 ¹ Pero tú habla lo que es conveniente a la sana doctrina.
² Que *los* hombres mayores sean sobrios, dignos de respeto, sensibles, sanos en la fe, en el amor y en la perseverancia.

³ Asimismo, que *las* mujeres mayores sean dignas de reverencia por su conducta, no calumniadoras, no esclavizadas a mucho vino, maestras de cosas buenas, ⁴ que animen a las jóvenes a que amen a sus esposos y a sus hijos, ⁵ que sean prudentes, castas, cuidadoras de su casa, buenas, sometidas a sus esposos, para que la Palabra de Dios no sea blasfemada.

⁶ Exhorta también a los jóvenes a ser razonables.

⁷ Preséntate tú mismo en todo como ejemplo de buenas obras, con pureza de doctrina, seriedad, ⁸ palabra sana e irreprochable, para que el adversario sea avergonzado y no tenga algo malo que decir en cuanto a nosotros.

⁹ A *los* esclavos, que sean sometidos a sus amos en todo, que sean complacientes, que no contradigan, ¹⁰ que no se apropien indebidamente *de algo*, sino que muestren toda buena fe para que en todo adornen la doctrina de Dios nuestro Salvador.

¹¹ Porque la gracia salvadora de Dios se manifestó a todos los hombres, ¹² y nos enseñó que, después de apartarnos de la impiedad y de las pasiones mundanas, vivamos sobria, justa y piadosamente en el mundo presente, ¹³ que nos acojamos a la esperanza bienaventurada y *la* aparición de la gloria de nuestro gran Dios y Salvador Jesucristo, ¹⁴ Quien se dio a sí mismo por nosotros para librarnos de toda iniquidad, y purificar para sí un pueblo escogido, celoso de buenas obras.

¹⁵ Habla estas cosas, exhorta y reprende con toda autoridad. Nadie te menosprecie.

Salvación gratuita

3 ¹ Recuérdales que se sometan a gobernantes y autoridades, que estén preparados para toda obra buena, ² que a nadie difamen, que sean apacibles, tolerantes, que muestren toda mansedumbre a todos *los* hombres.

³ Porque nosotros también éramos en otro tiempo insensatos, desobedientes, extraviados. Éramos esclavos de deseos apasionados y placeres diversos, y vivíamos en malicia y envidia, aborrecibles y nos odiábamos unos a otros.

⁴ Pero cuando la bondad de Dios nuestro Salvador y *su* amor por la humanidad se manifestaron, ⁵ nos salvó, no por obras que nosotros

hicimos en justicia, sino según su misericordia, por medio del lavamiento de la regeneración y renovación del Espíritu Santo, ⁶ el cual derramó abundantemente en nosotros por medio de Jesucristo, nuestro Salvador, ⁷ para que, justificados por aquella gracia, seamos herederos según *la* promesa de vida eterna.

⁸ La Palabra es fiel. Con respecto a esto quiero insistirte con firmeza, para que los que creen en Dios estén preocupados por hacer buenas obras. Estas cosas son buenas y beneficiosas para los hombres.

⁹ Pero evita necedades, controversias, genealogías, contiendas y discusiones sobre cosas pertenecientes a la Ley, porque son peligrosas y vacías.

¹⁰ Rechaza al hombre que, después de una y otra amonestación, causa divisiones. ¹¹ Sabes que se pervirtió y al ser condenado por sí mismo, peca.

Recomendaciones y despedida

¹² Cuando te envíe a Artemas o a Tíquico, haz todo esfuerzo por visitarme en Nicópolis, porque decidí pasar allí el invierno. ¹³ Encamina diligentemente a Zenas, el abogado, y a Apolos, para que nada les falte.

¹⁴ Aprendan también los nuestros a ocuparse en buenas obras para las necesidades urgentes a fin de que no se queden sin fruto.

¹⁵ Te saludan todos los que están conmigo. Saluda a los que nos aman en *la* fe. La gracia sea con todos ustedes.

Filemón

Saludo

1 ¹ Pablo, prisionero de Cristo Jesús, y el hermano Timoteo, al amado Filemón, colaborador nuestro, ² a la hermana Apia, a Arquipo, nuestro compañero de milicia, y a la iglesia que está en tu casa. ³ Gracia a ustedes y paz de Dios nuestro Padre, y del Señor Jesucristo.

Gracias a Dios por Filemón

⁴ Doy gracias a mi Dios siempre que me acuerdo de ti en mis conversaciones con Dios, ⁵ pues escucho de tu amor y de la fe que tienes hacia el Señor Jesús y para todos los santos. ⁶ *Ruego* que, por medio del conocimiento de todo lo bueno de ustedes en Cristo, la participación de tu fe sea eficaz. ⁷ Porque tuvimos mucho gozo y consolación en tu amor, pues por medio de ti, hermano, fueron refrescados los corazones de los santos.

Un inútil convertido en útil

⁸ Por tanto, aunque tengo mucho atrevimiento en Cristo para mandarte lo que es apropiado, ⁹ más bien por causa de mi amor *hacia ti*, te exhorto, por ser como soy, Pablo, ya anciano, y ahora también prisionero de Cristo Jesús, ¹⁰ te ruego por mi hijo Onésimo, a quien engendré en las prisiones.

¹¹ En otro tiempo él te fue inútil, pero ahora nos es útil a ti y a mí. ¹² Te lo envío de regreso a él, es decir, al objeto de mi afecto. ¹³ Yo quería retenerlo conmigo, a fin de que me sirviera por ti en las prisiones de las Buenas Noticias.

¹⁴ Pero nada quise hacer sin tu consentimiento, para que tu bien no sea como por medio de presión, sino de libre voluntad. ¹⁵ Porque probablemente por esto se apartó de ti por un tiempo, a fin de que lo recibas para siempre, ¹⁶ ya no como un esclavo, sino más que un esclavo: como hermano amado, especialmente para mí, y cuánto más para ti, tanto en *el* cuerpo como en *el* Señor.

¹⁷ Así que, si me consideras un compañero, recíbelo como a mí. ¹⁸ Si te perjudicó en algo o te debe, cárgalo a mi cuenta. ¹⁹ Yo, Pablo, escribí con mi mano: ¡Yo pagaré! Para no decirte que aun tú mismo te debes a mí. ²⁰ Sí, hermano, que yo me beneficie de ti en *el* Señor. Conforta mi corazón en Cristo. ²¹ Te escribí confiado en tu obediencia, cuando entendí que aun harás más de lo que digo.

²² Al mismo tiempo, prepárame alojamiento, porque espero que seré libertado por medio de las conversaciones de ustedes con Dios.

Despedida

²³ Te saludan Epafras, mi compañero de prisión por Cristo Jesús, ²⁴ Marcos, Aristarco, Demas y Lucas, mis colaboradores.

²⁵ La gracia del Señor Jesucristo sea con tu espíritu.

Hebreos

1 ¹ Dios habló hace mucho tiempo, muchas veces y de muchas maneras a los antepasados por medio de los profetas.

Comunicación a través del Hijo

² En estos últimos días nos habló por medio del Hijo, a Quien declaró Heredero de todas las cosas, por medio de Quien también hizo los universos, ³ Quien es *el* resplandor de la Gloria y reproducción exacta de su esencia, Quien sustenta todas las cosas con la Palabra de su poder. Después de purificarnos de los pecados por medio de Él mismo, se sentó a *la* derecha de la Majestad en *las* alturas. ⁴ Como es superior a los ángeles, heredó un Nombre más excelente que ellos.

El Hijo superior a los ángeles

⁵ Porque ¿a cuál de los ángeles dijo alguna vez:
Mi hijo eres Tú.
Yo te engendré hoy? Y otra vez:
¿Yo le seré Padre,
Y Él me será Hijo?
⁶ Otra vez, cuando introduce al Primogénito en el mundo, dice:
Adórenlo todos los ángeles de Dios.
⁷ Y de los ángeles dice:
Quien convierte a sus ángeles en espíritus,
Y a sus ministros en llama de fuego.
⁸ Pero del Hijo *dijo*:
Tu trono, oh Dios, es por el siglo del siglo,
Y el cetro de tu reino es cetro ᵃde justicia.
⁹ Amaste *la* justicia y aborreciste *la* iniquidad.
Por tanto Dios te ungió, el Dios tuyo,
Con aceite de regocijo por encima de tus compañeros.
¹⁰ Y:
Tú, Señor, desde *el* principio fundaste la tierra,
Y los cielos son obras de tus manos,
¹¹ Y se acabarán, pero Tú permaneces.
Y todos envejecerán como ropa.
¹² Como un vestido los enrollarás,
Y como ropa serán mudados.

ᵃ **1.8** Cetro: Vara de oro labrada con primor que los reyes usaban como insignia de dignidad.

Pero Tú eres el mismo,
Y tus años no acabarán.

¹³ Y, ¿A cuál de los ángeles *Dios* dijo alguna vez:
Siéntate a mi derecha,
Hasta que ponga a tus enemigos como tarima para tus pies?

¹⁴ ¿No son todos *los ángeles* espíritus servidores, enviados para ayudar a los herederos de *la* salvación?

La gran salvación

2 ¹ Por tanto, tenemos que poner mucha más atención a lo que se oyó, no sea que nos deslicemos.

² Si la palabra hablada por medio de ángeles fue firme, y toda transgresión y desobediencia recibió justo castigo, ³ ¿cómo escaparemos nosotros si menospreciamos una salvación tan grande? Ésta fue proclamada al principio por el Señor y nos fue confirmada por los que oyeron, ⁴ y Dios testificó al mismo tiempo con señales, prodigios, diversos milagros y repartimientos del Espíritu Santo según su voluntad.

El camino de nuestro Salvador

⁵ Porque *Dios* no sometió a *los* ángeles el mundo venidero del cual hablamos. ⁶ Pero alguien testificó en cierto lugar:
¿Qué es *el* hombre para que te acuerdes de él,
O *el* hijo de hombre para que lo visites?
⁷ Lo hiciste un poco menor que *los* ángeles.
Lo coronaste de esplendor y de honor.
⁸ Todo lo sometiste debajo de sus pies.

Porque al sujetarle todas las cosas, nada dejó no sometido a Él. Pero aún no vemos todas las cosas sujetas a Él. ⁹ Pero vemos a Jesús, Quien fue un poco menor que *los* ángeles, coronado de gloria y honor por cuanto padeció la muerte, para que por la gracia de Dios se sometiera a *la* muerte por todos.

¹⁰ Porque convenía a *Dios*, por cuya causa y por medio de Quien son todas las cosas, Quien condujo a muchos hijos a *la* gloria, perfeccionar al Autor de la salvación de ellos por medio de padecimientos. ¹¹ Porque el que santifica y los santificados son todos de un *Padre*, por lo cual no se avergüenza de llamarlos hermanos ¹² cuando dijo:
Anunciaré tu Nombre a mis hermanos. En medio de *la* congregación te cantaré alabanza.

¹³ Otra vez:
Yo pondré mi confianza en Él.
    Y otra vez:

Aquí estoy Yo con los niños que Dios me dio.

¹⁴ Así que, por cuanto los hijos participaron de sangre y carne, de igual manera Él mismo también participó de las mismas, para destruir por medio de *la* muerte y reducir a la impotencia al que tiene el poder de la muerte, es decir, al diablo, ¹⁵ y librar a los que estaban sometidos a esclavitud toda la vida por temor a la muerte.

¹⁶ Ciertamente no socorrió a *los* ángeles, sino socorrió a *la* descendencia de Abraham. ¹⁷ Por lo cual *Jesús* debía ser semejante a sus hermanos en todo, para que también fuera un Sumo Sacerdote misericordioso y fiel delante de Dios, a fin de apaciguarlo por los pecados del pueblo. ¹⁸ Pues por cuanto Él mismo padeció al ser tentado, puede compadecerse de los que son probados.

Cristo superior a Moisés

3 ¹ Por lo cual, hermanos santos, participantes del llamamiento celestial, consideren a Jesús, el Apóstol y Sumo Sacerdote de la fe que profesamos, ² Quien es fiel al que lo designó, como también fue Moisés en su casa. ³ Porque Éste fue considerado digno de mayor gloria que Moisés, como el que edificó la casa tiene mayor honra que ella. ⁴ Porque toda casa es construida por alguno, pero Dios es Quien hizo todas las cosas.

⁵ Ciertamente Moisés *fue fiel* en toda su casa como un esclavo, para testimonio de las cosas que serían dichas, ⁶ pero Cristo como Hijo fue fiel sobre su casa, la cual somos nosotros, si nos aferramos a la confianza y al enaltecimiento de la esperanza.

Una generación endurecida

⁷ Por tanto, como dice el Espíritu Santo:
Si oyen hoy su voz,
⁸ No endurezcan sus corazones como en la rebelión
El día de la tentación en el desierto,
⁹ Donde sus antepasados intentaron probarme
Y vieron mis obras 40 años.
¹⁰ Por lo cual, estuve airado contra aquella generación y dije:
Siempre son extraviados en el corazón
Y no entendieron mis caminos.
¹¹ Por tanto juré en mi ira:
No entrarán en mi reposo.

¹² Cuídense, hermanos, para que ninguno de ustedes tenga un corazón malo de incredulidad para apostatar del Dios vivo. ¹³ Más bien, exhórtense los unos a los otros cada día, mientras se dice: Hoy. Para que ninguno de ustedes se endurezca por el engaño del pecado. ¹⁴ Porque somos participantes de

Cristo, si retenemos firme hasta *el* fin la confianza que tuvimos al principio, ¹⁵ mientras se dice:

Hoy. Si escuchan su voz,
No endurezcan sus corazones, como cuando se rebelaron contra Él.

¹⁶ Porque, ¿quiénes lo provocaron después de escuchar? ¿No fueron todos los que salieron de Egipto dirigidos por Moisés? ¹⁷ ¿Contra quiénes estuvo airado 40 años? ¿No fue contra los que pecaron, quienes cayeron *muertos* en el desierto? ¹⁸ ¿A quiénes *Dios* juró que no entrarían en su reposo? ¿No fue a los que desobedecieron? ¹⁹ Vemos que no pudieron entrar por causa de su incredulidad.

4 ¹ Tengamos temor, no sea que, aunque se sostiene *la* promesa de entrar en su reposo, tal vez alguno de ustedes quede excluido.

² Porque tanto a ellos como a nosotros se nos anunciaron las Buenas Noticias, pero a ellos no los benefició la Palabra de la predicación porque los que la oyeron no la mezclaron con la fe. ³ Pero los que creímos entramos en un lugar de reposo. *Con respecto a los que no creyeron*, dijo:

Juré en mi ira,
No entrarán en mi reposo.

Sin embargo, Él terminó todas las obras desde *la* fundación del mundo. ⁴ Porque así dijo en algún pasaje con respecto al séptimo día:

Dios reposó de todas sus obras el séptimo día. ⁵ Y otra vez en este pasaje:
No entrarán en mi reposo.

⁶ Por tanto, puesto que falta que algunos entren en él, y aquellos a quienes primero se les dieron Buenas Noticias no entraron por causa de desobediencia, ⁷ *Dios* otra vez fija un día: Hoy, cuando dijo después de mucho tiempo por medio de David, como ya se dijo:

Hoy. Si escuchan su voz,
No endurezcan sus corazones.

⁸ Porque si el mismo Josué *los* hubiera llevado a un lugar de reposo, no hablaría después de estas cosas con respecto a otro día. ⁹ Así que queda un reposo sabático para el pueblo de Dios. ¹⁰ Porque el que entró en su reposo, también reposó de sus obras, como Dios de las suyas. ¹¹ Procuremos, pues, entrar en aquel reposo, a fin de que ninguno caiga en la misma desobediencia.

¹² Porque la Palabra de Dios es viva y poderosa, y más cortante que cualquier espada de dos filos. Penetra aun hasta *la* separación de alma y espíritu, y de coyunturas y tuétanos. Distingue pensamientos e intenciones del corazón. ¹³ No hay criatura que se oculte en su presencia, sino todas las cosas están desnudas y expuestas ante los ojos de Aquél a Quien *tendremos que* rendir cuenta.

Extraordinario Sumo Sacerdote

¹⁴ Puesto que tenemos a Jesús, *el* Hijo de Dios, el gran Sumo Sacerdote que traspasó los cielos, retengamos la confesión *de fe*. ¹⁵ Porque no tenemos un Sumo Sacerdote Quien no se compadece de nuestras debilidades, mas bien tenemos Uno Quien fue tentado en todo según *nuestra* semejanza, *pero* no pecó. ¹⁶ Acerquémonos, pues, con confianza al trono de la gracia para que obtengamos misericordia y hallemos gracia para la ayuda oportuna.

5 ¹ Porque todo sumo sacerdote tomado de entre *los* hombres es escogido para representar a *los* hombres ante Dios y ofrecer ofrendas y sacrificios por *los* pecados, ² y puede obrar con compasión hacia los que pecan por ignorancia *de la Ley y están* extraviados, puesto que él mismo está rodeado de debilidad. ³ Por tal motivo está obligado a ofrecer *sacrificios* por sus pecados y los del pueblo. ⁴ Nadie toma ese honor para él, sino uno designado por Dios, como Aarón.

⁵ Así también Cristo no se enalteció a Él mismo al ser designado Sumo Sacerdote, sino *lo enalteció* el que le dijo:
Mi Hijo eres Tú.
Yo te engendré hoy.
⁶ Como también dice en otro pasaje:
Tú eres sacerdote para siempre
Según el orden de Melquisedec.

⁷ Cuando estaba en la tierra, *Cristo* presentó ruegos y súplicas con gran clamor y lágrimas al que podía salvarlo de *la* muerte, y fue escuchado a causa de la sumisión reverente. ⁸ Aunque es Hijo, aprendió la obediencia por medio de lo que padeció. ⁹ Después de perfeccionarse, se transformó en fuente de eterna salvación para todos los que le obedecen. ¹⁰ Dios lo designó Sumo Sacerdote según el orden de Melquisedec.

Exhortación a los inexpertos

¹¹ Con respecto a éste tenemos mucho que decir, y es difícil de explicar, puesto que ustedes son lentos de entendimiento. ¹² Porque aunque deben ser maestros a causa del tiempo, tienen necesidad de que alguien les enseñe otra vez los primeros elementos principales de las enseñanzas de Dios, y son como los que necesitan leche, no alimento sólido.

¹³ Todo el que toma leche es inexperto en palabra de justicia, porque es niño. ¹⁴ Pero la comida sólida es para los que han logrado madurez, para los que tienen los sentidos ejercitados por la práctica *del bien* para distinguir lo bueno y lo malo.

6 ¹ Por tanto dejemos las enseñanzas elementales de la doctrina de Cristo y avancemos hacia la perfección. No echemos otra vez el fundamento del arrepentimiento de obras muertas, de la fe en Dios, ² de la doctrina de bautismos, de la imposición de manos, de la resurrección de los muertos y del juicio eterno. ³ Esto haremos, si Dios permite.

⁴ Porque es imposible que los que una vez fueron iluminados, probaron el don celestial, participaron del Espíritu Santo, ⁵ saborearon la buena Palabra de Dios y los poderes de la era venidera, ⁶ y apostataron, sean otra vez restaurados para cambio de mente, pues así crucifican al Hijo de Dios para ellos mismos y lo exponen a afrenta pública.

⁷ Porque la tierra que bebe la lluvia que cae a menudo sobre ella y produce buena cosecha a los que la cultivan, recibe la bendición de Dios. ⁸ Pero la tierra que produce espinas y tallos rastreros es inútil y está cerca de una maldición. Su fin es ser quemada.

⁹ Pero en cuanto a ustedes, amados, aunque hablamos de esta manera, estamos convencidos de cosas mejores que conducen a la salvación. ¹⁰ Porque Dios no es injusto para olvidar su obra y el trabajo de amor que ustedes demostraron a su Nombre cuando sirvieron a los santos, a quienes aún sirven.

¹¹ Pero deseamos que cada uno de ustedes muestre la misma diligencia hasta el fin para la plena certeza de la esperanza, ¹² a fin de que no sean perezosos, sino imitadores de los que por fe y longanimidad heredan las promesas.

¹³ Porque cuando Dios dio la promesa a Abraham, puesto que no tenía uno mayor por quien jurar, juró por Él mismo:
¹⁴ Ciertamente te bendeciré y te multiplicaré.

¹⁵ Así, Abraham esperó con paciencia y obtuvo la promesa. ¹⁶ Porque los seres humanos juran por el mayor. Para ellos el fin de toda controversia es el juramento de confirmación.

¹⁷ Por tanto, cuando Dios quiso demostrar más plenamente lo inmutable de su propósito a los herederos de la promesa, interpuso juramento. ¹⁸ Para que por dos cosas inmutables en las cuales es imposible que Dios mienta, los que nos refugiamos en la esperanza de lo que está adelante, tengamos un fortísimo consuelo, ¹⁹ el cual tenemos como ancla firme y segura del alma, y que entra hasta lo que está en el interior del velo, ²⁰ donde Jesús entró por nosotros como Precursor, después de ser declarado Sumo Sacerdote para siempre según el orden de Melquisedec.

Superioridad del sacerdocio de Cristo

7 ¹ Porque este Melquisedec, rey de Salén, sacerdote del Dios Altísimo, el cual conoció a Abraham cuando regresaba de la derrota de los reyes, y lo bendijo, ² al cual Abraham dio los diezmos de todo, cuyo nombre *significa* primero Rey de Justicia, y también Rey de Salén, es decir, Rey de Paz, ³ sin padre, sin madre, sin genealogía, sin principio de días ni fin de vida, sino declarado semejante al Hijo de Dios, permanece sacerdote para siempre.

⁴ Consideren, pues, cuán grande era éste, a quien el patriarca Abraham dio *el* diezmo de los despojos. ⁵ Ciertamente los hijos de Leví que reciben el sacerdocio tienen mandamiento de tomar los diezmos del pueblo según la Ley, es decir, de sus hermanos, aunque éstos también descendieron de Abraham.

⁶ Pero el que no descendió de *los levitas* recibió un diezmo de Abraham y bendijo al que tiene las promesas. ⁷ Fuera de toda discusión, el inferior es bendecido por el superior. ⁸ Y aquí ciertamente reciben los diezmos de hombres mortales, pero allí, *uno* de quien se da testimonio que vive. ⁹ Por decirlo así, por medio de Abraham también Leví, quien recibía el diezmo, pagaba diezmos, ¹⁰ porque aún Leví estaba en el seno de su antepasado cuando Melquisedec lo conoció.

¹¹ Así que, si *la* perfección fuera por medio del sacerdocio levítico, porque basado en él, el pueblo recibió *la* Ley, ¿qué necesidad había aún de que se levantara otro sacerdote según el orden de Melquisedec, y que no fuera nombrado según el orden de Aarón? ¹² Porque al ser cambiado el sacerdocio, es necesario que también haya cambio de ley. ¹³ Porque Aquél de Quien se dicen estas cosas, es de otra tribu, de la cual nadie sirvió al altar.

¹⁴ Pues es evidente que nuestro Señor descendió de la tribu de Judá, en cuanto a la cual Moisés nada dijo con respecto a sacerdotes. ¹⁵ Es aún más evidente, si se levanta otro sacerdote a semejanza de Melquisedec, ¹⁶ constituido no según *la* ley sobre la descendencia humana, sino según el poder de una vida indestructible. ¹⁷ Pues se da testimonio:
Tú eres Sacerdote para siempre[a]
Según el orden de Melquisedec.

¹⁸ Porque ciertamente se abroga el mandamiento anterior por causa de su debilidad e ineficacia ¹⁹ (pues la Ley nada perfeccionó). Pero fue introducción a una mejor esperanza por la cual nos acercamos a Dios, ²⁰ lo cual fue hecho con juramento. Porque ciertamente ellos son declarados sacerdotes sin juramento, ²¹ pero Éste, con el juramento del que le dice:
El Señor juró y no cambiará de parecer:
Tú eres sacerdote para siempre.

²² Por tanto Jesús es Garante de un mejor Pacto.

²³ Los sacerdotes fueron muchos, porque la muerte les impedía permanecer. ²⁴ Pero *Jesús*, por cuanto permanece para siempre, tiene un sacerdocio inmutable. ²⁵ Por tanto puede también salvar para siempre a los

---

[a] **7.17** Se refiere a Jesús.

que por medio de Él se acercan a Dios, y vive siempre para interceder por ellos.

26 Porque este Sumo Sacerdote también nos convenía santo, inocente, sin mancha, separado de los pecadores y más exaltado que los cielos, 27 que no necesita, como los sumos sacerdotes, ofrecer sacrificios cada día, primero por sus propios pecados y después por los del pueblo, porque esto lo hizo al ofrecerse una vez para siempre.

28 Porque la Ley designa como sumos sacerdotes a hombres que tienen debilidad, pero la Palabra del juramento, que es posterior a la Ley, *designa* al Hijo declarado perfecto para siempre.

Nuestro Sumo Sacerdote

8 1 Lo principal de lo que decimos es que tenemos un Sumo Sacerdote que se sentó a la derecha del trono de la Majestad en los cielos, 2 Ministro del santuario y del verdadero Tabernáculo, erigido por el Señor y no el hombre.

3 Porque todo sumo sacerdote es designado para ofrecer ofrendas y sacrificios, por lo cual es necesario que Éste[a] también tenga algo para ofrecer. 4 Así que, ni siquiera sería sacerdote si estuviera en *la* tierra, donde hay los que presentan las ofrendas según *la* Ley, 5 los cuales sirven de modelo y sombra de las cosas celestiales, como se le advirtió a Moisés cuando iba a erigir el Tabernáculo:
Mira, le dice: Haz todas las cosas según el modelo que se te mostró en la montaña.

Un mejor Pacto

6 Pero ahora *Jesús* tiene un ministerio mejor, por cuanto es Mediador de un Pacto mejor establecido sobre promesas mejores. 7 Porque si el primero fuera sin defecto, *el* segundo no hubiera sido necesario. 8 Porque al reprenderlos dice:
Miren, vienen días, dice *el* Señor, en los cuales estableceré un Nuevo Pacto con la casa de Israel y con la casa de Judá, 9 No como el Pacto que hice con sus antepasados el día cuando los tomé de la mano para sacarlos de *la* tierra de Egipto. Porque ellos no permanecieron en mi Pacto, y Yo los desatendí, dice el Señor. 10 Porque éste es el Pacto que estableceré con la casa de Israel después de aquellos días, dice *el* Señor, grabaré mis Leyes en la mente de ellos y las escribiré sobre sus corazones. *Yo* les seré Dios, y ellos me serán pueblo. 11 Que de ningún modo *alguno* enseñe a su conciudadano, ni le diga a su hermano: conoce al Señor. Porque todos me conocerán, desde *el* menor

---

[a] **8.3** Se refiere a Jesús.

hasta *el* mayor de ellos. ¹² Porque tendré misericordia de ellos en relación con sus iniquidades, y que de ningún modo me acuerde de sus pecados.

¹³ Al decir: Nuevo *Pacto*, trató como obsoleto el primero, porque lo tratado como obsoleto caduca. Está cerca de desaparecer.

9 ¹ Ahora bien, el primer Pacto tenía ordenanzas de culto y un santuario terrenal. ² Porque *el* Tabernáculo fue preparado: la primera parte llamada Lugar Santo, en la cual estaba el candelabro, la mesa y los Panes de la Presentación.

³ Detrás de la segunda cortina estaba la parte del Tabernáculo llamada Lugar Santísimo, ⁴ que tenía *el* incensario de oro y el Arca del Pacto cubierta de oro por todas partes, en la cual estaba una urna de oro que contenía el maná, la vara de Aarón que reverdeció y las tablas del Pacto. ⁵ Encima del Arca había querubines de gloria que cubrían el propiciatorio,[a] de lo cual no es posible hablar ahora en detalle.

⁶ Preparadas así estas cosas en el primer Tabernáculo, los sacerdotes entran continuamente para cumplir ritos. ⁷ Pero en la segunda parte, solo entra el sumo sacerdote una vez al año, con la sangre que ofrece por él mismo y por los pecados del pueblo cometidos por ignorancia.

⁸ Con esto el Espíritu Santo daba a entender que, mientras existía la primera parte del Tabernáculo, no se había abierto el camino hacia el Lugar Santísimo. ⁹ Esto es símbolo para el tiempo presente, según el cual se ofrecen ofrendas y sacrificios que no pueden perfeccionar *la* conciencia del que *los* ofrece, ¹⁰ que solo son comidas, bebidas, diversos lavamientos ceremoniales y ordenanzas externas que fueron impuestos hasta *el* tiempo del nuevo orden.

¹¹ Pero cuando Cristo se presentó *como* Sumo Sacerdote de los bienes futuros, por medio del más grande y perfecto Tabernáculo no hecho por manos humanas, es decir, no de esta creación, ¹² ni por medio de sangre de machos cabríos y becerros, sino por medio de su propia sangre, después de obtener eterna redención, entró una vez por todas en el Lugar Santísimo.[b]

¹³ Porque si la sangre de toros y machos cabríos y *la* ceniza de *la* becerra rociada a los impuros santifica para la purificación del cuerpo, ¹⁴ ¡cuánto más la sangre de Cristo, Quien se ofreció Él mismo sin mancha a Dios por medio del Espíritu eterno, limpiará nuestra conciencia de obras muertas para servir al Dios vivo!

¹⁵ Por esto es Mediador de un Nuevo Pacto, a fin de que al ocurrir *la* muerte para el perdón de las transgresiones que hubo en el primer Pacto, los llamados recibieran la promesa de la herencia eterna.

---

[a] **9.5** Propiciatorio. Lugar donde se hacía sacrificio que apacigua por el pecado. [b] **9.12** Es una referencia al Lugar Santísimo del Tabernáculo celestial.

¹⁶ Porque donde hay un testamento es necesaria la muerte del testador. ¹⁷ Porque un testamento es válido cuando interviene la muerte, puesto que no se pone en vigor mientras vive el testador.

¹⁸ Por tanto ni aun el primer *Pacto* fue instituido sin sangre. ¹⁹ Porque después que Moisés proclamó todo Mandamiento de la Ley a todo el pueblo, tomó la sangre de los becerros y agua, y roció el mismo rollo y a todo el pueblo con lana escarlata e hisopo.[a] ²⁰ Y dijo:
Ésta es la sangre del Pacto que Dios les ordenó.

²¹ De la misma manera roció con la sangre el Tabernáculo y todos los utensilios del ministerio. ²² Según la Ley, casi todo es purificado con sangre, y sin derramamiento de sangre no hay perdón de pecados.

El único sacrificio de Cristo

²³ Por tanto fue necesario que las representaciones de las cosas que hay en los cielos fueran purificadas con estos ritos, pero las mismas cosas celestiales *son purificadas* con mejores sacrificios que éstos.

²⁴ Porque Cristo no entró en un Lugar Santísimo hecho por manos, representación del verdadero, sino en el mismo cielo para presentarse ahora ante Dios por nosotros. ²⁵ Tampoco entró para ofrecerse muchas veces, como el sumo sacerdote entra en el Lugar Santísimo cada año con sangre ajena. ²⁶ De otra manera le hubiera sido necesario padecer muchas veces desde *la* fundación del mundo, pero ahora se presentó una vez por todas al fin de los siglos para remoción de pecado por medio del sacrificio de Él mismo.

²⁷ De la manera como está establecido a los hombres que mueran una sola vez, y después de esto *el* juicio, ²⁸ así también Cristo fue ofrecido una sola vez para cargar *los* pecados de muchos, y aparecerá por segunda vez sin relación con el pecado para salvar a los que lo esperan.

10 ¹ La Ley, que tiene *la* sombra de los bienes futuros, no la misma imagen de las cosas, nunca puede perfeccionar a los que se acercan por medio de los mismos sacrificios que se ofrecen continuamente cada año. ² Si así fuera, ¿no habrían dejado de ofrecerse, después de ser purificados una vez, por ya no estar conscientes de haber pecado?

³ Pero con *los sacrificios* hay un recuerdo de pecados cada año, ⁴ porque es imposible que *la* sangre de toros y machos cabríos borre pecados.

⁵ Por tanto *Cristo*, al entrar en el mundo, dice:
Sacrificio y ofrenda no quisiste,
Pero me preparaste cuerpo.
⁶ Holocaustos y *sacrificios* por *los* pecados no te deleitaron.
⁷ Entonces dije:

---

[a] **9.19** Hisopo: escobilla de cerdas atada a la punta de una varita.

Aquí vengo, oh Dios, para hacer tu voluntad,
Como en la cabecilla[a] de un rollo fue escrito acerca de Mí.

⁸ Dijo antes:
Sacrificios, ofrendas y holocaustos por *el* pecado, ofrecidos según *la* Ley, no quisiste ni te agradaron.

⁹ Entonces dijo:
Aquí estoy. Vengo para hacer tu voluntad.

Él quita lo primero para establecer lo segundo. ¹⁰ Según esta voluntad fuimos santificados una vez por todas mediante la ofrenda del cuerpo de Jesucristo.

¹¹ Todo sacerdote ciertamente está en pie cada día, ministra y ofrece muchas veces los mismos sacrificios que nunca pueden remover pecados. ¹² Pero Éste, después de ofrecer un solo sacrificio para siempre por *los* pecados, se sentó a *la* derecha de Dios, ¹³ y desde entonces espera hasta que sus enemigos sean puestos como tarima de sus pies. ¹⁴ Porque *Cristo* perfeccionó para siempre a los santificados con una sola ofrenda.

¹⁵ El Espíritu Santo también testifica, porque después de decir:
¹⁶ Este es el Pacto que haré con ellos después de aquellos días, dice el Señor: pondré mis Leyes en sus corazones, y las escribiré en sus mentes,

¹⁷ añade:
Nunca más me acordaré de sus pecados ni de sus iniquidades.

¹⁸ Donde hay perdón, ya no hay ofrenda por el pecado.

Exhortación a la perseverancia

¹⁹ Así que, hermanos, puesto que tenemos confianza para entrar al Lugar Santísimo por la sangre de Jesús, ²⁰ la cual nos inauguró un camino nuevo y vivo, por medio de la cortina, es decir, de su cuerpo, ²¹ y *el* gran Sacerdote sobre la Casa de Dios, ²² y que fuimos purificados de mala conciencia y nos lavamos los cuerpos con agua pura, acerquémonos con corazón verdadero, en plena certidumbre de fe. ²³ Sostengamos firme la confesión de nuestra esperanza sin fluctuar, porque el que prometió es fiel.

²⁴ Considerémonos los unos a los otros para estimularnos al amor y las buenas obras, ²⁵ sin dejar de congregarnos, como algunos acostumbran, sino exhortémonos, y tanto más cuando ven que el día se acerca.

Pecado voluntario

²⁶ Porque si continuamos voluntariamente en el pecado, después de recibir el conocimiento de la verdad, ya no queda sacrificio por *los* pecados, ²⁷ sino una horrenda espera de juicio y ardor de fuego que devora a los adversarios.

---
[a] **10.7** Nota al principio de un rollo.

²⁸ Por el testimonio de dos o tres testigos, el que viola *la* Ley de Moisés muere sin compasión. ²⁹ ¿Cuánto castigo peor merece el que pisotea al Hijo de Dios, tiene como impura la sangre del Pacto por la cual fue santificado y afrenta al Espíritu de la gracia? ³⁰ Porque conocemos al que dijo:
Mía es *la* venganza. Yo pagaré.

Y otra vez:
El Señor juzgará a su pueblo.

³¹ ¡Horrenda cosa es caer en *las* manos del Dios vivo!

³² Pero recuerden los días pasados en los cuales, después de ser iluminados, soportaron una gran lucha de padecimientos. ³³ Al ser sometidos a reproches y aflicciones, ciertamente fueron compañeros de los maltratados. ³⁴ Porque se compadecieron de los presos y sufrieron con gozo el despojo de sus bienes, pues saben que tienen una herencia mejor y perdurable en los cielos.

³⁵ Por tanto no pierdan su confianza pues tienen una gran recompensa. ³⁶ Porque es necesaria la paciencia, para que, después de hacer la voluntad de Dios, obtengan la promesa.

³⁷ Porque aún un poco, y el que viene vendrá, y no tardará.

³⁸ Pero el justo vivirá por fe. Y si retrocede, mi alma no se deleitará en él.

³⁹ Pero nosotros no somos de los que retroceden para destrucción, sino de los que tienen fe para *la* preservación del alma.

La fe

11 ¹ Ahora bien, fe es *la* esencia de lo que se espera, la convicción de lo que no se ve. ² Por ella los antiguos fueron aprobados. ³ Por fe entendemos que el universo fue creado por la Palabra de Dios, de modo que lo que se ve fue hecho de lo invisible.

⁴ Por fe Abel ofreció a Dios un mejor sacrificio que Caín, por medio del cual se dio testimonio de que era justo. Dios dio testimonio sobre sus ofrendas, y aunque murió, aún habla por medio de ellas.

⁵ Por fe Enoc fue trasladado para que no pasara por la muerte, y no fue hallado porque Dios lo trasladó. Pero antes del traslado se dio testimonio de que agradó a Dios.

⁶ Pero sin fe es imposible agradar *a Dios*, porque es necesario que el que se acerca a Dios crea que existe y que es Galardonador de los que lo buscan.

⁷ Por fe Noé, después de ser advertido por Dios acerca de cosas aún no vistas, con temor construyó *el* arca en la cual se salvaría su familia. Por medio de esa fe condenó al mundo y heredó *la* justicia que es según la fe.

Modelo de fe

⁸ Por fe Abraham, cuando fue llamado, obedeció para salir al lugar que iba a recibir como herencia. Salió sin entender a dónde iba. ⁹ Por fe habitó como extranjero en *la* tierra de la promesa y vivió en tiendas con Isaac y Jacob, los coherederos de la misma promesa, ¹⁰ porque esperaba la ciudad[a] que tiene fundamentos, cuyo Arquitecto y Constructor es Dios.

¹¹ Por fe también la misma Sara, quien era estéril y de edad avanzada, recibió fuerza para concebir descendencia, porque consideró que *Dios* es fiel a lo que prometió. ¹² Por lo cual también de uno[b] y éste ya casi muerto, salieron *descendientes* en multitud como las estrellas del cielo y como la arena innumerable de la orilla del mar.

¹³ Según fe todos éstos murieron sin recibir *el cumplimiento de* las promesas. Aunque las miraban desde lejos, se saludaban y confesaban que eran extranjeros y peregrinos en la tierra. ¹⁴ Porque los que dicen esto dan a entender que buscan *la* patria, ¹⁵ y si pensaran en aquella de la cual salieron, ciertamente tendrían tiempo de regresar. ¹⁶ Pero en ese momento se esforzaban por una *patria* mejor, esto es celestial, por lo cual Dios no se avergüenza de llamarse Dios de ellos, porque les preparó una ciudad.

¹⁷ Por fe Abraham, al ser probado, ofreció a Isaac *en sacrificio*. Ofrecía al unigénito sobre el cual recibió las promesas, ¹⁸ pues le fue dicho:
En Isaac tendrás descendencia.

¹⁹ Tenía en cuenta que Dios es poderoso para levantar aun de entre *los* muertos, de donde también en figura lo recuperó. ²⁰ Por fe Isaac bendijo a Jacob y a Esaú con respecto a cosas venideras.

²¹ Por fe Jacob, cuando iba a morir, bendijo a cada uno de los hijos de José y adoró apoyado sobre el extremo de su bastón.

²² Por fe José, cuando iba a morir, mencionó el éxodo de los hijos de Israel y dio órdenes acerca de sus huesos.

²³ Por fe los padres de Moisés lo escondieron tres meses cuando éste nació, porque vieron al niño hermoso y no temieron al decreto del rey.

²⁴ Por fe Moisés, cuando creció, rehusó ser llamado hijo de *la* hija de Faraón ²⁵ y escogió más bien sufrir aflicción con el pueblo de Dios, que gozar de los deleites temporales del pecado, ²⁶ porque consideró mayor riqueza la afrenta de Cristo que los tesoros de Egipto, porque fijaba la atención en el galardón. ²⁷ Por fe salió de Egipto sin temer la ira del rey, porque se sostuvo con la mirada en el Invisible. ²⁸ Por fe celebró la Pascua y el rociamiento de la sangre para que el destructor no tocara a los primogénitos. ²⁹ Por fe cruzaron el mar Rojo como por tierra seca. Cuando los egipcios intentaron hacer lo

---

[a] **11.10** Nuestra morada eterna.   [b] **11.12** Es decir, de Abraham.

mismo fueron ahogados. ³⁰ Por fe cayeron los muros de Jericó después de ser rodeados durante siete días.

³¹ Por fe la prostituta Rahab, después de recibir a los espías en paz, no pereció juntamente con los desobedientes.

³² ¿Qué más digo? Porque el tiempo me faltará para hablar de Gedeón, Barac, Sansón, Jefté, David, Samuel y de los profetas, ³³ quienes por fe conquistaron reinos, hicieron justicia, obtuvieron promesas, cerraron bocas de leones, ³⁴ extinguieron fuegos violentos, escaparon del filo de espada. Fueron fortalecidos en debilidad y fuertes en batalla. Pusieron en fuga a enemigos hostiles.

³⁵ Las mujeres recibieron a sus muertos por medio de resurrección.

Otros, al no aceptar el rescate, fueron torturados para obtener mejor resurrección. ³⁶ Otros experimentaron pruebas de burlas y azotes, y aun cadenas y cárcel. ³⁷ Fueron apedreados, aserrados, murieron a filo de espada, vagaron de lugar en lugar *cubiertos con* pieles de ovejas y cabras, indigentes, afligidos, maltratados. ³⁸ Anduvieron por desiertos, montañas, cuevas y cavernas de la tierra. ¡El mundo no era digno de ellos!

³⁹ Todos éstos, quienes fueron aprobados por medio de fe, no obtuvieron lo que se les prometió. ⁴⁰ Dios proveyó algo mejor para nosotros, a fin de que ellos no fueran perfeccionados aparte de nosotros.

El Fundador de la fe

12 ¹ Por tanto también nosotros, quienes tenemos una nube tan grande de testigos alrededor de nosotros, despojémonos de todo impedimento y pecado que nos atrapa tan fácilmente. Corramos con paciencia la carrera que tenemos por delante. ² Fijemos nuestros ojos en Jesús, el Autor y Perfeccionador de la fe, Quien despreció el oprobio, sufrió *la* cruz y se sentó a *la* derecha del trono de Dios, porque sabía el gozo que tenía delante de Él.

La disciplina del Señor

³ Así que consideren al que soportó tal hostilidad de pecadores contra Él mismo, a fin de que su ánimo no se canse hasta desmayar. ⁴ Aún no resistieron hasta derramar sangre al oponerse al pecado, ⁵ y olvidaron la exhortación que les habla como a hijos:
Hijo mío, no menosprecies la disciplina del Señor,
Ni te desalientes cuando te reprenda.
⁶ Porque el Señor disciplina al que ama
Y castiga al que recibe como hijo.

⁷ Soporten la disciplina. Dios los trata como a hijos, porque ¿a cuál hijo no disciplina su padre? ⁸ Pero si a ustedes no se les aplica disciplina, como todos la recibieron, entonces no son hijos verdaderos sino ilegítimos.

⁹ Además, tuvimos a nuestros padres terrenales quienes nos disciplinaban y los respetábamos. ¿No nos someteremos mucho más al Padre de los espíritus para que vivamos? ¹⁰ Y ellos ciertamente nos disciplinaron por pocos días según lo que les parecía, pero la disciplina de Dios es para lo provechoso, a fin de que participemos de su santidad.

¹¹ Ciertamente ninguna disciplina al momento es motivo de gozo, sino de tristeza, pero después da fruto apacible de justicia a los que fueron formados por medio de ella. ¹² Por tanto levanten las manos debilitadas y las rodillas paralizadas, ¹³ y hagan sendas derechas para sus pies, a fin de que lo cojo no se disloque, sino sea sanado.

Exhortaciones

¹⁴ Sigan la paz y la santidad con todos, sin las cuales nadie verá al Señor. ¹⁵ Vigilen, no sea que alguno deje de alcanzar la gracia de Dios, que al brotar alguna raíz de amargura, les estorbe, y por ella muchos sean contaminados, ¹⁶ no sea que haya algún inmoral sexual o profano, como Esaú, quien vendió su primogenitura por una comida. ¹⁷ Porque saben ustedes que después, aunque deseaba heredar la bendición, fue rechazado porque no halló oportunidad de cambio de mente, aunque la buscó con lágrimas.

¹⁸ Pues ustedes no se acercaron a la montaña que se podía palpar y que ardía en fuego, ni a oscuridad y tiniebla, ni a la tempestad, ¹⁹ ni al sonido de una trompeta, ni a tal ruido de palabras que los que lo oyeron suplicaron que no se les hablara Palabra, ²⁰ porque no soportaban lo que se decía. Aun si una bestia tocaba la montaña era apedreada. ²¹ Tan terrible era el espectáculo que Moisés dijo:
Estoy aterrado y tiemblo.

²² Ustedes, en cambio, se acercaron a la Montaña Sion, a la ciudad del Dios vivo, la Jerusalén celestial, a muchos millares de ángeles, ²³ a la congregación de inscritos en *los* cielos, a Dios, el Juez de todos, a espíritus de justos perfeccionados, ²⁴ a Jesús, el Mediador del Nuevo Pacto, y a su sangre rociada que habla mejor que la de Abel. ²⁵ Miren que no desechen al que habla. Porque si no escaparon aquellos que desecharon al que los amonestaba en la tierra, mucho menos nosotros *escaparemos* si nos apartamos del que nos habla desde *los* cielos, ²⁶ cuya voz entonces sacudió la tierra, pero ahora prometió:
Una vez más Yo sacudiré no solo la tierra sino también el cielo.

²⁷ Esta frase: una vez más, indica la remoción de las cosas movibles, como cosas hechas, para que permanezcan las inconmovibles. ²⁸ Por cuanto recibimos un reino inconmovible, mostremos gratitud a Dios de manera aceptable con reverencia y temor, ²⁹ porque nuestro Dios es fuego consumidor.

Últimas exhortaciones

13 ¹ Permanezca el amor fraternal. ² No olviden la hospitalidad, porque por medio de ésta algunos hospedaron ángeles sin saberlo. ³ Acuérdense de los presos, como presos juntamente con ellos, y de los maltratados, por que también ustedes están en el cuerpo.

⁴ Honroso sea el matrimonio en todos y el lecho conyugal sin mancha, porque Dios juzgará también a los inmorales sexuales y adúlteros.

⁵ Sean sus costumbres sin avaricia. Estén satisfechos con lo que tienen, porque Él mismo dijo:
Que de ningún modo te abandone.
Que de ningún modo te desampare.

⁶ De manera que decimos confiadamente:
El Señor es mi Ayudador, no temeré.
¿Qué podrá hacerme un ser humano?

⁷ Acuérdense de sus líderes, quienes les hablaron la Palabra de Dios. Cuando consideren cuál fue el resultado de su conducta, imiten su fe.

⁸ Jesucristo es el mismo ayer, hoy y por los siglos.

⁹ No sean llevados por enseñanzas diversas y extrañas, pues es bueno fortalecer el corazón en la gracia, no con comidas que en nada beneficiaron. ¹⁰ Tenemos un altar del cual los que sirven al Tabernáculo no tienen derecho de comer, ¹¹ porque estos cuerpos de animales, cuya sangre el sumo sacerdote lleva al Santuario como ofrenda por el pecado, son quemados fuera del campamento. ¹² Por lo cual también Jesús padeció fuera de la puerta para santificar al pueblo por medio de su propia sangre. ¹³ Así que salgamos a Él fuera del campamento y llevemos su reproche.

¹⁴ Porque no tenemos aquí una ciudad permanente, sino buscamos la que viene.

¹⁵ Por medio de Él ofrezcamos siempre a Dios sacrificio de alabanza, es decir, fruto de labios que confiesen su Nombre. ¹⁶ No se olviden de hacer bien y de ser generosos, porque a Dios le agradan estos sacrificios.

¹⁷ Obedezcan a sus líderes y sujétense a ellos, porque ellos velan por sus almas y darán cuenta a Dios por ustedes, a fin de que lo hagan con gozo, sin queja, porque esto no es provechoso.

¹⁸ Hablen con Dios por nosotros, pues confiamos en que tenemos buena conciencia, y deseamos conducirnos bien en todo. ¹⁹ Ruego que hagan esto mucho más, a fin de que pronto *yo* sea restituido para ustedes.

Doxología

²⁰ El Dios de paz, Quien resucitó de entre *los* muertos a nuestro Señor Jesús, el excelente Pastor de las ovejas, por *la* sangre del Pacto eterno, ²¹ los haga completos en todo lo bueno para que hagan la voluntad de Él, y *Él* haga en ustedes lo agradable delante de Él por medio de Jesucristo, a Quien sea la gloria por los siglos. Amén.

Epílogo

²² Les ruego, hermanos, que soporten esta Palabra de exhortación, porque les escribí brevemente.

²³ Sepan que nuestro hermano Timoteo fue liberado. Si viene pronto, iremos a visitarlos.

²⁴ Saluden a todos los que los dirigen y a todos los santos. Los de Italia los saludan.

²⁵ La gracia sea con todos ustedes.

Santiago

Saludo

1 ¹ Santiago, un esclavo de Dios y del Señor Jesucristo, a las 12 tribus que están en la dispersión. Saludos.

La prueba de la fe

² Hermanos míos, gócense profundamente cuando pasen por diversas pruebas, ³ y sepan que la prueba de su fe produce paciencia. ⁴ Pero obtenga la paciencia su resultado perfecto para que sean perfectos y cabales, sin deficiencia.

⁵ Si alguno de ustedes carece de sabiduría, pídala a Dios, Quien da a todos generosamente y sin reproche, y se le dará. ⁶ Pero pida con fe sin dudar, porque el que duda es semejante a la onda del mar que el viento arrastra y lanza. ⁷ Por tanto no suponga aquel hombre que recibirá alguna cosa del Señor. ⁸ Un hombre de doble ánimo es inestable en todos sus caminos.

⁹ El hermano de humilde condición, enaltézcase en su alta posición, ¹⁰ pero el rico, en su humillación, pues pasará como la flor de la hierba. ¹¹ Porque el sol sale con calor abrasador, seca *la* hierba, su flor cae y perece la belleza de su apariencia. Así también el rico se marchitará en todos sus negocios.

Prueba y tentación

¹² Inmensamente feliz *el* varón que soporta *la* prueba, porque al ser aprobado, ganará la corona de la vida que *Dios* prometió a los que lo aman.

¹³ Ninguno que es tentado, diga: Soy tentado por Dios. Porque Dios no puede ser tentado por *los* malos, y Él mismo no tienta a nadie. ¹⁴ Cada uno es tentado, atraído y seducido por su propio deseo ardiente. ¹⁵ Entonces, después de concebir el deseo ardiente, da a luz *el* pecado. Luego de consumarse el pecado, da a luz *la* muerte. ¹⁶ Amados hermanos míos, no se engañen.

¹⁷ Toda buena dádiva y todo don perfecto desciende de arriba, del Padre de las luces, en Quien no hay cambio ni sombra de variación. ¹⁸ Por su voluntad, nos dio a luz por la Palabra de verdad para que seamos primicias de sus criaturas.

Hacedores

¹⁹ Sepan, mis amados hermanos: Todo ser humano sea pronto para escuchar, tardo para hablar, tardo para airarse, ²⁰ porque *la* ira del hombre no efectúa *la* justicia de Dios. ²¹ Por tanto desechen toda impureza y abundancia

de maldad y reciban con humildad la Palabra sembrada que puede salvar sus almas.

²² Así que no se engañen ustedes mismos. Sean hacedores de *la* Palabra y no solo oidores. ²³ Porque si alguno es oidor de *la* Palabra, y no hacedor, es como un hombre que mira su rostro en un espejo: ²⁴ se mira y sale, e inmediatamente se olvida cómo era. ²⁵ Pero el que mira atentamente en *la* ley perfecta, la de la libertad, permanece en ella y no es oidor olvidadizo, sino practicante, será inmensamente feliz en lo que hace.

²⁶ Si alguno supone ser religioso y no refrena su lengua, sino engaña su corazón, su religión no tiene valor. ²⁷ *La* religión pura y sin mancha delante del Dios y Padre es ésta: Atender a *los* huérfanos y a las viudas en su aflicción y guardarse sin mancha del mundo.

Contra la acepción de personas

2 ¹ Hermanos míos, no practiquen la fe de nuestro glorioso Señor Jesucristo con acepción de personas.

² Porque si en la congregación judía de ustedes alguien entra con anillo de oro y ropa espléndida, y también entra un pobre con ropa rota, ³ y miran con agrado al que usa la ropa espléndida, y *le* dicen: Siéntate aquí en un buen puesto, y dicen al pobre: Quédate tú ahí en pie, o siéntate aquí a mis pies, ⁴ ¿no se convierten en jueces de decisiones corruptas entre ustedes mismos?

⁵ Amados hermanos míos: ¿No escogió Dios a los pobres según el mundo, ricos en fe y herederos del reino que prometió a los que lo aman? ⁶ Pero ustedes trataron con desprecio al pobre.

¿No los oprimen los ricos, y ellos mismos los arrastran a *los* tribunales? ⁷ ¿No blasfeman ellos el Nombre por el cual fueron llamados?

⁸ Si ciertamente cumplen *la* Ley real según la Escritura: Amarás a tu prójimo como a ti mismo, hacen bien.

⁹ Pero si hacen acepción de personas, cometen pecado y son convictos por la Ley como transgresores. ¹⁰ Porque cualquiera que guarde toda la Ley, pero tropieza en un *punto* es culpable de todos. ¹¹ Porque el que dijo: No adulteres, también dijo: No asesines. Y si no adulteras, pero asesinas, eres transgresor de *la* Ley.

¹² Así hablen, y así procedan, como los que van a ser juzgados por medio de *la* ley de *la* libertad. ¹³ Porque el juicio será sin misericordia para el que no tiene misericordia. *La* misericordia triunfa sobre *el* juicio.

Fe y obras

¹⁴ ¿De qué vale, hermanos míos, cuando alguno diga que tiene fe y no tiene obras? ¿Esa fe puede salvarlo? ¹⁵ Cuando un hermano o una hermana no

tiene ropa y carece de sustento diario, ¹⁶ y alguno de ustedes le dice: Vé en paz, caliéntate y sáciate, pero no le da las cosas necesarias para el cuerpo, ¿de qué le aprovecha? ¹⁷ Así también la fe, cuando no tiene obras, está muerta.
¹⁸ Pero alguno dirá: Tú tienes fe, y yo tengo obras. Muéstrame tu fe sin obras, y yo te mostraré la fe por mis obras.

¹⁹ ¿Tú crees que Dios es uno? Haces bien. ¡También los demonios creen y tiemblan!

²⁰ Pero, ¿quieres saber, hombre vano, que la fe sin obras está muerta? ²¹ ¿Nuestro antepasado Abraham no fue justificado por las obras cuando ofreció a su hijo Isaac sobre el altar? ²² ¿Ves que la fe actuó juntamente con sus obras, y que la fe se perfeccionó por medio de las obras? ²³ Se cumplió la Escritura que dice:
Abraham creyó a Dios, y le fue contado como justicia, y fue llamado amigo de Dios.

²⁴ Así ustedes ven que un hombre es justificado por las obras, y no solo por la fe. ²⁵ ¿No fue justificada por las obras la prostituta Rahab cuando recibió a los mensajeros y los envió por otro camino? ²⁶ Porque como el cuerpo sin el espíritu está muerto, así también la fe sin obras está muerta.

La lengua

3 ¹ Hermanos míos, no se promuevan muchos de ustedes como maestros, porque sabemos que recibiremos un juicio más severo.

² Porque todos ofendemos muchas veces. Si alguno no ofende en palabra es una persona perfecta, capaz de refrenar también todo el cuerpo. ³ Si ponemos el freno en la boca de los caballos para que nos obedezcan, también dirigimos todo su cuerpo. ⁴ Consideren también las naves grandes que son impulsadas por vientos fuertes. Son conducidas por un timón muy pequeño a donde quiere el que las gobierna. ⁵ Así también la lengua es un miembro pequeño, y mueve grandes cosas.

¡Observen cuán grande bosque enciende un fuego pequeño! ⁶ La lengua es un fuego, un mundo de iniquidad. Está puesta entre nuestros miembros, contamina todo el cuerpo, incendia el curso de la vida y es encendida por el infierno. ⁷ Porque el ser humano ha domado y puede domar toda criatura, tanto bestias como aves, reptiles y animales marinos. ⁸ Pero ninguno puede domar la lengua de los hombres, un mal turbulento, llena de veneno mortal.

⁹ Con ella bendecimos al Señor y Padre, y con ella maldecimos a los hombres, quienes fueron hechos a imagen de Dios. ¹⁰ De la misma boca sale bendición y maldición. Hermanos míos, es necesario que esto no sea así. ¹¹ ¿El manantial echa lo dulce y lo amargo por la misma abertura? ¹² Hermanos

míos, ¿puede una higuera producir aceitunas, o una vid higos? Tampoco un manantial salado *puede* producir agua dulce.

La sabiduría

13 ¿Quién es sabio y entendido entre ustedes? Muestre la buena conducta por medio de sus hechos con gentileza sabia.

14 Pero si tienen celo, amargura y ambición egoísta en su corazón, no se enaltezcan ni mientan contra la verdad. 15 No es ésta la sabiduría de arriba, sino terrenal, no espiritual, demoníaca. 16 Porque donde hay celo y ambición egoísta hay desorden y toda perversidad.

17 Pero la sabiduría de arriba es esencialmente pura, pacífica, amable, benigna, llena de misericordia y frutos buenos, inconmovible y sincera. 18 El fruto de justicia se siembra en paz para los que cultivan *la* paz.

Lo santo y lo profano

4 1 ¿De dónde *vienen* las luchas y contiendas entre ustedes? ¿No *vienen* de sus pasiones, las cuales combaten como soldados en sus miembros? 2 Codician y no tienen. Asesinan y arden de envidia. Nada pueden obtener. Combaten y luchan. Pero no tienen porque no piden. 3 Piden y no reciben, porque piden mal, para gastar en sus placeres.

4 Adúlteros, ¿no saben que la amistad del mundo es enemistad contra Dios? Por tanto, cualquiera que determina ser amigo del mundo, se convierte en enemigo de Dios. 5 ¿O piensan que la Escritura dice en vano:
El espíritu que puso en nosotros nos anhela con celo?

6 Pero Él da mayor gracia. Por tanto dice:
Dios se opone a *los* soberbios, y da gracia a *los* humildes.

7 Entonces sométanse a Dios. Estén firmes contra el diablo y huirá de ustedes. 8 Acérquense a Dios y Él se acercará a ustedes. Pecadores, limpien sus manos, y los que vacilan purifiquen *sus* corazones. 9 Aflíjanse, lamenten y lloren. Su risa se convierta en llanto y su gozo en tristeza. 10 Humíllense ante el Señor, y Él los exaltará.

Un solo Legislador y Juez

11 Hermanos, no hablen mal unos de otros. El que habla mal del hermano o que juzga a su hermano, habla mal de *la* Ley y juzga a *la* Ley. Si juzgas *la* Ley, ya no eres cumplidor de *la* Ley, sino juez. 12 Uno solo es el Legislador y Juez, Quien puede salvar y condenar. Pero tú, que juzgas al prójimo, ¿quién eres?

La vida como una neblina

¹³ Escuchen ahora los que dicen: Hoy o mañana iremos a tal y tal ciudad, estaremos allá un año, haremos negocios y ganaremos. ¹⁴ Lo que no saben es como será su vida mañana. Ciertamente es como una neblina que aparece por poco tiempo, y luego se desvanece. ¹⁵ Al contrario, ustedes *deben* decir: Si el Señor quiere, viviremos, y haremos esto o aquello.

¹⁶ Pero ahora se enaltecen en sus arrogancias. Todo enaltecimiento de esa clase es malo. ¹⁷ Por tanto, al que sabe hacer lo bueno y no *lo* hace, le es pecado.

Miseria de los ricos

5 ¹ Vamos ahora *a tratar con* los ricos. ¡Lloren y laméntense por las miserias que les vienen! ² Su riqueza se pudrió, *la* polilla comió sus ropas, ³ y el oro y la plata de ustedes se oxidaron. Su óxido es un testimonio contra ustedes, y consumirá sus cuerpos como fuego. Acumularon tesoros para *los* últimos días.

⁴ Miren, los trabajadores que cosecharon sus tierras reclaman su jornal, el cual ustedes robaron y su clamor llegó a los oídos del Señor de las huestes. ⁵ Llevaron una vida de placeres sobre la tierra, vivieron lujosamente, engordaron sus corazones el día de la matanza. ⁶ Condenaron, asesinaron al justo, sin que él se opusiera.

Un Dios compasivo y misericordioso

⁷ Por tanto, hermanos, tengan paciencia hasta la venida del Señor. Observen cómo el labrador espera con paciencia el precioso fruto de la tierra hasta que llegue la lluvia temprana y tardía. ⁸ Sean pacientes. Fortalezcan sus corazones, porque la venida del Señor está cerca.

⁹ Hermanos, no se quejen unos contra otros para que no sean juzgados. Observen, el Juez está en la puerta. ¹⁰ Hermanos, tomen como modelo del sufrimiento y la longanimidad a los profetas que hablaron en el Nombre del Señor. ¹¹ Consideramos como inmensamente felices a los que sufren. Oyeron de la paciencia de Job, y vieron el propósito del Señor, porque el Señor es compasivo y misericordioso.

El juramento

¹² Pero sobre todas las cosas, hermanos míos, no juren por el cielo, ni por la tierra, ni por ningún otra cosa. Su sí sea sí, y su no sea no, para que no caigan en juicio.

¹³ ¿Está afligido alguno entre ustedes? Hable con Dios. ¿Está alguno alegre? Cante alabanza. ¹⁴ ¿Está alguno enfermo entre ustedes? Llame a

los ancianos de la iglesia, hablen con Dios por él y únjanlo con aceite en el Nombre del Señor. [15] La conversación de fe con Dios sanará al enfermo, y el Señor lo levantará. Si cometió pecados, se le perdonarán. [16] Por tanto confiésense los pecados unos a otros, y hablen con Dios los unos por los otros para que sean sanados.

La súplica del justo cuando obra eficazmente puede mucho. [17] Elías era un hombre semejante a nosotros. Habló fervientemente con Dios para que no lloviera, y no llovió sobre la tierra durante tres años y seis meses. [18] Otra vez habló con Dios, y el cielo dio lluvia y la tierra produjo su fruto.

[19] Hermanos míos, si alguno entre ustedes se extravía de la verdad, y otro lo devuelve, [20] sepa que el que devuelve a un pecador del error de su camino, salva de muerte el alma *del pecador* y cubre una multitud de pecados.

1 Pedro

Saludo

1 ¹ Pedro, un apóstol de Jesucristo, a *los* peregrinos elegidos de una diáspora en Ponto, Galacia, Capadocia, Asia[a] y Bitinia, ² *elegidos* según la presciencia de Dios Padre en santificación del Espíritu, para que le obedecieran y fueran rociados con *la* sangre de Jesucristo. Gracia y paz se les concedan abundantemente.

La herencia incorruptible

³ Bendito el Dios y Padre de nuestro Señor Jesucristo, Quien según su gran misericordia causó que renaciéramos para una esperanza viva por medio de *la* resurrección de Jesucristo de entre *los* muertos, ⁴ para *la* herencia incorruptible, incontaminada e inmarchitable, reservada en los cielos para ustedes.

⁵ Por *el* poder de Dios ustedes son protegidos bajo custodia por medio de *la* fe para *la* salvación preparada, a fin de que *les* sea manifestada en *el* tiempo final. ⁶ Esto es un gran gozo para ustedes, aunque ahora, si es necesario, por poco tiempo sean afligidos con diversas pruebas.

⁷ La fe es más preciosa que el oro, el cual, aunque perecedero, se prueba con fuego. La prueba de su fe debe resultar en alabanza, gloria y honra en *la* aparición de Jesucristo, ⁸ a Quien aman, aunque no *lo* vean, en Quien creen sin verlo ahora. Se alegran con un gozo indecible y esplendoroso, ⁹ y obtienen el fin de su fe: *la* salvación de sus almas.

Las profecías y las Buenas Noticias

¹⁰ Los profetas que profetizaron con respecto a la gracia para ustedes, escudriñaron e indagaron cuidadosamente en cuanto a esta salvación. ¹¹ Investigaron quién y cual tiempo indicaba el Espíritu de Cristo que estaba en ellos, el cual anunciaba con anticipación los padecimientos de Cristo y los resultados gloriosos que vendrían después de ellos.

¹² A ellos se les reveló que no administraban esto para ellos mismos sino para ustedes. Tales cosas les fueron anunciadas por los que predicaron estas Buenas Noticias según *el* Espíritu Santo enviado del cielo. Los ángeles anhelan mirar esto.

---

[a] **1.1** Una provincia romana al norte de lo que hoy es Turquía.

El precio del rescate

¹³ Por tanto átense el cinturón de su entendimiento. Sean sobrios. Esperen por completo la gracia que se les traerá cuando se manifieste Jesucristo. ¹⁴ Como hijos obedientes, no se amolden a las antiguas pasiones que tenían en su ignorancia.

¹⁵ El que los llamó es santo. Sean también ustedes santos en toda su manera de vivir. ¹⁶ Porque está escrito:
Me serán santos, porque Yo soy santo.

¹⁷ Si invocan como Padre al que juzga con imparcialidad según la obra de cada uno, pórtense con temor todo el tiempo de su peregrinación. ¹⁸ Porque saben que fueron rescatados de su vana manera de vivir, heredada de sus antepasados, no con cosas corruptibles, como oro o plata, ¹⁹ sino con la sangre preciosa de Cristo, como Cordero sin mancha y sin defecto, ²⁰ ciertamente escogido antes de la fundación del mundo, pero manifestado en los últimos tiempos por amor a ustedes, ²¹ los que por medio de Él son fieles a Dios, Quien lo resucitó de entre *los* muertos y le dio gloria para que su fe y esperanza estén en Dios.

²² Puesto que ustedes purificaron sus almas por la obediencia a la verdad para *el* amor fraternal no fingido, ámense los unos a los otros fervientemente de corazón. ²³ No renacieron de una simiente corruptible, sino incorruptible, por medio de *la* Palabra de Dios, que vive y permanece para siempre. ²⁴ Porque:
Toda carne es como hierba,
Y todo su esplendor como *la* flor de hierba.
La hierba se marchita y la flor se cae.

²⁵ Pero la Palabra del Señor permanece para siempre. Ésta es la Palabra que se les predicó a ustedes por medio de las Buenas Noticias.

Piedra escogida

2 ¹ Por tanto desechen toda maldad, engaño, hipocresía, envidias y maledicencia.

² Deseen como bebés recién nacidos la leche espiritual no adulterada para que por medio de ella crezcan en *la* salvación, ³ pues ustedes experimentaron la benignidad del Señor. ⁴ Acérquense a *Cristo*, Piedra Viva, ciertamente desechada por *los* hombres, pero para Dios escogida, preciosa.

⁵ Ustedes también, como piedras vivas, son edificados como casa espiritual y sacerdocio santo para ofrecer sacrificios espirituales aceptables a Dios por medio de Jesucristo. ⁶ Por lo cual dice la Escritura:
Ciertamente, pongo en Sion la Piedra del ángulo, escogida, preciosa.

Y el que cree en Él,
Que de ningún modo sea avergonzado.

⁷ Él es precioso para ustedes los que creen, pero para los incrédulos:
La piedra que desecharon los edificadores
Fue establecida como la cabeza del ángulo.

⁸ Y:
Piedra de tropiezo y roca que hace caer.

Éstos, al ser desobedientes, tropiezan en la Palabra. Tal es su destino.

Linaje especial

⁹ Pero ustedes son linaje escogido, sacerdocio real, nación santa, pueblo adquirido por Dios para que proclamen las virtudes del que los llamó de la oscuridad a su luz admirable, ¹⁰ los que en un tiempo no eran pueblo, pero ahora son pueblo de Dios, los no compadecidos por misericordia, pero ahora compadecidos por misericordia.

Necesidad de una vida digna

¹¹ Amados, les ruego como a extranjeros y peregrinos, que se abstengan de los ardientes deseos humanos que se enfrentan en batalla contra el alma. ¹² Sea buena su manera de vivir entre los gentiles, para que cuando los malhechores murmuren de ustedes, glorifiquen a Dios cuando vean sus obras buenas *el* día de la supervisión.

¹³ Por causa del Señor, sométanse a toda institución que tiene poder como máxima autoridad, ¹⁴ tanto a los gobernadores, como a los enviados por ellos para castigar a los malhechores y para aprobar a los que hacen bien. ¹⁵ Porque así es la voluntad de Dios, que por hacer bien, callen la ignorancia de los hombres insensatos. ¹⁶ *Vivan* como libres, como esclavos de Dios, pero no como si tuvieran la libertad como pretexto para la maldad.

¹⁷ Honren a todos, amen a la hermandad, teman a Dios, honren al rey.

¹⁸ Esclavos, sométanse con todo respeto a sus amos, no solo a los buenos y apacibles, sino también a los ásperos. ¹⁹ Porque esto merece aprobación: cuando alguno soporta aflicciones y padece injustamente por causa de la conciencia delante de Dios. ²⁰ Pues ¿qué mérito tienen si son abofeteados por pecar y soportan? Pero si cuando hacen el bien soportan y padecen, esto ciertamente es agradable ante Dios, ²¹ porque para esto fueron llamados.

También Cristo padeció por nosotros y nos dejó ejemplo para que ustedes sigan sus pisadas. ²² Él no pecó, ni fue hallado engaño en su boca. ²³ Cuando era insultado, no replicaba. Cuando padecía, no amenazaba, sino se encomendaba al que juzga justamente. ²⁴ Él mismo llevó nuestros pecados en su cuerpo sobre el madero para que nosotros muramos a los pecados y vivamos para la justicia. Por su herida fueron sanados. ²⁵ Ustedes eran como ovejas descarriadas, pero ahora volvieron al Pastor y Supervisor de sus almas.

Consejos para los cónyuges

3 ¹ Del mismo modo ustedes esposas, sujétense a sus esposos para que también los que no creen en la Palabra, sean ganados sin palabra por medio de la conducta de sus esposas ² cuando consideren su conducta casta y respetuosa.

³ Su adorno no sea el externo, de peinados ostentosos, de joyas de oro o de vestidos lujosos, ⁴ sino el adorno imperecedero de un espíritu agradable y apacible, el cual es muy valioso y es de grande estima delante de Dios. ⁵ Porque así también se adornaban en otro tiempo las santas mujeres que esperaban en Dios, y estaban sometidas a sus esposos, ⁶ como Sara obedeció a Abraham y lo llamaba señor, de la cual ustedes son hijas cuando hacen el bien sin temor.

⁷ Los esposos del mismo modo, convivan con comprensión, y muestren honor a la esposa como a vaso más frágil, y como a coherederas de *la* gracia de *la* vida, para que sus conversaciones con Dios no sean impedidas.

Vida santa

⁸ Finalmente, sean todos de un mismo sentir, compasivos, con amor fraternal, misericordiosos, humildes. ⁹ No devuelvan mal por mal, ni maldición por maldición. Al contrario, bendigan, pues fueron llamados para heredar bendición. ¹⁰ Porque:
El que desea amar *la* vida
Y ver días buenos,
Refrene su lengua de mal
Y sus labios de hablar engaño.
¹¹ Huya del mal y haga el bien.
Busque *la* paz y persígala.
¹² Porque *los* ojos del Señor están sobre *los* justos
Y sus oídos atentos a su súplica.
Pero *el* rostro del Señor está contra los que hacen el mal.

¹³ ¿Quién los perjudicará cuando sigan el bien? ¹⁴ Pero también si algunos sufren por causa de la justicia son inmensamente felices.[a] Por tanto no se intimiden ni se perturben por temor a ellos.

¹⁵ Santifiquen al Señor Dios en sus corazones. Estén siempre preparados para defender con mansedumbre y reverencia ante todo el que les pida razón de la esperanza que hay en ustedes. ¹⁶ Pero tengan buena conciencia con

---
[a] **3.14** Algunos traducen *bienaventurados*.

gentileza y respeto, para que los que calumnian su buena conducta en Cristo se avergüencen. ¹⁷ Porque si es la voluntad de Dios, mejor es que padezcan por hacer el bien que por hacer el mal.

A la mano derecha de Dios

¹⁸ Porque también Cristo padeció una sola vez por *los* pecados, *el* Justo por *los* injustos, para llevarnos a Dios. En verdad murió en el cuerpo, pero fue vivificado en el Espíritu. ¹⁹ Él también fue y predicó a los espíritus que estaban en prisión, ²⁰ los que fueron desobedientes en otro tiempo, cuando esperaba anhelantemente la longanimidad de Dios en *los* días de Noé, mientras se preparaba el arca en la cual unos pocos, esto es, ocho personas, fueron salvadas por medio del agua.

²¹ El bautismo en agua, como figura de esa realidad, nos salva, no porque quita las impurezas del cuerpo, sino como la aspiración de una buena conciencia hacia Dios, por la resurrección de Jesucristo, ²² Quien ascendió al cielo y se sentó a la derecha de Dios. Ángeles, autoridades y potestades están sujetos a Él.

Multiforme gracia de Dios

4 ¹ Puesto que Cristo padeció por nosotros en el cuerpo, ustedes también ármense con el mismo pensamiento. Porque el que padeció en el cuerpo se apartó del pecado ² para no vivir el tiempo que le queda en el cuerpo en pasiones humanas, sino en la voluntad de Dios.

³ Fue suficiente el tiempo pasado para hacer la voluntad de los gentiles, cuando nos movíamos en los deleites carnales, deseos apasionados, borracheras, orgías, exceso de bebidas y repugnantes idolatrías.

⁴ Los que hablan mal de ustedes se asombran de que no corren con ellos en la misma corriente de relajamiento moral, ⁵ los cuales darán cuenta al que está preparado para juzgar a los vivos y a *los* muertos. ⁶ Las Buenas Noticias también fueron proclamadas a *los* que murieron, a fin de que sean juzgados en *el* cuerpo según *los* hombres, pero que vivan en espíritu según Dios.

⁷ Pero el fin de todas las cosas está cerca. Sean, pues, serios y sobrios en las conversaciones con Dios, ⁸ y tengan ante todo el amor constante entre ustedes, porque *el* amor cubre una multitud de pecados. ⁹ Sean hospitalarios los unos con los otros, sin murmuración.

¹⁰ Cada uno ministre a los otros según el don que recibió como buenos administradores de *la* multiforme gracia de Dios. ¹¹ Si alguno habla, hable según las Palabras de Dios. Si alguno ministra, *hágalo* según el poder que Dios suministra para que en todo Dios sea glorificado por medio de Jesucristo, a Quien pertenecen la gloria y la soberanía por los siglos de los siglos. Amén.

Prueba de fuego

¹² Amados, no se sorprendan por el fuego que se presenta para prueba, como si algo extraño les aconteciera. ¹³ Sino regocíjense por cuanto participan de los padecimientos de Cristo, para que también en la manifestación de su gloria se regocijen en gran manera. ¹⁴ Si sufren reproches por *el* Nombre de Cristo son inmensamente felices, porque el exaltado Espíritu de Dios y de la gloria reposa sobre ustedes.

¹⁵ Ninguno de ustedes padezca como homicida, ladrón, malhechor o por meterse en lo ajeno. ¹⁶ Pero si alguno *padece* por ser cristiano, no se avergüence, sino glorifique a Dios por este nombre. ¹⁷ Porque es tiempo de que comience el juicio en la casa de Dios. Si comienza por nosotros, ¿cuál será el fin de los que desobedecen las Buenas Noticias de Dios? ¹⁸ Y:
Si el justo se salva con dificultad,
¿Dónde se hallará el impío y el pecador?

¹⁹ Por tanto los que padecen según la voluntad de Dios, encomienden sus almas al fiel Creador y hagan lo bueno.

Asesoramiento pastoral

5 ¹ Ruego a los ancianos entre ustedes, yo, anciano también con ellos y testigo de los padecimientos de Cristo, que también soy participante de *la* gloria que será manifestada: ² Apacienten la grey de Dios que está entre ustedes, no por obligación, sino de buena voluntad según Dios, no con avaricia de ganancia material, sino voluntariamente, ³ no como el que tiene señorío sobre las heredades, sino como ejemplos del rebaño. ⁴ Cuando se manifieste el Supremo Pastor, recibirán la corona incorruptible de gloria.

⁵ Igualmente los varones jóvenes, sométanse a *los* ancianos, y todos unos a otros, vístanse de humildad, porque:
Dios resiste a *los* arrogantes y da gracia a *los* humildes. ⁶ Por tanto, humíllense bajo la poderosa mano de Dios para que los exalte cuando sea tiempo.
⁷ Echen toda su ansiedad sobre Él, porque Él tiene cuidado de ustedes.

⁸ Sean sobrios y velen. Su enemigo *el* diablo anda alrededor como león que ruge y busca a quien devorar, ⁹ al cual resistan firmes en la fe, pues saben que los mismos padecimientos están sobre su hermandad en *el* mundo.

¹⁰ El Dios de toda gracia, Quien los llamó a su gloria eterna en Cristo, después que padezcan un poco, Él mismo *los* perfeccionará, confirmará, fortalecerá y establecerá. ¹¹ A Él sea la soberanía por los siglos. Amén.

Posdata

¹² Por medio de Silvano, el fiel hermano, como lo considero, les escribí con pocas *palabras* para exhortar y testificar que ésta es la verdadera gracia de Dios, en la cual estén firmes.

¹³ Los saluda la *iglesia* que está en Babilonia, elegida juntamente con ustedes, y Marcos mi hijo. ¹⁴ Salúdense los unos a los otros con beso de amor.

Paz a todos ustedes, los que están en Cristo.

2 Pedro

Saludo

1 ¹ Simeón Pedro, un esclavo y apóstol de Jesucristo, a los que obtuvieron una fe igual a la nuestra por medio de *la* justicia de nuestro Dios y Salvador Jesucristo.

² Gracia y paz les sean multiplicadas a ustedes en el conocimiento de Dios y de nuestro Señor Jesús.

Participantes de la naturaleza divina

³ Por cuanto todas las cosas que pertenecen a *la* vida y *la* piedad nos fueron concedidas mediante su divino poder a través del pleno conocimiento del que nos llamó por su propia gloria y virtud, ⁴ por medio de las cuales se nos regalaron grandísimas y preciosas promesas, a fin de que por medio de ellas seamos participantes de la naturaleza divina y escapemos de la depravación del mundo.

⁵ Por esto mismo, apliquen toda diligencia, añadan a su fe virtud, a la virtud conocimiento, ⁶ al conocimiento dominio propio, al dominio propio paciencia, a la paciencia, piedad, ⁷ a la piedad afecto fraternal, y al afecto fraternal amor.

⁸ Porque si estas *virtudes* están presentes y abundan en ustedes, no serán ociosos ni infructíferos en el conocimiento pleno de nuestro Señor Jesucristo. ⁹ Pero el que no tiene estas *virtudes* es ciego o muy corto de vista, porque olvidó *la* purificación de sus pecados pasados.

¹⁰ Por tanto, hermanos, procuren mucho más afirmar su llamamiento y elección, pues cuando hagan esto, ¡que de ningún modo tropiecen jamás! ¹¹ Porque de esta manera se les proveerá amplia entrada en el reino eterno de nuestro Señor y Salvador Jesucristo.

Propósito de la Epístola

¹² Por esto, siempre les recordaré esto, aunque ustedes lo saben y están confirmados en la verdad presente. ¹³ Mientras estoy en este cuerpo, considero justo despertarlos por medio del recuerdo, ¹⁴ pues sé que pronto debo abandonar mi cuerpo, como me *lo* declaró nuestro Señor Jesucristo. ¹⁵ También procuraré que ustedes recuerden siempre estas cosas después de mi partida.

Testigos oculares de la majestad de Cristo

16 Cuando les proclamamos el poder y la venida de nuestro Señor Jesucristo no seguimos fábulas artificiosas, sino fuimos testigos oculares de su majestad. **17** Pues cuando recibió honra y gloria de Dios el Padre, se le dirigió una voz desde la majestuosa gloria: Éste es mi Hijo Amado, en Quien Yo me deleito. **18** Nosotros, quienes estuvimos con Él en la Montaña Santa, escuchamos esta voz dirigida desde el cielo.

19 También tenemos la Palabra profética más confiable. Hacen bien en estar atentos a esta Palabra como a una antorcha que alumbra en un lugar oscuro hasta que el día amanezca y el lucero de la mañana salga en sus corazones.

20 Entendemos primero que toda profecía de *la* Escritura no es de interpretación privada, **21** porque la profecía nunca vino por voluntad humana, sino *los* hombres de Dios hablaron cuando fueron inspirados por el Espíritu Santo.

Falsos profetas

2 **1** Sin embargo, hubo falsos profetas entre el pueblo como también habrá falsos maestros entre ustedes quienes introducirán herejías destructivas de manera encubierta. Aun se negarán a reconocer al Soberano que los compró y traerán destrucción repentina sobre ellos. **2** Muchos seguirán sus inclinaciones excesivas a los placeres. El camino de la verdad será difamado por causa de sus inclinaciones excesivas. **3** Esos *falsos maestros* los explotarán con palabras fingidas por avaricia. La sentencia pronunciada sobre ellos desde tiempo antiguo no está ociosa. Su perdición no se duerme.

4 Porque si Dios no perdonó a *los* ángeles que pecaron, sino los arrojó al infierno y *los* entregó a cadenas de oscuridad, reservados para juicio; **5** si no perdonó al mundo antiguo, pero cuando *Dios* envió *el* diluvio sobre el mundo de impíos, guardó a Noé, el octavo *patriarca*, pregonero de justicia; **6** si condenó *las* ciudades de Sodoma y Gomorra, las redujo a cenizas y las puso como ejemplo para los impíos; **7** si libró al justo Lot cuando estaba afligido por la conducta de los perversos, **8** porque este justo que vivía entre ellos atormentaba *su* alma justa por las acciones inicuas de ellos con lo que se veía y escuchaba día tras día, **9** sabe *el* Señor librar de tentación a *los* piadosos y reservar a *los* injustos para ser castigados en *el* día de juicio, **10** especialmente a los que van detrás de *la* naturaleza humana con el deseo ardiente de la impureza y desprecian *la* autoridad.

Estos atrevidos y arrogantes no temen blasfemar a los *seres* gloriosos, **11** mientras *los* ángeles, que son mayores en fuerza y poder, no presentan juicio difamante ante el Señor contra ellos. ¹² Pero éstos, como animales irracionales, nacidos por instinto natural para presa y destrucción, que hablan mal de las cosas que no entienden, también perecerán en su perdición ¹³ y recibirán *el* galardón de *su* injusticia. Se complacen en los placeres sensuales en pleno día. Son inmundicias y manchas. Cuando festejan mientras comen con ustedes, se deleitan en sus errores. ¹⁴ Como tienen ojos llenos de adulterio, son insaciables de pecado y *tienen* un corazón lleno de codicia, seducen almas inestables. Son hijos de maldición. ¹⁵ Siguieron el camino de Balaam de Bosor, quien amó el pago por la maldad, ¹⁶ y fue reprendido por su iniquidad. Una muda bestia de carga que habló con voz de hombre refrenó la locura del profeta.

¹⁷ Éstos son fuentes sin agua, nubes impulsadas por la tormenta. Les está reservada la más densa oscuridad para siempre. ¹⁸ Pues seducen con vanas palabras arrogantes, deseos ardientes del cuerpo y desenfreno a los que acaban de escapar de los que viven en error. ¹⁹ Ofrecen libertad, *pero* ellos mismos son esclavos de la corrupción, pues el que es vencido por alguno queda esclavizado a él.

²⁰ Porque si por *el* conocimiento del Señor y Salvador Jesucristo escaparon de las obras vergonzosas del mundo, y otra vez fueron enredados en ellas y son derrotados, las últimas cosas son peores que las primeras. ²¹ Les hubiera sido mejor no conocer el camino de justicia que apartarse del santo Mandamiento que se les encomendó. ²² Les ha acontecido lo del verdadero proverbio: Un perro vuelve a su propio vómito, y una puerca lavada a revolcarse en *el* lodo.

Esperanza del día de Dios

3 ¹ Amados, ésta es la segunda epístola que les escribo. En ambas les recuerdo que despierten su sincero entendimiento, ² para que se acuerden de las palabras que fueron predichas por los santos profetas, y del Mandamiento del Señor y Salvador *proclamado* por sus apóstoles.

³ Sepan primero que en los últimos días aparecerán burladores que seguirán sus deseos apasionados, ⁴ y dirán: ¿Dónde está la promesa de su venida? Porque desde cuando los antepasados durmieron, todas las cosas permanecen como desde *el* principio de *la* creación.

⁵ Porque voluntariamente ignoran que *los* cielos y la tierra, la cual proviene del agua y subsiste por medio de agua, en el tiempo antiguo fueron hechos por la Palabra de Dios. ⁶ Por lo cual el mundo de entonces pereció inundado por agua. ⁷ Los cielos y la tierra de ahora están reservados para *el* fuego por la misma Palabra, guardados para *el* día del juicio y de la destrucción de los hombres impíos.

⁸ Amados, no ignoren ustedes que para *el* Señor un día es como 1.000 años, y 1.000 años como un día. ⁹ *El* Señor no retarda lo que prometió, como algunos lo tienen por tardanza, sino es longánime hacia ustedes. No quiere que algunos se pierdan, sino que todos cambien de mente.

¹⁰ Pero *el* día del Señor vendrá como ladrón, en el cual los cielos desaparecerán con un gran estruendo, los elementos serán destruidos con el intenso calor, y *la* tierra y las obras *que hay* en ella serán quemadas.

¹¹ Puesto que todas estas cosas serán destruidas, ¿qué clase de personas debemos ser en conducta santa y manera piadosa de vivir? ¹² Esperamos y anhelamos intensamente la venida del día de Dios en el cual los cielos serán derretidos al ser incendiados, y *los* elementos serán fundidos con intenso calor. ¹³ Pero, según su promesa, esperamos nuevos cielos y nueva tierra en los cuales mora *la* justicia.

¹⁴ Por lo cual, amados, mientras esperan estas cosas, procuren ser hallados por Él en paz, irreprensibles y sin mancha. ¹⁵ Consideren que la longanimidad de nuestro Señor es para salvación, como nuestro amado hermano Pablo les escribió, según la sabiduría que le fue dada. ¹⁶ En todas *sus* epístolas habla acerca de estas mismas cosas. Entre ellas hay algunas difíciles de entender. Los ignorantes e inestables las tuercen, como también *tuercen* las otras Escrituras para su propia destrucción.

¹⁷ Por tanto, ustedes amados, puesto que saben con anticipación, guárdense, no sea que después de ser arrastrados por el error de los inicuos, caigan de su propia firmeza.

¹⁸ Crezcan en gracia y conocimiento de nuestro Señor y Salvador Jesucristo. A Él sea la gloria tanto ahora como en *el* día de *la* eternidad.

1 Juan

La verdadera vida

1 ¹ Lo que era desde un principio, lo que escuchamos, lo que vimos con nuestros ojos, lo que contemplamos y palparon nuestras manos con respecto al Verbo de la Vida ² (porque la Vida se manifestó y *La* vimos), testificamos. Les anunciamos la Vida eterna, la cual estaba ante el Padre y se nos manifestó.

³ Lo que vimos y escuchamos también les anunciamos, para que ustedes tengan comunión con nosotros. Ciertamente nuestra comunión es con el Padre y con su Hijo Jesucristo. ⁴ Estas cosas escribimos para que nuestro gozo sea completado.

Necesidad de andar en la Luz

⁵ Éste es el mensaje que escuchamos de Él y les anunciamos: Dios es Luz, y ninguna oscuridad hay en Él.

⁶ Si decimos que tenemos comunión con Él y vivimos en la oscuridad, mentimos y no practicamos la verdad. ⁷ Pero cuando andemos en la Luz, como Él está en la Luz, tenemos comunión unos con otros, y la sangre de Jesús su Hijo nos limpia de todo pecado.

⁸ Si decimos que no pecamos, nos engañamos a nosotros mismos y la verdad no está en nosotros. ⁹ Cuando confesamos nuestros pecados, *Él* es fiel y justo para perdonar nuestros pecados y limpiarnos de toda maldad.

¹⁰ Si decimos que no pecamos, lo declaramos a Él mentiroso, y su Palabra no está en nosotros.

El Intercesor

2 ¹ Hijitos míos, estas cosas les escribo para que no pequen. Si alguno peca, tenemos Intercesor ante el Padre: al justo Jesucristo. ² Él mismo es también ofrenda por nuestros pecados, y no solo por los nuestros, sino también por los de todo el mundo.

³ Sabemos que lo conocemos cuando guardamos sus Mandamientos. ⁴ El que dice: Lo conocí, y no guarda sus Mandamientos, es mentiroso y la verdad no está en él. ⁵ Pero el amor de Dios fue perfeccionado en el que guarda su Palabra. Por esto sabemos que estamos en Él. ⁶ El que dice que permanece en Él, tiene que vivir como Él vivió.

Un Mandamiento antiguo y nuevo

⁷ Amados, no les escribo un Mandamiento nuevo, sino un Mandamiento antiguo, que tuvieron desde un principio. El Mandamiento antiguo es la Palabra que oyeron. ⁸ Por otro lado, les escribo un Mandamiento nuevo que es verdadero en Él y en ustedes, porque la oscuridad pasó y la Luz verdadera ya resplandece.

⁹ El que dice que está en la Luz y aborrece a su hermano, está en la oscuridad hasta ahora. ¹⁰ El que ama a su hermano permanece en la Luz, y no hay tropiezo en él. ¹¹ Pero el que aborrece a su hermano está en la oscuridad. Vive en la oscuridad. No sabe a dónde va, porque la oscuridad le cegó sus ojos.

¹² Les escribí, hijitos, porque sus pecados les fueron perdonados por su Nombre. ¹³ Les escribo, padres, porque conocieron al que es desde un principio. Les escribo, jóvenes, porque vencieron al maligno. ¹⁴ Les escribo, hijitos, porque conocieron al Padre. Les escribí, padres, porque conocieron al que es desde un principio. Les escribí, jóvenes, porque son fuertes y la Palabra de Dios permanece en ustedes, y vencieron al maligno.

¹⁵ No amen al mundo ni las cosas del mundo. Si alguno ama al mundo, el amor del Padre no está en él. ¹⁶ Porque todo lo que hay en el mundo: el deseo ardiente del cuerpo, el deseo ardiente de los ojos y la soberbia de la vida, no es del Padre, sino del mundo. ¹⁷ El mundo pasa, y sus deseos ardientes, pero el que hace la voluntad de Dios permanece para siempre.

Unción permanente

¹⁸ Hijitos, es *la* última hora. Según oyeron, viene *el* anticristo. Aun ahora surgieron muchos anticristos, por lo cual sabemos que es *la* última hora. ¹⁹ Salieron de nosotros, pero no eran de nosotros, porque si fueran de nosotros, permanecerían con nosotros. Pero salieron para que se manifestaran, porque no todos son de nosotros.

²⁰ Pero ustedes tienen *la* unción del Santo, y todos ustedes *lo* saben. ²¹ No les escribí porque no supieron la verdad, sino porque la supieron, y porque ninguna mentira es[a] de la verdad. ²² ¿Quién es el mentiroso, sino el que se aferra a que Jesús no es el Cristo? Éste es el anticristo, el que niega al Padre y al Hijo. ²³ Todo el que niega al Hijo, no tiene al Padre. El que confiesa al Hijo, también tiene al Padre.

²⁴ Permanezca en ustedes lo que oyeron desde un principio. Si lo que oyeron desde un principio permanece en ustedes, también ustedes permanecerán en el Hijo y en el Padre. ²⁵ Ésta es la promesa que Él mismo nos ofreció: la vida eterna.

---

[a] **2.21** Lit. *toda mentira no es.*

²⁶ Les escribí estas cosas acerca de los que engañan. ²⁷ Pero la Unción que recibieron de Él permanece en ustedes. No tienen necesidad de que alguno les enseñe, sino que así como su Unción les enseña con respecto a todas las cosas (es verdadera y no es mentira, así como les enseñó), permanezcan en Él.

²⁸ Ahora, hijitos, permanezcan en Él, para que cuando se manifieste tengamos confianza y no seamos avergonzados de parte de Él en su venida.

²⁹ Cuando sepan que Él es justo, saben también que todo el que hace justicia nació de Él.

Hijos de Dios

3 ¹ ¡Consideren qué glorioso amor nos dio el Padre, para que seamos llamados hijos de Dios! ¡Y somos! Por esto no nos conoce el mundo, porque no lo conoció a Él.

² Amados, ahora somos hijos de Dios, y aún no se manifiesta lo que seremos, pero sabemos que cuando Él se manifieste, seremos semejantes a Él, porque lo veremos como *Él* es. ³ Todo el que tiene esta esperanza en Él se purifica como Él es puro.

⁴ Todo el que practica el pecado también practica la ilegalidad, porque el pecado es la ilegalidad. ⁵ *Ustedes* saben que Él se manifestó para cargar los pecados, y Él no cometió pecado. ⁶ Todo el que permanece en Él, no peca. Todo el que peca, no lo vio ni lo conoció.

⁷ Hijitos, nadie los engañe: El que practica la justicia es justo, como Él es justo. ⁸ El que practica el pecado es del diablo, pues el diablo peca desde un principio. El Hijo de Dios se manifestó para destruir las obras del diablo.

⁹ Todo el que nació de Dios no practica pecado, porque la misma descendencia permanece en él, y no puede pecar, porque nació de Dios. ¹⁰ En esto son conocidos los hijos de Dios y los hijos del diablo: Todo el que no practica justicia no es de Dios. Tampoco *es de Dios* el que no ama a su hermano.

¹¹ Porque éste es el mensaje que han escuchado desde un principio: que nos amemos unos a otros. ¹² No como Caín, que era del maligno y asesinó a su hermano. ¿Por qué lo asesinó? Porque sus obras eran malas, y las de su hermano justas.

¹³ Hermanos, no se asombren si el mundo los aborrece. ¹⁴ Nosotros sabemos que pasamos de la muerte a la vida, porque amamos a los hermanos. El que no ama permanece en la muerte. ¹⁵ Todo el que aborrece a su hermano es homicida. *Ustedes* saben que ningún homicida tiene vida eterna permanente en él.

¹⁶ En esto conocemos el amor: en que Él ofreció su vida por nosotros. También nosotros tenemos que ofrecer nuestras vidas por los hermanos.

¹⁷ Pero el que tenga bienes[a] del mundo, y vea a su hermano con necesidad y le cierra su corazón, ¿cómo mora el amor de Dios en él?

¹⁸ Hijitos, no amemos de palabra ni de lengua, sino con obra y verdad. ¹⁹ En esto sabemos que somos de la Verdad, y afirmaremos nuestros corazones delante de Él. ²⁰ Porque cuando nuestro corazón nos condene, Dios es mayor que nuestro corazón y conoce todas las cosas. ²¹ Amados, cuando el corazón no condene, tenemos confianza ante Dios, ²² y recibimos de Él cualquier cosa que pidamos, porque guardamos sus Mandamientos y hacemos las cosas que son agradables delante de Él.

²³ Éste es su Mandamiento: que creamos en el Nombre de su Hijo Jesucristo y nos amemos unos a otros, como nos mandó. ²⁴ El que guarda sus Mandamientos, permanece en Él, y Él en aquél. En esto sabemos que permanece en nosotros: porque nos dio el Espíritu.

Falsos profetas

4 ¹ Amados, no crean a todo espíritu, sino prueben los espíritus, si son de Dios, porque muchos falsos profetas salieron al mundo. ² En esto conocen el Espíritu de Dios: Todo espíritu que confiesa que Jesucristo vino en cuerpo humano es de Dios, ³ y todo espíritu que no confiesa a Jesús no es de Dios. Éste es el del anticristo, del que escucharon que viene y ahora ya está en el mundo.

⁴ Hijitos, ustedes son de Dios, y lo vencieron, porque mayor es el que está en ustedes que el que está en el mundo. ⁵ Ellos son del mundo. Por eso hablan del mundo, y el mundo los escucha.

⁶ Nosotros somos de Dios. El que conoce a Dios, nos escucha. El que no es de Dios, no nos escucha. Por esto conocemos el espíritu de la verdad y el espíritu del error.

Perfecto amor

⁷ Amados, amémonos unos a otros, porque el amor procede de Dios. Todo el que ama, nació de Dios y conoce a Dios. ⁸ El que no ama, no conoce a Dios, porque Dios es amor.

⁹ En esto se manifestó el amor de Dios en nosotros: En que Dios envió a su Hijo unigénito al mundo, para que vivamos por medio de Él. ¹⁰ En esto está el amor: No en que nosotros amamos a Dios, sino en que Él nos amó y envió a su Hijo como ofrenda por nuestros pecados. ¹¹ Amados, si así Dios nos amó, también nosotros tenemos que amarnos unos a otros. ¹² Nadie vio jamás a Dios. Cuando nos amemos unos a otros, Dios permanece en nosotros, y su

---

[a] **3.17** Lit. *la vida.*

amor es perfeccionado en nosotros. ¹³ En esto sabemos que permanecemos en Él y Él en nosotros: en que nos dio de su Espíritu.

¹⁴ Nosotros vimos y testificamos que el Padre envió al Hijo como Salvador del mundo. ¹⁵ Cualquiera que confiese que Jesús es el Hijo de Dios, Dios permanece en él, y él en Dios. ¹⁶ Nosotros conocemos y creemos el amor que Dios tiene en nosotros. Dios es amor, y el que permanece en el amor, permanece en Dios, y Dios permanece en él. ¹⁷ En esto el amor fue perfeccionado entre nosotros, para que tengamos confianza en el día del juicio: que como Él es, así somos nosotros en este mundo.

¹⁸ En el amor no hay temor, porque el perfecto amor echa fuera el temor, pues el temor incluye castigo. El que teme no ha sido perfeccionado en el amor.

¹⁹ Nosotros amamos, porque Él nos amó primero.

²⁰ Si alguno dice: Amo a Dios, y aborrece a su hermano, es un mentiroso, porque el que no ama a su hermano, a quien ha visto, no puede amar a Dios, a Quien no ha visto. ²¹ Este Mandamiento tenemos de parte de Él: el que ama a Dios, ame también a su hermano.

Triunfo de la fe

5 ¹ Todo el que cree que Jesús es el Cristo, fue engendrado por Dios. Todo el que ama al que engendró, ama al que fue engendrado por Él. ² En esto conocemos que amamos a los hijos de Dios: cuando amemos a Dios y practiquemos sus Mandamientos, ³ pues éste es el amor de Dios: que guardemos sus Mandamientos, y sus Mandamientos no son insoportables.

⁴ Porque todo lo nacido de Dios vence al mundo, y esta es la victoria que venció al mundo: nuestra fe. ⁵ ¿Quién es el que vence al mundo sino el que cree que Jesús es el Hijo de Dios?

Por medio de agua y sangre

⁶ Éste es el que vino por medio de agua y sangre: Jesucristo. No solo por el agua, sino por el agua y por la sangre. El Espíritu es el que testifica, porque el Espíritu es la verdad. ⁷ Porque tres son los que testifican: ⁸ el Espíritu, el agua, y la sangre. Los tres concuerdan en lo mismo.

⁹ Si recibimos el testimonio de los hombres, el testimonio de Dios es mayor, porque éste es el testimonio de Dios, Quien testificó acerca de su Hijo.

¹⁰ El que cree en el Hijo de Dios, tiene el testimonio en él mismo. El que no cree a Dios lo considera mentiroso, porque no creyó en el testimonio que Dios dio acerca de su Hijo. ¹¹ Éste es el testimonio: Que Dios nos dio vida eterna, y esta vida está en su Hijo. ¹² El que tiene al Hijo, tiene la vida. El que no tiene al Hijo de Dios, no tiene la vida.

Recapitulación

¹³ Estas cosas les escribí a los que creen en el Nombre del Hijo de Dios, para que sepan que tienen vida eterna.

¹⁴ Ésta es la confianza que tenemos ante Él: Que cuando pidamos algo conforme a su voluntad, nos escucha. ¹⁵ Si sabemos que nos escucha en cualquier cosa que pidamos, sabemos que tenemos las peticiones que solicitamos de Él.

¹⁶ Si alguno ve que su hermano comete un pecado que no sea para muerte, pedirá *a Dios* y *se* le dará vida. Me refiero a los que no pecan para muerte. Hay pecado para muerte, con respecto al cual no digo que ruegue. ¹⁷ Toda injusticia es pecado, pero hay pecado que no es para muerte.

¹⁸ Sabemos que todo el que fue engendrado por Dios no *tiene la práctica de* pecar, pues lo guarda el que fue engendrado por Dios, y el maligno no se apodera de él. ¹⁹ Sabemos que somos de Dios. El mundo entero está en el maligno. ²⁰ Pero sabemos que el Hijo de Dios vino y nos dio entendimiento para que conozcamos al Verdadero. Y estamos en el Verdadero: en su Hijo Jesucristo. Éste es el verdadero Dios y Vida Eterna.

²¹ Hijitos, guárdense de los ídolos.

2 Juan

Saludo

1 ¹ El anciano a la señora escogida y a sus hijos, a quienes yo amo en verdad, y no solo yo, sino también todos los que conocen la Verdad, ² por medio de la Verdad que permanece en nosotros y se quedará para siempre con nosotros.

³ Gracia, misericordia y paz de Dios Padre y de Jesucristo, su Hijo, estén con ustedes en verdad y amor.

Permanencia en la doctrina de Cristo

⁴ En gran manera me regocijé porque hallé *algunos* de tus hijos que viven en verdad, como recibimos Mandamiento del Padre. ⁵ Ahora te ruego, señora, no como si te escribiera un Mandamiento nuevo, sino el que teníamos desde un principio: que nos amemos unos a otros. ⁶ Éste es el amor: que vivamos según sus Mandamientos. Éste es el Mandamiento: que vivan en él, como oyeron desde un principio.

⁷ Porque muchos engañadores salieron al mundo quienes no confiesan que Jesucristo vino en forma corporal. Éste es el impostor y el anticristo. ⁸ Cuídense ustedes mismos para que no destruyan las cosas que nos forjamos, sino que reciban completa recompensa. ⁹ Todo el que se desvía de la doctrina de Cristo y no permanece en Él, no tiene a Dios. El que permanece en la doctrina tiene tanto al Padre como al Hijo. ¹⁰ Si alguno viene a ustedes y no tiene esta doctrina, no lo reciban en casa ni le digan: ¡Bienvenido! ¹¹ Porque el que le dice bienvenido participa en sus malas obras.

Epílogo

¹² Aunque tengo muchas cosas que escribirles, no quise hacerlo por medio de papel y tinta, sino espero estar con ustedes y hablar cara a cara, para que nuestro gozo sea completado.

¹³ Los hijos de tu hermana, la elegida, te saludan.

3 Juan

Saludo

1 ⁱ El anciano al amado Gayo, a quien yo amo en verdad.

² Amado, hablo con Dios para que así como prospera tu alma seas prosperado en todas las cosas y que tengas buena salud. ³ Pues en gran manera me regocijé cuando vinieron unos hermanos y dieron testimonio de tu verdad, de cómo tú vives en verdad. ⁴ No tengo más grande gozo que éste: que oiga que mis hijos viven en la verdad.

Cooperación con la verdad

⁵ Amado, fielmente procedes en lo que haces para los hermanos, y especialmente a extraños, ⁶ quienes dieron testimonio ante *la* iglesia de tu amor. Harás bien al proveerles para su viaje de una manera digna de Dios. ⁷ Porque salieron por amor al Nombre, sin recibir algo de los gentiles. ⁸ Nosotros, pues, tenemos que recibirlos para que seamos colaboradores con la verdad.

Oposición de Diótrefes

⁹ Escribí algo a la iglesia, pero Diótrefes, quien desea ser el primero de ustedes, no nos recibe.

¹⁰ Por esto, cuando yo vaya le recordaré las obras que hace al acusarnos con palabras perversas. Y no satisfecho con éstas *palabras*, no solo no recibe a los hermanos, sino impide y expulsa de la iglesia a los que quieren *recibirlos*.

Recomendación a Demetrio

¹¹ Amado, no te fijes en lo malo, sino en lo bueno. El que hace lo bueno es de Dios. El que hace lo malo, no ha visto a Dios.

¹² Todos dieron buen testimonio de Demetrio y de la misma verdad. También nosotros damos testimonio, y sabes que nuestro testimonio es verdadero.

Epílogo

¹³ Muchas cosas tenía que escribirte, pero no quiero escribir por medio de tinta y pluma, ¹⁴ pues espero verte en breve, y hablaremos cara a cara.

¹⁵ Paz a ti. Los amigos te saludan. Saluda a los amigos, a cada uno por nombre.

Judas

Saludo

1 ¹ Judas, un esclavo de Jesucristo, y hermano de Jacobo, a los llamados, amados por Dios Padre y guardados por Jesucristo. ² Misericordia, paz y amor les sean multiplicados.

Contra falsas enseñanzas

³ Amados, con toda diligencia para escribirles con respecto a nuestra común salvación, tuve necesidad de escribir para exhortarlos a que luchen ardientemente por la fe que fue dada una vez a los santos. ⁴ Porque entraron disimuladamente ciertos hombres impíos, los cuales fueron destinados desde tiempo antiguo para este juicio, que convierten la gracia de nuestro Dios en inclinación a deleites carnales, y se levantan contra el único Soberano y contra Jesucristo nuestro Señor.

⁵ Les recuerdo a los que saben todas las cosas, que *el* Señor, luego de liberar una vez al pueblo de *la* tierra de Egipto, en segundo lugar destruyó a los que no creyeron. ⁶ A los ángeles que no guardaron su esfera de influencia, sino abandonaron su propia morada, ha mantenido bajo oscuridad en prisiones eternas, para *el* juicio del gran día. ⁷ Como Sodoma y Gomorra, y las ciudades alrededor de ellas, las cuales, de la misma manera que éstos, por practicar inmoralidad sexual e ir en pos de otra carne, son exhibidas como ejemplo y sufrieron un castigo de fuego eterno.

⁸ De igual manera éstos que tienen visiones ciertamente contaminan *el* cuerpo, rechazan *la* autoridad y hablan mal de los gloriosos seres angelicales. ⁹ Pero cuando el arcángel Miguel, al contender con el diablo para expresarse con respecto al cuerpo de Moisés, no se atrevió a pronunciar juicio de maldición, sino dijo: ¡*El* Señor te reprenda! ¹⁰ Pero estos ciertamente hablan mal de cuantas cosas no entienden, y en aquellas que por instinto entienden son corrompidos como los animales irracionales. ¹¹ ¡Ay de ellos! Porque fueron conducidos por el camino de Caín, fueron lanzados por lucro al engaño de Balaam y se arruinaron en la rebelión de Coré.

¹² ¡Éstos son los que, en las comidas fraternales de ustedes, se apacientan a sí mismos, son agasajados con ustedes sin respeto, nubes sin agua llevadas por vientos, árboles otoñales sin fruto, dos veces muertos, desarraigados, ¹³ salvajes olas de mar que espuman sus mismas obras vergonzosas, estrellas erráticas, para quienes fue reservada la más negra oscuridad para siempre!

¹⁴ También con respecto a éstos Enoc, séptimo *patriarca* desde Adán, profetizó: Ciertamente *el* Señor vino con sus santas miríadas[a] ¹⁵ para hacer juicio contra todos y convencer a toda persona con respecto a todas las obras inicuas de ellos en las cuales actuaron impíamente, y con respecto a todas las cosas insolentes que *los* pecadores impíos hablaron contra Él.

¹⁶ Éstos son murmuradores quejumbrosos, quienes proceden según sus propios deseos apasionados, y su boca habla palabras arrogantes y adulan a personas por amor a una ganancia.

Consejos finales

¹⁷ Pero ustedes, amados, recuerden las palabras dichas por los apóstoles de nuestro Señor Jesucristo, ¹⁸ quienes les decían: En *el* tiempo final se manifestarán burladores que andarán según sus propios deseos ardientes.[b] ¹⁹ Éstos son los que causan división, gentes mundanas, que no tienen *el* Espíritu.

²⁰ Pero ustedes, amados, edifiquen sobre su santísima fe, hablen con Dios por *el* Espíritu Santo, ²¹ consérvense en *el* amor de Dios, acójanse a la misericordia de nuestro Señor Jesucristo para vida eterna.

²² Ciertamente tengan misericordia para algunos que dudan. ²³ Arrebaten del fuego, rescaten a otros, aborrezcan[c] aun la ropa del cuerpo contaminada, tengan misericordia de otros con temor.

Alabanza a Dios

²⁴ Al que es poderoso para guardarlos sin caída y colocarlos en pie sin mancha en presencia de su gloria con gran gozo, ²⁵ al único Dios, nuestro Salvador, por medio de Jesucristo nuestro Señor, sea gloria, majestad, soberanía y autoridad, tanto antes de todos los siglos, como ahora y por todos los siglos. Amén.

---

[a] **1.14** Una miríada es 10.000.   [b] **1.18** Lit. *de las iniquidades.*   [c] **1.23** Lit. *arrebatando... aborreciendo.*

Apocalipsis

Presentación

1 ¹ Revelación de Jesucristo la cual Dios le dio para manifestar a sus esclavos las cosas que deben suceder en breve. *La* dio a conocer y la envió por medio de su ángel a su esclavo Juan, ² quien testificó la Palabra de Dios y la evidencia[a] de Jesucristo, lo que vio.

³ Inmensamente feliz[b] el que lee y los que escuchan las palabras de la profecía y guardan las cosas que fueron escritas en ella, porque el tiempo está cerca.

Cartas a siete iglesias

⁴ Juan, a las siete iglesias que están en Asia. Gracia y paz a ustedes del que es, del que era y del que viene, de los siete espíritus que están delante de su trono ⁵ y de Jesucristo, el Testigo fiel, el Primogénito de los muertos y el Soberano de los reyes de la tierra. Al que nos ama, nos libertó de nuestros pecados con su sangre ⁶ y nos estableció como un reino: sacerdotes para su Dios y Padre, a Él sea la gloria y la soberanía por los siglos. Amén.

⁷ Ciertamente viene con las nubes. Todo ojo lo verá, también los que lo traspasaron. Y todas las naciones de la tierra harán lamentación por Él. Sí. Amén.

⁸ Yo soy el **Alfa y la Omega**, dice el Señor Dios, el que es, el que era y el que viene, el **Todopoderoso**.

La visión de Juan

⁹ Yo, Juan, su hermano y copartícipe en la aflicción, *el* reino y *la* paciencia en Jesús, estaba en la isla llamada Patmos, por causa de la Palabra de Dios y el testimonio de Jesús.

¹⁰ Estuve en Espíritu el día que pertenece al Señor. Oí detrás de mí un gran sonido, como de trompeta, ¹¹ que decía: Escribe lo que ves en un rollo, y envíalo a las siete iglesias: a **Éfeso, Esmirna, Pérgamo, Tiatira, Sardis, Filadelfia** y **Laodicea**.

¹² Di vuelta para ver la voz que hablaba conmigo. Al dar la vuelta miré siete candelabros de oro. ¹³ En medio de los siete candelabros *vi a Uno* semejante al Hijo del Hombre, Quien estaba cubierto de un manto talar[c] y una faja de oro en el pecho. ¹⁴ Su cabeza y los cabellos eran blancos como lana blanca, como

---

[a] **1.2** Lit. *testimonio*.   [b] **1.3** Algunas versiones traducen *bienaventurado*.   [c] **1.13** Talar. Éste era el manto que usaba el sumo sacerdote, el cual llegaba hasta los pies.

nieve, y sus ojos, como llama de fuego. ¹⁵ Sus pies eran semejantes al bronce pulido en un horno ardiente, y su voz, como el estruendo de muchas aguas. ¹⁶ Tenía siete estrellas en su mano derecha. Una espada aguda de doble filo salía de su boca. Su rostro era como el sol cuando resplandece en su fuerza.

¹⁷ Cuando lo vi, caí como muerto a sus pies. Pero Él colocó su *mano* derecha sobre mí y dijo: No temas. Yo soy el Primero y el Último, ¹⁸ y el que vive, *aunque* estuve muerto. Sin embargo vivo por los siglos de los siglos. Tengo las llaves de la muerte y del Hades.

¹⁹ Escribe las cosas que viste, las que son y las que vienen después de éstas, ²⁰ el misterio de las siete estrellas que viste sobre mi derecha y los siete candelabros de oro. Las siete estrellas son *los* ángeles de las siete iglesias, y los siete candelabros son las siete iglesias.

Mensajes a siete iglesias

A Éfeso

2 ¹ Escribe al ángel de la iglesia de Éfeso.
Esto dice el que sostiene las siete estrellas en su derecha, el que anda en medio de los siete candelabros de oro: ² Conozco tus obras y tu laborioso trabajo, tu paciencia y que no puedes soportar a los malos. Probaste a los que se llaman apóstoles y no son. Los hallaste mentirosos. ³ Tienes perseverancia, soportaste pacientemente por causa de mi Nombre y no desmayaste.

⁴ Pero tengo contra ti que abandonaste tu primer amor. ⁵ Por tanto recuerda de dónde caíste y cambia de mente. Haz las primeras cosas. Si no cambias de mente, iré a ti y removeré tu candelabro de su lugar. ⁶ Pero tienes esto: que aborreces las obras de los nicolaítas, las cuales Yo también aborrezco.

⁷ El que tiene oído, escuche lo que dice el Espíritu a las iglesias. Al que vence le concederé que coma del árbol de la vida que está en el paraíso de Dios.

A Esmirna

⁸ Escribe al ángel de la iglesia de Esmirna.
Esto dice el Primero y el Último, el que estuvo muerto y vivió: ⁹ Conozco tu aflicción y pobreza, pero eres rico. Y *conozco* la blasfemia de los que dicen ser judíos y no son, sino *son* congregación de Satanás.

¹⁰ No temas las cosas que vas a padecer. Considera que el diablo está a punto de echar en prisión a algunos de ustedes, para que sean probados.

Tendrán aflicción de diez días. Sé fiel hasta la muerte, y te daré la corona de la vida.

¹¹ El que tiene oído, escuche lo que dice el Espíritu a las iglesias. El que vence, que de ningún modo sufra la muerte segunda.

A Pérgamo

¹² Escribe al ángel de la iglesia de Pérgamo.

Esto dice el que tiene la espada aguda de doble filo: ¹³ Sé dónde vives: donde está el trono de Satanás. Pero retienes mi Nombre. No negaste mi fe, ni aun en los días de Antipas, mi testigo fiel, el cual fue asesinado entre ustedes, donde Satanás vive.

¹⁴ Pero tengo unas pocas cosas contra ti, porque tienes ahí a los que sostienen la enseñanza de Balaam, quien enseñaba a Balac a poner tropiezo delante de los hijos de Israel, a comer carne sacrificada a ídolos y a practicar inmoralidad sexual. ¹⁵ De igual manera tienes a los que sostienen la doctrina de *los* nicolaítas.

¹⁶ Por tanto cambia de mente, pues si no, iré a ti pronto y pelearé contra ellos con la espada de mi boca.

¹⁷ El que tiene oído, escuche lo que dice el Espíritu a las iglesias. Al que vence le daré del maná escondido. Le daré una piedrecita blanca,[a] y escrito sobre la piedrecita un nombre nuevo que nadie conoce, sino el que *lo* recibe.

A Tiatira

¹⁸ Escribe al ángel de la iglesia de Tiatira.

Estas cosas dice el Hijo de Dios, el que tiene sus ojos como llama de fuego y sus pies semejantes a bronce pulido: ¹⁹ Conozco tus obras, el amor, la fe, el servicio, la paciencia, y que tus últimas obras son más que las primeras.

²⁰ Pero tengo contra ti que toleras a la mujer Jezabel, quien se llama profetisa, la cual enseña y seduce a mis esclavos a practicar inmoralidad sexual y a comer carne sacrificada a ídolos. ²¹ Le di tiempo para que cambiara de mente, pero no quiere cambiar la mente de sus inmoralidades sexuales.

²² Recuerden que la echo en cama, y *echo* en gran tribulación a los que cometen inmoralidad sexual con ella, a menos que cambien de mente con respecto a las obras de ella. ²³ A sus hijos mataré con pestilencia.

Todas las iglesias sabrán que Yo soy el que escudriña el aspecto más íntimo de la personalidad[b] y los corazones, y les daré a cada uno de ustedes según sus obras.

---

[a] **2.17** Se usaba para votar en el Tribunal Supremo de los judíos. [b] **2.23** Lit. *mataré con muerte... los riñones*.

²⁴ Pero digo a ustedes, a los demás, a los que están en Tiatira, que no tienen esta enseñanza, a quienes no conocieron las profundidades de Satanás, como dicen: No impongo sobre ustedes otra carga. ²⁵ Solo que retengan lo que tienen hasta que Yo venga.

²⁶ Al que vence y al que guarda mis obras hasta el fin, le daré autoridad sobre las naciones ²⁷ (y las pastoreará con vara de hierro, así como los vasos de barro son quebrados), ²⁸ como también Yo la recibí de mi Padre. Le daré la estrella de la mañana.

²⁹ El que tiene oído, escuche lo que dice el Espíritu a las iglesias.

A Sardis

3 ¹ Escribe al ángel de la iglesia de Sardis.

Estas cosas dice el que tiene los siete espíritus de Dios y las siete estrellas: Conozco tus obras, que tienes fama de que vives, pero estás muerta. ² Sé vigilante y confirma el resto de las cosas que estaban a punto de morir, porque no hallé tus obras cumplidas delante de mi Dios. ³ Recuerda, pues, cómo recibiste y escuchaste, guarda y cambia de mente. Pues si no velas, iré como ladrón, y que de ningún modo sepas a qué hora llegaré sobre ti.

⁴ Pero tienes unos pocos hombres en Sardis que no mancharon sus ropas, y andarán conmigo de blanco porque son dignos.

⁵ El que así vence se cubrirá con ropas blancas, y de ningún modo borraré su nombre del rollo de la vida. Confesaré su nombre delante de mi Padre y delante de sus santos ángeles. ⁶ El que tiene oído, escuche lo que dice el Espíritu a las iglesias.

A Filadelfia

⁷ Escribe al ángel de la iglesia de Filadelfia.

Estas cosas dice el Santo, el Verdadero, el que tiene la llave de David, el que abre y ninguno cierra, y cuando cierra ninguno abre: ⁸ Conozco tus obras. Observa que coloqué delante de ti una puerta abierta que nadie puede cerrar, porque tienes una pequeña fuerza. Guardaste mi Palabra y no negaste mi Nombre.

⁹ Como ves, te entrego *a algunos* de la congregación de Satanás, de los que dicen ser judíos y no son, sino se engañan y mienten. Afirmo que los impulsaré a que vengan y adoren delante de tus pies y reconozcan que Yo te amé.

¹⁰ Puesto que guardaste la Palabra de mi paciencia, Yo también te guardaré de la hora de la prueba que viene sobre el mundo entero para probar a los que moran sobre la tierra.

¹¹ ¡Vengo sin demora! Retén lo que tienes para que ninguno tome tu corona.

¹² Al que vence lo estableceré como columna en el Santuario de mi Dios, y que ya nunca jamás salga afuera. Y escribiré sobre él el Nombre de mi Dios y el nombre de la ciudad de mi Dios, la Nueva Jerusalén, la cual desciende del cielo de mi Dios, y mi Nombre nuevo.

¹³ El que tiene oído, escuche lo que dice el Espíritu a las iglesias.

A Laodicea

¹⁴ Escribe al ángel de la iglesia de Laodicea.

Estas cosas dice el Amén, el Testigo fiel y verdadero, el Principio de la creación de Dios: ¹⁵ Conozco tus obras, que no eres frío ni caliente. ¡Ojalá fueras frío o caliente! ¹⁶ Así que, porque eres tibio, y no caliente ni frío, te vomitaré de mi boca. ¹⁷ Porque dices: ¡Soy rico! Y: ¡Fui enriquecido! Y: ¡De nada tengo necesidad! No sabes que tú eres el desventurado, miserable, pobre, ciego y desnudo.

¹⁸ Te aconsejo que compres de Mí oro refinado en fuego para que seas rico, ropas blancas para que te cubras y no sea mostrada la vergüenza de tu desnudez, y colirio para ungir tus ojos a fin de que mires.

¹⁹ Yo reprendo y disciplino a todos los que amo. Por tanto, sé fervoroso y cambia de mente.

²⁰ ¡Aquí estoy en pie a la puerta y golpeo *con la mano*! Si alguno escucha mi voz y abre la puerta, entraré a él, comeré con él y él conmigo.

²¹ Al que vence le concederé que se siente conmigo en mi trono, como Yo también vencí, y me senté con mi Padre en su trono.

²² El que tiene oído, escuche lo que dice el Espíritu a las iglesias.

Una puerta abierta en el cielo

4 ¹ Después de estas cosas miré, y vi *una* puerta abierta en el cielo. La primera voz que oí, como de trompeta, al hablar conmigo, dijo: Sube acá y te mostraré las cosas que sucederán después de éstas.

² De inmediato estuve en el Espíritu. Vi un trono puesto en el cielo y a Uno sentado sobre el trono. ³ El que se sentó era semejante a una piedra de jaspe y cornalina. Alrededor del trono había un arco iris, cuyo aspecto era semejante a una esmeralda. ⁴ En torno al trono había 24 tronos, y sobre los tronos, 24 ancianos sentados, vestidos con ropas blancas y coronas de oro sobre sus cabezas. ⁵ Del trono salen relámpagos, voces y truenos. Delante del trono ardían siete lámparas, las cuales son los siete espíritus de Dios.

⁶ Delante del trono había como un mar de vidrio, semejante a cristal. Alrededor del trono, cuatro seres vivientes llenos de ojos por delante y por

detrás. ⁷ El primer ser viviente era semejante a un león, el segundo, semejante a un becerro. El tercero tenía cara como de hombre, y el cuarto era semejante a un águila que se cierne. ⁸ Cada uno de *los* cuatro seres vivientes tenía seis alas, y alrededor y por dentro estaban llenos de ojos. No tenían reposo porque decían día y noche: ¡Santo, santo, santo *es el* Señor Dios Todopoderoso, Quien era, Quien es y Quien viene!

⁹ Cuando los seres vivientes daban gloria, honor y acción de gracias al que estaba sentado en el trono, al que vive por los siglos de los siglos, ¹⁰ los 24 ancianos se postraban delante del que estaba sentado en el trono. Adoraban al que vive por los siglos de los siglos, ponían sus coronas delante del trono y decían:

> ¹¹ ¡Digno eres, oh Señor y Dios nuestro de recibir la
> gloria, el honor y el poder!
> Porque Tú creaste todas las cosas, y por tu voluntad
> existieron y fueron creadas.

Un rollo con siete sellos

5 ¹ En la mano derecha del que estaba sentado en el trono vi un rollo escrito por dentro y por fuera, sellado con siete sellos.

² Vi a un ángel fuerte que proclamaba a gran voz: ¿Quién es digno de abrir el rollo y desatar sus sellos? ³ Nadie en el cielo, ni en la tierra, ni debajo de la tierra se atrevía a abrir el rollo ni mirarlo.

⁴ Yo lloraba mucho porque no se halló alguno digno de abrir el rollo, ni de leerlo ni de mirarlo. ⁵ Pero uno de los ancianos me dijo: ¡No llores! ¡Aquí está el León de la tribu de Judá, la raíz de David, Quien venció para abrir el rollo y sus siete sellos!

⁶ Miré y vi un Cordero como inmolado entre el trono, los cuatro seres vivientes y los ancianos. *El Cordero* estaba puesto en pie. Tenía siete cuernos y siete ojos, que son los espíritus de Dios enviados a toda la tierra. ⁷ *El Cordero* llegó y tomó *el rollo* de la mano derecha del que estaba sentado en el trono.

⁸ Cuando tomó el rollo, los cuatro seres vivientes y los 24 ancianos cayeron delante del Cordero. Cada uno tenía un arpa y tazones de oro llenos de incienso, que son las conversaciones de los santos con Dios. ⁹ Entonaban un cántico nuevo, que decía:

> ¡Digno eres de tomar el rollo y de abrir sus sellos
> Porque fuiste inmolado!
> ¡Con tu sangre compraste para Dios
> *Personas* de toda tribu, lengua, pueblo y nación!
> ¹⁰ ¡Los constituiste en un reino y sacerdotes para nuestro Dios,
> Y reinarán sobre la tierra!

¹¹ Miré, y escuché una voz de muchos ángeles alrededor del trono, de los seres vivientes y de los ancianos. El número de ellos era miríadas de miríadas y millares de millares ¹² quienes decían a gran voz:
> ¡Digno es el Cordero inmolado de tomar el poder, riqueza,
> sabiduría, fortaleza, honor, gloria y alabanza!

¹³ A toda criatura en el cielo, en la tierra, debajo de la tierra, en el mar y a todas las cosas que están en ellos, escuché que decían:
> ¡Alabanza, honra, gloria y soberanía al que está sentado
> En el trono, y al Cordero, por los siglos de los siglos!

¹⁴ Los cuatro seres vivientes decían: ¡Amén! Y los ancianos cayeron y adoraron.

Los siete sellos

6 ¹ Vi cuando el Cordero abrió uno de los siete sellos y escuché a uno de los cuatro seres vivientes que decía con voz de trueno: ¡Ven! ² Miré, y ahí estaba un caballo blanco. Su jinete tenía un arco. Se le dio una corona. Salió venciendo y para vencer.

³ Cuando *el Cordero* abrió el segundo sello, escuché al segundo ser viviente que decía: ¡Ven! ⁴ Salió otro caballo rojizo. A su jinete se le concedió quitar la paz de la tierra, y *los hombres* se matarán unos a otros. Y se le dio una gran espada.

⁵ Cuando *el Cordero* abrió el tercer sello, escuché al tercer ser viviente que decía: ¡Ven! Y miré, y ahí estaba un caballo negro. Su jinete tenía una balanza en la mano. ⁶ Escuché una voz en medio de los cuatro seres vivientes que decía: Un litro de trigo por un denario, tres litros de cebada por un denario. Y no dañes el aceite ni el vino.

⁷ Cuando *el Cordero* abrió el cuarto sello, escuché la voz del cuarto ser viviente que decía: ¡Ven! ⁸ Miré, y ahí estaba un caballo pálido. Su jinete se llamaba Muerte, y el Hades seguía con él. Y le fue concedida autoridad sobre la cuarta parte de la tierra para matar con espada, hambre, pestilencia y las fieras de la tierra.

⁹ Cuando *el Cordero* abrió el quinto sello, miré debajo del altar las almas de los que habían sido asesinados por causa de la Palabra de Dios y del testimonio que tenían.

¹⁰ Clamaban a gran voz y preguntaban: ¿Oh Soberano, Santo y Verdadero, hasta cuándo no juzgas a los que viven en la tierra y vengas nuestra sangre?
¹¹ Se le dio a cada uno una túnica blanca, y se les dijo que descansaran aún un corto tiempo, hasta que fuera completado *el número* tanto de sus consiervos como de sus hermanos que estaban a punto de ser asesinados como ellos.

¹² Miré cuando *el Cordero* abrió el sexto sello. Hubo un gran terremoto, el sol oscureció como tela de crin y la luna entera se volvió como sangre. ¹³ Las estrellas del cielo cayeron a la tierra como una higuera suelta sus brevas cuando es sacudida por un viento fuerte. ¹⁴ El cielo fue replegado como un rollo que es enrollado. Toda montaña y toda isla fueron removidas de sus lugares.

¹⁵ Los reyes de la tierra, los grandes, los magistrados, los ricos, los poderosos, y todo esclavo y libre se escondieron en las cuevas y entre las rocas de las montañas. ¹⁶ Y decían a las montañas y a las rocas: ¡Caigan sobre nosotros! ¡Escóndannos de la presencia del que está sentado en el trono y de la ira del Cordero! ¹⁷ Porque llegó el gran día de la ira de ellos, y ¿quién puede sostenerse en pie?

7 ¹ Después de esto, vi a cuatro ángeles puestos en pie sobre los cuatro puntos *cardinales* de la tierra, los cuales detenían los cuatro vientos de la tierra para que no soplara viento sobre la tierra, ni sobre el mar, ni sobre algún árbol.

² Vi también a otro ángel que subía del nacimiento del sol. Tenía un sello del Dios viviente, y clamó a gran voz a los cuatro ángeles, a quienes se les encomendó dañar la tierra y el mar. ³ Y ordenó: ¡No dañen la tierra ni el mar ni los árboles, hasta que sellemos en sus frentes a los esclavos de nuestro Dios!

⁴ Escuché el número de los sellados: 144.000 sellados de toda tribu de *los* hijos de Israel. ⁵ De *la* tribu de Judá 12.000 sellados, de *la* tribu de Rubén 12.000, de *la* tribu de Gad 12.000, ⁶ de *la* tribu de Aser 12.000, de *la* tribu de Neftalí 12.000, de *la* tribu de Manasés 12.000, ⁷ de *la* tribu de Simeón 12.000, de *la* tribu de Leví 12.000, de *la* tribu de Isacar 12.000, ⁸ de *la* tribu de Zabulón 12.000, de *la* tribu de José 12.000, de *la* tribu de Benjamín 12.000 sellados.

Una gran multitud

⁹ Después de estas cosas miré, y ahí estaba una gran multitud de toda nación, tribus, pueblos y lenguas que nadie podía contar. Estaban delante del trono y del Cordero, vestidos con mantos blancos. *Tenían* palmas en sus manos y ¹⁰ clamaban a gran voz: ¡La salvación sea *atribuida* a nuestro Dios, Quien está sentado en el trono, y al Cordero!

¹¹ Todos los ángeles que estaban en pie alrededor del trono, de los ancianos y de los cuatro seres vivientes cayeron sobre sus rostros delante del trono. Adoraron a Dios ¹² y decían:

¡Amén! ¡La bendición, la gloria, la sabiduría, la acción de gracias, el
    honor, el poder y la fortaleza sean *atribuidos*
A nuestro Dios por los siglos de los siglos! Amén.

¹³ Entonces uno de los ancianos me preguntó: ¿Quiénes son los que están cubiertos con mantos blancos y de dónde vinieron?

¹⁴ Y le contesté: Señor mío, tú sabes.

Y me dijo: Éstos son los que salen de la gran tribulación, lavaron sus mantos y los blanquearon en la sangre del Cordero. ¹⁵ Por esto están delante del trono de Dios y le rinden culto de día y de noche en su Santuario. Y el que está sentado en el trono extenderá su Tabernáculo sobre ellos. ¹⁶ Ya no tendrán hambre, ni sed, y que de ningún modo caiga sobre ellos el sol, ni calor alguno, ¹⁷ porque el Cordero que está en *el* trono los pastoreará y los guiará a fuentes de aguas vivas. Dios enjugará toda lágrima de sus ojos.

El séptimo sello

8 ¹ Cuando *el Cordero* abrió el séptimo sello hubo silencio en el cielo como por media hora.

Siete trompetas

² Vi a los siete ángeles que estaban en pie delante de Dios. Se les dieron siete trompetas.

³ Llegó otro ángel que tenía un incensario de oro y se puso en pie junto al altar. Y se le dieron muchos inciensos para que los añadiera a las conversaciones de todos los santos con Dios sobre el altar de oro que está delante del trono. ⁴ De mano del ángel ascendió el humo del incienso con las conversaciones de los santos con Dios delante de Él.

⁵ El ángel tomó el incensario, lo llenó del fuego del altar y *lo* lanzó a la tierra. Y se produjeron truenos, ruidos, rayos y un terremoto. ⁶ Los siete ángeles que tenían las siete trompetas se prepararon para tocarlas.

Primera trompeta

⁷ El primero tocó la trompeta. Hubo granizo y fuego mezclados con sangre, *los cuales* fueron lanzados a la tierra. Y se quemó la tercera parte de la tierra, de los árboles y de toda hierba verde.

Segunda trompeta

⁸ El segundo ángel tocó la trompeta. *Algo* como una gran montaña que ardía en llamas fue lanzada al mar. La tercera parte del mar se convirtió en sangre. ⁹ Murió la tercera parte de las criaturas marítimas, y fue destruida la tercera parte de las naves.

Tercera trompeta

¹⁰ El tercer ángel tocó la trompeta. Y una gran estrella encendida como una antorcha cayó del cielo sobre la tercera parte de los ríos y sobre las fuentes de las aguas. ¹¹ El nombre de la estrella es Ajenjo. La tercera parte de las aguas se convirtió en ajenjo. Y muchos hombres murieron a causa de las aguas, porque se volvieron amargas.

Cuarta trompeta

¹² El cuarto ángel tocó la trompeta. Fue golpeada la tercera parte del sol, de la luna, y de las estrellas para que se oscureciera la tercera parte de ellos, y que no resplandecieran en la tercera parte del día ni de la noche.

¹³ Miré, y escuché un águila que subió al cenit y dijo a gran voz: ¡Ay! ¡Ay! ¡Ay de los que viven en la tierra por causa de los otros toques de trompeta de los tres ángeles que están a punto de tocar!

Quinta trompeta

9 ¹ El quinto ángel tocó la trompeta. Vi una estrella que caía del cielo a la tierra. Se le dio la llave del pozo del abismo y ² lo abrió.

Del pozo subió un humo, como el de un gran horno. El sol y el aire se oscurecieron a causa del humo del pozo. ³ Del humo salieron langostas a la tierra, y se les dio poder como el de los escorpiones de la tierra. ⁴ Se les dijo que no hicieran daño a la hierba de la tierra, ni a ninguna cosa verde, ni a ningún árbol, sino solo a los hombres que no tienen el sello de Dios en su frente. ⁵ Se les ordenó que no los mataran, sino que los atormentaran durante cinco meses. Su tormento era como el de escorpión cuando hiere al hombre.

⁶ En aquellos días los hombres buscarán la muerte, y de ningún modo la hallarán. Anhelarán morir, y la muerte huirá de ellos.

⁷ La apariencia de las langostas era semejante a caballos preparados para *la* batalla. Sobre sus cabezas había como coronas que parecían de oro, y sus caras eran como rostros de hombres. ⁸ Tenían cabellos como mujeres, sus dientes eran como de leones, ⁹ y tenían corazas como de hierro. El estruendo de sus alas era como el de muchos carruajes de caballos que corren a una batalla. ¹⁰ Tenían colas semejantes a escorpiones y aguijones. Su poder estaba en sus colas para dañar a los hombres durante cinco meses.

¹¹ Su rey es el ángel del abismo, cuyo nombre en hebreo es *Abadón*, y en griego *Apolión*.

¹² El primer ¡ay! pasó. Después de estas cosas vienen aún dos ayes.

Sexta trompeta

¹³ El sexto ángel tocó la trompeta. Escuché una voz de los cuernos del altar de oro que estaba delante de Dios, ¹⁴ la cual decía al sexto ángel que tenía la trompeta: ¡Suelta los cuatro ángeles que están atados junto al gran río Éufrates!

¹⁵ Fueron desatados los cuatro ángeles que estaban preparados para la hora, día, mes y año, a fin de matar a la tercera parte de los hombres. ¹⁶ El número de los jinetes era 200 millones. Escuché su número.

¹⁷ Así vi en la visión los caballos y sus jinetes. Tenían corazas de color fuego, jacinto y azufre. Las cabezas de los caballos eran como cabezas de leones. De sus bocas salían fuego, humo y azufre. ¹⁸ Por estas tres plagas, el fuego, el humo y el azufre que salían de sus bocas, murió la tercera parte de los hombres. ¹⁹ El poder de los caballos estaba en sus bocas y en sus colas. Las colas eran semejantes a serpientes con cabezas que dañaban.

²⁰ El resto de los hombres, los que no murieron por estas plagas, no cambiaron de mente con respecto a las obras de sus manos para no adorar a los demonios y a los ídolos de oro, plata, bronce, piedra y madera, los cuales no pueden ver, ni oír, ni andar. ²¹ Tampoco cambiaron de mente con respecto a sus homicidios, ni a sus hechicerías, ni a su inmoralidad sexual, ni a sus robos.

Un rollo pequeño

10 ¹ Vi a otro ángel fuerte que descendía del cielo, envuelto en una nube. Tenía el arco iris sobre su cabeza. Su rostro era como el sol y sus piernas como columnas de fuego. ² Tenía en su mano un pequeño rollo abierto. Puso su pie derecho sobre el mar y el izquierdo sobre la tierra. ³ Clamó a gran voz como rugido de león. Cuando clamó, los siete truenos emitieron sus voces.

⁴ Cuando los siete truenos hablaron, *yo* estaba a punto de escribir, pero escuché una voz del cielo que decía: Sella las cosas que los siete truenos dijeron y no las escribas.

⁵ El ángel que vi en pie sobre el mar y la tierra levantó su mano derecha hacia el cielo. ⁶ Juró por el que vive por los siglos de los siglos, Quien creó el cielo y las cosas que están en él, la tierra y las cosas que están en ella, y el mar y las cosas que están en él. *El ángel juró* que ya no habrá demora, ⁷ sino que en los días de la voz del séptimo ángel, cuando esté a punto de tocar la trompeta, también será consumado el misterio de Dios, como Él lo anunció a sus esclavos profetas.

⁸ La voz que escuché del cielo habló otra vez conmigo y dijo: Vé, toma el rollo abierto que está en la mano del ángel el cual estaba en pie sobre el mar y la tierra.

⁹ Fui hacia el ángel y le dije que me diera el pequeño rollo.

Y me dijo: Toma y cómelo. Te será amargo en el estómago, pero en tu boca será dulce como miel.

¹⁰ Tomé el pequeño rollo de la mano del ángel y lo comí. En mi boca era dulce como miel, pero cuando lo comí, fue amargo en mi estómago.

¹¹ Me dijo: Te es necesario profetizar otra vez a muchos pueblos, naciones, lenguas y reyes.

Dos olivos

11 ¹ Me fue dada una caña larga como una vara de medir y se me dijo: Levántate y mide el Santuario de Dios, el altar y a los que adoran en él. ² Pero no midas el patio que está fuera del Santuario, porque fue entregado a los gentiles, y pisotearán la Ciudad Santa 42 meses. ³ Daré *autoridad* a mis dos testigos, y ellos profetizarán 1.260 días cubiertos con tela áspera.

⁴ Éstos son los dos olivos y los dos candelabros que están en pie delante del Señor de la tierra. ⁵ Si alguno quiere dañarlos, un fuego sale de la boca de ellos y devora a sus enemigos. Cuando alguno les quiere hacer daño, tiene que morir de esta manera. ⁶ Éstos *dos testigos* tienen el poder de cerrar el cielo para que no llueva en los días de su profecía. También tienen poder sobre las aguas para convertirlas en sangre, y para golpear la tierra con toda plaga, todas las veces que quieran.

⁷ Cuando terminen su testimonio, la bestia que sube del abismo hará guerra contra ellos. Los vencerá y los matará. ⁸ Los cadáveres de los *dos testigos* estarán tendidos en la plaza de la gran ciudad, que figuradamente se llama Sodoma y Egipto, donde también fue crucificado el Señor de ellos.

⁹ *Los habitantes* de los pueblos, tribus, lenguas y naciones verán sus cadáveres por tres días y medio, y no permitirán que sus cadáveres sean puestos en sepulcros. ¹⁰ Los que habitan en la tierra sentirán gozo con respecto a ellos y se regocijarán. Se enviarán regalos unos a otros, porque estos dos profetas atormentaron a los que habitan en la tierra.

¹¹ Pero después de los tres días y medio, entró en ellos espíritu de vida de Dios, y se pusieron en pies. Un gran temor cayó sobre los que los vieron. ¹² Oyeron una gran voz del cielo que les dijo: ¡Suban acá! Y subieron al cielo en la nube, y sus enemigos los vieron.

¹³ En aquella hora ocurrió un gran terremoto, y cayó la décima parte de la ciudad. En el terremoto murieron 7.000 hombres. Los demás se llenaron de temor, y dieron gloria al Dios del cielo.

¹⁴ El segundo ¡ay! pasó, y el tercer ¡ay! viene sin demora.

Séptima trompeta

¹⁵ El séptimo ángel tocó la trompeta, y se produjeron grandes voces en el cielo, que decían: ¡El reino del mundo es de nuestro Señor y de su Cristo, y reinará por los siglos de los siglos!

¹⁶ Los 24 ancianos que estaban sentados en sus tronos delante de Dios cayeron sobre sus rostros, adoraron a Dios ¹⁷ y dijeron: Te damos gracias, Señor Dios Todopoderoso, el que es y el que era, porque tomaste tu gran poder y reinaste.

La ira de Dios

¹⁸ Las naciones se airaron. Pero llegó tu ira y el tiempo para juzgar a los muertos, dar el galardón a tus esclavos profetas, a los santos, a los que temen tu Nombre, a los pequeños y a los grandes, y para destruir a los que destruyen la tierra.

¹⁹ El Santuario de Dios en el cielo fue abierto, y se vio el Arca de su Pacto en su Santuario. Hubo rayos, voces, truenos, un terremoto y granizo grande.

Una mujer, un dragón y un Hijo varón

12 ¹ Una gran señal apareció en el cielo: una mujer vestida con el sol y la luna debajo de sus pies, y en su cabeza una corona de 12 estrellas. ² Como estaba embarazada, gritaba con dolores de parto. Estaba atormentada por dar a luz.

³ También se vio otra señal en el cielo: Ahí estaba un gran dragón rojo como fuego que tenía siete cabezas, diez cuernos, y siete diademas en sus cabezas. ⁴ Su cola arrastraba la tercera parte de las estrellas del cielo y las echó a la tierra. El dragón se paró delante de la mujer que estaba a punto de dar a luz, para devorar a su Hijo cuando diera a luz. ⁵ Dio a luz un Hijo varón, destinado a pastorear con vara de hierro a todas las naciones. Su Hijo fue arrebatado para Dios y para su trono. ⁶ La mujer huyó al desierto, donde tenía un lugar preparado por Dios, para que allí la sustenten durante 1.260 días.

⁷ Hubo una batalla en el cielo: Miguel y sus ángeles luchaban contra el dragón. Luchó el dragón y sus ángeles, ⁸ pero no prevaleció, ni se halló lugar para ellos en el cielo. ⁹ Fue echado el gran dragón, la serpiente antigua, el llamado diablo y Satanás, el cual engaña al mundo entero. Fue lanzado a la tierra, y sus ángeles fueron echados con él.

¹⁰ Entonces escuché una gran voz en el cielo que decía: ¡Ahora llegó la salvación, el poder y el reino de nuestro Dios, y la soberanía de su Cristo, porque fue echado el acusador de nuestros hermanos, el que los acusaba

de día y de noche delante de nuestro Dios! ¹¹ Ellos lo vencieron por medio de la sangre del Cordero y por la palabra de su testimonio. No apreciaron su vida aun frente a *la* muerte. ¹² Por tanto ¡alégrense, cielos, y los que moran en ellos! ¡Ay de la tierra y del mar, porque el diablo bajó a ustedes con gran furor al saber que tiene poco tiempo!

¹³ Cuando el dragón vio que fue arrojado a la tierra, persiguió a la mujer que dio a luz al Varón.

¹⁴ Pero a la mujer se *le* dieron las dos alas de la gran águila para que volara a su lugar en el desierto, donde es sustentada por tiempo, tiempos y medio tiempo, *lejos* de la presencia de la serpiente.

¹⁵ La serpiente arrojó agua de su boca como un río tras la mujer para que fuera arrastrada por un río. ¹⁶ Pero la tierra ayudó a la mujer, pues la tierra abrió su boca y tragó el río que el dragón arrojó de su boca. ¹⁷ Entonces el dragón se enfureció contra la mujer, e hizo *la* guerra contra los demás de su descendencia, los cuales guardan los Mandamientos de Dios y tienen el testimonio de Jesús. ¹⁸ Y *el dragón* se paró sobre la arena del mar.

El dragón y dos bestias

13 ¹ Me paré sobre la arena del mar y vi que subía del mar una bestia que tenía siete cabezas y diez cuernos, y diez diademas en sus cuernos, y un nombre blasfemo sobre sus cabezas. ² La bestia que vi era semejante a un leopardo, pero sus patas eran como de oso y su boca como de león. El dragón le dio su poder, su trono y una gran autoridad. ³ Vi una de sus cabezas como degollada para muerte, pero su herida de muerte fue sanada.

Toda la tierra siguió maravillada tras la bestia. ⁴ Adoraron al dragón que dio la autoridad a la bestia. Adoraron a la bestia y dijeron: ¿Quién es como la bestia, y quién se puede enfrentar a ella?

⁵ Se le dio una boca que hablaba grandes cosas y blasfemias, y autoridad para actuar durante 42 meses. ⁶ Abrió su boca para blasfemar contra Dios, su Nombre, su Tabernáculo y contra los que moran en el cielo. ⁷ Se le concedió hacer guerra contra los santos y vencerlos. También se le dio autoridad sobre toda tribu, pueblo, lengua y nación.

⁸ Todos los que viven en la tierra la adorarán. Los nombres de ellos no están inscritos en el rollo de la vida del Cordero, Quien fue inmolado desde *la* fundación del mundo.

⁹ Si alguno tiene oído, escuche. ¹⁰ Si alguno va a cautividad, a cautividad va. Si alguno va a ser asesinado a espada, a espada será asesinado. Aquí está la perseverancia y la fe de los santos.

¹¹ Vi también otra bestia que subía de la tierra. Tenía dos cuernos semejantes a un cordero, pero hablaba como un dragón. ¹² Ejerce toda la

autoridad de la primera bestia delante de ella, y hace que la tierra y los que habitan en ella adoren a la primera bestia, de la cual fue sanada la herida de muerte. 13 Hace grandes señales para que descienda fuego del cielo a la tierra delante de los hombres. 14 Engaña a los que viven en la tierra por medio de las señales que se le permitió hacer delante de la bestia. Ordena a los que viven en la tierra que hagan una imagen de la bestia que tiene la herida de la espada, y vivió.

15 Se le permitió infundir aliento a la imagen de la bestia para que esta imagen hablara y ordenara matar a todos los que no adoraran la imagen de la bestia. 16 Obliga que *se* les coloque una marca en su mano derecha o en su frente a todos, a los pequeños y a los grandes, a los ricos y a los pobres, a los libres y a los esclavos, 17 y que ninguno pueda comprar o vender, sino el que tenga la marca, el nombre de la bestia o el número de su nombre.

18 Aquí está la sabiduría. El que tiene entendimiento, calcule el número de la bestia, porque es número de hombre. Su número es 666.

Cántico nuevo

14 1 Miré, y ahí estaba el Cordero en pie sobre la Montaña Sion, y con Él 144.000 que tenían el Nombre de Él y el Nombre de su Padre escrito en sus frentes.

2 Escuché un sonido del cielo, como estruendo de muchas aguas y como sonido de un gran trueno. El sonido que escuché era como de arpistas que tocaban sus arpas. 3 Cantaban un cántico nuevo delante del trono, de los cuatro seres vivientes y de los ancianos. Nadie se podía aprender el cántico, sino los 144.000 redimidos de la tierra.

4 Éstos son los que no se contaminaron con mujeres, pues son vírgenes los cuales siguen al Cordero adondequiera que va. Éstos fueron comprados de entre los hombres como primicia para Dios y para el Cordero. 5 En su boca no fue hallada mentira. Son sin mancha.

Tres ángeles

6 Vi a otro ángel que volaba en medio del cielo, el cual tenía un evangelio eterno para proclamar a los que están asentados en la tierra, es decir, a toda nación, tribu, lengua y pueblo, 7 y decía a gran voz: ¡Teman a Dios y denle gloria, pues llegó la hora de su juicio! ¡Adoren al que hizo el cielo, la tierra, *el* mar y las fuentes de aguas!

8 Un segundo ángel siguió y dijo: ¡Cayó, cayó Babilonia, la grande, la que hizo beber a todas las naciones del vino de la pasión de su inmoralidad sexual!

9 Un tercer ángel los siguió y dijo: Si alguno adora a la bestia y a su imagen, y recibe una marca en su frente o en su mano, 10 también beberá del vino del

furor de Dios, vertido sin mezcla en la copa de su ira, y será atormentado con fuego y azufre delante de *los* santos ángeles y del Cordero. ¹¹ El humo de su tormento sube por *los* siglos de *los* siglos. Los que adoran a la bestia y a su imagen, los que recibieron la marca de su nombre, no tienen reposo de día ni de noche. ¹² Aquí está la perseverancia de los santos, los que guardan los Mandamientos de Dios y la fe en Jesús.

¹³ Escuché una voz del cielo que decía: Escribe: ¡Inmensamente felices los que desde ahora mueren en el Señor! ¡Sí! dice el Espíritu. Descansarán de sus trabajos, porque sus obras siguen con ellos.

Un gran lagar

¹⁴ Miré, y ahí estaba una nube blanca, y sobre la nube estaba sentado uno semejante al Hijo del Hombre, Quien tenía en su cabeza una corona de oro y en su mano una hoz afilada.

¹⁵ Otro ángel salió del Santuario que clamaba con gran voz al que estaba sentado sobre la nube: ¡Envía tu hoz y cosecha, porque llegó la hora de cosechar pues se maduró la cosecha de la tierra! ¹⁶ El que estaba sentado sobre la nube blandió su hoz sobre la tierra, y la tierra fue cosechada.

¹⁷ Otro ángel salió del Santuario que está en el cielo, el cual tenía también una hoz afilada.

¹⁸ Del altar salió otro ángel que tenía poder sobre el fuego. Habló a gran voz al que tenía la hoz afilada y dijo: ¡Mete tu hoz afilada y recoge los racimos de la viña de la tierra, porque maduraron sus racimos!

¹⁹ El ángel agitó su hoz en la tierra, cortó los racimos de la vid de la tierra y echó las uvas en el gran lagar[a] de la ira de Dios. ²⁰ El lagar fue pisado fuera de la ciudad. Del lagar salió sangre hasta los frenos de los caballos en una extensión de 288 kilómetros.

Siete plagas

15 ¹ Vi en el cielo otra señal grande y maravillosa: siete ángeles que tenían las siete últimas plagas, porque el furor de Dios fue consumado con ellas.

² Vi como un mar de cristal mezclado con fuego y a los que triunfan sobre la bestia, su imagen y el número de su nombre. Éstos están en pie sobre el mar de cristal y tienen arpas de Dios. ³ Entonan el cántico de Moisés, el esclavo de Dios, y el cántico del Cordero que dice:

¡Grandes y maravillosas son tus obras,
Señor Dios Todopoderoso!

---

[a] **14.19** Lagar: Sitio donde se pisan las uvas para obtener su jugo fresco llamado mosto, el cual al fermentarlo produce vino.

¡Justos y verdaderos son tus caminos,
Oh Rey de las naciones!
⁴ ¿Quién no te temerá, oh Señor,
Y glorificará tu nombre?
Porque solo Tú eres santo.
Por lo cual todas las naciones estarán presentes y adorarán delante de Ti,
Porque tus acciones justas se manifestaron.

⁵ Después de estas cosas miré, y se abrió el Santuario del Tabernáculo del Testimonio en el cielo. ⁶ Los siete ángeles, cubiertos con lino puro resplandeciente y con cintos de oro ceñidos al pecho, tenían las siete plagas y salieron del Santuario.

⁷ Uno de los cuatro seres vivientes dio a los siete ángeles siete copas de oro llenas del furor del Dios que vive por los siglos de los siglos.

⁸ El Santuario se llenó de humo por la gloria de Dios y su poder. Nadie podía entrar en el Santuario hasta que se completaran las siete plagas de los siete ángeles.

Siete copas de ira

16 ¹ Escuché una gran voz del Santuario que decía a los siete ángeles: ¡Vayan! ¡Derramen las siete copas del furor de Dios sobre la tierra!

² Salió el primero y derramó su copa en la tierra. Se produjo una úlcera maligna y pestilente sobre los hombres que tenían la marca de la bestia y que adoraban su imagen.

³ El segundo *ángel* derramó su copa sobre el mar, el cual se convirtió en sangre como de muerto. Murió todo ser marítimo viviente.

⁴ El tercero derramó su copa en los ríos y las fuentes de agua, los cuales se convirtieron en sangre. ⁵ Escuché al ángel de las aguas que decía: ¡Justo eres, el que es y que era, el Santo, porque juzgaste estas cosas! ⁶ También les diste a beber *sangre*, porque derramaron sangre de santos y profetas. ¡Son merecedores!

⁷ Escuché al altar que decía: ¡Sí, Señor Dios Todopoderoso, verdaderos y justos son tus juicios!

⁸ El cuarto *ángel* derramó su copa sobre el sol, y se le permitió quemar a los hombres con fuego. ⁹ Los hombres fueron quemados con un gran calor ardiente. Blasfemaron el Nombre del Dios que tiene el poder sobre estas plagas y no cambiaron de mente para darle gloria.

¹⁰ El quinto *ángel* derramó su copa sobre el trono de la bestia, y su reino oscureció. Mordían sus lenguas a causa del dolor. ¹¹ Blasfemaron al Dios del cielo a causa de sus dolores y sus úlceras. No cambiaron de mente con respecto a sus obras.

La batalla de Armagedón

¹² El *ángel* derramó su copa sobre el gran río Éufrates, y su agua se secó para que se preparara el camino de los reyes del oriente.

¹³ Vi *salir* tres espíritus impuros como ranas de la boca del dragón, de la boca de la bestia y de la boca del falso profeta. ¹⁴ Son espíritus de demonios que hacen milagros, los cuales van a los reyes de toda *la* tierra habitada, a fin de reunirlos para la batalla del gran día del Dios Todopoderoso.

¹⁵ (Ciertamente vengo como ladrón. Inmensamente feliz el que vela y protege sus ropas, para que no ande desnudo y vean su vergüenza.)

¹⁶ Los reunió en el lugar llamado en hebreo *Armagedón*.

¹⁷ El séptimo *ángel* derramó su copa en el aire, y salió una gran voz del Santuario, desde el trono, que decía: ¡Está hecho!

¹⁸ Hubo rayos, voces y truenos. Hubo un gran sismo, tan grande que no sucedió un sismo como éste desde que existió el hombre sobre la tierra. ¹⁹ La gran ciudad se dividió en tres partes. Las ciudades de las naciones cayeron. La gran Babilonia fue recordada delante de Dios para darle la copa del vino del ardor de su ira. ²⁰ Huyó toda isla, y *las* montañas no fueron halladas. ²¹ Un enorme granizo cayó del cielo sobre los hombres, como de entre 26 y 36 kilogramos. Y los hombres blasfemaron contra Dios por la plaga del granizo, porque esta plaga era extremadamente grande.

Juicio contra Babilonia

17 ¹ Vino uno de los siete ángeles que tenían las siete copas y habló conmigo: Ven acá. Te mostraré la sentencia contra la gran ramera que está sobre muchas aguas. ² Los reyes de la tierra practicaron inmoralidad sexual con ella. Los que habitan la tierra se embriagaron con el vino de su inmoralidad sexual.

³ Me llevó en espíritu al desierto. Y vi a una mujer que estaba sentada sobre una bestia *de color* escarlata que tenía siete cabezas y diez cuernos, llena de nombres blasfemos. ⁴ La mujer estaba cubierta de púrpura y escarlata. Estaba adornada con oro, piedras preciosas y perlas. Sostenía en su mano una copa de oro llena de repugnancias y las inmundicias de su inmoralidad sexual. ⁵ En su frente tenía escrito un nombre: Misterio, Babilonia la grande, la madre de las prostitutas y de las repugnancias de la tierra. ⁶ Vi a la mujer embriagada con la sangre de los santos y de los mártires de Jesús. Al mirarla, quedé maravillado con gran asombro.

⁷ El ángel me dijo: ¿Por qué te asombras? Yo te diré el misterio de la mujer y de la bestia que la lleva y tiene las siete cabezas y los diez cuernos: ⁸ La bestia que viste era y no es. Está a punto de subir del abismo y va a perdición.

Los que moran en la tierra, cuyos nombres no fueron escritos en el rollo de la vida desde *la* fundación del mundo, se asombrarán al ver a la bestia que era, no es y será.

⁹ Aquí está la mente que tiene sabiduría: Las siete cabezas son siete colinas sobre las cuales la mujer está asentada. También son siete reyes. ¹⁰ Cinco de ellos cayeron. Uno es, y otro aún no vino, y cuando venga, es necesario que permanezca poco. ¹¹ La bestia que era y no es, también es el octavo. Es de los siete, y va a destrucción.

¹² Los diez cuernos que viste son diez reyes, los cuales aún no recibieron reino, pero recibirán autoridad como reyes con la bestia por una hora. ¹³ Éstos tienen un solo propósito. Entregan su poder y autoridad a la bestia. ¹⁴ Éstos pelearán contra el Cordero, y el Cordero los vencerá, porque *Él* es Señor de señores y Rey de reyes. Los que están con Él son llamados, elegidos, y fieles.

¹⁵ También me dijo: Las aguas que viste, donde está sentada la prostituta, son pueblos, multitudes, naciones y lenguas. ¹⁶ Los diez cuernos y la bestia que viste aborrecerán a la prostituta y la dejarán desolada y desnuda. Se comerán sus carnes y la quemarán con fuego.

¹⁷ Porque Dios colocó en sus corazones que lleven a cabo el propósito de Él, que tomen una decisión y entreguen el reino de ellos a la bestia para que se cumplan *las* palabras de Dios. ¹⁸ La mujer que miraste es aquella gran ciudad que tiene dominio sobre los reyes de la tierra.

Destrucción de Babilonia

18 ¹ Después de estas cosas vi a otro ángel que descendía del cielo, el cual tenía gran autoridad. La tierra fue iluminada con su resplandor. ² Clamó con voz potente: ¡Cayó, cayó la gran Babilonia! Se convirtió en cueva de demonios y guarida de todo espíritu impuro y albergue de toda ave impura y aborrecida. ³ Porque todas las naciones bebieron del vino del furor de su inmoralidad sexual. Los reyes de la tierra practicaron inmoralidad sexual con ella, y los mercaderes de la tierra enriquecieron con el poder de la inclinación excesiva de ella a los placeres.

⁴ Oí otra voz del cielo que decía: **¡Sal de ella, pueblo mío, para que no participes de sus pecados ni recibas sus plagas!** ⁵ Porque sus pecados fueron apilados hasta el cielo, y Dios recordó sus crímenes. ⁶ ¡Dale galardón como ella galardonó: las cosas al doble! Devuélvanle según sus obras. ¡Mézclenle doble en la copa que mezcló! ⁷ Tanto como se alabó y vivió en placeres, denle de tormento y llanto, pues dice en su corazón: Me siento reina. No soy viuda, y que de ningún modo vea duelo. ⁸ Por esto, en un solo día estarán presentes sus plagas: muerte, duelo y hambre. Será consumida con fuego, porque poderoso es el Señor Dios que la juzgó.

⁹ Los reyes de la tierra que practicaron *la* inmoralidad sexual y vivieron en placeres con ella, llorarán. Se lamentarán por ella cuando vean el humo de su incendio. ¹⁰ Se colocarán en pie de lejos a causa del temor a su tormento y dirán: ¡Ay, ay, la gran ciudad, Babilonia, la ciudad fuerte, porque en una hora vino tu juicio!

¹¹ Los mercaderes de la tierra lloran y lamentan por ella, porque ya nadie compra su cargamento: ¹² cargamento de oro, plata, piedra preciosa, perlas, lino fino, púrpura, seda, escarlata, toda madera olorosa, todo objeto de marfil, todo objeto de madera valiosa, bronce, hierro, mármol, ¹³ canela, amomo, incienso, mirra e incienso aromático, vino, aceite, harina y trigo, ganado *vacuno*, ovejas, caballos, carruajes, y cuerpos y almas de hombres.

¹⁴ El fruto de la codicia de tu alma salió de ti. Todas las cosas exquisitas y espléndidas se alejaron de ti. Ya nunca jamás las hallarán. ¹⁵ Los mercaderes de estas cosas, quienes enriquecieron a causa de ella, estarán lejos por el temor al tormento de ella. Llorarán, lamentarán ¹⁶ y dirán: ¡Ay, ay, la gran ciudad que se cubrió de lino fino, púrpura y escarlata, y se adornó con oro, piedras preciosas y perlas, ¹⁷ porque en una hora fue arrasada tanta riqueza! Todo timonel, todo navegante, marineros y cuantos se ocupan en el mar tomaron posición a una distancia.

¹⁸ Al ver la humareda de su incendio, gritaban: ¿Cuál es semejante a la gran ciudad? ¹⁹ Echaban polvo sobre sus cabezas, gritaban, lloraban, lamentaban y decían: ¡Ay, ay, la gran ciudad! Todos los que tienen naves en el mar enriquecieron con su abundancia. ¡Porque en una hora fue desolada!

²⁰ ¡Oh cielo, regocíjate con respecto a ella! ¡También los santos, los apóstoles y los profetas, porque Dios decidió el juicio de ustedes contra ella!

²¹ Un ángel fuerte levantó una gran piedra, como la de un molino, *la* lanzó al mar y dijo: ¡Así la gran ciudad Babilonia será destruida con violento impulso! ¡Que de ningún modo sea hallada! ²² ¡Que de ningún modo sea escuchado en ti tañido de arpistas, de músicos, de flautistas y de trompetistas! ¡Que de ningún modo sea hallado en ti artífice de algún oficio! ¡Que de ningún modo sea escuchado en ti sonido de molino! ²³ ¡Que de ningún modo alumbre en ti luz de lámpara! ¡Y que de ningún modo sea escuchada en ti voz de novio y de novia! Porque tus mercaderes eran los magnates de la tierra, y todas las naciones fueron engañadas con tu hechicería. ²⁴ En ella se halló sangre de profetas, santos y de todos los que fueron asesinados en la tierra.

El Rey asume el reino

19 ¹ Después de estas cosas, escuché una gran voz como de *una* gran multitud en el cielo que decían: ¡Aleluya! La salvación, la gloria y el poder son de nuestro Dios. ² Porque sus juicios son verdaderos y justos, porque juzgó a la gran prostituta, la cual corrompía la tierra con su inmoralidad sexual y vengó la sangre de sus esclavos de mano de ella.

3 Por segunda vez dijeron: ¡Aleluya! El humo de ella sube por los siglos de los siglos. 4 Los 24 ancianos y los cuatro seres vivientes cayeron, adoraron al Dios que estaba sentado en el trono y dijeron: ¡Amén! ¡Aleluya!

5 Salió una voz del trono que decía: ¡Alaben a nuestro Dios todos sus esclavos, los que temen ante Él, los pequeños y los grandes!

6 Escuché una voz como de mucha multitud, como ruido de muchas aguas, y como estruendo de fuertes truenos, que decía:

¡Aleluya! Porque el Señor Dios Todopoderoso reina.

7 ¡Gocemos, saltemos de alegría y demos la gloria a Él!

Porque llegó la boda del Cordero, y su esposa se preparó.

8 Se le concedió que se vistiera de lino fino, resplandeciente, limpio, porque el lino fino simboliza las acciones justas de los santos.

Fiesta de boda

9 Me dijo: Escribe: Inmensamente felices los que fueron invitados a la cena de la boda del Cordero. Y me dijo: Éstas son las palabras verdaderas de Dios.

10 Caí ante sus pies para adorarlo, pero me dijo: ¡Mira, no! Soy consiervo tuyo y de tus hermanos, de los que retienen el testimonio de Jesús. ¡Adora a Dios! Porque el testimonio de Jesús es el espíritu de la profecía.

Rey de reyes y Señor de señores

11 Vi el cielo abierto, y ahí estaba un caballo blanco. Su Jinete es Fiel y Verdadero. Con justicia juzga y pelea. 12 Sus ojos son llama de fuego. Hay muchas diademas en su cabeza. Tenía un Nombre escrito, el cual nadie conoció sino Él. 13 Se vistió con una ropa empapada en sangre, y su Nombre es: **El Verbo de Dios**.

14 Los ejércitos del cielo, vestidos de lino fino, blanco y limpio, lo seguían en caballos blancos.

15 Una espada aguda sale de su boca para golpear con ella a las naciones. Él las pastoreará con vara de hierro. Y Él pisa el lagar del vino del furor de la ira del Dios Todopoderoso. 16 En la vestidura y en su muslo tiene un Nombre escrito: **Rey de reyes Y Señor de señores**.

17 Vi a un ángel que estaba en pie en el sol y clamó a gran voz a todas las aves que se mueven en el cielo: ¡Vengan, congréguense para el gran banquete de Dios, 18 para que coman cuerpos de reyes, magistrados, potentados, caballos y sus jinetes, y cuerpos de todos, tanto de libres como de esclavos, de pequeños y de grandes!

¹⁹ Vi a la bestia, a los reyes de la tierra y a sus ejércitos reunidos para hacer la guerra contra el Jinete y contra su ejército. ²⁰ La bestia fue apresada, y con ella el falso profeta que hizo milagros delante de ella, con los cuales engañó a los que recibieron la marca de la bestia y a los que adoran su imagen. Los dos fueron lanzados vivos al lago de fuego encendido con azufre. ²¹ Los demás murieron por la espada que sale de la boca del Jinete. Todas las aves se saciaron con los cuerpos de ellos.

Un reinado de 1.000 años

20 ¹ Vi a un ángel que descendía del cielo. Tenía en su mano la llave del abismo y una gran cadena.

² Arrestó al dragón, la serpiente antigua, que es *el* diablo y Satanás, y lo ató por 1.000 años. ³ Lo lanzó. Cerró el abismo y puso un sello encima de él para que *el dragón* ya no engañara a las naciones hasta que se cumplieran los 1.000 años. Después de esto debe ser desatado por poco tiempo.

⁴ Vi tronos. A los que se sentaron en ellos se les dio *autoridad para* juzgar. También *vi* las almas de los decapitados por causa del testimonio de Jesús y de la Palabra de Dios. Éstos no adoraron a la bestia ni a su imagen, ni recibieron la marca en la frente ni en su mano. Vivieron y reinaron con Cristo 1.000 años.

⁵ Los demás muertos no volverían a vivir hasta cuando se cumplieran los 1.000 años. ⁶ Inmensamente feliz y santo el que tiene parte en la primera resurrección. La muerte segunda no tiene poder sobre éstos, sino serán sacerdotes de Dios y de Cristo, y reinarán con Él 1.000 años.

⁷ Cuando se cumplan los 1.000 años, Satanás será soltado de su prisión, ⁸ y saldrá para engañar a las naciones que están en los cuatro puntos *cardinales* de la tierra, a Gog y Magog, a fin de reunirlos para la batalla. El número de ellos es como la arena del mar. ⁹ Subieron sobre la anchura de la tierra. Rodearon el campamento de los santos y la ciudad amada, pero descendió fuego del cielo y los consumió.

¹⁰ El diablo que los engañaba fue lanzado al lago de fuego y azufre, donde están la bestia y el falso profeta. Serán atormentados de día y de noche por los siglos de los siglos.

Juicio final

¹¹ Vi un gran trono blanco y al que estaba sentado en él. La tierra y el cielo huyeron de su presencia, y no se halló *el* lugar de ellos.

¹² Vi a los muertos, los grandes y los pequeños, en pie delante del trono. Y unos rollos fueron abiertos. También fue abierto *el rollo de* la vida. Los muertos fueron juzgados por *las cosas* escritas en los rollos, según sus obras. ¹³ El mar

entregó a los muertos *que había* en él, y la muerte y el Hades entregaron los *que había* en ellos. Fueron juzgados, cada uno según sus obras.

¹⁴ La muerte y el Hades fueron lanzados al lago de fuego. Ésta es la muerte segunda: el lago de fuego. ¹⁵ Si alguno no se halló inscrito en el rollo de la vida, fue lanzado al lago de fuego.

Nuestra morada eterna

21 ¹ Vi un cielo nuevo y una tierra nueva, porque el primer cielo y la primera tierra pasaron, y el mar ya no existe. ² Vi que descendía del cielo, de Dios, la Ciudad Santa, la Nueva Jerusalén, preparada como una novia adornada para su novio.

³ Escuché una gran voz del trono que decía: Aquí está el Tabernáculo de Dios con los hombres, y morará con ellos. Ellos serán pueblo de Él, y Dios estará con ellos. ⁴ Enjugará toda lágrima de sus ojos, y no habrá muerte. No habrá llanto, ni clamor, ni dolor. Las primeras cosas pasaron.

⁵ El que está sentado en el trono dijo: Considera, hago nuevas todas las cosas. Y dijo: Escribe, porque estas palabras son fieles y verdaderas. ⁶ Y me dijo: Está hecho. Yo, el Alfa y la Omega, el Principio y el Fin. Al que tiene sed, Yo le daré gratuitamente de la fuente del agua de la vida. ⁷ El que venza heredará estas cosas. Seré su Dios, y él será mi hijo. ⁸ Pero para los cobardes, incrédulos, repugnantes, asesinos, los que practican inmoralidad sexual, hechiceros, idólatras y todos los mentirosos, su destino será el lago que arde con fuego y azufre, que es la muerte segunda.

⁹ Vino uno de los siete ángeles que tenían las siete copas que estaban llenas de las siete últimas plagas, y habló conmigo: Ven, te mostraré la novia, la esposa del Cordero. ¹⁰ Y me llevó en espíritu a una montaña grande y alta. Me mostró la Ciudad Santa, Jerusalén, que descendía del cielo, de Dios, ¹¹ que tenía la gloria de Dios. Su fulgor era semejante a una piedra preciosísima, como piedra jaspe, transparente como cristal. ¹² Tenía un muro grande y alto, el cual tenía 12 puertas. Sobre las puertas, 12 ángeles, y nombres que fueron inscritos, los cuales son los de las 12 tribus de *los* hijos de Israel: ¹³ tres puertas tanto por *el* oriente como por *el* norte, *el* sur y *el* occidente. ¹⁴ El muro de la ciudad tenía 12 cimientos, y en ellos 12 nombres de los 12 apóstoles del Cordero.

¹⁵ El que hablaba conmigo tenía una medida, una vara dorada, para medir la ciudad, sus puertas y su muro. ¹⁶ La ciudad estaba formada como un cubo: su longitud era tan grande como su anchura. Y midió la ciudad con la vara: 2.160 kilómetros. Su longitud, anchura y altura eran iguales. ¹⁷ Midió también su muro: 6,48 metros, medida de hombre, que es la del ángel.

¹⁸ El material de su muro es jaspe, pero la ciudad es de oro puro semejante a cristal limpio. ¹⁹ Los fundamentos del muro de la ciudad estaban adornados con toda piedra preciosa: el primer fundamento, jaspe; el segundo, zafiro; el tercero, calcedonia; el cuarto, esmeralda; ²⁰ el quinto, ónice; el sexto, cornalina; el séptimo, crisólito; el octavo, berilo; el noveno, topacio; el décimo, crisopraso; el undécimo, jacinto; el duodécimo, amatista. ²¹ Las 12 puertas son 12 perlas. Cada una de las puertas era de una sola perla. La plaza de la ciudad era oro puro, transparente como cristal.

²² No vi Santuario en ella, porque el Señor Dios Todopoderoso y el Cordero son el Santuario de ella. ²³ La ciudad no tiene necesidad del sol ni de la luna para que la alumbren, porque la gloria de Dios la iluminó, y el Cordero es su Lumbrera. ²⁴ Las naciones andarán a la luz de ella. Los reyes de la tierra le llevarán su esplendor. ²⁵ ¡Que de ningún modo sean cerradas sus puertas de día! Porque allí no habrá noche. ²⁶ Llevarán el esplendor y la reverencia de las naciones a ella. ²⁷ ¡Que de ningún modo entre en ella algo impuro ni el que practica repugnancia y mentira, sino los que fueron inscritos en el rollo de la vida del Cordero!

22 ¹ Me mostró un río de agua de vida, resplandeciente como cristal, que emana del trono de Dios y del Cordero. ² En medio de su avenida y en cada lado del río hay un árbol de vida que produce 12 frutos, que da cada mes su fruto. Las hojas del árbol son para sanidad de las naciones. ³ Ya no habrá alguna maldición. El trono de Dios y del Cordero estará en ella. Sus esclavos le rendirán culto ⁴ y verán su rostro. El Nombre de Él estará en sus frentes. ⁵ Ya no habrá noche. No tienen necesidad de luz de lámpara, ni de luz del sol, porque el Señor Dios resplandecerá sobre ellos. Y reinarán por los siglos de los siglos.

Conclusión

⁶ *El ángel* me dijo: Estas palabras son fieles y verdaderas. El Señor Dios de los espíritus de los profetas envió a su ángel para mostrar a sus esclavos las cosas que deben suceder con prontitud.

⁷ Considera que vengo con prontitud. Inmensamente feliz el que guarda las palabras de la profecía de este rollo.

⁸ Y yo, Juan, soy el que escuchó y vio estas cosas. Cuando escuché y vi, caí para adorar ante los pies del ángel que me mostraba estas cosas.

⁹ Entonces me dijo: ¡Mira, no! Soy consiervo tuyo, de tus hermanos profetas y de los que guardan las palabras de este rollo. ¡Adora a Dios! ¹⁰ Y me dijo: No selles las palabras de la profecía de este rollo, porque el tiempo está cerca. ¹¹ El que es injusto practique aún *la* injusticia, el impuro, sea aún impuro. El justo practique aún *la* justicia, y el santo, sea aún santificado.

¹² ¡Ten presente, vengo con prontitud, y *traigo* mi galardón conmigo para recompensar a cada uno según su obra! ¹³ Yo soy el Alfa y la Omega, el Primero y el Último, el Principio y el Fin. ¹⁴ Inmensamente felices los que lavan sus ropas para que tengan derecho sobre el árbol de la vida, y que entren por las puertas en la ciudad. ¹⁵ ¡Fuera los perros, los hechiceros, los que practican inmoralidad sexual, los homicidas, los idólatras y todo el que ama y practica mentira!

¹⁶ Yo, Jesús, envié a mi ángel para testificarles estas cosas en las iglesias. Yo soy la Raíz y el Linaje de David, la Estrella resplandeciente de la mañana.

¹⁷ El Espíritu y la esposa dicen: ¡Ven! Y el que escucha, diga: ¡Ven! Y el que tenga sed, venga, y el que quiera, reciba gratuitamente agua de vida.

¹⁸ Yo testifico a todo el que escucha las palabras de la profecía de este rollo: Si alguno añade a ellas, Dios pondrá sobre él las plagas que fueron descritas en este rollo. ¹⁹ Si alguno quita de las palabras del rollo de esta profecía, Dios quitará su parte del árbol de la vida y de la Ciudad Santa, de las cosas que se escribieron en este rollo.

²⁰ El que da testimonio de estas cosas dice: ¡Sí, vengo con prontitud! ¡Amén! ¡Sí, ven, Señor Jesús!

²¹ La gracia del Señor Jesús sea con todos.

SALMOS
PROVERBIOS

Salmos

Prólogo

1

¹ ¡Inmensamente feliz[a] es el varón que no anduvo en consejo de impíos,
Ni se detuvo en camino de pecadores,
Ni se sentó en silla de burladores!
² Sino en la Ley de Yavé halla complacencia,
Y en su Ley reflexiona de día y de noche.
³ Será como árbol plantado junto a corrientes de agua
Que da su fruto a su tiempo
Y su follaje no se marchita.
Todo lo que hace tendrá éxito.
⁴ No así los impíos,
Que son como cáscara de grano levantada por el viento.
⁵ Por tanto, no se levantarán los impíos en el juicio.
⁶ Porque Yavé conoce el camino de los justos,
Pero la senda de los impíos lleva a destrucción.

2

¹ ¿Para qué están en tumulto las naciones,
Y los pueblos maquinan cosas vanas?
² Los reyes de la tierra se levantarán,
Y gobernantes conspirarán unidos
Contra Yavé y contra su Ungido, y dicen:
³ ¡Rompamos sus ataduras
Y quitemos de nosotros sus cuerdas!
⁴ El que está sentado en los cielos se reirá.
'Adonay se burlará de ellos.
⁵ Luego les hablará en su furor.
Los conturbará en su ira.
⁶ Yo mismo consagré[b] a mi Rey sobre Sion,
Mi Montaña Santa.
⁷ Yo promulgaré el decreto.
Yavé me dijo:
Mi Hijo eres Tú,
Yo te engendré hoy.
⁸ Pídeme y te daré los pueblos en posesión,
Y como herencia tuya los confines de la tierra.

---

[a] **1.1** Lit. Bienaventurado.   [b] **2.6** Lit. he consagrado.

⁹ Los quebrantarás con vara de hierro.
Los harás añicos como vasija de alfarero.
¹⁰ Ahora pues, oh reyes, actúen con sabiduría.
Acepten amonestación, jueces de la tierra:
¹¹ Sirvan a Yavé con temor
Y regocíjense con temblor.
¹² Besen los pies al Hijo
No sea que se enoje y perezcan en el camino,
Pues de repente arde su ira.
Inmensamente felices[a] son los que se refugian en Él.

Salmo de David cuando huía de su hijo Absalón

3

¹ ¡Oh Yavé, cómo se multiplicaron mis opresores!
Muchos son los que se levantan contra mí.
² Muchos dicen de mí:
No hay salvación en 'Elohim para él. *Selah*[b]
³ Pero Tú, oh Yavé, eres escudo alrededor de mí,
Mi gloria, y el que levanta mi cabeza.
⁴ Clamé a Yavé con mi voz.
⁵ Yo me acosté y dormí,
Y desperté, porque Yavé me sustenta.
⁶ No temeré a decenas de millares de personas
Me sitien que alrededor.
⁷ ¡Levántate, oh Yavé, sálvame, 'Elohim mío!
Porque Tú eres el que golpea a todos mis enemigos en la mejilla
Y quebrantas los dientes de los impíos.
⁸ La salvación corresponde a Yavé.
Sobre tu pueblo sea tu bendición. *Selah*

Al director del coro, con instrumentos de cuerda. Salmo de David

4

¹ ¡Oh 'Elohim de mi justicia, respóndeme cuando clamo!
Tú que me diste holgura en la estrechez,
Ten compasión de mí y escucha mi oración.
² Oh hijos de *los* hombres,
¿Por cuánto tiempo convertirán mi honra en infamia?
¿Hasta cuando amarán vanidad y buscarán la mentira? *Selah*
³ Sepan, pues, que Yavé apartó al piadoso para Él.
⁴ Aírense, pero no pequen.

---

[a] **2.12** Lit. Bienaventurado.   [b] **3.2** Selah. Probablemente piensen en esto.

Mediten en su corazón sobre sus camas.
Guarden silencio. *Selah*
⁵ Ofrezcan sacrificios de justicia,
Y confíen en YAVÉ.
⁶ Muchos dicen: ¡Oh, que viéramos algún bien!
¡Oh YAVÉ, levanta sobre nosotros la luz de tu rostro!
⁷ Diste alegría a mi corazón,
Mayor que la de ellos, aun cuando abundan en grano y mosto.
⁸ En paz me acostaré y así dormiré,
Porque solo Tú, YAVÉ, me haces vivir confiado.

Al director del coro, para instrumentos de viento. Salmo de David

5

¹ Escucha, oh YAVÉ, mis palabras.
Considera mi susurro.
² Oye el sonido de mi clamor,
Rey mío y 'ELOHIM mío, porque a Ti oro.
³ Oh YAVÉ, oyes mi voz de mañana.
De mañana la presentaré ante Ti,
Y esperaré.
⁴ Porque Tú no eres un 'ELOHIM que se complace en la maldad,
Ni el hombre impío mora contigo.
⁵ Los arrogantes no se presentarán delante de Ti.
Aborreces a todos los perversos.
⁶ Destruirás a los que hablan mentira.
YAVÉ aborrece al hombre sanguinario y engañador.
⁷ Pero yo entraré en tu Casa por la abundancia de tu firme amor,
Y con reverencia me postraré hacia tu santo Templo.
⁸ Guíame, oh YAVÉ, en tu justicia,
A causa de mis adversarios.
Allana tu camino delante de mí.
⁹ Porque no hay veracidad en su lenguaje.
Su corazón es destructivo,
Sepulcro abierto es su garganta.
Con su lengua hablan lisonjas.
¹⁰ Oh 'ELOHIM, castígalos.
Caigan por sus propios consejos.
Échalos a causa de la multitud de sus transgresiones,
Porque se rebelaron contra Ti.
¹¹ Pero, ¡alégrense todos los que confían en Ti!
¡Den voces de júbilo porque Tú los defiendes para siempre!

¡Regocíjense en Ti los que aman tu Nombre!
¹² Porque Tú, oh Yavé, bendecirás al justo,
Como con un escudo lo rodearás de tu favor.

Al director del coro, con instrumentos de cuerda. Salmo de David

6

¹ Oh Yavé, no me reprendas en tu furor.
Ni me disciplines en tu ardiente ira.
² Ten compasión de mí, oh Yavé, porque desfallezco.
Sáname, oh Yavé, porque mis huesos están conturbados,
³ Y también mi alma en gran manera.
Y Tú, oh Yavé... ¿hasta cuándo?
⁴ Vuélvete, Yavé, rescata mi alma.
Sálvame por tu misericordia.
⁵ Porque en la muerte no habrá memoria de Ti.
En el *Seol*,ᵃ ¿quién te dará gracias?
⁶ Estoy agotado de tanto gemir.
Todas las noches inundo de lágrimas mi almohada.
Con mis lágrimas empapo mi cama.
⁷ Mis ojos están nublados de tanto sufrir.
Han envejecido a causa de todos mis adversarios.
⁸ Apártense de mí todos los que hacen iniquidad,
Porque Yavé oyó la voz de mi llanto.
⁹ Yavé escuchó mi súplica.
Yavé recibió mi oración:
¹⁰ Sean todos mis enemigos avergonzados y muy conturbados,
Que sean vueltos atrás,
Que sean de repente avergonzados.

Oda de David, que cantó a Yavé por causa de las palabras de Cus benjaminita

7

¹ ¡Oh Yavé, 'Elohim mío, en Ti me refugio!
¡Sálvame y líbrame de todos los que me persiguen!
² No sea que el enemigo desgarre mi vida como león,
Que despedace, y no haya quien libre.
³ Oh Yavé, 'Elohim mío, si hice esto,
Si hay iniquidad en mis manos,
⁴ Si pagué con perversidad al que estaba en paz conmigo,
Más bien libré al que sin causa era mi adversario,

ᵃ **6.5Seol: lugar de los muertos.** En el Nuevo Pacto se tradujo Hades, el mundo invisible, el lugar de los muertos, que no debe confundirse con el Lago de Fuego, que es el lugar de condenación eterna.

⁵ Que el enemigo persiga mi vida y la tome,
Que pisotee en tierra mi vida,
Y haga bajar mi honor hasta el polvo. *Selah*
⁶ ¡Levántate, oh Yavé, en tu ira!
¡Álzate contra la furia de mis adversarios,
Y despierta a mi favor en el juicio que convocaste!
⁷ ¡Que te rodee la asamblea de naciones,
Y sobre ella preside Tú desde lo alto!
⁸ Oh Yavé, Tú, Impartidor de justicia a los pueblos:
¡Júzgame, Yavé, conforme a mi rectitud,
Conforme a la integridad que hay en mí!
⁹ ¡Acábese la perversidad de los perversos,
Y sea el justo firmemente establecido!
Porque es justo el 'Elohim que prueba *el* corazón
Y lo más íntimo de mi personalidad.[a]
¹⁰ Mi escudo es 'Elohim,
Quien salva a los rectos de corazón.
¹¹ 'Elohim es Juez justo.
Es un 'Elohim que sentencia cada día.
¹² Si el hombre no se convierte, afilará su espada.
Tensará su arco y apuntará.
¹³ Se preparó sus armas mortales,
Y dispuso sus flechas abrasadoras.
¹⁴ Ahí están los dolores de parto de la iniquidad.
Concibió perversidad y dio a luz la falsedad.
¹⁵ Hizo un hoyo y lo ahondó.
¡Pero él mismo cayó en el foso preparado!
¹⁶ Su perversidad se revierte sobre su cabeza,
Y su violencia desciende sobre su coronilla.
¹⁷ Alabaré a Yavé conforme a su justicia
Y cantaré alabanzas al Nombre de Yavé el Altísimo.

Al director del coro, con notas. Salmo de David

8
¹ ¡Oh Yavé, 'Adonay nuestro,
Cuán majestuoso es tu Nombre en toda la tierra!
Colocaste tu majestad sobre los cielos.
² De la boca de los niños y de los que maman
Estableciste una fortaleza frente a tus adversarios
Para silenciar al enemigo y al vengador.

---
[a] **7.9** Lit. riñones. En la cultura hebrea, probablemente, el aspecto más íntimo de la personalidad.

³ Cuando contemplo tus cielos, la obra de tus dedos,
La luna y las estrellas que Tú afirmaste,
⁴ Digo: ¿Qué es el hombre, para que te acuerdes de él,
El hijo de hombre, para que te preocupes por él?
⁵ Lo hiciste un poco menor que los ángeles.
Lo coronaste de gloria y honor.
⁶ Lo haces dominar sobre las obras de tus manos.
Colocaste todas las cosas debajo de sus pies:
⁷ Ovejas y bueyes, todo ello,
Y también las bestias del campo,
⁸ Las aves del cielo y los peces del mar,
Todo cuanto pasa por los senderos de los mares.
⁹ ¡Oh YAVÉ, 'ADONAY nuestro,
Cuán majestuoso es tu Nombre en toda la tierra!

> Al director del coro. Según *Mut-labbén* (melodía del canto "Morir por un hijo"). Salmo de David

9

¹ Daré gracias a YAVÉ con todo mi corazón.
Contaré todas tus maravillas.
² Me alegraré y me regocijaré en Ti.
Cantaré alabanza a tu Nombre, oh Altísimo.
³ Cuando mis enemigos se volvieron atrás,
Tropezaron y perecieron delante de Ti.
⁴ Porque Tú mantuviste mi justicia y mi causa.
Te sentaste en el trono a juzgar justamente.
⁵ Reprendiste a las naciones,
Destruíste a los perversos,
Borraste su nombre para siempre.
⁶ El enemigo sucumbió en desolación eterna,
Destruiste sus ciudades,
Y con ellas se desvaneció su recuerdo.
⁷ Pero YAVÉ permanece para siempre.
Él estableció su trono para el juicio
⁸ Y juzgará al mundo con justicia.
Hará juicio con equidad a las naciones.
⁹ YAVÉ será un refugio, una torre alta para el oprimido,
Un baluarte y fortaleza en tiempos de angustia.
¹⁰ En Ti confiarán los que conocen tu Nombre,
Por cuanto Tú, oh YAVÉ, no abandonas a los que te buscan.
¹¹ ¡Canten alabanzas a YAVÉ, Quien mora en Sion!

¡Anuncien entre los pueblos sus proezas!
¹² Porque Aquel que demanda la sangre se acuerda de ellos.
No olvida el clamor de los afligidos.
¹³ Oh Yavé, ten compasión de mí.
Mira mi aflicción a causa de los que me aborrecen.
Tú, que me levantas de las puertas de la muerte,
¹⁴ Para que cuente todas tus alabanzas
En las puertas de la hija de Sion,
Y me regocije en tu salvación.
¹⁵ Las naciones se hundieron en la fosa que cavaron,
Sus pies fueron atrapados en la red que ellos mismos escondieron.
¹⁶ Yavé se dio a conocer.
Impartió justicia.
El perverso fue atrapado en la obra de sus propias manos.
Meditación. *Selah*
¹⁷ Los perversos serán trasladados al *Seol*,
Todas las gentes que se olvidan de 'Elohim.
¹⁸ Porque el pobre no será olvidado para siempre,
Ni perecerá la esperanza de los afligidos para siempre.
¹⁹ ¡Levántate, oh Yavé, y no prevalezca el mortal!
¡Sean las naciones juzgadas delante de Ti!
²⁰ ¡Infúndeles tu terror, oh Yavé,
Y conozcan las naciones que no son sino hombres!

10

¹ ¿Por qué estás lejos, oh Yavé,
Y te escondes en tiempos de angustia?
² Por la arrogancia del impío el pobre es consumido.
¡Caigan en las trampas que ellos mismos inventaron!
³ Porque el impío se jacta de lo que su alma ansía,
Y el avaro maldice y desprecia a Yavé.
⁴ Con altivez de su semblante, el perverso no averigua.
'Elohim no está en sus pensamientos.
⁵ En todo tiempo sus caminos son torcidos.
Tiene tus juicios lejos de su vista.
Desprecia a todos sus adversarios.
⁶ Dice en su corazón: No seré conmovido.
A través de todas las generaciones, no estaré en adversidad.
⁷ Su boca está llena de maldición, engaños, opresión.
Debajo de su lengua hay vejación y maldad.
⁸ Se sienta al acecho, cerca de las aldeas.
En escondrijos asesina al inocente.

Sus ojos acechan para caerle al desvalido.
⁹ Acecha en lo encubierto, como un león desde su guarida
Espera para arrebatar al pobre.
Arrebata al pobre, lo atrae a su red.
¹⁰ Se encoge, se agazapa,
Y el indefenso cae en sus fuertes garras.
¹¹ Dice en su corazón: 'EL[a] olvidó,
Escondió su rostro, no verá jamás.
¹² ¡Levántate, oh YAVÉ!
¡Oh 'EL, levanta tu mano,
Y no te olvides del humilde!
¹³ ¿Por qué el perverso menosprecia a 'ELOHIM?
Porque en su corazón piensa que no le pedirás cuenta.
¹⁴ Sin embargo Tú lo ves,
Porque observas el agravio y la vejación,
Para retribuirlos con tu mano.
¡A Ti se encomienda el desvalido!
¡Tú eres el defensor del huérfano!
¹⁵ Quebranta el brazo del malvado y del perverso.
Persigue su impiedad hasta que no haya ninguna.
¹⁶ YAVÉ es Rey para siempre jamás.
Las naciones que ocupaban su tierra perecerán.
¹⁷ Oh YAVÉ, Tú has oído el anhelo de los humildes.
Fortaleces sus corazones, tienes atento tu oído
¹⁸ A fin de vindicar a los huérfanos y a los oprimidos,
Para que el hombre de la tierra no los aterrorice más.

Al director del coro. Salmo de David

11

¹ En YAVÉ me refugio.
¿Cómo puedes decir a mi alma:
Huye como ave a tu montaña?
² Pues ahí están los perversos que tensan el arco.
Preparan su flecha en la cuerda
Para dispararla en la oscuridad a los de corazón recto.
³ Si son destruidos los fundamentos,
¿Qué puede hacer el justo?
⁴ YAVÉ está en su santo Templo.
YAVÉ tiene en los cielos su trono.

---

[a] **10.11** 'EL es un nombre de 'ELOHIM.

Sus ojos observan,
Sus párpados examinan a los hijos de los hombres.
⁵ YAVÉ prueba al justo,
Pero su alma aborrece al perverso
Y al que ama violencia.
⁶ Hará llover carbones encendidos sobre los perversos,
Fuego, azufre y viento abrasador.
Tal será la porción de la copa de ellos.
⁷ Porque YAVÉ es justo.
Él ama la justicia.
Los rectos contemplarán su rostro.

Al director del coro. Con arpa en octava baja. Salmo de David

12

¹ ¡Salva, oh YAVÉ, porque se acaban los piadosos!
Porque desaparecen los fieles entre los hijos de *los* hombres.
² Hablan vanidades, cada uno a su prójimo.
Hablan con labios lisonjeros y doblez de corazón.
³ ¡Corte YAVÉ todos los labios lisonjeros,
La boca que habla altanerías!
⁴ Los que dicen: Prevaleceremos con nuestra lengua.
Nuestros labios son nuestros.
¿Quién es 'ADÓN sobre nosotros?
⁵ Por la opresión a los pobres,
Por el gemido del menesteroso,
Ahora me levantaré, dice YAVÉ.
Pondré en seguridad al que por ella suspira.
⁶ Las Palabras de YAVÉ son Palabras puras,
Como plata refinada en un crisol en la tierra
Purificada siete veces.
⁷ Tú los guardarás, oh YAVÉ,
Los guardarás de esta generación para siempre.
⁸ Por todos lados los impíos deambulan
Cuando la vileza es exaltada entre los hijos de *los* hombres.

Al director del coro. Salmo de David

13

¹ ¿Hasta cuándo, oh YAVÉ?
¿Me olvidarás para siempre?
¿Hasta cuándo esconderás tu rostro de mí?
² ¿Hasta cuándo pensaré profundamente
Con tristeza en mi corazón cada día?

¿Hasta cuándo mi enemigo será enaltecido sobre mí?
³ ¡Considera, oh YAVÉ, 'ELOHIM mío, y respóndeme!
Ilumina mis ojos, no sea que duerma el sueño de la muerte,
⁴ No sea que mi enemigo diga: ¡Lo vencí!
Mis adversarios gozan cuando soy sacudido.
⁵ Confío en tu misericordia,
Y mi corazón se gozará en tu salvación.
⁶ Cantaré a YAVÉ
Porque me llenó de bienes.

Al director del coro. Salmo de David

14 ¹ El necio dice en su corazón: ¡No existe 'ELOHIM!
Están corrompidos, hicieron obras repugnantes.
No hay quien haga el bien.
² YAVÉ miró desde los cielos sobre los hijos de *los* hombres
Para ver si había algún entendido que buscara a 'ELOHIM.
³ Todos se desviaron. Juntamente se corrompieron.
No hay quien haga lo bueno, ni siquiera uno.
⁴ ¿No tienen discernimiento todos los que hacen iniquidad,
Que devoran a mi pueblo como si comieran pan
Y no invocan a YAVÉ?
⁵ Allí temblarán de espanto,
Porque 'ELOHIM está con la generación de los justos.
⁶ Se burlan del consejo del pobre,
Pero YAVÉ es su refugio.
⁷ ¡Oh, que de Sion venga la salvación de Israel!
Cuando YAVÉ restaure a su pueblo cautivo,
Se regocijará Jacob y se alegrará Israel.

Salmo de David

15 ¹ Oh YAVÉ, ¿quién morará en tu Tabernáculo?
¿Quién morará en tu Montaña Santa?
² El que vive en integridad y hace justicia,
Y habla la verdad en su corazón.
³ El que no calumnia con su boca,
Ni hace mal a su amigo,
Ni levanta un reproche contra su prójimo,
⁴ En cuyos ojos el vil es menospreciado,
Pero honra a los que temen a YAVÉ,
El que jura en daño suyo y no cambia,

⁵ Quien no presta su dinero con interés,
Ni acepta soborno contra el inocente.
El que hace estas cosas jamás será movido.

Canto a media voz, de David

16

¹ Guárdame, oh 'ELOHIM, porque en Ti me refugio.
² Dije a YAVÉ: Tú eres mi 'ADONAY.
No tengo bien fuera de Ti.
³ Para los santos y los íntegros que están en la tierra
Es toda mi complacencia.
⁴ Multiplicarán sus dolores los que sirven a otro 'elohim.
No derramaré sus libaciones de sangre,
Ni estarán sus nombres en mis labios.
⁵ YAVÉ es la porción de mi herencia y de mi copa.
Tú sustentas firmemente mi parcela.
⁶ Las cuerdas me cayeron en lugares deleitosos
Y es hermosa la heredad que me corresponde.
⁷ Bendeciré a YAVÉ que me aconseja,
Aun en las noches me corrige las partes más íntimas de mi personalidad.[a]
⁸ A YAVÉ coloqué continuamente delante de mí.
Porque está a mi derecha, no seré movido.
⁹ Por lo cual se alegra mi corazón,
Y se regocija mi gloria.
Mi cuerpo reposará también confiadamente,
¹⁰ Porque no abandonarás mi alma en el *Seol*,
Ni permitirás que tu Santo experimente corrupción.
¹¹ Me mostrarás la senda de la vida.
En tu Presencia hay plenitud de gozo,
Delicias a tu mano derecha para siempre.

Oración de David

17

¹ Oye, oh YAVÉ, una causa justa, atiende mi clamor.
Escucha mi oración hecha con labios sin engaño.
² De tu Presencia proceda mi defensa.
Vean tus ojos la rectitud.
³ Tú probaste mi corazón.
Me visitaste de noche,
Me pasaste por el crisol y nada *inicuo* hallaste.
Resolví que mi boca no cometa transgresión.

---
[a] **16.7** Lit. riñones.

⁴ En cuanto a las obras humanas,
Con la Palabra de tus labios
Me guardé de las sendas del violento.
⁵ Mis pasos se mantuvieron en tus caminos.
Mis pies no resbalarán.
⁶ Oh 'ELOHIM, yo te invocaré,
Y Tú me responderás.
Inclina tu oído hacia mí y escucha mis palabras.
⁷ ¡Haz tus misericordias maravillosas!
Tú eres Quien salvas a quienes se refugian a tu mano derecha,
De los que se levantan contra ellos.
⁸ Guárdame como a la pupila de tus ojos,
Escóndeme bajo la sombra de tus alas
⁹ De la presencia de los perversos que me oprimen,
De los enemigos mortales que me rodean.
¹⁰ Protegidos están en su prosperidad.
Con su boca hablan arrogancias.
¹¹ Ahora cercaron nuestros pasos.
Fijan su mirada en echarnos a tierra,
¹² Como león ansioso de desgarrar su presa,
Como cachorro de león agazapado en su cueva.
¹³ ¡Levántate, oh YAVÉ!
¡Hazle frente!
Haz que sea derribado.
Con tu espada libra mi alma del inicuo,
¹⁴ Y con tu mano, oh YAVÉ, de los hombres del mundo,
Cuya porción está en esta vida,
Cuyo vientre Tú llenas con tus tesoros.
¡Sean saciados, pues, sus hijos,
Y dejen las migajas a sus nietos!
¹⁵ Yo veré tu rostro en justicia,
Estaré satisfecho cuando despierte a tu semejanza.

Al director del coro. Salmo de David, esclavo de YAVÉ, el cual habló a
   YAVÉ las palabras de este canto el día cuando YAVÉ lo libró
   de la mano de todos sus enemigos, y de la mano de Saúl.

18
¹ Dijo: ¡Te amo, oh YAVÉ, Fortaleza mía!
² ¡YAVÉ, Roca mía y Castillo mío, y mi Libertador!
'ELOHIM mío y Fortaleza mía, en Quien me refugio,
Mi Escudo y mi Cuerno de salvación, mi alta Torre.

³ Invoco a YAVÉ, Quien es digno de alabanza,
Y soy salvo de mis enemigos.
⁴ Me rodearon los lazos de la muerte,
Sentí el espanto de los torrentes de Belial.
⁵ Me rodearon las ligaduras del *Seol*,
Las trampas de la muerte vinieron sobre mí.
⁶ En mi angustia invoqué a YAVÉ,
Clamé a mi 'ELOHIM,
Y Él oyó mi voz desde su Templo.
Mi clamor delante de Él llegó a sus oídos.
⁷ La tierra se conmovió y tembló.
También temblaron los fundamentos de las montañas.
Fueron sacudidos porque Él estaba airado.
⁸ De su nariz se levantó una humareda,
Un fuego de su boca devoró,
Carbones fueron encendidos por Él.
⁹ Inclinó los cielos,
Y descendió con densas tinieblas bajo sus pies.
¹⁰ Cabalgó sobre un querubín y voló.
Se precipitó sobre las alas del viento.
¹¹ Puso oscuridad como escondedero
Con su Tabernáculo alrededor de Él,
Oscuridad de agua,
Densas nubes bajo el cielo.
¹² El fulgor de su Presencia
Atravesó las densas nubes.
Descargó granizo y carbones encendidos.
¹³ YAVÉ tronó desde el cielo.
'ELYÓN dio su voz:
¡Granizo y carbones encendidos!
¹⁴ Disparó sus flechas y los dispersó.
Relámpagos en abundancia, y los confundió.
¹⁵ Entonces aparecieron los lechos del agua
Y se descubrieron los cimientos del mundo
Ante tu bramido, oh YAVÉ,
Por el soplo del aliento de tu nariz.
¹⁶ Envió desde lo alto y me tomó,
Me sacó de muchas aguas.
¹⁷ Me libró de mi poderoso enemigo
Y de los que me aborrecían,

Porque eran más fuertes que yo.
¹⁸ Me enfrentaron en el día de mi calamidad,
Pero Yavé fue mi apoyo.
¹⁹ Me sacó a un lugar espacioso.
Me rescató, porque se complació en mí.
²⁰ Yavé me premió conforme a mi justicia.
Me retribuyó según la pureza de mis manos.
²¹ Porque guardé los caminos de Yavé,
Y no me aparté impíamente de mi 'Elohim.
²² Pues todos sus Preceptos estuvieron delante de mí,
Y no aparté de mí sus Estatutos.
²³ También fui irreprensible ante Él
Y me guardé de cometer iniquidad.
²⁴ Por eso Yavé recompensó mi rectitud,
La pureza de mis manos ante sus ojos.
²⁵ Con el bondadoso se mostrará bondadoso,
Y recto con el hombre recto.
²⁶ Puro se mostrará con el puro,
Y con el perverso se mostrará severo.
²⁷ En verdad, Tú salvas al pueblo afligido,
Y humillas los ojos altivos.
²⁸ Oh Yavé, Tú enciendes mi lámpara.
¡Mi 'Elohim ilumina mi oscuridad!
²⁹ Porque contigo desbarataré ejércitos,
Con mi 'Elohim saltaré sobre un muro.
³⁰ El camino de 'Elohim es perfecto.
La Palabra de Yavé, acrisolada.
Él es escudo a todos los que se refugian en Él.
³¹ Porque, ¿quién es 'Eloah aparte de Yavé?
¿Y quién es la Roca fuera de nuestro 'Elohim?
³² Porque 'El es Quien me ata con vigor,
Y que perfecciona mi camino,
³³ Que fortalece mis pies para que sean como de venado
Y me sostiene firme en mis alturas,
³⁴ Que adiestra mis manos para la batalla,
De modo que mis brazos puedan tensar el arco de bronce.
³⁵ Me diste también el escudo de tu salvación,
Tu mano derecha me sostuvo
Y tu benignidad me engrandeció.
³⁶ Ensanchaste mis pasos debajo de mí,

Y mis pies no resbalaron.
³⁷ Perseguí a mis enemigos, los alcancé,
Y no regresé hasta que fueron aniquilados.
³⁸ Les di golpes repetidos,
Y no pudieron levantarse,
Cayeron debajo de mis pies.
³⁹ Me armaste de valor para la guerra,
Doblegaste a los que me resistían.
⁴⁰ Pusiste en fuga a mis enemigos,
Para que yo venciera a quienes me aborrecían.
⁴¹ Clamaron, pero no hubo quien los librara,
Aun a YAVÉ, pero no les respondió.
⁴² Los desmenucé como polvo ante el viento,
Los eché fuera como el barro de las calles.
⁴³ Me libraste de las contiendas del pueblo.
Me designaste jefe de las naciones.
Un pueblo que no conocía me sirve.
⁴⁴ Tan pronto me oyen, me obedecen,
Los extranjeros se sometieron a mí.
⁴⁵ Los hijos de extranjeros desfallecen
Y salen temblando de sus fortalezas.
⁴⁶ ¡Viva YAVÉ! ¡Bendita sea mi Roca!
Sea enaltecido el 'ELOHIM de mi salvación,
⁴⁷ 'EL, Quien ejecuta mi venganza
Y me somete pueblos.
⁴⁸ Él me libra de mis enemigos.
Me enaltece sobre los que se alzan contra mí
Y me libras del hombre violento.
⁴⁹ Por tanto, yo te daré gracias,
Oh YAVÉ, entre las naciones,
Y cantaré alabanzas a tu Nombre.
⁵⁰ Él da gran liberación a su rey
Y muestra misericordia a su ungido:
A David y a su descendencia para siempre.

Al director del coro. Salmo de David

19

¹ Los cielos cuentan la gloria de 'ELOHIM,
Y el firmamento declara la obra de sus manos.
² Día tras día pronuncian su mensaje,
Y noche tras noche proclaman sabiduría.

³ No hay lengua ni palabras
En las cuales no sea oída la voz de ellos.
⁴ Su expresión llega a toda la tierra,
Y sus Palabras hasta los confines del mundo.
En ellos puso tabernáculo para el sol,
⁵ Y éste, como esposo que sale de su aposento,
Se alegra como atleta para recorrer su camino.
⁶ De un extremo de los cielos es su salida,
Y su órbita hasta el término de ellos.
Nada queda escondido de su calor.
⁷ La Ley de YAVÉ es perfecta.
Restaura el alma.
El testimonio de YAVÉ es fiel.
Hace sabio al sencillo.
⁸ Los Preceptos de YAVÉ son rectos.
Alegran el corazón.
El Mandamiento de YAVÉ es puro,
Alumbra los ojos.
⁹ El temor a YAVÉ es limpio,
Permanece para siempre.
Los Juicios de YAVÉ son verdaderos,
Todos justos.
¹⁰ Deseables son más que el oro,
Más que mucho oro afinado,
Y más dulces que la miel,
Aun la que destila del panal.
¹¹ Tu esclavo es además amonestado por ellos.
En guardarlos hay grande galardón.
¹² ¿Quién reconocerá sus propios errores?
Decláreme inocente de los que me son ocultos.
¹³ Aparta también a tu esclavo de las soberbias,
Que no me dominen.
Entonces seré íntegro
Y declarado absuelto de gran transgresión.
¹⁴ Sean aceptos los dichos de mi boca delante de Ti
Y la meditación de mi corazón,
Oh YAVÉ, Roca mía y Redentor mío.

Al director del coro. Salmo de David

20 ¹ YAVÉ te responda en el día de la adversidad.
El Nombre del 'ELOHIM de Jacob te defienda,
² Te envíe ayuda desde el Santuario
Y desde Sion te sostenga.
³ Se acuerde de todas tus ofrendas
Y acepte tus holocaustos. *Selah*
⁴ Te dé conforme al deseo de tu corazón
Y cumpla todos tus propósitos.
⁵ Nosotros nos alegraremos en tu salvación
Y levantaremos pendón en el Nombre de nuestro 'ELOHIM.
YAVÉ te conceda todas tus peticiones.
⁶ Ahora sé que YAVÉ salva a su ungido.
Le responderá desde sus santos cielos
Con la potencia salvadora de su mano derecha.
⁷ Éstos confían en carruajes de guerra,
Y aquéllos en caballos,
Pero nosotros nos gloriamos del Nombre de YAVÉ, nuestro 'ELOHIM.
⁸ Ellos flaquean y caen,
Pero nosotros nos levantamos y estamos firmes.
⁹ ¡Salva, oh YAVÉ!
¡Que el Rey nos responda el día cuando lo invoquemos!

Al director del coro. Salmo de David

21 ¹ Oh YAVÉ, el rey se alegrará en tu poder,
Y en tu salvación ¡cuánto se regocijará!
² Le diste el deseo de su corazón
Y no le retuviste la petición de sus labios. *Selah*
³ Con bendiciones de bien saliste a su encuentro.
Corona de oro puro pusiste en su cabeza.
⁴ Vida te pidió,
Y se la concediste,
Largura de días, eternamente y para siempre.
⁵ Grande es su gloria por tu salvación.
Pusiste sobre él honor y majestad.
⁶ Lo bendijiste para siempre.
Lo llenaste de alegría con tu Presencia
⁷ Por cuanto el rey confía en YAVÉ.
Por la misericordia de 'ELYÓN, no será conmovido.

⁸ Tu mano alcanzará a todos tus enemigos.
Tu mano derecha alcanzará a los que te aborrecen.
⁹ Los pondrás en horno de fuego en el tiempo de tu ira.
Yavé los deshará en su ira,
Y el fuego los consumirá.
¹⁰ Destruirás su producto de la tierra,
Y su descendencia de entre los hijos de hombres.
¹¹ Porque tramaron el mal contra Ti.
Fraguaron un complot,
Pero no prevalecerán.
¹² Pues Tú les harás volver la espalda
Al apuntar tu arco contra sus rostros.
¹³ ¡Engrandécete, oh Yavé, con tu fortaleza!
Cantaremos y alabaremos tu poderío.

Al director del coro. Según el canto: Una sierva es la aurora. Salmo de David

22

¹ ¡'EL mío, 'EL mío!
¿Por qué me desamparaste?
¿Por qué estás lejos de mi salvación y de las palabras de mi clamor?
² 'Elohim mío, clamo de día, y no respondes,
Y de noche, y no hay descanso para mí.
³ Pero Tú eres santo,
¡Tú, que moras entre las alabanzas de Israel!
⁴ En Ti confiaron nuestros antepasados.
Confiaron, y Tú los libraste.
⁵ Clamaron a Ti, y fueron librados.
Confiaron en Ti, y no fueron avergonzados.
⁶ Pero yo soy gusano y no hombre,
Oprobio de los hombres y despreciado por el pueblo.
⁷ Todos los que me ven me escarnecen.
Hacen una mueca con los labios.
Menean la cabeza y dicen:
⁸ Se encomendó a Yavé.
Líbrelo Él.
Que Él lo rescate,
Puesto que se complacía en Él.
⁹ Pero Tú eres el que me sacó del vientre.
Me diste confianza aun cuando estaba a los pechos de mi madre.
¹⁰ A Ti fui entregado desde la matriz,
Desde el vientre de mi madre Tú eres mi 'EL.

¹¹ No te alejes de Mí, porque la angustia está cerca,
Porque no hay quien ayude.
¹² Me rodearon muchos toros.
Fuertes toros de Basán me rodearon.
¹³ Abren su boca contra mí
Como león voraz y rugiente.
¹⁴ Soy derramado como aguas
Y todos mis huesos se descoyuntan.
Mi corazón se volvió como cera.
Se derritió entre mis órganos.
¹⁵ Mi vigor está seco como tiesto
Y mi lengua se pega a mis mandíbulas.
¡Me pones en el polvo de la muerte!
¹⁶ Perros me rodearon.
Me cercó cuadrilla de perversos.
Horadaron mis manos y mis pies.
¹⁷ Puedo contar todos mis huesos.
Ellos me miran y me observan.
¹⁸ Reparten entre sí mis ropas,
Y sobre mi túnica echan suertes.
¹⁹ Pero Tú, oh Yavé, ¡no te alejes!
Fortaleza mía, ¡Apresúrate a socorrerme!
²⁰ ¡Libra de la espada el alma mía,
Del poder del perro mi vida!
²¹ ¡Sálvame de la boca del león
Y de los cuernos de los toros salvajes!
¡Me has respondido!
²² Anunciaré tu Nombre a mis hermanos.
En medio de la congregación te alabaré.
²³ Los que temen a Yavé, alábenlo.
Glorifíquenlo, toda la descendencia de Jacob,
Y témanle, toda la descendencia de Israel,
²⁴ Porque no menospreció ni aborreció el dolor del afligido,
Ni de él ocultó su rostro,
Sino cuando clamó a Él,
Lo escuchó.
²⁵ De Ti viene mi alabanza en la gran congregación.
Cumpliré mis votos delante de los que te temen.
²⁶ ¡Los pobres comerán y serán saciados!
¡Alabarán a Yavé los que lo buscan!

¡Que su corazón viva para siempre!
²⁷ Se acordarán y volverán a Yavé de todos los confines de la tierra,
Y todas las familias de las naciones se postrarán delante de Ti.
²⁸ Porque de Yavé es el reino,
Y Él gobierna las naciones.
²⁹ Comerán y se postrarán
Todos los poderosos de la tierra,
Los que bajan al polvo se postrarán ante Él,
Los que no pueden conservar viva su alma.
³⁰ Una futura generación le servirá.
Esto se dirá de 'Adonay hasta la próxima generación.
³¹ Acudirán y declararán su justicia,
Anunciarán a pueblo que nacerá que Él hizo esto.

Salmo de David

23

¹ Yavé es mi Pastor.
Nada me faltará.
² En lugares de tiernos prados me hace descansar.
Junto a aguas de reposo me conduce.
³ Restaura mi alma.
Me guía por sendas de justicia por amor a su Nombre.
⁴ Aunque ande por el valle de la sombra de muerte,
No temeré algún mal,
Porque Tú estás conmigo.
Tu vara y tu cayado me confortan.
⁵ Aderezas mesa delante de mí en presencia de mis adversarios.
Unges mi cabeza con aceite.
Mi copa rebosa.
⁶ Ciertamente el bien y la misericordia me escoltarán
    todos los días de mi vida,
Y en la Casa de Yavé moraré por largos días.

Salmo de David

24

¹ De Yavé es la tierra y lo que hay en ella,
El mundo y los que habitan en él.
² Porque Él la fundó sobre los mares
Y la afirmó sobre las corrientes de agua.
³ ¿Quién subirá a la Montaña de Yavé?
¿Quién podrá estar en pie en su Santuario?
⁴ El limpio de manos y puro de corazón,

El que no elevó su alma a la falsedad
Ni juró con engaño.
⁵ Él recibirá bendición de Yavé
Y la justicia del 'Elohim de su salvación.
⁶ Esta es la generación de los que lo buscan,
De los que buscan tu rostro, *oh* 'Elohim de Jacob. *Selah*
⁷ ¡Alcen, oh puertas, sus cabezas!
¡Sean levantados, portales eternos,
Y entrará el Rey de gloria!
⁸ ¿Quién es este Rey de gloria?
¡Yavé, el Fuerte y Poderoso!
¡Yavé, el Poderoso en batalla!
⁹ ¡Alcen, oh puertas, sus cabezas!
¡Sean levantados, portales eternos,
Y entrará el Rey de gloria!
¹⁰ ¿Quién es este Rey de gloria?
¡Yavé de las huestes!
¡Él es el Rey de gloria! *Selah*

Salmo de David

25 ¹ A Ti, oh Yavé, levanto mi alma.
² ¡'Elohim mío, en Ti confío!
No sea yo avergonzado,
No se alegren de mí mis enemigos.
³ Ciertamente ninguno de los que confían en Ti será avergonzado.
Serán avergonzados los que se rebelan sin causa.
⁴ Muéstrame, oh Yavé, tus caminos,
Enséñame tus sendas.
⁵ Encamíname en tu verdad y enséñame,
Porque Tú eres el 'Elohim de mi salvación.
En Ti espero todo el día.
⁶ Acuérdate, oh Yavé, de tu compasión y de tu misericordia
    que son perpetuas.
⁷ No te acuerdes de los pecados de mi juventud y de mis transgresiones.
Conforme a tu misericordia acuérdate de mí,
Por tu bondad, oh Yavé.
⁸ Bueno y justo es Yavé.
Él muestra el camino a los pecadores.
⁹ Encamina a los humildes en justicia,
Y enseña a los mansos su senda.

¹⁰ Todas las sendas de YAVÉ son misericordia y verdad
Para los que observan su Pacto y sus Preceptos.
¹¹ Por amor a tu Nombre, oh YAVÉ,
Perdonas también mi iniquidad, que es grande.
¹² ¿Quién es el hombre que teme a YAVÉ?
Él le enseñará el camino que debe escoger.
¹³ Su alma gozará de bienestar,
Y su descendencia heredará la tierra.
¹⁴ El secreto de YAVÉ es para los que le temen.
A ellos hará conocer su Pacto.
¹⁵ Mis ojos están siempre fijos en YAVÉ,
Porque Él sacará mis pies de la red.
¹⁶ Mírame y ten misericordia de mí,
Porque estoy solo y afligido.
¹⁷ Las angustias de mi corazón se aumentaron.
¡Sácame de mis congojas!
¹⁸ Mira mi aflicción y mis fatigas,
Y perdona todos mis pecados.
¹⁹ ¡Mira cómo se multiplicaron mis enemigos,
Y con violento odio me aborrecen!
²⁰ ¡Guarda mi alma y líbrame!
No sea yo avergonzado,
Porque en Ti me refugio.
²¹ Integridad y rectitud me guarden,
Porque en Ti espero.
²² ¡Oh 'ELOHIM, redime a Israel de todas sus angustias!

Salmo de David

26 ¹ Defiéndeme, oh YAVÉ, porque en mi integridad anduve,
Y en YAVÉ confié sin titubear.
² Examíname, oh YAVÉ, y pruébame.
Escudriña lo más íntimo de mi personalidad[a] y mi corazón,
³ Porque tu misericordia está delante de mis ojos
Y ando en tu verdad.
⁴ No me siento con hombres falsos
Ni ando con hipócritas.
⁵ Aborrezco la reunión de perversos
Y no me sentaré con los inicuos.
⁶ Lavaré en inocencia mis manos,

---
[a] **26.2** Lit. riñones.

Y así andaré en torno a tu altar, oh YAVÉ,
⁷ Para hacer resonar mi voz de gratitud
Y contar todas tus maravillas.
⁸ Oh YAVÉ, yo amo la Casa donde moras,
Y el lugar donde reside tu gloria.
⁹ No arrebates mi alma con los pecadores,
Ni mi vida con hombres sanguinarios,
¹⁰ En las manos de los cuales está el crimen,
Cuya mano derecha está llena de sobornos.
¹¹ En cuanto a mí, andaré en mi integridad.
¡Redímeme y ten misericordia de mí!
¹² Mis pies están en suelo firme.
Bendeciré a YAVÉ en las congregaciones.

Salmo de David

27 ¹ YAVÉ es mi Luz y mi Salvación,
¿De quién temeré?
YAVÉ es la Fortaleza de mi vida,
¿De quién me aterrorizaré?
² Cuando se juntaron contra mí los perversos para devorar mi carne,
Mis adversarios y mis enemigos tropezaron y cayeron.
³ Aunque un ejército acampe contra mí,
No temerá mi corazón.
Aunque contra mí se levante guerra,
Yo estaré confiado.
⁴ Una cosa le pedí a YAVÉ.
Ésta buscaré:
Que esté yo en la Casa de YAVÉ todos los días de mi vida,
Para contemplar la hermosura de YAVÉ
Y para meditar en su Templo.
⁵ Porque Él me esconderá en su Tabernáculo en el día del mal.
Me ocultará en lo reservado de su Tabernáculo.
Me pondrá en alto sobre una roca.
⁶ Mi cabeza será levantada sobre mis enemigos que estén alrededor,
Y en su Tabernáculo ofreceré sacrificios con clamor de júbilo.
Cantaré, sí, entonaré salmos a YAVÉ.
⁷ ¡Escucha, oh YAVÉ, cuando clamo con mi voz!
¡Ten compasión de mí y respóndeme!
⁸ Mi corazón me dice de Ti:
¡Busca su rostro!

Tu rostro buscaré, oh Yavé.
⁹ No escondas tu rostro de mí,
Ni rechaces con ira a tu esclavo.
Has sido mi Ayuda.
No me abandones
Ni me desampares,
Oh 'Elohim de mi salvación.
¹⁰ Aunque mi padre y mi madre me abandonen,
Yavé me recogerá.
¹¹ Enséñame, oh Yavé, tu camino,
Y guíame por senda llana, a causa de mis enemigos.
¹² No me entregues a la voluntad de mis adversarios,
Porque se levantaron contra mí testigos falsos que respiran violencia.
¹³ Hubiera yo desmayado
Si no creyera que veré la bondad de Yavé en la tierra de los vivientes.
¹⁴ Espera a Yavé.
¡Sé fortalecido y aliéntese tu corazón!
¡Sí, espera a Yavé!

Salmo de David

28
¹ A Ti clamo, oh Yavé, Roca mía.
No enmudezcas para mí,
Porque si Tú enmudeces para mí,
Seré como los que bajan a la fosa.
² Oye la voz de mis súplicas cuando clamo a Ti,
Cuando levanto mis manos hacia tu Santuario.
³ No me arrastres junto con los impíos,
Quienes hacen iniquidad
Y hablan de paz con su prójimo,
Pero la perversidad está en sus corazones.
⁴ Dales conforme a su obra y según la perversidad de sus hechos.
Retribúyeles de acuerdo con las obras de sus manos.
¡Dales su recompensa!
⁵ Porque no entienden los hechos de Yavé,
Ni las obras de sus manos,
Él los derribará y no los edificará.
⁶ ¡Bendito sea Yavé,
Porque escuchó la voz de mi súplica!
⁷ Yavé es mi Fortaleza y mi Escudo.
Confió mi corazón en Él

Y fui ayudado,
Por lo cual se regocija mi corazón.
Lo alabaré con mi canto.
⁸ YAVÉ es la Fortaleza *de su pueblo*,
Y el Refugio salvador de su ungido.
⁹ ¡Salva a tu pueblo,
Y bendice tu heredad!
¡Pastoréalos y cárgalos para siempre!

Salmo de David

29 ¹ ¡Tributen a YAVÉ, oh hijos de los poderosos!
¡Tributen a YAVÉ la gloria y el poder!
² ¡Tributen a YAVÉ la gloria debida a su Nombre!
¡Póstrense ante YAVÉ en el esplendor de la santidad!
³ Voz de YAVÉ sobre las aguas:
¡El 'ELOHIM de gloria truena!
¡YAVÉ está sobre muchas aguas!
⁴ Voz de YAVÉ es poderosa,
Voz de YAVÉ es majestuosa.
⁵ Voz de YAVÉ que quiebra los cedros,
YAVÉ destroza los cedros del Líbano.
⁶ Él hace saltar al Líbano como un becerro.
⁷ Voz de YAVÉ que enciende llamaradas.
⁸ Voz de YAVÉ que estremece el desierto.
YAVÉ sacude al desierto de Cades.
⁹ Voz de YAVÉ que estremece los robles y desnuda los bosques.
En su Templo todos proclaman su gloria.
¹⁰ YAVÉ preside en el diluvio.
YAVÉ se sienta como Rey para siempre.
¹¹ YAVÉ dará fortaleza a su pueblo.
YAVÉ bendecirá a su pueblo con paz.

Canto para la dedicación del Templo. Salmo de David.

30 ¹ Te exalto oh YAVÉ, porque me levantaste,
Y no dejaste que mis enemigos se alegraran de mí.
² ¡Oh YAVÉ, mi 'ELOHIM!
Clamé a Ti, y me sanaste.
³ ¡Oh YAVÉ, sacaste mi vida del *Seol*,
De entre los que bajan a la tumba me mantuviste vivo!
⁴ Canten salmos a YAVÉ, ustedes sus santos,

Y celebren la memoria de su santidad.
⁵ Por un momento es su ira,
Pero su favor dura toda la vida.
Por la noche dura el llanto,
Pero al amanecer viene la alegría.
⁶ En mi prosperidad me decía:
No seré conmovido jamás,
⁷ Porque con tu favor, oh Yavé,
Me afirmaste como fuerte montaña.
Escondiste tu rostro, fui turbado.
⁸ A Ti clamé, oh Yavé.
A Yavé dirigí mi súplica.
⁹ ¿Qué provecho hay en mi muerte cuando baje a la tumba?
¿Te alabará el polvo?
¿Anunciará tu verdad?
¹⁰ Escucha, oh Yavé, y ten compasión de mí.
¡Oh Yavé, sé mi Ayudador!
¹¹ Cambiaste mi lamento en danza,
Desataste mi tela áspera y me vestiste de alegría.
¹² Por tanto, a Ti cantaré, Gloria mía, y no estaré callado.
¡Oh Yavé, mi 'Elohim, te daré gracias para siempre!

Al director del coro. Salmo de David

31

¹ En Ti, oh Yavé, me refugié.
No sea yo avergonzado jamás.
Líbrame en tu justicia.
² Inclina tu oído a mí y rescátame pronto.
¡Sé Tú mi Roca fuerte, mi Fortaleza para salvarme!
³ Porque Tú eres mi Roca y mi Fortaleza,
Por amor a tu Nombre
Me guías y me encaminas.
⁴ ¡Sácame de la red que me tendieron,
Porque Tú eres mi Refugio!
⁵ En tu mano encomiendo mi espíritu.
Tú, oh Yavé, 'Elohim me redimiste de verdad.
⁶ Aborrezco a los que confían en ídolos vanos,
Pero confío en Yavé.
⁷ Me regocijaré y me alegraré en tu misericordia,
Porque viste mi aflicción,
Conociste las angustias de mi alma,

⁸ No me entregaste en mano del enemigo,
Pusiste mis pies en lugar amplio.
⁹ Ten misericordia de mí, oh Yavé, porque estoy en angustia.
Mis ojos, mi alma y mis órganos internos se debilitaron por la angustia.
¹⁰ Porque mi vida se agotó de tristeza, y mis años de suspirar.
A causa de mi iniquidad mi vigor decayó
Y se consumen mis huesos.
¹¹ Soy objeto de oprobio para todos mis adversarios,
Y para mis vecinos, objeto de horror,
Y de horror para mis conocidos.
Los que me ven en la calle huyen de mí.
¹² Fui olvidado de sus corazones como un muerto.
Soy como un vaso quebrado.
¹³ Oigo la calumnia de muchos.
El terror me asalta por todas partes
Mientras conspiran unidos contra mí
Y traman quitarme la vida.
¹⁴ Pero en Ti, oh Yavé, fijé mi confianza.
Digo: Tú eres mi 'Elohim.
¹⁵ En tu mano están mis tiempos.
Líbrame de la mano de mis enemigos y de mis perseguidores.
¹⁶ Resplandezca tu rostro sobre tu esclavo.
¡Sálvame por tu misericordia!
¹⁷ No sea yo avergonzado, oh Yavé, porque te invoco.
¡Sean avergonzados los malos,
Bajen en silencio al *Seol*!
¹⁸ Enmudezcan los labios mentirosos
Que hablan insolencias contra el justo con soberbia y desprecio.
¹⁹ ¡Cuán grande es tu bondad
Que guardaste para los que te temen,
Que obraste para los hijos de los hombres que en Ti confían!
²⁰ En lo secreto de tu Presencia los ocultas de la conspiración del hombre.
En un Tabernáculo los guardarás de las contiendas de lenguas.
²¹ ¡Bendito sea Yavé,
Porque hizo maravillosa su misericordia para conmigo
    en ciudad fortificada!
²² En mi premura, me dije:
¡Cortado soy de tu Presencia!
Pero Tú oíste la voz de mis súplicas
Cuando clamé a Ti.

²³ Amen a YAVÉ ustedes, todos sus santos.
YAVÉ guarda a los fieles,
Pero retribuye con creces al que actúa con soberbia.
²⁴ Sean esforzados todos ustedes, los que esperan en YAVÉ
Y tome aliento su corazón.

Instrucción (Maskil) de David

32 ¹ Inmensamente feliz es aquel
A quien es perdonada su transgresión
Y cubierto su pecado.
² Inmensamente feliz es el hombre
A quien YAVÉ no atribuye iniquidad,
Y en el espíritu del cual no hay engaño.
³ Mientras callé, se consumieron mis huesos
En mi gemir todo el día.
⁴ Porque de día y de noche pesó sobre mí tu mano.
Hasta que mi vigor se convirtió
En sequedades de verano. *Selah*
⁵ Mi pecado confesé y no encubrí mi iniquidad.
Dije: Confesaré mis transgresiones a YAVÉ,
Y Tú perdonaste la culpa de mi pecado. *Selah*
⁶ Por esto todo santo ora a Ti
En un tiempo cuando puedes ser hallado.
Ciertamente en la inundación de muchas aguas,
Éstas no llegarán a él.
⁷ Tú eres mi Refugio.
Me guardas de la angustia.
Me rodeas con cantos de liberación. *Selah*
⁸ Te haré entender
Y te enseñaré el camino en el cual debes andar.
Sobre Ti fijaré mis ojos y te aconsejaré.
⁹ No sean como el caballo o la mula,
Sin entendimiento,
Cuya boca debe ser frenada con freno y rienda
Para que se acerquen a Ti.
¹⁰ Muchos dolores hay para el impío,
Pero al que confía en YAVÉ
Lo rodea la misericordia.
¹¹ ¡Alégrense, oh justos, en YAVÉ, y regocíjense!
¡Canten con júbilo todos los rectos de corazón!

33

¹ ¡Alégrense, oh justos, en Yavé!
En los íntegros es hermosa la alabanza.
² Den gracias a Yavé con arpa.
Cántenle con el arpa de diez cuerdas.
³ Cántenle canto nuevo.
¡Háganlo bien, tañan con júbilo!
⁴ Pues recta es la Palabra de Yavé,
Y toda su obra es hecha con fidelidad.
⁵ Él ama la rectitud y la justicia.
De la misericordia de Yavé está llena la tierra.
⁶ Por la Palabra de Yavé fueron hechos los cielos,
Y todas sus constelaciones por el aliento de su boca.
⁷ Él reúne como en una pila las aguas del mar.
Él pone en depósitos los abismos.
⁸ ¡Tema a Yavé toda la tierra!
¡Tiemblen delante de Él todos los habitantes del mundo!
⁹ Porque Él dijo y fue hecho.
Él ordenó y apareció.
¹⁰ Yavé anula el consejo de las naciones.
Él frustra los planes de los pueblos.
¹¹ El consejo de Yavé permanece para siempre,
Y los planes de su corazón por todas las generaciones.
¹² ¡Cuán bendecida es la nación cuyo 'Elohim es Yavé,
El pueblo que Él escogió como su propia heredad!
¹³ Yavé ve desde el cielo.
Mira a todos los hijos de *los* hombres.
¹⁴ Desde el lugar de su morada
Observa a todos los habitantes de la tierra.
¹⁵ El que forma los corazones de todos ellos
Considera todas sus acciones.
¹⁶ El rey no se salva por la multitud del ejército,
Ni el poderoso escapa por la mucha fuerza.
¹⁷ Vano es el caballo para la victoria.
No libra a cualquiera con su gran fuerza.
¹⁸ Ahí está el ojo de Yavé sobre los que le temen,
Sobre los que esperan en su misericordia
¹⁹ Para salvar su vida de la muerte
Y mantenerlos vivos en tiempo de hambre.
²⁰ Nuestras almas esperan a Yavé.
Él es nuestra Ayuda y nuestro Escudo.

²¹ Por tanto, en Él se alegra nuestro corazón,
Porque confiamos en su santo Nombre.
²² Que tu misericordia, oh Yavé, sea sobre nosotros,
Según esperamos en Ti.

Salmo de David. Cuando cambió su conducta ante Abimelec, quien lo echó y él salió

34

¹ Bendeciré a Yavé en todo tiempo.
Su alabanza estará de continuo en mi boca.
² En Yavé se gloriará mi alma.
Lo oirán los mansos y se alegrarán.
³ Engrandezcan a Yavé conmigo,
Y exaltemos juntos su Nombre.
⁴ Busqué a Yavé y Él me respondió,
Y me libró de todos mis temores.
⁵ Los que miraron a Él fueron iluminados,
Y sus semblantes nunca serán avergonzados.
⁶ Este pobre clamó,
Y Yavé lo escuchó,
Y lo salvó de todas sus angustias.
⁷ El Ángel de Yavé acampa alrededor de los que le temen,
Y los rescata.
⁸ Prueben y vean que Yavé es bueno.
¡Cuán feliz es el varón que confía en Él!
⁹ Teman a Yavé, ustedes sus santos,
Porque nada falta a los que le temen.
¹⁰ Los cachorros de león necesitan y sufren hambre,
Pero los que buscan a Yavé no carecen de ningún bien.
¹¹ Vengan, hijos, escúchenme.
Les enseñaré el temor a Yavé.
¹² ¿Quién es el hombre que desea vida,
Que desea muchos días para ver el bien?
¹³ Guarda tu boca del mal
Y tus labios de hablar engaño.
¹⁴ Apártate del mal y haz el bien.
Busca la paz y persíguela.
¹⁵ Los ojos de Yavé están hacia los justos,
Y sus oídos atentos al clamor de ellos.
¹⁶ El rostro de Yavé está contra los perversos,
Para cortar su memoria de la tierra.
¹⁷ Claman los justos,

Y YAVÉ los oye
Y los libra de todas sus angustias.
¹⁸ Cercano está YAVÉ a los quebrantados de corazón,
Y salva a los contritos de espíritu.
¹⁹ Muchas son las aflicciones del justo,
Pero de todas ellas lo libra YAVÉ.
²⁰ Él guarda todos sus huesos.
Ni uno de ellos es quebrado.
²¹ Matará al malo la maldad,
Y los que aborrecen al justo serán culpables.
²² YAVÉ redime la vida de sus esclavos.
No serán condenados cuantos en Él confían.

Salmo de David

35

¹ ¡Oh YAVÉ, contiende con los que contienden contra mí!
¡Pelea contra los que combaten contra mí!
² ¡Echa mano al escudo y al broquel,[a]
Y levántate en mi ayuda!
³ Saca la lanza y cierra el paso a mis perseguidores.
Dí a mi alma: ¡Yo soy tu Salvación!
⁴ Sean avergonzados y confundidos
Los que buscan mi vida.
Sean vueltos atrás y confundidos
Los que traman mi mal.
⁵ Sean como la cáscara de grano arrebatada por el viento,
Y acóselos el Ángel de YAVÉ.
⁶ Sea su camino tenebroso y resbaladizo,
Y el Ángel de YAVÉ los persiga.
⁷ Porque sin causa me tendieron su red,
Sin motivo cavaron fosa para mi vida.
⁸ Véngale destrucción inesperada.
Atrápelo la red que él mismo tendió,
Y caiga en ella con igual destrucción.
⁹ Mi alma se deleitará en YAVÉ.
Se regocijará en su salvación.
¹⁰ Todos mis huesos dirán:
Oh YAVÉ, ¿quién como Tú,

---

[a] **35.2** Escudo era el que se ataba a los brazos y cubría el pecho. Broquel, un escudo pequeño que el soldado llevaba en su mano. Algunos traducen "pavés", que era un escudo de gran tamaño que cubría casi todo el cuerpo.

Que libras al débil del que es demasiado fuerte para él,
Y al pobre y menesteroso del que lo despoja?

¹¹ Se levantan testigos falsos
De lo que no sé me preguntan.

¹² Me devuelven mal por bien
Para desolación a mi alma.

¹³ Yo en cambio, al estar ellos enfermos,
Me vestía de ropa áspera
Y afligía mi alma con ayuno,
Hasta que mi súplica a favor de ellos me era concedida.

¹⁴ Como por mi amigo o hermano actuaba,
Como el que llora por su madre,
Afligido me humillaba.

¹⁵ Pero ellos, en mi adversidad se alegraron,
Y se reunieron contra mí.
Atacantes se reunieron contra mí,
Y yo no lo entendía.
Me despedazaban sin cesar.

¹⁶ Como profanos burladores en las fiestas
Rechinaron contra mí sus dientes.

¹⁷ Oh 'ADONAY, ¿hasta cuándo consentirás esto?
¡Libra mi vida de sus destrucciones,
Mi única vida de los leones!

¹⁸ Yo te daré gracias en la gran congregación,
Te alabaré entre un pueblo numeroso.

¹⁹ No se alegren de mí los que sin causa son mis enemigos,
Ni guiñan el ojo los que me aborrecen sin causa.

²⁰ Por cuanto no hablan de paz,
Sino inventan palabras calumniosas contra los mansos de la tierra.

²¹ Ensanchan su boca contra mí, y dicen:

²² ¡Oh YAVÉ, Tú lo viste! ¡No calles!
¡Oh 'ADONAY, no estés lejos de mí!

²³ ¡Despierta y levántate a hacer justicia, 'ELOHIM mío y 'ADONAY mío!

²⁴ Júzgame conforme a tu justicia, oh YAVÉ 'ELOHIM mío,
Que no se alegren ellos de mí.

²⁵ No digan ellos en su corazón:
¡Ajá, aquí está lo que queríamos!
No digan: ¡Lo devoramos!

²⁶ Sean avergonzados y confundidos juntos
Los que de mi mal se alegran.

Vístanse de vergüenza y deshonor
Los que se engrandecen sobre mí.
²⁷ Canten de júbilo y alégrense los que favorecen mi justicia,
Y digan continuamente:
¡Engrandecido sea YAVÉ,
Quien se complace en la prosperidad de su esclavo!
²⁸ Mi lengua hablará de tu justicia y de tu alabanza todo el día.

Al director del coro. Salmo de David, esclavo de Yavé

36

¹ La transgresión del impío habla a su corazón.
No hay temor a 'ELOHIM delante de sus ojos.
² Se jacta ante sus propios ojos
De que su iniquidad no será descubierta ni aborrecida.
³ Las palabras de su boca son iniquidad y engaño.
Dejó de ser sabio, de hacer el bien.
⁴ Trama iniquidad sobre su cama.
Se mantiene en camino no bueno.
No aborrece lo malo.
⁵ Oh YAVÉ, tu misericordia llega hasta el cielo,
Y hasta las nubes tu fidelidad.
⁶ Tu justicia es como las montañas de 'EL,[a]
Tus juicios, como inmenso abismo.
Tú, oh YAVÉ, preservas al hombre y la bestia.
⁷ ¡Oh 'ELOHIM, cuán preciosa es tu misericordia!
Por eso los hombres se amparan bajo la sombra de tus alas.
⁸ Son plenamente saciados con la abundancia de tu casa,
Les das de beber del torrente de tus delicias.
⁹ Porque contigo está el manantial de la vida.
En tu luz vemos la luz.
¹⁰ Extiende tu misericordia a los que te conocen,
Y tu justicia a los rectos de corazón.
¹¹ No me alcance el pie de la soberbia,
Ni me mueva la mano del inicuo.
¹² Ahí cayeron los que obran iniquidad,
Fueron derribados,
Y no pueden levantarse.

---

[a] **36.6** 'EL es un nombre de 'ELOHIM.

Salmo de David

37

¹ No te impacientes a causa de los malignos,
Ni tengas envidia de los que hacen iniquidad.
² Porque como hierba, serán pronto marchitados,
Y como la hierba verde se secarán.
³ Confía en YAVÉ y practica el bien.
Así vivirás en la tierra y te apacentarás de la fidelidad.
⁴ Deléitate también en YAVÉ,
Y Él te dará los deseos de tu corazón.
⁵ Encomienda a YAVÉ tu camino,
Confía en Él,
Y Él hará.
⁶ Exhibirá tu justicia como la luz,
Y tu derecho como el mediodía.
⁷ Guarda silencio ante YAVÉ,
Y espéralo con paciencia.
No te impacientes a causa del que prospera en su camino,
A causa del hombre que maquina perversidades.
⁸ Deja la ira, desecha el enojo,
No te excites de alguna manera a hacer el mal.
⁹ Porque los perversos serán cortados,
Pero los que esperan en YAVÉ heredarán la tierra.
¹⁰ Pues dentro de poco el perverso no existirá.
Examinarás con diligencia su lugar, y no estará allí.
¹¹ Pero los mansos poseerán la tierra,
Y se deleitarán con abundante paz.
¹² Maquina el inicuo contra el justo,
Y cruje sus dientes contra él.
¹³ 'ADONAY se ríe de él,
Porque ve que le llega su día.
¹⁴ Los impíos desenvainaron espada y tensaron su arco
Para derribar al pobre y al menesteroso,
Para matar a los rectos de conducta.
¹⁵ Su espada penetrará en su propio corazón,
Y sus arcos serán quebrados.
¹⁶ Mejor es lo poco del justo,
Que la abundancia de muchos perversos.
¹⁷ Porque los brazos de los perversos serán quebrados,
Pero YAVÉ sostiene a los justos.

¹⁸ YAVÉ conoce los días de los íntegros,
Y la heredad de ellos será eterna.
¹⁹ No serán avergonzados en tiempo adverso,
Y en días de hambre serán saciados.
²⁰ Pero los perversos perecerán.
Los enemigos de YAVÉ serán consumidos
Como el verdor de los prados.
Desvanecerán como el humo.
²¹ El perverso toma prestado y no paga,
Pero el justo es compasivo y da.
²² Porque los benditos por Él heredarán la tierra,
Pero los malditos por Él serán cortados.
²³ Por YAVÉ son establecidos los pasos del hombre
En cuyo camino Él se deleita.
²⁴ Aunque caiga, no quedará postrado,
Porque YAVÉ sostiene su mano.
²⁵ Fui joven, y ahora soy anciano,
Y no he visto justo desamparado,
Ni a su descendencia que mendigue pan.
²⁶ En todo tiempo tiene misericordia, y presta,
Y sus descendientes son para bendición.
²⁷ Apártate del mal y practica la rectitud,
Y vivirás para siempre.
²⁸ Porque YAVÉ ama la justicia,
Y no desampara a sus piadosos.
Para siempre son guardados sus santos,
Pero la descendencia de los perversos será cortada.
²⁹ Los justos heredarán la tierra,
Y vivirán en ella para siempre.
³⁰ La boca del justo expresa sabiduría y habla justicia.
³¹ La Ley de su 'ELOHIM está en su corazón.
Sus pasos no resbalan.
³² El perverso acecha al justo
Y trata de matarlo.
³³ YAVÉ no lo dejará en su mano,
Ni permitirá que sea condenado cuando sea juzgado.
³⁴ Espera a YAVÉ y guarda tu camino.
Él te exaltará para que poseas la tierra.
Cuando los perversos sean cortados,
Tú lo verás.

³⁵ He visto al perverso en gran poder
Extenderse como árbol frondoso en su propio suelo.
³⁶ Pero luego pasó y no fue más,
Lo busqué, y no fue hallado.
³⁷ Considera al hombre recto y mira al justo,
Porque hay un final feliz para el hombre de paz.
³⁸ Pero los transgresores serán destruidos por completo.
La posteridad de los perversos será cortada.
³⁹ La salvación de los justos es de YAVÉ.
Él es su Fortaleza en el tiempo de angustia.
⁴⁰ YAVÉ los ayuda y los libra.
Los liberta de los perversos y los salva,
Porque se refugian en Él.

Salmo de David. En conmemoración

38

¹ Oh YAVÉ, no me reprendas con tu indignación,
Ni me castigues con tu ardiente ira.
² Porque tus flechas se clavaron en mí,
Y tu mano descendió sobre mí.
³ Nada íntegro hay en mi cuerpo a causa de tu indignación,
Ni hay paz en mis huesos a causa de mi pecado.
⁴ Porque mis iniquidades sobrepasan mi cabeza,
Y como pesada carga se agravan sobre mí.
⁵ Mis heridas hieden y supuran por causa de mi locura.
⁶ Estoy encorvado y abatido en gran manera.
Todo el día ando ensombrecido
⁷ Porque mis órganos internos están llenos de ardor,
Y nada sano hay en mi cuerpo.
⁸ Estoy debilitado y molido en extremo.
Gimo a causa de la perturbación de mi corazón.
⁹ ¡Oh 'ADONAY, ante Ti está todo mi deseo,
Y mi suspiro no te es oculto!
¹⁰ Mi corazón palpita, me falta el vigor,
Y aun la luz de mis ojos me falta.
¹¹ Mis amigos y mis compañeros están lejos de mi herida.
Mis allegados permanecen a distancia.
¹² Los que buscan mi vida
Me arman trampas.
Los que procuran ofenderme
Me amenazan con destrucción y traman fraudes todo el día.

¹³ Pero yo, como si fuera sordo no escucho,
Y soy como un mudo, que no abre su boca.
¹⁴ Sí, soy como un hombre que no oye,
Y en cuya boca no hay respuesta.
¹⁵ Porque en Ti, oh YAVÉ, espero.
Tú, 'ADONAY, mi 'ELOHIM, me responderás.
¹⁶ Porque dije: No se alegren de mí.
No se engrandezcan contra mí cuando mi pie resbale,
¹⁷ Porque estoy a punto de caer
Y mi dolor está continuamente ante mí.
¹⁸ Por tanto, confieso mi iniquidad.
Me contristé por mi pecado.
¹⁹ Pero mis enemigos son vigorosos y fuertes,
Y se aumentaron los que me aborrecen sin causa.
²⁰ Los que pagan mal por bien me son hostiles,
Porque sigo lo bueno.
²¹ ¡No me desampares, oh YAVÉ, mi 'ELOHIM!
¡No te alejes de mí!
²² ¡Apresúrate a socorrerme, oh 'ADONAY, salvación mía!

Al director del coro, para Jedutún.ª Salmo de David

39

¹ Dije: Guardaré mis caminos para no pecar con mi boca.
Llevaré mordaza en mi boca
Mientras los perversos estén frente a mí.
² Enmudecí con silencio.
Me callé, aun en cuanto a lo bueno,
Y se agravó mi dolor.
³ Mi corazón se enardeció.
En mi meditación ardió el fuego.
Entonces hablé con mi lengua:
⁴ Oh YAVÉ, dime mi final,
Cuál es la medida de mis días.
Permíteme saber cuán pasajero soy.
⁵ En verdad, diste a mis días término corto,
Y mi edad es como nada ante Ti.
Ciertamente es completa vanidad todo hombre que vive. *Selah*
⁶ Ciertamente como un fantasma de realidad anda el hombre,
Ciertamente en vano se agita,
Amontona riquezas y no sabe quién las recogerá.

ª **39.1** Jedutún era un levita instructor.

⁷ Y ahora, 'ADONAY, ¿qué espero?
Mi esperanza está en Ti.
⁸ Líbrame de todas mis transgresiones.
No me coloques como escarnio de los necios.
⁹ Enmudecí, no abrí mi boca,
Porque Tú lo dispusiste.
¹⁰ Quita de sobre mí tu azote,
Porque perezco por el golpe de tu mano.
¹¹ Corriges al hombre con castigos por su iniquidad.
Como polilla carcomes lo que es precioso para él.
Ciertamente todo hombre es solo un soplo. *Selah*
¹² Escucha mi oración, oh YAVÉ,
Y presta oído a mi clamor.
No guardes silencio ante mis lágrimas,
Porque soy un forastero ante Ti,
Y un advenedizo como todos mis antepasados.
¹³ Aparta de mí tu mirada para que yo sonría,
Antes que yo parta y no exista más.

Al director del coro. Salmo de David

40

¹ Pacientemente esperé a YAVÉ,
Y se inclinó hacia mí y escuchó mi clamor.
² Me sacó del pozo de la desesperación, del lodo cenagoso.
Asentó mis pies sobre una roca y afirmó mis pasos.
³ Puso en mi boca un canto nuevo,
Alabanza a nuestro 'ELOHIM.
Muchos verán esto.
Temerán y confiarán en YAVÉ
⁴ ¡Cuán bendecido es el varón quien fijó en YAVÉ su confianza,
Que no mira a los soberbios
Ni a los que se desvían hacia la falsedad!
⁵ ¡Oh YAVÉ, mi 'ELOHIM,
Aumentaste tus maravillas y tus designios para nosotros!
¡Nadie puede compararse contigo!
Si los anuncio y hablo de ellos,
No pueden ser enumerados.
⁶ Sacrificio y ofrenda no te agradan.
Abriste mis oídos.
No demandas holocausto y sacrificio que apacigua.
⁷ Entonces dije: Aquí vengo.

En la cabecilla del rollo está escrito acerca de Mí.
⁸ Oh mi 'ELOHIM, hacer tu voluntad me agrada,
Y tu Ley está dentro de mi corazón.
⁹ Anuncié justicia en la gran congregación.
Ciertamente no refrené mis labios.
Tú lo sabes, oh Yavé,
¹⁰ Ni encubrí tu justicia dentro de mi corazón.
He proclamado tu fidelidad y tu salvación.
No oculté de la gran congregación tu misericordia y tu verdad.
¹¹ Tú, oh YAVÉ, no retengas de mí tu compasión.
Que tu misericordia y tu verdad me guarden siempre.
¹² Porque me rodearon calamidades incontables.
Me alcanzaron mis iniquidades,
Y no puedo levantar la vista.
Son más numerosas que los cabellos de mi cabeza,
Y mi corazón me falla.
¹³ ¡Oh YAVÉ, complácete en librarme!
¡Apresúrate, oh YAVÉ, a socorrerme!
¹⁴ ¡Sean avergonzados y humillados
Los que buscan mi vida para destruirla!
Sean vueltos atrás y deshonrados
Los que se deleitan en mi calamidad.
¹⁵ Queden consternados a causa de su vergüenza
Los que me dicen: ¡Ea, ea!
¹⁶ ¡Regocíjense y alégrense en Ti todos los que te buscan!
Digan siempre los que aman tu salvación:
¡Engrandecido sea YAVÉ!
¹⁷ Aunque estoy afligido y necesitado,
'ADONAY pensará en mí.
Tú eres mi ayuda y mi Libertador.
¡Mi 'ELOHIM, no te tardes!

Al director del coro. Salmo de David

41

¹ ¡Oh cuán bendecido es el que piensa en el pobre!
En el día malo YAVÉ lo librará.
² YAVÉ lo protegerá y le dará vida.
Será bendito en la tierra,
Y no lo entregarás a la voluntad de sus enemigos.
³ YAVÉ lo sustentará en el lecho de dolor.
En su enfermedad suavizarás su cama.

⁴ Dije yo: Oh YAVÉ, ten compasión de mí.
Sana mi alma, porque pequé contra Ti.
⁵ Mis enemigos hablan mal de mí y preguntan:
¿Cuándo morirá y perecerá su nombre?
⁶ Cuando viene a verme, habla falsedad.
Su corazón recoge perversidades.
Cuando sale las divulga.
⁷ Todos los que me aborrecen murmuran reunidos contra mí.
Maquinan la perversidad contra mí y dicen:
⁸ Algo perverso fue derramado sobre él.
Cuando caiga en cama, no volverá a levantarse.
⁹ Aun el hombre de mi paz en quien yo confiaba,
Que comía de mi pan,
Levantó contra mí su talón.
¹⁰ Pero Tú, oh YAVÉ, ten compasión de mí.
Levántame para que le dé recompensa.
¹¹ En esto sé que te complaces en mí:
En que mi enemigo no proclame triunfo sobre mí.
¹² En cuanto a mí, en mi integridad me sostienes,
Y me establecerás en tu Presencia para siempre.
¹³ ¡Bendito sea YAVÉ el 'ELOHIM de Israel,
Desde la eternidad y hasta la eternidad! ¡Amén y amén!

Al director del coro. Instrucción (*Maskil*) de los hijos de Coré

42

¹ Como el venado anhela las corrientes de agua,
Así, oh 'ELOHIM, te anhela mi alma.
² Mi alma tiene sed de 'EL, del 'ELOHIM vivo.
¿Cuándo iré y apareceré ante 'ELOHIM?
³ Mis lágrimas fueron mi alimento día y noche,
Mientras me dicen todos los días:
¿Dónde está tu 'ELOHIM?
⁴ Me acuerdo de estas cosas,
Y derramo mi alma dentro de mí.
Porque yo marchaba con la multitud
Y la conducía a la Casa de 'ELOHIM
Con voz de júbilo y acción de gracias,
De una multitud en fiesta solemne.
⁵ ¿Por qué te abates, oh alma mía,
Y te turbas dentro de mí?
Espera a 'ELOHIM, porque aún lo alabaré.

¡Por la ayuda de su presencia!
⁶ Oh 'Elohim, mi alma está abatida dentro de mí.
Por tanto, me acordaré de Ti desde la tierra del Jordán,
Y desde las cumbres de Hermón, desde la montaña Mizar.
⁷ Un abismo llama a otro con la voz de tus cascadas,
Todas tus ondas y tus olas pasaron sobre mí.
⁸ De día Yavé enviará su misericordia,
Y de noche su canto estará conmigo,
Una oración al 'El de mi vida.
⁹ Diré a 'El: Roca mía, ¿por qué te olvidaste de mí?
¿Por qué ando enlutado a causa de la opresión del enemigo?
¹⁰ Como el que quebranta mis huesos,
Mis enemigos me afrentan
Mientras me dicen cada día:
¿Dónde está tu 'Elohim?
¹¹ ¿Por qué te abates, alma mía, y gimes dentro de mí?
Espera a 'Elohim, porque aún lo alabaré.
¡Salvación mía y 'Elohim mío!

43

¹ Júzgame, oh 'Elohim, y defiende mi causa.
Líbrame de gente impía, del hombre engañador y perverso.
² Porque Tú eres el 'Elohim de mi fortaleza.
¿Por qué me desechaste?
¿Por qué ando enlutado a causa de la opresión del enemigo?
³ Envía tu luz y tu verdad.
Éstas me guiarán.
Ellas me conducirán a tu Montaña Santa y a tus moradas.
⁴ Entonces iré al altar de 'Elohim,
Al 'El de mi alegría y regocijo,
Y te alabaré con el arpa, oh 'Elohim, mi 'Elohim.
⁵ ¿Por qué te abates, oh alma mía,
Y por qué te turbas dentro de mí?
Espera a 'Elohim, porque aún lo alabaré.
¡El Ayudador de mi presencia y mi 'Elohim!

Al director del coro. Instrucción (*Maskil*) de los hijos de Coré

44

¹ Oh 'Elohim, escuchamos con nuestros oídos,
Nos contaron nuestros antepasados
Las obras que Tú hiciste en sus días,
En los tiempos antiguos.
² Con tu mano expulsaste a las naciones

Para establecerlos a ellos.
Abatiste a los pueblos y los echaste.
³ No poseyeron la tierra por su espada,
Ni los libró su brazo,
Sino tu mano derecha, tu brazo y la luz de tu rostro,
Porque te complaciste en ellos.
⁴ Tú eres mi Rey, oh 'ELOHIM.
¡Ordena las victorias de Jacob!
⁵ Por medio de Ti sacudiremos a nuestros enemigos.
En tu Nombre pisotearemos a los que se levantan contra nosotros.
⁶ Porque no confiaré en mi arco,
Ni mi espada me salvará.
⁷ Pero Tú nos salvaste de nuestros adversarios
Y avergonzaste a los que nos aborrecen.
⁸ En 'ELOHIM nos gloriaremos todo el día
Y alabaremos tu Nombre para siempre. *Selah*
⁹ Pero nos desechaste y nos avergonzaste.
No sales con nuestros ejércitos.
¹⁰ Nos haces retroceder del adversario.
Los que nos aborrecen nos saquean.
¹¹ Nos entregas como ovejas para el matadero
Y nos esparciste entre las naciones.
¹² Vendes a tu pueblo por nada.
Ningún beneficio exiges por ellos.
¹³ Nos convertiste en oprobio de nuestros vecinos,
En escarnio y burla de los que nos rodean.
¹⁴ Nos pusiste como refrán entre las naciones,
Un objeto de burla en medio de los pueblos.
¹⁵ Todo el día mi deshonor está delante de mí
Y la confusión cubre mi cara,
¹⁶ Por la voz del que me critica y deshonra
Por causa del enemigo y del vengativo.
¹⁷ Todo esto nos vino,
Pero no nos olvidamos de Ti,
Ni fuimos infieles a tu Pacto.
¹⁸ Nuestro corazón no se volvió atrás,
Ni nuestros pasos se desviaron de tu senda.
¹⁹ Pero Tú nos aplastaste en un sitio de chacales,
Y nos cubriste con la sombra de muerte.
²⁰ Si nos olvidamos del Nombre de nuestro 'ELOHIM

O alzamos nuestras manos a un *'elohim* extraño,
²¹ ¿'ELOHIM no demandaría esto?
Porque Él conoce los secretos del corazón.
²² Pero por tu causa nos matan cada día.
Somos considerados como ovejas para el matadero.
²³ Despiértate, 'ADONAY. ¿Por qué duermes?
Despiértate, no nos rechaces para siempre.
²⁴ ¿Por qué escondes tu rostro
Y te olvidas de la aflicción y de nuestra opresión?
²⁵ Porque nuestra alma está agobiada hasta el polvo
Y nuestro cuerpo está pegado a la tierra.
²⁶ Levántate, sé nuestra Ayuda.
Redímenos por tu misericordia.

Al director del coro. Sobre lirios. Instrucción
(*Maskil*) de los hijos de Coré. Canción de amor

45

¹ Rebosa mi corazón palabra buena.
Dirijo al Rey mi canto.
Mi boca es como pluma de experto escriba.
² Eres el más hermoso de los hijos de los hombres.
La gracia se derramó en tus labios.
Por tanto, 'ELOHIM te bendijo para siempre.
³ ¡Átate tu espada a tu cintura, oh Guerrero,
Con tu esplendor y con tu majestad!
⁴ Cabalga en tu majestad
Y triunfa por la causa de la verdad, la humildad y la justicia.
Que tu mano derecha te enseñe cosas asombrosas.
⁵ Tus flechas son agudas.
Pueblos caen debajo de Ti.
Tus flechas agudas penetrarán en el corazón de los enemigos del Rey.
⁶ Tu trono, oh 'ELOHIM, es eterno y para siempre.
Cetro[a] de justicia es el cetro de tu reino.
⁷ Amaste la justicia y aborreciste la perversidad,
Por tanto, te ungió 'ELOHIM, el 'ELOHIM tuyo,
Con aceite de alegría más que a tus compañeros.
⁸ Mirra, áloe y casia exhalan todas tus ropas.
Desde los palacios de marfil te recrean instrumentos de cuerda.
⁹ Hijas de reyes están entre tus honorables damas.
A su mano derecha está la reina con oro de Ofir.

---

[a] **45.6** Cetro: Vara de oro labrada con primor que usaban los reyes como insignia de dignidad.

¹⁰ Escucha, hija, atiende, e inclina tu oído.
Olvida tu pueblo y la casa de tu padre.
¹¹ Deseará el Rey tu hermosura.
E inclínate ante Él, porque Él es tu 'ADONAY.
¹² La hija de Tiro vendrá con un presente.
Los ricos entre los pueblos buscarán tu favor.
¹³ Toda gloriosa es la princesa en su palacio.
Entretejida de oro es su ropa.
¹⁴ Con ropas bordadas será llevada ante el Rey.
Con compañeras vírgenes que irán tras ella
Será llevada a Ti.
¹⁵ Serán llevadas con alegría y regocijo.
Entrarán en el palacio del Rey.
¹⁶ En lugar de tus padres estarán tus hijos,
A quienes harás príncipes en toda la tierra.
¹⁷ Haré perpetua la memoria de tu nombre en todas las generaciones,
Por lo cual los pueblos te darán gracias eternamente y para siempre.

Al director del coro. Salmo de los hijos de Coré, sobre instrumentos de tonos altos. Canto

46

¹ 'ELOHIM es nuestro Refugio y Fortaleza,
Un auxilio muy presente en la tribulación.
² Por tanto, no temeremos aunque la tierra sea removida,
Y las montañas se traspasen al corazón del mar,
³ Aunque bramen y espumen sus aguas,
Y tiemblen las montañas a causa de su ímpetu. *Selah*
⁴ Hay un río cuyas corrientes alegran la ciudad de 'ELOHIM,
El Santuario, morada del 'ELYÓN.
⁵ 'ELOHIM está en medio de ella.
No será conmovida.
'ELOHIM la ayudará al clarear la mañana.
⁶ Braman las naciones,
Se tambalean los reinos.
Él emite su voz.
Se derrite la tierra.
⁷ YAVÉ de las huestes está con nosotros.
Nuestro Refugio es el 'ELOHIM de Jacob. *Selah*
⁸ Vengan y miren las obras de YAVÉ,
Quien causó asolamientos en la tierra,
⁹ Quien hace cesar las guerras hasta el fin de la tierra,
Quien quiebra el arco, rompe la lanza

Y quema los carruajes en el fuego.
¹⁰ Estén quietos y reconozcan que Yo soy 'ELOHIM.
Seré exaltado entre las naciones.
Seré enaltecido en la tierra.
¹¹ YAVÉ de las huestes está con nosotros.
Nuestra Fortaleza es el 'ELOHIM de Jacob. *Selah*

Al director del coro. Salmo de los hijos de Coré

47

¹ ¡Pueblos todos, aplaudan!
¡Aclamen a 'ELOHIM con voz de júbilo!
² Porque YAVÉ el 'ELYÓN es temible,
Rey grande sobre toda la tierra.
³ Él somete los pueblos a nosotros,
Las naciones bajo nuestros pies.
⁴ Él nos eligió nuestra herencia,
El Esplendor de Jacob, a quien amó. *Selah*
⁵ 'ELOHIM asciende con aclamación de júbilo,
YAVÉ con sonido de trompeta.[a]
⁶ ¡Canten a 'ELOHIM, canten!
¡Canten a nuestro Rey, canten!
⁷ Porque 'ELOHIM es el Rey de toda la tierra.
¡Canten con entendimiento!
⁸ ¡'ELOHIM reina sobre las naciones!
¡'ELOHIM se sienta en su santo trono!
⁹ Los jefes de las naciones se reúnen como pueblo del
    'ELOHIM de Abraham,
Porque de 'ELOHIM son los escudos de la tierra,
Él es sumamente exaltado.

Canto. Salmo de los hijos de Coré

48

¹ ¡Grande es YAVÉ y digno de suprema alabanza!
En la ciudad de nuestro 'ELOHIM, su Montaña Santa.
² Hermosa elevación, el gozo de toda la tierra
Es la Montaña Sion en el lejano norte, la ciudad del gran Rey.
³ En sus palacios 'ELOHIM se presentó como una Fortaleza.
⁴ Porque ciertamente se aliaron los reyes,
Avanzaron unidos.
⁵ La miraron, fueron asombrados.
Se aterrorizaron, huyeron alarmados.

---

[a] **47.5** Lit. cuerno.

⁶ Allí se apoderó de ellos un temblor,
Angustia como de parturienta.
⁷ Con el viento que sopla del oriente
Quiebras las naves de Tarsis.
⁸ Como lo oímos, lo vimos en la ciudad de Yavé de las huestes,
La ciudad de nuestro 'Elohim.
'Elohim la afirmará para siempre. *Selah*
⁹ Nos acordamos de tu misericordia, oh 'Elohim, en tu Templo.
¹⁰ Como tu Nombre, oh 'Elohim,
Así es tu alabanza hasta los confines de la tierra.
Tu mano derecha está llena de justicia.
¹¹ ¡Alégrese la Montaña Sion!
¡Regocíjense las hijas de Judá
A causa de tus juicios!
¹² Anden alrededor de Sion y rodéenla.
Cuenten sus torres.
¹³ Observen atentamente su muro exterior.
Contemplen sus palacios
Para que lo cuenten a la generación venidera.
¹⁴ Porque este 'Elohim es nuestro 'Elohim,
Eternamente y para siempre.
¡Él nos guiará hasta la muerte!

Al director del coro. Salmo de los hijos de Coré

49

¹ Oigan esto, pueblos todos,
Escuchen todos los habitantes del mundo,
² Tanto los humildes como los de alto nivel,
Ricos y pobres juntamente.
³ Mi boca hablará sabiduría,
Y la meditación de mi corazón entendimiento.
⁴ Inclinaré al proverbio mi oído.
Declararé con el arpa mi dicho.
⁵ ¿Por qué tengo que temer en días de adversidad
Cuando me rodea la iniquidad de mis adversarios,
⁶ Que confían en la abundancia de sus posesiones,
Y se jactan de sus inmensas riquezas?
⁷ Ninguno de ellos puede de algún modo redimir al hermano,
Ni pagar su rescate a 'Elohim.
⁸ Porque la redención de su vida es costosa,
Y nunca será suficiente,

⁹ Para que viva eternamente
Y jamás pase a corrupción.
¹⁰ Porque ve que aun los sabios mueren
Igual como perecen el ignorante y el necio,
Y dejan a otros sus riquezas.
¹¹ Su íntima aspiración es que sus casas sean eternas,
Sus moradas, por todas las generaciones.
A sus tierras dan sus nombres.
¹² Pero el hombre no permanecerá con honra.
Es como las bestias que perecen.
¹³ Esta es la senda de los necios,
Y de aquellos que tras ellos aprueban sus palabras. *Selah*
¹⁴ Como un rebaño están destinados al *Seol*,
La muerte los pastorea.
Los rectos se enseñorearán de ellos por la mañana,
Se consumirá su buen parecer,
Y el *Seol* será su morada.
¹⁵ Pero 'ELOHIM redimirá mi alma del poder del *Seol*,
Porque me llevará consigo. *Selah*
¹⁶ No temas cuando alguno se enriquece,
Cuando aumenta el esplendor de su casa.
¹⁷ Porque nada llevará al morir,
Ni descenderá su esplendor tras él.
¹⁸ Aunque se congratule mientras vive,
Aunque sea alabado porque prospera,
¹⁹ Se irá a la generación de sus antepasados
Y nunca jamás verá la luz.
²⁰ El hombre que vive con honor,
Pero no entiende *esto*,
Es como las bestias que perecen.

Salmo de Asaf

50 ¹ El poderoso 'EL, 'ELOHIM, YAVÉ habló
Y convocó a la tierra desde el oriente hasta el occidente.
² Desde Sion, perfección de hermosura, 'ELOHIM resplandeció.
³ Que venga nuestro 'ELOHIM, y no en silencio.
Un fuego devorador lo precede,
Y alrededor de Él ruge una gran tempestad.
⁴ Desde lo alto convoca a los cielos
Y a la tierra para juzgar a su pueblo:

⁵ Júntenme a mis santos,
Los que hicieron un Pacto conmigo con sacrificio.
⁶ Los cielos proclamarán su justicia,
Porque 'ELOHIM es el Juez. Selah
⁷ Escucha, pueblo mío, y hablaré.
Testificaré contra ti, Israel.
Yo soy 'ELOHIM, el 'ELOHIM tuyo.
⁸ No te reprendo por tus sacrificios.
Tus ofrendas encendidas están siempre delante de Mí.
⁹ No aceptaré becerros de tu casa,
Ni machos cabríos de tus corrales.
¹⁰ Porque mía es toda bestia del bosque
Y los ganados sobre 1.000 colinas.
¹¹ Conozco todas las aves de las montañas,
Y todo lo que se mueve en el campo es mío.
¹² Si tuviera hambre,
No te lo diría a ti,
Porque mío es el mundo y todo lo que contiene.
¹³ ¿Yo como carne de becerros?
¿Bebo sangre de machos cabríos?
¹⁴ Ofrece a 'ELOHIM sacrificio de acción de gracias.
Paga a 'ELYÓN tus votos.
¹⁵ Invócame en el día de la angustia.
Te libraré,
Y tú me honrarás.
¹⁶ al perverso 'ELOHIM dice:
¿Qué derecho tienes tú para recitar mis Estatutos,
Y tomar mi Pacto en tu boca?
¹⁷ Porque tú aborreces la corrección,
Y das tu espalda a mis Palabras.
¹⁸ Si ves a un ladrón, te complaces con él,
Y te asocias con los adúlteros.
¹⁹ Permites que tu boca se pierda en lo malo,
Y tu lengua trama el engaño.
²⁰ Te sientas, hablas contra tu hermano,
Y difamas al hijo de tu propia madre.
²¹ Estas cosas hiciste,
Y Yo callé.
Pensaste que Yo soy como tú.
Pero te reprenderé y las expondré delante de tus ojos.

²² Entiendan esto, los que se olvidan de 'Eloah,
No sea que los quebrante sin que haya quien los libre.
²³ El que ofrece sacrificio de acción de gracias me honra,
Y al que ordena rectamente su camino
Le mostraré la salvación de 'Elohim.

Al director del coro. Salmo de David, cuando el profeta Natán fue a él, después que él se unió con Betsabé

51

¹ Ten compasión de mí, oh 'Elohim,
Conforme a tu misericordia.
Según tu gran clemencia
Borra mis transgresiones.
² Lávame completamente de mi iniquidad,
Y purifícame de mi pecado.
³ Porque yo reconozco mis transgresiones.
Mi pecado está siempre delante de mí.
⁴ Contra Ti, solo contra Ti pequé,
E hice lo malo ante tus ojos.
Así que eres justo cuando hablas,
E intachable cuando juzgas.
⁵ Mira que en iniquidad fui formado,
Y en pecado me concibió mi madre.
⁶ Mira que Tú deseas verdad en lo íntimo,
Y en la parte secreta me harás conocer sabiduría.
⁷ Purifícame con hisopo y seré puro.
Lávame, y seré más blanco que la nieve.
⁸ ¡Hazme oír gozo y alegría!
¡Regocíjense los huesos que humillaste!
⁹ Oculta tu rostro de mis pecados
Y borra todas mis iniquidades.
¹⁰ Oh 'Elohim, crea en mí un corazón puro
Y renueva un espíritu establecido dentro de mí.
¹¹ No me eches de tu Presencia,
Ni quites de mí tu Santo Espíritu.
¹² Vuélveme el gozo de tu salvación,
Y un espíritu noble me sustente.
¹³ Entonces enseñaré a los transgresores tus caminos,
Y los pecadores se convertirán a Ti.
¹⁴ Líbrame de homicidios, oh 'Elohim,
'Elohim de mi salvación,

Y mi lengua cantará con gozo tu justicia.
¹⁵ Oh 'ADONAY, abre mis labios,
Para que mi boca declare tu alabanza.
¹⁶ Porque no deseas sacrificio,
Que de otro modo, yo daría.
No eres complacido con holocausto.
¹⁷ Los sacrificios de 'ELOHIM son un espíritu quebrantado.
No despreciarás Tú, oh 'ELOHIM, al corazón contrito y humillado.
¹⁸ Haz bien con tu benevolencia a Sion.
Edifica los muros de Jerusalén.
¹⁹ Entonces te agradarán los sacrificios de justicia,
El holocausto u ofrenda completamente quemada.
Entonces serán ofrecidos becerros sobre tu altar.

Al director del coro. Instrucción (*Maskil*) de David, cuando Doeg Edomita dio aviso a Saúl, y le dijo: David entró en casa de Ahimelec

52

¹ ¿Por qué te jactas de ser perverso, oh poderoso?
La misericordia de 'EL es continua.
² Tu lengua diseña destrucción.
Produce engaño, como una navaja afilada.
³ Tú amas más el mal que el bien,
La mentira más bien que hablar lo recto. *Selah*
⁴ Tú amas todas las palabras que devoran, oh lengua engañosa.
⁵ Por tanto, 'EL te destruirá para siempre.
Te arrastrará,
Te arrancará de la tierra de los vivientes
Y te desarraigará de la tierra de los vivientes. *Selah*
⁶ Verán los justos y temerán.
Se reirán de él y dirán:
⁷ ¡Miren al hombre que no tomó a 'ELOHIM como su Fortaleza,
Sino confió en la abundancia de sus riquezas
Y fue fuerte en su perversidad!
⁸ Pero yo estaré como olivo frondoso en la Casa de 'ELOHIM,
Porque en la misericordia de 'ELOHIM confío eternamente y para siempre.
⁹ Te daré gracias para siempre por lo que hiciste,
Y esperaré en tu Nombre,
Porque es bueno en presencia de tus devotos.

Al director del coro. Al estilo de duelo (*Mahalath*). Instrucción (*Maskil*) de David

53

¹ El necio dijo en su corazón: No hay 'ELOHIM.
Están corrompidos.
Cometieron repugnante injusticia.
No hay uno que haga lo recto.
² 'ELOHIM miró desde el cielo a los hijos de hombres
Para ver si hay alguno que entiende,
Que busca a 'ELOHIM.
³ Cada uno de ellos se apartó.
Juntamente se volvieron corruptos.
No hay quien hace lo bueno,
Ni siquiera uno.
⁴ ¿Los que practican iniquidad no saben
Que devoran a mi pueblo como si comieran pan,
Y no invocaron a 'ELOHIM?
⁵ Allí, donde nada había que temer, tuvieron gran terror.
Porque 'ELOHIM dispersó a los que acamparon contra ti,
Los avergonzaste,
Porque 'ELOHIM los rechazó.
⁶ ¡Oh, que venga de Sion la salvación de Israel!
Cuando 'ELOHIM restaure de la cautividad a su pueblo,
¡Que se regocije Jacob, y se alegre Israel!

Al director del coro. Sobre instrumentos de cuerda. Instrucción. (*Maskil*) de David, cuando llegaron los zifeos y dijeron a Saúl: ¿No se esconde David entre nosotros?

54

¹ Oh 'ELOHIM, sálvame por tu Nombre,
Y defiéndeme con tu poder.
² Oh 'ELOHIM, escucha mi oración.
Escucha las palabras de mi boca.
³ Porque extraños se levantaron contra mí,
Y hombres violentos buscan mi vida.
No colocaron a 'ELOHIM delante de ellos. *Selah*
⁴ Ciertamente 'ELOHIM es el que me ayuda.
'ADONAY es Quien sostiene mi vida.
⁵ Él hace volver el mal contra mis enemigos.
Por tu fidelidad, destrúyelos.
⁶ Voluntariamente te ofreceré sacrificio.
Oh YAVÉ, daré gracias a tu Nombre
Porque es bueno,

⁷ Porque me libraste de toda angustia
Y mis ojos vieron la ruina de mis enemigos.

Al director del coro. Con música de cuerdas. Instrucción (*Maskil*) de David

55

¹ Oh 'ELOHIM, escucha mi oración,
Y no te escondas de mi súplica.
² Está atento y respóndeme.
Estoy inquieto y conturbado en mi oración
³ A causa de la voz del enemigo.
Por la opresión del perverso,
Porque bajan aflicción sobre mí,
Y me persiguen con furor.
⁴ Mi corazón se retuerce dentro de mí.
Me asaltan terrores de *la* muerte.
⁵ Temor y temblor vienen sobre mí.
El terror me cubre,
⁶ Y digo: ¡Oh, si yo tuviera alas como una paloma!
Volaría yo y descansaría.
⁷ Ciertamente huiría lejos.
Viviría en el desierto. *Selah*
⁸ Me apresuraría a escapar del viento borrascoso de la tempestad,
Del aguacero fuerte y la tormenta.
⁹ Destrúyelos, oh 'ADONAY, confunde sus lenguas,
Porque vi en la ciudad violencia y disputa.
¹⁰ Día y noche rondan sobre sus muros.
La iniquidad y la aventura están en medio de ella.
¹¹ Destrucción hay dentro de ella.
Opresión y engaño no se apartan de sus calles.
¹² Porque no es un enemigo el que me agravia.
Si fuera así, lo soportaría.
Ni se levantó contra mí el que me aborrece.
Podría ocultarme de él.
¹³ Sino tú, un hombre igual a mí,
Mi compañero, mi íntimo amigo.
¹⁴ Juntos teníamos dulce comunión,
Y con intimidad andábamos en la Casa de 'ELOHIM.
¹⁵ Que la muerte los sorprenda,
Que desciendan vivos al *Seol*,
Porque hay maldad en su habitación, en medio de ellos.
¹⁶ Pero yo clamaré a 'ELOHIM,

Y Yavé me salvará.

¹⁷ Al llegar la noche, por la mañana y a mediodía
Me quejaré y gemiré,
Y Él escuchará mi voz.
¹⁸ Él rescata en paz mi alma del ataque contra mí,
Aunque muchos se enfrenten contra mí.
¹⁹ 'El escuchará y los afligirá,
Él, Quien está entronizado desde tiempo antiguo. *Selah*
Porque ellos no cambian,
Por tanto no temen a 'Elohim.
²⁰ *El inicuo* extiende sus manos
Contra los que estaban en paz con él.
Viola su pacto.
²¹ Su boca fue más blanda que mantequilla,
Pero hay contienda en su corazón.
Más suaves que aceite son sus palabras,
Pero son como espadas desenvainadas.
²² Echa sobre Yavé tu carga,
Y Él te sustentará.
Jamás dejará caído al justo.
²³ Oh 'Elohim, Tú los harás bajar a la fosa de destrucción.
Los sanguinarios y engañadores no vivirán la mitad de sus días.
Pero yo confío en Ti.

Al director del coro. Sobre la paloma silenciosa en parajes muy lejanos.

Canto a media voz (*Mictam*) de David, cuando los filisteos lo capturaron en Gat

56

¹ Oh 'Elohim, ten compasión de mí,
Porque el hombre me pisotea, me devora,
Me oprime y me combate todo el día.
² Los que me asaltan me pisotean todo el día,
Porque son muchos los que con soberbia pelean contra mí.
³ El día cuando temo, confío en Ti.
⁴ En 'Elohim, la Palabra de Quien alabo,
En 'Elohim confío, no temeré.
¿Qué puede hacerme el hombre?
⁵ Todo el día pervierten mis palabras.
Contra mí son todos sus pensamientos para mal.
⁶ Conspiran, acechan, observan atentamente mis pasos
 en acecho de mi vida.

⁷ Pésalos a causa de su perversidad.
Con furia derriba los pueblos, oh 'Elohim.
⁸ Tomaste en cuenta mis huidas.
Coloca mis lágrimas en tu botella.
¿No están ellas en tu rollo?
⁹ El día cuando yo te invoque retrocederán mis enemigos.
Esto sé porque 'Elohim está a mi favor.
¹⁰ Oh 'Elohim, tu Palabra alabo,
Oh Yavé, tu Palabra alabo.
¹¹ En 'Elohim confié, no temeré.
¿Qué puede hacerme el hombre?
¹² Oh 'Elohim, sobre mí están los votos.
Te pagaré ofrendas de acción de gracias,
¹³ Porque libraste mi vida de la muerte
Y mis pies de tropezar,
Para que ande delante de 'Elohim
En la luz de los que viven.

Al director del coro. A modo de "No destruyas."

Canto a media voz (*Mictam*) de David, en la cueva, cuando huía de Saúl

57

¹ Ten compasión de mí, oh 'Elohim.
Ten compasión de mí.
Porque mi alma confía en Ti,
Y en la sombra de tus alas me amparo
Hasta que pase la destrucción.
² Clamaré a 'Elohim 'Elyón,
A 'El, Quien me favorece.
³ Él enviará desde el cielo
Y me salvará de la infamia del que me oprime. *Selah*
'Elohim enviará su misericordia y su verdad.
⁴ Mi vida está en medio de leones.
Estoy tendido entre los que respiran fuego.
Hijos de hombres, sus dientes son lanzas y flechas,
Y su lengua, espada aguda.
⁵ ¡Exaltado seas sobre los cielos, oh 'Elohim!
¡Tu gloria sea sobre toda la tierra!
⁶ Tendieron una red ante mis pies para doblegar mi vida.
Cavaron un hoyo delante de mí
Y ellos cayeron en él. *Selah*

⁷ Mi corazón está establecido, oh 'ELOHIM.
Está firme mi corazón.
Cantaré y entonaré salmos.
⁸ Despierta, alma mía.
Despierten, arpa y lira.
Yo despertaré el alba.
⁹ Te daré gracias entre los pueblos, oh 'ADONAY.
Te cantaré salmos en las naciones.
¹⁰ Porque tu misericordia es grande hasta los cielos,
Y tu verdad, hasta las nubes.
¹¹ Exaltado seas sobre los cielos, oh 'ELOHIM.
Y tu gloria sea por encima de toda la tierra.

Al director del coro. Al modo de "No destruyas"

Canto a media voz (*Mictam*) de David

58

¹ Magistrados: ¿Ustedes pronuncian justicia en verdad?
¿Juzgan rectamente, oh hijos de hombre?
² No, en su corazón ustedes maquinan perversidad.
Hacen que pese sobre la tierra la violencia de sus manos.
³ Los perversos se extravían desde la matriz.
Se descarriaron, hablan mentiras desde cuando nacieron.
⁴ Tienen veneno como veneno de serpiente.
Son como una víbora sorda que cierra su oído,
⁵ Y no oye la voz de los encantadores,
Aun del más hábil en encantamientos.
⁶ Oh 'ELOHIM, rompe sus dientes en la boca de ellos.
Quiebra los colmillos de los leoncillos, oh YAVÉ,
⁷ Que floten como agua que se pierde.
Cuando disparen sus flechas, sean éstas despuntadas.
⁸ Que sean como un caracol que se deslíe,
Como aborto de mujer, no vean el sol.
⁹ Antes que sus ollas sientan el fuego de los espinos,
Él los barrerá como con remolino de viento,
Los verdes y los que arden por igual.
¹⁰ El justo se alegrará cuando vea la venganza.
Lavará sus pies en la sangre del perverso.
¹¹ Entonces dirá el hombre:
¡Ciertamente hay galardón para el justo!
¡Ciertamente hay 'ELOHIM que juzga en la tierra!

Al director del coro. Al modo de "No destruyas".

Canto a media voz (*Mictam*) de David, cuando Saúl envió a vigilar la casa para matarlo

59

¹ ¡Oh 'ELOHIM mío, líbrame de mis enemigos!
¡Oh 'ELOHIM mío, ponme a salvo
De los que se levantan contra mí!
² Líbrame de los que hacen iniquidad,
Y sálvame de hombres sanguinarios.
³ Porque ciertamente pusieron emboscada a mi vida.
Hombres fieros lanzan ataque contra mí,
No por mi transgresión ni por mi pecado, oh YAVÉ.
⁴ Sin culpa mía corren y se preparan contra mí.
Despierta para ayudarme y mira.
⁵ Tú, YAVÉ 'ELOHIM de las huestes, el 'ELOHIM de Israel.
Despierta para castigar a todas las naciones.
No tengas compasión de ningún traidor inicuo. *Selah*
⁶ Regresan al anochecer.
Aúllan como perros y rodean la ciudad.
⁷ Ciertamente pronuncian con su boca.
Espadas hay en sus labios,
Porque dicen: ¿Quién escucha?
⁸ Pero Tú, oh YAVÉ, te ríes de ellos.
Te burlas de todas las naciones.
⁹ Oh Fortaleza mía, espero en Ti.
'ELOHIM es mi Fortaleza.
¹⁰ Mi 'ELOHIM, con su misericordia saldrá a encontrarme.
'ELOHIM hará que yo vea mi deseo en mis adversarios.
¹¹ No los mates, no sea que olvide mi pueblo.
Dispérsalos con tu poder y humíllalos, oh 'ADONAY, Escudo nuestro.
¹² Por el pecado de sus bocas,
Por las palabras de sus labios sean ellos presos en su orgullo,
Y por las maldiciones y la mentira que dicen.
¹³ Acábalos con furor.
Acábalos para que no existan,
Y que se conozca hasta los confines de la tierra que
    'ELOHIM gobierna en Jacob. *Selah*
¹⁴ Regresan al anochecer.
Aúllan como perros y rodean la ciudad.
¹⁵ Vagan buscando alimento

Y gruñen si no están satisfechos.
¹⁶ Pero yo cantaré de tu poder.
Alabaré de mañana tu misericordia,
Porque fuiste mi Fortaleza y mi Refugio en el día de mi angustia.
¹⁷ Oh Fortaleza mía, te cantaré salmos.
Porque Tú, 'ELOHIM, eres Fortaleza,
Y el 'ELOHIM que me muestra misericordia.

Al director del coro. Al modo del "Lirio del Testimonio"

Canto a media voz (*Mictam*) de David, cuando combatió contra Siria Mesopotámica y contra Siria de Soba, y Joab regresó y derrotó a 12.000 edomitas en el valle de la Sal.

60

¹ Oh 'ELOHIM, Tú nos rechasaste.
Tú nos desechaste, rompiste nuestras defensas.
Te airaste. Vuelve a nosotros.
² Hiciste temblar la tierra, la agrietaste.
Repara sus grietas, porque se tambalea.
³ Hiciste sufrir a tu pueblo cosas duras.
Nos hiciste beber vino de aturdimiento.
⁴ Pero a tus fieles diste un estandarte
Para que sea desplegado por causa de la verdad. *Selah*
⁵ Sálvanos con tu mano derecha, y respóndenos,
Para que sean librados tus amados.
⁶ 'ELOHIM respondió desde su Santuario:
¡Yo me alegraré!
Repartiré a Siquem,
Y mediré el valle de Sucot.
⁷ Mío es Galaad y mío es Manasés,
Efraín es el casco de mi cabeza,
Judá, mi cetro,
⁸ Moab, vasija para lavarme.
Sobre Edom echaré mi sandalia,
Y sobre Filistea lanzaré mi grito de victoria.
⁹ ¿Quién me conducirá a la ciudad fortificada?
¿Quién me guiará a Edom?
¹⁰ ¿No eres Tú, oh 'ELOHIM, Quien nos rechazaste
Y no sales con nuestros ejércitos, oh 'ELOHIM?
¹¹ Socórrenos ante el adversario,
Porque vana es la liberación del hombre.
¹² Con 'ELOHIM haremos proezas.

Él pisoteará a nuestros adversarios.

Al director del coro. Con música de cuerdas. Salmo de David

61

¹ Oh 'ELOHIM, oye mi clamor.
Atiende mi súplica.
² Cuando mi corazón desmaya,
Clamo a Ti desde el extremo de la tierra:
Llévame a la Roca que es más alta que yo.
³ Porque Tú fuiste mi Refugio,
Torre fuerte contra el enemigo.
⁴ Permite que yo viva en tu Tabernáculo para siempre
Y que me refugie al amparo de tus alas. *Selah*
⁵ Porque Tú, 'ELOHIM, oíste mis votos.
Diste heredad a los que temen tu Nombre.
⁶ Prolongarás la vida del rey.
Sus años serán como muchas generaciones.
⁷ Estará para siempre delante de 'ELOHIM.
Prepara misericordia y verdad para que lo preserven.
⁸ Así cantaré alabanza a tu Nombre para siempre,
A fin de pagar mis votos cada día.

Al director del coro, para Jedutún. Salmo de David

62

¹ Solo en 'ELOHIM se aquieta mi alma.
De Él viene mi salvación.
² Solo Él es mi Roca, mi Salvación, mi Refugio.
No seré grandemente sacudido.
³ ¿Hasta cuándo atacarán a un hombre todos juntos para matarlo,
Para derribarlo como a un muro desplomado o a una cerca insegura?
⁴ Solo consultan para derribarlo de su alta posición.
Se deleitan en la falsedad.
Bendicen con su boca,
Pero maldicen en su interior. *Selah*
⁵ Solo en 'ELOHIM cálmate, alma mía,
Porque de Él viene mi esperanza.
⁶ Solo Él es mi Roca, mi Salvación, mi alto Refugio.
No seré sacudido.
⁷ En 'ELOHIM está mi salvación y mi gloria.
La Roca de mi fortaleza,
Mi Refugio está en 'ELOHIM.
⁸ Oh pueblo, confíen en Él en todo tiempo.

Derramen su corazón ante Él.
'ELOHIM es nuestro Refugio. *Selah*
⁹ Los hombres de bajo grado son solo vanidad.
Y los hombres de alto rango son una mentira.
Puestos en balanza suben,
Juntos son más livianos que un soplo.
¹⁰ No confíen en la opresión,
Ni se envanezcan en el robo.
Si se aumentan las riquezas,
No fijen el corazón en ellas.
¹¹ Una vez habló 'ELOHIM.
Dos veces oí esto:
Que el poder es de 'ELOHIM.
¹² La misericordia es tuya, oh 'ADONAY,
Porque Tú pagas a cada uno según su obra.

Salmo de David, compuesto cuando estaba en el desierto de Judá

63

¹ Oh 'ELOHIM, Tú eres mi 'EL.
Ansiosamente te busqué.
Mi alma tiene sed de Ti.
Mi cuerpo te anhela en tierra árida y deshabitada,
Donde no hay agua.
² Así te busqué en el Santuario
Para ver tu poder y tu gloria.
³ Porque tu misericordia es mejor que la vida,
Mis labios te alabarán.
⁴ Por tanto te bendeciré en mi vida.
En tu Nombre alzaré mis manos.
⁵ Como con médula y sustancia está saciada mi alma.
Mi boca te alaba con labios jubilosos.
⁶ Cuando en mi cama me acuerdo de Ti,
Cuando medito en Ti en las vigilias[a] de la noche.
⁷ Porque Tú eres mi Socorro.
Bajo la sombra de tus alas canto con gozo.
⁸ Mi alma está apegada a Ti.
Tu mano derecha me sostiene.
⁹ Pero los que buscan mi vida para destruirla
Caerán en las profundidades más bajas de la tierra.
¹⁰ Serán destruidos a filo de espada.

---

[a] **63.6** Dividían la noche en cuatro partes llamada vigilias: de 6 a 9, de 9 a 12, de 12 a 3, de 3 a 6.

Serán presa de los chacales.
¹¹ Pero el rey se regocija en 'Elohim.
Cualquiera que jura por Él será alabado,
Porque las bocas de los que dicen mentiras serán tapadas.

Al director del coro. Salmo de David

64

¹ Escucha, oh 'Elohim, la voz de mi queja:
Preserva mi vida del terror de perversos.
² Ocúltame de la conspiración de malhechores,
Del tumulto de los que hacen iniquidad,
³ Que afilan sus lenguas como una espada,
Y la emplean como su flecha en un lenguaje amargo
⁴ Para dispararlas en oculto al inocente.
De repente disparan sus flechas, sin que teman.
⁵ Se animan unos a otros en su perverso designio
Y planean esconder trampas.
Dicen: ¿Quién las verá?
⁶ Traman injusticias y dicen:
Estamos listos con una conspiración bien concebida.
Tanto el pensamiento íntimo como el corazón del hombre son profundos.
⁷ Pero 'Elohim les dispara una flecha.
De repente vendrán sus plagas.
⁸ Así que ellas los hacen tropezar.
Los que los ven menean la cabeza.
⁹ Entonces temerán todos los hombres.
Proclamarán la obra de 'Elohim
Y entenderán sus hechos.
¹⁰ El justo se alegrará en Yavé,
Y se confiará en Él.
Se gloriarán todos los rectos de corazón.

Al director del coro. Salmo de David. Canto

65

¹ A Ti te corresponde la alabanza en Sion, oh 'Elohim.
A Ti se pagará el voto.
² Tú escuchas la oración.
A Ti acudirá todo hombre.
³ Las palabras de iniquidad prevalecen contra mí.
Tú perdonas nuestras transgresiones.
⁴ Inmensamente feliz es aquél a quien Tú escoges

Y acercas a Ti para que viva en tus patios.[a]
Seremos saciados con la abundancia de tu Casa, de tu santo Templo.
⁵ Nos responderás con tremendas proezas de justicia,
Oh 'ELOHIM de nuestra salvación.
¡Tú eres la Esperanza de todos los confines de la tierra,
Y del más lejano mar!
⁶ Tú, el que afirmas las montañas con tu fortaleza,
Atado con valentía.
⁷ El que calma el estruendo de los mares,
El estruendo de sus olas,
Y el alboroto de las naciones.
⁸ Los que viven en los confines se asombran de tus maravillas.
Tú haces clamar con júbilo al alba y al ocaso.
⁹ Visitas la tierra y la inundas.
La enriqueces muchísimo.
El torrente de 'ELOHIM está lleno de agua.
Preparas el grano de ellos
Porque así Tú preparas la tierra.
¹⁰ Inundas sus surcos,
Haces descender el agua en sus canales,
Ablandas sus terrones,
Y bendices sus brotes.
¹¹ Coronas el año con generosidad,
Y tus sendas destilan sustancia.
¹² Gotean los pastizales del desierto,
Y las colinas se atan con regocijo.
¹³ Los prados se cubren de rebaños,
Los valles se cubren de grano.
Dan gritos de júbilo y cantan.

Al director del coro. Canto. Salmo

66

¹ Aclame a 'ELOHIM, toda la tierra.
² Canten la gloria de su Nombre.
Hagan gloriosa su alabanza.
³ Digan a 'ELOHIM:
¡Cuán asombrosas son tus obras!
Por la grandeza de tu poder
Se someterán a Ti tus enemigos.

---

[a] 65.4 En el Templo construido por Herodes había tres: uno para los gentiles, otros para los israelitas y otro para los sacerdotes.

⁴ Toda la tierra te adorará
Y cantará alabanzas a Ti.
Cantarán salmos a tu Nombre. *Selah*
⁵ Vengan y contemplen las obras de 'Elohim,
Admirable en sus hechos para los hijos de *los* hombres.
⁶ Convirtió el mar en tierra seca.
Por el río pasaron a pie.
Allí nos regocijamos en Él.
⁷ Él gobierna con su poder para siempre.
Sus ojos vigilan las naciones.
No se enaltezcan los rebeldes. *Selah*
⁸ Bendigan, pueblos, a nuestro 'Elohim,
Y proclamen la voz de su alabanza.
⁹ Él preserva la vida a nuestra alma
Y no permite que resbale nuestro pie.
¹⁰ Porque Tú nos probaste, oh 'Elohim.
Nos purificaste en el crisol como se purifica la plata.
¹¹ Nos metiste en la red.
Pusiste sobre nuestra cintura una carga muy pesada.
¹² Ordenaste que los hombres cabalgaran sobre nuestras cabezas.
Pasamos por el fuego y por el agua.
Pero luego nos sacaste a la abundancia.
¹³ Entraré en tu Casa con holocaustos.
Te pagaré mis votos
¹⁴ Que pronunciaron mis labios,
Que mi boca dijo cuando estaba angustiado.
¹⁵ Te ofreceré holocaustos engordados con el humo de carneros.
Te ofreceré becerros y machos cabríos. *Selah*
¹⁶ Vengan, escuchen todos los que temen a 'Elohim
Y relataré lo que hizo por mi vida.
¹⁷ A Él clamé con mi boca,
Y Él fue exaltado con mi lengua.
¹⁸ Si en mi corazón tuviera yo iniquidad
'Adonay no me habría escuchado.
¹⁹ Pero ciertamente 'Elohim me escuchó
Y atendió la voz de mi súplica.
²⁰ Bendito sea 'Elohim, Quien no desechó mi oración,
Ni apartó de mí su misericordia.

Al director del coro. Con instrumentos de cuerda. Salmo. Canto

67

¹ 'ELOHIM tenga compasión de nosotros y nos bendiga,
Resplandezca su rostro sobre nosotros, *Selah*
² Para que tu camino sea conocido en la tierra,
Y tu salvación en todas las naciones.
³ Que los pueblos te alaben, oh 'ELOHIM.
Que todos los pueblos te alaben.
⁴ Que se regocijen y canten con júbilo las naciones.
Porque Tú juzgarás a los pueblos con equidad,
Y guiarás a las naciones de la tierra. *Selah*
⁵ Que te alaben los pueblos, oh 'ELOHIM.
Que todos los pueblos te alaben.
⁶ La tierra dio su fruto.
'ELOHIM, el 'ELOHIM nuestro, nos bendice.
⁷ 'ELOHIM nos bendiga.
Que le teman todos los confines de la tierra.

Al director del coro. Salmo de David. Canto

68

¹ Levántese 'ELOHIM, sean esparcidos sus enemigos.
Huyan de tu Presencia los que lo aborrecen.
² Desvanécelos como se desvanece el humo.
Como se derrite la cera ante el fuego,
Perezcan así los perversos en la Presencia de 'ELOHIM.
³ Pero que se alegren los justos,
Y sean regocijados ante 'ELOHIM.
Que se regocijen con alegría.
⁴ Canten a 'ELOHIM.
Canten salmos a su Nombre.
Exalten al que cabalga sobre los cielos.
YA[a] es su Nombre.
Regocíjense ante Él.
⁵ Padre de huérfanos y Juez de viudas es 'ELOHIM en su Santuario,
⁶ El 'ELOHIM que hace un hogar a los desamparados,
Quien saca los cautivos a prosperidad.
Pero los rebeldes viven en tierra seca.
⁷ Oh 'ELOHIM, cuando saliste delante de tu pueblo,
Cuando anduviste por el desierto, *Selah*

---

[a] **68.4** YA es abreviatura de YAVÉ.

⁸ La tierra tembló.
Los cielos también destilaron ante 'ELOHIM.
La misma Montaña Sinaí tembló ante la Presencia de 'ELOHIM,
El 'ELOHIM de Israel.
⁹ Una lluvia abundante derramaste, oh 'ELOHIM.
Tú reanimaste tu heredad
Cuando estaba exhausta.
¹⁰ Tus criaturas se establecieron en ella,
La que en tu bondad, oh 'ELOHIM, proveíste para el pobre.
¹¹ 'ADONAY da la orden,
Y una gran hueste de mujeres anuncia las buenas noticias.
¹² Huyeron, huyeron los reyes de ejércitos,
Y las que se quedaban en casa repartían los despojos.
¹³ Aunque fueron echados entre los tiestos,
Serán como alas de paloma cubiertas de plata
Y sus plumas, con brillo de oro.
¹⁴ Cuando el Omnipotente esparció allí a los reyes
Fue como cuando nieva en Salmón.
¹⁵ Montaña de 'ELOHIM es la montaña de Basán.
Una montaña alta es la de Basán.
¹⁶ ¿Por qué, oh montañas de picos,
Miran con envidia a la Montaña que 'ELOHIM deseó para su morada?
Ciertamente YAVÉ morará en ella para siempre.
¹⁷ Las carrozas de 'ELOHIM son miríadas de miríadas, y millares de millares.
Desde Sinaí, 'ADONAY avanza entre ellas al Santuario.
¹⁸ Ascendiste a lo alto,
Llevaste cautivos a *tus* cautivos.
Recibiste dones entre los hombres,
Aun de los rebeldes,
Para que YA 'ELOHIM more allí.
¹⁹ Bendito sea 'ADONAY,
Quien diariamente lleva nuestra carga,
El 'EL de nuestra salvación. *Selah*
²⁰ Nuestro 'EL es el 'EL de salvación.
A YAVÉ nuestro 'ADONAY corresponde el librar de la muerte.
²¹ Ciertamente 'ELOHIM herirá la cabeza de sus enemigos,
La coronilla cabelluda del que anda en sus transgresiones.
²² 'ADONAY dijo: De Basán los devolveré.
Los devolveré de las profundidades del mar,
²³ Para que tu pie los aplaste en sangre,

Y la lengua de tus perros tenga su porción de tus enemigos.
²⁴ Vieron tu cortejo, oh 'ELOHIM,
El cortejo de mi 'EL, mi Rey en el Santuario.
²⁵ Los cantores van adelante,
Los músicos detrás.
Entre unos y otros van las doncellas que tocan panderetas.
²⁶ Bendigan a 'ELOHIM en las congregaciones,
Al 'ADONAY de la fuente de Israel.
²⁷ Allí está Benjamín, el menor, quien los dirige,
Los jefes de Judá con su multitud,
Los jefes de Zabulón,
Los jefes de Neftalí.
²⁸ Tu 'ELOHIM comandó tu fuerza.
Oh 'ELOHIM, Tú actuaste por nosotros.
Muéstrate fuerte.
²⁹ Por causa de tu Templo en Jerusalén los reyes te traerán regalos.
³⁰ Reprende las bestias salvajes que están entre los juncos,
La manada de toros con los becerros de los pueblos,
Que pisotean las piezas de plata.
Esparce a los pueblos que se complacen en la guerra.
³¹ Embajadores vendrán de Egipto.
Etiopía extenderá sus manos a 'ELOHIM.
³² Oh reinos de la tierra, canten a 'ELOHIM.
Canten salmos a 'ADONAY. *Selah*
³³ Al que cabalga sobre el cielo de los cielos,
Que son desde la antigüedad,
Ciertamente emite su voz, su poderosa voz.
³⁴ Atribuyan fortaleza a 'ELOHIM.
Su magnificencia es sobre Israel
Y su poder está en las nubes.
³⁵ ¡Oh 'ELOHIM, Tú eres asombroso desde tu Santuario!
El mismo 'EL de Israel da vigor y poder al pueblo.
¡Bendito sea 'ELOHIM!

Al director del coro. Según "Los lirios". Salmo de David

69

¹ Sálvame, oh 'ELOHIM, porque las aguas amenazan mi vida.
² Estoy hundido en lodo profundo,
Y no hay donde asentar pie.
Entré en aguas profundas,
Y un diluvio me inunda.

³ Estoy cansado de llamar.
Mi garganta enronqueció.
Mis ojos desfallecen mientras espero a mi 'ELOHIM.
⁴ Aumentaron más que los cabellos de mi cabeza los
    que me odian sin causa.
Son fuertes los que quieren destruirme.
Se declararon enemigos míos sin causa.
Y tengo que pagar lo que no robé.
⁵ Oh 'ELOHIM, Tú conoces mi insensatez.
Mis pecados no te son ocultos.
⁶ No sean avergonzados por mi causa los que en Ti esperan,
Oh 'ADONAY YAVÉ de las huestes.
No sean avergonzados por mi causa los que te buscan,
Oh 'ADONAY YAVÉ de las huestes.
Que los que te buscan no sean deshonrados por mí,
Oh 'ELOHIM de Israel.
⁷ Porque por tu causa he sufrido afrenta.
Vergüenza cubrió mi semblante.
⁸ Me volví extraño para mis hermanos,
Y extranjero para los hijos de mi madre.
⁹ Porque el celo de tu Casa me consume,
Y las ofensas de los que te reprochan
Cayeron sobre mí.
¹⁰ Me afligí a mí mismo con ayuno.
Y esto fue mi afrenta.
¹¹ Usé tela áspera como ropa,
Y fui para ellos un refrán.
¹² Los que se sientan en la puerta murmuran contra mí,
Y soy el canto de los borrachos.
¹³ Pero yo elevo mi oración a Ti, oh YAVÉ, en el tiempo aceptable.
Oh 'ELOHIM, por la grandeza de tu misericordia,
Respóndeme con la verdad de tu salvación.
¹⁴ Sácame del lodo,
Y no dejes que me hunda.
Que yo sea librado de los que me aborrecen
Y de las aguas profundas.
¹⁵ Que no me ahogue el diluvio de agua,
Ni me sorba el abismo,
Ni la fosa cierre sobre mí su boca.
¹⁶ Respóndeme, oh YAVÉ,

Porque tu misericordia es buena.
Vuélvete a mí conforme a la grandeza de tu misericordia.
¹⁷ No escondas tu rostro de tu esclavo,
Porque estoy en angustia.
Respóndeme prontamente.
¹⁸ Acércate a mi vida y redímela.
Rescátame a causa de mis enemigos.
¹⁹ Tú conoces mi afrenta, mi vergüenza y mi oprobio.
Delante de Ti están todos mis adversarios.
²⁰ La afrenta quebrantó mi corazón,
Y estoy enfermo.
Busqué compasión, y no hubo,
Y consoladores, pero ninguno hallé.
²¹ Me dieron además hiel como alimento,
Y en mi sed me dieron a beber vinagre.
²² Vuélvase su mesa delante de ellos una trampa.
Y cuando ellos estén seguros en paz,
Se convierta en trampa para ellos.
²³ Sean oscurecidos sus ojos para que no vean,
Y que sus cinturas tiemblen continuamente.
²⁴ Derrama tu indignación sobre ellos,
Y alcánzalos con tu ardiente furor.
²⁵ Sea su campamento desolado,
Que nadie viva en sus tiendas.
²⁶ Porque persiguen al que Tú mismo mataste,
Y comentan el dolor de los que Tú heriste.
²⁷ Añade iniquidad a su iniquidad,
Y no entren ellos en tu justicia.
²⁸ Sean borrados del rollo de la vida,
Y no sean inscritos con los justos.
²⁹ Pero yo estoy afligido y adolorido.
Que tu salvación me ponga en alto, oh 'ELOHIM.
³⁰ Yo alabaré el Nombre de 'ELOHIM con canto,
Y lo exaltaré con acción de gracias.
³¹ Y agradará a YAVÉ más que el sacrificio de un buey,
O un novillo con cuernos y pezuñas.
³² Lo ven los humildes y se alegran.
Ustedes, los que buscan a 'ELOHIM,
Que reviva su corazón.
³³ Porque YAVÉ oye a los menesterosos,

Y no desprecia a sus prisioneros.

34 ¡Alábenlo los cielos y la tierra,
Los mares, y todo lo que se mueve en ellos!

35 Porque 'ELOHIM salvará a Sion,
Y edificará las ciudades de Judá
Para que vivan allí y las posean.

36 Los descendientes de tus esclavos la heredan,
Y los que aman tu Nombre habitarán en ella.

Al director del coro. Salmo de David. En conmemoración

70

1 Oh 'ELOHIM, apresúrate a librarme.
Apresúrate, oh YAVÉ, a socorrerme.

2 Sean avergonzados y humillados
Los que buscan mi vida,
Sean vueltos atrás y confundidos
Los que desean mi mal.

3 Sean vueltos atrás a causa de su vergüenza
Los que dicen: ¡Ea, ea!

4 Regocíjense y alégrense en Ti todos los que te buscan.
Y aquellos que aman tu salvación digan siempre:
¡Engrandecido sea 'ELOHIM!

5 Pero yo estoy afligido y menesteroso.
Oh 'ELOHIM, apresúrate a mí.
Tú eres mi Ayudador y mi Libertador.
Oh YAVÉ, no demores.

71

1 Oh YAVÉ, en Ti me refugié.
No sea yo avergonzado jamás.

2 ¡Líbrame en tu justicia y rescátame!
¡Inclina a mí tu oído y sálvame!

3 Sé Roca de habitación para mí
A la cual yo acuda continuamente.
Tú diste mandamiento para salvarme,
Porque Tú eres mi Roca y mi Fortaleza.

4 Oh mi 'ELOHIM, rescátame de la mano del perverso,
De la mano del hombre malhechor y violento.

5 Porque Tú, oh 'ADONAY YAVÉ, eres mi Esperanza,
Mi Confianza desde mi juventud.

6 Por Ti fui sustentado desde mi nacimiento.
Tú eres Quien me sacó del vientre de mi madre.
Mi alabanza es para Ti continuamente.

⁷ Fui asombro para muchos,
Porque Tú eres mi fuerte Refugio.
⁸ Llena está mi boca de tu alabanza,
Y de tu gloria todo el día.
⁹ No me deseches en el tiempo de la vejez,
Ni me desampares cuando se agote mi fuerza.
¹⁰ Porque mis enemigos hablaron contra mí,
Y los que acechan mi vida consultaron
¹¹ Y dijeron: 'ELOHIM lo desamparó.
¡Persíganlo y agárrenlo, pues no hay quien lo libre!
¹² ¡Oh 'ELOHIM, no te alejes de mí!
¡Oh mi 'ELOHIM, apresúrate a socorrerme!
¹³ Sean avergonzados y consumidos los adversarios de mi vida.
Sean cubiertos de vergüenza y confusión los que procuran hacerme daño.
¹⁴ En cuanto a mí, esperaré continuamente,
Y te alabaré aun más y más.
¹⁵ Mi boca proclamará tu justicia y tu salvación todo el día,
Aunque no sepa sus límites.
¹⁶ Iré a los poderosos hechos de 'ADONAY YAVÉ.
Mencionaré tu justicia, la tuya sola.
¹⁷ Tú, 'ELOHIM, me enseñaste desde mi juventud,
Y aún declaro tus maravillosos hechos.
¹⁸ Y aun en la vejez y las canas no me desampares, oh 'ELOHIM,
Hasta que proclame tu fuerza a esta generación,
Tu poder a todos los que vienen.
¹⁹ Porque tu justicia, oh 'ELOHIM, llega hasta los cielos.
Tú has hecho grandes cosas.
¿Quién como Tú, oh 'ELOHIM?
²⁰ Tú Quien me mostraste muchas angustias y calamidades,
Volverás a darme vida,
Y volverás a levantarme de las profundidades de la tierra.
²¹ Que Tú aumentes mi grandeza
Y vuelvas a consolarme.
²² También te alabaré con el salterio,[a]
A causa de tu verdad, oh 'ELOHIM mío,
Te cantaré salmos con el arpa, ¡oh Santo de Israel!
²³ Mis labios se alegrarán de gozo cuando te cante salmos,
Y mi alma, que Tú redimiste.
²⁴ Mi boca también susurrará todo el día tu justicia,

---

[a] **71.22** Salterio: Instrumento de muchas cuerdas.

Porque fueron avergonzados y humillados
Los que buscan mi calamidad.

Salmo de Salomón

72

¹ Oh 'ELOHIM, da tus juicios al rey,
Y tu justicia al hijo del rey.
² Él juzgará a tu pueblo con rectitud,
Y a tus afligidos con justicia.
³ Que las montañas traigan paz al pueblo,
Y las colinas, justicia.
⁴ Que Él defienda al afligido del pueblo,
Que salve a los hijos del menesteroso,
Y quebrante al opresor.
⁵ Que te teman mientras duren el sol y la luna,
A través de todas las generaciones.
⁶ Que Él baje como lluvia sobre la hierba antes de cortarla,
Como aguaceros que riegan la tierra.
⁷ Que en sus días florezcan los justos,
Y abunde la paz hasta que no haya luna.
⁸ Que Él también domine de mar a mar,
Y desde el río hasta los confines de la tierra.
⁹ Que ante Él se inclinen los nómadas del desierto,
Y sus enemigos laman el polvo.
¹⁰ Que los reyes de Tarsis y las islas le traigan regalos.
Que los reyes de Sabá y Seba le ofrezcan dones.
¹¹ Que se postren ante Él todos los reyes,
Y todas las naciones le sirvan.
¹² Porque Él librará al necesitado que clama por ayuda,
También al afligido y al que no tiene ayudador.
¹³ Tendrá compasión del pobre y necesitado,
Y salvará las vidas de los menesterosos.
¹⁴ Rescatará sus vidas de opresión y violencia,
Y la sangre de ellos será preciosa ante sus ojos.
¹⁵ ¡Que viva y se le dé el oro de Sabá!
¡Y que oren por él continuamente,
Y que todo el día lo bendigan!
¹⁶ Que haya abundancia de grano en la tierra, en la cima de las montañas.
Que su fruto se agite como el Líbano,
Y los de la ciudad florezcan como la hierba de la tierra.
¹⁷ ¡Que tu Nombre dure por siempre!

Que tu Nombre sea propagado mientras brille el sol,
Y que los hombres sean bendecidos por él.
Que todas las naciones los llamen Inmensamente felices.
¹⁸ ¡Bendito sea YAVÉ 'ELOHIM, el 'ELOHIM de Israel,
El único que hace maravillas!
¹⁹ ¡Bendito para siempre sea tu Nombre glorioso,
Y que toda la tierra sea llena de tu gloria! ¡Amén y amén!
²⁰ Terminaron las oraciones de David hijo de Isaí.

Salmo de Asaf

73 ¹ Ciertamente 'ELOHIM es bueno con Israel,
Con los que son puros de corazón.
² En cuanto a mí, casi se deslizan mis pies.
Por poco resbalan mis pasos.
³ Porque tuve envidia de los arrogantes
Al ver la prosperidad de los perversos.
⁴ Porque no hay dolores en su muerte,
Y su cuerpo está lleno de grasa.
⁵ No pasan trabajos como los otros hombres,
Ni son plagados como los demás.
⁶ Por tanto la arrogancia es su collar.
Los envuelve un manto de violencia.
⁷ Los ojos se les saltan por la gordura,
Y logran con creces los deseos del corazón.
⁸ Se burlan y hablan perversamente de opresión.
Hablan con altanería.
⁹ Ponen su boca hacia el cielo,
Pero su boca desfila por la tierra.
¹⁰ Por tanto su pueblo vuelve a este lugar,
Y bebe aguas en abundancia.
¹¹ Y dicen: ¿Cómo puede 'EL saber?
¿Hay conocimiento en 'ELYÓN?
¹² Ciertamente así son los perversos,
Y fácilmente aumentan su riqueza.
¹³ En verdad, en vano guardé puro mi corazón,
Y lavé mis manos en inocencia.
¹⁴ Pues soy azotado todo el día,
Y castigado cada mañana.
¹⁵ Si dijera yo: Hablaré como ellos,
Claro que traicionaría a la generación de tus hijos.

¹⁶ Cuando meditaba para entender esto,
Fue ardua tarea para mí.
¹⁷ Hasta que al entrar en el Santuario de 'EL
Percibí el fin de ellos.
¹⁸ Ciertamente los colocaste en deslizaderos,
Los lanzaste a la destrucción.
¹⁹ ¡Cómo son destruidos de repente!
¡Son absolutamente consumidos por repentinos terrores!
²⁰ Como cuando uno despierta de un sueño,
Así 'ADONAY, cuando Tú despiertes,
Despreciarás su apariencia.
²¹ Cuando mi corazón se amargaba
Y me sentía traspasado,
²² Era entonces torpe e ignorante,
Como una bestia ante Ti.
²³ Sin embargo, yo siempre estoy contigo.
Tú sostienes mi mano derecha.
²⁴ Me guiarás con tu consejo,
Y después me recibirás en gloria.
²⁵ ¿A quién tengo yo en el cielo sino a Ti?
Y fuera de Ti, nada deseo en la tierra.
²⁶ Mi cuerpo y mi corazón desfallecen,
Pero 'ELOHIM es la Fuerza de mi corazón
Y mi Porción para siempre.
²⁷ Porque ciertamente los que se alejan de Ti perecerán.
Tú destruyes a aquellos que son infieles a Ti.
²⁸ En cuanto a mí, la cercanía de 'ELOHIM es mi dicha.
En 'ADONAY YAVÉ está mi refugio,
Para que cuente todas tus obras.

Instrucción (*Maskil*) de Asaf

74

¹ Oh 'ELOHIM, ¿por qué nos desechaste para siempre?
¿Por qué humea tu ira contra las ovejas de tu prado?
² Acuérdate de tu congregación,
La que compraste desde tiempo antiguo,
La que redimiste para que sea tribu de tu heredad,
Y de esta Montaña Sion, donde moras.
³ Dirige tus pasos hacia las perpetuas desolaciones.
Todo destruyó el enemigo en el Santuario.
⁴ Tus adversarios vociferan en medio de tu lugar de reunión.

Pusieron como insignias sus propios estandartes.
⁵ Se parecen a los que levantan hachas en un bosque de árboles.
⁶ Y ahora todas sus entalladuras destruyen con hachas y martillos.
⁷ Y hasta los cimientos quemaron tu Santuario.
Profanaron el lugar de morada de tu Nombre.
⁸ Dijeron en su corazón:
Destruyámoslos por completo.
Y quemaron todas las congregaciones de 'EL en la tierra.
⁹ No vemos nuestras insignias,
Ya no hay profeta,
Ni hay entre nosotros quien sepa hasta cuándo.
¹⁰ ¿Hasta cuándo, oh 'ELOHIM, nos seguirá afrentando el adversario?
¿Seguirá blasfemando tu Nombre para siempre?
¹¹ ¿Por qué retraes tu mano?
¿Por qué escondes tu mano derecha en tu regazo?
¡Destrúyelos!
¹² Sin embargo, 'ELOHIM es mi Rey desde antaño,
Quien hace obras de salvación en la tierra.
¹³ Tú dividiste el mar con tu poder.
Quebraste en las aguas las cabezas de los monstruos.
¹⁴ Tú aplastaste las cabezas de cocodrilo.
Lo diste como comida a las criaturas del desierto.
¹⁵ Tú abriste fuentes y torrentes.
Secaste corrientes impetuosas.
¹⁶ Tuyo es el día, tuya también la noche.
Tú preparaste la luz y el sol.
¹⁷ Tú estableciste todos los límites de la tierra.
Tú hiciste verano e invierno.
¹⁸ Recuerda esto, oh YAVÉ, que el enemigo te ofendió,
Y gente insensata blasfemó tu Nombre.
¹⁹ No entregues la vida de tu tórtola a las bestias salvajes.
No olvides para siempre la vida de tu pobre.
²⁰ Considera el Pacto,
Porque los lugares oscuros de la tierra están llenos de
    habitaciones de violencia.
²¹ No permitas que el oprimido regrese avergonzado.
Ordena que los afligidos y menesterosos alaben tu Nombre.
²² ¡Levántate, oh 'ELOHIM, y defiende tu propia causa!
Recuerda cómo el insensato te ofende todo el día.
²³ No olvides la voz de tus adversarios,

El tumulto de los que se levantan contra Ti,
Que sube de continuo.

Al director del coro. Según "No destruyas". Salmo de Asaf. Canto

75

¹ Gracias te damos, oh 'ELOHIM, te damos gracias,
Porque tu Nombre está cerca.
Los hombres declaran tus maravillosas obras.
² Cuando Yo selecciono un tiempo determinado,
Soy Yo Quien juzga con equidad.
³ Cuando se disuelva la tierra y todos los que viven en ella,
Yo mismo sostendré sus columnas. *Selah*
⁴ Dije a los jactanciosos: No se jacten.
Y a los perversos: No alcen su cuerno,
⁵ Ni levanten su cuerno en alto,
Ni hablen con orgullo insolente.
⁶ Porque ni del oriente ni del occidente,
Ni del desierto viene la exaltación,
⁷ Sino 'ELOHIM es el Juez.
A éste humilla y a aquél enaltece.
⁸ Hay una copa en la mano de YAVÉ,
Y el vino fermenta.
Está bien mezclado y lo derramará.
Y tendrá que ser sorbido hasta sus sedimentos.
¡Ciertamente todos los perversos de la tierra lo beberán!
⁹ Pero yo lo declararé para siempre.
Cantaré salmos al 'ELOHIM de Jacob.
¹⁰ Él quebrará el cuerno de los perversos,
Pero el cuerno de los justos será exaltado.

Al director del coro. Con instrumentos de cuerda. Salmo de Asaf. Canto

76

¹ 'ELOHIM es conocido en Judá,
Y en Israel es grande su Nombre.
² En Salén está su Tabernáculo.
Su lugar de morada también está en Sion.
³ Allí quebró las flechas encendidas,
El escudo y la espada y las armas de guerra. *Selah*
⁴ ¡Eres esplendoroso!
¡Más majestuoso que las montañas de caza!
⁵ Los valientes fueron saqueados.
Duermen su sueño.

Ninguno de los soldados pudo usar sus manos.
⁶ ¡A tu reprensión, oh 'Elohim de Jacob,
Tanto jinete como caballo fueron lanzados a un sueño mortal!
⁷ ¡Tú, solo Tú debes ser temido!
¿Y quién puede permanecer en tu Presencia cuando estás airado?
⁸ Desde los cielos hiciste oír la sentencia.
La tierra tuvo temor y permaneció quieta
⁹ Cuando 'Elohim se levantó a juzgar,
A salvar a todos los mansos de la tierra. *Selah*
¹⁰ Ciertamente las iras del hombre te exaltarán,
Y te atarás con los sobrevivientes de las iras.
¹¹ Hagan votos a Yavé su 'Elohim y cúmplanlos.
Que todos los que lo rodean traigan presentes al que debe ser temido.
¹² Él humillará el espíritu de magistrados.
Él es temido por los reyes de la tierra.

Al director del coro. Para Jedutún. Salmo de Asaf

77

¹ Mi voz se levanta a 'Elohim y clamaré.
Mi voz se levanta a 'Elohim,
Y Él me oirá.
² En el día de mi angustia busqué a 'Adonay.
A Él levanté mi mano de noche sin descanso.
Mi alma rehusaba ser consolada.
³ Me acuerdo de 'Elohim y me conmuevo.
Me lamento y mi espíritu desmaya. *Selah*
⁴ Mantienes mis párpados abiertos.
Estoy turbado y no puedo hablar.
⁵ Consideré los días de antaño,
Los años de tiempos pasados.
⁶ Recuerdo mi canto en la noche.
Medito en mi corazón,
Y mi espíritu escudriña:
⁷ ¿Desechará 'Adonay para siempre,
Y no volverá a ser favorable?
⁸ ¿Cesó por completo su misericordia?
¿Se extinguió para siempre su promesa?
⁹ ¿Olvidó 'El ser bondadoso?
¿En su ira retiró su compasión? *Selah*
¹⁰ Entonces dije: Es mi enfermedad:
Que la mano derecha de 'Elyón cambió.

¹¹ Me acordaré de las obras de YA,
¡Sí! Recordaré tus maravillas de antaño.
¹² Meditaré en toda tu obra,
Y hablaré sobre tus proezas.
¹³ ¡Oh 'ELOHIM, santo es tu camino!
¿Cuál *elohim* es tan grande como nuestro 'ELOHIM?
¹⁴ Tú eres el 'ELOHIM que obra maravillas.
Hiciste notorio entre los pueblos tu poder.
¹⁵ Con tu poder redimiste a tu pueblo,
A los hijos de Jacob y de José. *Selah*
¹⁶ Te vieron las aguas, oh 'ELOHIM.
Las aguas te vieron y se angustiaron.
Los abismos también se estremecieron.
¹⁷ Espesas nubes derramaron agua.
Los nubarrones tronaron.
También tus flechas centellaron.
¹⁸ El ruido de tu trueno estaba en el remolino de viento.
Los relámpagos iluminaron el mundo.
Tembló y se estremeció la tierra.
¹⁹ Abriste tu camino en el mar
Y tus senderos en las aguas caudalosas,
Para que tus pisadas no fueran conocidas.
²⁰ Como un rebaño guiaste a tu pueblo
Por medio de Moisés y Aarón.

Instrucción (*Maskil*) de Asaf

78

¹ Escucha, pueblo mío, mi instrucción.
Inclina tus oídos a las palabras de mi boca.
² Abriré mi boca en proverbio.
Declararé dichos de antaño de difícil comprensión,
³ Los cuales oímos y conocimos.
Nos los relataron nuestros antepasados.
⁴ No los encubriremos a sus hijos.
Contaremos a la generación venidera las alabanzas de YAVÉ,
Y su poder y las maravillosas obras que hizo.
⁵ Él estableció testimonio en Jacob,
Y estableció Ley en Israel,
La cual mandó a nuestros antepasados
Que la enseñaran a sus hijos,
⁶ A fin de que la generación venidera *la* supiera,

Los hijos que iban a nacer,
Con el fin de que se levantaran y la dijeran a sus hijos,
⁷ Para que en 'ELOHIM depositen su confianza,
Y no olviden las obras de 'EL,
Sino que guarden sus Mandamientos,
⁸ Y no sean como sus antepasados,
Generación terca y rebelde,
Generación que no preparó su corazón,
Y su espíritu no fue fiel a 'EL.
⁹ Los hijos de Efraín, arqueros equipados,
Dieron la espalda en el día de la batalla.
¹⁰ No guardaron el Pacto de 'ELOHIM
Y rehusaron andar en su Ley.
¹¹ Olvidaron sus obras.
Él hizo maravillas ante sus antepasados en la tierra de Egipto.
¹² Delante de sus antepasados realizó maravillas en la tierra de Egipto.
En el campo de Zoán
¹³ Dividió el mar y los pasó.
Detuvo las aguas como en una pila.
¹⁴ De día los guiaba con nube,
Con resplandor de fuego toda la noche.
¹⁵ Hendió las peñas del desierto
Y les dio a beber raudales sin medida.
¹⁶ Sacó arroyos de la peña
Y las aguas corrieron como ríos.
¹⁷ Pero ellos aún continuaron pecando contra Él.
Se rebelaron contra 'ELYÓN en el desierto
¹⁸ Y en sus corazones tentaron a 'EL.
Pidieron comida según su deseo.
¹⁹ Hablaron contra 'ELOHIM:
¿Puede 'EL preparar una mesa en el desierto?
²⁰ Sí, Él golpeó la roca
Y brotaron aguas y se desbordaron torrentes.
¿Puede Él dar también pan?
¿Proveerá carne para su pueblo?
²¹ Por tanto, oyó YAVÉ y se indignó.
Un fuego se encendió contra Jacob,
Y una ira subió contra Israel,
²² Por cuanto no creyeron en 'ELOHIM,
Ni confiaron en su salvación.

²³ Sin embargo, mandó a las nubes desde arriba,
Y abrió las puertas del cielo.
²⁴ Hizo llover sobre ellos maná para comer
Y les dio alimento del cielo.
²⁵ Pan de ángeles comió el hombre.
Les envió comida en abundancia.
²⁶ Sopló en el cielo el viento del este
Y con su poder atrajo el viento del sur.
²⁷ Esparció sobre ellos carne como polvo,
Criaturas aladas como la arena de los mares.
²⁸ Las soltó en medio del campamento alrededor de sus tiendas.
²⁹ Comieron y se hartaron,
Y les cumplió su deseo.
³⁰ Antes que ellos saciaran su apetito,
Cuando la comida estaba en sus bocas,
³¹ Surgió contra ellos la ira divina
Que mató a algunos de los fornidos de ellos
Y sometió a los jóvenes escogidos de Israel.
³² A pesar de eso, siguieron en pecado
Y no dieron crédito a sus maravillas.
³³ Por tanto consumió sus días en vanidad,
Y sus años en temor.
³⁴ Cuando los hería de muerte,
Lo buscaban.
Se arrepentían y con diligencia lo buscaban.
³⁵ Se acordaban que 'ELOHIM era su Roca,
Y 'EL, 'ELYÓN, su Redentor.
³⁶ Lo lisonjeaban con su boca
Y le mentían con su lengua.
³⁷ Pues sus corazones no eran firmes hacia Él,
Ni eran fieles a su Pacto.
³⁸ Pero Él por misericordia perdonó su iniquidad
Y no los destruyó.
Con frecuencia contuvo su ira
Y no despertó todo su enojo.
³⁹ Recordó que no eran sino carne,
Un soplo que pasa y no regresa.
⁴⁰ ¡Cuán a menudo se rebelaron contra Él en el desierto
Y lo contristaron en terreno no habitado!
⁴¹ Vez tras vez tentaron a 'EL.

Irritaron al Santo de Israel.
⁴² No se acordaron de su poder,
Del día cuando los redimió del adversario:
⁴³ Cuando realizó en Egipto sus señales,
Y sus maravillas en la tierra de Zoán.
⁴⁴ Cuando convirtió sus ríos en sangre,
Y ellos no pudieron beber de sus manantiales.
⁴⁵ Cuando envió entre ellos enjambres de moscas que los devoraban
Y ranas que los destruían.
⁴⁶ Cuando entregó a los saltamontes sus cosechas
Y el fruto de su trabajo a la langosta.
⁴⁷ Él destruyó sus viñas con granizo
Y sus sicómoros con escarcha.
⁴⁸ Él entregó al granizo sus vacadas
Y a los rayos sus ganados.
⁴⁹ Envió sobre ellos su ardiente ira,
Enojo, indignación y angustia,
Una banda de mensajeros destructores.
⁵⁰ Él dispuso un camino para su ira
Y no libró sus vidas de la muerte.
Entregó sus vidas a la pestilencia
⁵¹ E hirió a todos los primogénitos de Egipto,
Las primicias de su virilidad en las tiendas de Cam.
⁵² Pero dirigió a su pueblo como ovejas,
Y como rebaño los guió por el desierto.
⁵³ Los condujo con seguridad para que no temieran,
Pero el mar cubrió a sus enemigos.
⁵⁴ Los llevó hasta la frontera de su Tierra Santa,
Al país montañoso que adquirió su mano derecha.
⁵⁵ Echó a las naciones de delante de ellos.
Con medida *les* repartió las tierras de ellos en heredad,
E hizo que las tribus de Israel vivieran en sus tiendas.
⁵⁶ Pero ellos tentaron y provocaron a ʼELYÓN ʼELOHIM
Y no guardaron sus Testimonios.
⁵⁷ Regresaron y actuaron deslealmente como sus antepasados.
Tal como sus antepasados, fueron desleales.
Se desviaron como arco torcido.
⁵⁸ Lo provocaron con sus lugares altos
Y despertaron su celo con sus imágenes de talla.
⁵⁹ Cuando ʼELOHIM oyó, se indignó

Y aborreció a Israel en gran manera.
⁶⁰ Por lo cual abandonó el Tabernáculo de Silo,
El Tabernáculo que estableció entre los hombres.
⁶¹ Entregó su poder a la cautividad
Y su resplandor en mano del adversario.
⁶² Entregó también su pueblo a la espada
Y se indignó contra su heredad.
⁶³ El fuego devoró a sus jóvenes,
Y sus doncellas no tuvieron cantos nupciales.
⁶⁴ Sus sacerdotes cayeron a espada,
Y sus viudas no hicieron lamentación.
⁶⁵ Pero entonces, como el que duerme,
Como un valiente que se recupera del vino
Despertó 'ADONAY
⁶⁶ E hirió a sus adversarios por detrás.
Puso sobre ellos afrenta perpetua.
⁶⁷ Desechó la tienda de José
Y no eligió a la tribu de Efraín,
⁶⁸ Sino escogió a la tribu de Judá
Y la Montaña de Sion, que Él amó.
⁶⁹ Construyó en las alturas su Santuario
Como la tierra que fundó para siempre.
⁷⁰ También escogió a David, su esclavo,
Y lo tomó de los rebaños.
⁷¹ Lo trajo de detrás de las ovejas que tenían crías
Para que apacentara a Jacob su pueblo
Y a Israel su heredad.
⁷² Los pastoreó según la integridad de su corazón,
Y los guió con la destreza de sus manos.

Salmo de Asaf

79 ¹ Oh 'ELOHIM, las naciones invadieron tu heredad.
Profanaron tu Santuario
Y redujeron a escombros a Jerusalén.
² Dieron los cadáveres de tus esclavos
Como comida a las aves del cielo,
La carne de tus santos a las bestias de la tierra.
³ Derramaron la sangre de ellos como agua alrededor de Jerusalén,
Y no hay quien los sepulte.
⁴ Fuimos afrenta de nuestros vecinos,

Escarnio y burla de los que nos rodean.
⁵ ¿Hasta cuándo, oh YAVÉ?
¿Estarás airado para siempre?
¿Arderá tu celo como fuego?
⁶ Derrama tu ira sobre las naciones que no te conocen
Y sobre los reinos que no invocan tu Nombre,
⁷ Porque devoraron a Jacob,
Y desolaron su morada.
⁸ No recuerdes contra nosotros las iniquidades de nuestros antepasados.
Salgan pronto a encontrarnos tus misericordias,
Porque estamos muy abatidos.
⁹ Oh 'ELOHIM de nuestra salvación, ayúdanos,
Para la gloria de tu Nombre.
Líbranos y perdona nuestros pecados por amor a tu Nombre.
¹⁰ ¿Por qué deben decir los gentiles:
Dónde está su 'ELOHIM?
Sea proclamada a los gentiles y ante nuestros ojos
La venganza de la sangre de tus esclavos que fue derramada.
¹¹ Llegue ante Ti el gemido de los cautivos.
Conforme a la grandeza de tu poder
Preserva a los sentenciados a muerte.
¹² Devuelve en su regazo a nuestros vecinos siete veces
La infamia con la cual te afrentaron, ¡oh 'ADONAY!
¹³ Así nosotros, pueblo tuyo y ovejas de tu prado,
Te daremos gracias para siempre.
A todas las generaciones contaremos de tu alabanza.

Al director del coro. Según "Sobre lirios". Testimonio. Salmo de Asaf

80

¹ Oh Pastor de Israel, escucha.
Tú, que pastoreas a José como un rebaño,
Tú, que estás entronizado entre querubines, ¡Resplandece!
² Delante de Efraín, de Benjamín y de Manasés,
Despierta tu poder
Y ven a salvarnos.
³ Restáuranos, oh 'ELOHIM.
Haz resplandecer tu rostro,
Y seremos salvos.
⁴ Oh YAVÉ, 'ELOHIM de las huestes,
¿Hasta cuándo estarás airado contra la oración de tu pueblo?
⁵ Los alimentaste con pan de lágrimas.

Les diste a beber lágrimas en abundancia.
⁶ Nos conviertes en escarnio de nuestros vecinos,
Y nuestros enemigos se burlan de nosotros.
⁷ Oh 'Elohim de las huestes, restáuranos.
Haz resplandecer tu rostro,
Y seremos salvos.
⁸ Trajiste una vid de Egipto.
Expulsaste las naciones
Y la plantaste.
⁹ Limpiaste delante de ella.
Desarrolló profunda raíz y llenó la tierra.
¹⁰ Las montañas fueron cubiertas con su sombra,
Y con sus ramas los cedros de 'Elohim.
¹¹ Extendió sus ramas hasta el mar
Y hasta el río sus retoños.
¹² ¿Por qué derribaste sus cercas
De modo que recogen sus frutos todos los que pasan por el camino?
¹³ El jabalí la destroza,
Y las bestias del campo la devoran.
¹⁴ Oh 'Elohim de las huestes, vuelve, te rogamos.
Mira desde el cielo, considera,
Y cuida esta viña.
¹⁵ La cepa que plantó tu mano derecha
Y la rama que fortaleciste para Ti
¹⁶ Está quemada con fuego y cortada.
Perezcan por la reprensión de tu rostro.
¹⁷ Que tu mano sea sobre el varón de tu mano derecha,
Sobre el Hijo de Hombre que para Ti fortaleciste.
¹⁸ Así no nos apartaremos de Ti.
Revívemos e invocaremos tu Nombre.
¹⁹ Oh Yavé, 'Elohim de las huestes, restáuranos.
Que tu rostro resplandezca,
Y seremos salvos.

Al director del coro. Según Geteos. Salmo de Asaf

81
¹ Canten con gozo a 'Elohim, Fortaleza nuestra.
Aclamen con júbilo al 'Elohim de Jacob.
² Eleven un canto, batan el pandero, la suave lira[a] y el arpa.
³ Soplen la corneta en la Nueva Luna en el día de nuestra fiesta,

---
[a] **81.2** Lira: Antiguo instrumento músico de varias cuerdas tensas en un marco.

⁴ Porque estatuto es para Israel,
Ordenanza del 'ELOHIM de Jacob.
⁵ Lo estableció como testimonio en José
Cuando salió de la tierra de Egipto.
Escuché un lenguaje que no conocía.
⁶ Quité su hombro de debajo de la carga.
Sus manos fueron libradas del peso de los cestos.
⁷ En la angustia clamaste,
Y Yo te rescaté.
Te respondí en el secreto del trueno.
Te probé junto al agua de Meriba. *Selah*
⁸ Escucha, pueblo mío, y te amonestaré.
Oh Israel, si me escuchas,
⁹ Que no haya en medio de ti *'elohim* extraño,
Ni adores algún *'elohim* extranjero.
¹⁰ Yo soy YAVÉ,
Tu 'ELOHIM,
El que te sacó de la tierra de Egipto.
¡Abre tu boca, y Yo la llenaré!
¹¹ Pero mi pueblo no escuchó mi voz.
Israel no me obedeció.
¹² Por eso los entregué a la dureza de su corazón,
Para que anduvieran según sus propios designios.
¹³ ¡Oh, si mi pueblo me escuchara!
¡Que Israel anduviera en mis caminos!
¹⁴ Prontamente Yo sometería a sus enemigos
Y volvería mi mano contra sus adversarios.
¹⁵ Los que aborrecen a YAVÉ se le someterían,
Pero su castigo duraría para siempre.
¹⁶ Pero a ti te sustentaría con lo más fino del trigo
Y te saciaría con miel de la roca.

Salmo de Asaf

82

¹ 'ELOHIM toma su posición en la asamblea de los *'elohim*.
Juzga en medio de los *'elohim*.
² ¿Hasta cuándo juzgarán injustamente,
Y mostrarán parcialidad a los perversos? *Selah*
³ Defiendan al débil y al huérfano.
Hagan justicia al afligido y al menesteroso.
⁴ Rescaten al débil y al necesitado.

Líbrenlos de mano de los perversos.
⁵ No saben ni entienden.
Andan en la oscuridad.
Son conmovidos todos los cimientos de la tierra.
⁶ Yo dije: Ustedes son *'elohim*.
Todos ustedes son hijos del 'ELYÓN.
⁷ Sin embargo, como hombres morirán.
Caerán como cualquiera de los gobernantes.
⁸ Levántate, oh 'ELOHIM, juzga la tierra,
Porque Tú posees todas las naciones.

Canto. Salmo de Asa

83

¹ Oh 'ELOHIM, no permanezcas en silencio.
Oh 'ELOHIM, no calles, no estés imperturbable.
² Pues *mira que* rugen tus enemigos,
Y los que te aborrecen levantan la cabeza.
³ Astutamente consultaron contra tu pueblo.
Conspiran contra tus protegidos.
⁴ Dijeron: Vengan.
Destruyámoslos para que no sean nación.
Que no haya más memoria del nombre de Israel.
⁵ Porque con consentimiento conspiraron juntos.
Contra Ti hacen un pacto:
⁶ Las tiendas de Edom y los ismaelitas, Moab y los agarenos,
⁷ Gebal, Amón y Amalec, Filistea con los habitantes de Tiro,
⁸ También Asiria se unió a ellos.
Sirven de brazo a los hijos de Lot. *Selah*
⁹ Haz con ellos como con Madián,
Como con Sísara,
Como con Jabín en el torrente de Cisón,
¹⁰ Que fueron destruidos en Endor
Y fueron como abono para la tierra.
¹¹ Haz a sus nobles como a Oreb y a Zeeb,
Y a todos sus jefes como a Zeba y Zalmuna,
¹² Porque dijeron:
Tomemos como posesión nuestra los prados de 'ELOHIM.
¹³ Oh 'ELOHIM mío, conviértelos como un remolino de polvo,
Como hojarasca ante el viento,
¹⁴ Como fuego que consume el bosque,
Como una llama incendia las montañas.

¹⁵ Persíguelos así con tu tempestad
Y aterrorízalos con tu tormenta.
¹⁶ Llena sus caras de deshonra,
Para que busquen tu Nombre, oh Yavé.
¹⁷ Sean avergonzados y turbados para siempre.
Sean humillados y perezcan,
¹⁸ Y sepan que solo Tú, tu Nombre es Yavé.
Eres el 'Elyón sobre toda la tierra.

Al director del coro. Sobre los Geteos. Salmo de los hijos de Coré

84

¹ ¡Cuán maravillosas son tus moradas, oh Yavé de las huestes!
² Mi alma anhela
Y aun desea ardientemente los patios de Yavé.
Mi corazón y mi carne cantan con gozo al 'Elohim vivo.
³ Aun el pajarillo halla casa,
Y la golondrina nido para ella donde colocar sus polluelos.
Cerca de tus altares, oh Yavé de las huestes, Rey mío y 'Elohim mío.
⁴ ¡Inmensamente felices son los que moran en tu Casa!
Perpetuamente te alaban. *Selah*
⁵ ¡Inmensamente feliz es el hombre que tiene en Ti su fuerza,
En cuyo corazón están tus caminos!
⁶ Al atravesar el Valle de Lágrimas, hacen en él un estanque.
La lluvia temprana también lo cubre con bendiciones.
⁷ Irán de poder en poder.
Cada uno aparece ante 'Elohim en Sion.
⁸ Oh Yavé, 'Elohim de las huestes, escucha mi oración.
Presta oído, oh 'Elohim de Jacob. *Selah*
⁹ Mira, oh 'Elohim, Escudo nuestro.
Mira el rostro de tu ungido.
¹⁰ Pues mejor es un día en sus patios que 1.000 *fuera de ellos*.
Prefiero estar en la puerta de la Casa de mi 'Elohim,
Que vivir en las tiendas de perversidad.
¹¹ Porque Sol y Escudo es Yavé 'Elohim,
Gracia y gloria da Yavé.
No retendrá el bien a los que andan en integridad.
¹² ¡Oh Yavé de las huestes, cuán feliz es el hombre que confía en Ti!

Al director del coro. Salmo de los hijos de Coré

85

¹ Oh Yavé, fuiste favorable a tu tierra.
Devolviste a los cautivos de Jacob.

² Perdonaste la iniquidad de tu pueblo.
Cubriste todos sus pecados. *Selah*
³ Retiraste toda tu indignación.
Te apartaste de tu ardiente ira.
⁴ Restáuranos, oh 'Elohim de nuestra salvación.
Que cese tu ira contra nosotros.
⁵ ¿Estarás airado contra nosotros para siempre?
¿Extenderás tu ira a todas las generaciones?
⁶ ¿No volverás Tú a darnos vida
Para que tu pueblo se regocije en Ti?
⁷ ¡Muéstranos, oh Yavé, tu misericordia
Y danos tu salvación!
⁸ Escucharé lo que diga 'El, el Yavé,
Porque hablará paz a su pueblo y a sus santos
Para que no vuelvan a la insensatez.
⁹ Ciertamente tu salvación está cerca a los que te temen,
Para que la gloria more en nuestra tierra.
¹⁰ La misericordia y la verdad se encontraron.
La justicia y la paz se besaron.
¹¹ La verdad brota de la tierra,
Y la justicia mira desde el cielo.
¹² Ciertamente Yavé dará lo bueno,
Y nuestra tierra dará su fruto.
¹³ La justicia irá delante de Él,
Y sus pisadas serán *nuestro* camino.

Oración de David

86

¹ Oh Yavé, inclina tu oído y escúchame.
Porque estoy afligido y necesitado.
² Guarda mi alma, porque soy piadoso.
Oh 'Elohim mío, salva a tu esclavo que confía en Ti.
³ Oh 'Adonay, ten compasión de mí,
Porque a Ti clamo todo el día.
⁴ Oh 'Adonay, alegra el alma de tu esclavo,
Porque a Ti levanto mi alma.
⁵ Porque Tú, 'Adonay, eres bueno y perdonador,
Grande en misericordia para todos los que te invocan.
⁶ Oh Yavé, escucha mi oración
Y atiende a la voz de mis súplicas.
⁷ En el día de mi angustia te llamaré,

Porque Tú me responderás.
⁸ Oh 'ADONAY, no hay uno como Tú entre los *'elohim*,
Ni obras que igualen tus obras.
⁹ Oh 'ADONAY, vendrán todas las naciones que hiciste,
Se postrarán delante de Ti
Y glorificarán tu Nombre.
¹⁰ Porque Tú eres grande,
Hacedor de maravillas.
¡Solo Tú eres 'ELOHIM!
¹¹ Enséñame, oh YAVÉ, tu camino.
Caminaré en tu verdad.
Afirma mi corazón para que tema tu Nombre.
¹² Oh 'ADONAY, 'ELOHIM mío, te alabaré con todo mi corazón.
Glorificaré tu Nombre para siempre.
¹³ Porque tu misericordia es grande hacia mí,
Libraste mi alma de las profundidades del *Seol*.
¹⁴ Oh 'ELOHIM, hombres arrogantes se levantaron contra mí,
Y una banda de violentos busca mi vida.
No te colocaron delante de ellos.
¹⁵ Pero Tú, 'ADONAY, eres un 'EL misericordioso y compasivo,
Lento para la ira y grande en misericordia y verdad.
¹⁶ Mírame y ten compasión de mí.
Da tu fortaleza a tu esclavo,
Y salva al hijo de tu esclava.
¹⁷ Muéstrame una señal para bien.
Que *la* vean los que me aborrecen
Y sean avergonzados.
Porque Tú, oh YAVÉ, me ayudaste y me consolaste.

Salmo de los hijos de Coré. Canto

87

¹ Su cimiento está en las santas montañas.
² Ama YAVÉ las puertas de Sion
Más que todas las tiendas de Jacob.
³ Cosas gloriosas se dicen de ti,
¡Oh ciudad de 'ELOHIM! *Selah*
⁴ Mencionaré a Rahab y a Babilonia entre los que me conocen.
Ahí están Filistea, Tiro y Etiopía:
Éste nació allá.
⁵ De Sion se dirá: Éste y aquél nacieron en ella,
Y el mismo 'ELYÓN la establecerá.

⁶ YAVÉ contará al registrar a los pueblos:
Éste nació allí. *Selah*
⁷ Entonces tanto los que cantan
Como los que tocan flautas dirán:
¡Todas mis fuentes están en ti!

> Canto. Salmo de los hijos de Coré. Al director del coro, al estilo de duelo (*Leannoth*). Instrucción (*Maskil*) de Hemán ezraíta.

88

¹ Oh YAVÉ, 'ELOHIM de mi salvación,
Día y noche clamo delante de Ti.
² Llegue mi oración a tu Presencia.
Inclina tu oído a mi clamor.
³ Porque mi alma está harta de aflicciones,
Y mi vida se acerca al *Seol*.
⁴ Soy contado entre los que descienden al sepulcro.
Soy como un varón sin fuerza,
⁵ Olvidado entre los muertos,
Como los asesinados que están tendidos en la tumba,
De quienes ya no te acuerdas, y son cortados de tu mano.
⁶ Me colocaste en la fosa más profunda,
En lugares oscuros, en las profundidades.
⁷ Tu ira pesa sobre mí.
Me afliges con todas tus olas. *Selah*
⁸ Alejaste a mis conocidos de mí.
Me pusiste como un objeto de repugnancia para ellos.
Estoy encerrado y no puedo salir.
⁹ Mis ojos se enfermaron por causa de la aflicción.
Cada día te invoco, oh YAVÉ.
Extiendo mis manos hacia Ti:
¹⁰ ¿Harás milagros a favor de los muertos?
¿Se levantarán los muertos para alabarte? *Selah*
¹¹ ¿Se anunciará en el sepulcro tu misericordia,
Tu fidelidad en el *Abadón*?[a]
¹² ¿Serán reconocidas tus maravillas en la oscuridad,
Y tu justicia en la tierra del olvido?
¹³ Pero yo te invoco, oh YAVÉ,
Clamo por ayuda.
De mañana mi súplica llega delante de Ti.
¹⁴ ¿Por qué, oh YAVÉ, desechas mi alma?

---

[a] **88.11** *Abadón*: lugar de perdición.

¿Por qué escondes de mí tu rostro?
¹⁵ Desde mi juventud estuve afligido y necesitado.
Sufrí tus terrores.
Estuve turbado.
¹⁶ Tu ardiente ira pasó sobre mí.
Tus terrores me destruyeron.
¹⁷ Me rodean de continuo como aguas.
En conjunto me cercaron.
¹⁸ Alejaste de mí a mis amigos y compañeros.
Solo la oscuridad es mi compañera.

Instrucción (*Maskil*) de Etán ezraíta

89 ¹ Las misericordias de YAVÉ cantaré perpetuamente.
Con mi boca proclamaré tu fidelidad.
² Porque dije: La misericordia será edificada para siempre.
En los cielos estableces tu fidelidad.
³ Pacté con mi escogido.
Juré a David mi esclavo:
⁴ Estableceré tu descendencia para siempre
Y edificaré tu trono para todas tus generaciones. *Selah*
⁵ Los cielos alabarán tus maravillas, oh YAVÉ,
Y tu fidelidad en la congregación de los santos.
⁶ Porque, ¿quién en los cielos es comparable a YAVÉ?
¿Quién entre los hijos de 'EL es como YAVÉ?
⁷ 'EL es grandemente temido en la congregación de los santos,
Asombroso por encima de todos los que están alrededor de Él.
⁸ Oh YAVÉ, 'ELOHIM de las huestes, ¿quién como Tú, oh poderoso YA?
Tu fidelidad también te rodea.
⁹ Tú dominas la braveza del mar.
Cuando se levantan sus olas,
Tú las calmas.
¹⁰ Tú quebrantaste *al monstruo* Rahab.
Como a uno que es herido de muerte
Esparciste a tus enemigos con tu poderoso brazo.
¹¹ Tuyos son los cielos.
Tuya también la tierra,
El mundo y todo lo que contiene.
Tú los fundaste.
¹² Tú creaste el norte y el sur.
La montaña Tabor y la montaña Hermón se regocijan en tu Nombre.

¹³ Tienes un brazo potente.
Poderosa es tu mano.
Tu mano derecha es exaltada.
¹⁴ La justicia y el juicio justo son el cimiento de tu trono.
La misericordia y la verdad van delante de Ti.
¹⁵ Inmensamente feliz es el pueblo que conoce el clamor de júbilo.
Andarán a la luz de tu rostro, oh YAVÉ.
¹⁶ En tu Nombre se regocijan todo el día,
Y en justicia son exaltados.
¹⁷ Porque Tú eres el esplendor de su fuerza,
Y por tu buena voluntad exaltas nuestro poder.
¹⁸ Porque de YAVÉ es nuestro escudo,
De nuestro Rey, el Santo de Israel.
¹⁹ En un tiempo hablaste en visión a tus santos.
Dijiste: Di ayuda a uno que es poderoso.
Exalté a uno escogido del pueblo.
²⁰ Hallé a David mi esclavo.
Lo ungí con mi aceite santo.
²¹ Mi mano estará siempre con él.
Mi brazo también lo fortalecerá.
²² El enemigo no lo engañará,
Ni el hijo del perverso lo afligirá.
²³ Porque Yo quebrantaré a sus adversarios delante de él,
Y golpearé a los que lo aborrecen.
²⁴ Mi fidelidad y mi misericordia estarán con él,
Y en mi Nombre será exaltado su poder.
²⁵ Pondré también su mano sobre el mar,
Y su mano derecha sobre los ríos.
²⁶ Él clamará a mi 'EL: ¡Tú eres mi Padre,
Mi 'EL y la Roca de mi salvación!
²⁷ Yo también lo constituiré como primogénito,
El más excelso de los reyes de la tierra.
²⁸ Para siempre le mantendré mi misericordia,
Y mi Pacto con él será confirmado.
²⁹ Así estableceré su descendencia para siempre,
Y su trono como los días del cielo.
³⁰ Si sus hijos abandonan mi Ley,
Y no andan en mis Ordenanzas,
³¹ Si profanan mis Estatutos
Y no guardan mis Mandamientos,

³² Entonces castigaré con vara su transgresión
Y con azotes su iniquidad.
³³ Pero no retiraré de él mi misericordia,
Ni faltaré a mi fidelidad.
³⁴ No violaré mi Pacto,
Ni alteraré lo que pronunciaron mis labios.
³⁵ Una vez juré por mi santidad,
Y no mentiré a David:
³⁶ Su descendencia será para siempre,
Y su trono como el sol delante de Mí.
³⁷ Será establecido para siempre, como la luna,
Testigo fiel en el firmamento. *Selah*
³⁸ Pero ahora Tú *lo* desechas y rechazas.
Estás lleno de ira contra tu ungido.
³⁹ Rompiste el Pacto con tu esclavo.
Profanaste su corona hasta la tierra.
⁴⁰ Destruiste todos sus muros.
Arruinaste sus fortalezas.
⁴¹ Todos los que pasan por el camino lo saquean.
Es *objeto de* reproche para sus vecinos.
⁴² Exaltaste la mano derecha de sus adversarios.
Alegraste a todos sus enemigos.
⁴³ También embotaste el filo de su espada,
Y no lo afirmaste en la batalla.
⁴⁴ Cesaste su esplendor
Y echaste a tierra su trono.
⁴⁵ Acortaste los días de su juventud.
Lo cubriste de vergüenza. *Selah*
⁴⁶ ¿Hasta cuándo, oh Yavé?
¿Te esconderás para siempre?
¿Arderá tu ira como fuego?
⁴⁷ Recuerda cuál es la duración de mi vida.
¡Con qué vanidad creaste a todos los hijos de hombres!
⁴⁸ ¿Cuál hombre vivirá sin sufrir muerte?
¿Puede él librar su alma del poder del *Seol*? *Selah*
⁴⁹ Oh 'Adonay, ¿dónde están sus primeras misericordias
Que en tu fidelidad juraste a David?
⁵⁰ Acuérdate, oh 'Adonay, del reproche a tus esclavos,
Que llevo en mi seno de muchos pueblos.
⁵¹ Porque tus enemigos, oh Yavé, deshonraron

Con lo cual reprocharon las pisadas de tu ungido.

⁵² ¡Bendito sea YAVÉ para siempre!

Amén y amén.

Oración de Moisés, varón de 'ELOHIM

90

¹ Oh 'ADONAY, Tú fuiste nuestro Refugio en todas las generaciones.

² Antes que nacieran las montañas,
O formaras la tierra y el mundo,
Desde la eternidad y hasta la eternidad,
Tú eres 'EL.

³ Devuelves el hombre al polvo,
Y dices: **Conviértanse, hijos de hombres.**

⁴ Porque 1.000 años delante de tus ojos son como el día de ayer que pasó,
O como una de las vigilias de la noche.

⁵ Los arrastras con torrentes de agua.
Son como un sueño.
Son como la hierba que crece en la mañana.

⁶ En la mañana reverdece y florece,
Hacia la llegada de la noche se marchita y se seca.

⁷ Porque somos consumidos con tu ira,
Y con tu furor somos turbados.

⁸ Colocaste nuestras iniquidades ante Ti,
Nuestras cosas ocultas a la luz de tu rostro.

⁹ Porque todos nuestros días declinan a causa de tu ira.
Terminamos nuestros años como un suspiro.

¹⁰ Los días de nuestra vida son 70 años,
Y en los robustos, 80 años.
Sin embargo, su fortaleza es molestia y trabajo,
Porque pronto pasan y volamos.

¹¹ ¿Quién entiende el poder de tu ira
Y tu indignación como debes ser temido?

¹² Enséñanos a contar nuestros días
De tal modo que traigamos al corazón sabiduría.

¹³ Vuélvete, oh YAVÉ. ¿Hasta cuándo?
Ten compasión de tus esclavos.

¹⁴ En la mañana sácianos de tu misericordia,
Y cantaremos y nos alegraremos todos nuestros días.

¹⁵ Alégranos según los días que nos afligiste,
Y los años en los cuales vimos el mal.

¹⁶ Que tu obra aparezca en tus esclavos,

Y tu majestad en sus hijos.
¹⁷ Sea la gracia de 'Adonay nuestro 'Elohim sobre nosotros,
Y nos confirme la obra de nuestras manos.
¡Sí, confirma la obra de nuestras manos!

91

¹ El que mora al abrigo del 'Elyón
Morará bajo la sombra del Shadday.
² Diré yo a Yavé:
¡Refugio mío y Fortaleza mía,
Mi 'Elohim, en Quien confío!
³ Él te librará de la trampa del cazador,
Y de la mortal pestilencia.
⁴ Con sus plumas te cubrirá,
Y debajo de sus alas te refugiarás.
Escudo y adarga[a] es su verdad.
⁵ No temerás el terror nocturno,
Ni a flecha que vuele de día,
⁶ Ni a pestilencia que ande en *la* oscuridad,
Ni a mortandad que a mediodía destruya.
⁷ Caerán a tu lado 1.000,
Y 10.000 a tu mano derecha,
Pero a ti no llegará.
⁸ Ciertamente mirarás con tus ojos,
Y verás la recompensa de los perversos.
⁹ Por cuanto pusiste a Yavé, mi Refugio,
A 'Elyón como tu Lugar de morada,
¹⁰ No te vendrá mal,
Ni alguna plaga tocará tu morada.
¹¹ Pues a sus ángeles mandará con respecto a Ti,
Que te guarden en todos tus caminos.
¹² En sus manos te llevarán
Para que tu pie no tropiece en piedra.
¹³ Sobre el león y el áspid[b] pisarás.
Pisotearás al cachorro de león y al dragón.
¹⁴ Me amó,
Por tanto Yo lo libraré.
Lo pondré en alto,
Porque conoció mi Nombre.
¹⁵ Me invocará

---

[a] **91.4** Adarga: pequeño escuelo de cuero casi siempre ovalado. [b] **91.13** Áspid: Culebra venenosa propia de Egipto que puede alcanzar dos metros de longitud.

Y Yo le responderé.
Estaré con él en la angustia.
Lo libraré y lo glorificaré.
¹⁶ Lo saciaré de larga vida y le mostraré mi salvación.

Salmo. Canto para el sábado

92

¹ Bueno es alabar a Yavé
Y cantar salmos a tu Nombre, oh 'Elyón.
² Anunciar por la mañana tu misericordia
Y tu fidelidad cada noche
³ Con el decacordio y el salterio,ª
Con el armonioso tono del arpa.
⁴ Porque Tú, oh Yavé, me alegraste con lo que hiciste.
Por las obras de tus manos doy gritos de júbilo.
⁵ ¡Cuán grandes son tus obras, oh Yavé!
Tus pensamientos son muy profundos.
⁶ El hombre necio no sabe
Y el insensato no entiende esto:
⁷ Que cuando los perversos brotan como hierba,
Y florecen todos los que hacen iniquidad,
Solo sucede para que sean destruidos eternamente.
⁸ Pero Tú, oh Yavé, eres altísimo para siempre.
⁹ Porque ya veo que tus enemigos, oh Yavé,
Ya veo que tus enemigos perecen.
Son dispersados todos los obradores de iniquidad.
¹⁰ Pero Tú aumentarás mi fuerza como la del búfalo.
Seré ungido con aceite fresco.
¹¹ Y mis ojos mirarán por encima de mis enemigos.
Mis oídos escucharán
Con respecto a los perversos que se levantan contra mí.
¹² El justo florecerá como la palmera.
Crecerá como un cedro en el Líbano.
¹³ Plantados en la Casa de Yavé,
Florecerán en los patios de nuestro 'Elohim.
¹⁴ Aun en la vejez darán fruto.
Estarán llenos de savia y muy verdes
¹⁵ Para manifestar que Yavé es recto.
Mi Roca es.

ª **92.3 Decacordio:** Instrumento músico de diez cuerdas. **Salterio:** Instrumento músico de 12 cuerdas hechas con intestino grueso de ovejas. Se pulsaba con los dedos.

En Él no hay injusticia.

93

¹ YAVÉ reina.
Está cubierto de majestad.
YAVÉ se cubrió y se ató con poder.
El mundo está en verdad firmemente establecido
Y no será conmovido.
² Tu trono está establecido desde la antigüedad.
Tú eres desde la eternidad.
³ Oh YAVÉ, los torrentes se levantan.
Las crecientes alzaron su voz.
Los ríos levantan sus olas estruendosas.
⁴ YAVÉ en las alturas es más poderoso
Que el estruendo de muchas aguas,
Que las poderosas olas del mar.
⁵ Tus Testimonios son completamente confirmados.
La santidad conviene a tu Casa,
Oh YAVÉ, para siempre.

94

¹ ¡Oh YAVÉ, 'EL vengador!
¡Oh 'EL vengador, resplandece!
² ¡Levántate, oh Juez de la tierra,
Da la recompensa a los soberbios!
³ ¿Hasta cuándo los perversos, oh YAVÉ,
Hasta cuándo se gozarán los perversos?
⁴ Parlotean insolencias, hablan arrogancias.
Se jactan todos los que cometen perversidad.
⁵ A tu pueblo quebrantan, oh YAVÉ.
Oprimen a tu heredad.
⁶ Asesinan a la viuda y al extranjero,
Y matan a los huérfanos.
⁷ Y dicen: El YA no ve,
Ni discierne el 'ELOHIM de Jacob.
⁸ Entiendan ustedes, necios del pueblo.
¿Cuándo entenderán ustedes los fatuos?
⁹ El que hizo el oído, ¿no escucha?
El que formó el ojo, ¿no mira?
¹⁰ El que amonesta a las naciones, ¿no reprenderá?
El que enseña al hombre el saber, ¿no sabrá?
¹¹ YAVÉ conoce los pensamientos del hombre,
Que son vanidad.
¹² ¡Inmensamente feliz es el varón a quien Tú, oh YA, disciplinas,

Y a quien Tú enseñas tu Ley!
¹³ Para darle descanso en los días de adversidad
Mientras se cava una fosa para los perversos.
¹⁴ Porque YAVÉ no abandonará a su pueblo,
Ni desamparará a su heredad.
¹⁵ Porque el juicio volverá a ser justo,
Y todos los rectos de corazón lo seguirán.
¹⁶ ¿Quién se levantará por mí contra los malhechores?
¿Quién se mantendrá en pie por mí contra los que practican perversidad?
¹⁷ Si YAVÉ no me ayuda,
Pronto mi alma moraría en el silencio.
¹⁸ Si yo digo: ¡Mi pie resbala!
Tu misericordia, oh YAVÉ, me sostendrá.
¹⁹ Cuando mis inquietudes se multiplican dentro de mí,
Tus consolaciones deleitan mi alma.
²⁰ ¿Se aliará contigo el trono de iniquidad
Que por medio de decretos cometa agravios?
²¹ Conspiran juntos contra la vida del justo
Y condenan a muerte al inocente.
²² Pero YAVÉ fue mi Fortaleza,
Y mi 'ELOHIM, la Roca de mi refugio.
²³ Él devolverá sobre ellos su iniquidad
Y los destruirá en su maldad.
YAVÉ nuestro 'ELOHIM los destruirá.

95

¹ ¡Vengan, cantemos con gozo a YAVÉ!
¡Aclamemos con júbilo a la Roca de nuestra salvación!
² Entremos ante su Presencia con acción de gracias,
Aclamémoslo con salmos.
³ Porque YAVÉ es 'EL grande,
Y gran Rey sobre todos los *'elohim*.
⁴ En su mano están las profundidades de la tierra.
Suyas son las alturas de las montañas.
⁵ Suyo es el mar, pues Él lo hizo,
Y sus manos formaron la tierra seca.
⁶ Vengan, adoremos y postrémonos.
Arrodillémonos *ante* la Presencia de YAVÉ, nuestro Hacedor,
⁷ Porque Él es nuestro 'ELOHIM,
Nosotros el pueblo de su prado y ovejas de su mano.
Si ustedes oyen hoy su voz,
⁸ No endurezcan sus corazones como en Meriba,

Como en el día de Masa en el desierto,
⁹ Cuando me tentaron sus antepasados.
Me probaron, aunque vieron mi obra.
¹⁰ Durante 40 años estuve disgustado con aquella generación,
Y dije: Es un pueblo que divaga en su corazón,
Y no conoce mis caminos.
¹¹ Por tanto, juré en mi ira
Que no entrarán en mi reposo.

96

¹ ¡Canten a YAVÉ un canto nuevo!
¡Cante a YAVÉ toda la tierra!
² ¡Canten a YAVÉ, bendigan su Nombre!
Anuncien de día en día su salvación.
³ Proclamen su gloria entre las naciones,
Entre todos los pueblos, sus maravillosas obras.
⁴ Porque grande es YAVÉ
Y digno de suprema alabanza.
Él debe ser temido por encima de todos los 'elohim.
⁵ Porque todos los 'elohim de los pueblos son ídolos.
Pero YAVÉ hizo los cielos.
⁶ Esplendor y majestad hay ante Él.
Fortaleza y hermosura hay en su Santuario.
⁷ Tributen a YAVÉ, oh familias de los pueblos.
Tributen a YAVÉ gloria y fortaleza.
⁸ Tributen a YAVÉ la gloria debida a su Nombre.
Lleven ofrenda y entren en sus patios.
⁹ Adoren a YAVÉ en la hermosura de la santidad.
Tiemble ante Él toda la tierra.
¹⁰ Digan entre las naciones: ¡YAVÉ reina!
Ciertamente el mundo está firmemente establecido.
No será conmovido.
Él juzgará a los pueblos con equidad.
¹¹ ¡Alégrense los cielos
Y regocíjese la tierra!
Brame el mar y todo lo que contiene.
¹² Exáltese el campo y todo lo que hay en él.
Entonces todos los árboles del bosque cantarán con gozo
¹³ Delante de YAVÉ Quien viene,
Porque viene a juzgar la tierra.
Él juzgará al mundo con justicia
Y a los pueblos con su fidelidad.

97

¹ ¡YAVÉ reina!
¡Regocíjese la tierra!
¡Alégrese la multitud de islas!
² Nubes y densa oscuridad lo rodean.
Justicia y equidad son el fundamento de su trono.
³ Fuego avanza delante de Él
Que quema alrededor a sus adversarios.
⁴ Sus relámpagos iluminan el orbe.
La tierra mira y se estremece.
⁵ Ante la presencia de YAVÉ
Las montañas se derriten como cera,
Ante la presencia del 'ADONAY de toda la tierra.
⁶ Los cielos declaran su justicia,
Y todos los pueblos ven su gloria.
⁷ Sean avergonzados
Todos los que sirven a imágenes talladas,
Quienes se jactan de ídolos.
Póstrense ante Él todos los 'elohim.
⁸ Oyó Sion y se alegró,
Y las hijas de Judá se regocijaron
A causa de tus juicios, oh YAVÉ.
⁹ Porque Tú, oh YAVÉ, eres 'ELYÓN sobre toda la tierra.
Tú eres exaltado por encima de todos los 'elohim.
¹⁰ Aborrezcan el mal ustedes los que aman a YAVÉ,
Quien preserva las almas de sus santos.
'EL los libra de la mano de los perversos.
¹¹ Luz hay sembrada para el justo,
Y alegría para los rectos de corazón.
¹² Alégrense ustedes, los justos, en YAVÉ,
Y den gracias a la memoria de su santo Nombre.

Salmo

98

¹ Canten a YAVÉ un canto nuevo,
Porque Él hizo maravillosas cosas.
Su mano derecha y su santo brazo ganaron la victoria para Él.
² YAVÉ hizo notoria su salvación.
Ha manifestado su justicia a la vista de las naciones.
³ Ha recordado su misericordia y su fidelidad a la casa de Israel.
Todos los confines de la tierra vieron la salvación de nuestro 'ELOHIM.
⁴ ¡Aclamen a YAVÉ toda la tierra!

¡Prorrumpan y canten de gozo y canten salmos!
⁵ Canten salmos a YAVÉ con arpa
Y con voz de canto,
⁶ Con trompetas y al sonido de la corneta.
¡Aclamen con gozo ante el Rey YAVÉ!
⁷ Brame el mar y los que moran en él,
El mundo, y los que en él habitan.
⁸ Batan sus manos los ríos.
Que las montañas en conjunto se regocijen
⁹ Delante de YAVÉ,
Porque Él viene a juzgar la tierra.
Juzgará al mundo con justicia,
Y a los pueblos con equidad.

99

¹ ¡YAVÉ reina! ¡Tiemblen los pueblos!
Él mora entre los querubines.
¡Que se conmueva la tierra!
² YAVÉ es grande en Sion,
Y Él es exaltado sobre todos los pueblos.
³ Que alaben tu grande y asombroso Nombre.
¡Santo es Él!
⁴ La fuerza del Rey ama la justicia.
Tú has ejecutado equidad y justicia en Jacob.
⁵ Exalten a YAVÉ nuestro 'ELOHIM,
Y póstrense ante el estrado de sus pies,
¡Santo es Él!
⁶ Moisés y Aarón estuvieron entre sus sacerdotes,
Y Samuel estuvo entre los que invocaron su Nombre.
Invocaban a YAVÉ, y Él les respondía.
⁷ En la columna de nube hablaba con ellos.
Ellos guardaron sus Testimonios y el estatuto que Él les dio.
⁸ Oh YAVÉ, 'ELOHIM nuestro, Tú les respondías.
Fuiste para ellos un 'EL perdonador,
Aunque vindicador de sus *malas* obras.
⁹ Exalten a YAVÉ nuestro 'ELOHIM
Y póstrense hacia su Montaña Santa,
Porque YAVÉ nuestro 'ELOHIM es santo.

Salmo de acción de gracias

100

¹ ¡Canten con júbilo a YAVÉ, *gentes de* toda la tierra!
² Sirvan a YAVÉ con alegría.

Vengan ante Él con regocijo.
³ Reconozcan que Yavé es 'Elohim.
Él nos hizo y no nosotros mismos.
Pueblo suyo somos, y ovejas de su prado.
⁴ Entren por sus puertas con acción de gracias,
Por sus patios con alabanza.
Denle gracias, bendigan su Nombre,
⁵ Porque Yavé es bueno.
Para siempre es su misericordia,
Y su fidelidad para todas las generaciones.

Salmo de David

101

¹ Cantaré de tu misericordia y justicia.
A Ti, oh Yavé, cantaré salmos.
² Observaré atentamente el camino de la integridad.
¿Cuándo vendrás a mí?
Andaré en la integridad de mi corazón en medio de mi casa.
³ No pondré ante mis ojos cosa indigna.
Aborrezco la obra de los que se desvían.
No me atrapará.
⁴ El corazón perverso se apartará de mí.
No reconoceré al perverso.
⁵ Destruiré al que secretamente calumnia a su prójimo.
No soportaré al altivo de ojos y orgulloso de corazón.
⁶ Sobre los fieles de la tierra fijaré mis ojos
Para que estén conmigo.
El que anda en camino de integridad me servirá.
⁷ No vivirá en mi casa el que practica fraude,
El que habla mentira no permanecerá delante de mí.
⁸ Por las mañanas destruiré a todos los perversos de la tierra,
Para extirpar de la ciudad de Yavé a todos los malhechores.

Oración de un afligido que desmaya, y derrama su queja delante de Yavé.

102

¹ Escucha mi oración, oh Yavé,
Y llegue mi clamor a Ti.
² No escondas de mí tu rostro en el día de mi angustia.
Inclina a mí tu oído.
El día cuando te invoco apresúrate a responderme.
³ Porque mis días se disuelven como humo,
Y mis huesos arden como una chimenea.

⁴ Mi corazón está herido.
Se marchita como la hierba.
En verdad olvido comer mi pan.
⁵ Por la voz de mi gemido
Mis huesos se pegaron a mi carne.
⁶ Soy semejante a la lechuza del desierto.
Soy como un búho de las soledades.
⁷ Estoy desvelado.
Me siento como pájaro solo en un tejado.
⁸ Mis enemigos me afrentan todo el día.
Los que contra mí se enfurecen
Se conjuraron contra mí.
⁹ He comido cenizas como pan
Y mezclado mi bebida con lágrimas
¹⁰ A causa de tu indignación y de tu ira,
Porque me levantaste y me lanzaste.
¹¹ Mis días son una sombra que se prolonga,
Y me marchito como hierba.
¹² Pero Tú, oh YAVÉ, permaneces para siempre,
Y tu Nombre por todas las generaciones.
¹³ Te levantarás, tendrás misericordia de Sion,
Porque es tiempo de tener compasión de ella,
Pues llegó el tiempo señalado.
¹⁴ Ciertamente tus esclavos hallan deleite en sus piedras,
Y tienen compasión del polvo de ella.
¹⁵ Así las naciones temerán al Nombre de YAVÉ,
Y todos los reyes de la tierra *temerán* tu gloria.
¹⁶ Porque YAVÉ habrá edificado a Sion
Será visto en su gloria.
¹⁷ Ha considerado la oración de los desposeídos,
Y no habrá despreciado su ruego.
¹⁸ Esto será escrito para la generación venidera,
Para que un pueblo que está aún por nacer alabe a YA,
¹⁹ Porque miró desde lo alto de su Santuario.
Desde el cielo YAVÉ miró a la tierra
²⁰ Para escuchar el gemido de los presos,
Para libertar a los sentenciados a muerte.
²¹ Que digan en Sion la fama de YAVÉ
Y su alabanza en Jerusalén,
²² Cuando los pueblos y reinos sean juntamente congregados,

Para servir a YAVÉ.
²³ Él debilitó mi fuerza en el camino.
Acortó mis días.
²⁴ Digo: Oh 'EL mío, no me levantes en la mitad de mis días.
Tus años son por todas las generaciones.
²⁵ Desde la antigüedad fundaste la tierra,
Y los cielos son obra de sus manos.
²⁶ Ellos perecerán,
Pero Tú permaneces.
Todos ellos se desgastarán como una ropa,
Como una ropa los cambiarás,
Y pasarán.
²⁷ Pero Tú eres el mismo,
Y tus años no tendrán fin.
²⁸ Los hijos de tus esclavos vivirán seguros,
Y sus descendientes serán establecidos delante de Ti.

Salmo de David

103

¹ Bendice, alma mía, a YAVÉ,
Y bendiga todo mi ser su santo Nombre.
² Bendice, alma mía, a YAVÉ,
Y no olvides ninguno de sus beneficios.
³ Él es Quien perdona todas tus iniquidades,
Quien sana todas tus dolencias,
⁴ Quien rescata del hoyo tu vida,
Quien te corona de misericordia y compasión,
⁵ Quien sacia tu boca con buenas cosas,
De modo que te rejuvenezcas como el águila.
⁶ YAVÉ es Quien hace justicia
Y juicios justos para todos los oprimidos.
⁷ Dio a conocer sus caminos a Moisés,
Y a los hijos de Israel sus obras.
⁸ Compasivo y bondadoso es YAVÉ,
Lento para la ira y grande en misericordia.
⁹ No contenderá para siempre,
Ni para siempre guardará *el enojo*.
¹⁰ No nos trató según nuestras iniquidades,
Ni nos retribuyó según nuestros pecados.
¹¹ Porque como la altura de los cielos sobre la tierra,
Engrandeció su misericordia hacia los que le temen.

¹² Tan lejos como está el oriente del occidente
Removió de nosotros nuestras transgresiones.
¹³ Como un padre tiene compasión de *sus* hijos,
Así Yavé tiene compasión de los que le temen.
¹⁴ Porque Él conoce nuestra condición.
Se acuerda de que somos polvo.
¹⁵ Como la hierba son los días del hombre.
Florece como una flor del campo.
¹⁶ Cuando el viento pasa sobre ella, ya no existe,
Y su lugar ya no la reconoce.
¹⁷ Pero la misericordia de Yavé es desde la eternidad
Hasta la eternidad sobre los que le temen,
Y su justicia sobre los hijos de los hijos,
¹⁸ Sobre los que observan su Pacto
Y recuerdan sus Preceptos para practicarlos.
¹⁹ Yavé estableció en los cielos su trono,
Y su reino domina sobre todo.
²⁰ Bendigan a Yavé, ustedes sus ángeles,
Poderosos en fortaleza,
Que ejecutan su Palabra,
Al obedecer la voz de su mandato.
²¹ Bendigan a Yavé, ustedes todas sus huestes,
Ministros suyos que hacen su voluntad.
²² Bendigan a Yavé ustedes, todas sus obras,
En todos los lugares de su señorío.
Bendice, oh alma mía, a Yavé.

104

¹ Bendice, alma mía, a Yavé.
¡Oh Yavé, 'Elohim mío, cuánto te has engrandecido!
Estás cubierto de esplendor y majestad.
² Te cubres como con un manto de luz.
Extiendes el cielo como una cortina.
³ Él coloca sobre las aguas las vigas de sus altas moradas.
Él convierte las nubes en su carroza.
Él anda sobre las alas del viento.
⁴ Él designa los vientos como sus mensajeros,
Y las llamas de fuego, como sus ministros.
⁵ Él estableció la tierra sobre sus cimientos
Para que no sea sacudida.
⁶ Le colocaste como una ropa el abismo.
Las aguas estaban sobre las montañas.

⁷ A tu represión huyeron,
Se precipitaron al estruendo de tu trueno.
⁸ Subieron las montañas,
Bajaron los valles al lugar que estableciste para ellos.
⁹ Les fijaste un límite que no traspasarán,
De manera que no volverán a cubrir la tierra.
¹⁰ Él envía manantiales por los valles.
Ellos fluyen entre las montañas.
¹¹ Dan de beber a todas las bestias del campo.
Mitigan su sed los asnos monteses.
¹² Junto a ellos habitan las aves del cielo.
Elevan voces entre las ramas.
¹³ Él riega las montañas desde sus altas cámaras.
Con el fruto de las obras de Él está saciada la tierra.
¹⁴ Él desarrolla el pasto para el ganado,
Y la vegetación para el servicio del hombre
De tal modo que saque alimento de la tierra,
¹⁵ Y vino que alegra el corazón del hombre,
El aceite para que brille su semblante
Y el pan que sustenta la vida del hombre.
¹⁶ Los árboles de YAVÉ beben su savia,
Los cedros del Líbano que Él plantó,
¹⁷ Donde las aves construyen sus nidos,
La cigüeña, cuya casa está en los cipreses,
¹⁸ Las altas montañas para las cabras monteses,
Las peñas, madrigueras de los conejos.
¹⁹ Él hizo la luna para las estaciones.
El sol conoce el punto de su ocaso.
²⁰ Pones la oscuridad y es de noche.
En ella corretean todos los animales del bosque.
²¹ Los leoncillos rugen tras la presa
Y buscan de 'EL su comida.
²² Al salir el sol se retiran
Y se echan en sus guaridas.
²³ Sale el hombre a su trabajo,
A su labor hasta el anochecer.
²⁴ ¡Cuán innumerables son tus obras, oh YAVÉ!
Hiciste todas ellas con sabiduría.
La tierra está llena de tus posesiones.
²⁵ Ahí está el grande y ancho mar,

Donde hay enjambre de incontables animales,
Tanto pequeños como grandes.
²⁶ Allí navegan los barcos,
Y *el* cocodrilo que formaste para que juguetee en él.
²⁷ Todos ellos esperan en Ti
Para que les des su comida en su tiempo.
²⁸ Les das, ellos recogen.
Abres tu mano,
Y se sacian con lo bueno.
²⁹ Ocultas tu rostro
Y ellos se desmayan.
Les retiras su aliento,
Y ellos expiran y vuelven a su polvo.
³⁰ Envías tu aliento,
Son creados,
Y renuevas la superficie de la tierra.
³¹ ¡Sea la gloria de YAVÉ para siempre!
¡Que se alegre YAVÉ en sus obras!
³² Él mira a la tierra,
Y ella tiembla,
Él toca las montañas,
Y ellas humean.
³³ A YAVÉ cantaré en mi vida,
Mientras tenga vida cantaré salmos a mi 'ELOHIM.
³⁴ Sea agradable a Él mi meditación.
Yo me regocijaré en YAVÉ.
³⁵ Sean exterminados de la tierra los pecadores
Y los perversos dejen de ser.
¡Bendice, alma mía, a YAVÉ!
¡Alaben a YA!

105

¹ Den gracias a YAVÉ.
Invoquen su Nombre.
Proclamen sus obras entre los pueblos.
² Cántenle, cántenle salmos.
Hablen de todas sus maravillas.
³ Gloríense en su santo Nombre.
Alégrese el corazón de los que buscan a YAVÉ.
⁴ Busquen a YAVÉ y su poder.
Busquen continuamente su rostro.
⁵ Recuerden las maravillas que hizo Él,

De sus prodigios y de los juicios de su boca,
⁶¡Oh ustedes, descendencia de Abraham su esclavo,
Hijos de Jacob, su escogido!
⁷ Él es Yavé nuestro 'Elohim.
En toda la tierra están sus juicios.
⁸ Recordó para siempre su Pacto,
El Pacto que ordenó para 1.000 generaciones,
⁹ Que hizo con Abraham,
Y su juramento a Isaac,
¹⁰ Que estableció a Jacob por estatuto,
A Israel como un Pacto sempiterno
¹¹ Al decir: A ti te daré la tierra de Canaán
Como porción de tu heredad.
¹² Cuando ellos eran unos pocos,
En verdad muy pocos,
Y forasteros en ella,
¹³ Y vagaban de nación en nación,
Y de *un* reino a otro pueblo.
¹⁴ No permitió que alguno los oprimiera.
Y por amor a ellos reprendió a reyes.
¹⁵ No toquen a mis ungidos,
Ni hagan daño a mis profetas.
¹⁶ Trajo hambre sobre la tierra.
Destruyó toda provisión de pan.
¹⁷ Envió un varón delante de ellos.
A José, vendido como esclavo.
¹⁸ Afligieron sus pies con grilletes.
Él mismo fue puesto en cadenas,
¹⁹ Hasta que se cumplió su predicción.
La Palabra de Yavé lo probó.
²⁰ El rey envió y lo soltó.
El soberano de pueblos lo libertó.
²¹ Lo puso como administrador de su casa,
Y gobernador de todas sus posesiones,
²² Para encarcelar a sus gobernantes
Como él quisiera,
Y enseñar sabiduría a sus ancianos.
²³ Israel también fue a Egipto,
Así que Jacob peregrinó en la tierra de Cam.
²⁴ Él aumentó a su pueblo grandemente,

Hasta que fueron más fuertes que sus adversarios.
²⁵ Cambió el corazón de éstos
Para que aborrecieran a su pueblo,
Para que obraran astutamente contra sus esclavos.
²⁶ Envió a Moisés su esclavo,
Y a Aarón, al cual escogió.
²⁷ Puso en ellos las palabras de sus señales,
Y sus maravillas en la tierra de Cam.
²⁸ Envió oscuridad y oscureció.
Y ellos no fueron rebeldes a las Palabras de Él.
²⁹ Convirtió sus aguas en sangre
Y mató sus peces.
³⁰ Llenó su tierra de ranas
Hasta en las alcobas de sus reyes.
³¹ Habló, y llegaron enjambres de moscas y piojos en todo su territorio.
³² Les dio lluvia de granizo y llamas de fuego en su tierra.
³³ Destrozó sus viñas y sus higueras
Y quebró los árboles de su territorio.
³⁴ Habló, y llegaron saltamontes y pulgones sinnúmero,
³⁵ Y devoraron toda la vegetación en su tierra
Y se comieron el fruto de su suelo.
³⁶ Golpeó también a todo primogénito en su tierra,
Las primicias de todo su vigor.
³⁷ Luego los sacó con plata y oro.
Entre sus tribus no hubo quien tropezara.
³⁸ Egipto se alegró de que salieran,
Porque su terror había caído sobre ellos.
³⁹ Extendió una nube como cubierta
Y fuego para iluminar la noche.
⁴⁰ Pidieron,
Y Él atrajo codornices
Y los sació de pan del cielo.
⁴¹ Abrió la peña,
Y brotaron aguas.
Corrieron por los sequedales *como* un río.
⁴² Porque recordó su santa Promesa
Dada a su esclavo Abraham.
⁴³ Sacó a su pueblo con gozo,
Con canto de júbilo a sus escogidos.
⁴⁴ Y también les dio las tierras de las naciones,

Y tomaron posesión del trabajo de los pueblos,
⁴⁵ Para que guardaran sus Estatutos,
Y observaran sus Leyes. ¡Alaben a YA!

106

¹ ¡Aleluya! Den gracias a Yavé,
Porque Él es bueno,
Porque para siempre es su misericordia.
² ¿Quién puede contar las proezas de Yavé?
¿Quién proclama toda su alabanza?
³ ¡Dichosos los que guardan recto juicio,
Los que practican justicia en todo tiempo!
⁴ Acuérdate de mí, oh Yavé,
Según tu buena voluntad para tu pueblo.
Visítame con tu salvación,
⁵ Para que yo vea el bien de tus escogidos,
Para que me regocije por la alegría de tu pueblo,
Que me gloríe con tu heredad.
⁶ Como nuestros antepasados pecamos.
Cometimos iniquidad.
Nos portamos perversamente.
⁷ Nuestros antepasados no entendieron tus maravillas en Egipto.
No recordaron tus numerosas bondades,
Sino se rebelaron junto al mar, en el mar Rojo.
⁸ Pero Él los salvó por amor a su Nombre
Para que fuera evidente su poder.
⁹ Reprendió al mar Rojo
Y lo secó,
Y los condujo por las profundidades,
Como por un desierto.
¹⁰ Así los salvó de *la* mano del que *los* odiaba,
Y los redimió de la mano del enemigo.
¹¹ Cubrieron las aguas a sus adversarios,
No quedó ni uno de ellos.
¹² Entonces creyeron a sus Palabras,
Y cantaron su alabanza.
¹³ Muy pronto olvidaron sus obras.
No esperaron su consejo.
¹⁴ Con avidez desearon comer en el desierto,
Y en lugar despoblado tentaron a 'Elohim.
¹⁵ Él les dio lo que pidieron,
Pero envió mortandad sobre ellos.

¹⁶ Tuvieron envidia de Moisés en el campamento,
Y de Aarón, el consagrado a YAVÉ.
¹⁷ Se abrió la tierra
Y se tragó a Datán,
Y cubrió al grupo de Abiram.
¹⁸ Un fuego se encendió contra su grupo.
La llama devoró a los perversos.
¹⁹ Hicieron un becerro en Horeb.
Se postraron ante una imagen de fundición.
²⁰ Así cambiaron la Gloria de ellos
Por la imagen de un becerro que come hierba.
²¹ Olvidaron al 'EL, su Salvador,
Quien hizo grandes cosas en Egipto,
²² Maravillas en la tierra de Cam,
Portentos en el mar Rojo.
²³ Por tanto Él dijo que los destruiría.
Si no fuera porque Moisés su escogido,
Se puso en la brecha delante de Él
Con la intención de que no los destruyera.
²⁴ Luego despreciaron *la* tierra deseable.
No creyeron en la Palabra de Él,
²⁵ Sino murmuraron en sus tiendas.
No escucharon la voz de YAVÉ.
²⁶ Por tanto les juró
Que caerían en el desierto,
²⁷ Que dispersaría su descendencia entre las naciones
Y los esparciría por las tierras.
²⁸ Se unieron también a Baal-peor
Y comieron lo sacrificado a los muertos.
²⁹ Así *lo* provocaron a ira con sus obras,
Y una mortandad irrumpió entre ellos.
³⁰ Pero Finees se levantó e intervino,
Y la mortandad se detuvo,
³¹ Y le fue atribuido como justicia
Por todas las generaciones para siempre.
³² También *lo* provocaron a ira en las aguas de Meriba,
Y salió mal Moisés por causa de ellos,
³³ Porque hicieron rebelar su espíritu,
Y él habló precipitadamente con sus labios.
³⁴ No destruyeron a los pueblos,

Como YAVÉ les mandó,
³⁵ Sino se mezclaron con gentiles.
Aprendieron sus prácticas,
³⁶ Y sirvieron a sus ídolos,
Los cuales fueron una trampa.
³⁷ Sacrificaron sus hijos y sus hijas a los demonios
³⁸ Y derramaron sangre inocente,
La sangre de sus hijos y de sus hijas,
A quienes sacrificaron a los ídolos de Canaán,
Y la tierra fue contaminada con la sangre.
³⁹ Así se contaminaron con las prácticas de ellos,
Y se prostituyeron con sus hechos.
⁴⁰ Por tanto la ira de YAVÉ se encendió contra su pueblo,
Y Él repugnó su heredad.
⁴¹ Los entregó en *la* mano de los gentiles,
Y aquellos que los odiaban gobernaron sobre ellos.
⁴² Sus enemigos también los oprimieron,
Y fueron sometidos bajo su poder.
⁴³ Muchas veces los libró,
Pero ellos se rebelaron contra su consejo en su designio,
Y así se hundieron en su iniquidad.
⁴⁴ Sin embargo, Él miraba su angustia
Y escuchaba su clamor.
⁴⁵ Recordaba su Pacto por amor a ellos,
Y se compadecía según la grandeza de su misericordia.
⁴⁶ También promovió que fueran *objeto* de misericordia
Por parte de todos los que los tenían cautivos.
⁴⁷ Oh YAVÉ, 'ELOHIM nuestro, sálvanos.
Recógenos de entre las naciones,
Para que demos gracias a tu santo Nombre
Y nos gloriemos en tus alabanzas.
⁴⁸ ¡Bendito sea YAVÉ, el 'ELOHIM de Israel,
Desde la eternidad hasta la eternidad!
Y todo el pueblo diga: ¡Amén! ¡Aleluya!

107

¹ ¡Den gracias a YAVÉ,
    Porque Él es bueno,
Porque para siempre es su misericordia!
² Que lo digan los redimidos de YAVÉ,
Los que redimió del poder del adversario,
³ Y los que congregó de las tierras,

Del oriente y del occidente, del norte y del sur.
⁴ Ellos vagaron en un desierto, en región despoblada.
No hallaron un camino hacia una ciudad habitada.
⁵ Tenían hambre y sed.
Sus almas desfallecían en ellos.
⁶ Pero clamaron a Yavé en su angustia.
Él los libró de sus aflicciones.
⁷ Los condujo por un camino recto
Para ir a una ciudad habitada.
⁸ ¡Den gracias a Yavé por su misericordia
Y por sus maravillas para los hijos de *los* hombres!
⁹ Porque Él sacia al alma que tiene sed
Y llena de bien al alma que tiene hambre.
¹⁰ Vivían en oscuridad y sombra de muerte,
Prisioneros en aflicción y cadenas,
¹¹ Por cuanto fueron rebeldes a las Palabras de 'El
Y trataron con desprecio el consejo del 'Elyón.
¹² Por tanto Él quebrantó sus corazones con trabajo.
Cayeron y no hubo quien los ayudara.
¹³ Pero en su angustia clamaron a Yavé,
Él los libró de sus aflicciones.
¹⁴ Los sacó de la oscuridad y de la sombra de muerte,
Y rompió sus ataduras.
¹⁵ ¡Den gracias a Yavé por su misericordia,
Y por sus maravillas para los hijos de *los* hombres!
¹⁶ Porque quebró las puertas de bronce,
Y desmenuzó los cerrojos de hierro.
¹⁷ Fueron afligidos los necios a causa de su camino rebelde,
Y a causa de sus iniquidades fueron afligidos.
¹⁸ Su vida aborreció toda clase de alimento,
Y se acercaron a las puertas de la muerte.
¹⁹ Pero a Yavé clamaron en su angustia.
Él los libró de sus aflicciones.
²⁰ Envió su Palabra y los sanó,
Y *los* libró de sus destrucciones.
²¹ ¡Den gracias a Yavé por su misericordia
Y por sus maravillas para los hijos de *los* hombres!
²² Ofrezcan también sacrificios de acción de gracias
Y proclamen sus obras con júbilo.
²³ Los que bajan en naves al mar,

Los cuales hacen negocios sobre inmensas aguas.
²⁴ Ellos vieron las obras de YAVÉ
Y sus maravillas en las profundidades.
²⁵ Porque Él habló y levantó un viento tempestuoso
Que levantó las olas del mar.
²⁶ Subían hacia los cielos,
Bajaban a las profundidades,
Su alma se derretía en su desesperación.
²⁷ Temblaban y se tambaleaban como ebrios,
Y toda su pericia fue inútil.
²⁸ En su angustia clamaron a YAVÉ,
Y Él los sacó de sus angustias.
²⁹ Calmó la tormenta
De tal modo que sus olas se apaciguaron.
³⁰ Entonces se alegraron porque se calmaron.
Y así los guía al puerto que anhelan.
³¹ ¡Den gracias a YAVÉ por su misericordia,
Y por sus maravillas para los hijos de *los* hombres!
³² Exáltenlo en la congregación del pueblo,
Y alábenlo en la reunión de los ancianos.
³³ Él cambia ríos en desierto
Y manantiales de aguas en sequedales,
³⁴ La tierra fructífera en estéril,
Por la perversidad de los que viven en ella.
³⁵ Él convierte el desierto en estanques de aguas,
Y la tierra seca en manantiales.
³⁶ Allí coloca a los que tienen hambre,
Para que establezcan una ciudad habitada.
³⁷ Siembran campos y plantan viñas
Y recogen abundante fruto.
³⁸ Los bendice,
Y se multiplican grandemente.
No permite que disminuya su ganado
³⁹ Cuando son menguados y abatidos
Por medio de opresión, aflicción y tristeza.
⁴⁰ Él derrama menosprecio sobre los nobles,
Y los destina a vagar errantes en un desierto.
⁴¹ Pero Él pone en alto a los pobres lejos de la aflicción
Y hace que *sus* familias sean como un rebaño.
⁴² Los rectos lo ven y se alegran,

Pero toda injusticia cierra su boca.
⁴³ ¿Quién es sabio?
Observe estas cosas,
Y entenderá las misericordias de YAVÉ.

Canto. Salmo de David

108

¹ Mi corazón está firme, oh 'ELOHIM.
Cantaré y entonaré salmos.
Esta es mi gloria.
² Despierten, arpa y lira,ª
Yo despertaré el alba.
³ Oh YAVÉ, te daré gracias entre los pueblos.
Entre las naciones te cantaré salmos,
⁴ Porque tu misericordia es más grande que los cielos,
Y hasta los cielos tu verdad.
⁵ Exaltado seas por encima de los cielos, oh 'ELOHIM,
Y tu gloria por encima de toda la tierra.
⁶ Para que sean librados tus amados,
Salva con tu mano derecha, y respóndeme.
⁷ 'ELOHIM respondió en su Santuario:
Yo me alegraré.
Repartiré a Siquem.
Y mediré el valle de Sucot.
⁸ Mío es Galaad,
Mío es Manasés.
También Efraín es el casco de mi cabeza.
Judá es mi cetro.
⁹ Moab es la vasija en la cual me lavo.
Sobre Edom lanzaré mi sandalia.
Sobre Filistea proclamaré victoria.
¹⁰ ¿Quién me conducirá a la ciudad fortificada?
¿Quién me guiará hasta Edom?
¹¹ ¿Tú, mismo, oh 'ELOHIM, no nos rechazaste?
¿Y no sales con nuestros ejércitos, oh 'ELOHIM?
¹² Socórrenos contra el adversario,
Porque vana es la liberación del hombre.
¹³ Por medio de 'ELOHIM haremos proezas.
Él pisoteará a nuestros enemigos.

ª **108.2** Lira: Antiguo instrumento músico de varias cuerdas tensas en un marco.

Al director del coro. Salmo de David

109 ¹ Oh 'Elohim de mi alabanza, no te calles.
² Porque la boca de los perversos y de los engañadores se abrió contra mí.
Hablaron contra mí con lengua mentirosa.
³ Con palabras de odio me rodearon,
Y sin causa lucharon contra mí.
⁴ Son mis adversarios para pagar mi amor,
Pero yo hablo contigo.
⁵ Me devuelven mal por bien,
Y odio por mi amor.
⁶ *Dicen*: Levanta contra él a un perverso,
Y esté un acusador a su mano derecha.
⁷ Resulte culpable cuando sea juzgado,
Y que su oración sea pecado.
⁸ Sean pocos sus días.
Tome otro su oficio.
⁹ Sean huérfanos sus hijos,
Y su esposa, viuda.
¹⁰ Vaguen errantes sus hijos y mendiguen,
Y busquen su pan lejos de sus casas arruinadas.
¹¹ Que el acreedor se apodere de todo lo que tiene,
Y extraños saqueen el fruto de su trabajo.
¹² No tenga quien le extienda misericordia,
Ni quien se compadezca de sus huérfanos.
¹³ Sean exterminadas todas sus futuras generaciones.
Sea el nombre de ellos borrado en la siguiente generación.
¹⁴ Que la iniquidad de sus antepasados sea recordada ante Yavé,
Y que no sea borrado el pecado de su madre.
¹⁵ Que estén siempre delante de Yavé,
Y corte Él de la tierra el recuerdo de ellos,
¹⁶ Por cuanto no recordó mostrar misericordia,
Sino persiguió al hombre afligido y menesteroso,
Al quebrantado de corazón, para matarlo.
¹⁷ También amó la maldición,
Así que le llegó.
No se deleitó en la bendición,
Por tanto ésta estuvo lejos de él.
¹⁸ Se cubrió de maldición como con su manto,

Por lo cual la dejó entrar en su cuerpo como agua,
Y como aceite en sus huesos.
¹⁹ Que le sea como ropa con la cual se cubra
Y como cinturón que lo ate siempre.
²⁰ Que ésta sea la recompensa de Yavé a mis acusadores
Y a los que hablan mal contra mi vida.
²¹ Pero Tú, oh Yavé, el 'Adonay,
Trata conmigo por amor a tu Nombre.
Líbrame, porque tu misericordia es buena.
²² Porque yo estoy afligido y necesitado.
Mi corazón está herido dentro de mí.
²³ Paso como una sombra cuando se extiende,
Soy echado fuera como el saltamonte.
²⁴ Mis rodillas están débiles a causa del ayuno,
Y mi carne desfallece por falta de sustancia.
²⁵ Fui para ellos un objeto de reproche.
Cuando me miran, menean su cabeza.
²⁶ ¡Ayúdame, oh Yavé, 'Elohim mío!
¡Sálvame según tu misericordia!
²⁷ Que ellos entiendan que ésta es tu mano,
Que Tú, oh Yavé, hiciste esto.
²⁸ Que ellos maldigan, pero Tú, bendice.
Cuando se levanten, sean avergonzados,
Pero tu esclavo estará alegre.
²⁹ Que mis acusadores sean cubiertos de deshonra,
Y que ellos mismos se cubran de vergüenza como un manto.
³⁰ Daré muchas gracias con mi boca a Yavé.
En medio de muchos lo alabaré,
³¹ Porque Él se coloca a la mano derecha del necesitado,
Para salvar su vida de los que lo juzgan.

Salmo de David

110 ¹ Dice Yavé a mi 'Adonay:
Siéntate a mi mano derecha,
Hasta que pongas a tus enemigos como estrado de tus pies.
² Yavé enviará desde Sion el cetro[a] de tu poder.
Domina en medio de tus enemigos
³ En el día de tu poder.
En la hermosura de la santidad desde el seno de la aurora,

---
[a] 110.2 Cetro: Vara de oro labrada con primor que usaban los reyes como insignia de dignidad.

Con ornamento santo desde el vientre de la aurora,
Tu juventud te es *como* el rocío.
⁴ YAVÉ juró y no cambiará:
Tú eres sacerdote para siempre según el orden de Melquisedec.
⁵ 'ADONAY está a tu mano derecha.
Quebrantará reyes en el día de su ira.
⁶ Juzgará entre las naciones,
Las llenará de cadáveres.
Quebrantará a los gobernantes sobre la extensa tierra.
⁷ Beberá del arroyo en el camino,
Por tanto levantará *su* cabeza.

¡Aleluya!

111 ¹ Daré gracias a YAVÉ con todo *mi* corazón
En la compañía de los rectos y en la congregación.
² Grandes son las obras de YAVÉ,
Estudiadas por todos los que se deleitan en ellas.
³ Espléndida y majestuosa es su obra,
Y su justicia permanece para siempre.
⁴ Hizo memorables sus maravillas.
Clemente y misericordioso es YAVÉ.
⁵ Dio alimento a los que le temen.
Para siempre se acordará de su Pacto.
⁶ El poder de sus obras manifestó a su pueblo
Al darle la heredad de las naciones.
⁷ Las obras de sus manos son verdad y justicia.
Todos sus Preceptos son firmes.
⁸ Afirmados eternamente y para siempre,
Hechos con verdad y rectitud.
⁹ Envió redención a su pueblo.
Estableció su Pacto para siempre.
Santo y asombroso es su Nombre.
¹⁰ El principio de la sabiduría es el temor a YAVÉ.
Buen entendimiento tienen todos los que lo practican.
Su alabanza permanece para siempre.

¡Aleluya!

112 ¹ ¡Aleluya! Inmensamente feliz es el hombre que teme a YAVÉ,
Que grandemente se deleita en sus Mandamientos.
² Sus descendientes serán poderosos en la tierra.

La generación de los rectos será bendita.
³ Suficiencia y riquezas hay en su casa,
Y su justicia permanece para siempre.
⁴ Luz resplandece en las tinieblas para el recto.
Es bondadoso, compasivo y justo.
⁵ Anda bien el hombre que es bondadoso y presta.
Mantendrá su causa en el juicio.
⁶ Porque él nunca será conmovido,
El justo será recordado para siempre.
⁷ No tendrá temor de malas noticias.
Su corazón está firme, confiado en YAVÉ.
⁸ Su corazón está sostenido.
No temerá hasta que mire desde arriba a sus adversarios.
⁹ El reparte libremente a los pobres.
Su justicia permanece para siempre.
Su poder es exaltado con honor.
¹⁰ Lo verá el perverso y se angustiará.
Crujirá sus dientes y se consumirá.
El deseo de los perversos perecerá.

¡Aleluya!

113

¹ ¡Alaben, esclavos de YAVÉ!
¡Alaben el Nombre de YAVÉ!
² ¡Bendito sea el Nombre de YAVÉ
Desde ahora y para siempre!
³ Desde el nacimiento del sol hasta su ocaso
Sea alabado el Nombre de YAVÉ.
⁴ YAVÉ es excelso sobre todas las naciones,
Sobre el cielo su gloria.
⁵ ¿Quién es como YAVÉ, nuestro 'ELOHIM,
Quien está entronizado en las alturas,
⁶ Quien se humilla para mirar en el cielo y en la tierra?
⁷ Él levanta del polvo al pobre
Y saca del basurero al indigente,
⁸ Para hacerlos sentar con líderes,
Con los líderes de su pueblo.
⁹ Él coloca en la casa a la estéril
Como madre gozosa de hijos.
¡Aleluya!

114 ¹ Cuando Israel salió de Egipto,
La casa de Jacob de un pueblo de lengua extraña,
² Judá fue su santuario,
E Israel, su dominio.
³ El mar *lo* vio y huyó,
El Jordán retrocedió.
⁴ Las montañas saltaron como carneros,
Las colinas, como corderos.
⁵ ¿Qué te ocurrió, oh mar, que huiste?
¿Y tú, oh Jordán, que retrocediste?
⁶ *¿Ustedes, oh montañas*, que saltan como carneros,
Y ustedes, oh colinas, como corderos?
⁷ Tiembla, oh tierra, ante 'ADONAY,
Ante el 'ELOHIM de Jacob,
⁸ Quien convirtió la peña en un estanque de aguas,
Y el pedernal en manantial de aguas.

115 ¹ No a nosotros, oh YAVÉ,
No a nosotros,
Sino a tu Nombre da gloria,
Por tu misericordia y por tu verdad.
² ¿Por qué deben decir los gentiles:
Dónde está su 'ELOHIM?
³ Nuestro 'ELOHIM está en el cielo.
Hizo todo lo que quiso.
⁴ Los ídolos de ellos son de plata y oro,
Obra de manos de hombres.
⁵ Tienen bocas, pero no hablan.
Tienen ojos, pero no ven.
⁶ Tienen orejas, pero no oyen.
Tienen fosas nasales, pero no perciben olor.
⁷ Tienen manos, pero no palpan.
Tienen pies, pero no andan.
No hablan con su garganta.
⁸ Los que los hacen
Y todos los que confían en ellos
Son semejantes a ellos.
⁹ ¡Oh Israel, confía en YAVÉ!
Él es tu Ayuda y Escudo.
¹⁰ ¡Oh casa de Aarón, confía en YAVÉ!
Él es tu Ayuda y tu Escudo.

¹¹ Los que temen a YAVÉ,
Confíen en YAVÉ.
Él es su Ayuda y su Escudo.
¹² YAVÉ se acordó de nosotros,
Él nos bendecirá.
Bendecirá a la casa de Israel,
Bendecirá a la casa de Aarón.
¹³ Bendecirá a los que temen a YAVÉ,
A los pequeños y a los grandes.
¹⁴ YAVÉ aumentará bendición
Sobre ustedes y sobre sus hijos.
¹⁵ Benditos sean ustedes por YAVÉ,
Quien hizo el cielo y la tierra.
¹⁶ El cielo es el cielo de YAVÉ,
Pero Él dio la tierra a los hijos de *los* hombres.
¹⁷ No alaban los muertos a YA,
Ni cualquiera que baja al silencio.
¹⁸ Pero nosotros bendecimos a YA desde ahora y para siempre.
¡Aleluya!

116

¹ Amo a YAVÉ,
Porque escucha mi voz y mis súplicas,
² Porque inclina a mí su oído.
Por tanto, *lo* invocaré mientras viva.
³ Me rodearon las ataduras de la muerte.
Me cayeron los terrores del *Seol*.
Hallé angustia y tristeza.
⁴ Entonces invoqué el Nombre de YAVÉ:
Oh YAVÉ, te busco, libra mi alma.
⁵ Bondadoso y justo es YAVÉ.
Sí, misericordioso es nuestro 'ELOHIM.
⁶ YAVÉ guarda a los sencillos.
Estaba yo postrado
Y Él me salvó.
⁷ Vuelve, alma mía, a tu reposo,
Porque YAVÉ te llenó de bien.
⁸ Tú libraste mi vida de la muerte,
Mis ojos, de las lágrimas,
Y mis pies, de tropezar.
⁹ Andaré delante de YAVÉ
En la tierra de los vivientes.

¹⁰ Creí, por tanto hablé:
Estoy afligido en gran manera.
¹¹ Y dije en mi apresuramiento:
Todo hombre es mentiroso.
¹² ¿Qué pagaré a Yavé
Por todos sus beneficios para mí?
¹³ Levantaré la copa de la salvación
E invocaré el Nombre de Yavé.
¹⁴ A Yavé cumpliré mis votos
En presencia de todo su pueblo.
¹⁵ Estimada es a los ojos de Yavé
La muerte de sus santos.
¹⁶ Oh Yavé, ciertamente yo soy tu esclavo.
Esclavo tuyo soy, hijo de tu esclava,
Tú desataste mis ataduras.
¹⁷ Te ofreceré sacrificio de acción de gracias
E invocaré el Nombre de Yavé.
¹⁸ A Yavé cumpliré mis votos,
En presencia de todo su pueblo,
¹⁹ En los patios de la Casa de Yavé,
En medio de *ti*, oh Jerusalén.
¡Aleluya!

117

¹ Alaben a Yavé, todas las naciones.
Alábenlo todos los pueblos.
² Porque su misericordia es grande para nosotros
Y la fidelidad de Yavé es para siempre.
¡Aleluya!

118

¹ Den gracias a Yavé, porque Él es bueno,
Porque para siempre es su misericordia.
² Diga ahora Israel:
Que para siempre es su misericordia.
³ Diga la casa de Aarón:
Que para siempre es su misericordia.
⁴ Digan ahora los que temen a Yavé:
Que para siempre es su misericordia.
⁵ En mi angustia clamé a Ya,
Y Ya me respondió
Y me colocó en lugar amplio.
⁶ Yavé está conmigo,
No temeré

Lo que me haga el hombre.
⁷ YAVÉ está conmigo entre los que me ayudan.
Por tanto veré mi deseo en los que me odian.
⁸ Mejor es refugiarse en YAVÉ
Que confiar en hombre.
⁹ Mejor es refugiarse en YAVÉ
Que confiar en los poderosos.
¹⁰ Todas las naciones me rodearon.
En el Nombre de YAVÉ yo las destruiré.
¹¹ Me rodearon,
Sí, me asediaron.
En el Nombre de YAVÉ ciertamente las destruiré.
¹² Me rodearon como abejas.
Se extinguieron como fuego de espinos.
En el Nombre de YAVÉ yo ciertamente las destruiré.
¹³ Ustedes me empujaron con violencia
De modo que estaba cayendo,
Pero me ayudó YAVÉ.
¹⁴ Mi Fortaleza y mi Canto es YA.
Él es mi salvación.
¹⁵ Voz de júbilo y de salvación hay en las tiendas de los justos.
La mano derecha de YAVÉ hace proezas.
¹⁶ La mano derecha de YAVÉ está levantada en alto.
La mano derecha de YAVÉ realiza hazañas.
¹⁷ No moriré, sino viviré,
Y contaré las obras de YA.
¹⁸ Me disciplinó severamente YA,
Pero no me entregó a la muerte.
¹⁹ Ábranme las puertas de la justicia.
Entraré por ellas,
Daré gracias a YA.
²⁰ Esta es la puerta de YAVÉ.
Por ella entrarán los justos.
²¹ Te alabaré porque me escuchaste,
Y fuiste mi salvación.
²² La piedra que desecharon los edificadores
Es cabeza del ángulo.
²³ Esta es la obra de YAVÉ.
Es maravillosa ante nuestros ojos.
²⁴ Este es el día que hizo YAVÉ.

¡Regocijémonos y alegrémonos en él!
²⁵ Te imploramos, oh Yavé. ¡Sálvanos ahora!
Te rogamos, oh Yavé que nos prosperes ahora.
²⁶ ¡Bendito el que viene en el Nombre de Yavé!
Desde la Casa de Yavé los bendecimos.
²⁷ 'El es Yavé, y nos dio luz,
Aten con cuerdas sacrificios festivos a los cuernos del altar.
²⁸ Tú eres mi 'El, y te doy gracias.
Tú eres mi 'Elohim, te exaltaré.
²⁹ Den gracias a Yavé porque Él es bueno,
Porque para siempre es su misericordia.

119

¹ Inmensamente felices son los de proceder intachable,
Quienes andan en la Ley de Yavé.
² Inmensamente felices son los que observan sus Testimonios,
Los que lo buscan de todo corazón.
³ Ellos tampoco cometen injusticia.
Andan en los caminos de Él.
⁴ Tú nos ordenaste
Que guardemos tus Preceptos con diligencia.
⁵ ¡Cómo anhelo que sean establecidos mis caminos,
Para guardar tus Estatutos!
⁶ Entonces no sería yo avergonzado
Cuando observe todos tus Mandamientos.
⁷ Te daré gracias con rectitud de corazón
Cuando aprenda tus rectos juicios.
⁸ Guardaré tus Estatutos.
No me abandones completamente.
⁹ ¿Cómo puede un joven guardar puro su camino?
Al mantenerlo según tu Palabra.
¹⁰ Con todo mi corazón te he buscado.
No permitas que me desvíe de tus Mandamientos.
¹¹ Tu Palabra atesoré en mi corazón
Para no pecar contra Ti.
¹² Bendito seas Tú, oh Yavé.
Enséñame tus Estatutos.
¹³ Con mis labios conté
Todas las Ordenanzas de tu boca.
¹⁴ Me he regocijado en el camino de tus Testimonios,
Tanto como en todas *las* riquezas.
¹⁵ Meditaré en tus Ordenanzas.

Consideraré tus caminos.
¹⁶ Me deleitaré en tus Estatutos.
No olvidaré tu Palabra.
¹⁷ Concede beneficio a tu esclavo,
Que yo viva y guarde tu Palabra.
¹⁸ Abre mis ojos,
Para que yo vea las maravillas de tu Ley.
¹⁹ Soy un peregrino en la tierra.
No encubras de mí tus Mandamientos.
²⁰ Mi alma se quebranta con el anhelo
De seguir tus Ordenanzas en todo tiempo.
²¹ Tú reprendes a los arrogantes.
Son malditos los que se desvían de tus Mandamientos.
²² Aparta de mí el oprobio y el menosprecio,
Porque he guardado tus Testimonios.
²³ Aunque los magistrados se sienten
Y hablen contra mí,
Tu esclavo medita en tus Estatutos.
²⁴ Tus Testimonios son también mi deleite y mis consejeros.
²⁵ Postrada en el polvo está mi alma.
Dame vida según tu Palabra.
²⁶ Te declaré mis caminos,
Y me respondiste.
Enséñame tus Estatutos.
²⁷ Hazme entender la vía de tus Estatutos
Para que yo medite en sus maravillas.
²⁸ Mi vida se disuelve a causa de la tristeza.
Fortaléceme según tu Palabra.
²⁹ Aparta de mí el camino falso,
Y con bondad concédeme tu Ley.
³⁰ Escogí el camino fiel.
Me enfrenté a tus Ordenanzas.
³¹ Me apegué a tus Testimonios, oh YAVÉ.
No me entregues a la vergüenza.
³² Correré por el camino de tus Mandamientos,
Porque Tú ensancharás mi corazón.
³³ Enséñame, oh YAVÉ, la vía de tus Estatutos,
Y lo guardaré hasta el fin.
³⁴ Dame entendimiento para que yo observe tu Ley,
Y la observaré de todo corazón.

35 Hazme andar por la senda de sus Mandamientos,
Porque en ella me deleito.
36 Inclina mi corazón a tus Testimonios,
Y no a ganancia deshonesta.
37 Aparta mis ojos para que no miren vanidad.
Revíveme en tus caminos.
38 Establece tu Palabra para tu esclavo,
Como la que produce reverencia a Ti.
39 Aleja de mí la reprobación que temo,
Porque tus Ordenanzas son buenas.
40 Mira, yo anhelo tus Preceptos.
Revíveme en tu justicia.
41 Venga a mí, oh YAVÉ, tu misericordia,
Tu salvación, conforme a tu Palabra,
42 A fin de que tenga respuesta para el que me reprueba,
Porque confío en tu Palabra.
43 No quites de mi boca en algún momento la Palabra de verdad,
Porque yo confío en tus Ordenanzas.
44 Así observaré tu Ley continuamente,
Eternamente y para siempre.
45 Andaré en libertad,
Porque busco tus Preceptos.
46 Delante de reyes hablaré también de tus Testimonios,
Y no me avergonzaré.
47 Me deleitaré en tus Mandamientos,
Los cuales amo.
48 Alzaré mis manos hacia tus Mandamientos,
Los cuales amo,
Y meditaré en tus Estatutos.
49 Recuerda la promesa *dada* a tu esclavo,
En la cual me ordenaste esperar.
50 Ella es mi consuelo en mi aflicción,
Porque tu Palabra me da vida.
51 Muchos se burlan de mí,
Pero no me apartan de tu Ley.
52 Recuerdo tus antiguas Ordenanzas, oh YAVÉ,
Y me consuelo.
53 Indignación ardiente se apoderó de mí
A causa de los perversos que abandonan tu Ley.
54 Tus Estatutos fueron cantos para mí

En la casa de mi peregrinaje.
⁵⁵ Recuerdo tu Nombre en la noche, oh YAVÉ,
Y observo tu Ley.
⁵⁶ Esto me sucedió
Para que yo observe tus Preceptos.
⁵⁷ Mi posesión es YAVÉ.
Prometí que observaré tus Palabras.
⁵⁸ Busqué tu favor con todo mi corazón.
Sé bondadoso conmigo, según tu Palabra.
⁵⁹ Consideré mis caminos
Y volví mis pies a tus Testimonios.
⁶⁰ Me apresuré, no me demoré
En guardar tus Mandamientos.
⁶¹ Las cuerdas de los perversos me rodearon,
Pero no olvidé tu Ley.
⁶² A medianoche me levanto
Para darte gracias por tus justas Ordenanzas.
⁶³ Soy compañero de todos los que te temen,
Y de los que observan sus Preceptos.
⁶⁴ Oh YAVÉ, la tierra está llena de tu misericordia.
Enséñame tus Estatutos.
⁶⁵ Oh YAVÉ, bien hiciste a tu esclavo según tu Palabra.
⁶⁶ Enséñame buen discernimiento y conocimiento,
Porque creo tus Mandamientos.
⁶⁷ Antes de ser afligido me extravié,
Pero ahora observo tu Palabra.
⁶⁸ Bueno eres Tú
Y haces lo bueno.
Enséñame tus Estatutos.
⁶⁹ Los arrogantes forjaron mentira contra mí.
Yo observo tus Preceptos de todo corazón.
⁷⁰ Los corazones de ellos están cubiertos de grasa.
Yo me deleito en tu Ley.
⁷¹ Fue bueno para mí que fui afligido,
Para que aprenda tus Estatutos.
⁷² Mejor me es la Ley de tu boca
Que millares de oro y plata.
⁷³ Tus manos me hicieron y me afirmaron.
Dame entendimiento para que aprenda tus Mandamientos.
⁷⁴ Que los que te reverencian

Me vean y se alegren,
Porque confié en tu Palabra.
⁷⁵ Sé, oh YAVÉ, que tus juicios con justos,
Y que me afligiste según tu fidelidad.
⁷⁶ Oh, que tu misericordia me consuele,
Conforme prometiste a tu esclavo.
⁷⁷ Que tu compasión venga a mí,
Para que yo viva,
Porque tu Ley es mi deleite.
⁷⁸ Sean avergonzados los arrogantes,
Porque sin causa me calumnian,
Pero yo meditaré en tus Preceptos.
⁷⁹ Que se vuelvan a mí los que te temen,
Los que conocen tus Testimonios.
⁸⁰ Sea mi corazón íntegro en tus Estatutos,
Para que no sea avergonzado.
⁸¹ Mi alma desfallece por tu salvación.
Pero confío en tu Palabra.
⁸² Se consumen mis ojos *esperando* tu Palabra,
Mientras digo: ¿Cuándo me consolará?
⁸³ Aunque soy como odre en el humo,
No olvido tus Estatutos.
⁸⁴ ¿Cuántos son los días de tu esclavo?
¿Cuándo juzgarás a los que me persiguen?
⁸⁵ Los arrogantes me cavaron fosa,
Los que no concuerdan con tu Ley.
⁸⁶ Todos tus Mandamientos son fieles.
Me persiguen con engaño. Ayúdame.
⁸⁷ Casi me destruyen en la tierra,
Pero yo no abandono tus Preceptos.
⁸⁸ Vivifícame según tu misericordia,
Y observaré los Testimonios de tu boca.
⁸⁹ Para siempre, oh YAVÉ,
Tu Palabra permanece en el cielo.
⁹⁰ Por todas las generaciones es tu fidelidad.
Tú estableciste la tierra, y permanece.
⁹¹ Por tu mandato subsisten hasta hoy *todas las cosas*,
Porque todas ellas te sirven como esclavas.
⁹² Si tu Ley no fuera mi deleite,
Entonces habría perecido en mi aflicción.

⁹³ Jamás olvido tus Preceptos,
Porque con ellos me vivificaste.
⁹⁴ Tuyo soy. ¡Sálvame!
Porque busqué tus Preceptos.
⁹⁵ Me esperan los perversos para destruirme.
Pero yo considero tus Testimonios.
⁹⁶ En toda perfección he visto límite.
Tu Mandamiento es inmensamente amplio.
⁹⁷ ¡Oh, cuánto amo yo tu Ley!
Todo el día es mi meditación.
⁹⁸ Tus Mandamientos me hacen más sabio que mis enemigos,
Porque siempre están conmigo.
⁹⁹ Tengo mejor entendimiento que todos mis maestros,
Porque tus Testimonios son mi meditación.
¹⁰⁰ Entiendo más que los ancianos,
Porque observo tus Preceptos.
¹⁰¹ De todo mal camino contuve mis pies,
Para observar tu Palabra.
¹⁰² No me aparté de tus Ordenanzas,
Porque Tú mismo me enseñaste.
¹⁰³ ¡Cuán dulces son tus Palabras a mi paladar,
Más que miel a mi boca!
¹⁰⁴ De sus Preceptos recibo entendimiento,
Por tanto aborrezco todo camino falso.
¹⁰⁵ Lámpara a mis pies es tu Palabra,
Y lumbrera a mi camino.
¹⁰⁶ Juré observar tus justas Ordenanzas.
Lo cumpliré
Y lo confirmo:
Guardaré tus justas Ordenanzas.
¹⁰⁷ Estoy afligido en gran manera.
Oh Yavé, vivifícame según tu Palabra.
¹⁰⁸ Acepta las ofrendas voluntarias de mi boca, oh Yavé,
Y enséñame tus Ordenanzas.
¹⁰⁹ Mi vida está de continuo en peligro,
Pero yo no olvido tu Ley.
¹¹⁰ Los perversos me tienden una trampa,
Pero yo no me desvío de tus Preceptos.
¹¹¹ Tus Testimonios son mi herencia eterna,
Porque ellos son el gozo de mi corazón.

¹¹² Incliné mi corazón a cumplir tus Estatutos,
De continuo hasta el fin.
¹¹³ Aborrezco a los de doble ánimo,
Pero amo tu Ley.
¹¹⁴ Tú eres mi Refugio y mi Escudo.
Confío en tu Palabra.
¹¹⁵ Apártense de mí, perversos,
Para que yo observe los Mandamientos de mi 'ELOHIM.
¹¹⁶ Susténtame según tu Palabra para que viva
Y no dejes que sea avergonzado de mi esperanza.
¹¹⁷ Susténtame para que sea salvo,
Para que yo observe de continuo tus Estatutos.
¹¹⁸ Rechazas a todos los que se desvían de tus Estatutos,
Porque su astucia es falsedad.
¹¹⁹ Removiste de la tierra *como* escoria a todos los perversos.
Por tanto, amo tus Testimonios.
¹²⁰ Mi carne se estremece de temor a Ti,
Y ante tus juicios me lleno de pavor.
¹²¹ Actué con justicia y rectitud.
No me abandones a mis opresores.
¹²² Sé garante de tu esclavo para bien,
Que no me opriman los arrogantes.
¹²³ Mis ojos desfallecen por tu salvación,
Y por la Palabra de tu justicia.
¹²⁴ Haz con tu esclavo según tu misericordia,
Y enséñame tus Estatutos.
¹²⁵ Yo soy tu esclavo.
Dame entendimiento para comprender tus Testimonios.
¹²⁶ Es tiempo de actuar, oh YAVÉ.
Porque invalidaron tu Ley.
¹²⁷ Por tanto amo tus Mandamientos
Más que el oro, sí, más que el oro fino.
¹²⁸ Por tanto estimo rectos todos tus Preceptos
Con respecto a todas las cosas.
Aborrezco todo camino falso.
¹²⁹ ¡Maravillosos son tus Testimonios!
Por tanto los observa mi alma.
¹³⁰ La exposición de tus Palabras alumbra.
Da entendimiento a los simples.
¹³¹ Abrí bien mi boca y suspiré,

Porque anhelaba tus Mandamientos.
¹³² Mírame y ten misericordia de mí,
Como acostumbras con los que aman tu Nombre.
¹³³ Afirma mis pasos con tu Palabra,
Y no permitas que alguna iniquidad me domine.
¹³⁴ Líbrame de la violencia de los hombres,
Y observaré tus Mandamientos.
¹³⁵ Haz resplandecer tu rostro sobre tu esclavo,
Y enséñame tus Estatutos.
¹³⁶ Manantiales de agua bajarán de mis ojos,
Porque ellos no observan tu Ley.
¹³⁷ Justo eres Tú, oh YAVÉ,
Y rectos son tus juicios.
¹³⁸ Tus Testimonios nos mandaste con justicia,
Y extraordinaria fidelidad.
¹³⁹ Mi celo me consume,
Porque mis adversarios olvidaron tus Palabras.
¹⁴⁰ Tu Palabra es muy pura,
Por tanto, tu esclavo la ama.
¹⁴¹ Soy pequeño y despreciado,
Pero no olvido tus Preceptos.
¹⁴² Tu justicia es eterna,
Y tu Ley es verdad.
¹⁴³ La aflicción y la angustia me alcanzaron,
Pero tus Mandamientos son mi delicia.
¹⁴⁴ Tus Testimonios son justicia eterna.
Dame entendimiento para que viva.
¹⁴⁵ Clamo con todo mi corazón.
Respóndeme, oh YAVÉ.
Observaré tus Estatutos.
¹⁴⁶ A Ti clamo: ¡Sálvame!
Y observaré tus Testimonios.
¹⁴⁷ Me levanté antes del alba y clamé.
Espero tu Palabra.
¹⁴⁸ Mis ojos se anticipan a las vigilias de la noche
Para meditar en tu Palabra.
¹⁴⁹ Oye mi voz según tu misericordia.
Vivifícame, oh YAVÉ, según tus Ordenanzas.
¹⁵⁰ Los que siguen la perversidad se acercan.
Están lejos de tu Ley.

¹⁵¹ Tú, oh YAVÉ, estás cerca,
Y todos tus Mandamientos son verdad.
¹⁵² Desde antaño conocí tus Testimonios,
Que Tú estableciste para siempre.
¹⁵³ Mira mi aflicción y rescátame,
Porque yo no olvido tu Ley.
¹⁵⁴ Defiende mi causa y redímeme,
Vivifícame según tu Palabra.
¹⁵⁵ Lejos de los perversos está la salvación,
Porque no buscan tus Estatutos.
¹⁵⁶ Oh YAVÉ, grandes son tus misericordias.
Vivifícame según tus Ordenanzas.
¹⁵⁷ Muchos son mis perseguidores y mis adversarios,
Pero yo no me aparto de tus Testimonios.
¹⁵⁸ Veo a los traidores y me disgusto,
Porque ellos no observan tu Palabra.
¹⁵⁹ Considera cuánto amo tus Preceptos.
Vivifícame, oh YAVÉ, según tu misericordia.
¹⁶⁰ La suma de tu Palabra es verdad,
Y eterna cada una de tus justas Ordenanzas.
¹⁶¹ Príncipes me persiguen sin causa,
Pero mi corazón tiene temor a tus Palabras.
¹⁶² Me regocijo en tu Palabra
Como el que halla gran despojo.
¹⁶³ Aborrezco y repugno la mentira.
Amo tu Ley.
¹⁶⁴ Siete veces al día te alabo
A causa de tus justas Ordenanzas.
¹⁶⁵ Mucha paz tienen los que aman su Ley,
Y no hay tropiezo para ellos.
¹⁶⁶ Oh YAVÉ, espero tu salvación
Y practico tus Mandamientos.
¹⁶⁷ Mi alma observa tus Testimonios,
Y los ama intensamente.
¹⁶⁸ Observo tus Preceptos y tus Testimonios,
Porque todos mis caminos están delante de Ti.
¹⁶⁹ Llegue mi clamor ante Ti, oh YAVÉ.
Dame entendimiento según tu Palabra.
¹⁷⁰ Llegue mi súplica ante Ti.
Líbrame según tu Palabra.

¹⁷¹ Mis labios rebozan alabanza
Cuando Tú me enseñas tus Estatutos.
¹⁷² Hablará mi lengua tu Palabra,
Porque todos tus Mandamientos son justicia.
¹⁷³ Esté tu mano lista para socorrerme,
Porque escogí tus Ordenanzas.
¹⁷⁴ Anhelo tu salvación, oh Yavé,
Y tu Ley es mi deleite.
¹⁷⁵ Viva mi alma y te alabe,
Y que me ayuden tus Ordenanzas.
¹⁷⁶ Anduve errante como oveja perdida.
Busca a tu esclavo,
Porque no olvido tus Mandamientos.

Canto de ascenso gradual[a]

120

¹ En mi angustia clamé a Yavé,
Y Él me respondió.
² Oh Yavé, libra mi vida de labios mentirosos,
De una lengua engañadora.
³ ¿Qué se te dará,
O qué más se te hará,
Oh lengua engañosa?
⁴ Agudas flechas de guerrero,
Forjadas con brasas de enebro.[b]
⁵ ¡Ay de mí, porque vivo desterrado en Mesec,
Y habito entre las tiendas de Cedar!
⁶ Mucho tiempo estuvo mi alma
Con los que aborrecen la paz.
⁷ Yo soy pacífico, pero cuando hablo,
Ellos me declaran la guerra.

Canto de ascenso gradual

121

¹ Levantaré mis ojos a las montañas.
¿De dónde vendrá mi socorro?
² Mi socorro *viene* de Yavé,
Quien hizo *el* cielo y *la* tierra.
³ No permitirá que tu pie resbale,
Ni se dormirá el que te guarda.

---

[a] **120.1** Gradual: O de las subidas, o peregrinaciones. Probablemente se cantaban en las subidas anuales a Jerusalén.   [b] **120.4** Enebro: arbusto de madera muy dura.

⁴ Ciertamente, no se adormecerá ni dormirá,
El que guarda a Israel.
⁵ YAVÉ es tu Guardador,
YAVÉ es tu Sombra a tu mano derecha.
⁶ El sol no te fatigará de día,
Ni la luna de noche.
⁷ YAVÉ te protegerá de todo mal.
Él guardará tu alma.
⁸ YAVÉ guardará tu salida y tu entrada
Desde ahora y para siempre.

Canto de ascenso gradual de David

122 ¹ Yo me alegraba cuando me decían:
Vayamos a la Casa de YAVÉ.
² Nuestros pies están plantados dentro de tus puertas,
Oh Jerusalén.
³ Jerusalén está edificada
Como una ciudad compacta,
⁴ Adonde suben las tribus de YA,
Según una Ordenanza para Israel,
A dar gracias al Nombre de YAVÉ,
⁵ Porque allá están establecidos tronos de juicio,
Los tronos de la casa de David.
⁶ Oren por la paz de Jerusalén:
Que prosperen los que te aman,
⁷ Que haya paz dentro de tus muros
Y prosperidad dentro de tus palacios.
⁸ Por amor a mis hermanos y a mis amigos, diré ahora:
Haya paz dentro de ti.
⁹ Por amor a la Casa de YAVÉ nuestro 'ELOHIM,
Oraré por tu bien.

Canto de ascenso gradual

123 ¹ A Ti, que habitas en los cielos, levanto mis ojos,
A Ti que estás entronizado en los cielos.
² Ciertamente como los ojos de los esclavos
Miran la mano de su amo,
Y los ojos de la esclava la mano de su ama,
Así nuestros ojos miran a YAVÉ nuestro 'ELOHIM,
Hasta que tenga misericordia de nosotros.

³ Ten misericordia de nosotros, oh YAVÉ.
Ten compasión de nosotros.
Porque estamos saturados de desprecio.
⁴ Saturada está nuestra alma
Con la burla de los que están en holgura,
Y con el desprecio de los arrogantes.

Canto gradual de David

124 ¹ Si YAVÉ no estuviera a favor de nosotros,
Que *lo* diga ahora Israel:
² Si YAVÉ no estuviera a favor de nosotros
Cuando los hombres se levantaron contra nosotros,
³ Entonces nos habrían tragado vivos,
Cuando el furor de ellos se encendió contra nosotros.
⁴ Entonces nos habrían anegado las aguas,
Y el torrente hubiera pasado a nuestra alma.
⁵ Entonces el torrente nos habría inundado.
Sobre nuestras vidas habrían pasado las aguas impetuosas.
⁶ Bendito sea YAVÉ,
Quien no nos entregó como presa de los dientes de ellos.
⁷ Como un ave que escapa de la trampa del cazador,
Así escapó nuestra alma.
¡La trampa se rompió,
Y nosotros escapamos!
⁸ Nuestro socorro está en el Nombre de YAVÉ,
Quien hizo el cielo y la tierra.

Canto de ascenso gradual

125 ¹ Los que confían en YAVÉ
Son como la Montaña Sion,
Que no se mueve, sino permanece para siempre.
² Como Jerusalén tiene montañas alrededor de ella,
Así YAVÉ está alrededor de su pueblo
Desde ahora y para siempre.
³ Porque no reposará el cetro de la perversidad
Sobre la heredad de los justos,
Para que los justos no extiendan sus manos a la iniquidad.
⁴ Oh YAVÉ, concede bien a los buenos
Y a los que son rectos en su corazón.
⁵ Pero a los que se apartan a sus caminos torcidos,

YAVÉ los llevará con los que hacen iniquidad.
¡Paz sea sobre Israel!

Canto de ascenso gradual

126 ¹ Cuando YAVÉ devuelva a los cautivos de Sion,
Seremos como los que sueñan.
² Entonces nuestras bocas se llenarán de risa,
Y nuestras lenguas de alabanza.
Entonces dirán entre las naciones:
¡Grandes cosas hizo YAVÉ por éstos!
³ ¡YAVÉ hizo grandes cosas por nosotros!
¡Estamos alegres!
⁴ Devuelve a nuestros cautivos, oh YAVÉ,
Como los torrentes en el Neguev.
⁵ Los que siembran con lágrimas
Con regocijo segarán.
⁶ El que va de un lado a otro llorando
Y lleva el saco de semilla,
Ciertamente volverá con regocijo
Y traerá sus manojos.

Canto de ascenso gradual de Salomón

127 ¹ Si YAVÉ no edifica la casa,
En vano trabajan los que la edifican.
Si YAVÉ no guarda la ciudad,
En vano vela el vigilante.
² En vano ustedes se levantan de madrugada,
Se van tarde a descansar,
Y comen el pan de dolorosos trabajos,
Porque Él da el sueño a sus amados.
³ Ciertamente herencia de YAVÉ son los hijos.
El fruto del vientre es una recompensa.
⁴ Como flechas en la mano del guerrero,
Así son los hijos que llegan en la juventud.
⁵ Inmensamente feliz es el varón
Que llena su caja portátil de flechas con ellos.
No será avergonzado
Cuando hablen con sus enemigos en la puerta.

Canto de ascenso gradual

128

¹ Inmensamente feliz es todo el que teme a Yavé,
Quien anda en sus caminos.
² Cuando tú comas del fruto de tus manos
Serás inmensamente feliz y saldrás bien.
³ Tu esposa será como vid fructífera dentro de tu casa,
Tus hijos, como retoños de olivo alrededor de tu mesa.
⁴ Ciertamente así será bendecido el hombre
Que teme a Yavé.
⁵ Desde Sion te bendiga Yavé,
Y que veas la prosperidad de Jerusalén todos los días de tu vida,
⁶ Que en verdad veas tus nietos.
Paz sea sobre Israel.

Canto de ascenso gradual

129

¹ Muchas veces me persiguieron desde mi juventud.
Que *lo* diga ahora Israel:
² Muchas veces me persiguieron desde mi juventud,
Pero no prevalecieron contra mí.
³ Los aradores araron sobre mi espalda.
Hicieron largos surcos.
⁴ Yavé es justo,
Cortó las cuerdas de los perversos.
⁵ Sean avergonzados y vueltos atrás
Todos los que aborrecen a Sion.
⁶ Sean como *la* hierba de las azoteas
Que se marchita antes de crecer,
⁷ Con la cual el cosechero no llena su mano,
Ni el regazo el que ata manojos.
⁸ Ni le dicen los que pasan:
La bendición de Yavé sea sobre ustedes,
Los bendecimos en el Nombre de Yavé.

Canto de ascenso gradual

130

¹ Oh Yavé, de lo profundo de mi ser clamo a Ti.
² ¡Oh 'Adonay, escucha mi voz!
Estén atentos tus oídos
A la voz de mis súplicas.
³ Si Tú, YA, tomas en cuenta las iniquidades,

¿Quién, oh 'ADONAY, puede mantenerse en pie?
⁴ Pero en Ti hay perdón
Para que seas reverenciado.
⁵ Espero a YAVÉ. Mi alma espera.
En tu Palabra fijo mi esperanza.
⁶ Más que los centinelas a la mañana,
Mi alma espera a 'ADONAY.
¡*Sí*, más que los centinelas la mañana!
⁷ Oh Israel, espera a YAVÉ,
Porque en YAVÉ hay misericordia,
Y en Él hay gran redención.
⁸ Él redimirá a Israel de todas sus iniquidades.

Canto de ascenso gradual de David

131

¹ Oh YAVÉ, no se envaneció mi corazón,
Ni mis ojos se enaltecieron,
Ni anduve tras grandezas,
Ni en cosas demasiado difíciles para mí.
² Ciertamente calmé y tranquilicé mi alma,
Como un bebé destetado de su madre.
Como un bebé destetado está mi alma dentro de mí.
³ Espera, oh Israel, a YAVÉ
Desde ahora y para siempre.

Canto de ascenso gradual

132

¹ Acuérdate, oh YAVÉ, de David,
Y de toda su aflicción.
² De cómo juró a YAVÉ,
Y prometió al Fuerte de Jacob:
³ Ciertamente no entraré en mi tienda,
Ni subiré a mi cama.
⁴ No concederé sueño a mis ojos,
Ni a mis párpados calma,
⁵ Hasta que halle lugar para YAVÉ,
Tabernáculo para el Fuerte de Jacob.
⁶ Ciertamente oímos de ello en Efrata.
Lo hallamos en el campo del bosque.
⁷ Entremos en su Tabernáculo,
Postrémonos ante el estrado de sus pies.
⁸ Oh YAVÉ, levántate *y ven* al lugar de tu reposo,

Tú y el Arca de tu poder.
⁹ Que tus sacerdotes se vistan de justicia,
Y se regocijen tus santos.
¹⁰ Por amor a David tu esclavo,
No vuelvas el rostro de tu ungido.
¹¹ En verdad Yavé juró a David,
Y no se retractará de ello:
De tu descendencia sentaré en tu trono.
¹² Si tus hijos observan mi Pacto,
Y mi testimonio que Yo les enseño,
Tus hijos también se sentarán en tu trono para siempre.
¹³ Porque Yavé escogió a Sion.
La deseó para morada suya:
¹⁴ Este es el lugar de mi reposo para siempre.
Aquí moraré, porque lo deseé.
¹⁵ Con abundancia bendeciré su provisión,
Y saciaré de pan a sus necesitados.
¹⁶ Vestiré con salvación a sus sacerdotes,
Y sus santos darán voces de júbilo.
¹⁷ Allí retoñará el poder de David.
Dispuse una lámpara para mi ungido.
¹⁸ A sus enemigos vestiré de vergüenza,
Pero sobre él resplandecerá su corona.

Canto de ascenso gradual de David

133 ¹ ¡Miren cuán bueno y cuán agradable es
Que los hermanos vivan juntos en unidad!
² Es como el buen aceite sobre la cabeza
Que baja sobre la barba,
La barba de Aarón,
Y baja hasta el borde de sus ropas.
³ Como el rocío de la montaña Hermón,
Que baja sobre las montañas de Sion,
Porque allá Yavé envía bendición: vida eterna.

Canto de ascenso gradual

134 ¹ Miren, bendigan a Yavé,
Ustedes, todos los esclavos de Yavé,
Los que sirven de noche en la Casa de Yavé.
² Levanten sus manos hacia el Santuario,

Y bendigan a YAVÉ.
³ Que YAVÉ, el que hizo el cielo y la tierra,
Te bendiga desde Sion.

¡Aleluya!

135

¹ Alaben el Nombre de YAVÉ.
Alábenlo, esclavos de YAVÉ,
² Ustedes quienes están en la Casa de YAVÉ,
En los patios de la Casa de nuestro 'ELOHIM.
³ ¡Aleluya, porque YAVÉ es bueno!
Canten salmos a su Nombre,
Porque *eso* es agradable.
⁴ Porque YA escogió a Jacob para Él,
A Israel como su posesión.
⁵ Porque yo sé que YAVÉ es grande,
Y que nuestro 'ADONAY está por encima de todos los *elohim*.
⁶ YAVÉ hace todo lo que quiere,
Tanto en el cielo como en la tierra,
En los mares y en todos los abismos.
⁷ Él impulsa
Para que las nieblas suban desde los confines de la tierra.
Produce relámpagos para la lluvia,
Saca de sus tesoros el viento.
⁸ Él fue el que mató a los primogénitos de Egipto,
Tanto del hombre como del animal.
⁹ En medio de Ti, oh Egipto, envió señales y prodigios,
Contra Faraón y todos sus esclavos.
¹⁰ Destruyó a muchas naciones,
Y mató a reyes poderosos:
¹¹ A Sehón rey de los amorreos,
A Og rey de Basán,
Y a todos los reyes de Canaán.
¹² Dio la tierra de ellos
Como heredad a su pueblo Israel.
¹³ Oh YAVÉ, eterno es tu Nombre.
Tu memoria, oh YAVÉ, por todas las generaciones.
¹⁴ Porque YAVÉ juzgará a su pueblo
Y tendrá compasión de sus esclavos.
¹⁵ Los ídolos de las naciones son *de* plata y oro,
Obra de manos de hombre.

¹⁶ Tienen bocas, pero no hablan.
Tienen ojos, pero no ven.
¹⁷ Tienen orejas, pero no oyen,
Tampoco hay aliento en sus bocas.
¹⁸ Los que las hacen son semejantes a ellos,
Y todo el que confía en ellos.
¹⁹ ¡Oh casa de Israel, bendiga a YAVÉ!
¡Oh casa de Aarón, bendiga a YAVÉ!
²⁰ ¡Oh casa de Leví, bendiga a YAVÉ!
¡Los que temen a YAVÉ, bendigan a YAVÉ!
²¹ ¡Desde Sion, bendito sea YAVÉ,
Quien mora en Jerusalén!
¡Aleluya!

136

¹ Den gracias a YAVÉ porque Él es bueno,
Porque para siempre es su misericordia.
² Den gracias al 'ELOHIM de los 'elohim,
Porque para siempre es su misericordia.
³ Den gracias al 'ADÓN de los 'adón,
Porque para siempre es su misericordia.
⁴ Al único que hace grandes maravillas,
Porque para siempre es su misericordia.
⁵ Al que hizo los cielos con entendimiento,
Porque para siempre es su misericordia.
⁶ Al que afirmó la tierra sobre las aguas,
Porque para siempre es su misericordia.
⁷ Al que hizo grandes luminarias,
Porque para siempre es su misericordia.
⁸ El sol para que domine de día,
Porque para siempre es su misericordia.
⁹ La luna y las estrellas para que dominen de noche,
Porque para siempre es su misericordia.
¹⁰ Al que mató a los primogénitos de Egipto,
Porque para siempre es su misericordia.
¹¹ Y sacó a Israel de en medio de ellos,
Porque para siempre es su misericordia.
¹² Con mano fuerte y brazo extendido,
Porque para siempre es su misericordia.
¹³ Al que dividió el mar Rojo en dos,
Porque para siempre es su misericordia.
¹⁴ Y pasó a Israel por el medio,

Porque para siempre es su misericordia.
¹⁵ Echó a Faraón y a su ejército en el mar Rojo,
Porque para siempre es su misericordia.
¹⁶ Al que condujo a su pueblo por el desierto,
Porque para siempre es su misericordia.
¹⁷ Al que mató a grandes reyes,
Porque para siempre es su misericordia.
¹⁸ Y mató a reyes poderosos,
Porque para siempre es su misericordia.
¹⁹ A Sehón, rey de los amorreos,
Porque para siempre es su misericordia.
²⁰ Y a Og, rey de Basán,
Porque para siempre es su misericordia.
²¹ Y dio la tierra de ellos como heredad,
Porque para siempre es su misericordia.
²² Como heredad a Israel su esclavo,
Porque para siempre es su misericordia.
²³ Al que en nuestro abatimiento se acordó de nosotros,
Porque para siempre es su misericordia.
²⁴ Y nos rescató de nuestros adversarios,
Porque para siempre es su misericordia.
²⁵ Al que da alimento a toda criatura,
Porque para siempre es su misericordia.
²⁶ Den gracias al 'EL del cielo,
¡Porque para siempre es su misericordia!

137

¹ Junto a los ríos de Babilonia nos sentábamos y llorábamos
Cuando recordábamos a Sion.
Sobre los sauces, en medio de ella,
² Colgábamos nuestras arpas.
³ Porque allí nuestros cautivadores nos pedían cantos,
Y nuestros atormentadores, alegría:
¡Cántennos alguno de los cantos de Sion!
⁴ ¿Cómo podemos cantar el canto de YAVÉ en tierra extranjera?
⁵ Si me olvido de Ti, oh Jerusalén,
Que mi mano derecha pierda su destreza.
⁶ Que mi lengua se pegue a mi paladar
Si no te recuerdo,
Si no exalto a Jerusalén por encima de mi mayor gozo.
⁷ Recuerda, oh YAVÉ, contra los hijos de Edom
El día de Jerusalén, quienes dijeron: Arrásenla.

Arrásenla, arrásenla hasta sus mismos cimientos
⁸ Oh hija de Babilonia, la devastadora.
¡Dichoso el que te pague
Por el mal que nos hiciste!
⁹ ¡Dichoso el que agarre a tus pequeños
Y los estrelle contra la peña!

Salmo de David

138

¹ Oh YAVÉ, te doy gracias con todo mi corazón.
Te cantaré alabanzas delante de los *'elohim*.
² Me postraré hacia tu santo Templo
Y daré gracias a tu Nombre por tu misericordia y tu verdad,
Porque engrandeciste tu Palabra por encima de todo tu Nombre.
³ El día cuando invoqué,
Tú me respondiste.
Me volviste atrevido con fortaleza en mi alma.
⁴ Todos los reyes de la tierra te darán gracias, oh YAVÉ,
Cuando oigan las Palabras de tu boca.
⁵ Y cantarán de los caminos de YAVÉ,
¡Porque grande es la gloria de YAVÉ!
⁶ Porque aunque YAVÉ es exaltado,
Sin embargo, atiende al humilde,
Pero al altivo conoce de lejos.
⁷ Aunque yo ande en medio de la aflicción,
Tú me vivificarás.
Extenderás tu mano contra la ira de mis enemigos,
Y me salvará tu mano derecha.
⁸ YAVÉ hará lo que concierne a mí.
Oh YAVÉ, tu misericordia es para siempre,
No desampares la obra de tus manos.

Al director del coro. Salmo de David

139

¹ Oh YAVÉ, Tú me escudriñaste y conociste.
² Tú sabes cuándo me siento
Y cuándo me pongo en pie,
De lejos entiendes mi pensamiento.
³ Vigilas cuando camino
Y cuando reposo,
Y estás íntimamente familiarizado con todos mis caminos.
⁴ Aun antes que haya una palabra en mi lengua,

Ciertamente, oh Yavé, Tú la sabes toda.
⁵ Me rodeaste por detrás y por delante,
Y pusiste tu mano sobre mí.
⁶ *Tal* conocimiento es demasiado maravilloso para mí.
Alto es, no puedo alcanzarlo.
⁷ ¿A dónde puedo irme de tu Espíritu?
¿O a dónde puedo huir de tu Presencia?
⁸ Si subo al cielo, allí estás Tú,
Y si en el *Seol* preparo mi cama,
Mira, allí estás Tú.
⁹ Si tomo las alas del alba
Y vivo en la parte más remota del mar,
¹⁰ Aun allí me guiará tu mano
Y me sostendrá tu mano derecha.
¹¹ Si digo: Ciertamente la oscuridad me cubrirá,
La luz a mi alrededor será la noche.
¹² Aun la oscuridad no es oscura para Ti,
La noche resplandece como el día.
Lo mismo son la oscuridad y la luz.
¹³ Tú formaste mis órganos internos.
Me tejiste en el vientre de mi madre.
¹⁴ Te doy gracias,
Porque soy temerosa y maravillosamente formado.
Maravillosas son tus obras,
Y mi alma lo sabe muy bien.
¹⁵ No fueron encubiertos de Ti mis huesos,
Cuando en secreto fui hecho,
Y entretejido en las profundidades de la tierra.
¹⁶ Tus ojos vieron mi embrión,
Y en tu rollo estaban escritos todos
Los días que me fueron ordenados,
Cuando aún *no existía* uno de ellos.
¹⁷ ¡Oh 'El, cuán preciosos me son tus pensamientos!
¡Cuán inmensa es la suma de ellos!
¹⁸ Si los cuento, serían más que la arena.
Cuando despierto, aún estoy contigo.
¹⁹ ¡Oh 'Eloah, si mataras al perverso,
Si, por tanto, se alejan de mí los hombres sanguinarios!
²⁰ Porque hablan contra Ti perversamente,
Y tus enemigos toman *tu Nombre* en vano.

²¹ Oh Yavé, ¿No aborrezco a los que te aborrecen?
¿No repugno a los que se levantan contra Ti?
²² Con absoluto odio los aborrezco.
Son mis enemigos.
²³ Escudríñame, oh 'EL, y conoce mi corazón.
Pruébame y conoce mis ansiosos pensamientos,
²⁴ Ve si hay en mí camino de perversidad
Y guíame en el camino eterno.

Al director del coro. Salmo de David

140

¹ Rescátame, oh Yavé, de hombres perversos.
Guárdame de hombres violentos
² Que maquinan cosas malas en *sus* corazones.
Continuamente promueven guerras,
³ Afilan su lengua como serpiente.
Veneno de víbora hay debajo de sus labios. *Selah*
⁴ Guárdame, oh Yavé, de las manos de los perversos.
Guárdame de hombres violentos,
Que se proponen que vacilen mis pies.
⁵ Soberbios esconden trampa y cuerdas contra mí,
Junto al sendero me extienden una red. *Selah*
⁶ Digo a Yavé: Tú eres mi 'Elohim.
Presta oído, oh Yavé, a la voz de mis súplicas.
⁷ Oh Yavé 'Adonay, Fortaleza de mi salvación,
Cubriste mi cabeza en el día de la batalla.
⁸ No concedas, oh Yavé, los deseos del perverso.
No promuevas su designio de ser ellos exaltados. *Selah*
⁹ En cuanto a la cabeza de los que me rodean,
Cúbralos la perversidad de sus propios labios.
¹⁰ Que caigan sobre ellos carbones encendidos.
Que sean echados al fuego
En abismos profundos de donde no puedan salir.
¹¹ Que el difamador no sea establecido en la tierra.
Que el mal cace velozmente al varón violento.
¹² Yo sé que Yavé defiende la causa del afligido,
Y la justicia para el pobre.
¹³ Ciertamente los justos darán gracias a tu Nombre,
Los rectos vivirán en tu Presencia.

Salmo de David

141

¹ ¡Oh Yavé, a Ti clamo, apresúrate hacia mí!
Presta oído a mi voz cuando te invoco.
² Que mi oración sea contada como incienso delante de Ti,
El levantamiento de mis manos como *la* ofrenda de la tarde.
³ Pon, oh Yavé, un guardia sobre mi boca.
Vigila la puerta de mis labios.
⁴ No inclines mi corazón a alguna cosa perversa,
Para que haga obras de perversidad
Con hombres que practican iniquidad,
Y no me dejes probar sus golosinas.
⁵ Que el justo me castigue con bondad
Y me reprenda.
No permitas que el aceite del impío embellezca mi cabeza.
Porque aun mi oración está contra las obras perversas.
⁶ Sean lanzados sus jueces por las laderas de la peña.
Y oigan mis palabras, porque son agradables.
⁷ Como cuando uno ara y rompe la tierra,
Nuestros huesos fueron esparcidos en la boca del *Seol*.
⁸ Pero mis ojos están hacia Ti, oh Yavé, 'Adonay.
En Ti me refugio.
No me dejes indefenso.
⁹ Guárdame de las trampas que me tendieron
Y de las trampas de los que cometen iniquidad.
¹⁰ Que los perversos caigan en sus propias redes
Mientras yo paso con seguridad.

Instrucción (*Maskil*) de David cuando estaba en la cueva. Oración

142

¹ Con mi voz clamo a Yavé.
Con mi voz suplico a Yavé.
² Ante Él derramo mi queja.
Declaro mi aflicción ante Él.
³ Cuando mi espíritu desmayaba dentro de mí,
Tú conociste mi sendero.
En el camino por donde ando
Ellos me escondieron una trampa.
⁴ Miro a la derecha y observo
Que no hay uno quien me atienda.
No hay escape para mí.

Nadie se preocupa por mi vida.
⁵ A Ti clamo, oh Yavé.
Digo: Tú eres mi Refugio,
Mi porción en la tierra de los que viven.
⁶ Presta oído a mi clamor,
Porque estoy muy abatido.
Líbrame de mis perseguidores,
Porque son demasiado fuertes para mí.
⁷ Saca mi vida de la prisión,
Para que dé gracias a tu Nombre.
Me rodearán los justos,
Porque Tú me tratarás con abundancia.

Salmo de David

143 ¹ Oh Yavé, escucha mi oración.
Presta oído a mis súplicas.
Por tu fidelidad, por tu justicia respóndeme.
² No entres a juicio con tu esclavo,
Porque ante tu vista ningún hombre que viva es justo.
³ Porque el enemigo persiguió mi vida.
Humilló mi vida hasta el suelo.
Me obligó a habitar en tenebrosidad, como los muertos.
⁴ Por tanto, mi espíritu desfallece dentro de mí,
Mi corazón está desolado.
⁵ Recuerdo los días de antaño.
Medito en todas tus obras.
Reflexiono sobre la obra de tus manos.
⁶ A Ti levanto mis manos.
Mi alma te *anhela* como una tierra seca. *Selah*
⁷ Oh Yavé, respóndeme pronto.
Mi espíritu desfallece.
No escondas de mí tu rostro,
O seré como los que bajan a la fosa.
⁸ Que yo escuche por la mañana tu misericordia,
Porque en Ti confío.
Enséñame el camino en el cual debo andar,
Porque a Ti levanto mi alma.
⁹ Oh Yavé, líbrame de mis enemigos.
Me refugio en Ti.
¹⁰ Enséñame a hacer tu voluntad,

Porque Tú eres mi 'ELOHIM,
Que tu buen Espíritu me guíe por tierra nivelada.
¹¹ Revíveme, oh YAVÉ, por amor a tu Nombre.
Por tu justicia saca mi alma de la aflicción.
¹² Con tu misericordia corta a mis adversarios
Y destruye a todos los que afligen mi alma,
Porque soy tu esclavo.

Salmo de David

144

¹ ¡Bendito sea YAVÉ, mi Roca,
Que adiestra mis manos para la guerra
Y mis dedos para la batalla!
² Mi Misericordia y mi Fortaleza,
Mi alta Torre y mi Libertador,
Mi Escudo, en Quien me refugio,
Quien sujeta mi pueblo a mí.
³ Oh YAVÉ, ¿qué es el hombre
Para que Tú tengas conocimiento de él,
O el hijo del hombre para que pienses en él?
⁴ El hombre es como un suspiro.
Sus días son como una sombra que pasa.
⁵ Oh YAVÉ, inclina tus cielos y desciende.
Toca las montañas para que humeen.
⁶ Despacha relámpagos y dispérsalos.
Envía tus flechas y confúndelos.
⁷ Extiende tu mano desde lo alto.
Rescátame y líbrame de las aguas caudalosas,
De la mano de extranjeros,
⁸ Cuyas bocas hablan engaño
Y cuya mano derecha es falsedad.
⁹ Oh 'ELOHIM, a Ti cantaré canto nuevo,
Con salterio de diez cuerdas[a] te cantaré salmos.
¹⁰ Quien da salvación a los reyes,
Y rescatas a tu esclavo David de la espada perversa.
¹¹ Rescátame y líbrame de la mano de extranjeros,
Cuyas bocas hablan engaño,
Cuya boca y mano derecha son falsedad.
¹² Sean nuestros hijos en su juventud como plantas crecidas,
Y nuestras hijas como columnas de esquinas labradas.

---

[a] **144.9** El decacordio era el salterio de diez cuerdas.

¹³ Estén llenos nuestros graneros
Y provean toda clase de producto,
Nuestros rebaños se reproduzcan por miles,
Y diez miles en nuestros campos.
¹⁴ Nuestros bueyes estén fuertes para el trabajo,
Sin ruptura y sin pérdida,
Y no haya clamor de alarma en nuestras plazas.
¹⁵ Inmensamente feliz es el pueblo a quien esto le sucede.
Inmensamente feliz es el pueblo cuyo 'Elohim es Yavé.

Alabanza. Salmo de David

145

¹ Te exaltaré, mi 'Elohim, oh Rey,
Y bendeciré tu Nombre eternamente y para siempre.
² Cada día te bendeciré y alabaré tu Nombre
Eternamente y para siempre.
³ Grande es Yavé, y digno de suprema alabanza,
Y su grandeza es inescrutable.
⁴ Una generación a otra generación alabará tus obras,
Y declarará tus poderosas obras.
⁵ Meditaré en el glorioso esplendor de tu majestad
Y en tus maravillosas obras.
⁶ Hablarán los hombres del poder de tus asombrosas obras,
Y yo contaré tu grandeza.
⁷ Con anhelo proclamarán la memoria de tu gran bondad,
Y clamarán de tu justicia con regocijo.
⁸ Clemente y misericordioso es Yavé.
Lento para la ira y grande en misericordia.
⁹ Yavé es bueno para todos,
Y sus misericordias están sobre todas sus obras.
¹⁰ Oh Yavé, todas tus obras te darán gracias,
Y tus santos te bendecirán.
¹¹ Hablarán de la gloria de tu reino,
Y conversarán sobre tu poder.
¹² Para proclamar a los hijos de hombres tus poderosas obras,
Y la gloria de la majestad de tu reino.
¹³ Tu reino es eterno,
Y tu señorío por todas las generaciones.
¹⁴ Yavé sostiene a todos los que caen
Y levanta a todos los que están doblegados.
¹⁵ Los ojos de todos miran a Ti.

Y en su tiempo Tú les das su alimento.
¹⁶ Abres tu mano
Y sacias el deseo de todo ser viviente.
¹⁷ Justo es YAVÉ en todos sus procedimientos,
Y bondadoso en todas sus obras.
¹⁸ Cerca está YAVÉ de todos los que lo invocan,
De todos los que lo invocan en verdad.
¹⁹ Cumplirá el deseo de los que le temen.
Escuchará también su clamor,
Y los salvará.
²⁰ YAVÉ guarda a todos los que lo aman,
Pero destruirá a los perversos.
²¹ Mi boca hablará la alabanza de YAVÉ,
¡Y todo ser viviente bendecirá su santo Nombre
Eternamente y para siempre!

146

¹ ¡Aleluya!
¡Alaba, alma mía, a YAVÉ!
² Alabaré a YAVÉ en mi vida.
Cantaré alabanzas a mi 'ELOHIM mientras viva.
³ No confíen en gobernantes,
En un hijo de hombre, en quien no hay salvación.
⁴ Sale su espíritu, vuelve a la tierra.
Ese mismo día perecen sus planes.
⁵ Inmensamente feliz es aquél
Cuya Ayuda es el 'ELOHIM de Jacob,
Cuya esperanza está en YAVÉ su 'ELOHIM,
⁶ Quien hizo *el* cielo y *la* tierra,
El mar y todo lo que hay en ellos,
Quien guarda *su* fidelidad para siempre,
⁷ Quien ejecuta justicia a los oprimidos,
Quien da alimento a los hambrientos.
YAVÉ liberta a los prisioneros,
⁸ YAVÉ *da vista* a los ciegos,
YAVÉ endereza a los encorvados,
YAVÉ ama a los justos,
⁹ YAVÉ protege a los extranjeros,
Él sostiene al huérfano y a la viuda,
Pero Él trastorna el camino de los perversos.
¹⁰ Reinará YAVÉ para siempre,
Tu 'ELOHIM, oh Sion, por todas las generaciones.

¡Aleluya!

147 ¹ ¡Aleluya!
Porque es bueno cantar salmos a nuestro 'ELOHIM,
Porque agradable, hermosa es la alabanza.
² YAVÉ edifica a Jerusalén.
Él reúne a los desterrados de Israel.
³ Él sana a los quebrantados de corazón
Y venda sus heridas.
⁴ Él cuenta el número de las estrellas.
Él da nombres a todas ellas.
⁵ Grande es nuestro 'ADONAY
Y prominente en fortaleza.
Su entendimiento es infinito.
⁶ YAVÉ sostiene a los afligidos.
Él abate a los perversos hasta la tierra.
⁷ Canten a YAVÉ con acción de gracias.
Canten salmos a nuestro 'ELOHIM con el arpa,
⁸ Quien cubre de nubes el cielo,
Quien provee lluvia para la tierra,
Quien desarrolla la hierba en las montañas.
⁹ Él da a la bestia su alimento,
A las crías de los cuervos que claman.
¹⁰ No se deleita con la fuerza del caballo,
No se complace en las piernas de un hombre.
¹¹ YAVÉ favorece a los que le temen,
Los que esperan su misericordia.
¹² ¡Alaba a YAVÉ, oh Jerusalén!
¡Alaba a tu 'ELOHIM, oh Sion!
¹³ Porque Él refuerza los cerrojos de tus puertas,
Él bendice a tus hijos dentro de ti.
¹⁴ Él establece paz en tus fronteras,
Él te sacia con lo mejor del trigo.
¹⁵ Él envía su mandato a la tierra,
Su Palabra corre velozmente.
¹⁶ Él da nieve como lana,
Él esparce la escarcha como ceniza.
¹⁷ Él lanza su nieve como migas.
¿Quién puede resistir su helada?
¹⁸ Envía su Palabra,
Y la derrite,

Impulsa su viento para que sople,
Y fluyan las aguas.
¹⁹ Él declara sus Palabras a Jacob,
Sus Estatutos y Ordenanzas a Israel.
²⁰ No trató así con ninguna nación.
Ninguna otra conoció sus ordenanzas.
¡Aleluya! ¡Aleluya!

148

¹ ¡Aleluya!
Alaben a YAVÉ desde los cielos.
Alábenlo en las alturas.
² Alábenlo, todos sus ángeles.
Alábenlo, todas sus huestes.
³ Alábenlo, sol y luna.
Alábenlo, todas lucientes estrellas.
⁴ Alábenlo, los más altos cielos,
Y las aguas que están sobre los cielos.
⁵ Alaben el Nombre de YAVÉ,
Porque Él mandó,
Y fueron creados.
⁶ Y los estableció eternamente y para siempre.
Él dio un decreto que no pasará.
⁷ Alaben a YAVÉ desde la tierra:
Cetáceos y todos los abismos,
⁸ El fuego y el granizo, la nieve y el vapor,
El viento tempestuoso que ejecuta su Palabra,
⁹ Las montañas y todas las colinas,
Árboles frutales y todo cedro,
¹⁰ Los animales salvajes y todo ganado,
Reptiles y ave alada,
¹¹ Reyes de la tierra y todos los pueblos,
Magistrados y todos los jueces de la tierra,
¹² Tanto jóvenes varones como doncellas,
Los ancianos y los niños,
¹³ Alaben el Nombre de YAVÉ,
Porque solo su Nombre es exaltado.
Su gloria está por encima de la tierra y el cielo.
¹⁴ Y Él levantó un poder para su pueblo,
Alabanza para todos sus fieles,
De los hijos de Israel, un pueblo cercano a Él.
¡Aleluya! ¡Aleluya!

149

1 ¡Aleluya!
Canten a Yavé un canto nuevo
Su alabanza esté en la congregación de los santos.
2 Alégrese Israel en su Hacedor.
Regocíjense en su Rey los hijos de Sion.
3 Alaben su Nombre con danza.
Cántenle alabanzas con pandero y arpa.
4 Porque Yavé se complace en su pueblo,
Embellecerá a los humildes con salvación.
5 Que los fieles exalten su gloria.
Que canten con regocijo en sus camas.
6 Que enaltezcan a 'EL con su boca,
Con una espada de dos filos en su mano
7 Para ejecutar venganza sobre las naciones
Y castigo sobre los pueblos,
8 Para atar a sus reyes con cadenas,
Y a sus nobles con grilletes de hierro,
9 Para ejecutar la sentencia escrita sobre ellos.
Éste será un honor para todos sus fieles.
¡Aleluya! ¡Aleluya!

150

1 ¡Aleluya!
Alaben a 'EL en su Santuario.
Alábenlo en su esplendoroso firmamento.
2 Alábenlo por sus poderosas obras.
Alábenlo según su excelente grandeza.
3 Alábenlo con el sonido de la trompeta.
Alábenlo con arpa y lira.
4 Alábenlo con pandero y danza.
Alábenlo con instrumentos de cuerda y flautas.
5 Alábenlo con címbalos resonantes.
Alábenlo con címbalos de júbilo.
6 ¡Todo lo que respira alabe a Yavé!
¡Aleluya!

Proverbios

1 ¹ Los proverbios de Salomón, hijo de David, rey de Israel,
² Para conocer sabiduría y disciplina,
Para comprender las palabras de inteligencia,
³ Para recibir disciplina y enseñanza,
Justicia, derecho y equidad,
⁴ Para dar sagacidad al incauto,
Y a los jóvenes conocimiento y discreción.
⁵ Oirá el sabio y aumentará el saber,
Y el entendido obtendrá habilidades.
⁶ Entenderá el proverbio y el dicho profundo,
Las palabras de los sabios y sus enigmas.
⁷ El principio de la sabiduría es el temor a Yavé.
Los insensatos desprecian la sabiduría y la disciplina.

Clamor de la sabiduría

⁸ Escucha, hijo mío, la enseñanza de tu padre,
Y no abandones la instrucción de tu madre,
⁹ Porque hermosa diadema será en tu cabeza
Y collar en tu cuello.
¹⁰ Hijo mío, si los pervertidos te quieren seducir,
No consientas.
¹¹ Si dicen: Ven con nosotros a tender trampas mortales,
Acechemos sin motivo al inocente.
¹² ¡Los devoraremos vivos, como el *Seol*,[a]
Enteros, como los que bajan a la fosa!
¹³ Hallaremos objetos valiosos.
Llenaremos nuestras casas del botín.
¹⁴ Comparte tu suerte con nosotros,
Y tengamos todos una sola bolsa.
¹⁵ Hijo mío, no andes en el camino de ellos.
Aparta tu pie de sus senderos,
¹⁶ Porque sus pies corren hacia el mal
Y se apresuran a derramar sangre.
¹⁷ En vano se tiende la red
Ante los ojos de las aves.
¹⁸ Pero ellos colocan trampas a su propia sangre,

---

[a] 1.12 *Seol*: mundo de los muertos.

Y ante sus propias vidas tienden acechanza.
¹⁹ Tales son los senderos del que es dado a codicia,
La cual quita la vida a los que la tienen.
²⁰ La Sabiduría clama en las calles
Y da su voz en las plazas.
²¹ Proclama sobre los muros,
Y en las entradas de las puertas pregona sus palabras:
²² Oh simples ¿hasta cuándo amarán la ingenuidad?
¿Hasta cuando los burladores amarán la burla,
Los insensatos aborrecerán el saber?
²³ ¡Regresen ante mi reprensión,
Y les manifestaré mi espíritu,
Y les haré conocer mis palabras!
²⁴ Pero por cuanto llamé y rehusaron.
Extendí mi mano, y no hubo quién escuchara.
²⁵ Desecharon todo mi consejo,
Y no quisieron mi reprensión.
²⁶ Yo también me reiré cuando llegue su calamidad
Y me burlaré cuando los alcance lo que temen.
²⁷ Cuando lo que temen venga como destrucción,
Su calamidad llegue como un remolino de viento
Y vengan sobre ustedes tribulación y angustia.
²⁸ Entonces me llamarán, y no responderé,
Me buscarán, pero no me hallarán,
²⁹ Por cuanto aborrecieron el conocimiento
Y no escogieron el temor a Yᴀᴠᴇ́.
³⁰ No quisieron mi consejo
Y menospreciaron toda reprensión mía.
³¹ Entonces comerán el fruto de su camino
Y se saciarán de sus propios consejos.
³² El descarrío de los simples los matará,
Y la dejadez de los necios los destruirá.
³³ Pero el que me escuche vivirá confiadamente
Y estará tranquilo, sin temor al mal.

Absoluta excelencia de la sabiduría

2 ¹ Hijo mío, si aceptas mis palabras,
Y guardas mis mandamientos dentro de ti,
² Eres de oído atento a la sabiduría,
E inclinas tu corazón a la inteligencia,

³ Si invocas a la prudencia,
Y al entendimiento alzas tu voz,
⁴ Si la procuras como a la plata,
Y la rebuscas como a tesoros escondidos,
⁵ Entonces entenderás el temor a Yavé,
Y hallarás el conocimiento de 'Elohim.
⁶ Porque Yavé da la sabiduría.
De su boca procede la ciencia y la inteligencia.
⁷ Él atesora el acierto para los hombres rectos,
Es escudo al que anda en integridad.
⁸ Es el que guarda las sendas de la justicia,
Y preserva el camino de sus santos.
⁹ Entonces entenderás la justicia y el derecho,
La equidad y todo buen camino.
¹⁰ Cuando la sabiduría entre en tu corazón
Y el conocimiento sea dulce a tu alma,
¹¹ Te guardará la discreción.
Te preservará la prudencia
¹² Para librarte del camino malo
Del hombre que habla cosas perversas,
¹³ De los que abandonan los caminos rectos
Para andar por sendas tenebrosas,
¹⁴ De los que gozan haciendo el mal,
Y se alegran en las perversidades del vicio,
¹⁵ Cuyas sendas son tortuosas,
Y sus caminos extraviados.
¹⁶ Te librará de la mujer ajena,
De la extraña que endulza sus palabras,
¹⁷ Que abandona al compañero de su juventud
Y olvida el Pacto de su 'Elohim.
¹⁸ Su casa se inclina hacia la muerte,
Sus sendas hacia el país de las sombras.
¹⁹ Cuantos entran en ella no regresan,
Ni retoman los senderos de la vida.
²⁰ Para que sigas el buen camino
Y guardes los senderos del justo.
²¹ Porque los rectos vivirán en la tierra,
Y los de limpio corazón permanecerán en ella.
²² Pero el perverso será cortado de la tierra,
Y de ella serán desarraigados los transgresores.

Exhortación a la obediencia

3 ¹ Hijo mío, no olvides mis enseñanzas,
Y tu corazón guarde mis mandamientos.
² Porque largura de días, años de vida
Y paz te aumentarán.
³ Nunca se aparten de ti la misericordia y la verdad.
Átalas a tu cuello.
Escríbelas en la tabla de tu corazón,
⁴ Y hallarás gracia y buena opinión
Ante los ojos de 'ELOHIM y del hombre.
⁵ Confía en YAVÉ con todo tu corazón,
Y no te apoyes en tu propia inteligencia.
⁶ Reconócelo en todos tus caminos,
Y Él enderezará tus sendas.
⁷ No seas sabio en tu propia opinión.
Teme a YAVÉ
Y apártate del mal,
⁸ Porque será medicina a tu ombligo
Y tuétano a tus huesos.
⁹ Honra a YAVÉ con tus bienes
Y con las primicias de todos tus frutos.
¹⁰ Tus graneros se henchirán de abundancia,
Y tus lagares rebosarán de mosto.
¹¹ Hijo mío, no menosprecies el castigo de YAVÉ,
Ni te fatigues de su corrección.
¹² Porque YAVÉ disciplina al que ama,
Como el padre al hijo en quien se complace.
¹³ Inmensamente feliz el hombre que halla sabiduría
Y el que obtiene la inteligencia.
¹⁴ Porque su provecho es mayor que el de la plata,
Y su resultado es mejor que el oro fino.
¹⁵ Es más preciosa que las perlas,
Nada de lo que desees podrá compararse con ella.
¹⁶ Abundancia de días hay en su mano derecha,
Y en su izquierda, riquezas y honra.
¹⁷ Sus caminos son agradables,
Y en todas sus sendas hay paz.
¹⁸ Es árbol de vida a los que echan mano a ella,
Y los que la retienen son inmensamente felices.

¹⁹ Yavé fundó la tierra con sabiduría
Y con entendimiento afirmó los cielos.
²⁰ Con su conocimiento fueron divididos los océanos
Y las nubes destilan rocío.
²¹ Hijo mío, no se aparten estas cosas de tus ojos.
Guarda la sabiduría y la discreción,
²² Y serán vida a tu alma y gracia a tu cuello.
²³ Entonces andarás con seguridad en tu camino
Y tu pie no tropezará.
²⁴ Cuando te acuestas, no tendrás temor.
Te acostarás,
Y tu sueño será dulce.
²⁵ No temerás el pavor repentino,
Ni cuando llega el ataque de los perversos,
²⁶ Porque Yavé será tu Confianza.
Él guardará tu pie de caer en la trampa.
²⁷ No retengas el bien a quien es debido,
Cuando tienes el poder para hacerlo.
²⁸ No digas a tu prójimo:
Anda y vuelve, mañana te lo daré,
Cuando tienes contigo qué darle.
²⁹ No trames el mal contra el prójimo
Que habita confiado junto a ti.
³⁰ No tengas pleito con alguno sin causa,
Si no te hizo agravio.
³¹ No envidies al hombre violento,
Ni escojas alguno de sus caminos,
³² Porque Yavé aborrece al perverso.
Su íntima comunión es con los rectos.
³³ La maldición de Yavé está sobre la casa del impío,
Pero bendice la morada de los justos.
³⁴ Ciertamente Él se burla de los que se burlan
Y da gracia a los humildes.
³⁵ Los sabios heredarán honra,
Pero los necios cargarán la afrenta.

Utilidad de la sabiduría

4 ¹ Escuchen, hijos, la instrucción de un padre
Y estén atentos para adquirir entendimiento,
² Porque les doy buena doctrina.

No abandonen mi enseñanza,
³ Pues yo también fui hijo de mi padre,
Afectuoso y singular delante de mi madre.
⁴ Él me enseñaba y me decía:
Retenga tu corazón mis palabras,
Guarda mis mandamientos, y vivirás.
⁵ Adquiere sabiduría, adquiere entendimiento.
No te olvides ni te apartes de los dichos de mi boca.
⁶ No la abandones, y ella te guardará.
Ámala, y ella te protegerá.
⁷ ¡Sabiduría ante todo! Adquiere sabiduría,
Y sobre toda posesión adquiere entendimiento.
⁸ Exáltala, y ella te engrandecerá,
Cuando la abraces te honrará.
⁹ Pondrá en tu cabeza guirnalda de gracia.
Te otorgará corona de esplendor.
¹⁰ Escucha, hijo mío, y recibe mis palabras,
Y se te multiplicarán años de vida.
¹¹ Te encaminé por el camino de la sabiduría
Y te indiqué las sendas de rectitud.
¹² Cuando camines, tus pasos no tendrán estorbo.
Y si corres, no tropezarás.
¹³ Aférrate a la disciplina y no la dejes.
Guárdala, porque ella es tu vida.
¹⁴ No entres por el camino del perverso,
Ni vayas por el sendero de los malos.
¹⁵ Evítalo, no pases por él.
Desvíate de él, pasa de largo.
¹⁶ Porque ellos no duermen si no hacen daño,
Y se les quita el sueño si no hacen caer *a alguien*.
¹⁷ Porque comen pan de iniquidad
Y beben vino de violencia.
¹⁸ Pero la senda de los justos es como la luz del alba,
Que va en aumento hasta que el día es perfecto.
¹⁹ El camino de los impíos es como la oscuridad:
No saben en qué tropiezan.
²⁰ Hijo mío, atiende mis palabras.
Inclina tu oído a mis dichos.
²¹ No se aparten de tus ojos.
Guárdalos en lo profundo de tu corazón,

²² Pues son vida a los que los hallan
Y sanidad a todo su cuerpo.
²³ Con toda diligencia, guarda tu corazón,
Porque de él *emana* la vida.
²⁴ Aparta de ti la boca perversa
Y aleja de ti la falsedad de labios.
²⁵ Tus ojos miren de frente
Y dirige tu mirada hacia lo que está delante.
²⁶ Reflexiona en la senda de tus pies,
Y sean rectos todos tus caminos.
²⁷ No te desvíes a la derecha ni a la izquierda.
Aparta tu pie del mal.

Oposición a la inmoralidad sexual

5 ¹ Hijo mío, atiende a mi sabiduría,
E inclina tu oído a mi entendimiento,
² Para que guardes discreción
Y tus labios conserven conocimiento.
³ Porque los labios de la mujer inmoral destilan miel,
Y su paladar es más suave que el aceite.
⁴ Pero su propósito es amargo como el ajenjo
Y agudo como espada de dos filos.
⁵ Sus pies descienden a la muerte.
Sus pasos se precipitan al *Seol*.
⁶ No considera el camino de la vida.
Sus sendas son inestables, pero ella no lo sabe.
⁷ Ahora, pues, hijos, escúchenme.
No se aparten de las palabras de mi boca:
⁸ Aleja de ella tu camino.
No te acerques a la puerta de su casa
⁹ No sea que des a otros tu vigor,
Y tus años al cruel.
¹⁰ No sea que los extraños se llenen de tus fuerzas,
Y tu esfuerzo se quede en casa ajena.
¹¹ Gemirás cuando te llegue el desenlace,
Y se consuma la carne de tu cuerpo.
¹² Entonces dirás: ¡Cómo aborrecí la corrección,
Y mi corazón menospreció la represión!
¹³ ¡No hice caso a la voz de mis maestros,
Ni presté oído a mis instructores!

¹⁴ Casi en la cima de todo mal estuve
En medio de la asamblea y de la congregación.
¹⁵ Bebe el agua de tu propia cisterna,
Y el agua fresca de tu propio pozo.
¹⁶ ¿Se derramarán afuera tus manantiales,
Tus corrientes de aguas por las plazas?
¹⁷ ¡Sean solamente tuyos,
Y no de extraños contigo!
¹⁸ Sea bendito tu manantial
Y regocíjate con la esposa de tu juventud,
¹⁹ Como hermosa venada o graciosa gacela,
Sus pechos te satisfagan en todo tiempo,
Y recréate siempre con su amor.
²⁰ ¿Por qué, hijo mío, estarás apasionado con mujer ajena,
Y abrazarás el seno de una extraña?
²¹ Porque los caminos del hombre están ante los ojos de Yavé.
Él observa todas sus sendas.
²² En su propia iniquidad quedará atrapado el inicuo.
Será atado con las cuerdas de su propio pecado.
²³ Morirá por falta de corrección,
Extraviado en la inmensidad de su locura.

Oposición a ser fiador, a la pereza y al adulterio

6 ¹ Hijo mío, si saliste fiador por tu prójimo,
Si empeñaste tu palabra a un extraño,
² Si te enredaste con tus palabras,
Y quedaste atrapado con los dichos de tu boca,
³ Haz esto ahora, hijo mío, y líbrate.
Ya que caíste en las manos de tu prójimo:
Vé, humíllate e importuna a tu prójimo.
⁴ No concedas sueño a tus ojos,
Ni adormecimiento a tus párpados.
⁵ Líbrate como gacela de la mano *del cazador*,
Como un ave de la trampa.
⁶ Mira a la hormiga, oh perezoso,
Observa sus caminos y sé sabio,
⁷ La cual, sin tener jefe,
Ni gobernador, ni soberano,
⁸ Prepara en el verano su comida.
En el tiempo de la cosecha guarda su sustento.

⁹ ¿Hasta cuándo estarás acostado, oh perezoso?
¿Cuándo te levantarás de tu sueño?
¹⁰ Un rato duermes, otro dormitas,
Un rato cruzas los brazos y descansas.
¹¹ Te llega la miseria como un vagabundo,
Y tu necesidad como un hombre armado.
¹² Hombre depravado es el hombre inicuo,
Que anda en la perversidad de su boca,
¹³ Guiña con un ojo, menea los pies,
Hace señas con los dedos.
¹⁴ En su corazón hay perversidades,
Maquina maldades, y continuamente busca rencillas.
¹⁵ Por tanto, su calamidad vendrá de repente.
Súbitamente será quebrantado y no habrá remedio.
¹⁶ Seis *cosas* aborrece YAVÉ,
Y aun siete repugna su alma:
¹⁷ Ojos altivos, boca mentirosa,
Manos que derraman sangre inocente,
¹⁸ Corazón que maquina planes perversos,
Pies presurosos para correr al mal,
¹⁹ Testigo falso que habla mentiras,
Y el que enciende discordias entre sus hermanos.
²⁰ Hijo mío, guarda el mandamiento de tu padre,
Y no abandones la instrucción de tu madre.
²¹ Átalos continuamente a tu corazón,
Enlázalos en torno a tu cuello.
²² Cuando camines, te guiarán.
Cuando duermas, te protegerán.
Hablarán contigo al despertar.
²³ Porque el mandamiento es lámpara,
La enseñanza es luz
Y camino de vida las represiones de la instrucción.
²⁴ Te guardarán de la mala mujer,
De la blandura de la boca de la mujer extraña.
²⁵ No codicies en tu corazón su hermosura,
Ni dejes que te cautive con sus párpados.
²⁶ Porque si la prostituta busca una hogaza de pan,
La adúltera caza una vida preciosa.
²⁷ ¿Tomará el hombre fuego en su seno,
Sin que ardan sus ropas?

²⁸ ¿Andará un hombre sobre brasas,
Sin que se quemen sus pies?
²⁹ Así sucederá con el que se une a la mujer de su prójimo.
Ninguno que la toque quedará impune.
³⁰ ¿No desprecian al ladrón aunque robe
Para llenar su estómago cuando tiene hambre?
³¹ Si es sorprendido, tiene que pagar siete veces
Y entregar todo lo que tiene en su casa.
³² Pues el adúltero es hombre sin cordura,
Destructor de sí mismo es el que lo hace.
³³ Heridas y deshonra hallará,
Y su afrenta no será borrada.
³⁴ Porque los celos son la ira del hombre.
En el día de la venganza no perdonará,
³⁵ Ni aceptará algún rescate.
No se aplacará aunque ofrezcas muchos regalos.

Artimañas de la prostituta

7 ¹ Hijo mío, guarda mis palabras
Y atesora mis mandamientos dentro de ti.
² Guarda mis mandamientos y vive,
Y mi enseñanza como la niña de tu ojo.
³ Átalos a tus dedos.
Escríbelos en la tabla de tu corazón.
⁴ Dí a la sabiduría: Tú eres mi hermana.
Llama al entendimiento *tu* íntimo amigo,
⁵ Para que te guarden de la mujer ajena,
De la seductora *que* lisonjea con sus palabras.
⁶ Pues cuando desde la ventana de mi casa
Observaba entre las celosías,
⁷ Vi entre los ingenuos.
Observé entre los jóvenes
A un joven falto de entendimiento
⁸ Que pasaba por la calle cerca de la esquina de ella.
Caminaba en dirección a la casa de ella
⁹ Al anochecer, cuando ya oscurecía,
En medio de la noche y la oscuridad.
¹⁰ Y ahí estaba una mujer que *salía* a encontrarlo,
Astuta de corazón, vestida de prostituta,
¹¹ Bullanguera y desenfrenada.

Sus pies no pueden permanecer en casa,
¹² Unas veces en las calles, otras en las plazas,
Acecha en todas las esquinas.
¹³ Lo agarró y lo besó,
Y descaradamente le dijo:
¹⁴ Prometí sacrificios de paz.
Hoy pagué mis votos.
¹⁵ Por tanto salí a encontrarte,
A buscar diligentemente tu rostro, y te hallé.
¹⁶ Preparé mi cama con colchas.
La tendí con lino de Egipto.
¹⁷ Perfumé mi cama con mirra, áloes, y canela.
¹⁸ Ven, deleitémonos con caricias hasta el alba.
Embriaguémonos de amores,
¹⁹ Porque mi esposo no está en casa.
Emprendió un largo viaje.
²⁰ Llevó consigo una bolsa de dinero.
El día de luna nueva volverá a su casa.
²¹ Lo rindió con la mucha suavidad de sus palabras.
Lo sedujo con sus labios lisonjeros.
²² Súbitamente se fue tras ella,
Como el buey al matadero,
Como un venado que se enredó en la trampa,
²³ Como ave que se lanza contra la red,
Sin saber que le costará la vida,
Hasta que una flecha le traspasa el hígado.
²⁴ Ahora pues, hijos, escúchenme.
Presten atención a las palabras de mi boca:
²⁵ No dejes que tu corazón se aparte a los caminos de ella,
Ni te extravíes por sus sendas.
²⁶ Porque ella dejó muchos heridos,
Y aun los más fuertes fueron asesinados por ella.
²⁷ Su casa es el camino al *Seol*,
Que desciende a las cámaras de la muerte.

Excelencia y eternidad de la sabiduría

8 ¹ ¿No clama la sabiduría,
Y el entendimiento hace oír su voz?
² En las cimas de las alturas junto al camino,
En las encrucijadas de los senderos, allí está ella.

³ Junto a las puertas, en la entrada de la ciudad,
En el acceso a las puertas, ella da voces:
⁴ ¡Oh hombres, a ustedes clamo!
Mi voz se dirige a los hijos de los hombres.
⁵ Oh simples, aprendan prudencia.
Y ustedes, insensatos, dispongan su corazón.
⁶ Escuchen, porque diré cosas excelentes,
Y abriré mis labios para cosas rectas.
⁷ Mi boca pronunciará verdad.
La maldad es repugnancia para mis labios.
⁸ Todas las palabras de mi boca son con justicia.
En ellas nada hay torcido o perverso.
⁹ Son claras para el que entiende
Y rectas para los que hallan el conocimiento.
¹⁰ Reciban mi enseñanza y no plata,
Conocimiento, mejor que oro fino.
¹¹ Pues mejor es la sabiduría que las perlas.
Nada de lo que desees podrá compararse con ella.
¹² Yo, la sabiduría, moro con la prudencia,
Y descubro el conocimiento y la discreción.
¹³ El temor a YAVÉ es aborrecer el mal.
Aborrezco la soberbia, la arrogancia, el mal camino y la boca perversa.
¹⁴ Mío es el consejo y la eficiente sabiduría.
Mía es la inteligencia y mía la valentía.
¹⁵ Por mí reinan los reyes,
Y los magistrados administran justicia.
¹⁶ Por mí gobiernan los príncipes
Y los nobles que juzgan la tierra.
¹⁷ Yo amo a los que me aman.
Me hallan los que temprano me buscan.
¹⁸ Las riquezas y la honra están conmigo,
Riquezas y justicia perdurables.
¹⁹ Mi fruto es mejor que el oro,
Aun que el oro puro,
Y mi ganancia mejor que la plata escogida.
²⁰ Yo ando por camino de justicia,
Por los senderos de equidad,
²¹ Para hacer que los que me aman obtengan su heredad.
Y para que yo llene sus tesoros.
²² YAVÉ me poseía en el principio,

Ya de antiguo, antes de sus obras.
²³ Eternamente estaba establecida,
Antes de haber tierra.
²⁴ Nací antes que existieran los océanos,
Antes que existieran las fuentes de muchas aguas.
²⁵ Antes que las montañas fueran fundadas,
Antes de las colinas, fui yo engendrada.
²⁶ Cuando Él no había hecho la tierra, ni los campos,
Ni el primer polvo del mundo.
²⁷ Cuando estableció los cielos, allí estaba yo.
Cuando trazó el horizonte sobre la superficie del océano,
²⁸ Cuando afirmó los cielos arriba,
Cuando afirmó las fuentes del océano,
²⁹ Cuando señaló al mar su estatuto,
Para que las aguas no traspasaran su mandato,
Cuando estableció los fundamentos de la tierra,
³⁰ Yo estaba junto a Él como arquitecto.
Diariamente era su deleite.
Me regocijaba ante Él siempre.
³¹ Me regocijaba en su tierra habitada,
Y tenía mi deleite con los hijos de los hombres.
³² Ahora pues, hijos, escúchenme.
Inmensamente felices los que guardan mis caminos.
³³ Atiendan la instrucción, sean sabios
Y no la menosprecien.
³⁴ ¡Inmensamente feliz es el hombre que me escucha,
Que vigila en mis portones cada día,
Que espera en el umbral de mis entradas!
³⁵ Porque el que me halla,
Halla la vida y alcanza el favor de YAVÉ.
³⁶ Pero el que peca contra mí, defrauda su propia alma.
Todos los que me aborrecen aman la muerte.

La sabiduría y la mujer necia

9 ¹ La sabiduría edificó su casa.
Labró sus siete columnas.
² Degolló sus animales,
Mezcló su vino,
Sirvió su mesa,
³ Y envió a sus criadas

A pregonarlo desde las más altas cumbres de la ciudad:
⁴ ¡El que sea simple, venga acá!
Al falto de entendimiento le quiero hablar:
⁵ ¡Vengan, coman de mis manjares,
Y beban del vino que mezclé!
⁶ ¡Dejen la necedad y vivan,
Pongan sus pies en el camino del entendimiento!
⁷ El que corrige al burlador se acarrea insultos.
El que reprende al perverso se acarrea afrenta.
⁸ No reprendas al burlador, no sea que te aborrezca.
Reprende al sabio, y te amará.
⁹ Da al sabio, y será aun más sabio.
Enseña al justo, y aumentará su saber.
¹⁰ El temor a YAVÉ es el principio de la sabiduría,
Y el conocimiento del Santísimo es el entendimiento.
¹¹ Porque por mí se aumentarán tus días,
Y años de vida se te añadirán.
¹² Si eres sabio, para ti mismo eres sabio,
Y si eres burlador, solo tú llevarás el daño.
¹³ La mujer necia es alborotadora.
Es simple y nada sabe.
¹⁴ Se sienta en la puerta de su casa,
O en los lugares más altos de la ciudad
¹⁵ Para llamar a los que pasan,
A los que van directo por sus sendas:
¹⁶ ¡Todos los ingenuos vengan acá!
Y dice a los faltos de cordura:
¹⁷ ¡El agua robada es dulce!
¡El pan comido en oculto es sabroso!
¹⁸ No saben ellos que allí están los muertos,
Y que sus invitados están tendidos en lo profundo del *Seol*.

Contrastes

10 ¹ Proverbios de Salomón.
El hijo sabio alegra al padre,
Pero el hijo necio es tristeza de su madre.
² Los tesoros de perversidad no son de provecho,
Pero la justicia libra de la muerte.
³ YAVÉ no deja padecer hambre al justo,
Pero impide que se sacie el apetito de los perversos.

⁴ La mano negligente empobrece,
Pero la mano de los diligentes enriquece.
⁵ El que recoge en verano es hijo sensato,
Pero el que duerme en la cosecha es un hijo que avergüenza.
⁶ Hay bendiciones sobre la cabeza del justo,
Pero la boca de los perversos oculta violencia.
⁷ La memoria del justo será bendita,
Pero el nombre del perverso se pudrirá.
⁸ El sabio de corazón acepta los mandamientos,
Pero el insensato charlatán se hunde.
⁹ El que camina en integridad anda confiado,
Pero el que pervierte sus caminos será puesto en descubierto.
¹⁰ El que guiña el ojo causa tristeza,
Pero el que reprende francamente hace la paz.
¹¹ La boca del justo es manantial de vida,
Pero la boca del necio oculta violencia.
¹² El odio provoca rencillas,
Pero el amor cubre todas las faltas.
¹³ La sabiduría está en los labios del entendido,
Pero la vara es para la espalda del que carece de entendimiento.
¹⁴ Los sabios atesoran conocimiento,
Pero la boca del necio es ruina cercana.
¹⁵ La fortuna del rico es su fortaleza,
La ruina de los necesitados es su pobreza.
¹⁶ El salario del justo es para vida,
El lucro del perverso, para pecado.
¹⁷ El que acepta la instrucción está en senda de vida,
Pero el que desecha la reprensión se extravía.
¹⁸ Los labios rectos aplacan el odio,
Pero el que esparce calumnia es un necio.
¹⁹ En las muchas palabras no falta pecado,
Pero el que refrena sus labios es prudente.
²⁰ La boca del justo es plata pura,
Pero el corazón del perverso es nada.
²¹ Los labios del justo nutren a muchos,
Pero los necios mueren por falta de entendimiento.
²² La bendición de Yavé es la que enriquece,
Y Él no le añade tristeza.
²³ La perversidad es como deporte para el necio.
Así es la sabiduría para el hombre de entendimiento.

²⁴ Lo que teme el perverso, eso le vendrá,
Pero el deseo de los justos les será concedido.
²⁵ Cuando pasa el remolino de viento, desaparece el perverso,
Pero el justo tiene fundamento eterno.
²⁶ Como vinagre a los dientes y humo a los ojos,
Así es el perezoso para quienes lo comisionan.
²⁷ El temor a Yavé aumenta los días,
Pero los años de los perversos serán acortados.
²⁸ La esperanza de los justos es alegría,
Pero la esperanza de los perversos perecerá.
²⁹ El camino de Yavé es fortaleza para el íntegro,
Pero ruina para los malhechores.
³⁰ El justo no será sacudido jamás,
Pero los perversos no habitarán la tierra.
³¹ La boca del justo destila sabiduría,
Pero la lengua perversa será cortada.
³² Los labios del justo destilan lo aceptable,
Pero la boca de los perversos lo que es pervertido.

11

¹ La balanza falsa es repugnancia a Yavé,
Pero la pesa cabal es su complacencia.
² Cuando irrumpe la soberbia, viene la deshonra,
Pero la sabiduría está con los humildes.
³ La integridad de los rectos los guía,
Pero la perversidad de los infieles los destruirá.
⁴ De nada sirven las riquezas en el día de la ira,
Pero la justicia librará de la muerte.
⁵ La justicia del intachable le allana el camino,
Pero el perverso caerá por su propia perversidad.
⁶ La rectitud del justo lo librará,
Pero el traidor quedará atrapado en su codicia.
⁷ Cuando muere el impío, perece su esperanza.
La esperanza de los hombres fuertes perecerá.
⁸ El justo es librado de la tribulación,
Pero el perverso toma su lugar.
⁹ El impío hunde al prójimo con su boca,
Pero los justos serán librados por medio del conocimiento.
¹⁰ La ciudad festeja el éxito de los justos,
Y cuando perecen los impíos canta de júbilo.
¹¹ Con la bendición de los rectos la ciudad prospera,
Pero la boca de los perversos la arruina.

¹² El que desprecia al prójimo no tiene juicio,
Pero el hombre de entendimiento calla.
¹³ El que anda chismeando revela secretos,
Pero el hombre que es de espíritu fiel se guarda el asunto.
¹⁴ Cuando falta dirección, el pueblo cae,
Pero en la multitud de consejeros hay liberación.
¹⁵ El que sale fiador del extraño se perjudica,
Pero el que aborrece ser garante vive seguro.
¹⁶ La mujer agraciada adquiere honra,
Y los hombres audaces adquieren riquezas.
¹⁷ El misericordioso hace bien a su alma,
Pero el cruel daña su propia carne.
¹⁸ El perverso logra ganancias engañosas,
Pero el que siembra justicia tiene galardón seguro.
¹⁹ La firmeza de rectitud es para vida,
Pero el que sigue la perversidad busca su propia muerte.
²⁰ Repugnancia a YAVÉ son los de corazón perverso,
Pero los de camino intachable son su deleite.
²¹ Con toda certeza, el malo no quedará sin castigo,
Pero la descendencia de los justos será librada.
²² Como anillo de oro en el hocico de un cerdo,
Es la mujer hermosa que carece de discreción.
²³ El anhelo de los justos es solo el bien,
Pero la expectativa de los impíos es ira.
²⁴ Hay quienes reparten,
Y más se les añade.
Hay quienes retienen más de lo justo,
Y acaban en la indigencia.
²⁵ El alma generosa será enriquecida,
Y el que sacia a otros, también será saciado.
²⁶ El pueblo lo maldecirá al que acapara grano,
Pero la cabeza del que lo vende obtendrá bendición.
²⁷ El que busca el bien, halla favor,
Pero el que busca el mal,
Éste le vendrá.
²⁸ El que confía en sus riquezas caerá,
Pero los justos reverdecerán como el follaje.
²⁹ El que perturba su casa,
Heredará el viento,
Y el necio será esclavo del sabio de corazón.

³⁰ El fruto del justo es árbol de vida,
Y el que gana almas es sabio.
³¹ Si el justo será recompensado en la tierra,
¡Cuánto más el impío y el pecador!

12

¹ El que ama la corrección ama el conocimiento,
Pero el que aborrece la reprensión es estúpido.
² El bueno obtendrá el favor de Yavé,
Pero Él condenará al hombre de malos designios.
³ El hombre no se afianzará por medio de la perversidad,
Pero la raíz de los justos nunca será removida.
⁴ La mujer virtuosa es corona de su esposo,
Pero la que lo avergüenza es como carcoma en sus huesos.
⁵ Los pensamientos de los justos son rectos,
Pero los consejos de los impíos, engaño.
⁶ Las palabras de los perversos son asechanzas mortales,
Pero la boca de los rectos los librará.
⁷ Se derrumban los perversos y ya no existen,
Pero la casa de los justos permanecerá.
⁸ Según su sabiduría es alabado el hombre,
Pero el perverso de corazón será despreciado.
⁹ Mejor es el poco estimado,
Pero que tiene un esclavo,
Que el que se alaba y carece de pan.
¹⁰ El justo tiene en consideración la vida de su bestia,
Pero aun la compasión de los perversos es cruel.
¹¹ El que labra su tierra, se saciará de pan,
Pero el que persigue lo vano carece de entendimiento.
¹² El perverso codicia el botín de los perversos,
Pero la raíz de los justos produce.
¹³ En la transgresión de sus labios se enreda el perverso,
Pero el justo escapará de la aflicción.
¹⁴ De lo que uno habla, se saciará,
Y por lo que uno hace, le pagarán.
¹⁵ El camino del necio es recto ante sus propios ojos,
Pero el que escucha el consejo es sabio.
¹⁶ La ira del necio es conocida al instante,
Pero el prudente pasa por alto la ofensa.
¹⁷ El testigo veraz declara lo que es recto,
Pero el testigo falso engaña.
¹⁸ Hay quien pronuncia palabras como estocadas,

Pero la boca de los sabios es medicina.
¹⁹ El labio veraz permanece para siempre,
Pero la boca mentirosa, solo un instante.
²⁰ Hay engaño en el corazón del que trama el mal,
Pero para los consejeros de la paz hay alegría.
²¹ Ninguna iniquidad es deseada por el justo,
Pero los perversos están llenos de mal.
²² Repugnancia es a Yavé el labio mentiroso,
Pero su deleite está en los que obran fielmente.
²³ El hombre prudente encubre su conocimiento,
Pero el corazón de los necios proclama su necedad.
²⁴ La mano del diligente señoreará,
Pero la indolente será tributaria.
²⁵ La congoja abate el corazón del hombre,
Pero la buena palabra lo alegra.
²⁶ El justo sirve de guía a su prójimo,
Pero el camino de los perversos los hace errar.
²⁷ El indolente no asará ni su propia presa.
¡Precioso tesoro del hombre es la diligencia!
²⁸ En la senda de la justicia está la vida,
En su sendero no hay muerte.

13 ¹ El hijo sabio acepta la disciplina de su padre,
Pero el burlador no escucha la corrección.
² Del fruto de su boca el hombre comerá el bien,
Pero el alma de los traidores se nutre de violencia.
³ El que guarda su boca preserva su vida,
Pero al que mucho abre sus labios le vendrá ruina.
⁴ El alma del perezoso desea, y nada alcanza,
Pero el alma del diligente será prosperada.
⁵ El justo aborrece la palabra de mentira,
Pero el perverso es odioso y trae deshonra.
⁶ La justicia guarda al de perfecto camino,
Pero la perversidad arruina al pecador.
⁷ Hay quienes se enriquecen, y nada tienen,
Y hay quienes son pobres, y tienen grandes riquezas.
⁸ El rescate de la vida del hombre puede ser su riqueza,
Pero el pobre no escucha censuras.
⁹ La luz de los justos brilla de alegría,
Pero la lámpara de los impíos se apagará.
¹⁰ Con la soberbia solo se provoca contienda,

Pero con los que admiten consejo está la sabiduría.
¹¹ Riqueza sin esfuerzo se desvanece,
Pero el que recoge con mano laboriosa la aumenta.
¹² La esperanza que tarda es tormento del corazón,
Pero árbol de vida es el deseo cumplido.
¹³ El que menosprecia la palabra será destruido,
Pero el que teme el mandamiento será recompensado.
¹⁴ La enseñanza del sabio es manantial de vida,
Que aparta de las trampas de la muerte.
¹⁵ El buen entendimiento produce gracia,
Pero el camino de los traidores es duro.
¹⁶ El sagaz actúa con conocimiento,
Pero el necio despliega su insensatez.
¹⁷ El mensajero perverso caerá en desgracia,
Pero el enviado fiel es medicina.
¹⁸ Miseria y oprobio para el que rechaza la corrección,
Pero el que acepta la reprensión será honrado.
¹⁹ El deseo cumplido deleita el alma,
Apartarse del mal es repugnancia a los necios.
²⁰ El que anda con sabios será sabio,
Pero el que se reúne con los necios sufrirá daño.
²¹ La adversidad persigue a los pecadores,
Para los justos abunda el bien.
²² La herencia del bueno queda en su familia,
Pero la riqueza del pecador está reservada para el justo.
²³ El barbecho[a] de los pobres abunda en alimento,
Pero es arrasado por falta de justicia.
²⁴ El que detiene el castigo aborrece a su hijo,
El que lo ama prontamente lo disciplina.
²⁵ El justo come y sacia su apetito,
Pero el estómago de los perversos padece escasez.

14

¹ La mujer sabia edifica su casa,
La necia con sus manos la derriba.
² El que anda en su rectitud teme a Yavé,
Pero el de caminos torcidos lo desprecia.
³ En la boca del necio hay una vara para su espalda,
Pero los sabios son protegidos por sus labios.
⁴ Donde no hay bueyes el establo está limpio,
Pero mucho rendimiento hay por la fuerza del buey.

---

[a] **13.23** Barbecho: Terreno labrantío que se deja sin sembrar.

⁵ El testigo veraz no miente,
Pero el testigo falso respira mentiras.
⁶ El burlador busca la sabiduría y no la halla,
Pero el conocimiento es fácil para el que tiene entendimiento.
⁷ Apártate de la presencia del necio,
Porque en él no hallarás palabras de conocimiento.
⁸ Entender el camino es sabiduría del sagaz,
Pero la necedad de los necios es engaño.
⁹ Se burla el necio del pecado,
Pero entre los rectos hay buena voluntad.
¹⁰ El corazón conoce su propia amargura,
Y en su alegría no participa el extraño.
¹¹ La casa de los perversos será asolada,
Pero la morada de los rectos florecerá.
¹² Hay camino que al hombre parece derecho,
Pero su fin es camino de muerte.
¹³ Aun entre risas llora el corazón,
Y el final de la alegría es tristeza.
¹⁴ El insensato se hartará de sus propios caminos,
Pero el hombre bueno estará satisfecho con el suyo.
¹⁵ El ingenuo cree cualquier cosa,
Pero el prudente considera sus pasos.
¹⁶ El sabio teme y se aparta del mal,
Pero el necio se lanza confiado.
¹⁷ El que fácilmente se aíra hará locuras,
Y el hombre perverso será aborrecido.
¹⁸ Los ingenuos heredan insensatez,
Pero el prudente se corona de conocimiento.
¹⁹ Los perversos se inclinarán ante los buenos,
Y los perversos ante las puertas del justo.
²⁰ El pobre es odiado aun por su vecino,
Pero muchos son los que aman al rico.
²¹ El que menosprecia a su prójimo peca,
Pero el que se compadece de los pobres es inmensamente feliz.
²² ¿No yerran los que piensan mal?
Pero misericordia y verdad son para los que piensan el bien.
²³ En toda labor hay fruto,
Pero la palabra solo de labios lleva a la indigencia.
²⁴ Corona de los sabios es su riqueza,
Pero la insensatez de los necios es locura.

²⁵ Un testigo veraz salva vidas,
Pero el engañador habla mentiras.
²⁶ En el temor a Yavé hay fuerte confianza
Que servirá de refugio a los hijos.
²⁷ El temor a Yavé es manantial de vida,
Que aparta de las trampas de la muerte.
²⁸ En la multitud de pueblo está la gloria del rey,
Y en la falta de pueblo la flaqueza del gobernante.
²⁹ El que tarda en airarse tiene gran entendimiento,
Pero el impulsivo exalta la necedad.
³⁰ Un corazón tranquilo es vida para el cuerpo,
Pero la envidia es carcoma en los huesos.
³¹ El que oprime al pobre afrenta a su Hacedor,
Pero lo honra el que favorece al necesitado.
³² Por su propia maldad será derribado el perverso,
Pero el justo tiene refugio en su muerte.
³³ En el corazón del que tiene entendimiento reposa la sabiduría,
Aun en medio de necios se da a conocer.
³⁴ La justicia enaltece a una nación,
Pero el pecado es afrenta para los pueblos.
³⁵ La benevolencia del rey es para el esclavo prudente,
Pero su enojo contra el que lo avergüenza.

15

¹ La amable respuesta aplaca la ira,
Pero la palabra hiriente aumenta el furor.
² La lengua de los sabios hace aceptable el conocimiento,
La boca de los necios expresa insensatez.
³ Los ojos de Yavé están en todo lugar,
Y observan a malos y a buenos.
⁴ Árbol de vida es la boca apacible,
Pero la perversa es quebrantamiento de espíritu.
⁵ El necio desprecia el consejo de su padre,
Pero el que acepta la corrección es sagaz.
⁶ En la casa del justo hay gran riqueza,
Pero en las ganancias del perverso hay aflicción.
⁷ Los labios de los sabios esparcen conocimiento,
No así el corazón de los necios.
⁸ Repugnancia a Yavé es el sacrificio de los perversos,
Pero la oración de los rectos es su deleite.
⁹ Repugnancia a Yavé es el camino del perverso,
Pero Él ama al que sigue la justicia.

¹⁰ La disciplina molesta al que abandona el camino.
El que aborrece la corrección morirá.
¹¹ El *Seol* y el *Abadón*ᵃ están delante de Yavé,
¡Cuánto más los corazones de los hijos de hombres!
¹² El escarnecedor no ama al que lo reprende,
Ni busca a los sabios.
¹³ Un corazón alegre hermosea el rostro,
Pero el dolor del corazón abate el ánimo.
¹⁴ El corazón entendido busca el conocimiento,
Pero la boca de los necios se apacienta de la insensatez.
¹⁵ Todos los días del afligido son difíciles,
Pero el de corazón alegre *tiene* un banquete continuo.
¹⁶ Más vale poco con el temor a Yavé,
Que grandes tesoros con tumulto.
¹⁷ Mejor es ración de legumbres donde hay amor,
Que buey engordado donde hay rencor.
¹⁸ El hombre iracundo provoca contiendas,
Pero el lento para la ira apacigua la rencilla.
¹⁹ El camino del perezoso es como un cercado de espinos,
Pero la senda de los rectos es llana.
²⁰ El hijo sabio alegra al padre,
Pero el hombre necio menosprecia a su madre.
²¹ La necedad divierte al falto de entendimiento,
Pero el hombre prudente endereza su andar.
²² Sin consulta, los planes se frustran,
Pero tienen éxito con muchos consejeros.
²³ El hombre se alegra con la respuesta de su boca.
¡Cuán buena es la palabra oportuna!
²⁴ El prudente sube por el camino de la vida,
Que lo aparta de la bajada al *Seol*.
²⁵ Yavé destruye la casa del soberbio,
Pero afirma el lindero de la viuda.
²⁶ Repugnancia a Yavé son los pensamientos del perverso,
Pero las palabras de los puros le son placenteras.
²⁷ El que aspira a ganancias deshonestas arruina su casa,
Pero el que aborrece el soborno vivirá.
²⁸ El corazón del justo medita la respuesta,
Pero la boca del perverso derrama malas cosas.
²⁹ Yavé está lejos de los perversos,

ᵃ **15.11** *Seol*: mundo de los muertos. *Abadón*: lugar de perdición.

Pero escucha la oración de los justos.
³⁰ La luz de los ojos alegra el corazón,
Y una buena noticia nutre los huesos.
³¹ Oído que escucha sana reprensión,
Vivirá entre los sabios.
³² El que rechaza la corrección menosprecia su vida,
El que escucha la amonestación adquiere entendimiento.
³³ El temor a YAVÉ es escuela de sabiduría,
Y antes del honor está la humildad.

Con respecto a la vida y a la conducta

16 ¹ Del hombre son los planes del corazón,
Pero de YAVÉ la respuesta de la boca.
² Al hombre le parecen limpios todos sus caminos,
Pero YAVÉ pesa los espíritus.
³ Encomienda a YAVÉ tus obras,
Y tus pensamientos serán afirmados.
⁴ YAVÉ mismo hizo todas las cosas para Él,
Aun al perverso para el día malo.
⁵ Repugnancia es a YAVÉ todo altivo de corazón,
Ciertamente no quedará impune.
⁶ Por la misericordia y la verdad se borra la iniquidad,
Y por el temor a YAVÉ se aparta uno del mal.
⁷ Cuando los caminos del hombre agradan a YAVÉ,
Él hace que aun sus enemigos estén en paz con él.
⁸ Mejor es un poco con justicia,
Que gran ganancia con injusticia.
⁹ El corazón del hombre traza su camino,
Pero YAVÉ afirma sus pasos.
¹⁰ Hay una decisión divina en los labios del rey:
Que su boca no yerre en la sentencia.
¹¹ Peso y balanzas justas son de YAVÉ.
Todas las pesas de la bolsa son obra suya.
¹² Repugnancia es que los reyes cometan perversidad,
Porque el trono se afianza con la justicia.
¹³ Los reyes aprueban los labios sinceros,
Y aman al que habla lo recto.
¹⁴ La ira del rey es mensajero de muerte,
Pero el hombre sabio lo apaciguará.
¹⁵ En la serenidad del rostro del rey está la vida,

Y su favor es como nube de lluvia tardía.
¹⁶ Mejor es adquirir sabiduría que oro,
Y obtener entendimiento es más que plata.
¹⁷ El camino de los rectos es apartarse del mal,
El que guarda su camino preserva su vida.
¹⁸ Antes del quebrantamiento está la soberbia,
Y antes de la caída, la altivez de espíritu.
¹⁹ Es mejor ser humilde de espíritu con los humildes
Que repartir despojos con los soberbios.
²⁰ El que atiende la palabra hallará el bien,
Y el que confía en YAVÉ es inmensamente feliz.
²¹ El sabio de corazón será llamado entendido,
Y la dulzura de labios aumenta el saber.
²² Manantial de vida es el entendimiento para el que lo posee,
Pero el castigo de los necios es su misma necedad.
²³ El corazón del sabio muestra prudente su boca,
Y sus labios aumentan el saber.
²⁴ Panal de miel son las palabras agradables.
Dulces para el alma y saludables para los huesos.
²⁵ Hay camino que al hombre *parece* derecho,
Pero su fin es camino de muerte.
²⁶ La persona que labora para ella misma
Trabaja porque su boca lo obliga.
²⁷ El hombre perverso desentierra el mal,
Y lleva en sus labios fuego abrasador.
²⁸ El hombre perverso provoca contienda,
Y el chismoso separa a los mejores amigos.
²⁹ El hombre violento persuade a su amigo,
Y lo hace andar por camino no bueno,
³⁰ El que guiña los ojos trama perversidades,
El que frunce los labios realiza el mal.
³¹ Corona de honra es la cabeza cana,
Se halla en el camino de la justicia.
³² El lento para la ira es mejor que el valiente,
Y el que domina su espíritu que el que captura una ciudad.
³³ Las suertes se echan sobre la ropa,
Pero toda decisión es de YAVÉ.

17

¹ Más vale un bocado seco y con tranquilidad,
Que casa llena de sacrificios injustos con contienda.
² El esclavo prudente se impondrá al hijo que deshonra,

Y con los hermanos compartirá la herencia.
³ El crisol para la plata y la hornaza para el oro,
Pero Yavé prueba los corazones.
⁴ El malhechor hace caso al labio inicuo,
Y el mentiroso escucha la boca detractora.
⁵ El que se burla del pobre afrenta a su Hacedor,
El que se alegra de la calamidad no quedará impune.
⁶ Corona de los ancianos son sus nietos,
Honra de los hijos son sus padres.
⁷ No conviene al necio el lenguaje excelente,
¡Cuánto menos al príncipe el labio mentiroso!
⁸ El soborno le parece piedra mágica al que lo practica:
A donde se dirija halla prosperidad.
⁹ El que busca amistad encubre la falta,
Pero el que la divulga aparta al amigo.
¹⁰ Una sola represión es más eficaz para el prudente
Que 100 golpes al imprudente.
¹¹ El rebelde no busca sino el mal.
Un mensajero cruel será enviado contra él.
¹² Mejor es encontrarse con una osa despojada de sus crías,
Que con un necio empeñado en su insensatez.
¹³ Al que paga cosas malas por cosas buenas,
El mal no se aparta de su casa.
¹⁴ El que comienza una contienda suelta las aguas.
Desiste, pues, antes que estalle el pleito.
¹⁵ El que justifica al impío y el que condena al justo,
Ambos igualmente son repugnancia a Yavé.
¹⁶ ¿Para qué sirve el dinero en mano del necio?
¿Para adquirir sabiduría sin entendimiento?
¹⁷ En todo tiempo ama el amigo,
Y el hermano nace para *el tiempo* de angustia.
¹⁸ El hombre carente de entendimiento da pronto la mano,
Y sale fiador de su vecino.
¹⁹ El que ama la transgresión ama la disputa,
Y el que abre mucho la puerta busca su ruina.
²⁰ El corazón engañoso no halla el bien,
Y el de boca perversa cae en el mal.
²¹ El que engendra a un insensato le resulta para su tristeza,
Y el padre de un necio no tiene alegría.
²² El corazón alegre es una buena medicina,

Pero un espíritu quebrantado seca los huesos.
²³ El perverso toma soborno de su seno
Para pervertir el curso de la justicia.
²⁴ En el rostro del entendido se refleja la sabiduría,
Pero los ojos del necio vagan hasta el extremo de la tierra.
²⁵ El hijo necio es pesadumbre de su padre,
Y amargura de la que lo dio a luz.
²⁶ Ciertamente no es bueno condenar al justo,
Ni golpear a nobles que hacen lo recto.
²⁷ El que refrena sus palabras tiene entendimiento,
Y el de espíritu sereno es hombre prudente.
²⁸ Aun el necio cuando calla es tenido por sabio,
El que cierra sus labios es entendido.

18

¹ El que se desvía busca su propio deseo,
Y se enfada contra todo consejo.
² El necio no se deleita en el entendimiento,
Sino solo en exponer lo que piensa.
³ Cuando viene la impiedad viene también el desprecio,
Y con la deshonra viene la afrenta.
⁴ Las palabras de la boca de un hombre son aguas profundas,
Torrente caudaloso es la fuente de la sabiduría.
⁵ No es bueno mostrar preferencia por el perverso,
Para desviar al justo en el juicio.
⁶ Los labios del necio traen contienda,
Y su boca clama por azotes.
⁷ La boca del necio es su ruina,
Y sus labios, trampa para su alma.
⁸ Las palabras del chismoso son como delicados manjares
Que penetran hasta el fondo de sus órganos internos.
⁹ El negligente en su obra es hermano del disipador.
¹⁰ Torre fuerte es el Nombre de YAVÉ.
A ella corre el justo y está a salvo.
¹¹ Las riquezas del rico son su ciudad fortificada,
Como un alto muro en su imaginación.
¹² Antes del quebrantamiento el corazón del hombre es altivo,
Y antes de la honra está la humildad.
¹³ Al que responde antes de escuchar,
Le es insensatez y deshonra.
¹⁴ El buen ánimo del hombre soporta su enfermedad,
Pero el ánimo abatido, ¿quién lo soportará?

¹⁵ El corazón del entendido adquiere conocimiento,
Y conocimiento busca el oído de los sabios.
¹⁶ El regalo de un hombre le abre camino
Y lo conduce a la presencia de los grandes.
¹⁷ El primero que se defiende parece ser justo,
Hasta que llega su prójimo y lo investiga.
¹⁸ Echar suerte pone fin a la disputa,
Y decide entre los poderosos.
¹⁹ El hermano ofendido es más tenaz que ciudad fuerte,
Y los litigios, más que los cerrojos de una fortaleza.
²⁰ Con el fruto de la boca del hombre llenará su estómago.
Con el producto de sus labios se saciará.
²¹ La muerte y la vida están en poder de la boca.
El que la ama comerá su fruto.
²² El que halla esposa halla el bien,
Y alcanza el favor de Yavé.
²³ El pobre se expresa con súplicas,
El rico responde con durezas.
²⁴ Hay amigos que causan ruina al hombre,
Pero hay un amigo más fiel que un hermano.

19

¹ Mejor es el pobre que anda en su integridad,
Que el de labios perversos y necio.
² La persona sin conocimiento no es buena,
Y el que se apresura con sus pies tropieza.
³ La insensatez del hombre destruye su camino,
Y luego su corazón se irrita contra Yavé.
⁴ Las riquezas atraen muchos amigos,
Pero el pobre es abandonado por su amigo.
⁵ El testigo falso no quedará impune,
Y el que alienta mentiras no escapará.
⁶ Muchos buscan el favor del generoso,
Y todos son amigos del hombre que da regalos.
⁷ Todos los hermanos del pobre lo aborrecen,
¡Cuánto más se alejarán de él sus amigos!
Los persigue con palabras, pero ya no están.
⁸ El que adquiere cordura se ama a sí mismo,
Al que guarda la prudencia le irá bien.
⁹ El testigo falso no se irá sin castigo,
Y el que alienta mentiras perecerá.
¹⁰ El lujo no conviene al insensato,

¡Cuánto menos al esclavo tener dominio sobre gobernantes!
¹¹ La cordura del hombre detiene su furor,
Y su honra es pasar por alto la ofensa.
¹² Rugido de león es la amenaza del rey,
Rocío sobre la hierba su favor.
¹³ El hijo necio es la ruina de su padre,
Y gotera continua las contiendas de una esposa.
¹⁴ Casa y fortuna son herencia de los padres,
Pero la esposa prudente es un regalo de YAVÉ.
¹⁵ La pereza produce un sueño profundo,
Y la persona ociosa pasará hambre.
¹⁶ El que guarda el mandamiento, guarda su vida,
Pero el que menosprecia sus caminos morirá.
¹⁷ El que da al pobre presta a YAVÉ,
Y Él le dará su recompensa.
¹⁸ Corrige a tu hijo mientras haya esperanza,
Pero no se exceda tu alma para destruirlo.
¹⁹ El hombre de gran ira sufrirá castigo,
Pero si lo perdonas, lo tendrá que aumentar.
²⁰ Escucha el consejo y acepta la corrección
Para que seas sabio.
²¹ Muchos designios hay en el corazón del hombre,
Pero el propósito de YAVÉ es el que prevalece.
²² Lo que los hombres aprecian es la lealtad:
Es preferible ser pobre que engañador.
²³ El temor a YAVÉ es para vida,
El que lo tiene vivirá satisfecho,
Y no será visitado por el mal.
²⁴ El perezoso mete la mano en el plato,
Pero ni aun a su boca lo llevará.
²⁵ Golpea al burlador, y el ingenuo será prudente,
Corrige al entendido, y aumentará su saber.
²⁶ El que roba a su padre y echa fuera a su madre
Es hijo que trae vergüenza y deshonra.
²⁷ Hijo mío, deja de oír consejos
Que te apartan de las palabras de sabiduría.
²⁸ El testigo perverso se burla de la justicia,
Y la boca de los impíos encubre la iniquidad.
²⁹ Hay castigos preparados para los burladores,
Y azotes para la espalda del necio.

20

¹ El vino es burlador y alborotador el licor,
Y cualquiera que en ello se desvía no es sabio.
² Como rugido de león es la ira del rey,
El que provoca su ira expone su propia vida.
³ Honra del hombre es evitar la contienda,
Pero todo insensato se envolverá en ella.
⁴ En otoño no ara el holgazán,
Rebuscará en la cosecha y nada hallará.
⁵ Como agua profunda es el propósito en el corazón del hombre,
Pero el hombre entendido logrará extraerlo.
⁶ Muchos hombres proclaman su propia bondad,
Pero un hombre fiel, ¿quién lo hallará?
⁷ El justo camina en su integridad,
Después de él, sus hijos son muy dichosos.
⁸ Un rey sentado en el tribunal,
Con su mirada disipa toda maldad.
⁹ ¿Quién podrá decir:
Tengo mi conciencia limpia,
Estoy purificado de mi pecado?
¹⁰ Pesa falsa y medida falsa,
Ambas son repugnancia a YAVÉ.
¹¹ Aun el muchacho es conocido por sus hechos,
Si su conducta es limpia y recta.
¹² El oído que oye y el ojo que ve,
Ambas cosas las hizo YAVÉ.
¹³ No ames el sueño
No sea que te empobrezcas.
Abre tus ojos y te saciarás de pan.
¹⁴ Es malo, es malo, dice el comprador,
Pero cuando se va, se jacta.
¹⁵ Existe el oro y multitud de piedras preciosas,
Pero los labios sabios son algo más precioso.
¹⁶ Tómale la ropa al que salió fiador de un extraño,
Y tómale prenda cuando da garantía a los forasteros.
¹⁷ Sabroso es al hombre el pan mal adquirido,
Pero después su boca estará llena de fragmentos de piedra.
¹⁸ Confirma los planes por medio del consejo,
Y con sabias estrategias haz la guerra.
¹⁹ El que revela secretos levanta calumnia,
Por tanto, no te metas con un chismoso.

²⁰ Al que insulte a su padre o a su madre,
Se le apagará su lámpara en medio de la oscuridad.
²¹ Herencia adquirida con robo al comienzo,
Al fin no será bendita.
²² No digas: Yo me vengaré.
Espera a Yavé, y Él te salvará.
²³ Las pesas desiguales son repugnancia a Yavé,
Y una balanza con trampa no es buena.
²⁴ De Yavé son los pasos del hombre,
¿Cómo, pues, podrá el hombre entender su camino?
²⁵ Trampa es al hombre el voto apresurado,
Y después de hacerlo, reflexionar.
²⁶ El rey sabio dispersa a los perversos,
Y hace pasar sobre ellos la rueda de trillar.
²⁷ Lámpara de Yavé es el espíritu del hombre,
Que escudriña lo más recóndito del ser.
²⁸ Misericordia y verdad preservan al rey,
Y la clemencia sustenta su trono.
²⁹ La gloria de los jóvenes es su fortaleza,
Y el esplendor de los ancianos, sus canas.
³⁰ Las marcas de los azotes purifican del mal,
Y los golpes llegan a lo íntimo del corazón.

21

¹ Como los repartimientos de las aguas,
Así el corazón del rey está en la mano de Yavé.
A todo lo que quiere lo inclina.
² Todo camino del hombre es recto en su propia opinión,
Pero Yavé pesa los corazones.
³ Yavé prefiere el derecho y la justicia en vez de los sacrificios.
⁴ Ojos altivos, corazón arrogante,
Y la lámpara de los perversos son pecado.
⁵ Los planes del diligente solo traen ganancia,
Los del precipitado, solo indigencia.
⁶ Acumular tesoros con boca mentirosa
Es vanidad ilusoria y trampa de muerte.
⁷ La violencia de los impíos los arrastrará,
Por cuanto se niegan a obrar con justicia.
⁸ La senda del vicioso es torcida y extraña,
Las acciones del puro son rectas.
⁹ Más vale vivir en rincón de azotea,
Que en casa espaciosa con mujer rencillosa.

¹⁰ Afán del perverso es desear el mal,
Su prójimo nunca halla favor ante sus ojos.
¹¹ Cuando el burlador es castigado, el simple se hace prudente,
Y cuando el sabio es instruido, adquiere conocimiento.
¹² El justo considera la casa del impío,
Y precipita al impío a la ruina.
¹³ El que cierra sus oídos al clamor del pobre
No será escuchado cuando grite.
¹⁴ Un regalo en secreto aplaca la ira,
Y un soborno bajo el manto, el gran furor.
¹⁵ Alegría para el justo es que se haga justicia,
Pero terror para los que practican iniquidad.
¹⁶ Hombre que se extravía del camino de la sabiduría
Va a parar a la asamblea de los difuntos.
¹⁷ El que ama el deleite será un hombre pobre,
Quien ama el vino y los ungüentos no enriquecerá.
¹⁸ El impío está en lugar del justo y
El que pervierte ocupa el puesto de los rectos.
¹⁹ Más vale habitar en tierra desierta,
Que con mujer rencillosa e iracunda.
²⁰ Preciosos tesoros y aceite hay en la casa del sabio,
Pero el hombre insensato los dilapida.
²¹ El que va tras la justicia y la misericordia
Halla vida, prosperidad y honra.
²² El sabio conquista la ciudad de los poderosos,
Y humilla la fortaleza en la que ella confía.
²³ El que guarda su boca y su lengua
Guarda su alma de penurias.
²⁴ El soberbio presuntuoso tiene por nombre insolente,
Y obra con saña y furor.
²⁵ Los deseos del perezoso lo matan,
Pues sus manos no quieren trabajar.
²⁶ Todo el día desea y desea más,
Pero el justo da y no escatima.
²⁷ Los sacrificios del perverso son repugnancia,
¡Cuánto más cuando los ofrece con malicia!
²⁸ El testigo falso perecerá,
Pero el que atiende, habla perpetuamente.
²⁹ El perverso se presenta desafiante,
Pero el recto examina su camino.

³⁰ No hay habilidad, ni inteligencia,
Ni consejo frente a Yavé.
³¹ El caballo es preparado para el día de la batalla,
Pero la victoria es de Yavé.

22

¹ Más vale el buen nombre que las muchas riquezas,
Y el ser apreciado más que la plata y el oro.
² El rico y el pobre tienen esto en común:
Yavé los hizo a todos ellos.
³ El prudente ve el mal y se aparta,
Pero los ingenuos siguen y reciben el daño.
⁴ En las huellas de la humildad y del temor a Yavé,
Andan riqueza, honor y vida.
⁵ Espinos y lazos hay en el camino de los perversos,
El que guarda su alma se aparta de ellos.
⁶ Instruye al niño en el camino que debe seguir,
Aun cuando sea viejo no se apartará de él.
⁷ El rico domina al pobre,
Y el que pide prestado es esclavo del prestamista.
⁸ El que siembra maldad cosecha desgracia,
Y la vara de su arrogancia se consumirá.
⁹ El que tiene ojo generoso será bendecido,
Porque repartió su pan con el pobre.
¹⁰ Echa fuera al escarnecedor, y se irá la discordia,
Y también saldrán la contienda y las afrentas.
¹¹ El que ama la pureza de corazón,
El que tiene gracia en sus labios
Tendrá como amigo al propio rey.
¹² Los ojos de Yavé velan por la verdad,
Y Él descubre el engaño de los traicioneros.
¹³ Dice el perezoso: Afuera hay un león.
En plena calle me matará.
¹⁴ Abismo profundo es la boca de la mujer ajena.
El aborrecido de Yavé caerá allí.
¹⁵ La necedad se pega al corazón del niño.
La vara de la corrección se la apartará.
¹⁶ El que oprime al pobre enriquece.
Quien da al rico se empobrece.
¹⁷ Inclina tu oído, escucha las palabras de los sabios
Y aplica tu corazón a mis enseñanzas,
¹⁸ Porque será bueno que las guardes dentro de ti,

Y las establezcas sobre tus labios,
¹⁹ Para que pongas en YAVÉ tu confianza.
Te instruiré también a ti.
²⁰ ¿No te escribí cosas excelentes de consejos y enseñanzas,
²¹ Para que conozcas la certeza de los dichos de verdad,
Y las hagas llegar a los que te son enviados?
²² No explotes al pobre, porque es pobre,
Ni atropelles al desgraciado en la puerta,
²³ Porque YAVÉ defenderá su causa
Y quitará la vida a los que la quitan a otro.
²⁴ No hagas amistad con el hombre iracundo,
Ni te hagas acompañar del hombre violento,
²⁵ No sea que te acostumbres a sus caminos,
Y coloques lazo a tu propia alma.
²⁶ No seas tú de los que dan la mano,
Y salen fiadores de deudas.
²⁷ Si no tienes con qué pagar,
¿Por qué te quitarán tu propia cama?
²⁸ No remuevas el lindero antiguo
Que colocaron tus antepasados.
²⁹ ¿Has visto hombre diligente en su obra?
Estará delante de los reyes y no de la gentuza.

23

¹ Cuando te sientes a comer con un *'adón*,
Considera bien lo que está delante de ti,
² Y pon cuchillo a tu garganta
Si tienes gran apetito.
³ No codicies sus manjares delicados,
Porque son pan de engaño.
⁴ No te afanes por hacer riquezas.
Sé prudente y desiste.
⁵ Si les diriges una mirada, ya no están.
Les salieron alas como un águila que vuela a los cielos.
⁶ No comas pan con el avaro,
Ni codicies sus manjares,
⁷ Porque como piensa en su corazón, así es.
Come y bebe, te dirá,
Pero su corazón no está contigo.
⁸ Vomitarás el bocado que comiste
Y perderás tus suaves palabras.
⁹ No hables a oídos del insensato,

Porque despreciará la prudencia de tus razones.
¹⁰ No cambies de lugar el lindero antiguo,
Ni entres en el campo de los huérfanos,
¹¹ Porque su Redentor es fuerte,
Y defenderá contra ti la causa de ellos.
¹² Aplica tu corazón a la enseñanza,
Y tus oídos a las palabras sabias.
¹³ No retraigas la corrección al muchacho,
Si lo castigas con vara, no morirá.
¹⁴ Lo castigarás con vara,
Y librarás su alma del *Seol*.
¹⁵ Hijo mío, si tu corazón es sabio,
También a mí se me alegrará el corazón,
¹⁶ Mi ser interno también se alegrará
Cuando tus labios hablen cosas rectas.
¹⁷ No tenga tu corazón envidia de los pecadores.
Más bien, persevera en el temor a Yavé en todo tiempo.
¹⁸ Porque ciertamente hay un porvenir,
Y tu esperanza no será frustrada.
¹⁹ Escucha tú, hijo mío, sé sabio,
Y dirige tu corazón por el buen camino.
²⁰ No estés con los bebedores de vino,
Ni con los comedores de carne,
²¹ Porque el ebrio y el glotón empobrecerán,
Y el dormitar hará vestir harapos.
²² Escucha a tu padre que te engendró,
Y no desprecies a tu madre cuando sea anciana.
²³ Adquiere la verdad y no la vendas,
También sabiduría, instrucción y entendimiento.
²⁴ El padre del justo se alegrará en gran manera.
El que engendra un hijo sabio se gozará con él.
²⁵ Alégrense tu padre y tu madre,
Y regocíjese la que te dio a luz.
²⁶ Dame, hijo mío, tu corazón
Y observen tus ojos mis caminos.
²⁷ Porque fosa profunda es la prostituta,
Y pozo angosto la mujer extraña.
²⁸ También ella, como asaltante, acecha,
Y entre los hombres multiplica a los traicioneros.
²⁹ ¿Para quién es el ay?

¿Para quién las tristezas?
¿Para quién las contiendas?
¿Para quién el quejido?
¿Para quién las heridas sin causa?
¿Para quién los ojos enrojecidos?
³⁰ Para el que se detiene en el vino,
Para los que prueban licores mezclados.
³¹ No mires al vino cuando rojea,
Y lanza destellos en la copa,
Porque se entra suavemente,
³² Pero al fin, muerde como una serpiente.
Pica como una víbora.
³³ Tus ojos mirarán cosas extrañas,
Y tu corazón hablará cosas perversas.
³⁴ Serás como el que está acostado en alta mar,
Como el que duerme en el palo de un velero,
³⁵ Y dirás: Me golpearon y no me dolió,
Me azotaron, pero no lo sentí.
Cuando despierte, lo volveré a buscar.

24

¹ No envidies a los perversos,
Ni desees estar con ellos.
² Porque su corazón trama violencia,
Y sus labios hablan gran injusticia.
³ Con la sabiduría se edifica una casa,
Con la prudencia se afirma,
⁴ Con el conocimiento se llenan sus cuartos
De todo bien preciado y agradable.
⁵ Mejor es el varón sabio que el fuerte.
El hombre de conocimiento aumenta su poder.
⁶ Porque con estrategia harás tu guerra,
Y en la multitud de consejeros está la victoria.
⁷ La sabiduría está demasiado alta para el necio.
En la puerta no abrirá su boca.
⁸ Al que trama el mal
Lo llamarán hombre de malas intenciones.
⁹ La intención del insensato es pecado,
El burlador es detestado por los hombres.
¹⁰ Si flaqueas en el día de la adversidad,
También tu fuerza se reducirá.
¹¹ ¡Libra a los que son llevados a la muerte!

¡Rescata a los que se tambalean hacia a la matanza!
¹² Si dices: En verdad, no lo supimos.
El que pesa los corazones, ¿no lo sabrá?
¿No lo sabrá el que vigila tu vida,
Y paga al hombre según sus obras?
¹³ Come miel, hijo mío, pues es buena.
Sí, el panal es dulce a tu paladar.
¹⁴ Así aprópiate de la sabiduría para tu vida.
Si la hallas, habrá un porvenir,
Y tu esperanza no será frustrada.
¹⁵ Oh impío, no aceches la tienda del justo
Ni saquees su lugar de reposo,
¹⁶ Porque siete veces cae el justo y se vuelve a levantar,
Pero los impíos tropiezan en la calamidad.
¹⁷ Si tu enemigo cae, no te alegres,
Y si tropieza, no se regocije tu corazón,
¹⁸ No sea que YAVÉ lo vea y le desagrade,
Y aparte de sobre él su enojo.
¹⁹ No te impacientes a causa de los malhechores,
Ni tengas envidia de los pecadores,
²⁰ Porque para el perverso no habrá buen fin,
Y la lámpara de los impíos será apagada.
²¹ Hijo mío: Teme a YAVÉ y también al rey.
No te asocies con los sediciosos,
²² Porque su calamidad viene de repente,
Y la ruina que viene de ambos, ¿quién la conocerá?
²³ También estos son dichos de los sabios:
No es bueno hacer acepción de personas en el juicio.
²⁴ El que dice al impío: Eres justo,
Lo maldecirán los pueblos,
Y lo detestarán las naciones.
²⁵ Pero los que lo reprenden serán apreciados,
Y una gran bendición vendrá sobre ellos.
²⁶ Besados serán los labios
Del que responde palabras rectas.
²⁷ Prepara tus labores de afuera,
Y disponlas en tus campos,
Y después edifica tu casa.
²⁸ No testifiques sin causa contra tu prójimo,
Ni engañes con tus labios.

²⁹ No digas: Le haré como él me hizo,
Le retribuiré conforme a su obra.
³⁰ Pasé junto al campo de un hombre perezoso,
Por la viña de un hombre falto de entendimiento,
³¹ Y ahí todo estaba cubierto de espinas.
Su superficie estaba cubierta de ortigas,
Y su muro de piedra, derribado.
³² Observé esto y reflexioné.
Lo vi y aprendí la lección:
³³ Un poco de sueño, un poco de dormitar,
Un poco de cruzar las manos para descansar,
³⁴ Así vendrá tu miseria como un vagabundo,
Y tu escasez como un hombre armado.

Lecciones y comparaciones

25 ¹ También éstos son proverbios de Salomón, que transcribieron los varones de Ezequías, rey de Judá:
² Gloria de 'ELOHIM es encubrir un asunto,
Pero honra del rey es escudriñarlo.
³ Así como la altura de los cielos y la profundidad de la tierra,
El corazón de los reyes es inescrutable.
⁴ Quita la escoria de la plata,
Y saldrá un vaso para el platero.
⁵ Aparta al perverso de la presencia del rey,
Y su trono se afianzará en justicia.
⁶ No te alabes delante del rey,
Ni estés en el lugar de los grandes.
⁷ Mejor es que te diga: Sube acá,
Que ser humillado en presencia de un noble
A quien vieron tus ojos.
⁸ No te des prisa en pleitear,
Porque ¿qué harás al final
Cuando tu prójimo te haya avergonzado?
⁹ Discute tu causa con tu prójimo,
Y no des a conocer el secreto de otro,
¹⁰ No sea que te deshonre el que lo oye,
Y tu mala fama no pueda repararse.
¹¹ Manzana de oro con adornos de plata
Es la palabra dicha oportunamente.
¹² Zarcillo de oro y joya de oro fino

Es el que reprende al sabio que tiene oído dócil.

¹³ Frescura de nieve en tiempo de cosecha
Es el mensajero fiel para el que lo envía,
Pues refresca la vida de su *'adón*.

¹⁴ Como nubes y vientos sin lluvia,
Es el que se jacta falsamente de sus regalos.

¹⁵ Con longanimidad se persuade al gobernante,
Pues la lengua amable quebranta los huesos.

¹⁶ ¿Hallaste miel? Come lo que te baste,
No sea que cuando estés lleno la vomites.

¹⁷ No frecuente tu pie la casa de tu vecino,
No sea que se canse de ti, y te aborrezca.

¹⁸ Martillo, cuchillo y flecha aguda,
Es el hombre que da falso testimonio contra su prójimo.

¹⁹ Como diente roto y pie descoyuntado,
Es confiar en el traicionero en el día de la angustia.

²⁰ Como el que se quita la ropa en tiempo frío
Y como vinagre sobre el bicarbonato de sodio
Es cantar canciones al corazón afligido.

²¹ Si tu enemigo tiene hambre, dale de comer.
Si tiene sed, dale de beber.

²² Porque carbones encendidos amontonas sobre su cabeza,
Y Yavé te recompensará.

²³ Como el viento del norte atrae la lluvia,
La boca detractora, el rostro airado.

²⁴ Mejor es vivir en un rincón de la azotea
Que en casa espaciosa con esposa pendenciera.

²⁵ Como agua fresca a la persona sedienta
Son las buenas noticias desde lejanas tierras.

²⁶ Manantial turbio y pozo en ruinas
Es el justo que flaquea ante el perverso.

²⁷ Comer mucha miel no es bueno,
Ni es bueno buscar la propia gloria.

²⁸ Como una ciudad cuyo muro fue derribado,
Es el hombre que no domina su propio espíritu.

26

¹ No conviene la nieve en el verano
Ni la lluvia en la cosecha,
Ni la honra al necio.

² Como pájaro que aletea y golondrina que vuela,
Así la maldición sin causa no se cumple.

³ El látigo para el caballo, el cabestro para el asno
Y la vara para la espalda del necio.
⁴ No respondas al necio según su necedad,
Para que no seas tú como él.
⁵ Responde al necio como merece su necedad,
Para que él no se estime sabio.
⁶ El que envía mensaje por medio de un necio
Corta sus pies y bebe violencia.
⁷ Al lisiado le cuelgan las piernas inútiles.
Así es el proverbio en la boca del necio.
⁸ Como sujetar una piedra en la honda,
Así es el que da honores al necio.
⁹ Como espina que cae en la mano de un borracho,
Así es el proverbio en boca de los necios.
¹⁰ Como arquero que dispara contra cualquiera,
Es el que contrata a insensatos y vagabundos.
¹¹ Como perro que vuelve a su vómito,
Así el necio repite su insensatez.
¹² ¿Has visto a alguien sabio en su propia opinión?
Más se puede esperar de un necio que de él.
¹³ Dice el perezoso:
El león está en el camino,
Hay un león en la plaza.
¹⁴ Como la puerta gira sobre sus bisagras,
Así también el perezoso en su cama.
¹⁵ El perezoso mete su mano en el plato,
Y le repugna aun llevar la comida a su boca.
¹⁶ El perezoso se cree más sabio
Que siete hombres que responden con discreción.
¹⁷ El que se mete en pleito ajeno
Es como el que agarra un perro por las orejas.
¹⁸ Como el loco furioso que lanza dardos[a] encendidos y flechas mortales,
¹⁹ Así es el que engaña a su prójimo
Y luego dice: Solo era una broma.
²⁰ Sin leña se apaga el fuego,
Y donde no hay chismoso, cesa la contienda.
²¹ El carbón para las brasas y la leña para el fuego,
Y el pendenciero para encender la contienda.
²² Las palabras del chismoso son manjares,

---

[a] **26.18** Dardo: lanza pequeña y delgada que se tira con la mano.

Que bajan hasta lo más recóndito del ser.
²³ Como escoria de plata echada sobre un tiesto
Son los labios enardecidos y el corazón perverso.
²⁴ Disimula con sus labios el que odia,
Pero en su interior trama el engaño.
²⁵ Aunque hable amigablemente, no le creas,
Porque siete repugnancias hay en su corazón.
²⁶ Aunque con disimulo encubra su odio,
Su perversidad será descubierta en la congregación.
²⁷ El que cave una fosa, caerá en ella,
Y al que ruede una piedra, le caerá encima.
²⁸ La lengua mentirosa odia a los que aflige,
Y la boca lisonjera causa ruina.

27

¹ No te jactes del mañana,
Pues no sabes lo que traerá el día.
² Alábete el otro y no tu propia boca,
El extraño, y no tus propios labios.
³ Pesada es la piedra, y la arena pesa,
Pero la incitación de un necio es más pesada que ambas.
⁴ Cruel es la ira e impetuoso el furor,
Pero ¿quién puede mantenerse en pie ante la envidia?
⁵ Mejor es reprensión manifiesta,
Que amor oculto.
⁶ Leales son las heridas de un amigo,
Pero engañosos los besos del que odia.
⁷ La persona saciada pisotea el panal,
Pero para la hambrienta, hasta lo amargo *le* es dulce.
⁸ Cual ave que se va de su nido,
Así es el hombre que se va de su lugar.
⁹ Los ungüentos y los vinos alegran el corazón,
Así el consejo de un hombre es dulce para su amigo.
¹⁰ No abandones a tu amigo, ni al amigo de tu padre,
Ni vayas a casa de tu hermano en el día de tu aflicción.
Mejor es el vecino cerca que el hermano lejos.
¹¹ Sé sabio, hijo mío, y alegra mi corazón,
Así tendré que responder al que me ultraje.
¹² El prudente ve el mal y se aparta,
Pero los ingenuos siguen, y reciben el daño.
¹³ Quítale la ropa al que sale fiador de un extraño,
Y tómale prenda al que confía en la mujer extraña.

¹⁴ Al que bendice a su prójimo de madrugada a gritos
Por maldición se le contará.
¹⁵ Una gotera continua en tiempo de lluvia
Y una esposa pendenciera son iguales.
¹⁶ Pretender refrenarla es como refrenar el viento,
O sujetar aceite en la mano derecha.
¹⁷ El hierro con el hierro se afila.
Así estimula el hombre el semblante de su amigo.
¹⁸ El que cuida su higuera comerá higos,
Y el que atiende los intereses de su *'adón* recibirá honores.
¹⁹ Como el rostro se refleja en el agua,
Así el corazón del hombre refleja al hombre.
²⁰ El *Seol* y el *Abadón*[a] no se sacian jamás.
Así los ojos del hombre nunca se sacian.
²¹ El crisol prueba la plata y la hornaza el oro,
Y al hombre, la boca del que lo alaba.
²² Aunque machaques al necio con el pisón del mortero
    entre el grano partido,
Su necedad no se apartará de él.
²³ Observa bien la condición de tus ovejas,
Atiende tus rebaños.
²⁴ Porque las riquezas no duran para siempre,
Ni se transmite una corona de generación en generación.
²⁵ Salen las verduras, aparece el retoño
Y los vegetales de las montañas son cosechados.
²⁶ Las ovejas proveen tu ropa,
Y las cabras el precio del campo,
²⁷ Las cabras proveen leche para tu alimento,
Para el alimento de tu casa y el sustento de tus esclavas.

Proverbios expresados en antítesis

28 ¹ Huye el impío sin que nadie lo persiga,
Pero como león está confiado el justo.
² Por la rebelión de la tierra sus jefes son muchos,
Pero por el hombre entendido y sabio permanece estable.
³ El hombre pobre que explota a los indigentes
Es como lluvia torrencial que no deja pan.
⁴ Los que abandonan la Ley alaban al impío.
Los que la guardan contienden con ellos.

---
[a] 27.20 *Seol*: mundo de los muertos. *Abadón*: lugar de perdición.

⁵ Los perversos no entienden la justicia,
Pero el que busca a YAVÉ lo entiende todo.
⁶ Mejor es el pobre que anda en su integridad,
Que rico de caminos torcidos.
⁷ El que observa la Ley es hijo inteligente,
El que se reúne con glotones avergüenza a su padre.
⁸ El que aumenta su fortuna con interés y usura
Acumula para el que se compadece de los pobres.
⁹ Al que aparta su oído para no oír la Ley,
Aun su oración es una repugnancia.
¹⁰ El que extravía al recto por el mal camino
Caerá en su propia fosa,
Pero los íntegros heredarán el bien.
¹¹ El hombre rico es sabio en su propia opinión,
Pero el entendido pobre lo escudriña.
¹² Cuando triunfa el justo hay gran esplendor,
Cuando se yerguen los impíos, los hombres se esconden.
¹³ El que encubre sus pecados no prosperará,
Pero el que los confiesa y se aparta alcanzará misericordia.
¹⁴ ¡Inmensamente feliz es el hombre que teme siempre!
Pero el que endurece su corazón caerá en la desgracia.
¹⁵ León rugiente y oso hambriento,
Es el gobernante impío sobre un pueblo pobre.
¹⁶ El gobernante falto de entendimiento aumenta la extorsión,
Pero el que aborrece la avaricia alargará sus días.
¹⁷ El hombre culpable de homicidio hacia la fosa huye.
¡Nadie lo detenga!
¹⁸ El que anda en integridad será librado,
Pero el que oscila entre dos caminos caerá de repente.
¹⁹ El que labra su tierra se saciará de pan,
Pero el que persigue vanidades se hartará de pobreza.
²⁰ El hombre leal tendrá muchas bendiciones,
Pero el que se apresura a enriquecerse no quedará impune.
²¹ Hacer acepción de personas no es bueno,
Pero, ¡hasta por un bocado de pan puede transgredir un hombre!
²² El hombre de mirada desleal se afana por enriquecer,
Y no sabe que lo alcanzará la miseria.
²³ El que reprende al hombre hallará mayor gracia
Que el de boca lisonjera.
²⁴ El que roba a padre o madre y dice que no es pecado,

Es compañero del destructor.
²⁵ El arrogante suscita contiendas,
Pero el que confía en YAVÉ prosperará.
²⁶ El que confía en su propio corazón es un necio,
Pero el que anda en sabiduría será librado.
²⁷ El que da al pobre no tendrá necesidad,
Pero el que aparta de él sus ojos tendrá muchas maldiciones.
²⁸ Cuando se levantan los perversos, los hombres se esconden,
Pero cuando perecen, aumentan los justos.

29

¹ El hombre que al ser reprendido es indómito,
Será quebrantado de repente,
Y no habrá para él medicina.
² Cuando aumentan los justos, el pueblo se regocija.
Cuando gobierna el impío, el pueblo gime.
³ El que ama la sabiduría, alegra a su padre,
Pero el que se junta con prostitutas, destruye su riqueza.
⁴ Un rey justo estabiliza el país,
Pero el que lo carga de impuestos lo destruye.
⁵ El hombre que lisonjea a su prójimo
Tiende una red a sus pasos.
⁶ En la transgresión del hombre perverso hay trampa,
Pero el justo cantará y se alegrará.
⁷ Preocupa al justo la causa de los pobres,
Y el perverso no entiende esa preocupación.
⁸ Los burladores agitan la ciudad,
Pero los sabios aplacan la ira.
⁹ Si un sabio contiende con un necio,
Aunque se enoje éste o se ría, no tendrá reposo.
¹⁰ Los hombres sanguinarios aborrecen al íntegro,
Pero los rectos se preocupan por su vida.
¹¹ El necio da rienda suelta a su ira,
Pero el sabio la reprime.
¹² Si el gobernante atiende a palabras mentirosas,
Todos sus ministros serán perversos.
¹³ El pobre y el opresor tienen esto en común:
A ambos YAVÉ les iluminó los ojos.
¹⁴ Si el rey juzga a los pobres con verdad,
Su trono será establecido para siempre.
¹⁵ La vara y la represión dan sabiduría,
Pero el muchacho consentido avergonzará a su madre.

¹⁶ Cuando los perversos se multiplican, aumenta la transgresión,
Pero los justos presenciarán la caída de ellos.
¹⁷ Corrige a tu hijo y te dará descanso,
Y dará satisfacciones a tu alma.
¹⁸ Donde no hay visión profética, el pueblo se desenfrena.
Pero, ¡inmensamente feliz es el que guarda la Ley!
¹⁹ El esclavo no se corrige solo con palabras,
Porque entiende, pero no hace caso.
²⁰ ¿Has visto a un hombre precipitado en sus palabras?
Más esperanza hay del necio que de él.
²¹ El que mima a un esclavo desde la niñez,
Al final lo tendrá como un hijo.
²² El hombre iracundo levanta contiendas,
Y el furioso comete muchas transgresiones.
²³ La soberbia del hombre lo abate,
Pero el de espíritu humilde recibirá honra.
²⁴ El cómplice del ladrón aborrece su propia vida,
Oye la maldición, pero no lo denuncia.
²⁵ El temor al hombre coloca una trampa,
Pero el que confía en YAVÉ estará seguro.
²⁶ Muchos buscan el favor del gobernante,
Pero la sentencia para el hombre viene de YAVÉ.
²⁷ El hombre inicuo es aborrecido por los justos,
Y el de camino recto es aborrecido por los perversos.

Las palabras de Agur

30 ¹ Palabras de Agur, hijo de Jaqué, el de Masá. La profecía. Declaración del varón a Itiel y a Ucal.
² En verdad soy el más ignorante de los hombres,
Y no tengo entendimiento humano.
³ No aprendí sabiduría,
Ni comprendo la ciencia del Santo.
⁴ ¿Quién subió a los cielos, y descendió?
¿Quién encerró los vientos en sus puños?
¿Quién ató las aguas en un paño?
¿Quién afirmó todos los términos de la tierra?
¿Cuál es su Nombre, y el nombre de su Hijo, si sabes?
⁵ Toda Palabra de 'ELOHIM es limpia.
Él es Escudo a los que en Él esperan.
⁶ No añadas a sus Palabras,

Para que no te reprenda,
Y seas hallado mentiroso.
⁷ Dos cosas te pedí,
No me las niegues mientras viva:
⁸ Aparta de mí la vanidad y la mentira,
Y no me des pobreza ni riqueza.
Mantenme con el pan necesario,
⁹ No sea que me sacie y te niegue, o diga:
¿Quién es Yavé?
O que, por ser pobre robe
Y blasfeme el Nombre de mi 'Elohim.
¹⁰ No acuses al esclavo ante su *'adón*,
No sea que te maldiga, y seas hallado culpable.
¹¹ Hay quien maldice a su padre,
Y no bendice a su madre.
¹² Hay quien es puro en su propia opinión,
Pero no está lavado de su impureza.
¹³ Hay quien mira con ojos altivos
Y párpados bien levantados por arrogancia.
¹⁴ Hay quien tiene dientes como espadas
Y muelas como cuchillos
Para devorar a los pobres de la tierra
Y a los necesitados de entre los hombres.
¹⁵ La sanguijuela tiene dos hijas: Dame y Dame.
Tres cosas hay que nunca se sacian,
Aun la cuarta jamás dice: ¡Basta!
¹⁶ El *Seol*, la matriz estéril,
La tierra, que no se harta de agua,
Y el fuego, que nunca dice: ¡Basta!
¹⁷ Ojo que se burla del padre
Y desprecia la obediencia a la madre,
¡Arránquenlo los cuervos del valle
Y devórenlo los polluelos del buitre!
¹⁸ Tres cosas me son ocultas,
Y tampoco comprendo la cuarta:
¹⁹ El rastro del águila en el aire,
El rastro de la culebra sobre la peña,
El rastro de la nave en el mar,
Y el rastro del hombre en la doncella.
²⁰ Así procede la mujer adúltera:

Come, se limpia la boca y dice:
Nada malo hice.
²¹ Por tres cosas se estremece la tierra,
Y la cuarta no puede soportar:
²² Por el esclavo, cuando llega a reinar,
Por el necio, cuando se harta de pan,
²³ Por la mujer aborrecida, cuando se casa,
Y por una esclava, cuando desplaza a su señora.
²⁴ Cuatro cosas son pequeñas en la tierra,
Pero mucha más sabias que los sabios:
²⁵ Las hormigas, pueblo no fuerte,
Pero preparan su sustento en el verano;
²⁶ Los conejos, pueblo nada esforzado,
Pero hacen su casa en la roca;
²⁷ Las langostas, que no tienen rey,
Pero salen todas en cuadrillas;
²⁸ Las lagartijas, que se agarran con la mano,
Pero están en los palacios reales.
²⁹ Tres cosas hay de hermoso andar,
Y la cuarta pasea muy bien:
³⁰ El león, el más fuerte entre todas las bestias,
Que no se vuelve atrás por nada;
³¹ El gallo que erguido camina,
También el macho cabrío,
Y un rey, cuando sus tropas están con él.
³² Si te enalteciste neciamente,
O tramaste el mal, pon tu mano sobre tu boca.
³³ Porque así como al batir la leche se saca mantequilla,
Y al que recio se suena le sale sangre,
El que provoca la ira causará contienda.

Exhortación al rey

31 ¹ Palabras del rey Lemuel,
La profecía que le enseñó su madre:
² ¿Qué te diré, hijo mío?
¡Oh, hijo de mi vientre!
¿Qué te diré, hijo de mis votos?
³ No des tu fuerza a las mujeres,
Ni tus caminos al que destruye a los reyes.
⁴ No es de reyes, oh Lemuel,

Ni es de los reyes beber vino,
Ni de los gobernantes el licor.
⁵ No sea que al beber, olviden lo que se decretó,
Y perviertan el derecho de todos los afligidos.
⁶ Den el licor fuerte al desfallecido,
Y el vino a los de ánimo amargado,
⁷ Para que beban y olviden su necesidad,
Y ya no se acuerden de su miseria.
⁸ Abre tu boca a favor del mudo,
Defiende la causa de todos los abandonados.
⁹ Abre tu boca, juzga con justicia
Y defiende al pobre y al necesitado.

Elogio a la mujer virtuosa

¹⁰ Mujer virtuosa, ¿quién la hallará?
Porque su estima sobrepasa largamente a la de las piedras preciosas.
¹¹ El corazón de su esposo está confiado en ella,
Y no carecerá de ganancias.
¹² Ella le dará bien y no mal
Todos los días de su vida.
¹³ Busca la lana y el lino,
Y diligentemente trabaja con sus manos.
¹⁴ Es como la nave del mercader,
Que trae su pan desde lejos.
¹⁵ Se levanta cuando aún es noche,
Da alimento a su familia,
Y la porción asignada a sus criadas.
¹⁶ Evalúa un campo y lo compra,
Y del fruto de sus manos planta una viña.
¹⁷ Ciñe con firmeza su cintura,
Y esfuerza sus brazos.
¹⁸ Ve que sus negocios van bien.
Su lámpara no se apaga de noche.
¹⁹ Aplica sus manos a la rueca,
Y sus dedos manejan el huso.[a]
²⁰ Extiende su mano al pobre,
Sí, alarga sus manos al necesitado.
²¹ No tiene temor por su familia a causa de la nieve,
Porque toda su familia lleva ropas dobles de color escarlata.

---

[a] **31.19** Rueca: Instrumento para hilar. Huso: Instrumento para hilar torciendo la hebra.

²² Teje tapices para sí.
De lino fino y púrpura es su vestido.
²³ Su esposo es conocido en la puerta
Cuando se sienta con los ancianos de la tierra.
²⁴ *Ella* hace ropa de lino y la vende,
Y provee cinturones al mercader.
²⁵ Está vestida de fuerza y dignidad,
Y sonríe ante el mañana.
²⁶ Abre su boca con sabiduría,
Y la ley de la clemencia está en su lengua.
²⁷ Vigila la marcha de su casa,
Y no come su pan de ociosidad.
²⁸ Sus hijos crecen, y la consideran inmensamente feliz,
Su esposo también la alaba y dice:
²⁹ Muchas mujeres hicieron el bien,
Pero tú las superaste a todas.
³⁰ Engañosa es la gracia y vana la hermosura,
La mujer que teme a Yavé será alabada.
³¹ ¡Denle del fruto de sus manos,
Y que sus mismas obras la alaben en la puerta!

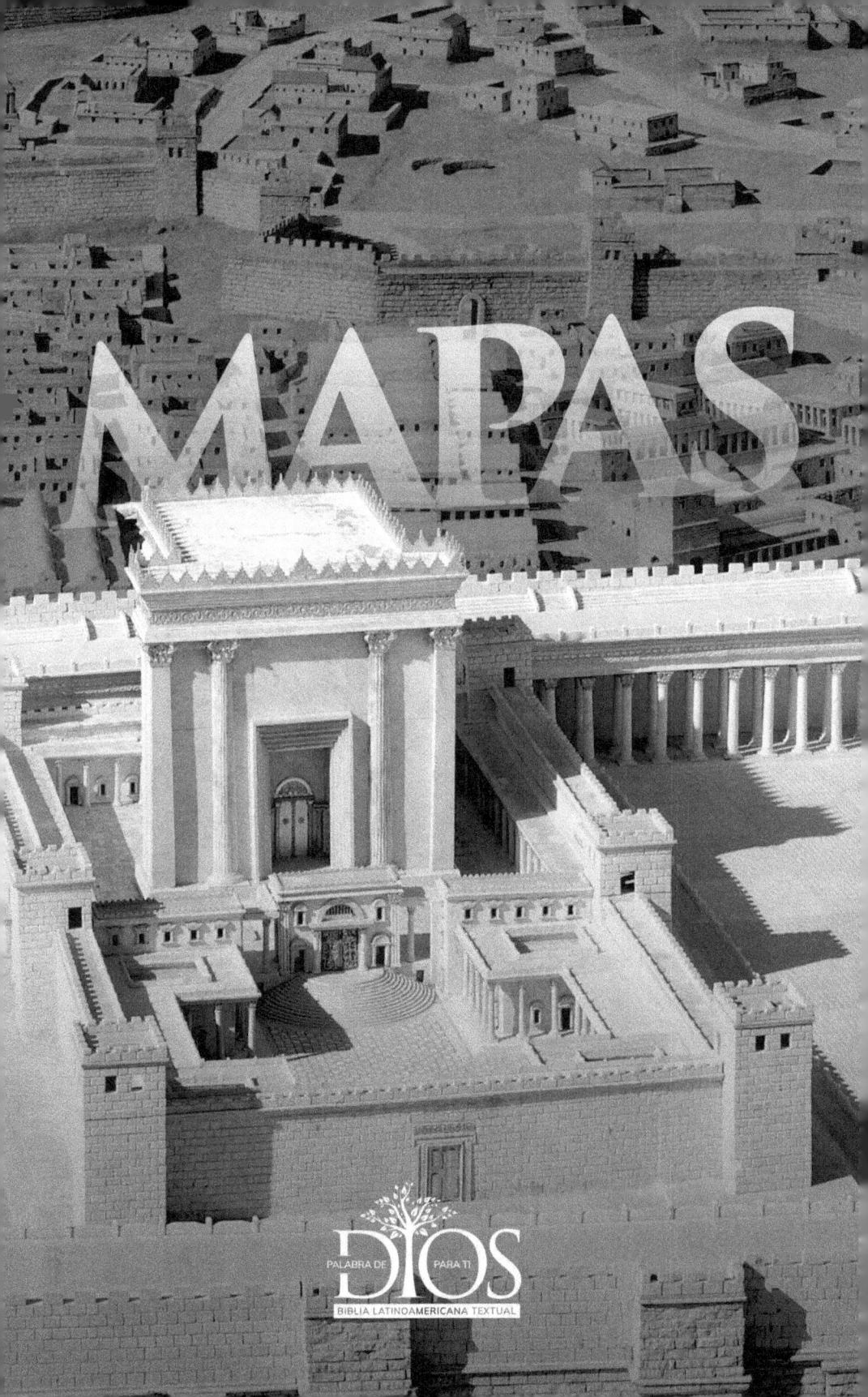

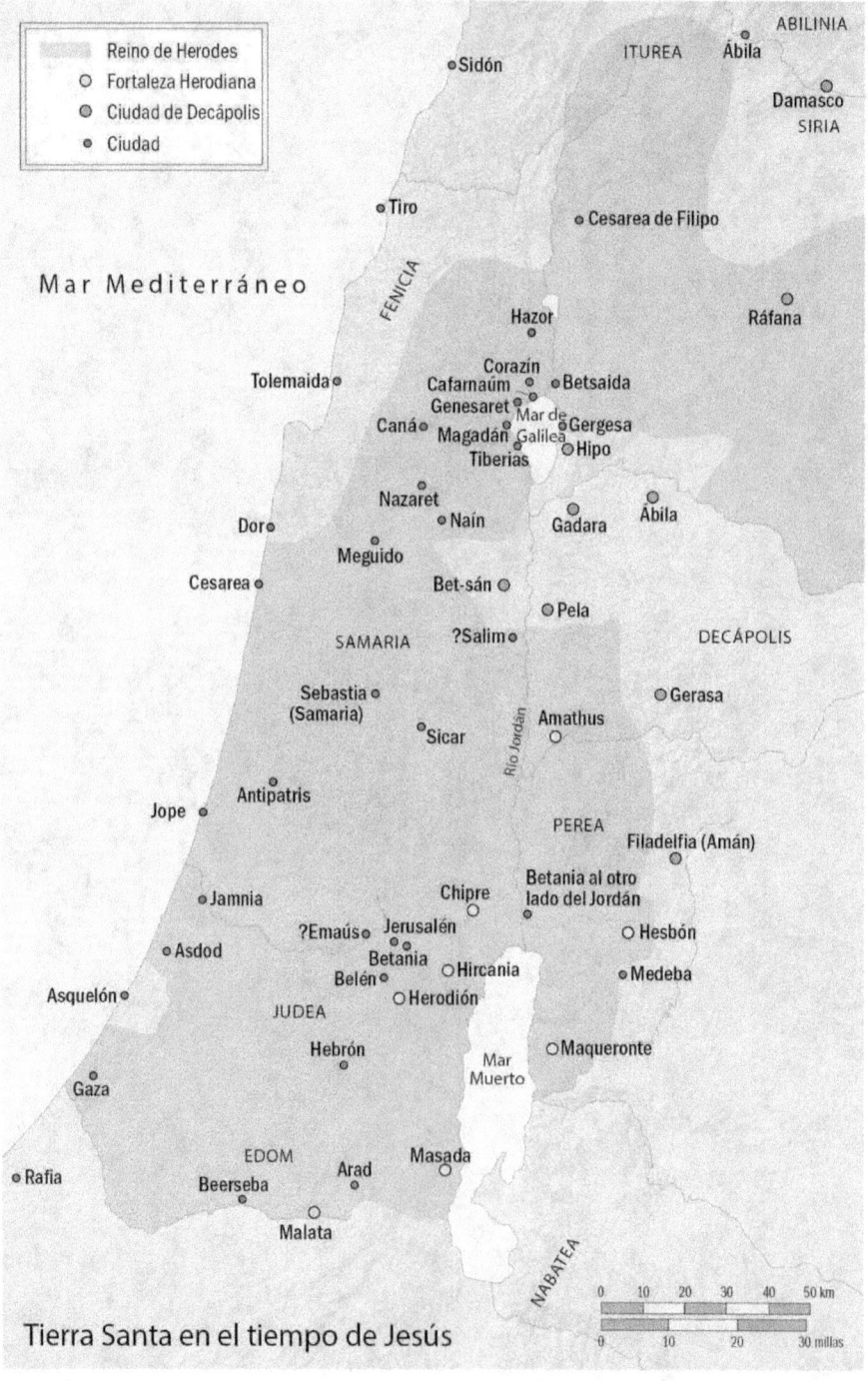

Tierra Santa en el tiempo de Jesús

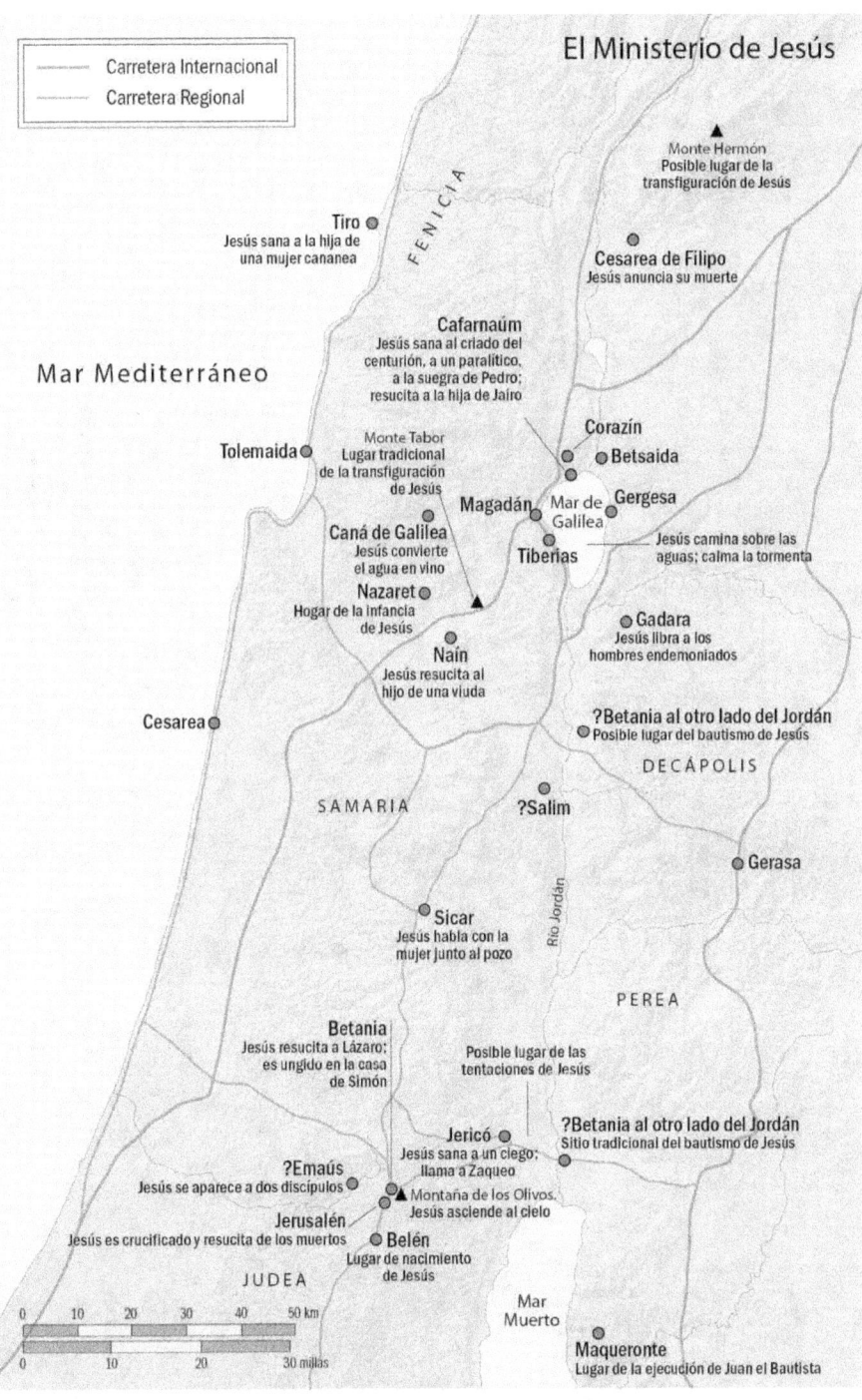

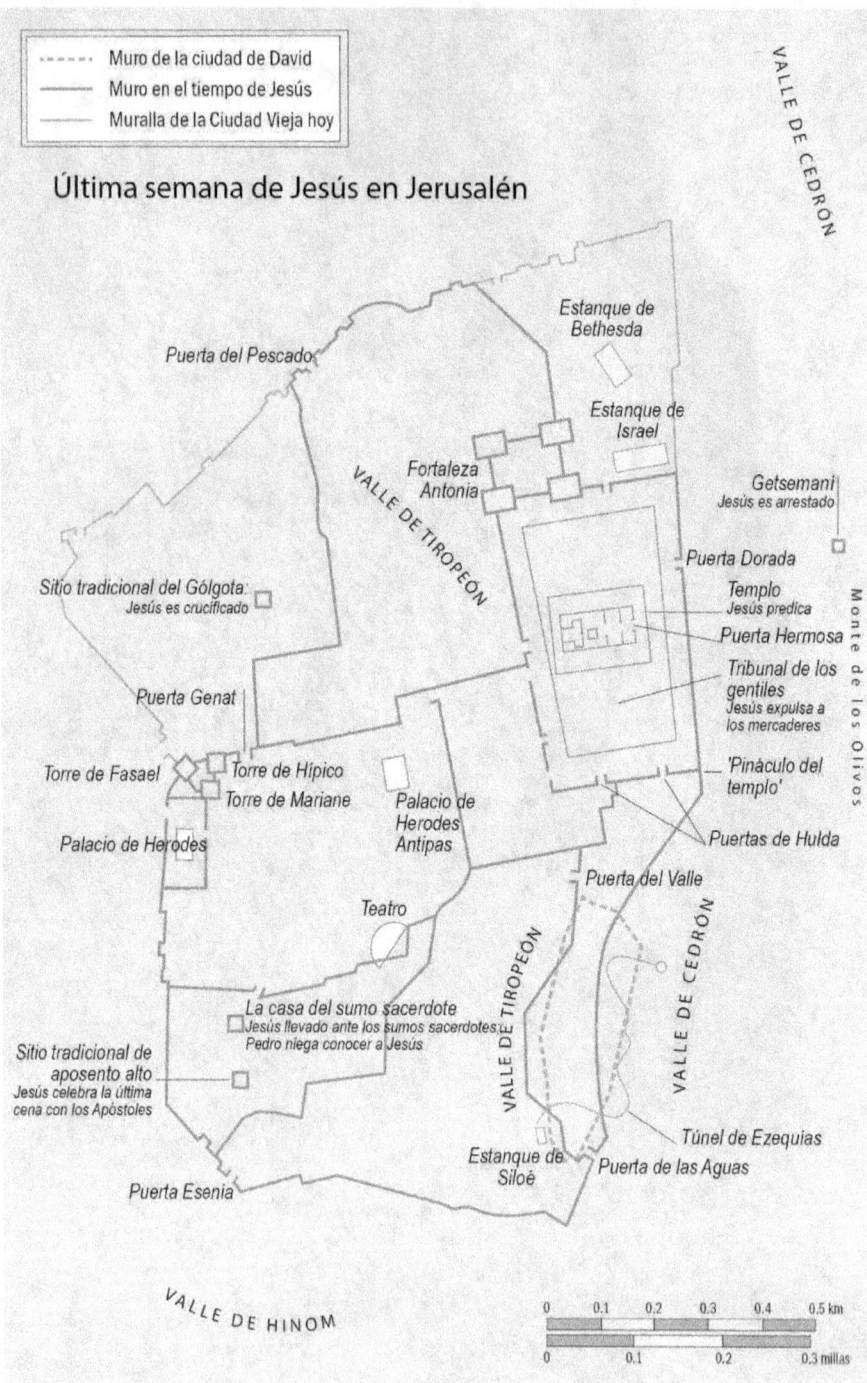

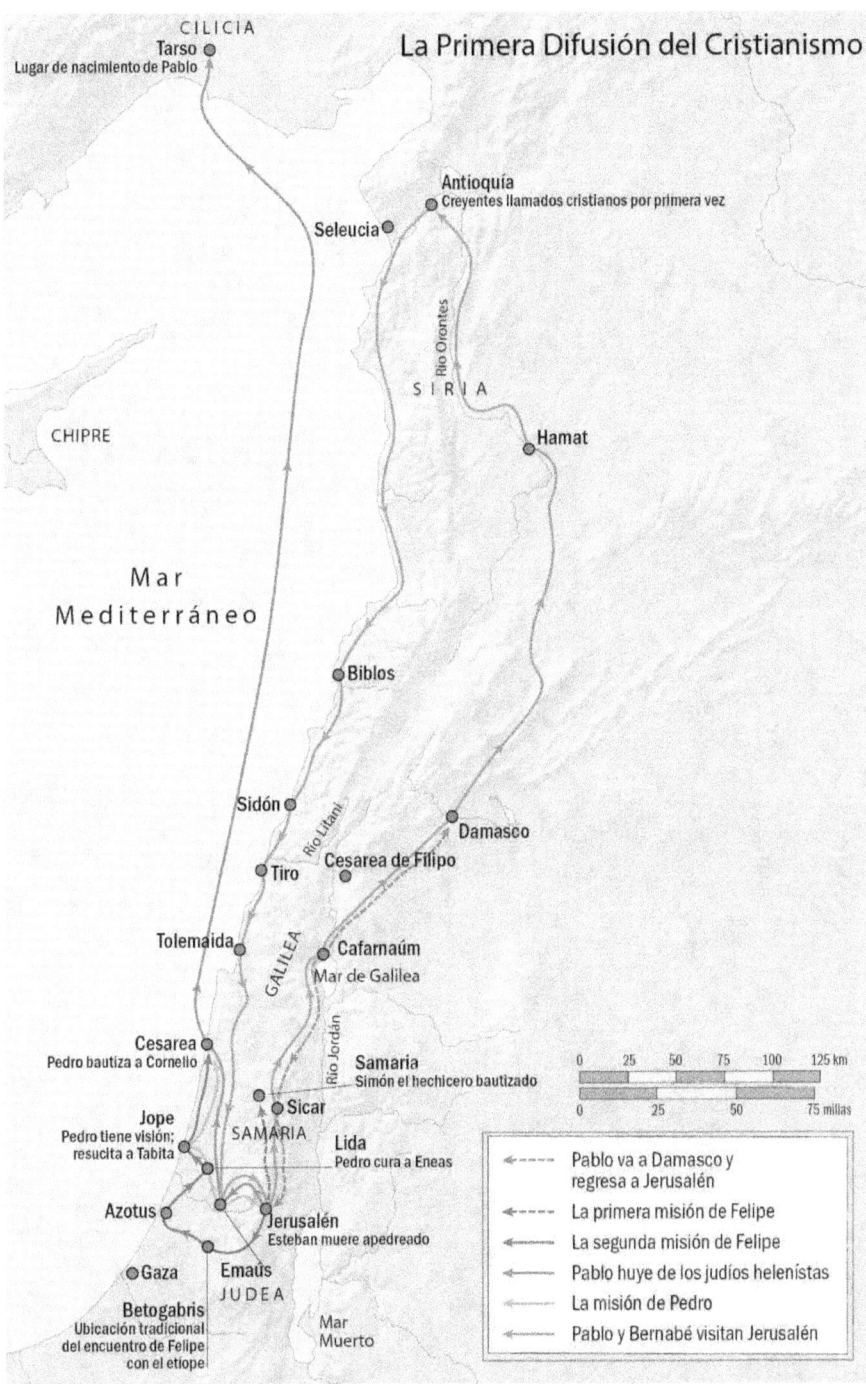

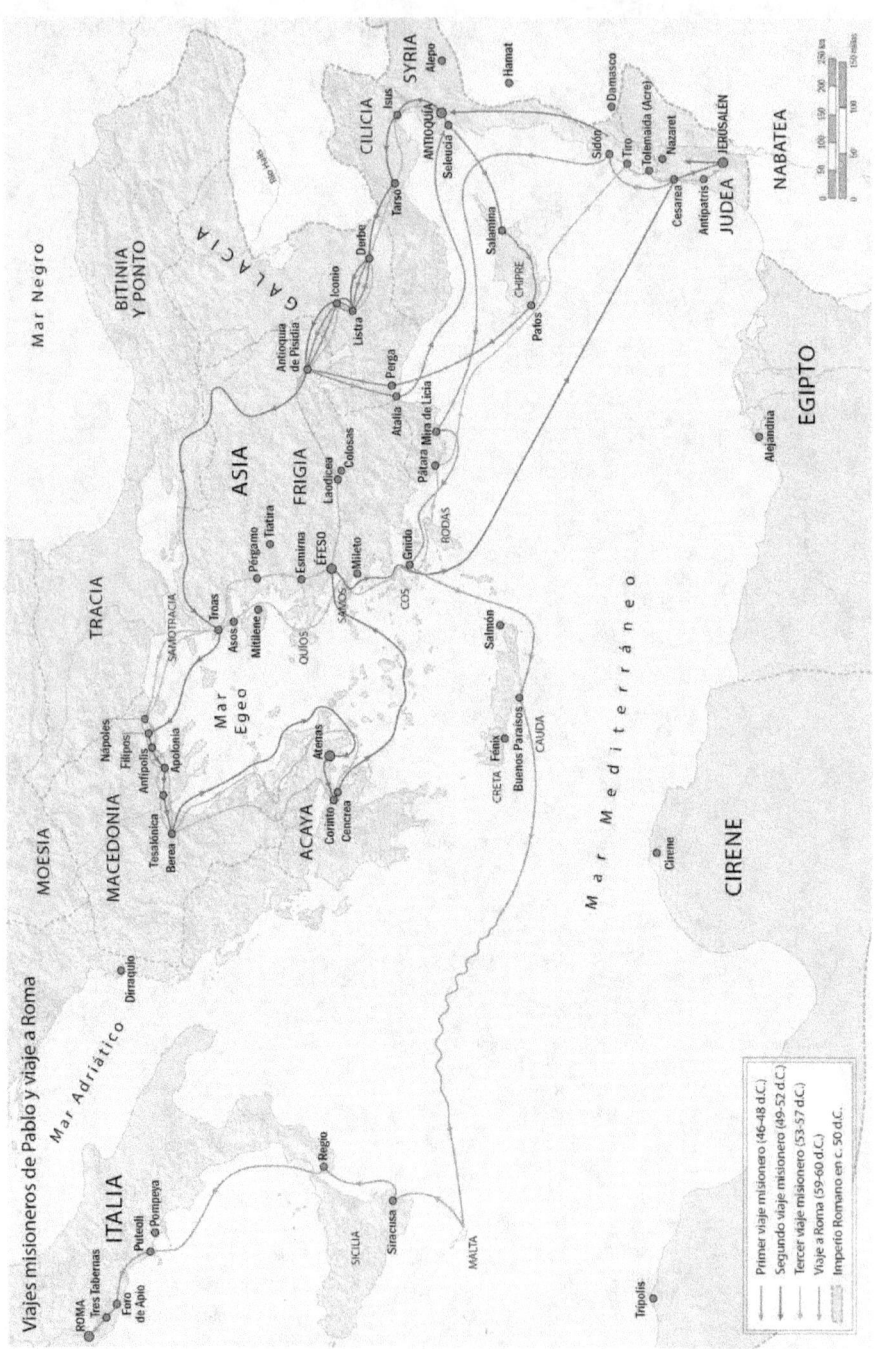

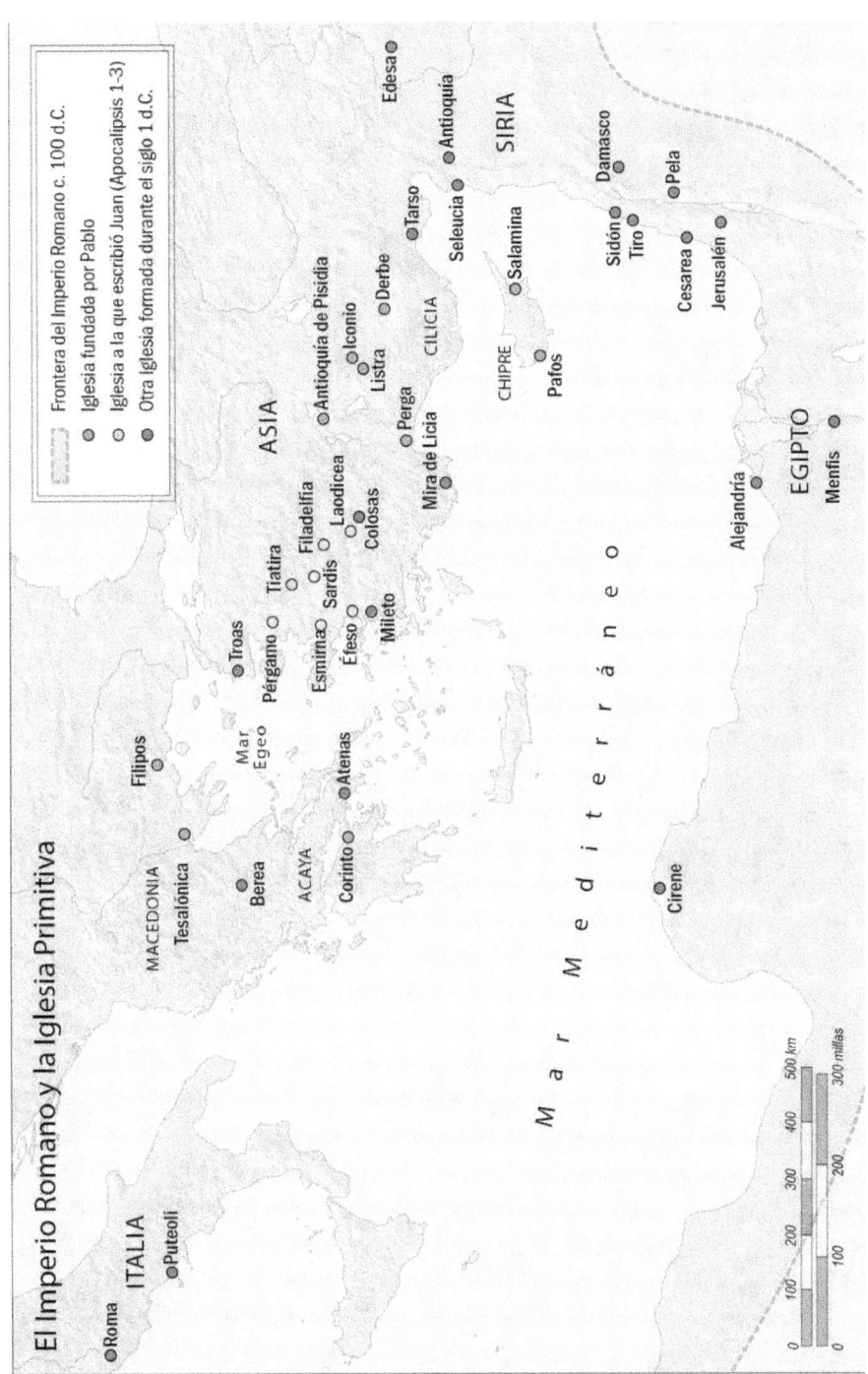

www.ingramcontent.com/pod-product-compliance
Lightning Source LLC
Chambersburg PA
CBHW052203090526
44583CB00015BA/1088